Menschliches Handeln

Eine Grundlegung ökonomischer Theorie

Ludwig von Mises

mises.at

Sponsoren:

Georg Zundel

incrementum

scholarium

ISBN:

978-3-902639-51-6 Mises - Menschliches Handeln, 1. Band
978-3-902639-52-3 Mises - Menschliches Handeln, 2. Band
978-3-902639-53-0 Mises - Menschliches Handeln, 3. Band
978-3-902639-54-7 Mises - Menschliches Handeln, 4. Band

Übersetzung: Rahim Taghizadegan
Lektorat: Gregor Hochreiter
Satz: Philipp Bogensberger

Inhaltsverzeichnis

Die Wirkung von *Human Action* in den USA [1]

[1] Leicht gekürzte und überarbeitete Übersetzung des 20. Kapitels von «MISES - The Last Knight of Liberalism» von J. Guido Hülsmann, der einzigen und umfassenden Biographie von Ludwig von Mises, die bislang nur in englischer Sprache vorliegt (eine vollständige Übersetzung auf Deutsch ist in Planung). Das Werk wurde 2007 vom Ludwig von Mises Institute in Auburn, Alabama veröffentlicht.

Ende der 1940er Jahre war Mises gut in das aufstrebende Netzwerk der amerikanischen Liberalen integriert. Sein Seminar an der New York University (NYU), seine Vorträge bei Treffen der Mont Pèlerin Society und auf anderen Konferenzen sowie seine Schriften hatten seinen Einfluss auf die heranwachsende Generation begründet. Und auch jenseits der Kreise des organisierten Liberalismus hatte er sich einen landesweiten Ruf als Ökonom und Analytiker der Gesellschaft ersten Ranges erworben, obwohl seine Methoden und seine politische Orientierung für die meisten Akademiker eher verstaubt wirkten.

Die Veröffentlichung von *Human Action* im September 1949 war ein Quantensprung für seine Bedeutung und Wirkung. Über Nacht wurde Mises zur zentralen intellektuellen Figur der amerikanischen Liberalen (im klassischen Sinne) bzw. Konservativen (im amerikanischen Sinne), ein Ereignis, vergleichbar in den nächsten zehn Jahren nur mit der Veröffentlichung von *Atlas Shrugged*, jenem Roman, der Ayn Rand zumindest in der Öffentlichkeit zu noch größerem Ruhm verhalf. Mises galt in der Öffentlichkeit nunmehr nicht nur als Gelehrter der alten Schule, sondern als einer der großen Köpfe der westlichen Zivilisation, ein kreatives Genie, das nicht nur alle Facetten seiner eigenen Disziplin beherrscht, sondern diese Disziplin völlig verändert hatte, um eine neue Art der Betrachtung sozialer Prozesse und Beziehungen zu ermöglichen.

Human Action war ein beispielloser Erfolg. Seine Abhandlung über den Sozialismus von 1922 (Gemeinwirtschaft) war ebenfalls ein großer Erfolg gewesen, aber nur wegen der allgemeinen Erkenntnis, dass der theoretische Sozialismus bei den Problemen des Wiederaufbaus nach dem Krieg keine Hilfe bot. Die sozialistische Avantgarde hatte in Deutschland und Österreich die Macht übernommen, hatte dann aber keine Ahnung, was sie tun sollte. Und diese Krise wandelte sich schnell von einer theoretischen zu einer politischen Krise, als sozialistische Regierungen die Lebensbedingungen drastisch verschlechterten, anstatt sie zu verbessern. Mises' umfassende Analyse in *Gemeinwirtschaft* lieferte eine atemberaubend klare Erklärung für dieses Durcheinander. Aber während das Buch im sozialistischen Lager Empörung und Wut hervorrief und einen Paradigmenwechsel im Denken einer ganzen Generation einleitete, war es nicht zum Banner einer Bewegung geworden. Der Autor war ein relativ junger Ökonom gewesen, und es gab keine Institutionen, die die Leser, die das Buch überzeugt hatte, versammeln und organisieren konnten.

Der amerikanische Boden war fruchtbarer. Er war durch eine lange Tradition der individuellen Freiheit und eine neue Ausrichtung auf diese Tradition vorbereitet worden. Es gab in der Tat die Voraussetzungen für eine Bewegung, die nur darauf wartete, dass *Human Action* ihren intellektuellen Kern bildete. Und ebenso wichtig war, dass es Institutionen und einzelne Förderer gab, die die Bildung einer Bewegung beschleunigen wollten. Darüber hinaus war Mises selbst bereits einer der intellektuellen Führer dieser Graswurzelbewegung. Er kannte Schriftsteller und Journalisten, die für sein Buch werben würden, und es gab Menschen, die bereit waren, seine weitere Arbeit finanziell zu unterstützen. Die Unterstützer kamen nun in Scharen und baten Mises, Vorträge und Seminare zu halten. Reiche Geschäftsleute suchten seinen Rat und taten oft, was er empfahl. Und *The Freeman*, die erste liberale Zeitschrift mit einer ausgesprochen misesianischen Ausrichtung, hätte nie das Licht der Welt erblickt ohne den Ruhm, den *Human Action* seinem Autor gebracht hatte. [...]

Erste Reaktionen

Weder Mises noch seine Freunde erwarteten, dass das Buch ein Erfolg werden würde. Nach seiner Rückkehr von einer Vortragsreise aus Mexiko machte sich Mises auf den Weg für einen zweiwöchigen Urlaub in den Berkshire Mountains.[2] Das Buch kam am 14. September 1949 in die Buchhandlungen und damit zu der Zeit, während er auf Urlaub war. In seiner wöchentlichen *Newsweek*-Kolumne kündigte Henry Hazlitt es an, lobte es und sah die künftige Bedeutung voraus:

> *Human Action* ist, kurz gesagt, die bisher gleichzeitig kompromissloseste und am rigorosesten argumentierte Verteidigung des Kapitalismus. Wenn ein einziges Buch die ideologische Flut, die in den letzten Jahren so stark in Richtung Etatismus, Sozialismus und Totalitarismus gelenkt wurde, umkehren kann, dann ist *Human Action* dieses Buch.[3]

Dies war fast eine sich selbst erfüllende Prophezeiung. Keine drei Monate später, am 6. Dezember, waren mehr als 4.000 Exemplare verkauft worden und das Buch befand sich in seiner dritten Auflage.[4] Aufgrund der Berichte über immer mehr Verkäufe hielt die Euphorie von Mises monatelang an.[5] Sein NYU-Seminar befasste sich mit «grundlegenden Problemen und Theorien der Ökonomik und ihrem Verhältnis zu philosophischen, historischen und politischen Ideen».[6] Es begann an seinem Geburtstag, dem 29. September.

Als Ludwig und Margit den Neujahrstag 1950 mit Hazlitt, Schütz und Hayek in ihrer Manhattaner Wohnung in der West End Avenue verbrachten, war bereits klar, dass *Human Action* ein phänomenaler Erfolg war, insbesondere für eine 900-seitige wissenschaftliche Abhandlung. Selbst seine ideologischen Gegner mussten zugeben, dass der 68-jährige Ökonom ein «Kapitalistisches Manifest»[7] und «eine wirklich ungeschminkte und bedingungslose Verteidigung des Laissez-faire»[8] geschrieben hatte.

Viele weitere Rezensionen folgten im Laufe der nächsten Monate. Die meisten davon waren gehaltlos und ihre Kritik lief darauf hinaus, den dogmatischen Stil des Buches zu kritisieren.[9] Ein Rezensent war so verwegen, sich zu beschweren, dass man als Leser des Werkes «ständig das Gefühl hat, zugrunde argumentiert

---

[2] Mises an Jitta, Brief vom 22. Oktober 1949; Grove City Archive: Jitta-Akte.

[3] Henry Hazlitt, «The Case for Capitalism», *Newsweek* 34 (19. September 1949), S. 70.

[4] Mises an Armin Spitaler, Brief vom 6. Dezember 1949; Grove City College Archive: Spitaler-Akte; Mises an Ziegler, Brief vom 16. Juli 1949; Grove City Archive: Cluett, Peabody & Co.-Akte.

[5] Die einzige dunkle Wolke war, dass Margit im November krank war.

[6] Siehe den Flyer vom 9. August 1949 im Grove City Archive: Fertig-Akte. In dem Flyer wurde erwähnt, dass das Seminar vom Volker-Fonds gefördert wurde.

[7] Seymour E. Harris, «Capitalist Manifesto», *Saturday Review* 32 (24. September 1949): 31.

[8] John Kenneth Galbraith, «In Defense of Laissez-Faire», *New York Times Book Review* (30. Oktober 1949), S. 45. Die Neujahrsfeier wird erwähnt in Mises an Hayek, Brief vom 13. Dezember 1949; Grove City Archive: Hayek-Akten.

[9] In der Privatkorrespondenz erklärte Oskar Morgenstern, dass er mit den spieltheoretischen Aussagen von Mises nicht einverstanden sei. Er erklärte nicht, warum er anderer Meinung war, sondern sagte:

zu werden».[10] Aber andere Rezensionen würdigten seine monumentalen Beiträge. Der junge Murray Rothbard lobte *Human Action* als eine meisterhafte Synthese. Das Buch enthalte «eine vollständige Struktur der Wirtschaftswissenschaften», die «fest auf der *Praxeologie*, den allgemeinen Prinzipien des individuellen Handelns, beruhte».[11] Ebenso betonte Richard C. Cornuelle, dass Mises eine integrierte Wert- und Preistheorie habe und daher in der Lage sei, den Kapitalismus zu verteidigen, ohne seine Argumente auf Fiktionen wie den *homo oeconomicus* zu stützen.[12]

Auch in Deutschland fand das Buch eine außerordentlich freundliche Resonanz, wo der Kölner Universitätsprofessor Armin Spitaler eine lange Rezension im *Weltwirtschaftlichen Archiv* veröffentlichte. In Südafrika übernahm ein junger Professor in seiner Antrittsvorlesung an der University of Witwatersrand in Johannesburg im Herbst 1950 uneingeschränkt den erkenntnistheoretischen Standpunkt von Mises. Der Mann, der über «Ökonomik als eine Sozialwissenschaft» referierte, Ludwig Lachmann, war Absolvent der London School of Economics, wo er in den 1930er Jahren bei Hayek und Robbins studiert hatte. Davor war er Schüler von Werner Sombart in Berlin. Lachmann war bereits mit der aprioristischen Erkenntnislehre von Mises vertraut, die der Ökonom aus Wien erstmals 1933 in *Grundprobleme der Nationalökonomie* skizziert hatte und die nun erstmals die angelsächsische intellektuelle Szene erreichte.[13]

Ein Mitglied von Mises' NYU-Seminar, George Koether, organisierte einen Nachdruck von Kapitel 35 – «The Economics of War» – durch die in New York ansässige Christian Freedom Foundation (CFF) im September 1950 als Reaktion auf den Koreakrieg, der bald zu einer neuen Runde von Preiskontrollen und wirtschaftlicher Reglementierung führen sollte. Koether arbeitete damals sowohl für CFF als auch für FEE. Die Stiftung druckte das Kapitel in ihrer vierzehntägigen Zeitung *Christian Economics* ab.[14] Diese Publikation erreichte rund 100.000 Geistliche im ganzen Land.

Dies könnte Mises' erster Kontakt mit CFF und seinen Mitarbeitern gewesen sein, und es wurde zu einer produktiven und nützlichen Zusammenarbeit, die ein Leben lang andauern würde. George Koether besuchte Mises' NYU-Seminar viele Jahre lang und wurde ein persönlicher Freund von Ludwig und Margit. Nach Ludwigs Tod half er Margit, ihre autobiografischen Erinnerungen *Meine Jahre mit Ludwig von Mises* zu schreiben.[15] In den 1950er Jahren arbeitete er im Raum New York, zuerst für CFF und FEE, dann als Autoredakteur und Redakteur für das Transportwesen des *Look Magazine* und schließlich als Ökonom der U.S. Steel Corporation.[16]

---

[10] Alfred Sherrard, «The Free Man's Straightjacket», *New Republic* 122 (9. Januar 1950): 18-19.

[11] Murray N. Rothbard, «Review of Human Action», *Faith and Freedom* (September 1950): 14; idem, «Praxeology», *analysis* (Mai 1950): 4.

[12] Richard Cornuelle, «A New Philosophy of Laissez Faire», *American Affairs* (Januar 1950): 47-51.

[13] Lachmann muss Mises eine Kopie dieser Vorlesung geschickt haben. Siehe Mises an Ballvé, Brief vom 26. Dezember 1950; Grove City Archive: Ballvé-Akten.

[14] Siehe Korrespondenz im Grove City Archive: Akte der Christian Freedom Foundation. CFF befand sich damals in der 26 West 58th Street in Manhattan. Um 1957 zog das Büro in die 250 West 57th Street um.

[15] Margit von Mises, *My Years with Ludwig von Mises* (Cedar Falls, Iowa: Center for Futures Education, 1978).

[16] Die letztgenannte Position wird in einem Brief vom März 1959 von Mises an Hayek erwähnt.

Mises hatte einen weiteren Schüler und Bewunderer im CFF-Team. Der in Brooklyn geborene Percy Laurie Greaves (1906–1984) war der amerikanische Selfmademan *par excellence*. Bevor er 1950 bei der Christian Freedom Foundation anfing, war er Buchhalter, Matrose, Werbeleiter, Lektor für Wirtschaftswissenschaften, Finanzredakteur, Ghostwriter und Forschungsassistent in den USA. Greaves nahm treu an allen Sitzungen des NYU-Seminars von Mises teil und schrieb zusammen mit seiner zukünftigen Frau Bettina Bien für jede ein Protokoll.[17] Die misesianische Ökonomik in öffentlichen Vorträgen und Seminaren zu verbreiten, wurde schließlich seine berufliche Betätigung. Aber am wichtigsten ist, dass das Ehepaar Greaves ihren Professor in den späten 1960er und frühen 1970er Jahren betreute, als Mises und seine achtzigjährige Ehefrau gebrechlich wurden. Nach dem Tod von Mises 1973 setzten sie ihre Unterstützung für Margit von Mises fort. Als Percy starb, kümmerte sich Bettina weiterhin um die Witwe ihres verehrten Lehrers, bis auch Margit 1993 im Alter von 103 Jahren starb. Bettina wurde dann zur Kuratorin des schriftlichen Nachlasses von Ludwig von Mises, was sie heute noch ist.

Der Präsident der CFF und Herausgeber von *Christian Economics* war Howard Kershner, aber der Mann hinter der Organisation und ihrer Zeitschrift war J. Howard Pew, ein wohlhabender Industrieller aus Philadelphia, der die Sun Oil Company von seinem Vater geerbt hatte und selbst ein äußerst erfolgreicher Unternehmer war. Pew übernahm neben dem Sponsoring der CFF verschiedene soziale Aufgaben. Er war Vorstandsvorsitzender des Grove City College in West-Pennsylvania, und er besaß den Chilton Verlag, der *Pathfinder* und das *Farm Journal* veröffentlichte.[18] Mises kannte ihn zumindest seit März 1945, als ihm die National Association of Manufacturers das Manuskript eines Vortrags schickte, in dem Pew erklärt hatte, wie Kartelle den wirtschaftlichen Fortschritt gefährden.[19] Die beiden Männer hatten im November 1948 direkte Korrespondenz geführt, als Pew Mises bat, einen Brief an den Herausgeber der *New York Times* zu schreiben, als Reaktion auf das, was sie beide für eine schändliche Kolumne eines gewissen Edward Collins hielten. Mises lehnte die Anfrage ab und antwortete, dass ein solcher Versuch sinnlos sei:

> Erstens haben sie die Gewohnheit, solche Briefe zu «bearbeiten» und zu kürzen, so dass sie viel von ihrer Überzeugungskraft verlieren oder gar völlig unlesbar werden. Zweitens hat der Redakteur oder der Ko-

---

Koether initiierte auch 1956 die Schaffung einer Mises-Büste durch eine befreundete Bildhauerin namens Erickson. Danach verwandelte sich seine Beziehung zum Ehepaar Mises schnell in eine liebevolle Freundschaft (Grove City Archive: Köther-Akten).

[17] Diese Vorlesungsunterlagen wurden als «Mises Seminar Lectures» veröffentlicht. Der erste Band ist *The Free Market and Its Enemies* (Der Freie Markt und seine Feinde, deutsche Fassung mises.at).

[18] Siehe die «Erklärung an die Direktoren des *Freeman* Magazine, Inc. durch seine aktiven Redakteure», Anlage zu einem Brief an das Board of Directors des *Freeman* vom 2. Oktober 1952, S. 4; Grove City Archive: *Freeman*-Akten. Die Familie Pew hatte ihre Opposition gegen den Interventionismus bewiesen. Sie verkaufte praktisch ihr gesamtes (hochprofitables) europäisches Geschäft, als sie mit der Alternative konfrontiert wurde, sich staatlich geförderten Kartellen anzuschließen. Siehe Pew an Mises, Brief vom 5. November 1954; Grove City Archive: Pew-Akten.

[19] Vada Horsch an Mises, Memorandum vom 23. März 1945; Grove City Archive: NAM-Akten.

> lumnist das Recht auf das letzte Wort. Die Wirkung auf den unkritischen Leser ist immer, dass «seine» Zeitung richtig liegt.
>
> Was benötigt wird, um solche angeblich «nicht-dogmatischen» Dogmen zu bekämpfen, wie sie von Herrn Collins (und einer Vielzahl anderer Autoren) vorgetragen werden, ist eine unabhängige Fachzeitschrift.[20],[21]

Pew reagierte schnell. Anfang Dezember 1948 traf er sich mit dem Team des Magazins *Plain Talk* – Alfred Kohlberg, Isaac Don Levine und Eugene Lyons–, um über die Zweckmäßigkeit zu diskutieren, «es zu einem solchen Meinungsblatt zu machen».[22] Pews Idee war es, ein Forum für Mises, Hazlitt und andere ausgewählte Ökonomen zu schaffen. Diese Gespräche führten nicht zum gewünschten Ergebnis, aber zwei Jahre später, ein Jahr nach der Veröffentlichung von *Human Action*, stand Pew wieder an erster Stelle, um eine liberale Meinungszeitschrift zu finanzieren, *The Freeman*, das für einige glorreiche Jahre die Österreichische Schule der Ökonomik in einer größeren Öffentlichkeit verbreiten sollte.

Pew hatte die Angewohnheit, alle seine Mitarbeiter an seinem Unternehmen Sun Oil zu beteiligen. Ab 1951 schenkte er Mises solche Aktien zu Weihnachten. Bis 1968 tat er dies jedes Jahr. Er schrieb:

> Während Sie Ihr Leben der Rettung der Welt vor den Prozessen, die unweigerlich zum Kommunismus führen, gewidmet haben, haben wir unsere Zeit ausschließlich damit verbracht, die Industrie am Laufen zu halten, so dass wir für die Zukunft blind geworden sind. Und so hoffe ich, dass Sie von mir dieses Jahr zu Weihnachten als ein kleines Zeichen meiner Wertschätzung einige Aktien des Unternehmens, dem ich mein Leben gewidmet habe, annehmen werden.[23]

Misesianer

Mises und sein Freundeskreis waren nicht die einzigen Liberalen, die nicht geglaubt hatten, dass *Human Action* ein Bestseller werden könnte. Herbert C. Cornuelle und die Leute vom Volker-Fonds hatten gemeint, dass das misesianische Gebäude zu intellektuell war, um von der amerikanischen Öffentlichkeit durchdrungen zu werden. Was gebraucht würde, wäre eine übersichtlichere Version des Buches, die das Eindringen der Botschaft in die breite Öffentlichkeit erleichtern würde. Aber wer könnte so ein Werk schreiben?

---

[20] Mises an Pew, Brief vom 27. November 1948; Grove City Archive: Pew-Akten.

[21] Mises erklärte später in einer privaten Korrespondenz mit einem Leser von *Human Action*, der sich fragte, warum die liberale Botschaft es nicht in die Presse geschafft hatte:

[22] Pew an Mises, Brief vom 7. Dezember 1948; Grove City Archive: Pew-Akten.

[23] Pew an Mises, Brief vom 3. Dezember 1951. Anscheinend hatten die beiden Männer im Oktober 1949 begonnen, sich zu treffen, als Pew zum Mittagessen in die Wohnung von Mises eingeladen worden war.

Cornuelle dachte, er hätte in Murray Rothbard die richtige Person gefunden, der seit mindestens 1946 mit FEE in Kontakt stand.[24] Anscheinend traf er Mises zum ersten Mal bei einer FEE-Vorlesung im Sommer 1948.[25] Zu diesem Zeitpunkt hatte Rothbard einen Abschluss in Mathematik und Wirtschaftswissenschaften, wusste aber fast nichts über die Österreichische Schule der Ökonomik. Im Frühjahr 1948, als er seine mündliche Prüfung bestand, hatte er noch nie von der Österreichische Schule der Ökonomik gehört, außer, wie er sich später erinnerte, «als etwas, das von Alfred Marshall sechzig Jahre zuvor in den Hauptstrom der Ökonomik integriert worden war».[26] Rothbard konnte sich gut daran erinnern, wie er vor *Human Action* die Ökonomik sah:

> Ich hatte ein klares, instinktives Gefühl oder eine Einsicht oder was auch immer, dass an allen ökonomischen Schulen etwas nicht stimmte. Ich war sehr unzufrieden mit der ganzen ökonomischen Theorie. Ich dachte, dass die Institutionalisten, als die Institutionalisten die orthodoxe, anglo-amerikanische Ökonomik kritisierten, Recht hatten, und wenn die Orthodoxen die Institutionalisten kritisierte, hatten diese Recht. Die Kritikpunkte waren richtig, und ich glaubte, dass die einfachen Grundlagen von Angebot und Nachfrage usw. korrekt waren, aber ich hatte nicht wirklich eine gute theoretische Basis. Ich war nicht glücklich mit den angebotenen Theorien. Und als ich dann *Human Action* las, fügte sich alles zusammen, denn alles machte Sinn.[27]

Kurz bevor er FEE verließ, um für den Volker-Fonds zu arbeiten, bat Herbert Cornuelle Mises, ein Auge auf den Absolventen der Columbia University zu werfen. Er nannte ihn «einen der herausragendsten liberalen Wirtschaftsstudenten, die ich kenne» und erwähnte, dass Rothbard daran interessiert wäre, am NYU-Seminar teilzunehmen.[28] Einige Wochen vor der Veröffentlichung von *Human Action* scheinen Mises und Rothbard dann Rothbards Projekt diskutiert zu haben, ein Lehrbuch der Ökonomik in der Tradition von Mises zu schreiben–einen «Leitfaden für den intelligenten Laien». Nachdem Mises einen Entwurf des angedachten Buches genehmigt hatte, schrieb Rothbard im November 1949 an Cornuelle und erklärte, dass er an diesem Thema interessiert sei und dass Mises ihn gebeten habe, ein erstes Kapitel über «Geld und Bankwesen auf dem unbehinderten Markt» zu verfassen. [29]

Während dieser Monate nahm Rothbard an Mises' NYU-Seminar teil, das sich in diesem Winter mit dem Marxismus beschäftigte und im Frühjahr mit der

[24] Siehe William M. Curtiss (Generalsekretär der FEE) an Rothbard, Brief vom 25. November 1946; Rothbard Papers.

[25] Leonard Read an Rothbard, Brief vom 24. Juni 1948; Rothbard Papers (auch im Grove City Archive: Read-Akten). Dies war eine Einladung zu einem Treffen am 8. Juli, bei dem Ludwig von Mises sprechen würde.

[26] Rothbard an William F. Campbell, Brief vom April 1951; Rothbard Papers.

[27] Walter Block und Walter Grinder, «Rothbard Tells All: Interview with Murray Rothbard», Dezember 1972, S. 6, in Rothbard Papers.

[28] Herbert Cornuelle an Mises, Brief vom 17. Juni 1949; Grove City Archive: FEE-Akten.

[29] Siehe Rothbards Brief an Herbert C. Cornuelle, 28. November 1949, Rothbard Papers. Dieses Musterkapitel wird später als «das Geldkapitel» bezeichnet.

Diskussion über andere Denkschulen fortgesetzt wurde. Es bekräftigte die Hauptbotschaft, die Rothbard aus der Lektüre von *Human Action* gezogen hatte:

> Von Ihnen habe ich zum ersten Mal gelernt, dass die Wirtschaft eine kohärente Struktur ist, und ich bin mir sicher, dass dies auch die anderen Mitglieder des Seminars beeindruckt hat.[30]

Anfang Januar 1951, weniger als sechzehn Monate nach der Veröffentlichung von *Human Action*, hatten Cornuelle und Mises das erste Kapitel erhalten. Cornuelle war begeistert von der Arbeit und Mises dachte auch, dass Rothbard die richtige Person sei, um ein Lehrbuch über die Österreichische Schule der Ökonomik zu schreiben - *nach* Abschluss seines Doktorats.

Er schrieb an Cornuelle:

> Ich denke, dass Rothbards Kapitel über Geld und Bankwesen sehr zufriedenstellend ist. Es beweist sicherlich seine Fähigkeit, ein Lehrbuch viel besser zu schreiben, als diejenigen, die ich Gelegenheit hatte zu sehen. Ich hoffe, dass er seine Arbeit fortsetzt, sobald er sein Doktorat beendet hat.[31]

Aber Cornuelle wartete nicht. Er bot Rothbard finanzielle Unterstützung aus dem Volker-Fonds an, damit das Projekt weitergehen konnte. Rothbard begann am 1. Januar 1952 für den Fonds zu arbeiten und setzte seine intensive Arbeit für ihn in den nächsten sechs Jahren fort.[32]

Murray Rothbard war der erste in einer langen Reihe von genialen jungen Leuten, die in *Human Action* und in Mises' Seminaren ein neues geistiges Zuhause fanden. In den nächsten fünfzehn Jahren geschah es mit großer Regelmäßigkeit, dass hochbegabte junge Männer wie George Resch und Paul Cantor plötzlich die Zulassung zum NYU-Seminar beantragten. Einige von ihnen suchten Mises sogar Zuhause auf. Eines Tages war Mises im Begriff das Haus zu verlassen, um Abendessen zu gehen, als es an der Tür klingelte. Zwei Jugendliche standen vor der Tür und boten ein Abonnement für das Magazin *The Freeman* an. Mises lehnte das Angebot ab und sagte, er würde das Magazin bereits erhalten. Er wusste nicht, dass dies sein erster Kontakt mit zwei seiner leidenschaftlichsten Anhängern war: Ralph Raico und George Reisman.

Raico und Reisman waren beide fünfzehn Jahre alt. Sie hatten *The Freeman* ein oder zwei Jahre lang gelesen und auch einige der Bücher von Mises. Durch diese Lektüre inspiriert, hatten sie den Cobden Club, eine Organisation liberaler Studenten, gegründet, um den Kampf der Ideen zu führen. Eines Tages beschlossen sie, ihrem Helden einen Besuch abzustatten, und kamen auf die Idee, sich als Verkäufer zu präsentieren. Glücklicherweise beschlossen sie dann, die Dinge auf die richtige Weise zu tun, und besuchten die FEE-Büros in Irvington, wo sie sich mit Ivan Bierly trafen, der von ihrem Wissen so beeindruckt war, dass er Mises fragte, ob er bereit sei, sie zu empfangen. Innerhalb von zehn Tagen war das Treffen

[30] Rothbard an Mises, Brief vom 18. Mai 1950; Grove City Archive: Rothbard-Akten.

[31] Mises an Cornuelle, Brief vom 10. Februar 1951; Rothbard Papers.

[32] Memo an den Volker-Fonds: Fortschrittsbericht, 1. Januar bis 1. Oktober 1952, 13 Seiten, Rothbard Papers.

arrangiert, und der alte Mann - der sich glücklicherweise nicht an ihre Gesichter erinnerte - beriet die Jungen «über die richtige Art und Weise, Wirtschaft zu studieren und ihre Zeit am College zu verbringen».[33] Er überzeugte sie, dass sie mehr Zeit damit verbringen mussten, mehr über Wirtschaft und Freiheit zu lernen, anstatt Theorien zu propagieren, die sie nicht wirklich verstanden. Als Zeichen seines Vertrauens in ihre Talente lud er sie zu seinem NYU-Seminar ein - unter der Bedingung, dass sie sich still verhielten.

Sie besuchten sein Seminar viele Jahre lang und wurden zu wichtigen Vertretern der misesianischen Ökonomik. Sie lernten beide auf Anraten von Mises Deutsch. Raico übersetzte *Liberalismus* ins Englische und Reisman die *Grundprobleme*.[34]

Reden und Veröffentlichungen

Ermutigt durch den Erfolg von *Human Action*, wandte sich Mises erneut dem Kampf gegen die vorherrschende Ideologie des Interventionismus zu. Am 18. April 1950 nahm er an einem Empfang des New Yorker University Club zu seiner Ehrung als Autor von *Human Action* teil und hielt nach dem Abendessen eine Rede über «Middle-of-the-Road Policy Leads to Socialism».[35] Zwei Wochen später wurde der Vortrag im *Financial and Commercial Chronicle* veröffentlicht, und Ende des Jahres druckte Friedrich Nymeyer eintausend Exemplare als Broschüre für seine Kampagne gegen die zunehmende Befürwortung des Sozialismus unter seinen calvinistischen Glaubensbrüdern.

Mises schrieb daraufhin eine Reihe von Artikeln über verschiedene Aspekte des Interventionismus, die er hauptsächlich in drei Zeitschriften veröffentlichte: *Commercial and Financial Chronicle*, *Plain Talk* und *The Freeman*. Diese Artikel knüpften an den Erfolg von *Human Action* an, weckten innerhalb der liberalen Graswurzelbewegung aber auch weiteres Interesse an dem Buch. Doch Mises hatte sicherlich keine Illusionen über ihre kurzfristige Wirkung. Die liberale Tradition war in Amerika alt, und sie war immer noch stark, aber er war sich wohl bewusst, dass die aktuellen Trends sie unerbittlich untergruben: «Wenn der Interventionismus weiterhin die Politik der USA ist, wird dieses Land bald völlig totalitär sein.»[36] Diese Besorgnis fand durch die Politik im Zuge des Koreakriegs wenig später ihre Bestätigung. Als im Herbst 1950 der Krieg ausbrach, stellte die US-Regierung sofort wieder auf eine Kriegswirtschaft mit Preiskontrollen und sonstigen Regulierungen um.

[33] Raico und Reisman an Mises, Brief vom 24. Februar 1953; Grove City Archive: Raico-Akte. Diese erste Sitzung fand am 23. Februar statt. Bierlys Brief vom 13. Februar steht in derselben Akte.

[34] *Epistemological Problems of Economics*, Übers. George Reisman (Princeton, N.J.: Van Nostrand, 1960); *The Free and Prosperous Commonwealth*, Übers. Ralph Raico (Princeton, N.J.: Van Nostrand, 1962). Der Titel des letztgenannten Buches wurde in den folgenden Ausgaben geändert in *Liberalism: A Socio-Economic Exposition* (Kansas City, Kansas: Sheed Andrews and McMeel, 1978). Der Volker-Fonds unterstützte die Übersetzung von Raico, die er im Sommer 1956 begann.

[35] Der Vortrag war ein großer Erfolg. Siehe die Korrespondenz zwischen Mises und Shelby Cullom Davis im Grove City Archive: «D»-Akten.

[36] Mises an P.C. Armstrong, Brief vom 1. März 1950; Grove City Archive: Armstrong-Akte.

Im Frühjahr 1950 nahm Mises an einer Konferenz teil, die der Analyse der Auswirkungen der laufenden Mobilisierung für den Koreakrieg auf die amerikanische Wirtschaft gewidmet war. Die Konferenz fand vom 5. bis 8. April in White Sulphur Springs, West Virginia, statt und wurde vom William Volker-Fonds gesponsert.[37] Er schrieb dann einen umfangreichen Artikel für das Treffen der Mont Pèlerin Society 1951 in Beauvallon. Es ging um das Wesen von unternehmerischem Gewinn und Verlust, die, wie Mises erklärte, ausschließlich aus der relativen Qualität unternehmerischer Entscheidungen resultierten und daher nicht durch Gesetze oder andere staatliche Eingriffe abgeschafft werden konnten. Er demonstrierte auch den sozialen Nutzen von Gewinn und Verlust: Gewinne leiten Ressourcen in die Hände derjenigen, die sie auf die von den Verbrauchern am meisten gewünschte Weise nutzen; Verluste helfen, inkompetente Unternehmer zu eliminieren und so eine Verschwendung von Ressourcen zu verhindern. Der Artikel war Anfang Juni fertig und Mises schickte es an Nymeyer.[38] Sein calvinistischer Freund erkannte sofort, dass es für eine weite Verbreitung geeignet war. Noch vor Beginn der Sitzung der Mont Pèlerin Society hatte Nymeyer zugestimmt, den Artikel zu veröffentlichen und 5.000 Exemplare zu drucken, von denen der Volker-Fonds sofort 1.500 Exemplare bestellte.[39]

Seine erneuten Bemühungen, den Interventionismus zu bekämpfen, begann Mises damit, eher über Themen wie Interventionismus, Inflation sowie Gewinn und Verlust zu schreiben als über Freihandel oder ausländische Direktinvestitionen. Er glaubte, dass es wichtig sei, den inländischen Interventionismus ins Visier zu nehmen. Einem Briefkontakt in Schweden, der eine Kampagne für den Freihandel starten wollte, erklärte Mises, warum diese Kampagne nur auf einer vorangegangenen Kampagne, die sich auf die innerstaatliche Politik konzentriert, basieren könne:

> Man könnte die Abschaffung des Protektionismus in der Zeit von Cobden und Chevalier in Betracht ziehen, als es in jedem Staat Handelsfreiheit gab oder deren Umsetzung zumindest auf dem Weg war.
>
> Im Zeitalter des Interventionismus verhalten sich die Dinge ganz anders. Jedes Land hat ein System unterschiedlicher Privilegien für einzelne Interessengruppen. Keine dieser Maßnahmen würde funktionieren, wenn das Ausland den Inlandsmarkt dieses Landes frei beliefern würde. Die Fernhaltung des ausländischen Wettbewerbs ist daher eine unverzichtbare Ergänzung der innerstaatlichen Wirtschaftspolitik.
>
> US-Vertreter schwärmen gelegentlich in Reden über den Freihandel. Das ist reine Illusion. Die amerikanische Agrarpolitik – Paritätspreise,

---

[37] Siehe die Dokumentation in Aaron Director, Hrsg., *Defense, Controls, and Inflation* (Chicago: University of Chicago Press, 1952).

[38] Gleichzeitig muss er mindestens den ersten Entwurf eines anderen wichtigen Werkes fertiggestellt haben. Im Juni 1951 hatte er ein Manuskript über den dialektischen Materialismus geschrieben, von dem eine spätere Version wahrscheinlich als Kapitel in *Theorie und Geschichte* (New Haven, Conn.: Yale University Press, 1957) aufgenommen wurde. Siehe Cornuelle an Mises, Brief vom 6. Juni 1951; Grove City Archive: Herbert Cornuelle Akte.

[39] Nymeyer an Mises, Brief vom 28. Mai 1951; Mises an Nymeyer, Brief vom 21. Juni 1951; Grove City Archive: Nymeyer-Akten.

> Subventionen, Begrenzung der Anbauflächen, Zerstörung der Vorräte (Kartoffeln!), und anderes – würde über Nacht zusammenbrechen, wenn ausländische Importe ins Land gelassen würden. Können Sie sich England oder Frankreich gegenwärtig mit einer Freihandelsordnung vorstellen?
>
> Je weiter ein Land in Richtung einer umfassenden Kontrolle aller Geschäftsaktivitäten voranschreitet, desto mehr muss es sich dem Ausland verschließen. Der Kampf um den Freihandel muss daher zunächst inländische protektionistische Maßnahmen angreifen.[40]

Das bedeutet natürlich nicht, dass er nun die Bedeutung des Freihandels herunterspielte. Er diskutierte ihn in seinen Vorträgen und gelegentlich auch in der Korrespondenz. Als Meister der Präzision hat Mises diesen Punkt manchmal besser in der Korrespondenz angesprochen als in seinen Büchern. Als Antwort auf die ständig wiederkehrende Frage, ob Freihandel den Verlust amerikanischer Arbeitsplätze zufolge hätte, antwortete er beispielsweise:

> Die Löhne sind in fast allen Ländern niedriger als in diesem Land. Aber die Gesamtkosten der Produktion sind für die meisten Rohstoffe - praktisch für alle Industriegüter - in diesem Land niedriger als im Ausland. Was im Wettbewerb auf dem Markt zählt, ist nicht die Höhe eines einzelnen Postens der Gesamtkostenrechnung, sondern die gesamten Produktionskosten.
>
> Es gibt natürlich einige kleinere und weniger wichtige Industriezweige, die im Freihandel einen Teil ihrer Kunden an die ausländische Konkurrenz verlieren würden. Aber ein solcher Anstieg der Einfuhren kann ceteris paribus nur dann erfolgen, wenn die amerikanischen Exporte in gewissem Maße zunehmen. Wenn die Schweizer Amerika mit Uhren «überfluten», muss Amerika die Schweiz mit anderen Gütern als Bezahlung für die erhöhte Anzahl der erhaltenen Schweizer Uhren «überfluten». Denn die Schweizer verschenken die Uhren nicht. Sie *verkaufen* sie.[41]

[...]

Die Nymeyer-Verbindung

Frederick Nymeyer hatte eintausend Exemplare von «Middle-of-the-Road Policy Leads to Socialism» gedruckt, die er kostenlos an seine Glaubensbrüder verteilte. Die Kampagne fand ein durchschlagendes Echo. Einige Monate später bestellte die Edison Company 3.100 Exemplare, die Norfolk and Western Railway Company

[40] Mises an Friedrich Hoenig, Brief vom 6. Dezember 1951; Grove City Archive: «H»-Akten. Ebenso schrieb er einige Jahre später an Rougier:

[41] Mises an Ernest Anthony, Brief vom 19. Juni 1953; Grove City Archive: Anthony-Akte.

bestellte 800 Exemplare, und weitere Aufträge folgten.[42] Mindestens ein Exemplar hatte seinen Weg über den Atlantik gefunden und fiel auf fruchtbaren Boden. Der junge englische Geschäftsmann Anthony Fisher bat darum, ihm 48 Kopien – wegen der Devisenkontrollen – als Geschenk zu schicken, die er ordnungsgemäß erhielt.[43] Und mindestens eine weitere Kopie schaffte es über den Pazifik. Ein japanischer Briefkontakt von Nymeyer schrieb ihm:

> Was ich aufschlussreich finde, ist die Tatsache, dass eine solche von seinen Broschüren, wie ich sie von Ihnen erhalten habe, überhaupt in einem Land veröffentlicht werden musste, das die einzige verbliebene Festung des freien Unternehmertums sein sollte ... wenn selbst die Amerikaner über die Vorteile des freien Unternehmertums ausgerechnet durch einen Österreicher aufgeklärt werden müssen, scheint es mir, dass die Erkrankung der Welt ziemlich weit fortgeschritten ist.[44]

Im Herbst 1950 gründete Nymeyer, angeregt durch den Erfolg seiner Kampagne, den Verlag «Consumers-Producers Economic Service» in South Holland, Illinois. Aus diesem wurde später «Libertarian Press», die auch heute noch existiert. Während der 1950er Jahre kam zu Beginn eines jeden Monats Nymeyer für zwei oder drei Tage nach New York und traf sich regelmäßig mit Mises zum Abendessen und Mittagessen. Sie wurden nie enge Freunde, aber die Beziehung zwischen dem jüdischen Agnostiker und dem niederländisch-amerikanischen Calvinisten ging dennoch über das rein Berufliche hinaus. Nymeyer kam schließlich zur Überzeugung, dass Mises «der größte lebende Verfechter des innersten Bollwerks des Christentums» sei. In verschiedenen Briefen an Howard Pew fasste Nymeyer die langjährige Reflexion über die Bedeutung von Mises' Werk für das Christentum zusammen:

> Wenn es eine Re-Reformation geben soll, muss sie meiner Meinung nach auf der Grundlage dessen erfolgen, was die Praxeologie und die Naturwissenschaften seit den Tagen der Reformation zum menschlichen Wissen beigetragen haben. In Bezug auf Fragen der Ethik bin ich zu dem Schluss gekommen, dass die Ökonomik von Dr. von Mises bei weitem das befriedigendste Mittel zur Modernisierung der Ethik

[42] Nymeyer an Delafield, Brief vom 4. April 1951; Smith an Nymeyer, Brief vom 11. Juni 1951; Grove City Archive: Nymeyer-Akten. Auf Anweisung von Mises veröffentlichte Nymeyer die Publikation unter dem Titel «Middle-of-the-Road Policy Leads to Socialism». Siehe Mises an Nymeyer, Brief vom 28. Oktober 1950; Grove City Archive: Nymeyer-Akten. Mises erhielt eine Lizenzgebühr von 10 Prozent auf die Verkäufe. Siehe zum Beispiel Nymeyer an Mises, Brief vom 6. Juni 1951; Grove City Archive: Nymeyer-Akten. Die Gesamtauflage der von Nymeyer gedruckten Exemplare betrug 10.000. Kurz nach Ende 1961, als nur noch ein Bestand von 1.380 Exemplaren übrig geblieben war, gab es einen Nachdruck und einen weiteren Nachdruck von 30.000 (!) Exemplaren 1965. Siehe Nymeyer an Lipsett, Brief vom 9. Oktober 1961; Nymeyer an Mises, Brief vom 15. Juli 1965; Grove City Archive: Nymeyer-Akten.

[43] Nymeyer schrieb: «Mr. Fishers Bitte mag eine 'Gaunerei' sein, aber meine Annahme ist, dass er ein Befürworter freier Märkte ist und dass der Einsatz dieser Broschüre eine gute Sache fördern wird.» Nymeyer an Mises, Brief vom 23. April 1951; Grove City Archive: Nymeyer-Akten. In Lateinamerika plante der Verband der mexikanischen Handelskammern, die Broschüre zu übersetzen (Mises an Nymeyer, Schreiben vom 21. Juni 1951).

[44] Jujiro Iwai an Nymeyer, Brief vom 23. Januar 1952; Grove City Archive: Nymeyer-Akten.

> der hebräisch-christlichen Religion ist. Wenn man eine solche Synthese macht, entpuppt man sich als außerordentlich konservativer Anhänger der christlichen Religion. Aber auch einige der Absurditäten sind beseitigt.[45]

Das Verlagsprojekt von Nymeyer begann wie alle Neugründungen: in kleinem Maßstab mit großen Ideen. Zuerst veröffentlichte er Mises' «Middle-of-the-Road Policy Leads to Socialism», aber er hatte bereits größere Projekte im Sinn; insbesondere plante er eine amerikanische Ausgabe von *Theorie des Geldes und der Umlaufsmittel* und eine Übersetzung der letzten Ausgabe von Böhm-Bawerks dreibändigem *Magnum Opus*.[46] Mises warnte ihn, dass das Hauptproblem nicht darin bestand, gute Bücher zu drucken, sondern die Botschaft in einem feindlichen Umfeld zu verbreiten:

> Bei den heute in diesem Land vorherrschenden Bedingungen würden solche Bücher von den Universitäten, den Bibliotheken und den einflussreichen Zeitungen und Zeitschriften boykottiert werden. Es scheint mir, dass das Hauptproblem darin besteht, das Geld für die Bekämpfung eines solchen Boykotts aufzubringen.[47]

Nymeyer wusste, dass Mises Recht hatte und er wusste, was er dagegen tun musste. Viele Jahre der Vernetzung mit amerikanischen Industriellen hatten sein Adressbuch gefüllt, und er war erstaunlicherweise in der Lage, die Vertriebswege etablierter Verlage zu umgehen, um die Öffentlichkeit direkt zu erreichen. Mises war beeindruckt. Er begann ernsthaft über den Plan von Nymeyer nachzudenken, einen qualifizierten Übersetzer für das Werk von Böhm-Bawerk einzustellen.

Mises erinnerte sich nun an einen jungen Mann aus Deutschland, der seit einiger Zeit an seinem NYU-Seminar teilnahm. Er war ein Jahr zuvor als einer der ersten Einwanderer in die Vereinigten Staaten gekommen, nachdem die deutsche Quote im Sommer 1949 geöffnet worden war. Hans Sennholz hatte bereits in Marburg und Köln Wirtschaftswissenschaften studiert und im Frühjahr 1949 an der Universität Köln promoviert. In Marburg hatte ihm ein Kommilitone geraten, die Abhandlung über das Geld des «klugen Juden» aus Wien zu lesen. Daher erkannte Sennholz, als er sich entschied, sein Studium fortzusetzen, den Namen Mises auf der Fakultätsliste der New York University wieder. Er besuchte sein Seminar mit großer Begeisterung und bat Mises nach einigen Monaten, seine Doktorarbeit zu betreuen. Sennholz erinnerte sich später daran:

> In seinen 24 Jahren an der New York University förderte Professor Mises nur vier Doktoranden, die ihre Dissertationen unter seiner Leitung

[45] Nymeyer an Pew, Brief vom 22. April 1959; Grove City Archive: Nymeyer-Akten. Die Aussage, dass Mises der «the greatest living champion of the innermost rampart of Christianity» sei, findet sich in Nymeyer an Pew, Schreiben vom 10. Februar 1959; Grove City Archive: Nymeyer-Akten. Siehe auch Nymeyer an Pew, Brief vom 17. September 1956; Grove City Archive: Pew-Akten.

[46] Nymeyer stand auch in Kontakt mit Hayek, der Böhm-Bawerks «Macht oder ökonomisches Gesetz» zur Übersetzung empfahl. Nymeyer erkundigte sich dann nach den Urheberrechten für eine Übersetzung durch John Richard Metz im Jahr 1931. Siehe Nymeyer an Sennholz und Huncke, Brief vom 5. Juni 1951; Grove City Archive: Nymeyer-Akten.

[47] Mises an Nymeyer, Brief vom 16. Januar 1951; Grove City Archive: Nymeyer-Akten.

> verfassten (Sennholz, Spadaro, Kirzner, Reisman). Als ich zum ersten Mal über meinen Plan sprach, bei ihm zu studieren und den Abschluss zu machen, lehnte er mich unverblümt ab: «Viele möchten, dass ich sie betreue, aber nur sehr wenige sind qualifiziert.» Ich war fassungslos und verletzt, verstand aber seine Reaktion, als ich erfuhr, dass die Universität jedes Jahr nur wenige Abschlüsse vergab. Professor Mises konnte einen möglichen Misserfolg nicht unterstützen. Tatsächlich hätten die vier, die er tatsächlich akzeptiert hat, sein ganzes Kontigent an erfolgreichen Doktoranden gewesen sein können. Als ich meine Anfrage sechs Wochen später wiederholte, reagierte er ganz anders; er nahm mich gerne und höflich als seinen Doktoranden an und schlug sogar eine Reihe von Themen für meine Dissertation vor.[48]

In den folgenden Jahren schrieb Sennholz nicht nur seine Dissertation, sondern übersetzte auch Böhm-Bawerk. Auf Vorschlag von Mises stellte Nymeyer auch den englischen Muttersprachler George D. Huncke als Mitübersetzer ein.[49] Viele Jahre später erwies sich die Verbindung Nymeyer-Sennholz als wichtig für die Aufrechterhaltung der Mission der Libertarian Press, als Sennholz das Unternehmen übernahm.

Nymeyer hatte eine weitere Verlagsidee, die sich als sehr erfolgreich erwies. Er hatte sich intensiv mit der Frage beschäftigt, wie Mises' Ideen in einer besser zugänglichen Form als einer 900-seitigen Abhandlung der Öffentlichkeit präsentiert werden könnten. Er fand die Antwort, als die von ihm gegründete Libertarian Press 1952 eine Sammlung von Artikeln veröffentlichte, die Mises in den vorangegangenen sieben Jahren geschrieben hatte.[50] Das Buch trug den Titel *Planning for Freedom*. Dies war auch der Titel des ersten Essays, das Mises 1945 als Reaktion auf Hayeks Satz von der Regierungsplanung für den Wettbewerb geschrieben hatte. Die anderen Kapitel kritisierten verschiedene Aspekte der interventionistischen Theorie, Geschichte und Praxis; sie stellten auch die Erfahrungen mit dem Interventionismus dem Funktionieren des freien Marktes gegenüber. Jedes Kapitel konnte unabhängig voneinander gelesen werden, und das ergab eine hervorragende «leichte» Einführung in die misesianische Ökonomik. Der Umsatz entwickelte sich sehr zufriedenstellend. Eine Bestellung kam aus der Sowjetunion. Mises kommentierte:

> Ich hoffe, dass der Kauf von *Planning for Freedom* die Moskauer Samm-

[48]Er fuhr fort: «Er hat wahrscheinlich seine Meinung über mich geändert, als er erfuhr, dass ich ein Deutscher mit einem Doktorat der Universität Köln bin, den ich im Alter von 27 Jahren nach fast sieben Jahren in der Armee (15. November 1939 - 14. September 1946) erworben hatte.» Hans F. Sennholz, «Finding My Way», eine Rede bei der Verleihung des Schlarbaum-Preises (San Mateo, Kalifornien, 16. Oktober 2004). Edward Facey erhielt auch sein Doktorat unter Mises.

[49]Mises' Vorschlag ist in seinem Brief an Nymeyer vom 27. Januar 1951 enthalten; Grove City Archive: Nymeyer-Akten. Im Dezember 1952 kam es zu Konflikten zwischen den beiden Übersetzern. Siehe Nymeyer an Mises, Brief vom 11. Dezember 1952; Grove City Archive: Nymeyer-Akten.

[50]Etwa ein Jahr später hatte Nymeyer eine andere Idee und schlug vor, *Human Action* durch die Erstellung eines Glossars besser zugänglich zu machen. Nymeyer an Mises, Brief vom 25. November 1953; Grove City Archive: Nymeyer-Akten. Später setzte Percy Greaves diese Idee in die Tat um.

lung meiner Publikationen vervollständigen wird.[51]

Amerikanische Ausgabe von Theorie des Geldes und der Umlaufsmittel

Der Erfolg von *Human Action* ebnete den Weg für eine Neuauflage von *Theorie des Geldes und der Umlaufsmittel* im Jahr 1953. Ende der 1940er Jahre war das Buch einige Jahre vergriffen.[52] Nymeyer war bereit, eine neue Ausgabe zu veröffentlichen, aber Mises wählte die renommiertere Yale University Press, die daran interessiert war, mehr von ihrem Bestsellerautor zu veröffentlichen. In wahrhaft christlichen Geiste förderte Nymeyer das Buch durch eine Flyerkampagne. Fünftausend Flyer wurden an Bankiers und weitere 10.000 an andere potenzielle Käufer verschickt.[53]

Mises nutzte die Gelegenheit, um dem Buch einen neuen vierten Teil «monetary reconstruction» hinzuzufügen, der die Wiedereinführung des Goldstandards befürwortet. Hier formulierte er Ideen, die er in früheren Werken zum Ausdruck gebracht hatte, aber eine größere intellektuelle Reife hatte die Darstellung einfacher gemacht. Er kombinierte diese älteren, technischeren Ideen mit dem Argument gegen die einzig mögliche Alternative zum Goldstandard, nämlich die Inflation. Mises dachte, dass die Vereinigten Staaten am Rande des Abgrunds von Inflationismus und Interventionismus standen, die er in Europa erlebt hatte. Lediglich in einem Punkt unterschied sich die amerikanische Situation von Deutschland in den Jahren 1914 und 1923: das Vorhandensein einer lauten Opposition gegen diesen Niedergang.[54]

Aber er fügte auch zwei entscheidende Erkenntnisse hinzu, die er seit der letzten Ausgabe seines Buches gewonnen hatte.

Das erste dieser Erkenntnisse war, dass es nicht einmal in einem Notfall ein Argument für die Inflation gab. Die Verfechter der Inflation in einer Notsituation waren sich einig, dass unter normalen Umständen diese Politik keinen wirtschaftlichen Nutzen bietet, aber sie argumentierten, dass die Inflation als letztes Mittel gerechtfertigt wäre, wenn ein nationaler Notstand (wie ein Krieg) den Fortbestand der Regierung erfordert und Steuern und Schulden diesen nicht sichern können.[55]

Mises merkte an, dass, *wenn* eine Mehrheit der Bürger wirklich hinter der Regierung und ihrer Politik stünde, keine Inflation notwendig wäre. In diesem Fall würde sich die politische Entschlossenheit der Mehrheit in einer höheren Besteuerung niederschlagen. Es gibt nur ein denkbares Szenario, in dem das Notfallargument gilt: wenn die Mehrheit mit der Regierung nicht einverstanden ist. Entweder ist sie der Auffassung, dass die Regierung bereits über die erforderlichen Ressourcen verfügt, oder dass überhaupt kein Notfall besteht. So oder so, der Rückgriff auf

[51]Mises an Nymeyer, Brief vom 24. März 1955; Grove City Archive: Nymeyer-Akten.

[52]Nymeyer-Akten, um 1950.

[53]Er hat vielleicht Mises' Artikel «About Things to Come» zusammen mit dem Flyer geschickt. Siehe Nymeyer an Mises, Brief vom 22. Oktober 1953; Grove City Archive: Nymeyer-Akten.

[54]Mises an Hagemann, Brief vom 6. Januar 1955; Grove City Archive: Hagemann-Akte.

[55]Er stellt fest:

die Inflation wäre gleichbedeutend mit der Einführung einer antidemokratischen Minderheitsregierung. Er hatte diesen Punkt bereits 1923 auf dem Höhepunkt der deutschen Hyperinflation angesprochen. Aber seine Formulierung war damals vorsichtig und er bestand nicht auf dem Punkt.[56] 1954 erklärte er unmissverständlich, dass Inflation der finanzielle Aspekt der Tyrannei sei. Es sei kein Instrument legitimer Einnahmen, sondern ein Instrument der Unterdrückung:

> Es besteht keine Notwendigkeit, die Frage zu erörtern, ob die Meinung der Regierung oder der Mehrheit richtig ist. Vielleicht hat die Regierung Recht. Wir befassen uns jedoch nicht mit dem Inhalt des Konflikts, sondern mit den Methoden, die von den Herrschern für dessen Lösung gewählt werden. Sie lehnen den demokratischen Weg ab, die Mehrheit zu überzeugen. Sie maßen sich selbst die Macht und das moralische Recht an, den Willen des Volkes zu umgehen. Sie sind bestrebt, die Zustimmung des Volkes zu gewinnen, indem sie die Öffentlichkeit über die Kosten der vorgeschlagenen Maßnahmen täuschen. Während sie scheinbar das verfassungsgemäße Verfahren der repräsentativen Regierung befolgen, ist ihr Verhalten in Wirklichkeit nicht das gewählter Amtsträger, sondern das von Vormündern des Volkes. Der gewählte Vertreter hält sich nicht mehr für einen Beauftragten des Volkes, er wird zum Führer.

Er fuhr fort:

> Es ist nicht nur ein Zufall, dass die Inflation in unserer Zeit zur akzeptierten Methode der Geldpolitik geworden ist. Die Inflation ist die fiskalische Entsprechung zu Etatismus und staatlicher Willkür. Sie ist ein Rädchen im Komplex von Politiken und Institutionen, die allmählich zum Totalitarismus führen.[57]

Die zweite Einsicht, die Mises der Ausgabe von 1954 hinzugefügt hat, stellt auch eine Abkehr von seinem Denken im Jahr 1934 dar, und noch mehr von seinen Ansichten von 1912, als er das Buch zum ersten Mal veröffentlichte. Die Einsicht betrifft die Notwendigkeit eines tatsächlichen Umlaufs von Goldmünzen. 1912 verunglimpfte er solche «metallistischen» Ansichten fast, aber vierzig Jahre Erfahrung hatten ihn weiser gemacht. Das betonte er nun:

> Gold muss sich in den Bargeldbeständen aller befinden. Jeder muss sehen, wie Goldmünzen von einer Hand zur anderen gehen, muss daran gewöhnt sein, Goldmünzen in seinen Taschen zu haben, Goldmünzen zu erhalten, wenn er seinen Gehaltsscheck einlöst, und Goldmünzen auszugeben, wenn er in einem Geschäft kauft.[58]

---

[56]Mises, «Die geldtheoretische Seite des Stabilisierungsproblems», *Schriften des Vereins für Socialpolitik* 164, Nr. 2 (München: Duncker & Humblot, 1923): 32.

[57]Mises, *Theory of Money and Credit*, S. 468 [eigene Übersetzung].

[58]Ebd., S. 493 [eigene Übersetzung]. Ebenso schrieb er in der privaten Korrespondenz: «Es gibt nur eine effektive Methode, um Inflation zu vermeiden. Alle Staatsausgaben müssen durch Steuern und durch öffentliche Kredite gedeckt werden, nicht durch Kredite bei den Geschäftsbanken.» Mises an Howard Pew, Brief vom 6. November 1951; Grove City Archive: Pew-Akten.

Natürlich war Mises nicht zu einem «Gold bug» geworden. Er hatte keinen Fetisch am gelben oder irgendeinem anderen Metall gefunden. Der Punkt war, dass nur ein Sachgeld die Bürger in Geldfragen souverän machte. Solange sie echtes Geld zur Hand hatten, waren sie wirklich dafür verantwortlich, und sie würden sofort feststellen, wenn von einer soliden Politik abgewichen würde. Jede Weigerung einer Bank oder Regierung, Schecks einzulösen, würde sofort als Betrug erkannt werden.

> Was wir brauchen, ist die rechtzeitige Alarmierung der Massen. Der Arbeiter, der seinen Gehaltsscheck einlöst, sollte lernen, dass ihm übel mitgespielt wurde. Der Präsident, der Kongress und der Supreme Court haben eindeutig ihre Unfähigkeit oder mangelnde Bereitschaft bewiesen, den einfachen Mann, den Wähler, davor zu schützen, von inflationären Machenschaften geschädigt zu werden. Die Funktion der Sicherung einer gesunden Währung muss in neue Hände, in die der ganzen Nation übergehen.[59]

Am Ende, so Mises, gab es keine Argumente gegen den Goldstandard; es gab nur die zynische Behauptung, dass die Wiedereinführung ein utopisches Unterfangen sei. Er antwortete sehr ähnlich, wie er seine Kritik am Sozialismus abgeschlossen hatte:

> Doch wir haben nur die Wahl zwischen zwei Utopien: der Utopie einer Marktwirtschaft, die nicht durch Regierungssabotage gelähmt ist einerseits und der Utopie einer totalitären Zentralplanung andererseits. Die Wahl der ersten Alternative impliziert die Entscheidung für den Goldstandard.[60]

Graue Eminenz und Wandergelehrter

Der Erfolg von *Human Action* war nicht der einzige Grund von Mises' Einfluss auf die liberale Bewegung in Amerika. Ein weiterer Faktor war ironischerweise seine relative Isolation unter den akademischen Ökonomen. Ende der 1940er Jahre galt Mises bereits als Außenseiter sowohl in seinen Forschungsmethoden als auch in seiner politischen Orientierung. Dann rückte ihn *Human Action* ins Rampenlicht, und plötzlich wog seine Autorität schwer bei der Entscheidung über die wenigen, aber ansehnlichen Budgets, die zur Unterstützung von Bildung und Forschung mit marktwirtschaftlicher Ausrichtung geschaffen worden waren.

Dreißig Jahre sozialwissenschaftliche Forschungsförderung durch die Rockefeller-Stiftung und andere, die eine explizit «szientistische» Ausrichtung verfolgten, hatten den Stand der Ökonomik und anderer Disziplinen geprägt. Das Geld von Rockefeller, Ford, Carnegie und anderen wurde über das 1923 von Rockefeller

[59] Mises, *Theory of Money and Credit*, S. 494 [eigene Übersetzung].

[60] Ebd., S. 500 [eigene Übersetzung]. Er hatte kaum Zweifel daran, dass diese Warnungen unbeachtet bleiben würden. Siehe seinen Brief an Rougier vom 3. Januar 1952; Grove City Archive: Rougier-Akten.

gegründete Social Science Research Council an die Universitäten geleitet. Nach außen hin vertrat das Council sieben große sozialwissenschaftliche Organisationen, aber in Wirklichkeit war es eine sich selbst erhaltende Institution. Im Januar 1954 kommentierte Karl E. Ettinger, ein privater Forschungsberater, die Rolle des Council in einem Brief an F.A. Hayek. Er zitierte ausführlich aus R.B. Fosdicks *Geschichte der Rockefeller-Stiftung* und schloss:

> Es scheint starke Beweise dafür zu geben, dass die Entstehung der Orthodoxie einer quantitativen Soziologie stark von der Anziehungskraft des Geldes und der Kontrolle der verfügbaren Mittel durch eine Stiftungsbürokratie beeinflusst wurde, die wusste, was sie wollte, und die die Nachahmung der Methoden der Naturwissenschaftler durch Sozialwissenschaftler bevorzugte.[61]

Nur noch wenige Privatpersonen und Institutionen unterstützten Sozialphilosophen des alten Schlags. Mises kannte sie alle, und *Human Action* hatte seiner Autorität einen großen Schub verliehen. Der Volker-Fonds hatte ihn seit 1945 finanziert. Aber nach der Veröffentlichung seiner Abhandlung begann der Fonds, Vorlesungen und größere Seminare für Mises zu unterstützen, und er begann sogar, Mises' Schüler zu fördern. So förderte der Volker-Fonds von 1955 bis 1969 ein einjähriges Stipendium in Volkswirtschaftslehre an der Graduate School of Business Administration der NYU. Mises wählte den Empfänger aus.[62] Einige Zeit lang kontrollierte er an der NYU auch ein Budget von jährlich $12.500.[63] Und andere Institutionen begannen dasselbe zu tun, z.B. die Earhart-Stiftung übernahm Reiseausgaben und Stipendien für Studenten, die National Association of Manufacturers organisierte und bezahlte Seminare und Howard Pew und andere subventionierten *The Freeman*. Mehrere Jahre lang war die Finanzierung von Mises und seinen Projekten fast selbstverständlich. Sein Urteil über Personen und Projekte war oft entscheidend.[64]

[61]Ettinger an Hayek, Brief vom 5. Januar 1954; Grove City Archive: Ettinger-Akte. Ettinger verweist auf Raymond B. Fosdick, *The Story of the Rockefeller Foundation* (New York: Harper, 1952). Die politische Brisanz dieser Beobachtungen ergab sich aus dem steuerfreien Status, den die großen Stiftungen genossen. Siehe dazu Harry D. Gideonse, «Changing Issues in Academic Freedom in the United States Today», *Proceedings of the American Philosophical Society* 94, no. 2 (1950); Mises' Brief vom 24. Mai 1954; Grove City Archive: U.S. Kongress-Akten. Mises kannte Ettinger mindestens seit 1946. Ettinger koordinierte im Auftrag der Forschungsstelle für die Erdölindustrie die Forschung über Verbrauchergenossenschaften. Siehe Grove City Archive: Akte der Petroleum Industry Research Foundation.

[62]Der erste Empfänger war Hans Sennholz (1955 - 56). Israel Kirzner war 1956-57 Preisträger und Toshio Murata 1959-1960 (nach seiner Rückkehr nach Japan begann er, die Theorien von Mises zu verbreiten und übersetzte auch *The Ultimate Foundation of Economic Science* und *Human Action* ins Japanische). Nur zwei Studenten erhielten das Stipendium für drei aufeinander folgende Jahre. Einer dieser Schüler war Robert Guarnieri, von 1963 bis 1966. Siehe die Korrespondenz im Grove City Archive: Guarnieri-Akte. Guarnieri war Schüler von Hans Sennholz in Grove City. Später machte er eine Karriere als Geschäftsmann.

[63]Diese Zahlungen begannen nach dem Dezember 1958. Siehe Bierly an Taggart, Brief vom 17. März 1960; Grove City Archive.

[64]Im Herbst 1958 riet der Wirtschaftshistoriker Emil Kauder Raymond de Roover, der auf der Suche nach einer Finanzierung eines Forschungsprojektes war, nicht direkt an den Volker-Fonds zu schreiben, sondern zunächst mit Mises oder Hayek Kontakt aufzunehmen. Siehe die Korrespondenz im Grove City Archive: Roover-Akten.

Diese plötzliche Konzentration von Ressourcen auf Mises spiegelte mehr wider als der Respekt, der dem Mann geschuldet wurde - es war auch das Zeichen eines gewichtigen Problems in der marktwirtschaftlichen Bewegung: Anfang der 1950er Jahre standen erhebliche Mittel für ein Stipendium zur Verfügung, aber es gab nicht viele liberale Wissenschaftler von Mises' Bedeutung. Die Situation war ziemlich düster, wie Lawrence Fertig in einem Brief festhielt:

> Nehmen Sie die Fakultät der Columbia University. Abgesehen von Dr. George Stigler und Dr. Leo Wolman bezweifle ich, dass es an der gesamten wirtschaftswissenschaftlichen Fakultät ein anderes Mitglied gibt, das den marktwirtschaftlichen, liberalen Standpunkt vertritt. In Yale vertraten von dreißig Mitgliedern der wirtschaftswissenschaftlichen Fakultät bis vor kurzem nur zwei – Professor Henry Fairchild und ein anderer – die alte liberale Sichtweise. Die Harvard-Fakultät wird von Männern wie Professor Seymour Harris, Alvin Hansen, Sweezy und anderen ihres Schlags dominiert, deren Bandbreite von Keynesianern bis hin zu reinen Sozialisten reicht. Diese Fakultät steht definitiv unter dem großen Einfluss von Keynesianern und Kollektivisten, obwohl es einige bedeutende Männer wie John D. Williams und Sumner Slichter gibt, deren Auffassungen nicht so weit gehen. Das gleiche gilt für kleinere Colleges, wie Williams, Amherst, etc. Die New School for Social Research hat keinen einzigen Liberalen an ihrer Fakultät. Das Sarah Lawrence College wahrscheinlich auch keinen einzigen.[65]

Die Männer auf Fertigs kurzer Liste der Liberalen waren weniger originell als Mises, weniger radikal und weniger offen in ihrer Unterstützung des *Laissez-faire*-Kapitalismus–eine Tatsache, die für alle Beteiligten offensichtlich war. Mises selbst hielt viele von ihnen für moderate Interventionisten, eine Meinung, die seine Geldgeber zu respektieren gelernt hatten. Gelegentlich empfahl er Lehrbücher, die von diesen anderen Männern geschrieben wurden, zum Beispiel *Understanding Our Free Economy* von Fairchild und Shelly, und Introduction to Economics* von Van Sickle und Rogge. Aber das meiste, was er von diesen Büchern sagen konnte, war, dass der in ihnen vertretene Interventionismus weniger radikal war als der in allen anderen Lehrbüchern, von denen er glaubte, dass sie «theoretisch *völlig* fehlerhaft waren (Marx, Keynes, Ökonometrie) und eine radikal interventionistische, wenn nicht gar sozialistische Ausrichtung hatten».[66]

Kurz gesagt, es gab keinen Ersatz für Ludwig von Mises, und diese Tatsache hatte unglückliche Folgen für den amerikanischen Liberalismus in den folgenden Jahrzehnten.

New York Circles

Mises' Aktivitäten in New York konzentrierten sich auf sein NYU-Seminar. Anfang bis Mitte der 1950er Jahre nahmen vier große Gruppen am NYU-Seminar teil.

[65] Fertig an Paul McGhee, Brief vom 3. April 1952; Grove City Archive: Fertig-Akten.

[66] Mises an Ballvé, Briefe vom 13. Februar 1956 und 13. Mai 1957; Grove City Archive: Ballvé-Akten.

Zuerst gab es eine Gruppe von NYU-Studenten, die für die Belegung des Seminars «credits» erhielten. Die überwiegende Mehrheit von ihnen war völlig uninteressiert an wissenschaftlichen Fragen der ökonomischen Analyse. Doch es gab Ausnahmen. Ein früher Student, der enger mit Mises zusammenarbeitete und von 1951 bis 1953 sein Assistent war, war Hugh P. King, der später Wirtschaftsberater wurde.[67] Dann gab es Morton Cobrin, der 1952 eine 300-seitige Masterarbeit verfasste, die einige der Grundideen von *Human Action* in einer besser zugänglichen Sprache verdichtete. Cobrin besuchte dann Mises' Seminar über «Government Control and the Profit System».[68] Aber es gab auch wichtigere Ausnahmen. Mindestens drei reguläre NYU-Schüler sollten schließlich zu wichtigen Misesianern werden, die, jeder auf seine eigene Weise, dort weitermachten, wo ihr Lehrer aufgehört hatte: Hans Sennholz, Israel Kirzner und George Reisman.[69]

Hans Sennholz, der Böhm-Bawerk übersetzt hatte, promovierte 1954 unter Mises und veröffentlichte seine Dissertation Anfang 1955 unter dem Titel *How Can Europe Survive?* Mit Unterstützung von Mises hatte Sennholz ein Earhart-Forschungsstipendium für das akademische Jahr 1953-1954 erhalten, als das Stipendienprogramm begann.[70] Mises lobte ihn als herausragend in seinem «fachlichen Können, pädagogischen Talent und seinem persönlichen Charakter».[71]

Im Gegensatz zu Sennholz hatte der junge Israel Kirzner vor seiner Teilnahme am Seminar nichts von Mises gewusst. Er war nicht einmal ein Student der Volkswirtschaftslehre, sondern ein Student der Betriebswirtschaftslehre, der ein volkswirtschaftliches Seminar besuchen musste, um die Studienanforderungen zu erfüllen. Da er nicht das geringste Wissen von der Volkswirtschaftslehre hatte, beschloss er, den Kurs des Volkswirtschaftslehre-Professors der NYU mit den meisten Publikationen zu belegen. Ab September 1954 besuchte Kirzner viele Jahre lang das Seminar von Mises und fungierte schließlich als (von Volker gesponserter) Tutor für die jüngeren Schüler. Er wechselte von der Betriebswirtschaftslehre zur Volkswirtschaftslehre und studierte bei Mises, um bei ihm zu promovieren, was er 1957 mit *The Economic Point of View* machte. Kirzner wurde schließlich Professor für Volkswirtschaftslehre an der NYU und wurde mit seinen zahlreichen Buchpublikationen zur Unternehmertheorie berühmt, und ging 2002 in den Ruhestand.[72].

Der dritte wichtige Misesianer aus den Reihen der regulären Studenten von Mises war George Reisman, der 1963 unter Mises mit einer theoretischen Untersuchung der Zinssätze promovierte. Der Titel seiner Arbeit lautet: *The Theory of*

[67]King an Mises, Brief vom 4. Juni 1953; Grove City Archive: King-Akte.

[68]Cobrin an Mises, Brief vom 10. Juni 1952; Grove City Archive: «C»-Akten. Cobrin hatte seine Masterarbeit unter der Leitung eines Dr. Dorau geschrieben.

[69]Bemerkenswert, aber weniger wichtig waren Louis Spadaro und Edward Foley.

[70]Er war immer noch der einzige Schüler, den Mises bis März 1955 empfohlen hatte. Bis dahin hoffte Mises, dass «auch andere Teilnehmer meines Seminars bald die Anforderungen erfüllen werden». Mises an Loren B. Miller, Brief vom 21. März 1955; Grove City Archive: Earhart Foundation-Akte.

[71]Mises an Chellevold, Brief vom 1. März 1956; Grove City Archive: Sennholz-Akten.

[72]Kirzner war von 1956 bis 1957 Volker-Stipendiat und erhielt Anfang 1957 ein Forschungsstipendium der Earhart-Stiftung. Zu diesem Zeitpunkt hatte er seine Dissertation bereits verteidigt und war dabei, die endgültige Version vorzulegen. Siehe Mises an Ware, Brief vom 28. Januar 1957; Grove City Archive: Kirzner-Akten. Mises lobte Kirzner als «einen jungen Mann, der verspricht, ein sehr kompetenter Lehrer und Autor zu werden». Mises an Ware, Brief vom 7. Februar 1957; Grove City Archive: Kirzner-Akten.

Aggregate Profit and the Average Rate of Profit. Sein lebenslanges Forschungsprojekt war die große Synthese von klassischer Ökonomik, Österreichischen Schule der Ökonomik und Ayn Rands «objektivistischer» Sozialphilosophie. Als Ergebnis dieser Bemühungen veröffentlichte er schließlich sein *Magnum Opus, Capitalism* (1996). Heute ist er emeritierter Professor an der Pepperdine University in Kalifornien.

Die zweite Gruppe am Seminar bestand aus Fachleuten und Geschäftsleuten. Zu dieser Gruppe gehörten persönliche Freunde von Mises wie Henry Hazlitt, Lawrence Fertig und George Koether. Aber es gab auch Männer wie Dr. Richard Fruin, einen Kommandanten der U.S. Navy, der Mises durch dessen Veröffentlichungen kennengelernt hatte und die Gelegenheit nutzte, von Ende 1954 bis Ende 1961 am Seminar teilzunehmen.

Die dritte Gruppe kam von FEE. Dazu gehörten Mitarbeiter der Stiftung und Studenten, die über FEE mit der Österreichischen Schule der Ökonomik vertraut gemacht wurden. Die regelmäßigsten Teilnehmer waren Bettina Bien und Percy Greaves, die den Kern des Seminars bis zum Ende bilden sollten.

Die vierte Gruppe war ein Spin-off der FEE-Leute. Es bestand aus radikalen jungen Freunden der freien Marktwirtschaft um Murray Rothbard, darunter Ralph Raico, George Reisman, Leonard Liggio und Robert Hessen. Sie nannten sich selbst der Circle Bastiat.

Als Rands Roman *Atlas Shrugged* 1957 erschien, hatte er einen tiefen Einfluss auf den Circle Bastiat und beeindruckte auch Mises und andere hochrangige Mitglieder seines Seminars.[73] Rothbard las den Roman im Herbst und diskutierte ihn endlos mit Reisman. Sie diskutierten auch weiterhin die Frage, ob die Kapitalbildung einen sinkenden Zinssatz mit sich bringt. Für Reisman waren diese Diskussionen der Ausgangspunkt für ein lebenslanges Forschungsprogramm.[74]

Das Seminar war nach allen Maßstäben von sehr hoher Qualität. In den ersten zehn Jahren seines Bestehens stand Mises auf dem Höhepunkt seiner Lehrtätigkeit. Ein Teilnehmer, der von Anfang an im Jahr 1945 an den Sitzungen teilgenommen hatte, schrieb 1952 eine Dankesschreiben, in dem er erklärte, dass er von zwei Fakten besonders beeindruckt gewesen sei:

> Erstens hat es eine seriöse Gruppe von Personen angezogen, deren unterschiedliche berufliche Interessen dabei halfen, eine fruchtbare Diskussion anzuregen; im Gegensatz zu den meisten Seminaren baut, zweitens, jedes Folgejahr auf dem intellektuellen Erwerb des vergangenen Jahres auf, ohne den Eindruck zu erwecken, dass der Student einen früheren Kurs wiederholt.[75]

[73] 1954 begann Rothbard mit der Gruppe um Ayn Rand Kontakt zu knüpfen, zog sich dann aber zurück, nachdem er zum Schluss gekommen war, dass Ayn Rand nicht wirklich liberal war. Nachdem *Atlas Shrugged* veröffentlicht worden war, gab es jedoch eine vorübergehende Annäherung und der Circle Bastiat wurde Rand vorgestellt. Dies führte schließlich zur Auflösung des Circle Bastiat. Siehe Rothbard an Mises, Brief vom 17. Juli 1958; Grove City Archive: Rothbard-Akten. Siehe auch Justin Raimondo, *An Enemy of the State: The Life of Murray N. Rothbard* (Amherst, N.Y.: Prometheus Books, 2000), S. 109ff.

[74] Reisman an Ware, Brief vom 14. Juli 1963; Grove City Archive: Reisman-Akten. Siehe auch das Vorwort zu Reismans *Capitalism* (Ottawa, Ill.: Jameson Books, 1996).

[75] Frank Dierson an Mises, Brief vom 10. Juni 1952; Grove City Archive: «D»-Akten.

Was das Seminar für die spätere Verbreitung der Ideen von Mises besonders wichtig macht, ist, dass es eine Gruppe exzellenter Studenten zusammengebracht hat, für die *Human Action* der Ausgangspunkt für weitere intellektuelle Arbeit war. Keine frühere Gruppe seiner Studenten hatte dieses Privileg, und es hatte einen spürbaren Einfluss auf ihre weitere intellektuelle Entwicklung und auf die von ihnen gegründeten Schulen. Es ist aufschlussreich, die Fälle von Sennholz und Rothbard mit dem Fall von Fritz Machlup zu vergleichen, der in den 1920er und frühen 1930er Jahren Mises' Vorzeigeschüler gewesen war. Alle drei Männer waren hochkarätige Intellektuelle, aber nur die beiden ersteren wurden zu echten Misesianern. Ein möglicher Grund für die unterschiedliche Entwicklung findet sich im nunmehrigen Vorhandensein von *Human Action* .

Wie er es mit seinen Schülern in Wien und Genf getan hatte, inspirierte Mises seine amerikanischen Schüler, rigorose deduktive Argumentation bei der Analyse politisch relevanter Themen anzuwenden. Aber sie taten mehr: Sie folgten der Logik ihrer politisch radikalen Schlussfolgerungen. Murray Rothbard prahlte in seinem jugendlichen Überschwang einmal damit, dass seine bevorstehende Verteidigung der Marktwirtschaft «viel konsequenter sein wird als die von Mises, weil sie auf der Grundlage der 'Wohlfahrtsökonomik' erfolgt, die ich im Wesentlichen in meinem *Festschrift*-Artikel dargelegt habe.»[76] Es ist undenkbar, dass einer von Mises' Wiener Studenten damit geprahlt hätte, dass er liberaler sei als sein Professor – die Wiener Studenten dachten, dass Mises dazu neigte, das Argument für die Marktwirtschaft zu überdehnen.

Aber Rothbard war nur ein Extremfall der gesamten Spezies der misesianischen Studenten in der Zeit nach dem Erscheinen von *Human Action.* Ihr Lieblingssport war es, etatistische Argumente und Prämissen in Mises' Werken zu finden. Sie genossen es, seinen Sozialismus «zu enthüllen» und waren erheitert, als Rothbard den alten Meister «ein Mitglied der nicht-kommunistischen Linken» nannte.[77]

Dieser neue Radikalismus strahlte über Mises' NYU-Seminar hinaus. Inspiriert von *Human Action* machten sich mehrere Autoren daran, Freiheit, Eigentum und Kapitalismus als absolute Prinzipien der Gesellschaftsordnung zu verteidigen. Der bekannteste Fall ist Ayn Rand, die die politische Korrektheit ihrer Zeit mit einer stolzen, durchsetzungsfähigen Verteidigung von Individualismus und Kapitalismus schockierte, die sich direkt aus den Titeln ihrer Bücher ablesen lässt. Werke wie *Kapitalismus—Das unbekannte Ideal* und *Die Tugend des Egoismus* wurden von *Human Action* inspiriert, eine intellektuelle Schuld, die sie gnädigerweise anerkannte. Doch Rand war keine Ausnahme. Im September 1955 erhielt Mises ein umfangreiches Manuskript mit dem Titel «Das kapitalistische Manifest». Der Autor, ein gewisser Joe Abrahamson, bat ihn um Kommentare.[78] Es war das Werk eines begeisterten Amateurs, aber es zeigte, wohin immer mehr seiner Leser un-

---

[76]Rothbard, Bericht an R. Cornuelle, 19. Juli 1955, 6 Seiten, Rothbard Papers (mindestens eine Seite fehlt). Rothbard hatte 1954 eine erste Version dieses Artikels geschrieben und ihn (erfolglos) bei *Economica* eingereicht. See Rothbard an Mises, Brief vom 22. September 1954; Grove City Archive: Rothbard-Akten.

[77]Wie aus Ralph Raicos Erinnerungen an Rothbard zitiert in Llewellyn H. Rockwell, Jr., ed. *Murray N. Rothbard: In Memoriam* (Auburn, Ala.: Ludwig von Mises Institut, 1995), S. 3.

[78]Abrahamson an Mises, Brief vom 7. September 1955; Grove City Archive: Abrahamson-Akte. Mises antwortete, er hoffe, bald die Zeit zu finden, um es sorgfältig zu studieren.

terwegs waren.

Der Höhepunkt dieser glorreichen Jahre war die Veröffentlichung einer *Festschrift* für Mises anlässlich des fünfzigsten Jahrestages seiner Promotion, die Mises 1906 an der Universität Wien erworben hatte. Mises erhielt das Buch bei einer Feier am 7. März 1956 in Manhattan. Hans und Mary Sennholz organisierten die Veranstaltung.[79] Etwa ein Jahr vor der Feier hatten sie Beiträge von Seminarteilnehmern wie Hazlitt, Rothbard und Sennholz sowie von verschiedenen anderen Intellektuellen, die Mises in irgendeiner Weise nahe gestanden waren, eingeladen.[80]

Das Ehepaar Sennholz bemühte sich, eine engere Einbindung der ehemaligen Studenten und Kollegen von Mises aus Wien zu vermeiden, deren politische Ausrichtung deutlich weniger liberal war als die des NYU-Seminars. Von den zwanzig Mitwirkenden waren nur drei - Röpke, Machlup und Hayek - mit Mises in Wien befreundet. So wurde die *Festschrift* zu einem getreuen Spiegelbild der Veränderung der intellektuellen Umgebung von Mises. Es sollte eine Feier des intellektuellen Argumentes für die menschliche Freiheit und den freien Markt sein, und des Mannes, der so viel getan hatte, um dieses Argument zu entwickeln. Der Titel machte es deutlich: *On Freedom and Free Enterprise* (Über Freiheit und freies Unternehmertum).[81]

Sennholz am Grove City College.

Während Rothbard noch damit beschäftigt war, das Manuskript seines *Magnum Opus* zu schreiben und zu verbessern, war Hans Sennholz bereits ein Qualitätsprodukt von Mises' NYU-Seminar. Er hatte eine sehr tiefschürfende Dissertation verfasst und sie 1955 bei Jasper Cranes Van Nostrand Company veröffentlicht. Und im Gegensatz zu Rothbard, der nächtelang mit Freunden arbeitete oder diskutierte, den größten Teil des Tages schlief, Termin für Termin verpasste und eher unordentlich war, legte Sennholz die deutschen persönlichen Tugenden von Pünktlichkeit, Ordnung und Zuverlässigkeit an den Tag. Mitte der 1950er Jahre war er sichtlich der wichtigste Schüler von Mises.

[79] Hayek und Machlup hatten darüber nachgedacht, 1951 eine Festschrift zum siebzigsten Geburtstag von Mises zu organisieren. Keiner von ihnen war jedoch bereit, sich die Mühe zu machen, und so wandten sie sich an Hazlitt, «um die gesamte technische Arbeit im Zusammenhang mit der Bearbeitung eines solchen Bandes zu übernehmen». Siehe Machlup an Hazlitt, Brief vom 28. November 1950; Hoover Institution: Machlup-Mises Korrespondenzakte. Hazlitt war zu beschäftigt, um Teilzeitassistent von Hayek und Machlup zu werden, aber das entscheidende Hindernis war finanzieller Natur: Es konnte kein Verlag gefunden werden. Siehe Machlup an Mary Sennholz, Brief vom 1. November 1954; Hoover Institution: Machlup-Mises Korrespondenzakte.

[80] Faustino Ballvé hatte die Bitte erhalten, bis März 1955 einen Beitrag zu verfassen. Siehe Ballvé an Mises, Brief vom 18. März 1955; Grove City Archive: Ballvé-Akten. Louis Rougier zog seinen Beitrag zurück, weil er dachte, er sei schlecht ins Englische übersetzt, und Alfred Müller-Armack lehnte ab und sagte, er habe keine Zeit; siehe Grove City Archive: Mary Sennholz archiviert.

[81] Das bedeutet nicht, dass kritische Stimmen verbannt wurden. William Rappard trug eine wichtige Kritik an Mises' Theorie des Interventionismus bei. Rappard veröffentlichte hier Gedanken, die er längst in der Privatkorrespondenz zum Ausdruck gebracht hatte. Siehe zum Beispiel anlässlich der Veröffentlichung von *Nationalökonomie*. Rappard an Mises, Brief vom 31. Mai 1940; Grove City Archive: Rappard-Akte.

Sennholz war nicht nur ein intellektueller Erbe in der Tradition der Österreicher, sondern hatte auch die Vision, den Antrieb und die Begeisterung, die Österreichische Schule und die aufkeimende intellektuelle liberale Bewegung in die zweite Hälfte des 20. Jahrhunderts zu führen. Er erkannte nicht nur, dass der entscheidende Kampf in der Politik der Kampf der Ideen war – und dass dieser Kampf vorerst hauptsächlich in höheren Bildungseinrichtungen geführt wurde –, sondern er sah auch ganz klar, dass es keinerlei Hoffnung gab, die Hauptstrom-Akademia von innen «umzudrehen». Der Erfolg der liberalen Bewegung hing von ihrer Fähigkeit ab, parallele akademische Institutionen aufzubauen, um mit dem sozialistischen akademischen Establishment von außen zu konkurrieren.

Die Tragödie für Sennholz und die liberale Bewegung insgesamt war, dass die meisten seiner Initiativen zur Etablierung paralleler liberaler Institutionen nicht die nötige Unterstützung fanden. So versuchte er beispielsweise ab August 1955 einige Jahre lang erfolglos, eine liberale Zeitschrift zu gründen.[82] Und Ende der 1950er Jahre versuchte er, ebenfalls ohne Erfolg, eine American School of Economics mit dem Auftrag zu gründen, zukünftige Universitätsprofessoren hervorzubringen. Diese Misserfolge könnten auf die Zurückhaltung potenzieller Sponsoren oder auf die Jugend und Ungestümheit von Sennholz zurückzuführen sein. Er war ein geborener Anführer, der sich nie unterordnen konnte; in all seinen Projekten musste er seinen eigenen Mann stellen. Für einige Zeit stürzte er sich in die Arbeit für FEE und nahm seinen Wohnsitz in Irvington-on-Hudson. Aber die Anwesenheit eines anderen großen Egos – Leonard Read – machte es Sennholz unmöglich, FEE in das Instrument seiner weitreichenden Pläne zu verwandeln. Nach seiner Promotion 1955 begann er mit der Suche nach einer neuen Stelle.

Es war für Sennholz nicht einfach, eine akademische Anstellung zu finden, weil er einen dreifachen Nachteil hatte: Er war ein altmodischer Ökonom, ein Liberaler und ein Deutscher.[83] Schließlich fand er jedoch eine Stelle am Grove City College, einem Liberal Arts College in Westpennsylvania, das von der Familie Pew seit Generationen finanziell unterstützt wurde. Es war wieder einmal die langjährige Verbindung zwischen Mises und J. Howard Pew, die sich als so nützlich erwies. Als Sennholz den Campus zum ersten Mal sah, konnte er seinen Augen kaum trauen:

> Die Kapelle ist nach dem Muster europäischer gotischer Kathedralen gestaltet. Ihre Schönheit ist großartig. Der Empfangsraum in der Bibliothek hätte dem europäischen Adel geschmeichelt, mit dicken Perserteppichen auf dem Boden und teuren Gemälden an der Wand, den Möbeln im französischen Antikenstil. Das Hallenbad hat olympische Maße – nur Esther Williams fehlt. Die Bowlingbahn ist nach Westchester Clubstandards gestaltet. Das Mädchenwohnheim verfügt neben anderen schönen Möbeln über ein Steinway-Klavier mit Blattgold. Ich beginne zu verstehen, warum man von den meisten Professoren, die nach Grove City gehen, nie wieder etwas hört.

Sennholz hingegen war nicht begeistert von den Studenten, die den Hoffnungen von Pew und anderen Unterstützern, die ihren Beitrag geleistet hatten, um die

[82] Grove City Archive: Akten der American School of Economics.

[83] Vada Horsch versuchte, ihn nach Yale zu bringen. Siehe Ryan an Mises, Brief vom 9. Juli 1956; Grove City Archive: NAM-Akten.

zukünftigen Verfechter und Unterstützer einer freien Gesellschaft heranzubilden, nicht annähernd gerecht wurden:

> Trotz all dieser Pracht, die von einigen wenigen Kapitalisten geboten wird, bilden die 1.300 Studenten die übliche Mischung aus 75% Kollektivisten und 25% ohne Meinung.[84]

Offensichtlich gab es eine Menge Arbeit zu erledigen. Sennholz packte den Stier bei den Hörnern und stürzte sich in den Kampf der Ideen. In den nächsten fünf Jahrzehnten bildete er eine neue Generation von Gelehrten in der Tradition der Österreichischen Schule der Ökonomik aus, darunter Walter Grinder, Jeffrey Hummel, Alejandro Chafuen, Philippe Nataf und Peter Boettke. Er würde Hunderte von Artikeln und Dutzende von Büchern und Broschüren veröffentlichen. Er und Rothbard schufen fast im Alleingang ein zeitgenössisches Schrifttum der Österreichischen – misesianischen – Schule. Bis Anfang der 1960er Jahre waren sie damit nicht allein. Mises selbst leistete eine Reihe von Beiträgen [...]

> dass die Angelegenheit viel tiefer ist und dass sie tatsächlich zu Ergebnissen führt, die ohne sie nicht zu erreichen sind. Ich kann dies an einigen Anwendungen erkennen, die jetzt in verschiedenen Bereichen durchgeführt werden, aber das sind alles Auffassungsunterschiede, die glücklicherweise auf einer Ebene gemeinsamen Verständnisses liegen.

Das war sicherlich hilfreich. Mises muss jedoch etwas verwirrt gewesen sein, dass Morgenstern sich nicht ganz an den Titel des Buches erinnerte, das er angeblich «weitgehend» gelesen hatte. (In seinem Brief dankte er Mises, dass er ihm ein Exemplar von «Economic Action» geschickt habe.) Siehe Morgenstern an Mises, Brief vom 12. Januar 1950; Grove City Archive: Morgenstern-Akte.

> Die in diesem Land veröffentlichten Zeitungen und Zeitschriften werden entweder kommerziell betrieben oder sind Meinungszeitschriften ... Die Herausgeber und Redakteure der ersten Gruppe sind bestrebt, die Gefühle der Mehrheit oder eines beträchtlichen Teils ihrer Leser nicht zu verärgern. Wenn sie es nicht ablehnen können, einen Artikel oder einen Brief an den Herausgeber abzudrucken, der die populären Irrtümer bezüglich des «Fair-Deal» und ähnlicher Politiken angreift, «editieren» sie ihn. Sie reduzieren die Argumente des Autors so, dass sie zu unbeholfenem Unsinn werden. Die Wirkung auf den Leser ist genau das Gegenteil von dem, was der Autor beabsichtigt hat. Sie bekommen den Eindruck, dass die Marktwirtschaft ausschließlich von Stümpern und Schwachköpfen vertreten wird ... Die zweite Gruppe

[84] Er fuhr fort, die Einrichtung einer neuen Hochschule für die Ausbildung zukünftiger Professoren zu fordern, die direkt auf der Tradition des klassischen Liberalismus aufbaute. Siehe Sennholz zu Mises, Brief vom 7. November 1956; Grove City Archive: Akten der American School of Economics. In den nächsten Jahren würde Sennholz viel Zeit und Energie in dieses Projekt stecken, das aber vor allem aus finanziellen Gründen nicht realisiert wurde. In einem weiteren Schreiben erwähnt er, dass die Pläne für den Aufbau einer Hochschule für Wirtschaftswissenschaften bei FEE schon lange bestehen. Siehe Sennholz zu Mises, Brief vom 10. Januar 1959; Grove City Archive: Akten der American School of Economics.

> besteht fast ausschließlich aus Kommunisten, Halb-Kommunisten und anderen «rosa» Publikationen ... Es gibt einige Ausnahmen. Die eine ist das *Wall Street Journal*, die andere ist *Plain Talk*. Aber das *Wall Street Journal* wird ausschließlich von Bankiers und Geschäftsleuten gelesen, *Plain Talk* erhält keine ausreichende Unterstützung und könnte wieder eingehen. (Mises an Walter Harrison, Brief vom 5. November 1949; Grove City Archive: «H»-Akten)

Mises hatte persönliche Erfahrungen mit dieser Art von Journalismus gemacht. 1944 zum Beispiel hatte die *New York Times* den Verriss von *Omnipotent Government* eines berüchtigten Stalinisten veröffentlicht, der das Buch offensichtlich nie gelesen hatte.

> Eine interventionistische Regierung kann praktisch alle erwarteten Vorteile des Wegfalls von Zollschranken durch Interventionen im Inland zunichtemachen. Unter den Bedingungen des Interventionismus kann ein wirklich gemeinsamer Markt nur von einer gemeinsamen Regierung erreicht werden, die befugt ist, die Zuständigkeit der verschiedenen nationalen Regierungen strikt zu begrenzen. (18. März 1959; Grove City Archive: Rougier-Akten)

> Dieses politische Argument wird nur selten in Büchern, Artikeln und politischen Reden verwendet. Es eignet sich nicht für eine solche öffentliche Behandlung. Aber die zugrundeliegende Idee spielt eine wichtige Rolle im Denken von Staatsmännern und Historikern. (Mises, *Theory of Money and Credit*, Indianapolis: Liberty Fund, 1980, S. 500 [eigene Übersetzung])

Endnoten

[1]begründet haben > familiar to
[2]Gesetzmäßigkeit > regularity
[3]Die älteren Denker
[4]Mechanik
[5]vom Sein
[6], und sah sich genötigt, ein gekünsteltes System um ihre missglückte Wertlehre herum zu bauen
[7]Lehre vom wirtschaftlichen Handeln, neben dem noch anders geartetes Handeln denkbar ist.
[8]Die subjektivistische Nationalökonomie > The modern theory of value
[9]wichtigsten
[10]Wissenschaften > knowledge
[11]das Verfahren
[12]geringschätzig mit dem Ausdruck Methodenstreit
[13]Durfte und konnte die Nationalökonomie diesen Angriffen gegenüber schweigen? > It was impossible for the economists to keep silent in the face of all these attacks.
[14]noch radikalere Skepsis
[15]wissenschaftlichen
[16]Gedankensysteme
[17]Charakter > emptiness
[18]von heute
[19]«bürgerliche Wissenschaft» > «bourgeois» makeshift
[20]der Zukunft
[21]rassenanthropologische > Racial
[22]ganz allgemein den Beruf und
[23]neuen
[24]Wissenschaft > knowledge
[25], französisch
[26]Einwürfe des Polylogismus und Irrationalismus
[27]empirische
[28]und allgemeinmenschlich
[29]Die Funktechnik Deutschlands und Italiens bedient sich der Entdeckungen von Heinrich Hertz und Robert von Lieben nicht anders als die der anderen Länder und achtet dabei nicht auf die Herkunft ihrer Urheber. Die nationalsozialistischen Ärzte verwenden Salvarsan und Insulin gerade so, als ob die Naturforschung vom rassischen und nationalen Charakter des Forschers unabhängig wäre. Wenn die Chemiker der totalitären Staaten Giftgase und Sprengstoffe erzeugen, arbeiten sie unbedenklich mit den Formeln der allgemeinen, internationalen, standpunktlosen und voraussetzungslosen Chemie.
[30]Es ist nicht gelungen, der wissenschaftlichen Praxeologie und Nationalökonomie rassen-, klassen- oder zeitgebundene Lehren gegenüberzustellen; ja, man hat das ernstlich nicht einmal versucht. Doch ganz allgemein wird die Behauptung vertreten, dass die Lehren der Nationalökonomie nur unter bestimmten Voraussetzungen Geltung beanspruchen dürfen, dass diese Voraussetzungen im Leben nicht gegeben wären und dass die Nationalökonomie daher für die geistige Erfassung der Wirklichkeit nichts leisten könne. Und das Erstaunliche ist, dass die Nationalökonomen dieser Auffassung beipflichten, sich aber weiter um sie nicht kümmern. Sie glauben, dass sie ihre wissenschaftliche Aufgabe ganz erfüllen, wenn sie sich auf die Betrachtung eines Ausschnittes aus dem Umkreis der nationalökonomischen Probleme beschränken, und dass sie den Einwendungen der Kritik gegenüber alles geleistet haben, was man von ihnen erwarten kann, wenn sie entschuldigend sagen: Lasst uns ruhig gewähren, wir befassen uns doch nur mit hypothetischen Gebilden, und wir sind ganz eurer Meinung, dass unsere Sätze mit eurer Wirklichkeit nichts zu tun haben.
[31]die > any
[32]Gewiss, die Argumente der Gegner der Nationalökonomie sind unhaltbar und oft geradezu albern. Doch die Wissenschaft hat Irrtümer nicht mit lässiger Geste abzutun, sie hat sie zu widerlegen oder, noch besser, ihr System so vorzutragen, dass es auch schon ihre Widerlegung einschliesst.
[33]Markttheorie > theory of catallactics
[34]III. Nationalökonomie und Zielwahl

[35]Denn in der Tat stimmen die Menschen nahezu allgemein in der Zielwahl überein. Sie wollen gut leben, möglichst reichlich mit materiellen Gütern versorgt sein. Wohl verkünden manche Literaten aufdringlich, dass es höhere und wichtigere Ziele gebe als Wohlleben. Doch ihr eigenes Verhalten zeigt, dass sie keineswegs geneigt sind, den Grundsatz, zu dem sie sich in Worten bekennen, für ihre Person gelten zu lassen. Alle politischen Parteien versprechen ihren Anhängern, dass sie sie reicher machen wollen. Wer sagt, Kanonen sind wichtiger als Butter, will sagen, dass man heute darben müsse, um in dem Kriege zu siegen, der größeren Reichtum bringen soll. Alle Maßnahmen aller politischen Parteien sind darauf gerichtet, den Wohlstand ihrer Anhänger zu erhöhen. Alle politischen Konflikte des modernen Lebens entspringen dem Umstand, dass man durch Bekämpfung fremder Menschen und Menschengruppen die eigene Wohlfahrt zu steigern sucht. Die Militaristen wollen Kriege führen, um die Wohlfahrt ihrer Volksgenossen zu erhöhen, die Sozialisten erwarten vom Sozialismus eine Zukunft, in der «mit der allseitigen Entwicklung der Individuen auch die Produktionskräfte gewachsen sind, und alle Springquellen des genossenschaftlichen Reichtums voller fließen» [FN: Vgl. Marx, Brief an Bracke vom 5. Mai 1875, (Ausgabe von Kreibich, Reichenberg 1920, S. 17.)], die Gewerkschaften wollen höhere Löhne für ihre Mitglieder, die Bauern wollen höhere Preise der Agrarprodukte, die Handwerker höheres Einkommen durch Schutz gegen die leistungsfähigeren Grossbetriebe. Alle wollen reicher werden und glauben, dass der Weg, den sie gewählt haben, zum Ziele führt. Wenn die Nationalökonomie auch über die Ziele nichts zu sagen hat, so ist doch sie allein berufen, die Zweckmäßigkeit der gewählten Mittel zu prüfen. Soweit Politik Zielwahl ist, steht sie jenseits der nationalökonomischen Gedankengänge. Soweit Politik die Wahl der Mittel bestimmt, ist sie von der Nationalökonomie abhängig.

[36]praxeologischer Ausführungen > a general theory of human action

[37]der Erörterung gesellschaftlicher Probleme

[38]; man muss weiter ausgreifen, weil die Nationalökonomie nur ein Teil einer allgemeineren Wissenschaft vom menschlichen Handeln ist, aus der man sie nicht scharf auszusondern vermag, und weil es der Nationalökonomie obliegt, sich mit jenen Lehren auseinanderzusetzen, die ihr die Existenzberechtigung absprechen.

[39]DAS HANDELN

[40]Subjekt > ego

[41]Gegebenheit der Welt > conditions of its environment

[42]und des Lebens

[43]diesen und ähnlichen > Such

[44], und, was wir zunächst zu tun haben, ist, aus diesem unserem Begriffe des Handelns alles das zu entfalten, was in ihm enthalten ist, und klar zu machen, was er nicht umschließt.

[45]eines

[46]*Es*

[47]als bewusstes oder als unbewusstes > voluntary or involuntary

[48]und der Reflexzentren

[49]Auch das Leibliche des eigenen Leibs ist ein Datum, das der Handelnde im Handeln hinnehmen muss.

[50]z.B.

[51]und Krankheitswirkungen

[52]unbewusste > involuntary

[53]bewusstes > purposeful

[54]Dem > the forces and factors

[55]Freud'schen

[56]und haben nichts gemein als den sprachlichen Ausdruck; sie sind nur homonym

[57]alle

[58]vom Menschen

[59]zwei

[60], die er seinem Einfluss entzogen glaubt

[61][FN: Vgl. Franz Brentano, Vom Ursprung sittlicher Erkenntnis. 2. Auflage, Leipzig 1921, S. 94. Anm. 29.]

[62]Lebens > destiny

[63]und

[64]ein Verhalten; der ganze Mensch muss die entsprechende Haltung einnehmen.

[65]dem Wagenlenker das Ziel angibt, wer

[66]Auch das Nichtstun und das Nichtarbeiten., auch das Unterlassen und das Dulden sind Handeln.
[67]die Lehre vom Handeln > Praxeology
[68]Entscheidung und
[69]die Erreichung eines Zustandes, in dem man wunschlos ist und nicht handelt, weil man eben voll befriedigt ist
[70]diese Schulen
[71]Die Kritik hat nie vermocht, das Wesen dieser Lehren zu erschüttern, weil sie nie etwas anderes getan hat und tun konnte als – mit einiger Berechtigung – den Epikuräern
[72]Wenn heute der Eudämonismus noch immer mit dem Argument bekämpft wird, Ziel und Zweck des Lebens sei gar nicht das «Glück», so mag man Betrachtungen darüber anstellen, wie vergebens die Bemühungen sind, Unbelehrbare zu belehren.
[73], wenn man – einer weitverbreiteten Übung folgend –
[74]damit der eudämonistischen Problematik entrinnen zu können,
[75]Verdinglichung > hypostasis
[76], ohne dass der Zweck dieses Vorgangs ersichtlich wäre
[77]Die > Many champions of
[78]es ihr gelungen sei, den verhassten Rationalismus zu bannen, indem
[79]und von vernünftiger Überlegung
[80]dunklen > innate
[81]und nur aus Intuition zu verstehen
[82]Doch der Rationalismus hat mit den letzten Zielen des Handelns und mit der ihnen zuerkannten Rangstellung nichts zu tun. Sein
[83]im Grenzfall
[84]Dem Handeln kann der Mensch nie und nirgends entrinnen; Handeln liegt in der Natur des Menschen und seiner Welt, und Handeln müssen ist dem Menschen durch die Bedingungen, unter denen er lebt, vorgeschrieben.

Der Mensch ist, weil er ein denkendes Lebewesen ist, auch ein handelndes Geschöpf. Denken und Handeln sind nicht zu trennen; menschenähnliche Geschöpfe, die nicht denken und handeln, wären keine Menschen.

[85]Die Vernunft im Handeln – Das Irrationale -
[86]der Wissenschaft
[87], gleichviel ob es nun in einem Tun, einem Unterlassen oder einem Dulden besteht
[88]vom logischen Gesichtspunkt
[89]Wer ein Handeln als nicht rational oder als irrational bezeichnet, wertet und richtet es. «Irrational» soll dann soviel bedeuten als: es hätte anders gehandelt werden sollen, ich oder ein konstruierter Idealmensch hätte an der Stelle des Handelnden anders gehandelt, ich würde – wenn ich nochmals vor der Entscheidung stünde – anders handeln. Schon durch diese Beurteilung des Handelns wird zugegeben, dass es der Vernunft unterworfen ist. Wäre es nicht der Vernunft unterworfen, dann wäre es auch nicht der Kritik durch die Vernunft ausgesetzt. Denn die Vernunft vermag im vernunftlosen Geschehen zwar Regelmäßigkeit zu erkennen, sie vermag es aber nicht zu kritisieren. Will sie versuchen zu kritisieren, dann muss sie zu einer Fiktion Zuflucht nehmen: sie betrachtet das vernunftlose Naturgeschehen, als ob es der Ausfluss des Handelns eines vernunftbegabten Wesens wäre.

Die Wissenschaft vom Handeln hat das Handeln zu betrachten und zu erforschen, nicht aber zu werten und zu richten. Sie kennt nicht gutes und schlechtes, richtiges und unrichtiges, vernünftiges und unvernünftiges Handeln; für sie ist alles Handeln in gleicher Weise Gegenstand der Forschung. Sie hat keine Wertmaßstäbe, um das Handeln an ihnen zu messen. Sie erforscht das Sein des Handelns und fragt nicht danach, wie gehandelt werden soll.

Unsere Zeit ist besonders gekennzeichnet durch literarische Versuche, die Überlegenheit der Vernunft über die Unvernunft, der Seele über den Geist, des Lebens über die Wissenschaft zu erweisen. Die Wissenschaft vom Handeln hat zu diesen Antithesen nichts zu sagen. Wie immer es auch um die Vernunft stehen mag, daran kann wohl nicht gezweifelt werden, dass sie im menschlichen Leben wirkt, und dass wissenschaftlicher Betrachtung nicht verwehrt werden darf, dieses Wirken ins Auge zu fassen.

Die Vernunft wirkt im menschlichen Denken und im menschlichen Handeln. Vom Standpunkt der Wissenschaft vom menschlichen Handeln betrachtet, ist das Denken Vorbedenken künftigen eigenen oder fremden Handelns und Nachbedenken vergangenen (eigenen oder fremden) Handelns. Das Denken arbeitet dem Handeln vor. Der Denkakt ist stets zielgerichtet (intentional); er ist gewissermaßen ein inneres Handeln, dessen Ziel Erkenntnis ist.

Alles Handeln ist zielgerichtet, sucht Ziele zu erreichen und Zwecke zu verwirklichen. Die Bewusstheit des Handelns ist Ziel- und Zweckbewusstheit. Doch die Ziele und Zwecke selbst liegen jenseits des Handelns und der Vernunft; sie sind für unsere Betrachtung – nicht auch für die der Psychologie – Daten, die wir mit den Mitteln unserer Wissenschaft nicht weiter aufzulösen vermögen. Wenn wir das Handeln betrachten, können wir es nur im Hinblick auf die Ziele und Zwecke tun, die ihm vom handelnden Menschen gesetzt werden. Über die Ziele und Zwecke selbst können wir keine weitere Aussage machen als die, dass sie handelnden Menschen als Ziele und Zwecke erscheinen; sie stehen außerhalb unserer Erörterungen. Die Wissenschaft ist nicht berufen, die Ziele und Zwecke zu beurteilen und in eine Rangordnung zu bringen.

Nur wenn das gründlich verkannt wird, kann man gegen den Standpunkt unserer Wissenschaft einwenden, dass er dem «Irrationalen» und seiner Bedeutung im menschlichen Leben und Handeln nicht gerecht werde. Irrational sind die Ziele und Zwecke; wir aber befassen uns mit den Wegen und Mitteln, die zu den Zielen und Zwecken führen sollen.

[90]über die von den Menschen angestrebten Ziele und Zwecke

[91]ist sie selbst ohne Weltanschauung und ohne Moral, ist sie objektiv, wertfrei, voraussetzungslos

[92]III. Der formale und apriorische Charakter der Lehre vom Handeln

Der Mensch ist, soweit er nicht Tier ist und soweit nicht die tierischen Funktionen seines Leibes ablaufen, ganz Empfinden, Denken und Handeln. Empfinden und Denken haben ihren Ort im Innern; nach außen hin ist des Menschen Wirkung nur Handeln, und auch Empfinden und Denken werden erst durch das Handeln, das sie auslösen und leiten, fruchtbar. Das Handeln ist des Menschen Wirkung in der Welt in ihrer unendlichen Fülle und Mannigfaltigkeit. Mit dieser Unendlichkeit und Mannigfaltigkeit haben wir uns in unserer Wissenschaft in der Weise zu befassen, daß wir ihre reine Form betrachten, die von allem Materialen entleert ist und doch alles Materiale umschließt. Die reine Form ist aber nichts anderes als die Gesetzmäßigkeit der Erscheinungen. Unsere Aufmerksamkeit ist nicht auf das Besondere und Einmalige gerichtet, auch nicht auf die regelmäßige Wiederkehr des Gleichen im Besonderen, sofern diese Regelmäßigkeit nur der Erfahrung gegeben ist, sondern auf das, was notwendig im Handeln erscheinen muß. Wir betrachten nicht die Wege und Mittel, die zu bestimmten Zielen führen, wie es die Technologien tun, sondern, losgelöst von jedem konkreten Inhalt, das Verhalten des Menschen, der irgendwelche Wege geht und irgendwelche Mittel anwendet, als Wegewandeln und Mittelanwenden an sich.

Nicht aus der Erfahrung können wir solche Erkenntnis schöpfen. So wenig Logik und Mathematik aus der Erfahrung stammen, so wenig stammt das, was wir über das Handeln in seiner reinen Form wissen, aus der Erfahrung. Es ist unsere menschliche Eigenschaft, daß wir denkende und handelnde Wesen sind, und als Menschen wissen wir, was Denken und Handeln bedeuten. Wären wir nicht selbst Denkende und Handelnde, könnte uns keinerlei Erfahrung sagen, was Denken und Handeln sei.

Es mag dahingestellt bleiben, ob es lohnt, darüber nachzusinnen, woher und wie uns diese wundersame Gabe zugekommen ist. Dass wir Denkende und Handelnde sind, ist übrigens nicht um ein Haar wundersamer, als dass wir Sehende, Hörende, Atmende und dass wir Werdende, Wachsende und Vergehende sind. Das alles ist in der Tat wunderbar, das heißt unserer Erkenntnis verschlossen. Vergebens pocht der Mensch mit seiner ärmlichen Metaphysik an die verschlossenen Pforten des Wissens um die letzten Dinge. Was Sein und Nichtsein bedeuten, liegt jenseits dessen, was unser Geist zu erfassen vermag.

Alle diese Fragen wirft unsere Wissenschaft nicht auf. Sie beschränkt sich auf ein Feld, das wir mit unseren geistigen Fähigkeiten zu bebauen vermögen. Wir besinnen uns darauf, was wir tun, wenn wir handeln, wir denken das, was im Begriffe des Handelns steckt, bis ans Ende und entfalten aus ihm alles, was er enthält. Den Begriff des Handelns aber finden wir in uns selbst; das Wesen des Handelns erkennen wir als handelnde Menschen aus einem Wissen, das uns vor aller Erfahrung gegeben ist[FN: Man beachte dieses *uns*. Der Apriorismus, wie ihn die Praxeologie versteht, hat nichts gemein mit den Lehren, die eine absolute Wahrheit annehmen, die gelten soll, auch wenn niemand (kein Mensch) sie erkannt hat, und die vom menschlichen Denken unabhängig sein soll. Der Begriff der Wahrheit ist sinnvoll nur im Hinblick auf das menschliche Denkvermögen.]. Hätten wir dieses Wissen nicht schon in uns, könnten wir es durch keine Erklärung, Schulung, Belehrung und gewiss auch durch keine Beobachtung und Erfahrung gewinnen.

Über innere Erfahrung als vermeintliche Quelle praxeologischer Erkenntnis

Um der Lehre vom Handelnden Charakter einer apriorischen Wissenschaft abzustreiten und sie als Erfahrungswissenschaft zu erklären, hat man vorgeschlagen, ihre Quelle als innere Erfahrung zu bezeichnen. Würde es hier nur um die Wahl des Ausdrucks gehen, so könnte man diesen Vorschlag hinnehmen; um Terminologisches soll es keinen Streit geben. Doch es steht hier mehr und Wichtigeres auf dem Spiele als die Wahl eines geeigneten Ausdrucks.

Erfahrung ist Erwerb einer Erkenntnis durch Wahrnehmungen. Vor der Erfahrung haben wir keine Erkenntnis über den Gegenstand der Erfahrung, und nur durch die Erfahrung vermögen wir zu solcher Erkenntnis zu gelangen. Ohne Erfahrung hätte auch ein anderes Ergebnis als das, das die Erfahrung uns vermittelt, als immerhin möglich angesehen werden können. Erst die Erfahrung zeigt uns, daß die Dinge so und nicht anders liegen. Alle Erfahrung bezieht sich dabei auf Vergangenes; sie sagt, wie es gewesen ist, und nicht, wie es sein wird. «Erfahrung», sagt Kant, «gibt niemals ihren Urteilen wahre oder strenge, sondern nur angenommene und komparative Allgemeinheit (durch Induktion), so dass es eigentlich heißen muss: so viel wir bisher wahrgenommen haben, findet sich von dieser oder jener Regel keine Ausnahme» [FN: Vgl. Kant, Kritik der reinen Vernunft. (Werke, Inselausgabe, III. Bd., S. 36.)]. Wie man von den Sätzen der Erfahrung über Vergangenes durch Induktion zur Aufstellung allgemeiner Sätze zu gelangen vermag, ist eine offene Frage, ist eines der großen Probleme der Erkenntnistheorie. Die logische Rechtfertigung der Induktion ist der Philosophie bis nun keineswegs befriedigend gelungen.

Erfahrung ist mithin dadurch gekennzeichnet, dass sie uns immer Erkenntnis bringt von etwas, was auch anders hätte erwartet werden können, und dass sie niemals zu Sätzen von strenger Allgemeinheit zu führen vermag. Doch das Wissen vom Handeln, mit dem wir uns in der Praxeologie, der allgemeinen Lehre vom menschlichen Handeln, zu befassen haben, ist von strenger Allgemeinheit. Es enthält nur Sätze, die notwendig immer und ausnahmelos gelten, wofern die vorausgesetzten Bedingungen ihrer Geltung gegeben sind. Es ist ein Wissen wie das der Logik und der Mathematik.

Alle Sätze der Lehre vom Handeln sind aus dem Grundbegriff des Handelns logisch abgeleitet und gelten immer und ausnahmelos, wofern gehandelt wird und die besonderen Bedingungen des Handelns, die für sie vorausgesetzt werden, gegeben sind. Wenn z.B. die Geldmenge unter den von der Quantitätstheorie genau bezeichneten Bedingungen vermehrt wird, dann müssen die von der Theorie genau bezeichneten Wirkungen eintreten. Nichts könnte das Eintreten dieser Folgen ausschalten, es sei denn, dass die Bedingungen ihres Eintretens ausgeschaltet werden.

Wenn wir die Quelle der Lehre vom menschlichen Handeln als innere Erfahrung bezeichnen wollten, müssten wir sie doch auf der einen Seite scharf scheiden von der inneren Erfahrung, die nur zu Erfahrungssätzen ohne strenge Allgemeinheit führt, und auf der anderen Seite feststellen, dass die strenge Allgemeinheit ihrer Sätze sie mit Logik und Mathematik in eine Reihe bringt. Wer wie J. St. Mill die Quelle der apriorischen Begriffe und Theorien in der Erfahrung zu finden glaubt, muss doch zugeben, dass zwischen den Sätzen der Logik und denen der Psychologie und der experimentellen Naturwissenschaft ein Wesensunterschied besteht. Auf die Hervorhebung dieses Wesensunterschieds, nicht auf die Terminologie kommt es an. Unser Sprachgebrauch hat jedenfalls den Vorzug, dass er diesen Zweck besser erfüllt als irgend ein anderer.

Die innere Erfahrung, deren sich die Psychologie bedient, führt zur Unterscheidung von Typen; diesen Typenbegriffen und den Aussagen über sie fehlen die Strenge und Allgemeingültigkeit, die das Wesen der praxeologischen Sätze ausmachen. Was z. B. die Psychologie von den Affekten aussagt, ist logisch durchaus von dem verschieden, was z. B. die Nationalökonomie vom Preis aussagt. Diese logische Verschiedenheit verwischt man, wenn man die innere Erfahrung, die die Quelle psychologischer Erkenntnis ist, der Quelle logischer, mathematischer oder praxeologischer Erkenntnis gleichsetzt.[FN: Eine Auseinandersetzung mit den modernen Lehren über den logischen Charakter der Geometrie hätte mit dem Gegenstand der obenstehenden Ausführungen, die das praxeologische Denken im Auge haben, nichts zu schaffen. Es ist sehr bedauerlich, dass Logik und Erkenntnistheorie sich bisher nur in unzureichender Weise mit den praxeologischen Kategorien befasst haben. Die Nichtberücksichtigung der praxeologischen Probleme gereicht auch dem vorzüglichen Buche *Bougier's* (Les Paralogismes du Rationalisme, Paris 1920) zum Schaden. Was der Logik und der Erkenntnistheorie heute vor allem nottut, ist Hinwendung zum Studium der praxeologischen Denkweise.]

Doch, wie gesagt, über den Sprachgebrauch wollen wir nicht streiten. Das, worauf es ankommt, ist, dass die allgemeine Lehre vom menschlichen Handeln im logischen Charakter der

Logik und Mathematik gleichzuhalten ist, und dass sie grundsätzlich verschieden ist von empirischer Naturwissenschaft und von Geschichte.

Über den tautologischen Charakter der praxeologischen Deduktion Apriorische Wissenschaft ist reine Begriffswissenschaft; sie kann nichts anderes

zutage fördern als Tautologien und analytische Urteile. Alle ihre Sätze werden aus den Begriffen und den Begriffsbestimmungen auf rein logischem Wege abgeleitet; sie geben nichts, was nicht schon in den Voraussetzungen enthalten war.

Wenn man aber nun meint, apriorische Wissenschaft sei daher nicht imstande unsere Erkenntnis zu fördern und die geistige Erfassung der Wirklichkeit zu ermöglichen, irrt man. Alle Sätze der Geometrie sind in den Axiomen enthalten. Im Begriff des rechtwinkligen Dreiecks ist auch der pythagoräische Lehrsatz bereits enthalten; er ist eine Tautologie, seine Ableitung führt zu einem analytischen Urteil. Nichtsdestoweniger wird man wohl kaum behaupten wollen, dass der Geometrie im allgemeinen und dem pythagoräischen Lehrsatz im besonderen kein Erkenntniswert innewohne. Auch die Erkenntnis aus Begriffen ist schöpferisch und erschließt dem Geiste Neuland. Aus den Begriffen und Begriffsbestimmungen alles das herauszuholen, was in ihnen enthalten ist, und klar zu zeigen, was sie nicht enthalten, das ist das Feld der apriorischen Wissenschaft. Ihre Aufgabe ist «l'acte par Iequel nous ramenons à l'identique ce qui nous a, tout d'abord, paru n'être pas tel» [FN: Vgl. Meyerson, De l'explication dans les sciences, Paris 1927, S. 154.].

Im Begriff des Geldes ist alles das mitgedacht, was die Geldtheorie lehrt. Die Quantitätstheorie fügt zum Begriffe des Geldes nichts hinzu, was nicht in ihm schon enthalten gewesen wäre; sie entwickelt nur, sie analysiert nur, sie ist in diesem Sinne tautologisch wie der pythagoräische Lehrsatz im Verhältnis zum Begriff des rechtwinkligen Dreiecks. Doch ihr Erkenntniswert ist nicht zu bestreiten. Dem nicht durch die Überlegungen der Nationalökonomie geklärten Denken bleibt dieser Zusammenhang verborgen. Eine lange Reihe von missglückten Versuchen, nationalökonomische Erkenntnis über diese Fragen zu gewinnen, beweist, dass es durchaus nicht leicht gewesen ist, zu der heute angenommenen Formulierung zu gelangen.

Dass das Gebäude unserer Begriffe und Sätze nicht unmittelbar die volle Erkenntnis der Wirklichkeit gibt, kann nicht als Mangel bezeichnet werden. Diese Begriffe und Sätze sind das Denkwerkzeug, das uns den Weg zur Erkenntnis der Wirklichkeit erschließt, nicht schon diese Erkenntnis selbst. Theorie und Erfassung der lebenden Wirklichkeit sind nicht Gegensätze. Ohne Theorie, ohne die allgemeine Lehre vom menschlichen Handeln, gibt es keine Erfassung dessen, das sich im Handeln verwirklicht.

Theorie und Erfahrung

Das Verhältnis von Denken und Erfahrung ist von alters her als ein Grundproblem der Erkenntnistheorie angesehen worden. «Wie ist es möglich», fragte man, «dass die Mathematik, die doch ein von aller Erfahrung unabhängiges Produkt des menschlichen Denkens ist, auf die Gegenstände der Wirklichkeit so vortrefflich passt? Kann denn die menschliche Vernunft ohne Erfahrung durch bloßes Denken Eigenschaften der wirklichen Dinge ergründen?»[FN: Vgl. Einstein, Geometrie und Erfahrung, Berlin 1921, S. 3.]1 Auf diese Frage, die Kant durch seine Lehre von der Möglichkeit synthetischer Urteile *a priori* zu lösen suchte, antwortet Einstein: «Insofern sich die Sätze der Mathematik auf die Wirklichkeit beziehen, sind sie nicht sicher, und insofern sie sicher sind, beziehen sie sich nicht auf die Wirklichkeit.» [FN: Vgl. Einstein, a. a. O., S. 3 f.]2

Man hat geglaubt, dass man auch für das Gebiet der Praxeologie mit einer analogen Antwort auslangen könnte, und man hat den Versuch unternommen, die ökonomische Theorie nach dem Muster von Poincarés konventionalistischer Deutung der Geometrie zu deuten. [FN: Vgl. Felix Kaufmann, Methodenlehre der Sozialwissenschaften, Wien 1936, S. 54 ff., 200 ff.; On the Subject-Matter of Economic Science (Economica, Vol. XIII.) S. 381 ff.] Doch die Probleme liegen für die Praxeologie ganz anders, und so muss auch die Antwort ganz anders ausfallen.

Das «wirkliche Ding», mit dem die Praxeologie es zu tun hat, ist das menschliche Handeln, das eines Stammes ist mit der menschlichen Vernunft. Dass die Vernunft durch bloßes Denken das Wesen des Handelns zu ergründen vermag, ist im Ursprung des Handelns aus der Vernunft gelegen. Die durch widerspruch- und fehlerfreies Denken gewonnenen Sätze der Praxeologie sind nicht nur vollkommen sicher und unbestreitbar wie die Sätze der Mathematik; sie beziehen sich mit aller ihrer Sicherheit und Unbestreitbarkeit auf das Handeln, wie es im Leben und in der Wirklichkeit geübt wird. Die Praxeologie vermittelt daher exaktes Wissen von wirklichen Dingen.

Der Ausgangspunkt der Praxeologie ist nicht eine Konvention über Axiome und Methoden, sondern Besinnung auf das, was im Handeln selbst verwirklicht wird. Daher gibt es kein Handeln, in dem die praxeologischen Kategorien nicht voll und rein zum Ausdruck kommen würden. Es ist kein Handeln denkbar, in dem Mittel und Zweck oder Kosten und Ertrag nicht streng geschieden sind und nicht streng auseinandergehalten werden können. Es gibt nicht etwas, was mehr oder weniger genau der praxeologischen Kategorie des Tausches entsprechen würde; es gibt nur Tausch und Nichttausch, und von jedem Tausch gilt alles das in vollem Umfange und in voller Strenge, was vom Tausch allgemein ausgesagt wird. Es gibt keine Übergänge von Tausch zu Nichttausch oder von direktem Tausch zu indirektem Tausch. Keine Erfahrung kann je gemacht werden, die dem widersprechen könnte.

Ein solcher Widerspruch wäre schon darum undenkbar, weil alle Erfahrung über menschliches Handeln an die praxeologischen Kategorien gebunden und nur durch ihre Anwendung möglich ist. Verfügten wir nicht über die Schemata, die uns das praxeologische Denken an die Hand gibt, dann würden wir nirgends Handeln, Tauschen u. dgl. m. zu erkennen vermögen. Wir würden Bewegungen wahrnehmen, doch nicht Kauf und Verkauf, Preise, Löhne und Zinssätze u. dgl. Erst durch die Verwendung des praxeologischen Schemas können wir von einem Kaufe erfahren, dann aber unabhängig davon, ob uns mit diesem Kauf Bewegungen von Menschen und von nichtmenschlichen Dingen der Außenwelt wahrnehmbar werden oder nicht. Nie könnten wir ohne die praxeologische Einsicht etwas über Tauschmittel erfahren; in den Geldstücken sehen wir, wenn wir ohne diese Einsicht an sie herantreten, runde Metallplättchen besonderer Gestalt, sonst nichts. Erfahrung über Geld setzt die Kenntnis der praxeologischen Kategorie Tauschmittel voraus.

Die Erfahrung vom menschlichen Handeln ist eben dadurch von der Erfahrung, die den Ausgangspunkt der Naturwissenschaft bildet, verschieden, dass sie die praxeologische Einsicht voraussetzt.

Die moderne Naturbeobachtung und Naturwissenschaft hat die Zweckursachen aus ihrem Denken verbannt und den Versuch unternommen, alles Naturgeschehen, kausal zu erklären; sie musste das tun, weil keine Erfahrung und auch keine andere Erkenntnisquelle uns irgend eine Kunde von einem Handeln vermittelt, als dessen Erfolg der Ablauf der Naturprozesse zu erfassen wäre. Das Verfahren der Naturwissenschaften ist gerade dadurch gekennzeichnet, dass es an das Handeln nicht heranzukommen vermag. Die wohlgemeinten Ratschläge, man möge doch einmal anfangen, das Handeln der Menschen mit der Methode und der Begriffsbildung der Naturwissenschaften zu studieren, verkennen das Wesen [FN: Hier, wo zum erstenmal in diesem Buch der Ausdruck *Wesen* gebraucht wird, sei daran erinnert, dass *Wesen*, der substantivisch gebrauchte mittelhochdeutsche Infinitiv des Hilfszeitworts, nichts anderes bedeutet als *Sein*. Wenn man von *Wesen* mitunter im Sinne «eigentliches, von dem dem diskursiven Denken erkennbaren *Sein* verschiedenes *Wesen*» spricht, so hat das mit dem Sprachgebrauch der an das diskursive Denken gebundenen Wissenschaft nichts zu tun.] des Handelns und die Stellung, in der sich der denkende Mensch dem Handeln gegenüber befindet.

Die Erfahrung vom menschlichen Handeln ist – wie jede Erfahrung – Erfahrung eines Vergangenen, das sich damals und dort ereignet hat; sie ist immer Erfahrung von einem komplexen Tatbestand, in dem verschiedene Elemente zusammenwirken. Sie kann von dieser Verknüpfung mit einem komplexen Tatbestand, der einmal da gewesen ist und nie in derselben Gestaltung wiederkehrt, auch nicht in der Weise herausgelöst werden, in der der Versuch Naturgeschehen zu isolieren vermag. Alle Erfahrung vom menschlichen Handeln ist daher Geschichte; sie kann nie etwas beweisen oder widerlegen in dem Sinn, in dem es ein Experiment in den Naturwissenschaften vermag. Verification oder Falsification einer Aussage durch die Erfahrung ist den Wissenschaften vom menschlichen Handeln nicht gegeben.

Wenn man von Nichtübereinstimmung von Erfahrung und Theorie spricht, gebraucht man eine Wendung, die dem Gedankenkreis der Erfahrung vom menschlichen Handeln fremd ist. Übereinstimmen oder Nichtübereinstimmen von Theorie und Erfahrung lässt sich unmittelbar nur bei der Erfahrung aus isolierenden Versuchen feststellen. Die Erfahrung komplexer Tatbestände, in denen verschiedene Kausalreihen durcheinanderlaufen, kann für die Prüfung der Theorie nicht verwendet werden. Komplexe Tatbestände können Theorien weder bestätigen noch widerlegen; sie werden durch theoretische Gedankengänge gedeutet. Handelt es sich um naturwissenschaftliche Erfahrung komplexer Tatbestände, dann ist die Bewegungsfreiheit der Deutungen durch die Verpflichtung eingeengt, sie in Einklang mit den experimentell verifizierten Sätzen zu halten. Wo, wie im Felde des Handelns, solche Bindung fehlt, weil es keine experimentelle Verifikation oder Falsifikation von Sätzen gibt, könnte die Deutung sich frei tummeln. Dann ließe sich jede Tatsache und jede Erfahrung unschwer theoretisch erklären; der Menschengeist war nie verlegen, zu jeder Erfahrung, eine Erklärung aus allgemeinen Sätzen heraus zu liefern.

Die Beschränkung, die den Deutungs- und Erklärungsversuchen auf dem Gebiete der Naturwissenschaften durch die Verifizierbarkeit und Falsifizierbarkeit der Aussagen auferlegt wird, ist auf dem Gebiete der Wissenschaften vom menschlichen Handeln ein Werk der apriorischen Sätze. Die praxeologischen Sätze stehen logisch vor der Erfahrung und sind Bedingung und Voraussetzung der Erfahrung; sie können durch die Erfahrung, die nur durch sie möglich wurde, weder bestätigt noch widerlegt werden.

Für die Erklärung der Entwertung eines Binnengeldes gegenüber einem Außengeld wurden zwei Theorien aufgestellt: die Zahlungsbilanztheorie und die Inflationstheorie (Kaufkraftparitätentheorie). Keine von beiden kann von der Erfahrung bestätigt oder widerlegt werden. Denn die Tatbestände, die sich der Erfahrung bieten, sind stets komplexe Tatbestände, die in ihrer besonderen Gegebenheit einmaligen Charakter tragen. Nie bietet die Erfahrung die Möglichkeit, die Wirkung des Faktors, dessen Bedeutung man erkennen will, isoliert zu studieren; nie sind für die Erfahrung die übrigen Umstände unverändert, so dass man die Folgen der Veränderung *eines* Faktors allein beobachten könnte. Die Verteidiger der Zahlungsbilanztheorie strecken daher keineswegs die Waffen, wenn man ihnen vorhält, dass sich kein Fall nachweisen lasse, in dem es ohne Inflation zu Entwertung gekommen wäre. Wenn sie ihre Auffassung zu beweisen suchen oder wenn man daran geht, die Unhaltbarkeit ihrer gekünstelten Erklärungen zu enthüllen, so gelangt man in der Erörterung unversehens auf ein Gebiet, in dem ohne Rücksichtnahme auf die Erfahrung über die Richtigkeit und Unrichtigkeit apriorischer Sätze gestritten wird. Diese apriorischen Begriffe und Sätze sind aber schon die Bedingung der Erfahrung der Tatsachen; sie stehen in jedem Sinne – logisch und zeitlich – vor der Erfahrung des Tatsächlichen; wir erfassen die Tatsachen nur durch sie.

[93]– unserem Denken unvorstellbaren -

[94]Dann liegt eben, im strengen Sinn des Wortes, unentrinnbare Notwendigkeit vor.

[95]Grundform > archetype

[96]trägt die Schuld > is at the bottom of things

[97]metaphysischen Lehren, die vom Kausalitätsproblem ausgeben,

[98]zweier Tatbestände

[99]wenn er sie richtig erkannt hat und

[100]Eigenes und fremdes Handeln

[101]Das Handeln, das ich als ein selbst handelndes Wesen erfasse, ist mein Handeln. Vom Handeln der anderen weiß ich zunächst nichts. Sie sind für mich Außenwelt, und ich trete ihnen mit meiner Vernunft nicht anders gegenüber als jedem andern Stück der Außenwelt. Ich könnte versuchen, sie so zu betrachten, als ob sie nicht Handelnde wären, wie ich ein Handelnder bin, sondern nur Erduldende wie das Rohr im Winde oder wie der Stein.

[102]Er sieht jede Veränderung als Ausfluss zielgerichteten Handelns eines Wesens, das denkt und handelt

[103]Langsam nur wird dieser Animismus aufgegeben und Schritt für Schritt durch die kausale Betrachtungsweise ersetzt.

[104], die die Dinge der Außenwelt entseelt,

[105]alles leisten, was vom Denken geleistet werden kann. Das mechanistische Erkennen wird als das Um und Auf aller Erkenntnis angesehen und die physikalisch-mathematische Denkform als die einzige wissenschaftliche Denkform hingestellt

[106]Induktionsschlusses > imperfect induction

[107], der man zumindest für die Praxis die Bedeutung nicht zu bestreiten vermöge

[108]vielleicht

[109]so bringe sie doch zumindest zweckmäßigen Irrtum

[110]Überspannung der mechanistischen Weltansicht

[111]wie äußere Tatsachen sich im Innern des Menschen in Wollen und Handeln umsetzen > solving the problems of the mind-body relations

[112]Zwischen Bewegung und Empfindung, zwischen Seelischem und Materiellem klafft ein Abgrund, den zu überbrücken sich die Wissenschaft – sicherlich heute noch, vielleicht aber für immer – als unfähig erweist. Eine immanente Kritik des positivistischen Standpunkts muss die zur Entschuldigung des Versagens des kausalmechanistischen Verfahrens vorgebrachten Behauptungen, dass es doch einmal endlich gelingen müsse, diese Fragen zu beantworten, und dass uns nur die Unzulänglichkeit unserer Erkenntnismittel hindere, sie zu lösen, als leer und sinnlos abweisen. Man bedarf zu dieser Abweisung nur jener Argumente, deren sich der Positivismus bedient, um die metaphysischen Fragestellungen nach den letzten Ursachen und den letzten Dingen abzutun.

[113]gleich uns

[114]der Erkenntniskritik

[115], wollen wir zugeben,

[116]und naiv
[117]des Fremdpsychischen bereits
[118]Denken > logic
[119]Wie ich aus meinem Denken über das Denken zu Sätzen gelange, von denen ich weiß, dass sie auch für jedes andere menschliche Denken gelten müssen, so gelange ich aus meinem Denken über das Handeln zu Sätzen, von denen ich weiß, dass sie für alles menschliche Handeln gelten müssen und dass jedes menschliche Denken über das Handeln sie als gültig anerkennen muss.
[120]des Weltlaufs
[121]Was weder mit dem einen noch mit dem andern bewältigt werden kann, vermag der Mensch überhaupt nicht geistig zu erfassen, zu begreifen und zu verstehen.
[122]schlechthin
[123]Teleologie > of purposeful behavior
[124]Man hat geglaubt, den Gegensatz dieser beiden Prinzipien dadurch verwischen zu können, dass man sie als zwei verschiedene Auffassungsweisen desselben Geschehens zu deuten suchte. Auch das Eingreifen des Handelns könne als Ursache angesehen werden und so lasse sich das Handeln unschwer in die kausale Betrachtung einfügen. Der Fehler dieses Gedankenganges ist, dass er das wesentliche Element des Zweckhaften, die sinnhafte Absicht, verkennt. Wohl kann jedes Geschehen kausal erklärt werden; es braucht dazu nur der Bereitschaft, an einer oder an mehreren Stellen der Kausalkette den Eingriff des Handelns einzusetzen. Doch damit ist dem Kausalprinzip nur formal Genüge geleistet.
[125]Befriedigung und Aufklärung kann weder das eine noch das andere bringen.
[126]sie dort zu erlangen
[127]metaphysischen
[128]Wenn der Behaviorismus und der Neopositivismus des Kreises deren um Schlick und Carnap meinen, man könnte und müsste beim Erfassen des Handelns der Mitmenschen vom Psychischen absehen und hätte es nicht anders zu studieren als die Vorgänge der unbeseelten Außenwelt, sind sie in Irrtum befangen. Das Problem, das hier vorliegt, hat mit der Annahme der Existenz einer Seele oder gar einer unsterblichen Seele nichts zu tun, und soweit sich die Kritik der Behavioristen und Positivisten gegen diese Annahme richtet, ist sie für unser Problem bedeutungslos. Uns beschäftigt die Frage, ob man menschliches Verhalten von außen her geistig zu erfassen vermag, wenn man darauf verzichtet, in ihm den Ausfluss sinnerfüllten vernunftmäßigen Gebahrens zu erblicken. Der Behaviorist und der Neopositivist wollen mit der in der naturwissenschaftlichen Forschung bewährten Methode an das menschliche Verhalten herantreten. Sie sehen im Handeln Reaktionen auf Reize. Doch schon der Reiz, von dem hier die Rede ist, kann nicht mit naturwissenschaftlichen Verfahren, von außen her und ohne Eingehen auf den Sinn, der ihm vom handelnden Menschen beigemessen wird, bestimmt werden. Man mag die Erhöhung eines Preisanbotes immerhin als Reiz bezeichnen; doch das, was das höhere vom niedrigeren Anbot unterscheidet, ist ohne Eingehen auf den Sinn, den die beiden Partner der Situation beilegen, nicht zu umschreiben. Keine Künstelei kann die Tatsache, dass das Verhalten der Menschen in allen Lagen von der Absicht, Zwecke zu verwirklichen, geleitet wird, wegwischen. Eben dieses Verhalten – das Handeln – ist Gegenstand unserer Erforschung. Wir können an diesen unseren Gegenstand gar nicht herankommen, wenn wir nicht auf den Sinn eingehen, den die handelnden Menschen in den Situationen erblicken, und auf den Sinn, den sie mit ihrem eigenen Handeln verbinden.
[129]teleologisch vorzugehen
[130]menschlichen Handelns
[131], sondern Mechanik, Chemie oder Biologie. Das Handeln ist der Gegenstand seiner Forschung, und diesen Gegenstand darf er nicht fahren lassen
[132]Die Existenz der Mitmenschen als Wesen, die gleich ihm bewusst handeln, ist jedem Menschen fraglos gegeben. Er wächst mit dieser Einstellung heran und in die menschliche Umwelt hinein. Naiv nimmt er ohne Bedenken an, dass auch die anderen Menschen handeln, wie er selbst handelt. (Ja, der primitive Mensch ist, wie wir gesehen haben, bereit, dasselbe auch von anderen belebten und unbelebten Wesen anzunehmen, und wird erst durch die Erfahrung genötigt, den Kreis der Wesen denen er bewusstes Verhalten zuschreibt, einzuengen.) Über die Entstehung und die Herkunft dieser Annahme vermögen wir nichts auszusagen; wir können sie auch nicht nach den Regeln der Kunst beweisen. Es steht da nicht besser als um andere Grundlagen unseres Denkens und Handelns, etwa um das Kausalprinzip. Wir können nur sagen: menschliches Handeln (und nicht etwa bloß Denken über das menschliche Handeln) wäre ohne diese Annahme des gleich mir bewussten und handelnden *Du* nicht möglich. Und diese Annahme hat sich im Leben

bewährt. Und in diesem ist schon eingeschlossen: wenn das *Du* handelt, kann sein Handeln nur von der gleichen Kategorie sein, die meinem Handeln eigen ist [FN: Über das Fremdpsychische vgl. Schütz, a. a. O., S. 106 ff.].

[133]Über den Instinkt > *On the Serviceableness of Instincts*

[134]Wo wir ein Verhalten beobachten, dass zwar unbewusst abläuft, uns aber in seiner Ausrichtung so erscheint, dass wir es als bewusstes Verhalten, als Handeln, zu fassen wüssten, wenn wir hinter ihm einen bewussten Willen zu erblicken vermöchten

[135]Wir gewinnen nur die Möglichkeit, dieses Verhalten in der Art zu erfassen, die wir für die geistige Erfassung des Handelns ausgebildet haben. *Instinkt* wäre ein Wortfetisch, ein Stück Sprachmetaphysik, das der Klarheit unseres Denkens und Forschens gefährlich werden könnte, wie die Donner- und Windgottheiten primitiver Völker ihrem Naturerkennen im Wege standen, wenn wir vergessen wollten

[136]Naturwissenschaft

[137](und auch Pflanzen)

[138](und der Pflanzen)

[139]des Blutumlaufs,

[140]d.i. nur unter Zugrundelegung der Instinkt-Hypothese,

[141]Die Lehre vom menschlichen Verhalten kann sich nicht auf die vom tierischen Verhalten stützen; es ist umgekehrt die Tierpsychologie, die der Stützung durch die Menschenpsychologie nicht entraten kann. Hätten wir nicht das praxeologische Denken zur Verfügung, könnten wir auch das Verhalten der Tiere nicht begreifen und verstehen.

[142]Der Begriff Instinkt ist keine Erklärung im metaphysischen Sinne, er ist einfach die Bezeichnung eines Punktes, über den hinaus die Bemühungen unseres Denken nicht zu dringen wissen oder zumindest bisher nicht zu dringen vermochten. Die Einführung dieses Begriffes ermöglicht es uns, für Erscheinungen, an die wir mit dem Denkverfahren der mechanischen Kausalität nicht heranzukommen vermögen, das andere menschliche Denkverfahren, das, das wir für die Erfassung des menschlichen Handelns zur Verfügung haben, anzuwenden.

[143]FN: Vgl. Mauthner, Wörterbuch der Philosophie, 2. Aufl., Leipzig 1924, II. Bd. S. 196 ff.

[144]V. Die allgemeinen Bedingungen des Handelns

Zufriedenheit oder Befriedigtsein nennen wir den Zustand eines Menschen, der nicht zum Handeln führen kann und führt. Der Handelnde sucht einen Zustand, der ohne sein Dazutun gegeben ist, durch einen anderen Zustand zu verdrängen. In seinem Denken sieht er einen Zustand, der ihm mehr zusagt als der gegebene, und sein Handeln ist darauf gerichtet, diesen gewünschten Zustand zu verwirklichen. Antrieb des Handelns ist das Unbefriedigtsein [FN: «L'inquiétude (uneasiness en anglais) est le principal pour ne pas dire le seul aiguillon qui incite l'industrie et l'activité des hommes.» Vgl. Leibniz, Nouveaux essais sur l'entendement humain, Livre deuxième, chapitre XX (Ausgabe Flammarion, S. 119.)]. Ein zufriedenes Wesen würde nicht handeln; es würde nur einfach dahinleben.

Doch damit gehandelt werde, muss zum Unbefriedigtsein und zum Wissen von einem Zustand, der besser befriedigen würde, noch ein Weiteres hinzutreten: die Meinung, dass man fähig sei, durch sein Verhalten das Unbefriedigtsein zu beheben oder doch wenigstens zu mildern. Wo diese Meinung fehlt, wird nicht gehandelt. Dem Unabwendbaren und Unentrinnbaren muss sich der Mensch fügen. Er muss das Schicksal über sich ergehen lassen.

Allgemeinste Bedingungen des Handelns sind mithin: Unzufriedenheit mit dem gegebenen Zustand[FN: Man beachte, dass die Unzufriedenheit auch in der Befürchtung liegen kann, man werde später einmal unbefriedigt sein, oder auch in dem Unbehagen, das das schon eingetretene oder für die Zukunft erwartete Unbefriedigtsein anderer Menschen, die dem Handelnden lieb sind, erweckt. Die Kritik, die am «egoistischen» Ausgangspunkt der Nationalökonomie geübt wurde, ist daher verfehlt.] und die Annahme der Möglichkeit der Behebung oder Milderung dieser Unzufriedenheit durch das eigene Verhalten. Der Mensch ist das irdische Wesen, das unter diesen Bedingungen lebt; er ist nicht nur homo sapiens, sondern auch homo agens, das handelnde Wesen. Geschöpfe menschlicher Abkunft, die von Geburt aus oder durch erworbene Mängel unabänderlich handlungsunfähig (im strengen Sinne des Wortes, und nicht etwa im Sinne des Sprachgebrauches des Rechts) sind, werden von den anderen Menschen mit Grauen und Erschütterung betrachtet. Mögen auch Recht und Pathologie solche Wesen als Menschen ansehen, so fehlt ihnen doch das, was das Wesen des Menschen ausmacht. Auch das Neugeborene ist nicht handlungsfähig; es hat den Weg, der von der Empfängnis bis zum Eintritt in den Kreis der Menschen führt, noch nicht ganz zurückgelegt, doch am Ende dieser Wanderung wird es ein handelndes Geschöpf.

Ein Handeln, das nicht unter diesen beiden Bedingungen stünde, wäre nicht denkbar. Nur wo sie gegeben sind, kann gehandelt werden. Wo auch nur eine fehlt, wird nicht gehandelt. Dass sie für den Menschen gegeben sind und dass der Mensch mithin ein handelndes Wesen ist, zeigt die Erfahrung. Doch dass es ohne ihr Zutreffen nicht zu dem kommen kann, was wir Handeln nennen, ist keine Kenntnis, die uns erst durch Erfahrung vermittelt wird; das ist eine Einsicht, die vor aller menschlichen Erfahrung liegt.

[145]Der Ausgangspunkt der wissenschaftlichen Betrachtung des menschlichen Handelns: das Handeln des Einzelnen

[146]Unsere Untersuchungen setzen beim einzelnen Menschen und seinem Verhalten in einer bestimmten Lage ein. Unsere Wissenschaft befasst sich zunächst mit dem Einzelnen und seinem Handeln, und wenn sie dann, von diesem Ausgangspunkte weiterschreitend, dazu gelangt, alles Geschehen, an dem menschliches Handeln beteiligt ist, in ihr Begriffsgebäude einzubeziehen, so gibt sie doch die Bezugnahme auf das Handeln des Einzelnen niemals auf und bleibt sich auch in der Lehre von den gesellschaftlichen Gebilden der Grundlage ihrer Erkenntnisse, d.i. Begreifen des Handelns einzelner Menschen, bewusst. Das ist es, was man als ihren Nominalismus und Individualismus getadelt hat, und dem man die kollektivistische Methode, die man auch als Universalismus bezeichnet, entgegenstellen wollte.

Es wäre nun leicht, den Einwendungen, die von dieser Seite kommen, dadurch zu begegnen, dass man die Ergebnisse der ob ihres Individualismus getadelten Wissenschaft mit dem vergleicht, was man als Ergebnis der universalistisch verfahrenden Forschung vorzuweisen pflegt. Es wäre nicht minder leicht zu zeigen, dass die Kritik die Universalismus und Kollektivismus am Verfahren der Wissenschaft vom menschlichen Handeln üben, auf groben Missverständnissen und Irrtümern beruht, und dass ihr eigenes Lehrgebäude nichts anderes darstellt als eine notdürftige und wenig geschickte Tarnung politischer Postulate, die mit willkürlichen Annahmen und mit argen Trugschlüssen arbeitet. Nichts wäre einfacher, als sich auf diesem Wege einen billigen Triumph zu verschaffen und sich dabei über die Unanfechtbarkeit und apodiktische Gewissheit der Grundlagen unseres Vorgehens zu beruhigen.

Doch wir dürfen und wollen uns nicht damit begnügen, unzulängliche Kritik unzulänglicher Kritiker zurückzuweisen. Wir müssen, ohne Rücksicht auf die Schwäche der vom Universalismus, Kollektivismus und Begriffsrealismus vorgebrachten Einwendungen, unsererseits selbst die Frage aufwerfen, ob der Punkt, von dem wir unsere Untersuchungen den Ausgang nehmen lassen, zum Ausgangspunkt überhaupt geeignet ist, und ob nicht ein anderer, besser entsprechender Ausgangspunkt gefunden werden könnte. Wir müssen prüfen, welche Voraussetzungen die Wahl dieses Ausgangspunktes bedingen und zu welchen Folgen sie führt. Wir müssen feststellen, ob wir tatsächlich auch immer so vorgehen, dass unsere Untersuchung in jedem Teile mit diesem Ausgangspunkt in Verbindung bleibt und alles das im Auge behält, wozu sie ihre Grundsätze verpflichten. Wir müssen die Problematik dessen, was man an unserem Verfahren als den methodologischen Individualismus bezeichnet, einsehen und uns mit ihr radikal auseinandersetzen.

Es fällt uns nicht ein, zu bestreiten, dass es gesellschaftliche Gebilde – eben die Kollektiva, die Gesamtheiten und Ganzheiten, von denen Universalismus, Kollektivismus und Begriffsrealismus sprechen – gibt; wir betrachten es vielmehr als eine unserer vornehmsten Aufgaben, zu deren Erkenntnis zu gelangen. Was wir bestreiten, ist nur das, dass wir unseren Ausgangspunkt von intuitiver Schau solcher Ganzheit nehmen dürfen.

[147]geschichtlich,

[148]oder in irgend einer andern Hinsicht

[149]Er ist müßig als Aufgabe reiner Logik, weil

[150]Ganzen > integer

[151]Er ist aber auch müßig als Problem der Wissenschaft vom menschlichen Handeln, weil gesellschaftliche Kollektivgebilde nur in Menschen und in menschlichem Handeln erscheinen und wirken. Dass es Kollektivgebilde, Gesamtheiten und Ganzheiten gibt, können wir nur im menschlichen Handeln erkennen. Wir müssen den Einzelnen und sein Handeln betrachten, um das Kollektivgebilde zu erkennen. Kein Kollektivgebilde ist und lebt außerhalb des Handelns einzelner Menschen. Um den Kollektivisten entgegenzukommen, wollen wir es zunächst dahingestellt sein lassen, ob es überhaupt ein Handeln Einzelner gibt, das außerhalb eines Kollektivgebildes gedacht werden kann. Doch unbestreitbar ist, dass alle Kollektivgebilde im Handeln Einzelner erscheinen müssen und dass die Kollektiva im Einzelnen leben und wirken, dass sie von den Einzelnen gelebt werden und dass ein anderes Sein als das in den Einzelnen ihnen nicht zugeschrieben werden kann. Wenn wir die Glieder betrachten, müssen wir auch ihre Gliedhaftigkeit entdecken und damit auch das Ganze, in dem sie als Glieder stehen und dienen. Nur über die Betrachtung

des Einzelnen führt unser Weg zur Erkenntnis der Gesamtheit. Ob es möglich ist, den Wald vor lauter Bäumen nicht zu sehen, wie es die alte Redensart will, mag man bezweifeln; doch sicher ist, dass wer keine Bäume sieht, auch keinen Wald erblicken kann.

[152]Einzelner > certain individuals

[153]Volksgenossen > its members

[154]Dass es Staaten gibt, erkennen wir im Handeln der Einzelnen, das aus dem Staatsgedanken seinen Antrieb empfängt.

[155]Wenn wir sagen, das gesellschaftliche Gebilde entsteht aus dem Handeln Einzelner, so bedeutet das keine Stellungnahme zu den Fragen, ob der Einzelne vor oder nach der Gesamtheit ist und ob die Gesamtheit die Summe der Einzelnen oder ein Gebilde *sui generis* ist.

[156]und nur in den Einzelnen sein und wirken können.

Endlich müssen wir bedenken, dass der Einzelne verschiedenen Kollektivgebilden angehören kann und auch – abgesehen von den Hordenmenschen auf niedrigster Kulturstufe verharrender Völkerschaften – in der Regel angehört. Wir können die Probleme, die das Nebeneinander, Miteinander, Gegeneinander und Durcheinander der gesellschaftlichen Gebilde stellt, nie erfassen, wenn wir von den Gebilden ausgehen und nicht von den Einzelnen, in denen die Gebilde leben.

[157]sie werden von uns im Denken erfasst, indem wir menschliches Handeln denkend in Bezug setzen zum Handeln anderer Menschen.

[158]im arithmetischen Sinne

[159]dass

[160]soziologische

[161]sagt uns erst das Denken, das ihr Handeln erfasst. Und dieses Handeln ist immer ein Handeln Einzelner.

[162], und diese Überlegung muss von dem ausgehen, was uns im Handeln Einzelner unmittelbar entgegentritt

[163]Ich > *Ego*

[164]den Sachverhalt und

[165]Organ > officer

[166]für die Praxeologie

[167]II. Der Ausgangspunkt der wissenschaftlichen Betrachtung des menschlichen Handelns: die einzelne Handlung

[168]und unklaren

[169]dort und damals > at a definite date and at a definite place

[170]Wir suchen im Handeln auch nicht die besonderen Eigenschaften des gerade hier und heute handelnden Menschen, sondern allein das, was es zum Handeln stempelt.

[171]Jahrtausendelang > from time immemorial

[172]Gesamtheiten > universals

[173]Kirchen, Ständen,

[174],

[175]und dgl. m.

[176]Warum ist die Tugend ein Gut?

[177], die ihnen unlösbare Probleme aufgeben

[178]Wertantinomie > the value-paradox

[179]Wir aber fragen: > Praxeology asks:

[180]Darauf wollen wir antworten und nicht auf die Frage nach dem Urgrunde der Dinge.

Wir betrachten den Einzelnen, wenn er, vor eine Wahl gestellt, den Wahlakt vollzieht, d.i. handelt.

[181]konkrete

[182]sie betrachten wollen

[183]III. Einflüsse der Herkunft und der Umwelt auf das Handeln

[184]das konkrete Sein > the personal qualities

[185]Animalisches > physiological inheritance

[186]Das Angeborene > The innate and inherited biological

[187]sein Wesen und

[188]tausendfach

[189]Wege > means

[190]und

[191]seiner Zeit,

[192]seiner Familie, seiner Rasse und seines Zeitalters; als Bürger seines Landes, seines Volkes, als Mitglied seiner Gesellschaftsschicht, als Ausübender seines Berufes, als Anhänger seiner Kirche, seiner Weltanschauung und seiner Partei > of definite religious, metaphysical, philosophical, and political ideas; as a partisan in many feuds and controversies
[193], und
[194]Der Handelnde steht auch im einzelnen Akt nur selten so allein, dass seine aktuelle Wahl von Einflüssen anderer unabhängig wäre. Ansteckung durch das Beispiel anderer und Nachahmung ihres Handelns ist die Regel. Man handelt im gegebenen Augenblick so und nicht anders, weil alter Brauch und geheiligte Sitte es so und nicht anders verlangen. Man handelt, wie die andern, wie alle, wie eben jedermann handeln soll und handelt. Die Gewohnheit erstarrt allmählich zu *nahezu* mechanischem Befahren vorgezeichneter Bahnen:

Elle conduit les pieds de l'homme,
Sait le chemin qu'il eût choisi,
Connaît son but sans qu'il le nomme
Et lui dit tout bas : «Par ici».
(Sully Prudhomme, L'Habitude.)

Es ist eine der wichtigsten Aufgaben der historischen Geisteswissenschaft, das Wechselspiel des Überkommenen und Altgewohnten mit dem Neuen und Unerhörten zu verfolgen und darzustellen und in jedem konkreten Handeln den Anteil des Alten und den des Neuen zu sondern. Für die von Zeit und Raum unabhängigen Lehren der allgemeingültigen Wissenschaft vom menschlichen Handeln ist diese Unterscheidung nicht wesentlich.

IV. Die Unwandelbarkeit der Struktur des Handelns

Denn das haben wir vor allem anderen festzuhalten: Bei allem Wandel des Inhaltes der einzelnen Handlungen bleibt die Struktur des Handelns selbst unwandelbar. Keine geschichtliche Überlieferung und kein Reisebericht hat je Kunde gebracht von einem Volke oder von Einzelnen, deren Handeln – nicht etwa im Inhalte, sondern in seiner praxeologischen Struktur – verschieden gewesen wäre von unserem Handeln und vom Handeln unserer Umgebung. Keine philosophische Überlegung führt uns zu Auffassungen, die auch nur entfernt die Möglichkeit eines strukturell anders gearteten Handelns offen lassen würden.

Man hat das freilich in den letzten Jahrzehnten mitunter bestreiten wollen und hat diese Bestreitung als die soziologische Auffassung der – wie man meinte – -unberechtigten philosophischen entgegengestellt. Man hat geglaubt, auf die Ergebnisse der ethnographischen Forschung die Behauptung stützen zu können, dass die logische Struktur des menschlichen Denkens im Laufe der Zeiten Veränderungen erfahren habe. Man sprach von einem prälogischen Denken, das erst auf einer höheren Stufe der Entwicklung vom logischen Denken abgelöst worden sei. Demgemäß sei das rationale Verhalten und das Handeln gemäß dem wirtschaftlichen Prinzip das Ergebnis einer späten Entwicklung; es habe Zeiten gegeben, in denen anders gehandelt worden sei, wie denn auch heute vielfach oder selbst überwiegend anders gehandelt werde. Überprüft man das, was zur Stützung dieser Behauptungen vorgebracht wurde, so zeigt es sich, dass grobe Irrtümer und Mißverständnisse im Spiel sind. Die Primitiven dachten anderes, aber nicht anders als wir, und sie handelten wie wir, wenn sie auch andere Ziele anstrebten und sich zur Erreichung ihrer Zwecke jener Mittel bedienten, die ihnen ihre von den unsrigen verschiedenen technologischen Auffassungen wiesen. Ihre Magie mit ihrem Zauberwerk, ihren Beschwörungen und ihrem Ritual war Technik. Sie war in ihren Augen der Inbegriff dessen, was der Kausalzusammenhang der Dinge als geeignet erscheinen läßt, angestrebte Ziele zu verwirklichen, nicht anders als unsere Technologie die Lehre von den Wegen zur Herstellung von brauchbaren Erzeugnissen darstellt, die auf dem Boden unserer naturwissenschaftlichen Kenntnisse fußt [FN: Vgl. meine Grundprobleme der Nationalökonomie, Jena 1933, S. 59 ff., 77 ff., 99 ff.; ferner Ernst Grünwald, Das Problem der Soziologie des Wissens, Wien 1934, S. 228 ff.]

Wer *Mensch* sagt, wer vom Denken schlechthin spricht, wer überzeugen, beweisen oder widerlegen will, wer zu den Mitmenschen spricht oder auf der Mitmenschen Rede achtet, setzt stillschweigend die Allgemeinheit, Ewigkeit und Unwandelbarkeit der Struktur menschlichen Denkens voraus. Dass A zugleich *Nicht* A oder dass das *Vorziehen von A gegenüber B* zugleich ein *Vorziehen von B gegenüber* A sein könnte, erscheint unserem Denken als absurd. Ein prälogisches oder ein metalogisches Denken können wir nie fassen. Was in unsere Logik nicht einzugehen vermag, erscheint uns schlechthin als unlogisch, als Wider-, Aber- und Unsinn.

Ob jenseits des Gebietes, dessen Erfassung der menschlichen Vernunft möglich ist, ein von unserem Denken und Handeln dem Wesen nach verschiedenes Denken und Handeln vorkommen kann oder nicht, ist für das menschliche Denken, dem der Zutritt zu solchen Sphären verschlossen bleibt und zu dem keine Kunde von dorther zu dringen vermag, bedeutungslos. Ob Lichter leuchten, deren Schein wir nie zu sehen vermögen, ob die Dinge an sich anders sind als wir sie empfinden, ob Welten sind, von denen wir nichts ahnen können, und ob es Gedanken gibt, die unsere Vernunft nicht zu fassen vermag, das sind Fragen, mit denen sich die menschliche Wissenschaft nicht abgeben kann. Sie ist an die Denkstruktur gebunden, die unserer Vernunft eigen ist, und wenn sie das menschliche Handeln zum Gegenstand ihrer Forschung macht, so kann sie nur das Handeln meinen, das dieser Denkstruktur entspricht und ihre Projektion aus der Welt der Gedanken in die Welt der Entscheidungen darstellt. Alle Sätze unserer Wissenschaft vom menschlichen Handeln beziehen sich nur auf dieses unserer Vernunft und unserem Denken zugängliche menschliche Handeln. Sie haben im Rahmen der diesem Handeln gesetzten Bedingungen Geltung und beanspruchen nicht, Aussagen zu machen über ungeahnte und für uns nicht ausdenkbare Welten und Beziehungen.

So ist unsere Wissenschaft in zweifachem Sinne menschlich. Sie ist menschlich, indem sie den Anspruch erhebt, Aussagen zu machen, die, soweit die von ihr genau bestimmten Bedingungen zutreffen, ausnahmelos für alles menschliche Handeln gelten. Sie ist aber auch in dem Sinne menschlich, dass sie sich nur mit dem menschlichen Handeln befasst, und über außermenschliches – übermenschliches oder untermenschliches -Verhalten nichts auszusagen weiß.

Der logische Charakter der Praxeologie

Die allgemeine Wissenschaft vom menschlichen Handeln ist Theorie und nicht Geschichte, sie ist apriorische Erkenntnis und nicht Erfahrungswissenschaft.

In der Geschichte liegt vor uns ein ungeheurer Erfahrungsstoff ausgebreitet. Von diesem Erfahrungsstoff führt jedoch kein Weg zu Erfahrungswissen von der Art, wie es die Physik und die auf ihr beruhenden Wissenschaften in empirischen Gesetzen formen. Denn die geschichtliche Erfahrung bietet sich uns stets nur als komplexe Erscheinung dar. Wir sehen Ergebnisse, die durch das Zusammenwirken von unbekannt vielen unbekannten Kräften entstanden sind, und wir sind nicht wie der Physiker imstande, Versuche anzustellen, in denen wir die Abhängigkeit oder Unabhängigkeit der Elemente oder Umstände einer Erscheinung prüfen könnten. Wir sind in der Lage, in der sich die Naturwissenschaften befinden würden, wenn es ihnen niemals möglich gewesen wäre, ein Experiment anzustellen. Wir hätten mit dem Erfahrungsstoff der Geschichte nichts anzufangen gewusst, wir hätten ihn denkend überhaupt nicht erfassen können, hätten wir nicht, weil wir selbst handelnde Menschen sind, in uns selbst die Einsicht, die uns allein zu einem Begreifen der Geschehnisse führt. Wir können gar nicht naiv, voraussetzungslos und frei von aller Theorie an die geschichtliche Welt herantreten, um zu erforschen, wie es eigentlich gewesen ist. In jedem schlichten Bericht der Vorgänge steckt notwendigerweise schon Theorie. Die Betrachtung des Handelns setzt das Bewusstwerden der Grundkategorien des Handelns voraus. Wer das nicht zugeben will, wer ohne Theorie und ohne vorgefasste Erkenntnis Geschichtsforschung treiben will, arbeitet darum noch nicht theoriefrei und voraussetzungslos; er verzichtet nur darauf, die durch das wissenschaftliche Denken geläuterte Theorie zu verwenden und begnügt sich mit den nicht immer klaren, oft widerspruchsvollen und auch sonst vielfach unzureichenden und irrigen Auffassungen, die das weniger scharfe Denken des Alltags ausgebildet hat.

Um das Wirkliche zu erforschen, bedürfen wir in gleicher Weise sowohl der Theorie als auch der Geschichte. Sie sind beide gleich unentbehrlich für den denkenden Menschen, und niemand, der nicht beide beherrscht, kann hoffen, im Erkennen menschlichen Handelns irgendwelche Erfolge zu erzielen. Doch logisch besteht zwischen Theorie und Geschichte ein kontradiktorischer Gegensatz, und nichts muss sorgfältiger vermieden werden als Verwischung der Unterschiede die zwischen den beiden Verfahrensarten bestehen. Bei jedem Satz, bei jedem Gedanken, bei jedem Begriff tut vor allem Klarheit darüber not, ob es sich um die eine oder die andere Denkform handelt.

Das praxeologische Problem

Alles, was unsere Wissenschaft enthält, ist Entfaltung des Begriffes *menschliches Handeln.* Alles, was wir brauchen, um denkend die Sätze unserer Wissenschaft abzuleiten, ist Wissen um das Wesen des menschlichen Handelns, jenes Wissen, das uns eigen ist, weil wir Menschen sind, und das keinem Menschenkind, das nicht durch Krankheit auf bloß tierisches Dasein beschränkt ist, abgeht. Wir brauchen keine besondere Erfahrung, um diese Sätze aufzustellen, und keine noch so reiche Erfahrung würde es uns ermöglichen, zu ihnen zu gelangen. Der einzige Weg, der zu ihnen führt, ist denkende Verarbeitung unseres Wissens um das Handeln an sich, ist ein Sichbesinnen auf das Wesen des eigenen und damit eines jeden Handelns.

Alle Begriffe unserer Lehre sind im Begriffe *menschliches Handeln* mitgedacht, und die Aufgabe der Wissenschaft ist es, sie aufzuzeigen, zu entwickeln, zu verdeutlichen und genau zu bestimmen. Es ist weiter ihre Aufgabe, die Bedingungen aufzuweisen, die das Handeln voraussetzt. Da ist zunächst zu zeigen, welche Bedingungen gegeben sein müssen, damit überhaupt gehandelt wird. Sind einmal so die Bedingungen aufgezeigt, die jedes Handeln voraussetzt, dann sind weiter die Bedingungen und Voraussetzungen weniger allgemeinen Charakters – natürlich auch sie nur kategorial und nicht etwa empirisch und materiell – aufzuweisen, also Bedingungen und Voraussetzungen, die nicht jedes Handeln, sondern nur ein genauer bestimmtes Handeln verlangt. Diese weitere Aufgabe der Wissenschaft könnte man in der Weise lösen, dass man alle logisch verfolgbaren Möglichkeiten durchdenkt und für sie alles das systematisch aufbaut, was sich mit Mitteln der Theorie vollziehen lässt. Wir würden so zu einer allgemeinen Theorie des Handelns unter allen denkbaren Bedingungen und Voraussetzungen gelangen, einer Theorie, die nicht nur das Handeln einbeziehen würde, das unter Bedingungen und Voraussetzungen vor sich geht, die in der uns gegebenen Welt verwirklicht sind, sondern auch Handeln, wie es unter unrealisierbaren Voraussetzungen bloßgedachter Welten vor sich gehen müsste. Erfreulicherweise hat man auf die Pedanterie solcher Vollständigkeit verzichtet und sich darauf beschränkt, nur soweit zu gehen, als es die Mehrung unserer Erkenntnis der Wirklichkeit wünschenswert erscheinen ließ. Wir betrachten das Handeln unter den Voraussetzungen und Bedingungen, die uns in der gegebenen Welt durch die Erfahrung als gegeben erscheinen, oder deren Behandlung ein Interesse erweckt, sei es, weil geprüft werden soll, wie Handeln unter Bedingungen und Voraussetzungen bestimmter Art, mit deren Auftreten gerechnet werden kann, beschaffen wäre, sei es, weil die Erkenntnis des Handelns unter gegebenen Bedingungen und Voraussetzungen durch die Prüfung des Handelns unter nicht gegebenen und auch allenfalls gar nicht verwirklichbaren Bedingungen und Voraussetzungen gefördert werden soll.

Diese Art der Bezugnahme auf die Erfahrung ändert nichts am apriorischen Charakter unserer Erkenntnis. Die Erfahrung lenkt unser Interesse auf bestimmte Probleme und zieht es von anderen Problemen ab; sie sagt uns, was wir machen sollen, doch sie sagt nicht, wie wir es machen sollen. Diese Erfahrung bezieht sich auch oft gar nicht auf das Gegebensein von Bedingungen des Handelns, sondern auf das Vorhandensein eines Interesses, das Handeln unter nicht gegebenen Bedingungen und Voraussetzungen zu studieren.

Dass die Arbeit mit Arbeitsleid verknüpft ist, ist nicht *a priori* einzusehen. Man könnte auch eine Welt denken, in der die Arbeit dem Arbeitenden kein Arbeitsleid bringt, und wir können die Zustände, die in einer so beschaffenen Welt herrschen würden, ausmalen. Doch die Welt, in der wir leben, ist eine Welt des Arbeitsleids. Nur die praxeologischen Sätze, die den Tatbestand des Arbeitsleids als gegeben annehmen, haben Bedeutung für die Erkenntnis dessen, was in dieser unserer Welt vorgeht.

Dass es den Tatbestand, den wir Arbeitsleid nennen, gibt, lehrt die Erfahrung. Doch sie lehrt es nicht unmittelbar. Es gibt keine Erfahrung, die sich uns als Arbeitsleid vorstellt. Es gibt nur Erfahrungstatsachen, die wir auf Grund unserer apriorischen Einsicht dahin interpretieren, dass der Zustand der Muße besser befriedigt als der Zustand der Aufwendung von Arbeit. Wir sehen, dass Menschen auf den Ertrag von Arbeit, die sie noch leisten könnten, verzichten, dass sie also für die Muße Opfer bringen, und leiten daraus ab, dass das Freisein von Arbeit als Gut angesehen wird und die Aufwendung von Arbeit als Nachteil. Ohne unsere apriorische Erkenntnis vom Wesen des Handelns könnten wir gar nicht dazu gelangen, die Erfahrung zu machen, dass die Arbeit als leidbringend angesehen und behandelt wird.

Die nationalökonomische Lehre von der Kreditausweitung ist nationalökonomisch auch für eine Welt richtig, in der es Umlaufsmittel und Zirkulationskredit nicht gibt und daher Kreditausweitung nicht vorgenommen werden kann. Sie wäre für eine so beschaffene Welt freilich nur Theorie ohne Belang für die Deutung dessen, was vorgeht. Es ist zu vermuten, dass in einer derartigen Welt kein Denker darauf verfallen wäre, sich mit diesem Problem zu befassen. Für die Deutung der Vorgänge in unserer Welt ist sie unentbehrlich.

Wieder haben wir festzustellen, dass die Tatsache der Kreditausweitung uns nicht unmittelbar durch die Erfahrung gegeben wird. Wir müssen erst mühsam ein ganzes Gebäude von Begriffen aus unserem Grundbegriff des Handelns durch diskursives Denken ableiten, um bestimmte Erscheinungen als Kreditausweitung deuten zu können. Wir müssen z. B. den Begriff Kapital, wie ihn das Handeln der Geschäftsleute kennt, analysieren und ihn zum Begriffe Kapitalgüter in Beziehung bringen, wir müssen den Begriff des Neutralzinses konstituieren u.s.f. Die praxeologische Erfahrung setzt eben immer die apriorische Theorie der Praxeologie voraus und nicht umgekehrt.

Theorie und Geschichte – Qualitative und quantitative Erkenntnis.

Die Wissenschaftslehre von Windelband und Rickert kennt nur zwei Gruppen von Wissenschaften: die nomothetischen Naturwissenschaften mit ihrer generalisierenden Begriffsbildung und die idiographischen Geschichtswissenschaften, die ihr Augenmerk auf das Besondere und Individuelle richten [FN: Vgl. Windelband, Präludien, 8. Aufl., Tübingen 1922, 11. Bd., S. 136 ff.; Rickert, Kulturwissenschaft und Naturwissenschaft, 3. Auflage, Tübingen 1915, S. 59 ff.; Die Grenzen der naturwissenschaftlichen Begriffsbildung, 2. Auflage, Tübingen 1913, S. 214 ff.]

Diese Zweiteilung kann uns nicht genügen, weil sie auf die Praxeologie keine Rücksicht nimmt; wir müssen sie durch eine Dreiteilung ersetzen. Wir haben zu unterscheiden: die nomothetische Erfahrungswissenschaft, die individualisierende Erfahrungswissenschaft und die apriorische Wissenschaft. Die nomothetische Erfahrungswissenschaft steht vor uns als Naturwissenschaft, vor allem als Physik. Die individualisierende Erfahrungswissenschaft kennen wir als Geschichtswissenschaft; inwieweit auch Wissenschaften von dem, was man gemeiniglich als Natur bezeichnet, unter diese Kategorie fallen, wie etwa Geologie, ist für unsere Untersuchung zunächst belanglos. Auch mit den apriorischen Wissenschaften Logik und Mathematik haben wir uns nicht weiter zu befassen. Für uns ist allein der Gegensatz von Geschichte und Theorie des Handelns von Bedeutung.

Die Theorie des Handelns unterscheidet sich von der nomothetischen Erfahrungswissenschaft dadurch, dass ihre Sätze als Sätze einer apriorischen Theorie unter den von ihnen genau bestimmten Voraussetzungen ausnahmelose Geltung beanspruchen. Sie ist strenge Wissenschaft.

Die Geschichtswissenschaft unterscheidet sich von der Theorie des Handelns dadurch, dass sie die Erfahrung vom menschlichen Handeln verarbeitet, wobei sie ihr Augenmerk auf das Besondere und Individuelle richtet.

Zwischen diesen beiden Polen Theorie und Geschichte liegt keine nomothetische Erfahrungswissenschaft vom menschlichen Handeln; eine derartige Wissenschaft hat es nie gegeben, gibt es nicht und wird es wohl auch nie geben können.

Von der nomothetischen Naturwissenschaft führt kein Weg zu nomothetischer Erfahrungswissenschaft vom menschlichen Handeln. Wir mögen, ungeachtet aller erkenntnistheoretischen Bedenken, der Kategorie der Kausalität allgemeine Geltung zuschreiben und annehmen, dass das menschliche Handeln gerade so in die Kausalketten eingefügt ist wie alles übrige Geschehen. Wir mögen annehmen, dass Körperliches und Geistiges untrennbar durch die Kausalität verbunden sind, und dass alles Seelische vom Leiblichen abhängig, seine Begleiterscheinung oder sein Erzeugnis sei. Doch nichts von dem, was uns die Erfahrung lehren konnte, berechtigt uns anzunehmen, dass es menschlicher Wissenschaft einmal gelingen könnte zu erkennen, wie sich Körperliches in Seelisches umsetzt. Das Verhältnis der Außenwelt – und in diesem Sinne ist auch alles Physiologische des eigenen Leibes Außenwelt – zur inneren Welt des Wahrnehmens und Denkens ist uns immer noch ein Rätsel und wird es wohl bleiben. Die Unzulänglichkeit unserer geistigen Werkzeuge hindert uns, die Einheit der äußeren und der inneren Welt, die der Monismus lehrt, zu erfassen und einen Weg, der vom Materiellen zum Psychischen führt, zu sehen. Die Erfahrung zeigt uns zwei Welten, die des Geistes und der Seele auf der einen Seite und die Welt, die den Gegenstand der nomothetischen Naturwissenschaft bildet, auf der andern Seite. Die Erfahrung sagt uns aber nichts darüber, wie diese beiden Welten verknüpft sind.

Die innere Welt ist die Welt des Bewusstseins. In ihr wird gewertet, gewollt und gehandelt; in ihr gibt es Zwecke und Ziele. Sie ist die Welt der Sinngebung und Sinnerfassung. Von der Außenwelt der Bewegung scheidet sie eine – für die Beschränktheit unserer geistigen Mittel – unüberbrückbare Kluft. Das Sinnerfüllte und das Sinnleere zu verbinden, das wäre die Aufgabe, die der Monismus zu lösen hätte, wollte er die Berechtigung seiner Haltung erweisen. Man löst diese Aufgabe gewiß nicht, wenn man, wie es der Positivismus macht, die Sinnhaftigkeit einfach nicht beachtet. Kein noch so kleiner Ausschnitt der geschichtlichen Erfahrung – denn das ist die Erfahrung vom menschlichem Handeln – kann erkannt werden, wenn man vom Sinn der Erscheinungen absehen wollte. Der Sinn (der Wert, der Logos) erfüllt diese Welt und macht ihr Wesen aus. Die empirische Naturerkenntnis der modernen Wissenschaft ist aber gerade dadurch ausgezeichnet, dass ihr Sinn und Wert durchaus fremd sind; es ist ihr Stolz, dass sie nichts sieht als funktionale Beziehungen.

Die Ergebnisse der Naturwissenschaft können mithin in keiner Weise helfen, nomothetische Erkenntnis auf dem Gebiete des menschlichen Handelns zu gewinnen. Es mag vielleicht einmal gelingen, das Physiologische um die Bewusstseinsvorgänge herum naturwissenschaftlich zu erfassen. Das Wesentliche an ihnen: der Inhalt des Gedachten, Gewollten und in Tat Umgesetzten, das Sinnvolle des Handelns, wird sich wohl immer der naturwissenschaftlichen Erkenntnis entziehen.

Nicht minder aussichtslos sind die Bemühungen, eine nomothetische Lehre vom menschlichen Handeln aus der Erfahrung über menschliches Handeln selbst zu gewinnen. Die geschichtlichen

Vorgänge sind, wie wir immer wieder mit größtem Nachdruck festzustellen haben, das Ergebnis des Zusammenwirkens einer unendlichen Menge von Einzelursachen; wir können sie immer nur als komplexe Erscheinungen erfahren und sind nicht imstande, die Wirkungen der einzelnen Faktoren gesondert zu erkennen. Dem Geschichtlichen gegenüber versagt das Experiment, jene Methode der Forschung, der die empirische Naturwissenschaft so viel verdankt, dass man sie mit Recht auch als die experimentelle Naturwissenschaft zu bezeichnen pflegt. Der Versuch ist «die absichtliche selbsttätige Erweiterung der Erfahrung und die planmäßige Beobachtung»; seine Aufgabe ist, «die Abhängigkeit oder Unabhängigkeit der Elemente (oder Umstände) einer Erscheinung von einander festzustellen» [FN: Vgl. Mach, Erkenntnis und Irrtum, 4. Auflage, Leipzig 1920, S. 202 f.] Nur der Versuch macht es möglich, Aussagen zu setzen über Gleichförmigkeiten und Abhängigkeiten, d.i. empirische Gesetze des Naturgeschehens zu bilden. Die nomothetische Naturwissenschaft ist Experimentalwissenschaft und wäre ohne das Experiment nicht zu denken; was sie ist, verdankt sie der Anstellung von Versuchen. Das ist ebensowenig bestritten wie das, dass auf dem Gebiete des menschlichen Handelns das Experiment nicht angewendet werden kann.

Dem geschichtlichen Erfahrungsstoff kann man keine Gesetze über menschliches Handeln entnehmen, da uns dieser Stoff immer nur als unzerlegbarer Komplex vieler Einzelerscheinungen und als Gewebe vieler Ursachen und vieler Wirkungen gegeben ist. Eine menschliches Handeln betreffende Hypothese könnte durch die Erfahrung weder bestätigt noch widerlegt werden. In dem Erfahrungsstück, das wir betrachten, sind stets auch noch andere Beziehungen und Abhängigkeiten wirksam, da in ihm eben niemals wie im Versuch die Bedingungen einer Veränderung *gesondert* beobachtet werden können. Ob nun die Erfahrung scheinbar bestätigend oder scheinbar widerlegend gedeutet wird, sie vermag unter solchen Umständen weder in dem Sinne zu bestätigen noch in dem Sinne zu widerlegen, in dem wir Bestätigung oder Widerlegung dem naturwissenschaftlichen Versuch zuschreiben.

Positivismus und Panphysikalismus lehren, dass es grundsätzlich möglich sein müsste, alle Determinanten menschlichen Handelns gesondert zu erfassen, sie in ihre letzten Elemente zu zergliedern, und die Wirkung jedes einzelnen von ihnen naturwissenschaftlich festzustellen. Für die Weltbetrachtung einer so vollkommenen Intelligenz würde die Welt des Handelns sich in einem Bündel von empirisch ermittelten Gesetz- und Regelmäßigkeiten darstellen. Dieser umfassende Laplace'sche Geist könnte in der Tat alles künftige Geschehen aus der Kenntnis des gegenwärtigen Zustandes der Welt vorauswissen. Er würde von jedem einzelnen Menschen alle Elemente des körperlichen und des geistigen Seins kennen; die Vertrautheit mit den Regeln, die die Reaktion des handelnden Menschen auf äußeres Geschehen und auf das Verhalten anderer Menschen bestimmen, würde ihn wissen lassen, wie jeder Einzelne in jeder Lage., in die er geraten könnte, handeln wird. Wir wollen dieser Auffassung des Positivismus und der «Einheitswissenschaft» der Panphysikalisten weder zustimmen, noch sie ablehnen. Mit den geistigen Mitteln der Wissenschaft vermag man zu metaphysischen Phantastereien keine Stellung zu nehmen.

Die Erfahrung, über die die menschliche Wissenschaft verfügt, zeigt uns eine Welt von handelnden Individuen. Wir vermögen nie mit jener – freilich auch nicht absoluten – Sicherheit, mit der wir die physikalischen und chemischen Gesetze zu erkennen imstande sind, im Voraus irgend etwas über das künftige Handeln der Einzelnen auszusagen, das über den Bereich dessen hinausginge, was uns die apriorische Wissenschaft vom Handeln lehrt. Wir können nicht im Voraus wissen, wie sich der Einzelne einer gegebenen Situation gegenüber verhalten wird. Die Menschen reagieren verschieden auf dieselbe Situation (denselben Reiz), und Art und Stärke der Reaktion ändern sich mit der Zeit auch bei demselben Menschen. Wir können feststellen, wie unter gegebenen Verhältnissen gehandelt wurde, doch wir vermögen weder aus dieser Feststellung noch aus anderem uns zu Gebote stehenden Wissen vorauszusagen, wie sich dieselben oder andere Menschen in gleicher Lage in Hinkunft verhalten werden.

Alles, was uns die Erfahrung auf dem Gebiete des menschlichen Handelns lehrt und lehren kann, ist, dass sich dies und jenes damals und dort mit Menschen zugetragen hat. Wenn uns die Erfahrung sagt, dass in einem bestimmten Jahr in einem bestimmten Gebiet einem Ausfall von 50 % in der Erzeugung einer Ware eine Preissteigerung von 75 % gefolgt sei, so ist das eine Feststellung, die uns nicht ermöglicht, das Ausmaß der Preissteigerung vorauszusagen, die auf einen 50 % Ausfall in der Erzeugung dieser Ware in einem anderen Jahre oder in einem andern Gebiet eintreten wird. Der Grund dafür liegt nicht nur darin, dass die übrigen Verhältnisse anders liegen mögen, sondern vor allem darin, dass verschiedene Menschen auf die gleichen Umstände verschieden reagieren, und dass auch dieselben Menschen nicht immer gleich reagieren. Wir mögen immerhin durch Übertragung unserer aus der empirischen Naturwissenschaft gewonnenen

Naturansicht auf das menschliche Verhalten annehmen, dass uns nur die Beschränktheit unseres Wissens hindert, die Voraussetzungen des Verhaltens so genau zu unterscheiden, dass wir zur Aufstellung von regelmäßigen Beziehungen zwischen Ursache und Folge auch auf diesem Gebiet gelangen könnten. Doch nichts, was wir bisher aus der geschichtlichen Erfahrung gewonnen haben, berechtigt uns, diese Annahme als Ergebnis dieser Erfahrung zu bezeichnen.

Diesen Sachverhalt hat man im Auge, wenn man vom Individuum und vom Individuellen als dem Gegenstand der geschichtlichen Erfahrung spricht. Das Individuum ist das, was unser Denken nicht in Elemente und gesetzmäßige Beziehungen von Elementen zu zergliedern vermag; es ist das, was in seiner Eigenartigkeit und Mannigfaltigkeit der Zurückführung auf Einfacheres und Bekannteres trotzt. «Individuum est ineffabile». Das Individuum ist eine der Grundkategorien der Erfahrung auf dem Gebiete menschlichen Handelns; diese Erfahrung verarbeitet die Geschichte. Ob man der Historik, die individualisierend vorgeht, den Namen Wissenschaft vorenthalten will oder nicht, ist eine belanglose terminologische Frage. Fest steht, dass eine andere Art der Verarbeitung des geschichtlichen Erfahrungsstoffes logisch nicht zulässig ist.

Der Positivismus hat die grundsätzliche Verschiedenheit, die zwischen Erfahrungswissen von der Natur und Erfahrungswissen vom Handeln besteht, nicht beachtet. Er hat in der mathematisch-physikalischen Naturwissenschaft das alleinige, für alle Gebiete menschlichen Wissens gültige Schema gesehen und wollte daher die Geschichtswissenschaft ersetzt sehen durch eine der Newton'schen Physik nachgebildete Wissenschaft der historischen und gesellschaftlichen Gesetze. Es ist demgegenüber als das Verdienst von Windelband und Rickert anzuerkennen, dass sie die Irrtümer, die dieser Auffassung zugrunde liegen, aufgedeckt und das logische Wesen der geschichtlichen Forschung dargelegt haben. Die Geschichte sieht nach Rickert ihre Aufgabe «in der Darstellung des Einmaligen, Besonderen und Individuellen». Sie «will nicht» – und wir fügen hinzu: sie könnte auch nicht – «in der Weise generalisieren, wie die Naturwissenschaften es tun». Ihr Verfahren ist Individualisieren und ist nicht auf die Auffindung von empirischen Gesetzen gerichtet [FN: Vgl. Rickert, Kulturwissenschaft und Naturwissenschaft, a. a. O., S. 59 f.].

Die bahnbrechenden Untersuchungen Windelband's, Rickerts und Max Webers sind insofern unzulänglich, als ihnen der Tatbestand und die Bedeutung apriorischer Erkenntnis menschlichen Handelns fremd blieben. Sie weisen aber noch andere Lücken auf. Um die Irrtümer des Positivismus und Panphysikalismus grundsätzlich zurückzuweisen, wäre vor allem der Nachweis zu erbringen gewesen, warum es menschlicher Wissenschaft verwehrt ist, aus dem geschichtlichen Erfahrungsstoff a posteriori zu empirischen Gesetzen nach Art der Gesetze der empirischen Naturwissenschaft zu gelangen. Das haben diese Forscher nicht geleistet. Sie haben sich damit begnügt, zu zeigen, was Geschichte ist, wie sie methodisch vorgeht und wie sie logisch von dem Verfahren der nomothetischen Naturwissenschaft verschieden ist. Sie haben die Grundsteine einer Logik der Geisteswissenschaften gelegt und damit der Wissenschaft der Logik, die bis dahin nur Mathematik und mathematische Naturwissenschaft, daneben etwa auch noch Biologie und Entwicklungsgeschichte in den Bereich ihrer Forschung einbezogen hatte, ein neues Feld erschlossen. Ihr Verdienst liegt darin, dass sie die grundsätzliche Verschiedenheit der Methoden der Erfahrungswissenschaften von der Natur und der Erfahrungswissenschaft vom menschlichen Handeln entdeckt haben.

Erst wenn man die Lehren der südwestdeutschen Philosophenschule durch den Nachweis ergänzt, dass und warum aposteriorische Geisteswissenschaft vom menschlichen Handeln nicht möglich ist, und dass apriorische Wissenschaft allein zu allgemeinen Sätzen über menschliches Handeln zu führen vermag, kann man die Ergebnisse der logischen Forschung für die Arbeit der Einzelwissenschaften unmittelbar nutzbar machen. Dann erst wird es möglich, mit ihrer Hilfe die Grundprobleme der Wissenschaft vom menschlichen Handeln zu lösen.

Theorie vom menschlichen Handeln und Geschichte stehen in unüberbrückbarem logischen Gegensatz. Die Theorie kann nur apriorisch sein; die Geschichte kann sich immer nur des individualisierenden Verfahrens bedienen und kann niemals aus ihrem Erfahrungsmaterial empirische Gesetze gewinnen. Damit sind die Ansprüche des Positivismus und des Panphysikalismus ebenso zurückgewiesen wie Versuche, Gesetze des geschichtlichen Werdens im Allgemeinen oder des wirtschaftsgeschichtlichen, religionsgeschichtlichen, kunstgeschichtlichen Werdens im Besonderen zu finden.

Das, was man mitunter als durch Beobachtung aus dem geschichtlichen Stoffe abgeleitete Regelmäßigkeiten des menschlichen Handelns auszugeben pflegt, erweist sich meist als Anwendung von naturwissenschaftlichen Sätzen, die über das Handeln selbst nichts sagen; diesen Charakter tragen z. B. viele Aussagen über Wachstum und Abnahme der Bevölkerungszahl, über Vererbung, über Gesundheitsverhältnisse, über Begabung und Leistungsfähigkeit. Wo man den Versuch gemacht hat, abseits von den Fragen, die nur das physiologische Wesen des Menschen betreffen, aus der Erfahrung zu Sätzen über das menschliche Handeln zu gelangen, hat man nichts anderes zu erzielen vermocht als Feststellungen über das, was sich einst begeben hat, ohne dass wir uns dabei veranlaßt sehen könnten, einer derartigen Feststellung logisch den Charakter beizulegen, der sie in eine Reihe mit einem Satze der empirischen Naturwissenschaft stellen würde.

Die Versuche, historische Gesetze aufzustellen, sind so vollkommen gescheitert, dass es nicht lohnt, sich mit ihnen näher zu befassen. Kein Geschichtsschreiber von Bedeutung hat ihnen Beachtung geschenkt; sie sind nie über einige Banalitäten hinausgelangt. Was Buckle an geschichtlichen Regelmäßigkeiten und Allgemeinsätzen vorzubringen wusste, waren Sätze, die aus den Lehren der klassischen Nationalökonomie abgeleitet waren. Er hat nicht aus geschichtlichem Material Sätze gewonnen, sondern Sätze der nationalökonomischen Theorie und der allgemeinen Gesellschaftslehre seiner Zeit auf das Material der Geschichte angewendet und an ihm aufzuzeigen gesucht. Nur diese von der apriorischen Wissenschaft her an den geschichtlichen Erfahrungsstoff herangetragenen Sätze haben es ihm ermöglicht, das Material zu sichten, das eine als wesentlich zu bezeichnen, anderes als unwesentlich beiseite zu lassen. Ohne diese Sätze wäre er – wie jeder Geschichtsforscher – dem Erfahrungsmaterial, das unermesslich groß, aber dennoch lückenhaft ist, hilflos gegenübergestanden.

Besonders verderblich hat sich die Unklarheit über die logische Unterscheidung von Naturwissenschaft und Geschichte für die historische Schule der Nationalökonomie erwiesen. Wenn man die Ergebnisse der nationalökonomischen Theorie ablehnt, sei es, weil man sie für apriorische Aussagen über Dinge hält, von denen uns nur die Erfahrung Wissen vermitteln kann, oder sei es, weil man in ihnen unzulässige Abstraktionen oder vorschnelle Verallgemeinerung aus einem unzulänglichen Material erblickt, hätte man die Verpflichtung gehabt, zu untersuchen, auf welchem Wege man zu korrekteren Ergebnissen zu gelangen vermöchte. Die historische Schule der Staatswissenschaften hat es unterlassen, diese Fragen zu klären. Manche ihrer Vertreter haben ohne Bedenken angenommen, dass man aus dem wirtschaftsgeschichtlichen Material nationalökonomische Sätze gewinnen könne, die den Charakter von empirischen Gesetzen tragen. Andere wieder haben die Möglichkeit der Gewinnung von Gesetzen bestritten und haben neben der Wirtschaftsgeschichte keine allgemeine Lehre von der menschlichen Wirtschaft gelten lassen wollen. Meist freilich wurden diese beiden unverträglichen Standpunkte in einem logisch widerspruchsvollen Kompromiss verbunden.

Man muss zugeben, dass die Auffassung dieser Probleme durch einen großen Teil der Forscher, die sich mit nationalökonomischen Fragen befassen, auch heute noch durchaus unzulänglich ist. Es fehlt die Klarheit darüber, dass Theorie und Geschichte, Nationalökonomie und Wirtschaftsgeschichte logisch streng geschiedenen Gebieten angehören. Man sieht nicht immer ein, dass Wirtschaftsgeschichte, Wirtschaftsbeschreibung und Wirtschaftsstatistik immer der Logik des Geschichtlichen verhaftet bleiben, dass sie nie zu empirischen Gesetzen des Wirtschaftens zu führen vermögen und dass sie nie ohne Zugrundelegung der Ergebnisse der apriorischen Theorie des Handelns betrieben werden können. Wenn man diese grundlegenden Dinge einmal begriffen haben wird, wird man erkennen, dass wirtschaftsgeschichtliche Untersuchungen, mögen sie sich auch mit den jüngsten Ereignissen befassen, nie die Aufgaben erfüllen können, die der nationalökonomischen Theorie gesetzt sind.

Auch die Wirtschaftsstatistik ist Geschichte und nicht Theorie. Man mag noch so geistreiche und kunstvolle Methoden zur Verarbeitung und Darstellung ihres Zahlenmaterials ersinnen, an dem historischen Charakter alles statistischen Materials, das sich auf menschliches Handeln bezieht, kann man damit nichts ändern. Niemals können wir durch die Aufarbeitung statistischer Daten zu einer «quantitativen» Nationalökonomie gelangen. Wir können durch die Anwendung der Lehren der nationalökonomischen Theorie in das verfügbare Zahlenmaterial Ordnung bringen und es zu gestalten suchen. Wir werden aber nie vermögen, aus dem statistischen Stoff zu Erkenntnissen zu gelangen von jener Art von Allgemeinheit, die die Sätze der nomothetischen Naturwissenschaft ausdrücken. Das hat einen doppelten Grund.

Erstens: Es gibt auf dem Felde des menschlichen Handelns keine unveränderlichen Größenbeziehungen. Die Veränderung der Preishöhe, die auf eine Veränderung des Angebotes oder der Nachfrage folgt, steht zu dieser Veränderung in keinem festen Größenverhältnis. Man hat lange geglaubt, dass das beim Gelde anders sei und dass eine Verdoppelung der Geldmenge unter sonst gleichen Umständen zu einer Verdoppelung der Geldpreise der Kaufgüter führen müsse. Die moderne Geldtheorie hat gezeigt, dass auch diese Annahme falsch ist, und dass die Preisveränderungen, die auf eine Veränderung der Geldmenge folgen, zu dieser in keinem festen Verhältnis stehen. Es wird gewiss noch eine Zeit lang Nationalökonomen geben, die ihre Vorliebe für die mathematisch-statistischen Methoden hindert, diesen Fundamentalsatz der Geldtheorie anzuerkennen. Doch kein ernstzunehmender Nationalökonom wird behaupten wollen, dass die Veränderung der Preise der einzelnen Kaufgüter zu der Veränderung von Angebot oder Nachfrage in festem Verhältnis steht.

Zweitens: Doch selbst wenn es solche konstante Beziehungen geben würde, könnten wir sie durch die Statistik nie auffinden. Die Naturwissenschaften finden die Konstanten im Versuch, in dem die Bedingungen einer Veränderung gesondert beobachtet werden können. Die statistischen Ämter sind aber keine Laboratorien, wenn man ihnen auch mitunter diesen Namen gegeben hat, um den problematischen Charakter ihrer Arbeit zu verhüllen und sie auf eine Stufe mit den physikalischen, chemischen oder biologischen Versuchsanstalten zu stellen. Das statistische Material, das dem Wirtschafts- und Sozialstatistiker vorliegt, stammt nicht aus isolierenden Versuchen; es ist der zahlenmäßige Niederschlag geschichtlicher Vorgänge, deren Komplexität das Erkennen der Beziehungen *einer* Ursache und *einer* Wirkung nicht zulässt.

Der kontradiktorische Gegensatz von apriorischer Theorie des menschlichen Handelns und geschichtlicher Erfahrung lässt sich logisch nicht überbrücken. Zwischen Theorie und Geschichte steht auch keine nomothetische Erfahrungswissenschaft von menschlichen Handeln.

Begreifen und Verstehen

Die praxeologische Erkenntnis erfasst den Sinn des Handelns durch diskursives Denken, durch Begreifen. Sie setzt beim Begriff des Handelns ein und bildet, Schritt für Schritt fortschreitend, ein System von strengen Begriffen, indem sie genau Voraussetzungen und Bedingungen umschreibt und Aussage mit Aussage verknüpft. Sie wendet sich allein an das logische Denken und verlangt nichts weiter zu ihrer Aufnahme als die Bereitschaft, logisch zu denken und zu urteilen. Ihre Begriffsbestimmungen und ihre Urteile beanspruchen allgemeine Geltung nicht nur in dem Sinne, dass sie von allem Handeln ohne Rücksicht auf Ort und Zeit, auf die Eigenschaften der Handelnden und auf die Ziele des Handelns gelten sollen, sondern auch in dem Sinne, dass sie von allen Menschen ohne jeden Unterschied in gleicher Weise als richtig anerkannt werden müssen. Dem praxeologischen Gedankengang gegenüber sind nur zwei Haltungen möglich: man hat ihn als richtig anzuerkennen, wenn man in ihm keinen logischen Fehler zu entdecken vermag, oder man hat ihn als falsch abzulehnen, wenn man seine Beweisführung logisch als nicht schlüssig erachtet.

Logik und Verfahren der Wissenschaft sind von der Logik und dem Verfahren, deren sich der Mensch im Alltag bedient, dem Wesen nach nicht verschieden. Jedermann übt im täglichen Leben die Methoden, deren sich – mit größerer Genauigkeit und auf ein breiteres und systematisch geordnetes Erfahrungsmaterial gestützt – die Naturwissenschaften bedienen. Schon die gewöhnlichen Verrichtungen des Kindes und des primitiven Menschen sind an einem Stock physikalischer und biologischer Einsicht orientiert, der sich nur durch den kleineren Umfang, durch die geringere Deutlichkeit und durch das Fehlen systematischer Ordnung von den Erkenntnissen fortgeschrittenster Wissenschaft unterscheidet. Auch der schlichteste Verstand verfügt dabei über die Grundelemente der Logik und Mathematik, die den Ausgangspunkt jedes und somit auch des wissenschaftlichen Denkens bilden. Die Wissenschaft denkt und verfährt grundsätzlich nicht anders als der Alltag, sie denkt und verfährt nur genauer, kritischer und umfassender. Jedes Handeln eines Menschenkindes, das sich auf ein Ziel richtet, ist schon praxeologisch orientiert. Das Handeln des unter Menschen und mit Menschen lebenden Einzelnen impliziert schon fortgeschrittenere praxeologische Einsicht. Dass der Mensch dem Menschen nicht so gegenübertritt wie der Lawine, die vom Berge niederfährt, oder wie dem Regen und dem Blitz, dass er ihn als ein Wesen nimmt, das handelt wie er selbst, ist schon ein Stück gesellschaftlicher Erkenntnis. Die wissenschaftliche Praxeologie geht in ihren Gedankengängen weiter und arbeitet mit schärferer Kritik, doch sie hat keinen andern Ausgangspunkt als die des Alltags, ohne die niemand leben und schon gar nicht inmitten von Menschen wirken könnte, und sie bedient sich keines andern Denkverfahrens als diese.

Doch um den Sinn des Handelns der Mitmenschen zu erfassen, bedarf es noch eines Weiteren als des bloßen Begreifens. Man muss auch den Sinn der Zielsetzungen und der Beweggründe dieser Zielsetzungen erfassen. Es genügt nicht praxeologisch zu begreifen, man muss auch verstehen.

Das Verstehen ist das Erfassen des Sinns, den die handelnden Menschen mit ihren Zielsetzungen verbinden. Das Begreifen ist auf die Erfassung des Sinns des Handelns als reines Zweckverfolgen und Zielesuchen ohne Rücksicht auf die Beschaffenheit der Zwecke und Ziele gerichtet. Das Verstehen ist auf die Erfassung des Sinns der konkreten Zielsetzungen und Zwischenzielsetzungen gerichtet.

Die Ziele und Zwecke liegen jenseits des Bereichs der Vernunft. Sie sind der Überprüfung und der Beurteilung durch die Vernunft und durch das Denken entzogen. Sobald man anfängt, die Ziele und Zwecke vernunftgemäß zu erörtern, drückt man sie zu Mitteln herab. Man kann Ehre und man kann Reichtum als Ziel anstreben. Das ist der subjektiven Entscheidung des Einzelnen überlassen. Will man die Vernunft befragen, ob man Ehre und Reichtum anstreben soll und ob man der Ehre oder dem Reichtum den Vorzug geben soll, so kann man das nicht anders tun als indem man sie in Beziehung setzt zu einem höheren Ziel, zu dem Ehre und Reichtum als Mittel hinführen sollen. Man fragt etwa: was macht mich froher? und betrachtet damit beides als Mittel zur Erlangung von Glück. Man kann ein Bild von Velasquez höher schätzen als ein Bild von Murillo. Doch man kann darüber nicht mit Vernunftgründen streiten, wie man etwa über die Brauchbarkeit zweier Maschinen streiten kann. Man kann eine Reihe von Merkmalen der beiden Bilder hervorheben, man kann aber über jedes einzelne Merkmal und über das Bild als Ganzes nur Werturteile abgeben, die man nie durch Argumente, die sich an die Vernunft wenden, in schlüssiger Weise zu begründen vermag. Ich mag alle rationalen Erwägungen und Gesichtspunkte, die zugunsten eines Werturteils geltend gemacht werden können, als richtig anerkennen, ohne dass ich mich darum dem Werturteile selbst anschließe oder überhaupt nur zu verstehen vermag, wie man zu einem solchen Werturteil gelangen konnte.

Man kann Werturteile nicht beweisen und nicht in einer Weise rechtfertigen und begründen oder ablehnen und verwerfen, die jedermann, der logisch denkt, als gültig annehmen muss. Werturteile sind irrational und subjektiv, man kann sie loben oder tadeln, billigen oder missbilligen, doch man kann sie nicht als wahr oder unwahr bezeichnen. Ein Ziel mag von vielen, ja nahezu von allen Menschen sehr hoch oder an höchster Stelle gewertet werden, wie etwa Leben, Gesundheit, Freiheit; es bleibt doch subjektiv. Man hat mitunter behauptet, dass der Wertung des eigenen Lebens, die man als Ausfluss eines aller Kreatur innewohnenden Selbsterhaltungstriebes hinstellen wollte, eine Sonderstellung zukomme, die sie zu einer absoluten Wertung stemple. Doch es wird immer wieder verkündet und immer wieder, wenn auch seltener, durch die Tat bewiesen, dass man andere Ziele höher stellen kann als die Erhaltung des Lebens.

Ziele und Zwecke und die Wertung der Ziele und Zwecke kann man weder praxeologisch begreifen noch mit den Methoden des naturwissenschaftlichen Kausalitätsprinzips erklären; man kann mit der Vernunft an sie überhaupt nicht herankommen. Den Sinn der Zielsetzungen und Wertungen kann man verstehen.

Das Verstehen ist zunächst Feststellung des irrationalen Tatbestandes und dann Versuch, die Empfindungen und Gefühle, die die handelnden und die übrigen Menschen zu ihrer Bewertung dieser irrationalen Tatbestände geführt haben, nachzuempfinden und nachzufühlen. Beides kann nur gelingen, wenn dem Verstehenden Empfänglichkeit für den Gegenstand gegeben ist. Für das Nachempfinden und Nachfühlen der Wertungen bedarf diese Behauptung wohl keines Beweises. Doch schon die schlichte Feststellung des irrationalen Tatbestandes kann ohne diese besondere Empfänglichkeit nicht gelingen. Es gibt Menschen, die gewisse Tatbestände gar nicht wahrzunehmen vermögen, z. B. Menschen, denen die Fähigkeit mangelt, Musikwerke oder Bilder überhaupt als solche zu erkennen und von Dissonanzen oder von Klecksereien zu unterscheiden. Mitunter kann selbst unter sonst Empfänglichen die Auffassung des Tatbestandes verschieden sein, z. B. darüber, ob ein Bildnis oder eine Karikatur vorliegt, und ob ein literarisches Werk ernst gemeint oder als Satire zu betrachten sei.

Die Sprache, in der wir die Ergebnisse praxeologischen Denkens ausdrücken, kann den Begriffen und Sätzen so genau angepasst werden, dass ein Zweifel darüber, ob unsere Aussagen auch so aufgefasst werden, wie wir sie aufgefasst wissen wollen, nicht entstehen kann. Wenn man einen praxeologischen Begriff – z. B. Preis, Tauschmittel, Kosten – scharf bestimmt hat, dann muss jeder ihn so begreifen, wie alle anderen ihn begriffen haben. In dieser Hinsicht gleicht die Praxeologie der Logik der Mathematik und der Naturwissenschaft.

Der Sprache des Verstehens mangelt diese Schärfe und allgemeine Zugänglichkeit. Man kann nie bestimmt wissen, ob man so oder ganz so verstanden wird, wie man verstanden werden will. Das Qualitative, das den Gegenstand des Verstehens bildet, kann weder durch die Sprache noch sonst irgendwie so genau bezeichnet werden, dass der Ausdruck nur eine Deutung zuläßt. [FN: Für Bergson ist das Verstehen «une intuition», nämlich «la sympathie par laquelle on se transporte à l'intérieur d'un objet pour coïncider avec ce qu'il a d'unique, et par conséquent d'inexprimable». (Vgl. Bergson, La pensée et le mouvant, quatrième édition, Paris 1934, S. 205.)]

Gefühle und Empfindungen sind an das Ich geknüpft. Weil wir selbst Menschen sind, weil wir selbst fühlen und empfinden, glauben wir uns ungefähr auch eine Vorstellung von dem machen zu können, was andere fühlen und empfinden. Einfühlen und Nachempfinden fallen mitunter nicht schwer; mitunter freilich verlangen sie eine besondere Anstrengung. Ob man aber mit dem

Versuche zu verstehen und verstanden zu werden den gewünschten Erfolg erzielt, kann nie mit Sicherheit klargestellt werden. Denn das Verstehen will an das heran, was im Menschen das Eigenste und Persönlichste ist, an das, was ihn von den anderen unterscheidet, an das Besondere und Einmalige, an das Individuelle.

Das Verstehen, das der Mensch übt, um sich inmitten der Menschen und der menschlichen Gesellschaft zu bewegen und zu wirken, ist von dem Verstehen, das die Psychologie und die übrigen Geisteswissenschaften, die Geschichtswissenschaften im weitesten Sinne, üben, im Wesen nicht verschieden. So wie auch sonst das Denken der Wissenschaft dem Denken des Alltags wesensgleich ist und wie das Begreifen des Praxeologen von dem Begreifen des in der Gesellschaft lebenden Menschen nicht kategorial verschieden ist, so ist auch das Verstehen des Alltags und das der Wissenschaft von gleicher Art.

Die Wissenschaft vom menschlichen Handeln zerfällt demnach in zwei logisch scharf geschiedene Teile: in die Praxeologie, die den Sinn zu begreifen sucht, und in die verstehenden Wissenschaften (Geisteswissenschaften) Psychologie und Geschichte [FN: Es würde den Rahmen dieser Untersuchungen überschreiten, wollten wir versuchen nachzuweisen, dass auch die Psychologie, soweit sie nicht mit den Methoden der Physiologie arbeitende Naturwissenschaft ist, sondern auf das Verstehen ausgeht, als historische Wissenschaft anzusehen ist. Ob der Begriff Geisteswissenschaften mit dem der Geschichtswissenschaft im weitesten Sinne gleichzusetzen ist, ist eine terminologische Frage, die nicht zu wichtig genommen werden sollte. Entscheidend ist allein, dass alle diese Wissenschaften sich des Verstehens bedienen. – Entwicklungsgeschichte und Geologie (Erdgeschichte) dienen wie die Geschichte der Erforschung eines Einmaligen und Nichtwiederkehrenden. Sie bedienen sich jedoch ganz des Verfahrens der Naturwissenschaften und wüssten mit dem Verstehen nichts anzufangen. Man mag sie allenfalls Geschichte nennen; zu den Geisteswissenschaften zählen sie gewiss nicht. Wenn im Texte von Geschichte gesprochen wird, ist immer die verstehende Geschichte gemeint, die zu den Geisteswissenschaften zählt.]. Die verstehenden Wissenschaften bedienen sich aller geistigen Hilfsmittel, die ihnen die apriorischen Wissenschaften Logik, Mathematik und Praxeologie und die empirischen Naturwissenschaften zur Verfügung stellen, und darüber hinaus ihrer spezifischen Methode: des Verstehens. Dabei muss darauf geachtet werden, dass das Verstehen nirgends in Widerspruch mit dem gerate, was durch apriorische Untersuchung und durch naturwissenschaftliche Erfahrung festgestellt wurde. Das Begreifen hat logisch unbedingt den Vorrang gegenüber dem Verstehen, und das naturwissenschaftliche Denken hat dem Verstehen gegenüber solange den Vorrang, als es nicht durch die Erfahrung erschüttert werden kann. Der logische Raum des Verstehens liegt allein dort, wohin praxeologisches Begreifen und naturwissenschaftliches Erklären nicht zu dringen vermögen [FN: Vgl. Langlois-Seignobos, Introduction aux Etudes Historiques, Troisième Edition, Paris 1905, S. 176 ff.; Rothacker, Logik und Systematik der Geisteswissenschaften, München und Berlin 1927, S. 123 f.; ferner meine Grundprobleme der Nationalökonomie, a. a. O., S. 125 f.].

Praxeologischer Begriff und geisteswissenschaftlicher Typus

Die Wirklichkeit wird von der Geschichte nicht beschrieben und nicht ab- oder nachgebildet; beides würde grundsätzlich unlösbare Aufgaben bieten. Die geschichtliche Bearbeitung des Erfahrungsstoffes sucht vielmehr umbildend die Wirklichkeit in vereinfachter Gestalt darzustellen. [FN: Vgl. Rickert, Kulturwissenschaft und Naturwissenschaft, a.a.O., S. 31 ff.]

Das vorzüglichste geistige Mittel dieser vereinfachenden Darstellung ist die Bildung von Typen. Der Typus ist ein Begriff, der verschiedenartige Dinge nach einem oder nach mehreren Merkmalen, die ihnen ungeachtet sonstiger Verschiedenheit gemeinsam sind, zu einer Klasse vereinigt. Auch wo der Geschichtsforscher sich mit Einzelnen und mit einmaligen Ereignissen befasst, kann er die Typenbegriffe nicht entbehren. Wenn er von Napoleon oder von Goethe spricht, kann er die Bezugnahme auf Typen – etwa Feldherr, Diktator, Gewaltmensch bei jenem, Dichter, Bürger der Aufklärungszeit, Theaterdirektor bei diesem – nicht meiden, mag auch diese Bezugnahme nur in der Ablehnung der Anwendbarkeit dieser Typenbegriffe für die Lösung der gestellten Aufgabe liegen. Nicht nur die Einzelnen werden durch die Typenbildung erfasst, sondern auch Gruppen von Einzelnen, Ereignisse, Ideen und gesellschaftliche Gebilde. Und wie das Begreifen und Verstehen der Wissenschaft von dem Begreifen und Verstehen des Alltags, das jedermann übt, im Wesen nicht verschieden ist, so ist auch die Typenbildung der Geschichtswissenschaften logisch nicht verschieden von der des Alltags.

Typus und praxeologischer Begriff sind so verschieden wie Verstehen und Begreifen. Man kann Typen nicht begreifen; man muss suchen, sie zu verstehen. Man kann nicht einmal die Zweckmäßigkeit der Verwendung eines Typenbildes mit rationalen Mitteln erörtern. Denn offenkundig hängt die Entscheidung über seine Zweckmäßigkeit vom Verstehen des Sinnzusammenhangs ab, in den er gestellt wird.

Es kommt vor, dass ein Ausdruck, dessen sich die Praxeologie zur Bezeichnung eines praxeologischen Begriffs bedient, zugleich auch von den verstehenden Wissenschaften zur Bezeichnung eines ihrer Typenbegriffe verwendet wird. Der gleiche Ausdruck hat zwei verschiedene Bedeutungen; wir haben Homonyme vor uns. So liegt der nationalökonomische Begriff «Unternehmer» auf einer anderen Ebene als der Typus «Unternehmer», den Wirtschaftsgeschichte, Wirtschaftsbeschreibung und Wirtschaftsstatistik verwenden [FN: Und auf einer dritten Ebene wieder liegt der rechtliche Begriff «Unternehmer».] Der nationalökonomische Begriff ist ein eindeutiger Begriff, dem im Gedankenbau des Systems eine genau umrissene Stellung und Bedeutung zukommt. Der historische Unternehmertypus kann in verschiedenen Gestalten auftreten. [FN: Über den Begriff Unternehmer vgl. weiter unten S. 245 ff.] Man kann den Großunternehmer vom Mittelunternehmer und vom Kleinunternehmer unterscheiden; den Unternehmer im Baugewerbe von dem in der Eisenerzeugung und von dem in der Schneiderei; den englischen Unternehmer vom französischen; den katholischen vom protestantischen; den, der die Unternehmerstellung ererbt hat, von dem, der sie sie selbst erworben hat; den Unternehmer der 80iger Jahre von dem des 20. Jahrhunderts und so fort. Wie man den Typus von anderen Typen unterscheidet und wie man innerhalb des Typus Untertypen unterscheidet, wird durch das Verstehen bestimmt.

Die Typen der verstehenden Geisteswissenschaft werden nicht so gebildet, wie die Statistik Mittelwerte zu errechnen sucht. Auch diese Mittelwerte können der Forschung Dienste leisten und mögen das Verstehen so fördern, wie es die übrigen Feststellungen rationaler Wissenschaft – Praxeologie und Naturwissenschaft – fördern. Doch unmittelbar haben sie mit dem Verstehen nichts zu schaffen. Die Merkmale, die Verstehens-Typen konstituieren, sind übrigens meist der zahlenmäßigen Erfassung nicht zugänglich; schon das allein verbietet es, sie als Durchschnittstypen im Sinne der Statistik zu bezeichnen.

Die spezifischen Typen der verstehenden Geistes- und Geschichtswissenschaften – zum Unterschiede von den Typenbegriffen, die von anderen Wissenschaften, insbesondere von der Biologie und Physiologie, gebildet werden, auch *Idealtypen* genannt – werden durch die Merkmale charakterisiert, die den unter den Typenbegriff subsummierten Einzelnen oder Einzelfällen in größerem oder geringerem Masse oder Umfange zukommen. Bei der Bildung der Typen müssen die Anforderungen der Logik beachtet werden. Doch nicht jeder logisch einwandfreie Typenbegriff muss sich als zweckmäßig erweisen. Zweckmäßig ist ein Typenbegriff nur dann, wenn er das Verstehen der zu erfassenden Sinnzusammenhänge fördert. Das Verstehen entscheidet über die Verwendbarkeit des Typenbegriffe, und nicht der Typenbegriff über das Verstehen.

Logisch kann man gegen die Bildung eines Typenbegriffs «Schwerindustrielle» nichts einwenden. Eine andere Frage ist es, ob man diesen Begriff zum Verstehen der deutschen Geschichte der letzten vierzig oder sechzig Jahre mit Nutzen verwenden kann. Es mag die Auffassung vertreten werden, dass man gerade durch die Verwendung dieses Begriffes wichtige Geschehnisse der deutschen Geschichte – den Übergang zum Schutzzoll, den Flottenbau, die wilhelminische Kriegspolitik, die Zurückweisung aller Friedensmöglichkeiten zwischen 1914 und 1917, das Aufkommen des Nationalsozialismus – gründlich missverstanden hat. Wenn man die politische Haltung des italienischen Faschismus, des deutschen Nationalsozialismus, der französischen Anhänger der Croix de Feu und anderer ähnlicher Parteien unter dem Typenbegriff «Faschismus» oder «Rechtsdiktatur» zusammenfasst und der Haltung des russischen Bolschewismus als «Linksdiktatur» gegenüberstellt, so ist das bereits Ausfluss eines bestimmt gerichteten Verstehens. Man kann auch anders verstehen und die Haltungen, die in jedem der beiden Typen zusammengefasst werden, unter einen Typus, nämlich «Diktatur» bringen und diesem den Typus «Demokratie» gegenüberstellen. Ob man das eine oder andere Verfahren vorzieht, ist nicht nur Zweckmäßigkeitsfrage oder Frage der Logik. Es wird von der ganzen Auffassung der Probleme, vom Verstehen ihrer Sinnzusammenhänge bestimmt.

Man muss Begreifen und Verstehen, praxeologische Begriffsbildung und Typenbildung der historischen Wissenschaften streng auseinanderhalten. Es war ein verhängnisvoller Irrtum, die praxeologischen Sätze als Aussagen über das Verhalten eines Idealtypus, des vielberufenen *homo oeconomicus* aufzufassen. Nach dieser Auffassung hat es die Nationalökonomie nur mit einem Teile – mit einer Seite – des menschlichen Verhaltens, nämlich mit dem ökonomischen Verhalten zu. tun. Sie betrachte den Menschen so, als ob er sich nur von wirtschaftlichen Beweggründen leiten ließe, und berücksichtige nicht, dass ihn auch noch andere Beweggründe, z. B. solche moralischer Natur, leiten. Sie habe den englischen Businessman der Wende des 18. und 19. Jahrhunderts vor Augen, einen zeitlich und national gebundenen Typus, der sich zu keiner anderen Zeit und bei keinem anderen Volke finden ließe und gefunden werden konnte. Jedes Wort dieser Deutung der klassischen Nationalökonomie ist ein Missverständnis. Die klassische Nationalökonomie hat es nicht vermocht, die scheinbare Antinomie des Wertes aufzulösen. Sie konnte daher ihre Absicht, eine allgemeine Lehre des menschlichen Handeln zu geben, nicht erfüllen; sie musste sich damit begnügen, das Handeln des Geschäftsmannes zu begreifen, und musste darauf verzichten, weiter zurückzugehen und das Handeln der Verbraucher, das Handeln jedermanns, das hinter dem Handeln des Unternehmers steht und es durchaus bestimmt, in den Umkreis ihrer Untersuchungen einzubeziehen. Diese Unzulänglichkeit suchten die Epigonen der klassischen Nationalökonomie dann später dadurch zu rechtfertigen und zu entschuldigen, dass sie erklärten, man habe sich notwendigerweise absichtlich darauf beschränkt, nur *eine* Seite – nämlich die wirtschaftliche – des menschlichen Handelns zu studieren. Man hätte die Fiktion aufgestellt, dass der Mensch sich nur von wirtschaftlichen Beweggründen leiten lasse, wiewohl man genau wisse, dass der Mensch noch von Beweggründen anderer Art bestimmt werde. Doch es sei eben die Aufgabe anderer Disziplinen, diese anderen Beweggründe zu erforschen und ihren Einfluss auf das Handeln zu untersuchen. Was von der diesem Erklärungs- und Entschuldigungsversuchen zugrundeliegenden Unterscheidung wirtschaftlichen und nichtwirtschaftlichen Verhaltens zu sagen ist, wird noch zu zeigen sein. Vorläufig sei nur festgestellt, dass sie, dogmengeschichtlich betrachtet, die Klassiker missversteht. Nichts lag der klassischen Nationalökonomie ferner als diese Auslegung ihrer Lehren. Die Klassiker wollten die wirkliche Preisbildung begreifen und nicht etwa die Preisbildung, die unter hypothetischen, in der Wirklichkeit nicht gegebenen Bedingungen erfolgen würde, und sie wollten eine Lehre aufstellen, die für alle Tauschakte ohne Rücksicht auf die besonderen Eigenschaften der Tauschenden gilt.

Die moderne Nationalökonomie, deren Auftreten mit der Überwindung der Schwierigkeiten, die die scheinbare Antinomie der Werterscheinung bot, anhebt geht nicht von dem Handeln des Geschäftsmannes oder eines fiktiven *homo oecono*micus aus, sondern von dem jedermanns. Sie umfasst alles Handeln, mag es egoistisch oder altruistisch sein, mag es nach Idealem oder nach Gemeinem streben. Sie begreift in derselben Weise das Handeln des Sparsamen, Berechnenden, Vorausschauenden wie das des Verschwenders, des Leichtsinnigen und des nur auf das Heute Bedachten. Sie begreift alles menschliche Handeln, nicht nur das eines bestimmten menschlichen Typus.

Die Einheit der Wissenschaft

Der Positivismus fordert eine Wissenschaft, die aus der geschichtlichen Erfahrung a posteriori zur Aufstellung von empirischen Gesetzen des menschlichen Handelns gelangen soll. Ähnliches haben manche der Gegner der nationalökonomischen Theorie gefordert. Sie haben die Nationalökonomie wegen ihres Apriorismus abgelehnt und gemeint, man müsse eine neue Nationalökonomie schaffen, die ihre Lehren aus der Erfahrung zu schöpfen hätte.

Wir haben gesehen, warum eine solche Physik des Handelns einerseits unmöglich und anderseits überflüssig ist. Die Einheit der Wissenschaft liegt in ihrem Ausgangspunkt, an dem nichts anderes vorausgesetzt wird als das, was die logische Struktur des menschlichen Denkens fordert. Von diesem Ausgangspunkt gelangen wir mit dem Rüstzeug der Logik sowohl zum Apriorismus der Logik, Mathematik und Praxeologie als auch zum Aposteriorismus der Naturwissenschaften und der Geisteswissenschaften. Eine andere Einheit der Wissenschaft als diese kann es nicht geben, mag sie auch von dem metaphysischen Vorurteil eines unbelehrbaren engstirnigen Panphysikalismus noch so ungestüm postuliert werden.

Die Positivisten werden nicht müde, der Nationalökonomie und der Soziologie den Gebrauch exakten Denkens zu empfehlen. Sie ahnen nicht, dass die Praxeologie die einzige exakte Wissenschaft von der Wirklichkeit ist. Sie sehen nicht, dass die Anwendung der mathematischen Ausdrucksweise der Exaktheit des praxeologischen Denkens gegenüber kein Mehr an Exaktheit bedeuten kann, dass es quantitative Nationalökonomie nicht geben kann, und dass die Zahlen, die Statistik und Wirtschaftsgeschichte bringen, nicht der Theorie angehören, sondern der Geschichte, der der Positivismus die Bezeichnung Wissenschaft vorenthalten will.

Schließlich lieben es die Positivisten, auf den zurückgebliebenen Stand der Sozial- und Geisteswissenschaften hinzuweisen. Damit meinen sie aber nicht die selbstverständliche, wenn auch bedauerliche Tatsache, dass die Wissenschaften vom menschlichen Handeln – wie auch Logik, Mathematik und Naturwissenschaften – von Vollkommenheit weit entfernt sind. Sie halten die Wissenschaften vom Handeln für rückständig, weil sie eben nicht Physik sind, wie der gemeine Mann alle anderen Völker für Barbaren hält, weil sie nicht so sind wie sein eigenes Volk. Man pflegt einen Beweis für die Behauptung von der vermeintlichen Rückständigkeit der Sozialwissenschaften in dem Umstande zu erblicken, dass im Gesellschaftlichen Grund zur Unzufriedenheit zu finden sei. Die Misserfolge der Wirtschaftspolitik wären ein untrügliches Zeichen für das Versagen der Nationalökonomie. Man beachtet dabei nicht, dass die Wirtschaftspolitik, die versagt hat, aus Ideen floss, die man als die Ablehnung der Lehren der Nationalökonomie, als «Siege über die Nationalökonomie» bezeichnen konnte und bezeichnet hat. Auch die Elektrizitätswerke würden unbefriedigend arbeiten, wenn man Bau und Betriebsführung grundsätzlich Leuten übertragen wollte, die von Elektrizität nichts verstehen. Wenn man z. B. die Währungspolitik nur Männern anvertraut, die sich stolz Praktiker nennen, weil sie von der Geld- Bank- und Konjunkturtheorie nichts wissen, denn darf man ihr Versagen gewiss nicht der Wissenschaft zum Vorwurf machen.

Nach Comte ist die Aufgabe der Wissenschaft: savoir pour prévoir. Für die Wissenschaften vom menschlichen Handeln ist dieses Ideal nicht in der Weise zu erreichen wie für die Physik.

Die Praxeologie entspricht als apriorische Wissenschaft, deren Gewissheit apodiktisch ist, dem Kant'schen Begriff der «eigentlichen Wissenschaft» [FN: Vgl. Kant, Metaphysische Anfangsgründe der Naturwissenschaft. (Werke, Inselausgabe, Band 4., S. 548.)]. Zum Unterschied von den anderen apriorischen Wissenschaften Logik und Mathematik ermöglicht sie uns als Wissenschaft von der Wirklichkeit auch Voraussagen über künftiges Geschehen. Doch da diesem Voraussehen die quantitative Bestimmtheit fehlt und, wie wir gezeigt haben, fehlen muss, entspricht sie nicht ganz dem von der Physik hergeholten Ideal Comtes.

Die verstehende Geisteswissenschaft vermag uns nichts Bestimmtes über die Zukunft auszusagen. Sie ist ein Wissen von Vergangenem. Dennoch vermag man aus diesem Wissen vom Vergangenen heraus im Alltag – freilich sehr vage – Vermutungen über die künftige Gestaltung zu machen, die auch quantitative Angaben enthalten. Wenn die Kartoffelernte um 20 % hinter der des Vorjahres zurückbleibt, vermag die Praxeologie nicht zu sagen, wie hoch der Preis steigen wird. Der Kartoffelhändler bildet sich aber seine Meinung über die künftige Gestaltung des Preises, die er seinem Handeln zugrundelegt, doch aus den Erfahrungen der vergangenen Jahre. Er nimmt an, dass die Menschen auf ähnliche Umstände nicht viel anders reagieren werden als in der Vergangenheit; er sucht sich in die einzelnen Menschen und Menschentypen einzufühlen, um ihre Reaktion auf neue Tatsachen zu erraten. Es ist der Versuch einer Voraussage, der sich, soweit sie quantitativ ist, nicht auf die wissenschaftliche Erkenntnis gründet, sondern auf die Annahme, dass die Verhältnisse und die Menschen sich in der Regel nur langsam ändern, und im Übrigen auf die Gabe der Einfühlung in anderer Menschen Denken und Werten. Trifft die Erwartung nicht ein, dann wird man das wohl mehr oder weniger bemerkenswert finden, doch durchaus nicht jene Erschütterung verspüren, die das Nichteintreffen einer wissenschaftlichen Voraussage – etwa der Physik – auslösen würde.

Das menschliche Leben und Handeln ist ganz an der Tatsache orientiert, dass wir bis zu einem gewissen Grade äußeres Geschehen vorauszusehen wissen, dass aber das Handeln der Menschen nur praxeologisch formal, nicht aber auch inhaltlich in Bezug auf seine Ziele und die Wertung der einzelnen Ziele vorausgesagt werden kann. Darum nennen wir den Unternehmer, der eine Seilbahn errichtet, einen Spekulanten, den Ingenieur aber, der sie in dessen Auftrag baut, einen Baumeister. Wenn die Spekulation des Unternehmers fehlgeht, wundern wir uns nicht allzu sehr; dass ein großer Teil aller Spekulationen fehlgehen muss, sagt uns eben die praxeologische Lehre vom Unternehmer. Misslingt aber der Bau technisch, dann suchen wir den Kunstfehler, den der Baumeister begangen haben soll; wir sind überzeugt, dass er falsch gerechnet hat. Er müsse, meinen wir, die Regeln unrichtig angewendet haben, sonst wäre der Bau gelungen. Wenn das menschliche Handeln nicht nur nach Kategorie, sondern auch nach Gehalt und Quantität voraussehbar wäre, würde die Welt so verschieden sein von der, in der wir leben, dass es einer besonderen Anstrengung der Phantasie bedarf, diesen hypothetischen Zustand durchzudenken.

Die Nachfrage- und Angebotskurven, die die mathematische Nationalökonomie zeichnet, können in der Wirklichkeit immer nur ex post gesucht werden. Voraus weiß man nichts und kann man nichts darüber aussagen, wie groß die durch Einschränkung der Nachfrage bewirkte Preisveränderung sein wird. Es ist, wie schon wiederholt hervorgehoben wurde, eine Illusion zu glauben, dass man je zu einer quantitativen Nationalökonomie gelangen könnte. Dass der praktische Geschäftsmann auf die Nationalökonomie mit weniger Achtung blickt als auf die physikalische und chemische Forschung, ist leicht zu verstehen; er nimmt es der Nationalökonomie übel, dass sie ihm keine quantitative Voraussage zu liefern vermag. Dass aber auch Schriftsteller, die sich als Männer der Wissenschaft betrachten, die Nationalökonomie ob dieses Mangels verächtlich behandeln, ist unzureichender Einsicht zuzuschreiben.

Praxeologischer Begriff und Wirklichkeit

Von den apriorischen Schwesterwissenschaften Logik und Mathematik scheidet die Praxeologie nicht nur die Beziehung auf die Zeit, von der wir noch zu sprechen haben werden. Nicht weniger wichtig ist, dass sie im Gegensatz zu jenen sich auf Bedingungen des Handelns bezieht, die in der Wirklichkeit, mithin in der Erfahrung gegeben sind. Dadurch wird der apriorische Charakter der Praxeologie nicht berührt, da diese Bedingungen nur kategorial gesetzt werden, und ihre praxeologische Behandlung von dem Umstand, ob die Erfahrung sie als gegeben aufweist, unabhängig ist.

Die praxeologischen Begriffe sind exakt und können mit voller Exaktheit auf die Wirklichkeit angewendet werden. Doch diese Wirklichkeit ist immer die Wirklichkeit des Handelns, nicht etwa die Wirklichkeit, wie sie sich der naturwissenschaftlichen Betrachtung der Außenwelt darstellt.

Soweit die Praxeologie die Dinge der Außenwelt betrachtet, betrachtet sie sie im Hinblick auf ihre Beziehung zu menschlichem Unbefriedigtsein. Für die naturwissenschaftliche Betrachtung ist Wasser ein naturwissenschaftliches Phänomen. Für die praxeologische Betrachtung ist Wasser ein praxeologisches Phänomen. Sie fragt allein: welche Beziehung hat dieses Wasser, (nicht etwa ganz allgemein Wasser im naturwissenschaftlichen Sinn, nicht etwa alles Wasser, nicht etwa Wasser zu jeder Zeit und für jedermann) zum Handeln dieses heute und hier handelnden Menschen? Welches Handeln gibt es in Bezug auf dieses Wasser? Wird in Bezug auf dieses Wasser überhaupt gehandelt?

Das Handeln der Menschen wird durch ihre naturwissenschaftlichen und technologischen Kenntnisse geleitet. Man kann vom Standpunkt richtigerer Erkenntnis des Kausalzusammenhangs dieses Handeln kritisieren. Doch an die praxeologische Begriffsbildung selbst darf man keine naturwissenschaftlichen oder technologischen Maßstäbe anlegen. Sie liegt und bewegt sich in einer anderen Ebene.

Der Physiologe mag sagen: welch eine Torheit, der Alraunwurzel heilende Kraft zuzuschreiben! Doch den Praxeologen interessiert jede Zielsetzung und jede Mittelwahl, ob sie nun töricht ist oder klug, in gleicher Weise.

Die Grenzen der praxeologischen Begriffsbildung

Alle praxeologischen Begriffe sind dem menschlichen Handeln angepasst und nur auf menschliches Handeln anwendbar. Sie werden paradox, sobald man sie auf ein Sein anzuwenden sucht, dessen Bedingungen dem menschlichen Handeln fremd sind.

Das erklärt die Paradoxien des Anthropomorphismus. Das vollkommene Wesen denkt man als allmächtig und allwissend und dabei auch als handelndes Wesen. Doch handeln kann nur, wer unzufrieden ist, und fortfahren zu handeln kann nur, wer nicht mit einem Schlag seine Unzufriedenheit abzustellen weiß und vermag. Der Handelnde ist unzufrieden und nicht allmächtig. Wäre er zufrieden, würde er nicht handeln, und wäre er allmächtig, so wäre er schon längst nicht mehr unzufrieden. Denn für die Allmacht fehlt der Zwang, zwischen zwei oder mehreren Zuständen der Unbefriedigung, die sie nicht zugleich in Befriedigung zu verwandeln vermag, zu wählen. Allmacht bedeutet doch: Fähigkeit, alles zu bewirken; Fähigkeit, Befriedigung zu finden, ohne dabei an irgendwelche Schranken gebunden zu sein. Doch damit wird der Begriff des Handelns, wie wir ihn für menschliches Handeln verwenden, gesprengt. Die Allmacht unterscheidet nicht die Kategorien Mittel und Zweck; sie ist von der Begrenztheit der Mittel in jeder Beziehung frei, sie kann jedes Mittel für alle Zwecke verwenden, jedes Mittel gibt ihr unbegrenzte Wirkung und sie kann schließlich auch ohne Mittel alles erreichen. Für die Allmacht gibt es weder Mittel noch Ziel, weder Unzufriedenheit noch Handeln. Doch Allmacht folgerichtig bis ans Ende zu denken, geht über unsere Denkfähigkeit; sie führt uns immer wieder ins Paradoxe. Kann z. B. die Allmacht auch etwas bewirken, das ihrer eigenen ferneren Einwirkung entzogen bleibt? Wenn sie es kann, dann gibt es doch eine Schranke ihrer Macht und diese Macht ist keine Allmacht; und wenn sie es nicht kann, ist sie schon darum nicht allmächtig.

Sind Allwissenheit und Allmacht vereinbar? Allwissenheit setzt doch voraus, dass alle künftigen Dinge schon unwandelbar feststehen. Wenn Allwissenheit möglich ist, kann es keine Allmacht geben; an dem festgelegten Ablauf, der nicht mehr zu ändern ist, müsste sie eine Grenze ihrer Bewegungsfreiheit finden. Nicht minder paradox ist der Begriff der letzten Ursache und die damit verbundenen Vorstellungen des Absoluten und des Ding an sich.

Es ist recht zweckmäßig, an einige dieser Gespenster scholastischen Denkens zu erinnern, um die Bedeutung unserer praxeologischen Begriffe ins rechte Licht zu setzen. Handeln ist ein Ausfluss der Beschränktheit und Knappheit, der Unvollkommenheit und des Unbefriedigtsein, und es ist unlogisch, vom Begriff des Handelns auszugehen, wenn man im Denken ein schlechthin Vollkommenes, das heißt ein einer weiteren Vervollkommnung nicht mehr Bedürfendes konstruieren will. Um zum Vollkommenen zu gelangen, darf man gewiss nicht vom Handeln und von der Veränderung ausgehen. Das Vollkommene müsste man als ein Ruhendes, Unveränderliches, Starres zu begreifen suchen. Dann aber müsste man Vollkommenheit und Leben als unvereinbar erkennen. Das Lebendige ist nicht vollkommen, weil es sich verändert, also nicht tot ist; das Tote ist nicht vollkommen, weil es nicht lebt [FN: Niemand hat die Paradoxien des Anthropomorphismus klarer erfasst als der katholische Mystiker *Angelus Silesius* (*Johannes Scheffer*) in den Versen seines 1674 veröffentlichten *Cherubinischen Wandersmannes.*].

Nichts, was als vollkommen gedacht werden soll, kann man widerspruchsfrei bis zu Ende denken. Jeder Versuch, das Leben im Paradies oder im Schlaraffenland oder das Leben der Engel folgerichtig durchzudenken, verliert sich in einem Gestrüpp von Widersprüchen.

Die menschliche Sprache, die Sprache der lebenden und handelnden Menschen, vermag Superlative zu bilden, indem sie Grade unterscheidet, und das Bessere dem Guten und das Beste dem, das es nicht ist, gegenüberstellt. Mit Ausdrücken wie «das schlechthin Gute» oder «das schlechthin Vollkommene» kann der handelnde Mensch keinen Sinn verbinden.

Niemand sucht heute durch Denken das Wesen des Vollkommenen zu ergründen. Doch in neuer Form feiert der alte Drang nach einem Unveränderlichen und Absoluten seine Auferstehung. Was ist denn die Sehnsucht nach «Stabilisierung» anderes?

[195]Mittel > notions

[196]Objekts > specimen

[197]DIE KATEGORIEN

[198]Ende, Ziel, Zweck – Mittel und Wege – Knappheit der Mittel – Freie und wirtschaftliche Güter – Die Güterordnungen

[199]Denken wir alle Dinge, von denen die Behebung eines Unbefriedigtsein abhängt, im Überflusse gegeben, dann haben wir auch das Unbefriedigtsein fortgedacht. Das Handeln muss sich durch die Unzulänglichkeit der Versorgung beengt fühlen, damit es Handeln werde. Es ist daher überflüssig, von einem besonderen Prinzip der Knappheit der Mittel zu sprechen [FN: Vgl. z. B. Cassel, Theoretische Sozialökonomie, 5. Auflage, Leipzig 1932, S. 64 ff.]. Der Begriff des Mittels schließt schon alles ein, was dieses Prinzip ausdrücken soll. Wären die Mittel im Hinblick auf das Unbefriedigtsein nicht knapp, so würde nicht gehandelt werden; es würde mithin keine Veranlassung bestehen, Mittel und Zweck zu unterscheiden.

[200], und als wirtschaftliche Güter Dinge, die im Hinblick auf die Knappheit der verfügbaren Menge bewirtschaftet werden. Für das Handeln kommen nur die wirtschaftlichen Güter in Betracht. Nur sie sind Mittel, nur mit ihnen ist das Handeln befasst. Die freien Güter sind nur Umwelt, in der der Mensch in Bezug auf die wirtschaftlichen Güter handelt. [FN: Von den freien Gütern sagt Knight sehr richtig: «Such goods have no causal relation to conduct and no place in a science of conduct.» Vgl. Knight, Risk, Uncertainty and Profit, Boston 1921, S. 61.]

[201]oder niederster

[202]Das Genussgut führt direkt zur Befriedigung; die Produktionsmittel oder Produktivgüter führen die Befriedigung auf dem Umweg über die Hervorbringung eines Genussgutes herbei.

Wirtschaftliche Güter aller Güterordnungen müssen nicht immer in greifbaren Dingen der Außenwelt verkörpert erscheinen. Güter, die nicht greifbar sind, nennen wir wirtschaftliche Dienste.

Wenn man von diesen Begriffen und begrifflichen Unterscheidungen zur Erkenntnis des Handelns Gebrauch macht, ist es

[203], weil es für alle Sätze, für die wir diese Gliederung brauchen, ohne Bedeutung ist, ob ein Gut der zweiten, dritten oder *n*ten Ordnung zuzuweisen ist

[204]In unsere Untersuchung kommt keine Ungenauigkeit, wenn wir bei dem Ausdruck Genussgut einmal an rohen, das andere mal an gerösteten, das drittemal an zum Trinken zubereiteten Milchkaffee denken.

[205]in der Reihe der Güterordnungen ausgesagt werden, das wir als das letzte betrachten. Der Zweck der Gliederung der Güter in Güterordnungen ist der, zu zeigen, dass die Wertung der Güter von der Wertung der Güter erster Ordnung den Ausgang nimmt und von da auf die Wertung der komplementären Güter höherer Ordnung übertragen wird. Wenn wir unsere Betrachtung der Wirklichkeit einmal von einem Gut in der Mitte der Reihe, von einem Zwischenprodukt, ausgehen lassen, weil das für den Gedankengang, den wir gerade einschlagen wollen, genügen mag und die Darstellung vereinfacht, ist die Zulässigkeit dieser Vereinfachung nicht zu bestreiten, weil wir, wenn es der weitere Gedankengang erfordern sollte, mit Anwendung der gleichen Grundsätze auch in der Reihe weiter hinabzusteigen in der Lage sind. Kaffeeerzeuger und Kaffeegroßhändler mögen in der Regel den ungerösteten Kaffee im Auge haben, wenn sie vom Kaffeeverbrauch sprechen und das Genussgut bezeichnen wollen. Wenn sie aber etwa zur Erklärung des Rückganges des Kaffeeabsatzes auf die Verteuerung des Kaffeeröstens oder der Milch oder des Zuckers hinweisen, haben sie den Kaffee als Gut höherer Ordnung aufgefasst. So manche überflüssige Diskussion wäre vermieden worden, wenn man sich diese Regel immer vor Augen gehalten hätte, z. B. der

Streit um den Charakter der «persönlichen Dienste» [FN: Man beachte, dass diese Ausführungen auch für die Verwendung der Begriffe Mittel und Zweck gelten. Man kann jedes Mittel als Zwischenziel ansehen, ohne der Richtigkeit des Gedankenganges Abbruch zu tun.].

Die Übertragung des praxeologischen Begriffsschemas auf die Wirklichkeit kann meist an verschiedenen Punkten erfolgen, ohne dass die Gedankenführung darunter leiden müsste. Ob wir von den verschiedenen zulässigen Ansatzpunkten diesen oder jenen wählen, ist nach der unserer Untersuchung im konkreten Falle gestellten Aufgabe zu entscheiden. Es ist eine Frage der Zweckmäßigkeit der Gedankenführung; auch unzweckmäßige Wahl kann die Exaktheit des Denkens und der Schlussfolgerung nicht stören, da diese vom Ansatzpunkt unabhängig ist. Es wäre höchste Verschwendung von Denken und Zeit und würde mit Recht den Spott aller Welt herausfordern, wollte man die Frage erörtern, ob das Einwerfen des Zuckers in die Kaffeetasse, das Umrühren des Getränks und das Ansetzen der Tasse an den Mund nicht noch als Akte der Produktion des Kaffeegenusses anzusehen sind. Mit den Aufgaben, die uns gestellt sind, hätte solche Haarspalterei nichts zu schaffen.

Unsere Aufgabe besteht allein darin: in allem Handeln die Beziehung auf menschliches Unbefriedigtsein aufzuweisen.

Hedonismus, Eudämonismus, Utilitarismus

Dass das Unbefriedigtsein die Triebfeder des menschlichen Handelns ist und dass sein Ziel die Abstellung des Unbefriedigtsein ist, das heißt die Erreichung eines Zustandes, in dem man wunschlos ist und nicht handelt, weil man eben voll befriedigt ist, haben schon Hedonismus und Eudämonismus gelehrt. In der ἀταραξία des Epikur mögen wir dieses Endziel erblicken, dem menschliches Handeln zustrebt, ohne es je erreichen zu können. Gegenüber der Großartigkeit dieser Erkenntnis verblasst der Fehler, in den diese Schulen verfielen, wenn sie die Begriffe Lust und Unlust nicht formal fassten, ihnen vielmehr einen mehr oder weniger grobsinnlichen Inhalt gaben. Die Kritik hat nie vermocht, das Wesen dieser Lehren zu erschüttern, weil sie nie etwas anderes getan hat und tun konnte als – mit einiger Berechtigung – den Epikuräern die Nichtberücksichtigung der «höheren» und «edleren» Genüsse vorzuwerfen. Wenn heute der Eudämonismus noch immer mit dem Argument bekämpft wird, Ziel und Zweck des Lebens sei gar nicht das «Glück», so mag man Betrachtungen darüber anstellen, wie vergebens die Bemühungen sind, Unbelehrbare zu belehren. Dass die Ausdrucksweise vieler ausgezeichneter Vertreter des Hedonismus, Eudämonismus und Utilitarismus solchen Missverständnissen und Irrtümern entgegenkommt, sei ohne weiteres zugegeben.

Trieb und Triebsoziologie

Man kommt um keinen Schritt in der Erkenntnis weiter, wenn man – einer weitverbreiteten Übung folgend – die Ziele, denen die Menschen zustreben, nach Klassen unterscheidet und jeder Klasse einen besonderen Trieb als Beweggrund zuordnet. Der Mensch erscheint dann als ein Wesen, das von vielen Trieben geleitet wird. Man glaubt wohl, damit der eudämonistischen Problematik entrinnen zu können, und bemerkt nicht, dass – worauf schon Feuerbach hingewiesen hat – jeder Trieb ein Glückseligkeitstrieb ist [FN: Vgl. Feuerbach, Sämtliche Werke, neu herausgegeben von Bolin und Jodl, Stuttgart 1907, X. Bd., S. 231.]. Das Verfahren besteht in nichts anderem als in einer willkürlichen Klassifizierung der Ziele des Handelns und in einer Verdinglichung der einzelnen Klassen von Zielen, ohne dass der Zweck dieses Vorgangs ersichtlich wäre. Wenn wir sagen, Ziel des Handelns sei Befriedigung, sei Behebung eines Unbefriedigtsein, sagt die Trieblehre, Ziel des Handelns sei Befriedigung der Triebe.

Die Triebsoziologie glaubt, dass es ihr gelungen sei, den verhassten Rationalismus zu bannen, indem sie erwiesen habe, dass das Handeln nicht von der Vernunft und von vernünftiger Überlegung bestimmt werde, sondern von dunklen Urtrieben, Urkräften und Urinstinkten, die nie zu begreifen und nur aus Intuition zu verstehen wären. Doch der Rationalismus hat mit den letzten Vielen des Handelns und mit der ihnen zuerkannten Rangstellung nichts zu tun. Sein Feld ist das der Mittel und Wege, auf denen man den Zielen und Zwecken, die man sich gesetzt hat, zustrebt. Ein Trieb mag noch so geheimnisvoll dem Dunkel der Urgewalten und Urerlebnisse entstammen, die Wege, auf denen der handelnde Mensch ihn zu befriedigen sucht, werden von dem Lichte der vernünftigen Abwägung von Aufwendung und Erfolg erhellt. Auch wer im Affekt handelt, handelt. Was das Handeln im Affekt vom übrigen Handeln unterscheidet, ist die Wertung von Kosten und Erfolg. Der Affekt verschiebt die Wertung; von Leidenschaft erfüllt, sieht der Handelnde das Ziel viel begehrenswerter und die Nachteile, die mit seiner Erreichung verbunden sind, viel kleiner als sonst. Nie haben die Menschen ernstlich bezweifelt, dass auch im Affekt Mittel und Zweck abgewogen werden und dass man durch Maßnahmen, die die Kosten der Hingabe an den Affekt erhöhen, diese Wahl zu beeinflussen vermag. Wenn man die aus Leidenschaft oder in

Trunkenheit verübten Verbrechen milder bestraft als andere Verbrechen, dann fördert man sie, wogegen strenge Strafen in vielen Fällen abschreckend wirken.

Da auch die Triebsoziologie nicht jeder einzelnen Handlung einen Trieb zuordnet, sondern die Handlungen nach der Verwandtschaft der Ziele, auf die sie gerichtet sind, gruppenweise zusammenfasst, ist nicht einzusehen, mit welchen Gründen sie sich gegen eine Betrachtungsweise wenden könnte, die alles Handeln als auf Abstellung von Unbefriedigtsein gerichtetes bewusstes Verhalten bezeichnet und ihm den einzigen Trieb auf Abstellung von Unbefriedigtsein, den Trieb auf Erhöhung des Wohlbefindens, kurz den Glückseligkeitstrieb, zuordnet. Für die Lehre vom Handeln leistet die Lehre, die die Triebe nach der Gattung der Ziele gliedert, überhaupt nichts. Um das Handeln begreifen zu können, muss man vor allem erkennen, dass die Entscheidungen der Handelnden nicht etwa zwischen der Befriedigung ganzer Gattungen von Trieben die Wahl zu treffen haben, sondern zwischen konkreten Triebregungen ohne Rücksicht auf die Klasse, in die der einzelne Trieb eingereiht erscheint.

Das Verhalten der Tiere suchen wir durch die Annahme zu erfassen, dass das Tier dem Trieb, der gerade in ihm am stärksten wirksam, ist, blind und hemmungslos folgt. Da wir beobachten können, dass das Tier bald Nahrung sucht, bald den Begattungsakt vollzieht, bald andere Tiere oder Menschen angeht, sprechen wir von seinem Nahrungstrieb, von seinem Geschlechtstrieb, von seinem Aggressionstrieb. Wir nehmen an, dass ihm solche Triebe angeboren sind und dass es ihnen folgen muss. Ob diese Annahmen berechtigt sind oder nicht, können wir freilich nicht wissen. Wir bemänteln unsere Unwissenheit, so gut wir es verstehen.

Wenn wir jedoch von den Trieben des Menschen sprechen, haben wir anderes im Sinne. Der Mensch ist eben nicht ein Wesen, das blind und hemmungslos dem Impuls folgt, der in ihm gerade am stärksten wirkt. Der Mensch bändigt seine Triebe durch die Vernunft, er rationalisiert sein Verhalten. Er weiß auf die Befriedigung eines Triebes zu verzichten, um andere Triebe zu befriedigen. Er ist nicht der Spielball seiner Triebe. Er bedenkt die Folgen seines Verhaltens. Der Mann fällt nicht über jedes Weib her, das seinen Geschlechtstrieb entzündet; er verschlingt nicht jede Nahrung, die seinen Appetit reizt; er schlägt nicht jeden nieder, den er am liebsten umbringen möchte. Er ordnet die Wünsche und Begehrungen, die in seiner Brust aufsteigen, in eine Rangordnung, er wählt, er handelt. Dass er sein Verhalten durch die Vernunft regelt, unterscheidet den Menschen vom Tier. Der Psychologe sagt: der Mensch ist das Wesen, das Hemmungen kennt, das Wesen, das der Kraft der Triebe Widerstand zu leisten vermag, das Wesen, das Triebe zu verdrängen weiß.

Es kann im Grenzfall geschehen, dass ein Begehren – ein Trieb – im Menschen mit solcher Vehemenz auftritt, dass kein Nachteil, den die Befriedigung nach sich ziehen könnte, ihn davon abhalten kann, die Befriedigung zu suchen. Das bedeutet aber nicht, dass er nicht wählt; er wählt, indem er sich für die Befriedigung des Triebes entscheidet [FN: In diesen Wahlakten spielt eine große Rolle der Umstand, dass der Befriedigung in einem näheren Abschnitt der Zukunft eine Befriedigung in einem späteren Abschnitt der Zukunft entgegengehalten wird. Über die Wertung in solcher Situation vgl. weiter unten S. 434 ff.].

Es gab eine Zeit, da man dachte, die Wirkung des Opiums aus der «virtus dormitiva, cuius est natura sensus assupire» erklären zu können. Kant, der doch Gelegenheit gehabt hätte, aus den Schriften der großen Engländer und Schotten des

und 18. Jahrhunderts sich eines Besseren belehren zu lassen, vermochte das Werden der Gesellschaft nicht anders zu erklären als aus dem Widerspiel zweier Neigungen, der Neigung «sich zu vergesellschaften» und der Neigung, «sich zu vereinzelnen» [FN: Vgl. Kant, Idee zu einer allgemeinen Geschichte in weltbürgerlicher Absicht (Sämtliche Werke, Inselausgabe, I. Bd.), S. 227 f.]. Wer sich mit derartigen Erklärungen heute noch zufrieden geben will, ahnt überhaupt nicht, um was es in der Wissenschaft geht.

Bedürfnis und Bedürfnislehre

Darin ist die subjektivistische Wertlehre mit ihrer Feststellung, dass nicht die Wichtigkeit der Bedürfnisgattungen als Ganze, sondern die Wichtigkeit der einzelnen konkreten Bedürfnisregungen für den Handelnden den Ausschlag gibt, der Triebsoziologie unendlich überlegen. Die Triebsoziologie steht noch immer dort, wo die Nationalökonomie vor der Überwindung der Wertantinomie war.

Doch auch der Begriff *Bedürfnis* ist nicht weniger Hypostasierung als der Begriff *Trieb*. Wieweit die Psychologie sich beider Vorstellungen mit Nutzen bedienen mag, kann hier dahingestellt bleiben. Für die Lehre vom Handeln bedeutet der Bedürfnisbegriff nichts, was nicht schon im Begriffe *Behebung des Unbefriedigtsein* enthalten wäre. Wenn man von Bedürfnisbefriedigung so formal und ohne Bezugnahme auf konkreten Inhalt sprechen wollte, wie man allenfalls noch den Ausdruck Glück verwenden kann, dann wäre gegen den Gebrauch dieses Begriffes nicht viel einzuwenden. Auch die Übung, jedem Ziel ein Bedürfnis zuzuordnen, in dessen Befriedigung das Ziel zu suchen ist, wäre an sich harmlos, solange man daran festhält, dass man das Bedürfnis nur daran zu erkennen vermag, dass Handeln auf das Ziel, dem man es zugeordnet hat, gerichtet ist. Das Bedürfnis nach Trank erkennt man allein aus dem auf die Ermöglichung des Trinkens gerichteten Handeln; Bedürfnisse, die nicht Ziel des Handelns sind oder werden können, gibt es nicht. Unter diesen Voraussetzungen ist es nicht unrichtig, sondern nur überflüssig, den Bedürfnisbegriff zu verwenden.

Die Irrtümer beginnen dort, wo man anfängt, die Bedürfnisse von den Zielen des Handelns zu sondern. Man baut das Luftschloss einer Lehre von den Bedürfnissen, ohne sich um das Handeln zu kümmern, und spricht dann von Handeln, das den Bedürfnissen gemäß ist, und von solchem, das den Bedürfnissen nicht gemäß ist. Man hört damit auf, Wissenschaft vom Sein des Handelns zu treiben, und wendet sich dem Sollen des Handelns zu; man betrachtet das Handeln nicht mehr theoretisch, sondern richtet und wertet es nach willkürlichen Maßstäben. Man fragt nicht mehr darnach, wie gehandelt wird, sondern darnach, wie gehandelt werden sollte. Man unterscheidet den Bedürfnissen entsprechendes – richtiges – Handeln und den Bedürfnissen nicht entsprechendes – unrichtiges – Handeln. Man fragt, wie man hätte handeln sollen und wie man in Zukunft handeln soll.

Es war auf dem Boden der Lehre von den Bedürfnissen ein gewaltiger Fortschritt, als man erkannte, dass für das Handeln die Bedeutung der einzelnen Bedürfnisregungen und nicht die der ganzen Bedürfnisgattungen entscheidet. Doch das allein kann das Festhalten an der Bedürfnislehre nicht rechtfertigen. Für die Lehre von den Wahlhandlungen erweist sich die Bedürfnislehre als Hindernis, sie führt irre und muss daher restlos aufgegeben werden.

Die Ziele des Handelns sind uns Daten; sie liegen jenseits der Grenzen, innerhalb deren das Feld unserer Wissenschaft zu beackern ist. Es ist nicht die Aufgabe der Lehre vom Handeln, sich mit einem Handeln zu befassen, das nicht ist, aber sein sollte. Es ist Aufgabe der Katallaktik, die Bildung der Marktpreise zu erklären; es ist nicht ihre Aufgabe, zu sagen, wie die Preise sich bilden würden, wenn die Menschen anders – nämlich ihren «wahren» Bedürfnissen entsprechend – handeln würden.

Der ethisierende Charakter der Bedürfnislehre, die das Handeln nicht erfassen und begreifen, sondern richten will, tritt am deutlichsten darin zutage, dass man zwischen dem auf rationalen Erwägungen beruhenden Handeln und dem auf Übereilung, Affekt, Stimmung, Willens- und Charakterschwäche beruhenden irrationalen Handeln unterscheiden will [FN: Zur Kritik dieser Lehren vgl. meine Grundprobleme der Nationalökonomie, a. a. O., S. 80 ff.]. Das kann doch keinen andern Sinn haben als den, dass man den Bedürfnissen besser und weniger gut entsprechendes Handeln unterscheidet.

Psychologie und Physiologie mögen von Bedürfnissen sprechen und mögen auch echte Bedürfnisse von unechten Bedürfnissen unterscheiden. Sie mögen z. B. sagen, dass das Bedürfnis nach Nahrung berechtigt, das nach Nikotin unberechtigt ist. Sie richten damit das Handeln der Menschen. Doch die Lehre vom Handeln sieht nur auf das Handeln. Für die Erklärung der Preisbildung des Tabaks ist es ohne Belang, ob es nicht gesünder wäre, weniger oder gar nicht zu rauchen.

Es ist auch nichts als ethische Kritik des Handelns, wenn man das Handeln an Plänen misst, die der Handelnde selbst entworfen hat, oder an seiner eigenen Kritik eigenen abgelaufenen Handelns. Dass einmal die Absicht bestanden hat, anders zu handeln, als dann wirklich gehandelt wurde, oder dass nach einem Handeln das Urteil gefällt wird, man hätte anders handeln sollen, kann am Geschehenen und Gewordenen nichts mehr ändern. Dass dem Entwurf oder der Kritik gegenüber dem verwirklichten Handeln eine – von Wertungen höchst subjektiver Art unabhängige – Überlegenheit zuzuschreiben wäre, kann doch wohl nicht behauptet werden.

Die Bedürfnislehre ist ein böses Stück Begriffsrealismus, das man aus dem Bestand unseres Systems schonungslos entfernen muss. Dann darf man ab und zu den Ausdruck *Bedürfnis* als eine bequeme Abkürzung ebenso unbedenklich verwenden, wie der Physiker mitunter den Ausdruck *Kraft* verwendet.

[206]II. Das Vorziehen und die Rangordnung der Zwecke und der Mittel

[207]Man hat, ähnlich hypostasierend wie bei der Bildung der Vorstellung *Bedürfnis,* davon gesprochen, dass das Handeln sich an der Rangordnung der Werte orientiert, die der Handelnde gelten lässt. Auch gegen diese Ausdrucksweise kann man schwere Bedenken geltend machen. Auch sie kann dazu verleiten, das Handeln nicht theoretisch mit dem objektiven Auge der Wissenschaft zu betrachten, sondern es zu richten; nur zu leicht gelangt man dazu, ein der Wertskala entspre-

chendes von einem ihr nicht entsprechenden Handeln zu unterscheiden. Nur wenn man solche Missgriffe zu meiden weiß, mag es zulässig und unter Umständen nützlich sein, von Rangordnung und Wertskala zu sprechen. Man darf dabei jedoch nie vergessen, was man dem Grundsatz des Subjektivismus schuldig ist.

Unsere Lehre ist subjektivistisch; das bedeutet: sie erblickt das Ziel des Handelns in der Erhöhung des Wohlbefindens des Handelnden. Worin der Handelnde sein Glück sucht, was er für Glück hält und wie er selig werden will, das ist für unsere Betrachtung gegeben. Wir sagen dem Menschen nicht: Du sollst dein Glück in dem oder in jenem suchen; wir stellen einfach fest, was die. Menschen als höchstes und letztes Ziel anstreben und nennen das ihr Glück. Wir wissen, dass nicht alle Menschen dasselbe anstreben, wir wissen, dass dieselben Menschen zu verschiedenen Zeiten verschiedene Ziele anstreben, wir wissen auch, dass die Ziele verschiedener Menschen mitunter mit den Zielen anderer Menschen dergestalt in Widerstreit geraten, dass der eine sein Ziel nicht erreichen kann, wenn der andere das Ziel, das er sich gesetzt hat, erreichen soll. Dieses Wissen aber ist schon Erfahrungswissen. *A priori* können wir nun die Möglichkeit dieser Verschiedenheit, dieser Veränderungen und dieses Widerstreites erkennen und das Handeln unter der Annahme betrachten, dass diese Voraussetzungen gegeben sind. Dass die Bedingung, die wir setzen, dem Handeln wirklich gegeben ist und in welchem Umfang sie ihm gegeben ist, lehrt uns erst die Erfahrung.

[208]des perversen Menschen

[209]wäre daher für uns sinnlos

[210]In der aprioristischen Wissenschaft > in the frame of a theoretical science

[211]Die Ziele des Handelns sind unserer Kritik entzogen. Die Mittel des Handelns haben wir vom Standpunkte dieser Ziele zu betrachten. Wir dürfen sie nicht auf ihre Zulässigkeit prüfen; wir dürfen aber Mittel, die geeignet sind, zum Ziel zu führen, von solchen, die dazu nicht geeignet sind, unterscheiden. Zweckmäßigkeit und Zweckwidrigkeit des Handelns sind Begriffe, die im Rahmen unseres Systems sinnvoll sind; was zweckwidrig und zweckmäßig im einzelnen Fall sein mag, sagt bald die Praxeologie selbst, bald nur die Erfahrung. Wenn wir auch das Handeln nicht im Hinblick auf seine letzten Ziele kritisieren dürfen, so sind wir berechtigt und genötigt, uns zu fragen, ob und in welchem Masse es geeignet war, ist oder sein wird, die Ziele, die der Handelnde anstrebt, auch wirklich zu erreichen.

Das, was sogleich geeignet ist, das Wohlbefinden zu erhöhen, wird nach dem Grade der unmittelbaren Befriedigungssteigerung gewertet. Die entfernteren Bedingungen der Wohlfahrt, die Mittel zur Erlangung der Mittel der sofortigen Erhöhung des Wohlbefindens, werden nach der Bedeutung gewertet, die den durch sie erreichbaren Mitteln der sofortigen Wohlbefindenssteigerung beigemessen wird. Die Wertung der Mittel geht von der Wertung der letzten Ziele aus, und pflanzt sich von den Mitteln der sofortigen (nicht weiter durch andere Mittel vermittelten) Befriedigung von Schicht zu Schicht weiterschreitend auf die entferntesten Mittel fort. Vom Zweck empfängt das Mittel seine Wertung.

Der nichthandelnde Mensch

Wer das Nichthandeln zum höchsten Zweck des Lebens machen will, wer es als das Letzte und Beste ansieht, nicht zu handeln, ganz duldend zu sein wie die Pflanze, mit einem Worte: pflanzenhaft dahin zu leben (zu vegetieren), hat sich das Auslöschen des Menschentums zum Ziele gesetzt, wie es auch – in anderer Art – der Selbstmörder macht. Kritisieren kann die Wissenschaft von ihrem Standpunkte diese Zielsetzung nicht, sie kann sie nur verzeichnen und dazu bemerken, dass sie sich nur mit dem handelnden Menschen befasst und nicht mit einem zur Pflanze gewordenen.

[212]– Wert und Preis, Kosten – Erfolg und Misserfolg – Gewinn und Verlust

[213]provozierte > willfully induced

[214]oder ein Tauschen

[215]Die Bedeutung oder Wertung > value

[216]die durch die Erreichung des Zweckes aufgelaufenen

[217], der durch das Handeln erzielt wurde, oder den Vorteil, der dem Handelnden aus dem Handeln erwächst

[218]Grundzahlen > cardinal numbers

[219]Das Werturteil reiht die in Betracht gezogenen Gegenstände; es kann nicht messen.

[220]seelisch > psychical

[221]Handelnden > individual

[222]können die Projektion der verschiedenen Stärke der Betonung auf objektiv vergleichbare und messbare Zustände der Außenwelt vornehmen und mögen das als Ersatz für die grundsätzli-

che Unmöglichkeit dessen, was man Messung psychischer oder intensiver Größen genannt hat, betrachten.

[223]Für die Praxeologie ist auch *Bedeutung* ein formaler Begriff ohne materiellen Inhalt. Weil das Handeln ein *A* einem *B* vorzieht, sagen wir, dass der Handelnde dem *A* größere Bedeutung beilegt als dem *B*. In diesem Sinne sagen wir, dass die Kosten der Schätzung der Befriedigung gleichkommen, auf die um der Erreichung des Zweckes willen verzichtet werden musste.

[224], und es kann ihm nie gelingen, den Begriff handelnder und doch über den Zeitablauf erhabener Wesen widerspruchsfrei zu denken

[225], das zeitlos gedacht wird

[226]Wir werden uns nur allmählich darüber klar, dass wir im Denken des Begriffs *rechtwinkliges Dreieck* auch den pythagoräischen Lehrsatz mitgesetzt haben. Logik und Mathematik sprechen immer von Koexistenz. Wenn sie von *Folgerungen* und von logischem *Vorher* und *Nachher* sprechen, haben sie nicht Aufeinanderfolgen des Seins im Auge, sondern die Aufeinanderfolge unserer menschlichen Gedankenoperationen, die zur Erkenntnis des Koexistierenden in seinem vollen Umfang nur schrittweise führen [FN: «L'antériorité logique n'est pas du tout une antériorité. ...Ce qui explique cette métaphore, c'est que notre pensée discursive se voit obligée d'admettre le conséquent après qu'elle a admis le principe; l'ordre intemporel de dépendance logique prescrit à la pensée l'ordre temporel de ses assertions discursives.» Vgl. Goblot, Traité de logique, Sixième édition, Paris 1937, S. 19.].

Die Sätze der Praxeologie implizieren Aufeinanderfolge. Sie sprechen nicht von einem zeitlosen Sein wie die der Logik und Mathematik. Das Sein, das den Gegenstand ihrer Erkenntnis bildet, ist die Veränderung, deren begriffliches Erfassen die Begriffspaare Früher und Später, Vorher und Nachher, Vergangenheit und Zukunft, und den Begriff der Dauer einschließt.

Im Begriff des Handelns ist der der Zeitfolge enthalten. Wir haben hier die Zeit vor der Befriedigung, wir haben den Einsatz des Handelns und die Dauer zwischen dem Einsatz des Handelns und dem Eintritte des Erfolges, und wir haben schließlich die Dauer der durch den Erfolg erzielten Befriedigung.

Durch die Bezugnahme auf das Aufeinanderfolgen scheidet sich die Praxeologie von der Logik. Man mag sie immerhin die Logik des Handelns nennen, man darf aber nicht vergessen, dass sie das Element der Zeitlichkeit kennt, das der Logik und der Mathematik fremd ist.

[227]Das Leben an sich, das allmähliche Werden und Aufblühen und das schließliche Vergehen, gibt dem Menschen sowenig das Bewusstsein des Zeitablaufs wie die wechselnden Bilder der Außenwelt, die vor seinem Auge vorbeiziehen. Die moderne Philosophie lehrt, dass das schlichte Dahinleben im Erlebnisstrom durch die Vernunft erfasst und umgestaltet werden müsse, damit das Bewusstsein der Veränderung und der Zeit entstehe. Was ohne dieses Eingreifen des Intellekts erlebt wird, sei

[228]Doch dem Handeln ist nicht die Vergangenheit das erste, sondern die Zukunft. Handeln ist immer auf die Zukunft gerichtet. Weil er das weniger befriedigende Jetzt in ein befriedigenderes Später verwandeln will und dem Künftigen das Augenmerk zuwendet, nimmt der Handelnde die Gegenwart als Gegenwart und die Zukunft als Zukunft gewahr. Die Vergangenheit wird als solche erst dadurch erkannt, dass sie sich von Gegenwart und Zukunft abhebt. Der Zeitbegriff und die Zeitvorstellung sind Korrelate des Handelns. Nicht durch beschauliches Versenken in die Erinnerung, sondern durch tätiges Eingreifen zur Gestaltung des eigenen Lebens wird der Mensch zuerst zum Erfassen der Veränderung und des Zeitablaufs geführt.

Alle Versuche, die Zeit zu veranschaulichen, bedienen sich des Vergleichs mit räumlichen Vorstellungen, und alle Verfahren, die Zeit zu messen, setzen sie mit Bewegungen gleich. Objektives Empfinden der Zeitdauer fehlt den Menschen. Die Stunden können verfliegen oder sich zur Unerträglichkeit dehnen. [FN: Vgl. Mauthner, Wörterbuch der Philosophie, a. a. O., III. Bd., S. 438 ff.]4 Nur im Handeln wird die Zeit unmittelbar erfasst und gewinnt die Zeitdauer einen lebendigen Sinn, einmal als Dauer zwischen dem Einsatz des Handelns und dein Eintritt des Erfolgs und dann als Dauer der Befriedigung. Gemessen kann die Zeit auf diesem Wege freilich nicht werden. Kardinalzahl, Maß und Rechnen können an das Handeln nicht direkt herankommen und können ihm nur mittelbar dienstbar gemacht werden.

[229]Zwischen beiden ist im Denken der reinen Logik kein Raum für eine Gegenwart.

[230]Nur das Handeln stellt

[231]Der Begriff der Gegenwart gehört nur dem praxeologischen Denken an. Zu den Begriffen Vergangenheit und Zukunft vermag auch das naturwissenschaftliche Denken zu führen, zum Begriff der Gegenwart als Dauer führt nur das Denken der Praxeologie.

[232](agere)

[233][FN: Vgl. Bergson, La pensée et le motivant, a. a. O., S. 190 ff.]
[234]Die Gegenwart ist eine andere für jeden Aspekt.
[235]Das Denken *modo futuri exacti*
Alfred Schütz, der sich bemüht, die psychologischen Vorgänge um das Handeln herum zu klären, will den Unterschied zwischen Handeln und Verhalten im Entworfensein der Handlung erblicken, die durch das Handeln zur Selbstgegebenheit gelangen soll, wobei der Entwurf die in einem Akt *modo futuri exacti* in der Zukunft abgelaufen sein werdende Handlung antizipiert[FN: Vgl. Schütz, a. a. O., S. 59, 69.]. Das ist doch nichts anderes als Umschreibung des Tatbestandes, dass Handeln auf Ziele und Zwecke bewusst gerichtetes Verhalten ist und dass es stets auf dem Boden bestimmter Vorstellungen über den Kausalzusammenhang wurzelt. Es ändert nichts an der Feststellung, dass das Handeln allein auf die Zukunft gerichtet ist, und dass dem Handelnden allein die Zukunft und nicht die Vergangenheit wichtig ist.
[236]Das Problem der Gleichzeitigkeit und die Vorstellung vermeintlich irrationalen Handelns
[237]Die Einstein'sche Relativitätstheorie bestreitet die Möglichkeit absoluter Gleichzeitigkeit. Die physikalische Definition der Zeit hat nur Bedeutung mit Bezug auf ein Koordinatensystem von bestimmtem Bewegungszustand. *A priori* sei aber nicht evident, dass zwei Ereignisse, die im Bezug auf ein Koordinatensystem gleichzeitig sind, auch für alle anderen Koordinatensysteme gleichzeitig sein müssen. Das sei als die Relativität der Zeit zu verstehen.
Mit dieser Lehre hat der praxeologische Satz, den wir nun zu entwickeln haben, nichts zu schaffen. Es ist zweckmäßig ausdrücklich darauf hinzuweisen, um von vornherein Missverständnissen vorzubauen.
[238](uno actu)
[239]Entwürfe,
[240]irrationalen > nonrational
[241]demgemäss
[242]Konsequenz > consistency
[243]Folgerichtigkeit > absence of contradiction
[244]Konsequenz > consistency
[245]Festhalten an der einmal eingeschlagenen Handlungsweise > unremitting faithfulness to the once espoused principles of action
[246]Wichtigeren > more valuable
[247]weniger Wichtigen > less valuable
[248]Konsequenz > Faithfulness
[249]Das Denken
[250]nichtrationalen > irrational
[251]neues
[252]oder als früher gehandelt worden war
[253] verfehlten Philosophie > mode of philosophizing
[254]Also drauf los! > Anyway!
[255]65 Grad > 150 degrees
[256]Das Handeln und die Quantität und Qualität der Mittel -
[257]Der handelnde Mensch steht den Zuständen der Außenwelt, die seine Umwelt ist, niemals neutral gegenüber. Er wertet die bestehenden und die möglichen Zustände, er schätzt den einen höher, den andern weniger hoch, er zieht vor und stellt zurück. Wo er zwischen zwei Zuständen keinen Wertungsunterschied macht, wo er nicht verschieden wertet, sondern gleich wertet, handelt er nicht.
[258]Masse und Mengen > quantitative determinateness
[259]der Außenwelt
[260]Wäre die Welt quantitätslos,
[261]Dass einem bestimmten Quantum Ursache ein bestimmtes Quantum Wirkung zugeordnet ist, ist Bedingung für die Knappheit der Mittel.
[262]Die Befriedigung wird vom handelnden Menschen immer als einer Art angesehen.
[263]von außen her
[264]mehr oder weniger wichtig,
[265]Vorziehen und Zurückstellen
[266]weder Quantität noch Qualität, für das Handeln gibt es
[267], nicht Kategorien des Handelns
[268]eines homogenen Vorrats
[269]anders

[270]als jede einzelne der übrigen Teilmengen, aus denen der Vorrat besteht
[271]Ein Wirt > A man
[272]von dem Vorrat > portion, compound, or supply
[273]oder Milderung
[274]Diese Unterscheidung ist der Ausgangspunkt der Gedankengänge der modernen Nationalökonomie.

Betrachten wir einmal die Problemlage, die zur Ausarbeitung der Lehre vom Grenznutzen geführt hat.
[275]man
[276]dem Nutzgedanken
[277]Man glaubt, ihn
[278]zu einer Wert- und Preislehre zu gelangen
[279]Gramm > ounces
[280]Meterzentner > tons
[281]Nutzen, zwischen denen in der gegebenen Lage zu entscheiden ist
[282]kleineren oder größeren
[283], über den in einem konkreten Wahlakt entschieden wurde
[284]über einen von ihnen zu verfügen > of giving up one of them
[285]nach der Wichtigkeit der Grenzverwendung,
[286]Rangordnung > the value attached to
[287]die Rangordnung der einzelnen Bedürfnisregungen,
[288]ohne Einschränkung > bread as such
[289]– und Preis
[290]. Die Unterscheidung der Wichtigkeit oder Rangordnung von Bedürfnisgattungen ist aber nicht nur überflüssig und bedeutungslos, sie
[291]Denn das Wesen unserer Auffassung liegt gerade darin, dass festgestellt wird, dass eine Rangordnung von Bedürfnisgattungen für die Wertung nicht in Betracht kommt. Das Handeln weiß von ihr nichts, für das Handeln besteht sie nicht. Selbst wenn der Ausdruck *Bedürfnis* in den Gedankengängen der Wert- und Preislehre mehr wäre als eine bequeme, doch ungenaue und daher nicht immer unbedenkliche Bezeichnung für das Unbefriedigtsein, könnten wir mit dem Begriff der Bedürfnisgattung nichts anfangen.
[292]sagen > in establishing the following definition
[293]In einer Welt, in der dieses Gesetz vom abnehmenden Grenznutzen nicht gelten würde, könnte es auch kein Handeln geben. Allgemeinste Voraussetzung des Handelns ist doch die dem Menschen gebotene Möglichkeit, durch bewusstes Verhalten einen Zustand von Unbefriedigtsein in einen Zustand von geringerem Unbefriedigtsein (höherem Befriedigtsein) zu verwandeln. Würde der Zustand, den das Handeln herbeiführen soll, nicht als befriedigender erscheinen als der Zustand, der bestehen würde, wenn nicht gehandelt worden wäre, dann wäre Handeln sinn- und zwecklos, dann würde nicht gehandelt werden. Wie auch immer der Mensch sich verhalten würde, er könnte an seiner Lage nichts bessern. Es würde keinen Nutzen geben: Nutzen nennen wir doch den abhängigen Zuwachs an Befriedigung (an Lust) oder die abhängige Abnahme des Unbefriedigtsein (der Unlust). Wenn überhaupt gehandelt werden soll, muss der Zustand, den das Handeln herbeiführen soll, befriedigender erscheinen als der Zustand, der ohne das Handeln bestehen würde. Da das Handeln nicht zur vollen Befriedigung, nicht zu einem Zustand voller Sättigung, in dem dann wieder nicht gehandelt wird, führt, da es satter macht, doch nicht ganz satt oder zumindest nicht dauernd ganz satt, kommen nur zwei Möglichkeiten in Betracht. Entweder gibt es zwischen dem Unbefriedigtsein, das das Handeln mildern will, und dem – unerreichbaren – Zustand der vollen Befriedigung nur *einen* Zwischenzustand, der durch das Handeln erreicht werden kann, oder es gibt zwischen dem Unbefriedigtsein, von dem das Handeln ausgeht, und dem Zustand voller Befriedigung verschiedene Stufen stärkerer und geringerer Sättigung. In jenem ersten Falle würde es nur *eine* Art von Handeln geben und nur ein einmaliges Handeln. Es bestünde keine Wahl zwischen verschiedenen Arten des Handelns; die Wahl wäre nur zwischen Handeln und Nichthandeln zu treffen. Ist dann einmal gehandelt worden, dann ist zwar nicht volle Befriedigung und Wunschlosigkeit eingetreten, doch ein Zustand, der, so wenig befriedigend er auch sein mag, durch weiteres Handeln nicht mehr verbessert werden kann. Diese Alternative widerspricht somit unserer Annahme; sie enthält nicht mehr die allgemeine Bedingung, die alles Handeln voraussetzt. Es bleibt somit nur die andere Alternative: dass es verschiedene Stufen oder Grade der Annäherung an den Befriedigungszustand gibt, dass man zwischen einer besseren und einer weniger guten Behebung von Unbefriedigtsein unterscheidet. Dann aber ist das

Grenznutzengesetz bereits in unserer Annahme enthalten gewesen. Wir haben es aus dem Begriff des Handelns, den wir unseren Gedankengängen zugrundegelegt haben, abgeleitet.

Auch da haben wir noch einmal festzustellen, dass die Unterscheidung von Bedürfnisgattungen überflüssig und irreführend ist. Zunächst sei bemerkt, dass die Unterscheidung der Bedürfnisgattungen durchaus willkürlich ist. Man pflegt von einem Nahrungsbedürfnis zu sprechen, indem man das Bedürfnis nach der Einverleibung von Fett, Eiweiß, Kohlenhydraten und mancherlei anderen Stoffen unter *einen* Ausdruck bringt. Die Ernährungsphysiologie wird diese Ausdrucksweise als recht naiv ansehen. Wenn man aber schon derartige Zusammenfassungen vornehmen will, warum dann nicht von einem Bedürfnis nach Erhaltung der Körperwärme sprechen, das nicht nur nach Nahrung sondern auch nach Behausung, Beheizung und Kleidung verlangt? Um das erste Gossen'sche Gesetz physiologisch und psychologisch zu beweisen, müsste man wohl mehr von Physiologie und Psychologie wissen, als die höchst oberflächlichen Ausführungen der Nationalökonomen enthalten. Man muss da klar sehen: Entweder stützen wir unsere Lehre auf physiologische und psychologische, aus der Erfahrung gewonnene Erkenntnis; dann müssen wir entweder selbst Physiologen und Psychologen werden, in Laboratorien gehen und Versuche anstellen, oder wir müssen die Psychologen und Physiologen ersuchen, diese Untersuchungen für uns vorzunehmen. Doch dann dürfen wir uns nicht damit begnügen, natur- und erfahrungswissenschaftliche Ausdrücke wie *Genuss, Bedürfnis, Bedürfnisgattung* und dgl. m. zu gebrauchen; wir müssen schon tiefer in das physiologisch-psychologische Material eindringen. Oder aber wir erkennen, dass unser Grenznutzengesetz mit Psychologie und Erfahrung überhaupt nichts zu tun hat. Dann haben wir die Aufgabe, zu zeigen, wie es aus unseren. Grundannahmen abgeleitet werden kann.

Wenn man von einem Gesetz des abnehmenden Grenznutzens in einem andern als dem formal-praxeologischen Sinn sprechen will, wenn man in ihm eine Aussage über das konkrete Verhalten erblicken will, dann müsste man ihm auch ein Gesetz des zunehmenden Grenznutzens gegenüberstellen.

[294]Steigerung des Grenznutzens > value attached to

[295]nur drei

[296]98

[297]2

[298]nur

[299]3

[300]90

[301]1000

[302]der Lehre

[303]dass

[304]psychophysischen Grundgesetz > law

[305]Von diesen Tatbeständen ausgehend, ist er jedoch wie alle früheren Denker, die dieselben Tatbestände sahen, keineswegs zur Ausbildung einer Lehre gelangt, die das Wesen des Handelns im Vorziehen und Zurückstellen erblickt und auf dieser Erkenntnis alles Weitere aufbaut.

[306], die nichts als phantastisches Gedankenspiel ist

[307]willkürlich > merely fanciful

[308]vermeintliche

[309]von p Einheiten

[310]oder, wie man zu sagen pflegt, der Befriedigungsgattungen

[311]wirkungslos wird oder gar

[312]Es gilt von der Befriedigung, die durch Nahrungsmittel und Getränke, durch Häuser, durch Klaviere, durch Bücher, durch Reitpferde und durch Kraftwagen vermittelt wird.

[313]2 Grad über null > 35 degrees

[314]15 oder 20 Grad > 65 or 70 degrees

[315]100 oder 1000 Grad > 180 or 300 degrees

[316]irreführenderweise > to establish as an ultimate given that

[317]zu wählen hat und

[318]40 Grad > 120 degrees

[319]objektiv und

[320]Nutzwirkungen > objective use-value

[321]Praxeologisch betrachtet ist das Gesetz vom Sinken des Grenznutzens nichts anderes als die Umkehrung des Satzes, dass das Wichtigere dem Minderwichtigen vorgezogen wird. Wächst der

verfügbare Vorrat von *n-1* Einheiten auf *n* Einheiten, dann kann durch den Zuwachs nur ein Unbefriedigtsein abgestellt werden, das weniger lästig empfunden wird als das Unbefriedigtsein, das unter den mit Hilfe des Vorrates von *n-1* Einheiten abgestellten am wenigsten lästig empfunden wird.

[322]Wir haben gesehen, dass ein Mittel nur dann knapp sein kann, wenn von ihm nur eine begrenzte Wirkung ausgeht. Ursachen, die eine Wirkung, die wir als nützlich ansehen, in unbegrenzter Menge hervorrufen, könnten von uns nie als knapp angesehen werden, sie sind keine wirtschaftlichen Güter und werden nicht bewirtschaftet. Das gilt in der gleichen Weise von den Gütern der niedersten Güterordnung, die unmittelbar unser Wohlbefinden erhöhen, als auch von den Gütern höherer Güterordnungen, die unser Wohlbefinden nur mittelbar – auf dem Wege über Güter erster Ordnung, zu deren Hervorbringung sie Mittel sind, – erhöhen.

[323]aus dem Zusammenwirken der beiden komplementären Güter hervorgegangenen

[324]sie

[325]*b* unverändert gelassen,

[326]der auf die Einheit von *B* aufgewendeten Menge von *C*

[327]Ausgehende Wirkung > physical power of production

[328]aus Teeblättern, heißem Wasser und Arbeit Tee

[329]wird daher nicht bewirtschaftet > it is therefore not an economic good

[330]Nutzwirkung > use-value

[331]komplementären

[332]optimales Mengenverhältnis > optimum

[333]Ob bis zur Erreichung des Optimums der Ertrag, wenn bei unveränderter Menge des einen Komplementärgutes die aufgewendete Menge des andern Komplementärgutes vergrößert wird, verhältnismäßig oder in stärkerem Masse steigt, kann *a priori* nicht entschieden werden.

[334]Zeug

[335], von dem unser Gesetz spricht,

[336]Technologie > technological experience

[337], mithin nur *a posteriori*

[338]sagt uns nur, dass es für die Kombination der Produktionsfaktoren ein optimales Verhältnis gibt.

[339], sagt das Gesetz nicht. Dagegen sagt es uns, dass, wenn weitere Zusätze eines Faktors bei unveränderter Menge des andern Faktors den Erfolg überhaupt noch zu erhöhen vermögen, das nur in schwächerem Maße geschehen würde. Das Ertragsgesetz sagt ferner nichts darüber,

[340]Es sagt auch nichts darüber aus, ob bis zur Erreichung des Optimums der Ertrag mit dem Steigen des Aufwandes eines Faktors allein verhältnismäßig oder stärker steigt. Es sagt auch nichts darüber aus, ob das Sinken des Ertrages gleichmäßig oder ungleichmäßig vor sich geht. Wie die Kurve der Ertragssenkung verläuft, wenn *caeteris paribus* die Dosierung eines Produktionsfaktors über das Optimum hinaus erhöht wird, und ob sie einen Punkt erreicht, an dem sie gleich null wird, kann nur *a posteriori*

[341]Aus den Bedingungen, die gegeben sein müssen, wenn ein Produktionsfaktor als wirtschaftliches Gut angesehen werden soll, ergibt sich auch das Ertragsgesetz. Man kann das Ertragsgesetz freilich auch noch anders ableiten, als es hier geschehen ist. Für logische Deduktionen apriorischer Beweisführung gibt es oft mehrere Wege.

[342]absoluten

[343]unwissenschaftlichen

[344]Wer das Bodengesetz bestreitet, hätte die Verpflichtung, zu erklären, wieso es komme, dass für die Erwerbung von Grundstücken Preise bezahlt werden.

[345]dem vermeintlichen Bodengesetz – Gesetz vom abnehmenden Bodenertrag -

[346]in der Industrie

[347]Urproduktion > agriculture

[348]Ertragsgesetzes

[349]andere

[350]vom sinkenden Ertrag

[351]überhaupt nicht mehr als 5 Arbeiter

[352]nämlich

[353], indem er seine Kräfte und Fähigkeiten als Mittel für die Behebung von Unbefriedigtsein verwendet, indem er über das schlichte Dahinleben und Indentagleben hinausgeht, um zu wirken und zu bewirken > and in substituting purposeful exploitation of his vital energy for the spontaneous and carefree discharge of his faculties and nerve tensions

[354]als solche
[355]menschliche
[356]Verausgabung und
[357]Erholungszeit > for recreation and restoration
[358]Jeder Arbeiter würde bereit sein, um noch so geringen Lohn zu arbeiten, wenn er für den noch verfügbaren Teil seiner Arbeitskraft gerade keine lohnendere Verwendung findet, und wäre unzufrieden, wenn er nicht die Möglichkeit hätte, seine Arbeitsfähigkeit voll zu verwerten.
[359]Wir drücken das aus, in dem wir sagen:
[360]Ob die Untersuchung der Probleme menschlichen Handelns unter der Annahme, dass die Arbeit nicht als leidbringend betrachtet wird, wissenschaftliches Interesse erweckt, kann verschieden beurteilt werden. Zur Erfassung dessen, was in der wirklichen Welt, in der wir leben, vorgeht, können nur Gedankengänge führen, die mit der Tatsache des Arbeitsleides und des Strebens nach Muße rechnen.

Mit der Arbeitsfähigkeit wird anders gewirtschaftet als mit sachlichen Produktionsmitteln.
[361]Der handelnde Mensch > Man
[362]sie
[363]Der Arbeitserfolg wird im Werturteil nicht nur dem Erfolg, der durch andere Verwendung der Arbeit erzielt werden könnte, gegenübergestellt, sondern auch dem Zustand der Nichtarbeit, der Muße.
[364]und die nichtverwendete Arbeitsfähigkeit als Arbeitsaufwand zur Erlangung der Muße bezeichnen
[365]mit dem Zunehmen der
[366]Fortschreiten der Bedürfnisdeckung > with the increase in the portions already expended
[367]sie
[368]Dass in der Wertung der Arbeit nicht nur der Nutzen, den die Arbeit durch Mitwirkung an der Produktion von wirtschaftlichen Sachgütern und durch Leistung persönlicher Dienste gewährt, geschätzt wird, sondern auch der Genuss, der im Freisein von Arbeitsplage, in der Muße, gefunden wird,
[369]nicht nur, warum die Menschen nicht das ganze verfügbare Arbeitsquantum aus sich herausholen. Es erklärt auch
[370]Menge der vom Einzelnen geleisteten Arbeit im Vergleich zu der gesamten Arbeitsmenge, die er zu leisten fähig wäre, im Allgemeinen sinkt. Die
[371], weil auf der einen Seite mit dem Wachsen der Ergiebigkeit der Arbeit die Bedeutung, die dem Ertrag zusätzlicher Arbeit beigemessen wird, immer kleiner wird, obwohl die Menge des durch die zusätzliche Arbeit Geleisteten zunimmt, und weil auf der anderen Seite die Bedeutung der zusätzlichen Mußezeiteinheit in dem Masse zunimmt, in der für die Befriedigung der übrigen Bedürfnisse besser vorgesorgt wurde
[372]Menschenfreunde > philanthropists
[373]Güter > things
[374], dass ein Zustand höherer Befriedigung einem solchen geringerer Befriedigung vorgezogen wird,
[375]Man hat daher im Entgegenkommen der Arbeitsleidtheorie gegenüber nicht soweit zu gehen, wie es Böhm-Bawerk tat, indem er einräumte, dass es vom allgemeinen Gesetz, dass die Schätzung eines Gutes sich nach dem abhängigen Nutzen richte, eine Ausnahme gebe, wenn nämlich Gelegenheit vorhanden sei, ein Ersatzgut lediglich um den Preis eines zusätzlichen Leides zu erkaufen, und wenn dieses Leid kleiner sei als der positive Grenznutzen des Gutes[FN: Vgl. Böhm-Bawerk, Kapital und Kapitalzins, a. a. O., II. Abt., S. 300 ff.]. Auch in diesem Fall werden zwei Güter verglichen: die Muße, die hingegeben werden müsste, wenn man das Ersatzgut beschaffen will, und die Befriedigung, die von dem Ersatzgut ausgeht [FN: Das hat auch Böhm-Bawerk im Fortgang seiner Ausführungen erkannt und klar ausgedrückt. Vgl. ebendort, S. 305.].
[376]verschiedener Art sind und nicht von jedem Arbeiter geleistet werden können
[377]oder «unqualifizierte»
[378]Kulturmenschheit > conditions of civilized peoples
[379]Erziehung
[380]Natur > destiny
[381]Befriedigung und
[382][FN: Anders ist es nur bei jenen sachlichen Naturgaben, für die die Bedingungen der absoluten Rente im Ricardo'schen Sinne gegeben sind.]

[383]außermenschliche
[384]wohlfahrtmehrender > improvement of need satisfaction
[385]Erweiterung der geleisteten Arbeitsmenge und
[386]produzierten > accumulated
[387]Produktionsmitteln > equipment
[388]Arbeit, wollte man alle
[389]ausnützen
[390], es ist wertlos
[391]man hat Überfluss an *b*,
[392]für einen Teil der Menschen und für einen Zuwachs an Menschen keine Verwendung im Produktionsverfahren mehr zu finden ist
[393]unnützen Essern > idle consumers
[394]gesellschaftlichen
[395]des optimalen Verhältnisses zwischen Arbeit und sachlichen Produktionsmitteln
[396]Verbesserung der Produktionsverfahren > improvement in technological methods of production
[397], die den Ertrag der menschlichen Arbeit steigern,
[398]und an Arbeitern
[399]Man zieht dann mehr sachliche Produktionsmöglichkeiten heran und erhöht so die Menge der Produkte.
[400]Nur im Schlaraffenland, in dem die gebratenen Tauben den Menschen in den Mund fliegen, gibt es Genussgüter deren Herstellung keine Arbeit erfordert. Jedes Genussgut ist in unserer Welt ein Produkt, zu dessen Herstellung auch Arbeit als komplementäres Produktionsmittel benötigt wird. Doch anderseits gibt es keine Arbeit, die ohne Aufwand an sachlichen Produktionsmitteln geleistet werden könnte. Gewirtschaftet wird daher nicht nur mit der Arbeit, sondern auch mit sachlichen Produktionsmitteln. Nicht nur Arbeit ist knapp; auch die sachlichen Produktionsmittel sind es.

Man kommt der Lösung der Wirtschaftsprobleme und der Erklärung der Wertung nicht um einen Schritt näher, wenn man, an die Gedankengänge der Arbeitswertlehre anknüpfend, darauf hinweist, dass die Knappheit der ursprünglichen sachlichen Produktionsmittel in der Regel nur als Knappheit der mit geringerem Aufwand an Arbeit nutzbar zu machenden ursprünglichen sachlichen Produktionsmittel gegeben ist. Selbst wenn man zugeben wollte, dass der Umfang jeder Art von Bedürfnisbefriedigung allein vom Aufwand der Arbeit abhängt, und nicht beachten wollte, dass es Produktionszweige gibt, in denen auch die Erhöhung des Arbeitsaufwandes nicht imstande wäre, die Versorgung zu verbessern, und selbst wenn man von der Bedeutung des Zeitmoments abzusehen bereit wäre, muss man erkennen, dass man auf diesem Wege Handeln, Werten und Preisbildung nicht begreifen kann. Die Produkte werden nicht geschätzt, weil auf sie Arbeit verwendet wurde; weil die Produkte geschätzt werden, verwendet man Arbeit (und sachliche Produktionsmittel) auf ihre Herstellung.

Man kann die Arbeitsmenge auch nicht zum Maß des Wertes und der Wertung nehmen; Wertungen können nicht gemessen werden. Man kann die Arbeitsmenge aber auch nicht zum Ausdruck des objektiven Tauschwertes der Güter machen. Auch wenn wir von dem unüberwindbaren Hindernis, das die Verschiedenheit der Arbeitsqualität der Arbeitsstundenrechnung entgegenstellt, absehen wollten, müssen wir einsehen, dass die Gedankengänge der Arbeitswertlehre sich im Kreise bewegen. Denn nicht auf die wirklich geleistete Arbeitsmenge kann es dabei ankommen[FN: Der Aufwand, der auf die Herstellung eines Gutes verwendet wurde, ist ein historisches Faktum, das für die Schätzung des Gutes belanglos ist. Kein Gut wird geschätzt, weil man Kosten aufwenden musste, um es zu erlangen. Man hat Kosten auf seine Erlangung gewendet, weil man es höher geschätzt hat als den Aufwand.], sondern auf die, die man für die Erlangung des Produkts aufzuwenden bereit wäre, weil man eine dringenderen Bedarf befriedigende Verwendung für sie nicht zu finden vermag. Die Aussage der Arbeitswertlehre reduziert sich somit auf die Feststellung: das Handeln ist bestrebt, die verfügbare Arbeit – aber auch alle anderen verfügbaren Produktionsmittel – so zu verwenden, dass der dringlichere Bedarf vor dem weniger dringlicheren befriedigt werde.
[401]Mitunter können auch spontane Lebensäußerungen, die freier Ausfluss menschlicher Lebenskräfte sind und als solche das Wohlbefinden des Menschen, dessen Leben sie zugehören, unmittelbar erhöhen, zugleich auch Mittel für weitere menschliche Zwecke darstellen. Sie bringen unmittelbaren Genuss an sich und darüber hinaus als Mittel zu weiteren Genüssen auch mittelbaren Genuss. Betrachtet man sie im Hinblick auf diese mittelbare Wirkung als Arbeit, dann hat man zu sagen: sie geben unmittelbaren und mittelbaren Arbeitsgenuss zugleich.

[402]Man hat nicht beachtet, dass in vielen Fällen, in denen man an unmittelbaren Arbeitsgenuss denkt, die Dinge durchaus anders liegen, als man gewöhnlich anzunehmen pflegt.
[403]physikalisch > from the point of view of hydromechanics
[404][FN: Wenn das Rudern reiner Sport ist, ist es Innenarbeit. Vgl. weiter unten S. 532 ff.]
[405]Lebensbetätigung > physiological functions
[406]Sehr oft
[407]Wirtschaft
[408]Die Welt des Handelns > Our world
[409]unmittelbaren Arbeitsgenuss bringt
[410]Schussgeld > the right to shoot a definite number of game of a definite type
[411]B. Die bahnbrechende Leistung
[412]Sie denken und bilden, nicht um mittelbaren Arbeitsgenuss zu erlangen, nicht um des Lohnes und der Anerkennung willen, sondern weil sie ihr Leben, das Leben, wie sie es verstehen, nur so zu leben wissen. Sie schaffen, weil sie nicht anders können, und sie verzichten daher auch dann nicht auf die Betätigung ihrer Schöpferkraft, wenn man sie durch Gewalt und heimtückische Verfolgung zum Schweigen bringen will.
[413]und durch Feindseligkeiten
[414], der
[415]Arbeit und Plage, Erzeugung und Erwerb, Genuss und Lebensunterhalt > work and labor, production and success, breadwinning and enjoyment of life
[416]seine Gedankengänge, Dichtungen, Gebilde und Tongefüge > thoughts and theories, his poems, paintings, and compositions
[417]des Denkens und der Kunst > of philosophy, art, or literature
[418]und Nutzung ihrer Kräfte und Fähigkeiten
[419]Hofkavalier und
[420]Werk nicht vollbracht > not written his plays, poems, and novels
[421]Goethe
[422]den Faust
[423]talentierte Schriftsteller und Musiker
[424]oder Menschengruppen
[425]die mit dem Handeln der Menschen nichts zu tun hat. Die Untersuchung der Frage, ob es sinnvoll sein kann, die Leistungen der Bahnbrecher dem Genie ihrer Rasse oder ihres Volkes zuzurechnen, geht über den Rahmen der praxeologischen Probleme hinaus. Doch fest steht, dass das Genie Shakespeares oder Humes ein Datum für jede denkbare Art der praxeologischen Betrachtung menschlichen Handelns darstellt und dass man das, was an dem Werk dieser Männer wesentlich ist,
[426]Es war nur folgerichtig, wenn man dann weiter zur Auffassung gelangte, dass alle Nicht-Landwirte von den Landwirten ausgehalten werden. Der Erzeuger der Geräte, mit denen der Landwirt den Boden bestellt, erschien schließlich als ein Schmarotzer, der vom Landwirt ernährt werden muss[FN: Wer je Gelegenheit hatte, mit den gutgläubigen, ehrlichen und aufrichtigen unter den Führern der agrarischen Interessentenparteien (pressure groups) eines beliebigen Landes zu verkehren, weiß, dass dies in der Tat ihre Auffassung ist.].

Alle diese Gedankengänge beruhen auf Verkennung des Wesens der Arbeitsteilung[FN: Über Arbeitsteilung vgl. weiter unten S. 125 ff.]. Wenn das isolierte Handeln Einzelner durch Zusammenhandeln ersetzt wird, bleibt das Wesen des Handelns unberührt.

Dass es Schneider und Tischler, Ärzte und Bauern gibt, ist eben Arbeitsteilung. Der Austausch von Diensten verleiht diesem System seinen Sinn. Es gibt in der Gesellschaft, der Gesamtheit der kooperierenden Wirte, keine Erhalter und keine Erhaltenen; es gibt hier nur ein Geben und Empfangen, ein wechselseitiges Tauschen, ein Hin und Her von Diensten. Es ist ein Irrtum, zu glauben, dass zwar der Landwirt ohne den Schneider, nicht aber der Schneider ohne den Landwirt leben könnte. Um allein für sich zu wirtschaften, müssten beide ihre Spezialisierung aufgeben. Nicht nur der Schneider müsste auch Landwirt werden; der Landwirt müsste auch Schneider werden, wenn er nicht nackt gehen will.
[427]außermenschlichen Produktionsmittel > material factors of production
[428],
[429]und Arbeit aus sich herausholt
[430]und Kräfte
[431]Kosmos > nature
[432]des Geistes, auf die Entscheidung

[433], führt den Erfolg herbei
[434], als es die Bedingungen, die seinem Dasein gesetzt sind, zulassen
[435]fünf
[436]aktive > primary
[437]das Materielle
[438]Natur > nonhuman
[439]wird durch die Weisungen
[440]Geisteswissenschaft > moral science (Geisteswissenschaft)
[441]die Bauwerke und
[442]Gesellschaft als Vereinigung menschlichen Handelns
[443]als Handelnder > Acting animal
[444]gehört der Mensch der Gesellschaft > becomes a social animal
[445]Gefahren > crass errors
[446]Kritik der universalistischen und kollektivistischen Gesellschaftsauffassung > A Critique of the Holistic and Metaphysical View of Society
[447]Universalismus und Kollektivismus > all these holistic doctrines
[448]durch Sendboten – Gesetzgeber und Zwingherren – > through its prophets, apostles, and charismatic leaders
[449]Gott > Lord
[450]Kollektivismus > This is the philosophy
[451]um sich in die gesellschaftliche Kooperation einzugliedern > for the sake of society
[452]Weg der Vergesellschaftung > peaceful cooperation
[453]Das ist der Inhalt der natürlichen Theorie des gesellschaftlichen Werdens; sie weist keine logische Lücke auf, zu deren Schließung man die Berufung auf das Eingreifen übernatürlicher Kräfte benötigen würde.
[454]Der kollektivistischen Gesellschaftauffassung liegt die Verkennung dieses Tatbestandes zugrunde. Da man nicht gesehen hat, dass jeder einzelne Schritt auf dem Wege zur Vergesellschaftung und zur Verdichtung der gesellschaftlichen Beziehungen schon den Menschen, die ihn setzen, Vorteil bringt und nicht nur späteren Geschlechtern, vermochte man nicht, in dem gesellschaftsbildenden und gesellschaftsfördernden Handeln der Einzelnen das Wirken derselben Kräfte und Antriebe zu erkennen, die jedes auf irdische und «egoistische» Ziele gerichtete Handeln auslösen. Dieses Handeln im Interesse der Gesellschaft konnte nicht als vorläufiges Opfer, nicht als Verzicht auf einen kleineren Vorteil, der sich durch die spätere Erlangung eines als größer erachteten Vorteils lohnen soll, angesehen werden, weil man eben nicht zu erkennen vermochte, dass es schon den Handelnden selbst und nicht erst ihren entfernten Nachkommen Vorteil bringt. Wenn man im gesellschaftsbejahenden Handeln ein Sichaufopfern des Einzelnen zu Gunsten späterer Geschlechter oder zu Gunsten eines von den Einzelnen verschiedenen Kollektivgebildes sah, musste man wohl guten Glaubens die Frage verneinen, ob denn der Einzelne aus freien Stücken zu solchem Edelmut bereit zu finden wäre. Dann sieht man einen unüberbrückbaren Gegensatz zwischen Egoismus und Altruismus, zwischen dem selbstsüchtigen Tun des auf sein Glück und sein eigenes Wohlbefinden bedachten Bösen und dem gottgefälligen Wandel des Guten, der dem Sittengesetz zuliebe sein Glück dem Glück des Ganzen und späterer Nachfahren opfert.
[455]der theologischen Ideen
[456]Für diese Auffassung > In the light of the utilitarian philosophy
[457]Gesellschaft > society and state
[458]Die Zweckmäßigkeit, der autonomen Ethik zu gehorchen., kann man logisch beweisen.
[459]Um der Versuchung, sich auf Kosten der gesellschaftlichen Ordnung augenblickliche Sondervorteile zu verschaffen, zu widerstehen, bedarf es nicht nur der Einsicht in die Zusammenhänge des gesellschaftlichen Getriebes, sondern auch der Kraft, den einmal gewählten Weg unbeirrt von allen Lockungen der Abwege zu wandeln.
[460]keinen Staat und keine Regierung, keine Richter, keine Büttel und keine Schergen > a police force, the social apparatus of coercion and compulsion
[461]Schon dass es Kinder, Geisteskranke und Altersschwache gibt, macht einen gesellschaftlichen Zwangsapparat unentbehrlich. Wenn die übrigen Glieder der Gesellschaft freiwillig stets sozial handeln, dann wird ihnen gegenüber ein Einschreiten der Regierungsorgane sich als überflüssig erweisen.
[462]Liberal social doctrine, based on the teachings of utilitarian ethics and economics
[463]universalism and collectivism

[464]Wenn sich die Regierung in Widerspruch setzt mit den Auffassungen, die die Mehrzahl der von ihrem Zwangsapparat Beherrschten als richtig anerkennt, wird sie schließlich der Mehrheit weichen müssen; als Minderheit wird sie im äußersten Falle von der Übermacht der Mehrzahl gewaltsam niedergekämpft und beseitigt werden. Um Bürgerkriege zu vermeiden und den Frieden innerhalb der Staaten dauernd zu erhalten, fordert der Liberalismus daher demokratische Verfassung. Der Staat soll so eingerichtet sein, dass man die Übereinstimmung zwischen dem Willen der Regierenden und dem der Regierten auf friedlichem Wege erzielen kann. Gewaltanwendung zur Unterdrückung normwidrigen Verhaltens lässt der Liberalismus nur gegen Minderheiten zu, die sich gegen das Gesetz auflehnen. Will die Minderheit ihre Auffassung zur herrschenden machen, so muss sie sich bemühen, die Mehrheit durch geistige Mittel zu bekehren. Der liberale Staat geht nicht darauf aus, die übrigen Staaten zur Anerkennung seiner Auffassung gewaltsam zu zwingen. Seine Hochschätzung des Friedens lässt ihn sowohl für die Ordnung im Innern als auch für die Beziehungen der Staaten untereinander eine Verfassung suchen, die gewaltsame Zusammenstösse auszuschließen vermag.

[465]Die wissenschaftliche Erfassung des Problems der Gesellschaft und der Vergesellschaftung hat von der Arbeitsteilung und ihrem Gegenstück, der Arbeitsvereinigung, auszugehen.

[466]Gesellschaft ist das Zusammenhandeln, Zusammenwirken und Zusammengehen der Menschen, das in der Arbeitsteilung seinen Ausdruck findet. > The fundamental social phenomenon is the division of labor and its counterpart human cooperation.

[467]handelnden

[468]FN: Die Gesellschaftslehre der Aufklärungszeit hat diese elementare Erfahrungstatsache der animalischen und geistigen Natur des Menschen keineswegs, wie ihr immer wieder vorgeworfen wird, verkannt. Sie hat ihr in ihrem System in der Lehre von der Arbeitsteilung eine tragende Rolle zugewiesen.

[469]der höheren Ergiebigkeit der Arbeitsteilung und Arbeitsvereinigung

[470]Die Zahl der bei einem dieser Unternehmen Mitwirkenden wird in der Regel nicht groß sein; die Beziehungen, die durch das Zusammenwirken geschaffen werden, sind vorübergehend und umfassen nur einen engen Kreis.

[471]FN: Vgl. Ricardo, Principles of Political Economy and Taxation, Chap. VII, Anmerkung (Works, ed. by Mac Culloch, Second Edition, London 1852, S. 77).

[472]Die arbeitsteilig verrichtete Arbeit bringt höhere Erträge als die Arbeit des für sich allein arbeitenden Einzelnen. Die Erkenntnis dieses Umstandes hat die Menschen veranlasst, die Einzelarbeit und das gesonderte Handeln durch die Arbeitsvereinigung und Arbeitsteilung, durch das Zusammenwirken und Zusammenhandeln, zu ersetzen.

[473]Wir können eine Hypothese entbehren, der eine Gläubigen gewiss anstößige Auffassung zugrunde liegt, dass das ursprüngliche Schöpfungswerk so mangelhaft gewesen sei, dass zu seiner Befreiung von einem Grundfehler noch einmal oder gar öfter ein neues Eingreifen des Schöpfers notwendig wurde. Wir können auf die allzu einfache Zurückführung der gesellschaftlichen Bindung auf das Wirken eines Vergesellschaftungstriebes verzichten.

[474]Die Kraft > factor

[475]vormenschlicher > nonhuman

[476]hoch entwickelten > highly differentiated

[477]drängt das Handeln zur Vergesellschaftung und zwar zu fortschreitender Vergesellschaftung, nicht aus geheimnisvollem, unerklärbarem Trieb, sondern aus dem Wesen des Handelns selbst > man becomes a social being not in sacrificing his own concerns for the sake of a mythical Moloch, society, but in aiming at an improvement in his own welfare.

[478]das Fortschreiten gesellschaftlicher Bindung > social evolution

[479]in den Augen der Verbraucher

[480]Ricardo's Genius hat dieses Grundgesetz menschlicher Kooperation und menschlicher Gesellschaftsbildung nur so nebenbei gefunden und höchst bescheiden – in einer Anmerkung zu dem Kapitel, das er dem Außenhandel in seinem Hauptwerk widmet, – vorgetragen; im Übrigen macht er davon nur Gebrauch, um

[481](sowohl die persönlichen Produktionsfaktoren, menschliche Arbeit, als auch die ursprünglichen sachlichen Produktionsfaktoren)

[482]drei

[483]zwei

[484]Die Bedeutung jener vereinfachenden Annahmen, deren sich Ricardo in der Darstellung seines Gesetzes bedient, ist für uns von der Bedeutung, die ihnen Ricardo beilegt, verschieden. Für Ricardo waren sie Ausgangspunkte von Überlegungen, die zu Wertrechnung führten. Für

uns, die wir von einer Wertauffassung ausgehen, die den Gedanken einer Wertrechnung nicht zulässt, sind sie ein Weg, der uns die Wahlakte von Wirten evident machen soll, denen die Geldrechnung, (die nicht Wertrechnung, sondern Wirtschaftsrechnung ist,) fremd ist. Sie soll uns den allgemeinsten Fall des Handelns veranschaulichen, um die Verknüpfung des allgemeinsten Falls mit den spezielleren Fällen zu gestatten. Sie soll uns zeigen, was hinter den Geldrechnungen der Wirte in der Marktwirtschaft in letzter Linie steht.

[485](Wir haben doch angenommen, dass die Wanderung der Arbeiter im Verkehr zwischen England und Indien unmöglich ist, dass aber im Inlande selbst Freizügigkeit der Arbeiter besteht.)

[486]und Produkten

[487]Überall werden für gleiche Arbeit gleiche Löhne gezahlt. > There prevails on the whole earth a tendency toward an equalization of wage rates for the same kind of labor.

[488]FN: Über das Gesetz der komparativen Kosten vgl. Haberler, Der internationale Handel, Berlin 1933, S. 96 ff.; Viner, Studies in the Theory of International Trade, New York 1937, S. 437 ff.; Cabiati, La dottrina dei eosti comparati e i suoi eritiei (Rivista di Storia Economica, Anno IV., 1939).

[489]Um Voraussetzungen und Wirkungen der Arbeitsteilung zu sondern, müssen wir zunächst das Ricardo'sche Vergesellschaftungsgesetz derart fassen, dass es nur von Unterschieden in der Eignung der Menschen für verschiedene Produktionszweige spricht und nicht auch von Unterschieden in den natürlichen Produktionsbedingungen verschiedener Länder. Wir projizieren zu diesem Behufe die Unterschiede in den lokalen Produktionsbedingungen auf die Menschen. Dass institutionelle Faktoren Menschen in Gebieten von weniger günstigen Produktionsbedingungen festhalten und ihre Arbeit daher weniger ergiebig gestalten, erscheint dann als eine Eigenschaft dieser Menschen. Kapitalgüter, die nicht so frei beweglich sind, als es ihre physikalischen und chemischen Eigenschaften zulassen, sondern auch durch institutionelle Faktoren in der Bewegung behindert werden, betrachten wir wie die durch die Natur selbst mit dem Boden untrennbar verknüpften Produktionsbedingungen. Die zur Arbeitsteilung führenden Umstände stellen sich dann folgendermaßen dar:

Erstens: die Verschiedenheit der menschlichen Leistungsfähigkeit; wie diese den Handelnden auch dann die Arbeitsteilung als für alle Beteiligten vorteilhaft erscheinen lassen muss, wenn die einen den anderen in jeder Hinsicht in der Leistungsfähigkeit überlegen sind, zeigt das Ricardo'sche Gesetz. Es ist dabei ohne Bedeutung, ob die Verschiedenheit der Leistungsfähigkeit natürlich oder institutionellen Ursprungs ist.

Zweitens: die ungleiche Verteilung spezifischer Produktionsmittel über die Erdoberfläche. [FN: Hier ist mithin davon die Rede, dass Teile der Erdoberfläche für manche Produktionen gar nicht geeignet sind, während oben von der ungleichen Eignung für dieselbe Produktion gesprochen wurde. Hier wirkt die Arbeitsteilung wegsparend; die Aufwendungen und der Zeitverlust, der mit dem Aufsuchen der unbeweglichen Standorte der Produktion durch jeden Einzelnen verbunden wären, entfallen.]

Diese beiden Voraussetzungen der Arbeitsteilung sind unabhängig von einander in der Weise, dass jede von ihnen für sich allein zur Entstehung von Arbeitsteilung hätte führen können, auch wenn die andere Voraussetzung nicht gegeben wäre. Dass wir sie, naturwissenschaftlich betrachtet, auf einen gemeinsamen Nenner mit der Bezeichnung *Mannigfaltigkeit der Natur* zurückführen könnten, hat nichts damit zu tun, dass sie für unsere praxeologische Betrachtung von einander unabhängige Bedingungen darstellen. Es ist ferner irrelevant für uns, ob man nicht etwa naturwissenschaftlich die Verschiedenheit der Begabung der einzelnen Menschen und Menschengruppen ganz oder zum Teil als Folge der Verschiedenheit der Erdoberfläche ansehen will.

Von den Bedingungen, die zur Arbeitsteilung führen mussten, sobald die handelnden Menschen sie erkannt hatten, sind die Folgen der Arbeitsteilung zu unterscheiden. Diese sind:

Erstens: Die Differenzierung der Leistungsfähigkeit wird durch Übung und Anpassung an besondere Bedingungen verschärft; die Menschen werden immer ungleicher.

Zweitens: Die Arbeitsteilung, die die Vornahme gleicher Prozesse örtlich konzentriert, macht die Zerlegung in Teilprozesse und die Anwendung spezieller Werkzeuge möglich; sie führt zur Mechanisierung von Teilprozessen, die die Ergiebigkeit der Arbeit vervielfachen. Das ist jene Seite der Arbeitsteilung, der man stets mit Vorliebe die Aufmerksamkeit zugewendet hat. Es handelt sich aber da um eine Wirkung, nicht um eine Voraussetzung der Arbeitsteilung. Erst musste durch die Arbeitsteilung die Voraussetzung für die Mechanisierung des Verfahrens geschaffen werden. Die Konzentrierung gleichartiger Prozesse ging voran, die Mechanisierung folgte nach. Aus der höheren Ergiebigkeit mechanisierter Erzeugung konnte daher die Arbeitsteilung nicht entstehen. Damit soll nicht etwa bestritten werden, dass einer der Hauptvorzüge der Arbeitsteilung gerade in der durch sie ermöglichten Steigerung der Ergiebigkeit durch die Einführung von Maschinen zu suchen ist.

[490]Es wäre ein Irrtum anzunehmen, dass die Verwendung dieser Fiktion dem Rationalismus seine Entstehung verdanke und vorzugsweise jener Auffassung des gesellschaftswissenschaftlichen Denkens eigen wäre, die man als individualistisch zu bezeichnen pflegt. Der freischweifende Einzelmensch begegnet uns zuerst in religiösen Lehren, die ihn als Einzelnen erschaffen werden lassen und ihn als Einzelnen der Gottheit gegenüberstellen. Dass der Rationalismus des 17. und 18. Jahrhunderts an dieser Fiktion festhielt, geschah vornehmlich aus dem Grunde, dass er es nicht vermocht hat, sich ganz von den Fesseln theologischer Weltanschauung freizumachen, und weil ihm die Lehre von der Konstanz der Arten selbstverständlich schien. Sowohl die romantische Staats- und Gesellschaftslehre als auch der moderne Sozialismus marxistischer und anderer Spielarten bedienen sich derselben Fiktion, um in ihren Klagen über den Fortschritt der Arbeitsteilung und der Vergesellschaftung das historischer Realität ermangelnde Bild eines alle Kräfte harmonisch entfaltenden Menschen älterer Kulturepochen dem einseitigen Berufsmenschen von heute gegenüberzustellen.

Der in die Gesellschaft eingegliederte Mensch ist an die Gesellschaft gebunden, weil er ohne die Gesellschaft die Zwecke seines Handelns nicht verwirklichen könnte; Rückbildung der Gesellschaft zu weniger weitgehender Arbeitsteilung wäre für ihn mit Verschlechterung seines Versorgungsstandes verknüpft. Er ist in seinen Kenntnissen und Fähigkeiten dem Leben in der Gesellschaft und auf der gegenwärtigen Höhe gesellschaftlicher Entwicklung angepasst. Wenn man ihn mit jenem fiktiven freien Individuum vergleicht, mag man ihn daher auch einseitig nennen. Man darf aber nie vergessen, dass das Urteil, das in dieser Bezeichnung liegt, eine phantasievolle Kritik des Gegebenen darstellt und nichts anderes sagen kann, als dass der Kritiker die Welt anders beschaffen sehen will, als der Wirklichkeit entspricht. Die Welt, die uns gegeben ist, kennt den Menschen nur als ζώογ πολιτιχόγ, als Gesellschaftsmenschen.

In allen seinen Lebensäußerungen ist der Einzelne durch die Gesellschaft geformt. Auch sein Denken, an das gesellschaftliche Werkzeug der Sprache gebunden, ist durch das Leben in der Gesellschaft entwickelt worden. Kein Mensch kann sich daher der Gesellschaft und ihrem Einfluss entziehen. Auch der Einsiedler bleibt Gesellschaftsmensch; die Ideen, die ihn in die Einsamkeit treiben und die er in die Einsamkeit mitnimmt, sind im gesellschaftlichen Leben geformt worden.

Die Anerkennung dieser Tatsachen darf aber nicht dazu führen, nach dem Vorbild der universalistisch-kollektivistischen Lehren dem Einzelnen das echte Sein abzusprechen. Keine Polemik ist müßiger gewesen als der Kampf, den Universalismus und Kollektivismus gegen die von ihnen missverstandenen Lehren der Wissenschaft vom menschlichen Handeln und ihren methodologischen Individualismus geführt haben.

[491]Die Fabel von der Gemeinschaft > The Fable of the Mystic Union

[492], wie sie zuerst von der klassischen Nationalökonomie ausgebildet wurde,

[493]animalischer Natur > a biological phenomenon

[494]und des Bodens

[495]metaphysischen Beziehungen > psychical phenomena

[496]Es wäre unsinnig, anderes zu behaupten.

[497]man > German racists

[498]Der Bayer hasste den Preußen und der Preuße den Bayer; wenn sie sich auf gemeinsamem Boden zusammenzufinden und als Glieder eines Volkes zu lieben gelernt haben, war das das Werk der nationalen Ideologie. Der Adelige sieht nicht im Unadeligen seines eigenen Volkes den ihm artgleichen Menschen, wohl aber im Adeligen fremder Völker und Staaten.

[499]Wenn heute in den Vereinigten Staaten nicht nur der Geschlechtsverkehr, sondern jede gesellschaftliche Berührung zwischen Weißen und den Nachkommen von Negern unter Duldung der Behörden mit den schärfsten Mitteln hintangehalten wird, so ist auch dies ein Beweis dafür, dass zwischen Schwarzen und Weißen keine Abneigung, sondern eher Anziehung besteht; bestünde natürliche Abneigung, dann würde man keiner gesellschaftlichen Zwangsmittel bedürfen, um den Verkehr zwischen den Rassen zu verhindern. Auch die Beliebtheit, deren sich schwarze Ammen, Kinderfrauen, Zofen, Kellner und Köche bei den Weißen erfreuen, spricht gegen diese Theorie.

[500]Selbst wenn es wahr wäre, dass die Natur zwischen den Rassen Hass wachsen ließ, so läge darin nichts, was die wechselseitigen Vorteile der Arbeitsteilung beeinträchtigen könnte.

[501]Großgesellschaft als Tauschgesellschaft im weitesten Sinne

[502]Die ersten Zusammenstösse

[503], die Kämpfe der arabischen Sklavenhändler und ihrer Verbündeten mit den afrikanischen

Völkerschaften, bei denen sie auf Sklaven Jagd machten, haben sich bis in das neunzehnte Jahrhundert hinein in dieser Weise abgespielt.

[504]Auch zivilisierte Europäer haben, wie schon angedeutet wurde, vor nicht allzu langer Zeit noch Verstöße begangen gegen den Grundsatz, dass selbst im Kampfe der Gegner nicht wie eine wilde Bestie anzusehen ist, die angegriffen und schonungslos vernichtet werden soll, sondern als Mitmensch einer durch keinen Kampf zu zerstörenden, alle Menschen umfassenden Gesellschaft.

[505]Jedenfalls steht fest, dass man eine Auffassung, die die ganze menschliche Entwicklung vom Zeitpunkte der Loslösung der Vorfahren der Menschen von ihren tierisch gebliebenen Vettern bis zur Gegenwart als naturwidrig abtut, nicht entwicklungsgeschichtlich und überhaupt nicht naturwissenschaftlich nennen darf. Die entwicklungsgeschichtliche Betrachtung hat keinen anderen Maßstab zur Beurteilung von Veränderungen, die mit Lebewesen vorgegangen sind, als den, ob die Veränderung die Anpassung an die naturgegebenen Bedingungen ihres Daseins und damit die Erfolgsaussicht im Kampfe ums Dasein fördert.

[506]FN: Die zoologische Frage, ob dem Menschen der Vorzeit nicht als Pflanzenfresser die Raubtiernatur abzusprechen wäre, kann hier ausgeschaltet werden.

[507]der Gesellschaft und der Kultur > civilization, social cooperation, and wealth

[508]man

[509]Jeder Kriegsteilnehmer konnte darüber Erfahrungen sammeln, und

[510]Blutverbrechen und Hinrichtungen

[511]und dass die Menge nichts mehr interessiert als Blutverbrechen und Hinrichtungen, kann man nicht bestreiten.

[512]Die Wissenschaft > Praxeology as a science

[513]Nicht sie hat zu entscheiden, sondern das Leben. > The final decisions rest with acting men, not with the theorists.

[514]die Bentham'sche Berechnung

[515]im Umkreis des uns bekannten Kosmos

[516]Es mag sich am Denken anderer entzünden, wie es Anstoß und Anregung auch sonst von Äußeren Dingen empfangen kann, es ist immer ein Individuelles und Persönliches.

[517]und als Anweisung für das Handeln eine Auffassung über den besten Weg, der zum Glück oder – um ein den Gegnern des Eudämonismus weniger anstößiges Wort, das doch dasselbe bezeichnet, zu gebrauchen – zur Zufriedenheit oder mindestens zu geringerem Maß von Unzufriedenheit führt

[518]Wenn wir von Ideologie sprechen, so fassen wir von dem, was den Inhalt der Weltanschauung ausmacht, vor allem das ins Auge, was sich auf das Menschliche und Gesellschaftliche bezieht, und schenken den Problemen der naturwissenschaftlichen Erfahrung und der auf ihr aufgebauten Technologie weniger Beachtung. Wir lassen Physik und Biologie beiseite und denken in erster Linie, oder, so weit es geht, nur an das, was mit Bezug auf die Probleme des gesellschaftlichen Lebens der Menschen von Bedeutung ist. Ideologie ist Zusammenfassung unserer Theorien und der auf ihnen aufgebauten Technologien, soweit sie Fragen der Gesellschaft betreffen.

Als Anweisung zum Handeln ist jede Ideologie einerseits eine Lehre von dem, was frommt, und anderseits eine Lehre von den Wegen und Mitteln, die zum Heile führen. Sie lehrt das letzte Mittel zur Behebung des Unbefriedigtseins kennen und gibt dann die Mittel an zur Erreichung dieses letzten Mittels, das endlich zum Heile führt.

[519]Es gibt Heilslehren, die dem Menschen als einziges und allein wirksames Mittel zur Behebung aller Unzufriedenheit, die ihn quält, die Abkehr vom Leben und Wirken empfehlen. Dem, der diese Auffassung sich ganz und ohne Rückhalt und Vorbehalt zu eigen gemacht hat, ist alles Handeln ein Greuel. Sein Ziel muss es sein, durch vollkommene Enthaltung von allem Wirken und Handeln sein Leben dem der Pflanzen gleich werden zu lassen, nur leidend alles auf sich wirken zu lassen, was von außen kommt,

[520]Wohl ist die Abkehr von allem Irdischen immer wieder empfohlen worden, und immer wieder haben sich Verkünder bemüht, durch Beispiel zur vollständigen Entsagung anzueifern.

[521]und der Menschenvernunft

[522]sowohl im endlichen Ziel als auch in den Mitteln

[523]das Gefühl und das Verhältnis zum All > the notions and images about the transcendent.

[524]Nichts ist so asozial wie das Metaphysische und das Mystische.

[525]Frieden > conciliation

[526]Wo die Menschen irdischen Zielen nachgehen, kommt die Überlegenheit der arbeitsteilig verrichteten Arbeit zur Geltung.

[527], sind nur jene Ideologien praktisch wirksam, deren Lehre in Anerkennung der Notwendigkeit zu leben und zu handeln mündet, mag diese Anerkennung auch nur bedingt sein und mag sie auch in unlösbarem Widerspruch zum übrigen Inhalt der Lehre stehen

[528]Der Wissenschaft vom Handeln, die über die letzten Ziele des Handelns nichts zu sagen hat, die diese Ziele als gegeben hinnehmen muss und nur über die Mittel und Wege, die zu ihnen führen, Aussagen innerhalb der ihr gezogenen Grenzen machen kann, ist damit das Gebiet für die Befassung mit den Ideologien abgesteckt. Soweit die Ideologien die Gesellschaft als das große Mittel alles menschlichen Handelns bejahen und soweit sie die Befriedigung der gemeinen Notdurft des Lebens als ein dem menschlichen Handeln gegebenes Ziel anerkennen, stehen sie alle auf einem Boden, der der Erforschung durch die Wissenschaft vom Handeln zugänglich ist.

Diese Feststellung ist nicht bloß für die Absteckung des Betätigungsgebietes der Wissenschaft wichtig; sie ist auch von unmittelbar praktischer Bedeutung.

Man nimmt gewöhnlich an, dass es sich bei dem Gegensatz der politischen Parteien oder wenigstens der meisten politischen Parteien um Weltanschauungsfragen handelt, um letzte Entscheidungen, die einer rationalen Überprüfung nicht zugänglich sind. Wenn dem wirklich so wäre, dann wäre jeder Versuch, die Gegensätze zu überbrücken, aussichtslos; zwischen den Menschen, die verschiedenen Parteien angehören, wäre jede Verständigung ausgeschlossen; der Kampf der Parteien könnte nie aufhören, es sei denn, dass es einer Partei gelingen würde, alle übrigen für immer auszurotten.

[529]Dreifach sind die Möglichkeiten menschlicher Beziehungen: Krieg aller gegen alle, friedliches Nebeneinander in vollständiger Isolierung der Einzelnen und schließlich Zusammenwirken in der Gesellschaft. Indem alle Ideologien dazu gelangen, das Zusammenwirken als die allein den Menschen fördernde Gestaltung anzunehmen, bejahen sie die Gesellschaft. Die praktische Bedeutung des unüberwindbaren Gegensatzes der Weltanschauungen wird damit wesentlich herabgemindert. Denn die Aufrechterhaltung der gesellschaftlichen Bindung erscheint nun allen Richtungen als Mittel zur Erreichung ihrer weiteren Ziele, wie immer diese beschaffen sein mögen. Auffassungen, die auf irrtümlichen Lehren über das Wesen und Wirken der Gesellschaft aufgebaut sind, und Programme, deren Durchführung die gesellschaftlichen Einrichtungen zerstören würde, können nun auf einem Boden erörtert werden, der durch die Gemeinsamkeit eines Zieles – sei es auch für niemand das letzte Ziel – eine vernunftgemäße Austragung der Gegensätze durch Erörterung und Aussprache gestattet.

[530]und in Bezug auf die eine Ausdruckweise wie: «hier gibt es kein Verhandeln; das streben wir an, mag auch darob alles andere in Trümmer gehen», nicht dem Sinne der Haltung entspricht, die die Parteien wirklich einnehmen. Denn alle Parteien wollen, wenn sie: *fiat justitia, pereat mundus* rufen, in Wahrheit sagen: *fiat justitia, ne pereat mundus* wobei unter *mundus* wohl die Gesellschaft zu verstehen ist. Über die *justitia* des ersten Ausspruches kann es keine rationalistische Auseinandersetzung geben, die *justitia* des zweiten Ausspruches verlangt nach einer rein vernunftgemäßen Auseinandersetzung über das, was geeignet ist die Welt – die Gesellschaft zu erhalten, und über das, was ihr Gefahr bringt

[531]; das Ziel, Wohlfahrt derer, die sie vertreten wollen, im gesellschaftlichen Verbande und durch die Gesellschaft zu erreichen, ist allen Parteien gemeinsam

[532]Religion > religious creeds

[533]nach ihrer Stellung zum Nationalismus > problems of international relations

[534]politischen Verfassung > political organization

[535] Der Cäsarismus wird heute durch die bolschewistische, faschistische oder nationalsozialistische Art der Diktatur veranschaulicht.

[536]einfach

[537], auf die göttliche Weltordnung

[538], der Erörterung durch die beschränkte menschliche Vernunft entzogene

[539]und in Zukunft zu erzielen hofft

[540]Der Faschismus beruft sich nicht einfach auf seine Weltanschauung, sondern er sucht zu erweisen, dass die faschistische Ordnung der Wohlfahrt bessere Dienste zu leisten vermöge als die liberale Demokratie. Die Demokratie beruft sich nicht einfach auf demokratische Weltanschauung, sondern auf Vernunftgründe, die die Demokratie als die zweckmäßigste Einrichtung des Staatswesens erscheinen lassen, und auf geschichtliche Erfahrung, die diese Vernunftgründe bestätigen soll.

[541]Nach ihrer Stellung zum Problem des Eigentums an den Produktionsmitteln scheiden sich Sozialismus, Liberalismus und Interventionismus. Auch in der Auseinandersetzung über diese Gegensätze beruft man sich nicht selten auf das Irrationale; man vernimmt Worte wie Gerechtigkeit,

Menschlichkeit, wahre Freiheit, Individualität, Gemeinschaft, Solidarität und dgl. mehr. Doch jede Partei ist bemüht, den Nachweis zu erbringen, dass nur eine nach ihren Ideen aufgebaute Wirtschaftsordnung das allgemeine Beste und das der Einzelnen gewährleisten könne.

[542]Eine Erörterung über die Mittel, die zu einem gesetzten Ziele führen, ist von Anfang bis zu Ende die Sache vernunftgemäßer Erwägungen.

[543]nicht im Vernichtungskampf der Völker, sondern

[544]höchste Entfaltung der nationalen Kräfte > their own nation's welfare

[545]Sowie der Liberale für Sondereigentum an den Produktionsmitteln nicht darum eintritt, weil er den Interessen der übrigen Volksteile entgegenstehenden Sonderinteressen einer Klasse dienen will, sondern weil er die auf dem Sondereigentum an den Produktionsmitteln beruhende Wirtschaftsordnung für die Gesellschaftsverfassung hält, die die reichste Versorgung aller Volksgenossen gewährleistet,

[546]Das Wesen der Religion liegt gerade darin, dass sie eine Sphäre der logischen Erörterung entzieht und Lehren vorträgt, zu denen menschliche Vernunft und menschliche Erfahrung nicht zu gelangen vermögen. Über Glaubensfragen kann man sich mit den Mitteln der Vernunft nicht auseinandersetzen, es sei denn, man beschränkt von vornherein den Umfang des auszutragenden Gegensatzes auf die rationalistische Auslegung gewisser von allen Teilnehmern als verbindlich anerkannter Texte und Lehren, auf deren Boden gekämpft wird. Von diesem Fall abgesehen

[547]Doch wenn eine Kirche oder Sekte sich im irdischen Leben, sei es auch nur als Kriegsmacht, bewähren will, ist sie den Gesetzen, die das Handeln der Menschen regieren, unterworfen. Eine fanatische Sekte mag sich als Todfeind allem übrigen Menschentum gegenüberstellen, doch dann muss sie sehen, wie sie der vereinten Macht dieser anderen Widerstand leistet. Vom Austausch wirtschaftlicher Güter abgeschlossen, wird sie im Kampf schon wegen der schlechteren Ausrüstung unterliegen müssen. Ihr Verhältnis zur übrigen Menschheit wird dem einer Bande von asozialen Einzelnen gleichen, die den Zwang, den das Leben in der Gesellschaft auferlegt, nicht ertragen wollen; sie wird bei aller Tapferkeit und Tüchtigkeit doch endlich erliegen müssen. Dass es so kommen muss, ist durch vernunftgemäße Überlegungen zu erkennen. Da handelt es sich nicht mehr um Fragen des Glaubens und der letzten, der rationalen Erwägung entzogenen Ziele, sondern um Fragen der Mittel. Die Völker und Sekten, die sich dieser Erkenntnis verschlossen haben, sind im Kampfe untergegangen. Andere wieder haben, durch die Vernunft von der Aussichtslosigkeit solcher Haltung belehrt, ihre Grenzen den fremden Waren und den von den Ausländern erdachten Technologien eröffnet. Die Reiche des Ostens, die sich jahrtausendelang abgesperrt gehalten haben, sind damit in die große ökumenische Gesellschaft eingetreten. Wohl haben sie dabei ihren Glauben an die Überlegenheit ihrer Rasse und ihrer Weltanschauung nicht aufgegeben und sich die Waffen der Ungläubigen nur verschaffen wollen, um sie mit ihren eigenen Waffen zu schlagen. Doch die Logik des Handelns ist unentrinnbar. Das, was sie genötigt hat, einmal ihren Standpunkt starrer Absonderung aufzugeben, wirkt weiterhin nicht weniger als im Augenblick der ersten Nachgiebigkeit. Jede Gruppe oder Sekte, die sich heute von der Welt und dem Weltverkehr wieder ausschließen wollte, um in stolzer Vereinzelung den übrigen Menschen feindlich gegenüberzutreten, würde sich in eine aussichtslose Kampfstellung begeben.

[548]Bekenner > supporters

[549]Aufgabe der Vernunft > by the scientific methods of praxeology and economics

[550]A: Die marxistische Ideologienlehre

Der Marxismus sucht die Gefahr, die seinen Lehren von Seite der logischen Kritik droht, dadurch zu bannen, dass er die Vernunft in Frage stellt. Das Denken sei an die Interessen der Klasse gebunden; es könne nur «Ideologien» hervorbringen, was im Sprachgebrauch des Marxismus soviel bedeuten soll wie Lehren, die dem Klasseninteresse des Denkers entsprechen.

Die Unhaltbarkeit der marxistischen Ideologienlehre, die heute vor allem unter der Bezeichnung «Wissenssoziologie» vorgetragen wird, ist längst erwiesen worden. Der Marxist lässt freilich, ausgerüstet mit seiner Ideologienlehre diesen Nachweis nicht gelten, da er doch seiner Auffassung nach nur mit «bürgerlicher» Vernunft als «kapitalistische Ideologie» geführt werden kann. Eigens zu dem Zwecke, um die Lehren der klassischen Nationalökonomie und Soziologie und die auf ihnen aufgebauten Lehren des Liberalismus, die man durch logische Beweisführung nicht zu erschüttern vermag, zu bestreiten, ohne diese Bestreitung logisch rechtfertigen zu müssen, wurde die marxistische Ideologienlehre geschaffen. Sie ist so paradox, dass der Marxismus nie strenge an ihr festhalten konnte. Im Widerspruch zu seiner Ideologienlehre lässt er sich in Erörterungen mit anderen Klassen angehörenden Gegnern ein, beruft er sich als auf einen besonders beweiskräftigen Umstand auf Zustimmung, die sein Sozialisierungsprogramm bei Angehörigen anderer Klassen gefunden hat, nimmt er endlich für seine eigenen Lehren allgemeingültigen Wahrheitscharakter an. Besonders schlimm ist es, dass ihm schließlich aus seinen eigenen Reihen gesagt werden musste, dass der Marxismus selbst «bürgerlichen» Ursprungs sei[FN: Vgl. *De Man,* Zur Psychologie des Sozialismus, Neue Auflage, Jena 1927, S. 16 f.]. Man kann mit Hilfe der marxistischen Ideologienlehre nichts beweisen und alles widerlegen, denn sie führt zu radikalster Skepsis.[FN: Vgl. meine Grundprobleme der Nationalökonomie, a. a. O., S. 174 ff.; meine Gemeinwirtschaft, a. a. O., S. 325 ff.]

Marx hat seine Ideologienlehre im Hinblick auf die zeitgenössische Auffassung vom Wesen und von den Aufgaben der Nationalökonomie geformt. Er wollte diese Nationalökonomie, die er nicht zu widerlegen vermochte und die er mit allen Mängeln, die scharfsichtigeren Zeitgenossen schon aufgefallen waren, bedenkenlos hinnahm, entwerten, um der auf ihr aufgebauten Kritik der sozialistischen Pläne den Boden zu entziehen. Hätte er die Klassiker und deren von ihm als «Vulgärökonomen» gebrandmarkten Nachfolger wirklich gekannt, hätte er ihre Schriften geistig verarbeitet und ihr Denken nachdenkend in sich aufgenommen, statt in ihren Werken nach Aphorismen zu jagen, die er zur Ausschmückung seiner Agitationsschriften verwenden konnte, dann hätte er bemerken müssen, dass die Ideologienlehre an dem grundlegenden Tatbestand der Wissenschaft vom menschlichen Handeln gar nicht zu rühren vermochte. Doch wie die Mehrzahl seiner Zeitgenossen hat Marx nicht begriffen, dass die Nationalökonomie keine Lehre von den Zielen ist, denen die Menschen zustreben sollen, sondern eine Lehre von den Mitteln und Wegen, die zu Zielen führen über die die Wissenschaft keine Aussagen macht und die sie weder empfiehlt noch verwirft. Wenn man in der Wissenschaft eine Lehre von den Zielen, die angestrebt werden sollen, sieht, hätte die Ideologienlehre noch einen logischen Sinn. Hat man aber einmal den wahren Charakter der Lehren der Wissenschaft vom menschlichen Handeln erkannt, hat man den Sinn ihrer «Wertfreiheit», ihres formalen Charakters und ihrer Neutralität gegenüber den menschlichen Zielsetzungen erfasst, dann verliert sie jeden Sinn. Wer ein Ziel will, will auch wissen, welche Wege zu diesem Ziel führen. Was könnte es ihm frommen, falsche Lehren über die Mittel und Wege auszudenken? Wie kann es einer Klasse, die einem bestimmten Ziele zustrebt, nützen, dass sie an Stelle einer richtigen Lehre über die Wege, die zu ihrem Ziele zu führen vermögen, nur falsche Lehren – «Ideologien» im marxistischen Sinn dieses Wortes – zu ersinnen vermag? Der Umstand, dass der Jäger das Wild erlegen will, treibt ihn dazu, sich eine brauchbare Waffe zu verschaffen und zu diesem Behufe eine «richtige» und keine «ideologische» Ballistik zu ersinnen; er mag irren, weil sein Geist der Aufgabe nicht gewachsen ist; doch wenn er irrt, irrt er nicht, weil er das Wild erlegen will, sondern obwohl er es erlegen will. Der Umstand, dass eine Klasse einem bestimmten gesellschaftlichen Ziele zustrebt, treibt sie dazu, eine richtige Lehre vom gesellschaftlichen Handeln zu ersinnen, und nicht dazu, eine unrichtige Lehre aufzustellen, die doch ungeeignet wäre, die brauchbaren Mittel zur Erreichung des Ziels zu zeigen.

Die marxistische Ideologienlehre ist unhaltbar, weil sie die logischen Beziehungen Mittel und Zweck, Denken und Handeln, Wissenschaft und Kunstlehre verkennt. Selbst der verbissenste Anhänger des Sozialismus wird zugeben müssen, dass diese Beziehungen von den gesellschaftlichen Verhältnissen und von der Klassenlage unabhängig sind.

B: Die rassenbiologische Variante des Polylogismus

In ähnlicher Weise und aus ähnlichen Gründen wie der Marxismus sucht auch die rassenbiologische Ideologie die Einheit der menschlichen Vernunft in Frage zu stellen.

Es ist nicht zu bestreiten, dass soweit das Verstehen reicht, eine Einigung zwischen den Menschen nicht zu erzielen ist. Das Verstehen ist immer an die Persönlichkeit des Einzelnen gebunden, es ist subjektiv und wird von allem beeinflusst das die Persönlichkeit des Verstehenden geformt hat. Wir dürfen annehmen, dass unter den Faktoren, die die Persönlichkeit und damit die Wertungen und das Verstehen gestalten, auch das Rassenelement eine Rolle spielt, d.h. alles das, was der Mensch bei der Geburt, an leiblicher Ausstattung mit in das Leben bringt, seine angeborenen und von den Ahnen ererbten Eigenschaften. Doch wir wissen bei dem gegenwärtigen Stande unserer Kenntnisse nichts über den Zusammenhang des Körperlichen und des Geistigen, und wir können keine wie immer geartete Aussage darüber machen, ob und in welcher Weise das Leibliche imstande ist, das Verstehen zu beeinflussen. Man hat den Versuch unternommen, bestimmte Wertungen (Typen des Verstehens, Verstehenstypen) einzelnen Völkern zuzuordnen; die Versuche sind fehlgeschlagen, da sich leicht nachweisen lässt, dass jede Gliederung der Menschen nach Verstehenstypen die Gliederung nach Volkszugehörigkeit durchkreuzt. Niemals aber hat man es gewagt, die Verstehenstypen angeborenen körperlichen Merkmalen zuzuordnen. Die Versuche, etwa die Blonden von den Brünetten in Bezug auf das Verstehen zu sondern, werden selbst von den Fanatikern der Rassenlehre nicht ernst genommen.

Doch es handelt sich weder bei der marxistischen Ideologienlehre noch bei ihrem rassenbiologischen Gegenstück um das Verstehen, sondern um das Begreifen der praxeologischen Kategorien, um Logik, Mathematik und empirische Naturwissenschaft. Die rassenbiologische Lehre behauptet, dass die logische Struktur des Denkens nicht allgemein menschlich und daher nicht für alle Menschen identisch sei, dass es vielmehr ebenso viele Logiken, Mathematiken, Nationalökonomien und Naturwissenschaften gäbe als Menschenrassen. Die Versuche, Mathematik und empirische Naturwissenschaft im Lichte der rassenbiologischen Lehren zu sehen, berühren die praxeologischen Probleme nur mittelbar. An die Grundlage der Praxeologie will dagegen die Behauptung rühren, dass jeder Rasse eine besondere Art der Erfassung der praxeologischen und insbesondere der nationalökonomischen Probleme arteigen ist.

Man darf auf die grundsätzliche Auseinandersetzung mit dem rassenbiologischen Einwand nicht darum verzichten, weil er bisher nur in unzulänglicher Weise vorgebracht wurde. Dass auf den Prämissen der rassenbiologischen Lehre bewusst eine Politik aufgebaut wird, die mit diesen Prämissen nicht übereinstimmt, und dass man die Schlagworte der Rassentheorie zur Rechtfertigung von Maßnahmen verwendet, die mit ihr nichts zu tun haben, enthebt das wissenschaftliche Denken nicht der Verpflichtung, das Problem der Menschenrassen im Hinblick auf seine praxeologische Bedeutung bis ans Ende durchzudenken.

In der nationalsozialistischen Doktrin und in den ihr nachgebildeten Lehren des italienischen Faschismus und mancher anderer Gruppen klafft zwischen den rassenbiologischen Aussagen der Begründer der Lehre und ihrer Zustutzung für die Propaganda und für ihre Anwendung in der praktischen Politik eine unüberbrückbare Kluft. Die Rassenlehre Hitlers und Mussolinis ist nichts weiter als der Versuch, für eine gegen Juden und die Nachkommen von Juden gerichtete Politik eine neue Bezeichnung und damit auch eine neue Rechtfertigung zu finden. Die gegen Juden und die Nachkommen von Juden gerichteten Maßnahmen des nationalsozialistischen Deutschen Reiches und anderer Staaten haben jedoch mit Rassenlehre und Rassenpolitik nichts zu schaffen. Eine Rassengesetzgebung müsste die körperlichen Merkmale der einzelnen Rassen genau umschreiben, müsste dann ein Verfahren bestimmen, in dem in jedem einzelnen Fall das Vorhandensein oder Nichtvorhandensein dieser Merkmale festzustellen wäre, und hätte zu verfügen, dass nach dem Ergebnis dieses Verfahrens die Zuweisung des Einzelnen an eine der Rassen zu erfolgen hat; auf dieser Zuweisung hätten sich dann alle Maßnahmen zur Diskriminierung der Angehörigen verschiedener Rassen aufzubauen. Die Gesetze, die man im Deutschen Reiche Rassengesetze nennt, gehen anders vor. Sie verfügen Maßnahmen zu Ungunsten von Juden und Nachkommen von Juden und ermitteln die Zugehörigkeit zum Judentum auf Grund der Zugehörigkeit des Betroffenen oder seiner Vorfahren zur jüdischen Religion. Alles, was man im nationalsozialistischen Staatswesen Rassenpolitik und Rassengesetzgebung nennt, erschöpft sich in Diskriminierung der Bekenner der jüdischen Religion und der Nachkommen der Bekenner der jüdischen Religion.

Man hat mitunter gemeint, man könne angesichts des Umstandes, dass die Rassen stark gemischt wären, nicht anders vorgehen. Doch dieser Rechtfertigungsversuch gibt den Standpunkt der rassenbiologischen Lehre preis. Wenn die Rassen gemischt sind, dann muss man eben bei jedem Einzelnen feststellen, ob er die Rassenmerkmale aufweist, die man als schädlich und als Zeichen biologischen Andersgeartetseins und rassischer Minderwertigkeit ansieht, und hätte seine Behandlung nach dem Ergebnis dieser Prüfung einzurichten [FN: So werden in den Vereinigten Staaten die Neger und die Abkömmlinge aus Verbindungen von Weißen und Negern nicht durch die Prüfung ihres Stammbaumes von den Weißen unterschieden, sondern durch die Feststellung von körperlichen Merkmalen.]. Für die rassenbiologische Betrachtung der Menschen gibt es keine anderen Kriterien als solche, die der Leib des Menschen aufweist. Wenn die Rassenbiologie nicht imstande ist, körperliche, mit den Mitteln der Anthropologie erkennbare Merkmale der vermeintlichen jüdischen Rasse aufzuzeigen, dann bleibt ihr nichts anderes übrig als zu erklären: es gibt keine jüdische Rasse und keine jüdischen Rassenmerkmale; die Angehörigen der jüdischen Glaubensgemeinden und ihre Nachkommen können rassisch von den übrigen Deutschen nicht unterschieden werden, sie gehören folglich derselben Rasse an, der die übrigen Deutschen angehören. Man mag dann die Juden und die, die von jüdischen Vorfahren abstammen, noch so sehr rechtlich diskriminieren, man mag sie ausplündern, berauben, misshandeln, einkerkern und morden, mit Rassentheorie hat das nichts mehr zu tun.

Es ist dabei ganz bedeutungslos, wie man sich dieses Versagen der Rassenbiologie gegenüber dem vermeintlichen Judenproblem erklären will. Man kann annehmen, dass schon die alten Palästinenser derselben Rasse zugehört haben, der die nichtjüdischen Deutschen von heute zugehören, oder dass die jüdischen Deutschen nicht die Nachkommen der palästinensischen Urjuden sind, sondern die Nachkommen von deutschen und den übrigen Deutschen rassenmäßig gleichgearteten Vorfahren, die den jüdischen Glauben angenommen haben. Man kann aber auch annehmen, dass die Rasseneigenschaften und Rassenmerkmale nicht unveränderlich sind, sondern sich mit der Zeit wandeln, und dass die Nachkommen von Juden, deren Vorfahren in das Land, das heute Deutschland genannt wird, vor 1600 oder 1800 Jahren eingewandert sind, und die Nachkommen der «nordischen» Stämme, die teils schon früher, teils später als jene Juden in dieses Land eingewandert sind, im Laufe der Zeiten unter dem Einfluss des Klimas und des Bodens sich körperlich derart gewandelt haben, dass man sie nicht mehr an körperlichen Merkmalen unterscheiden kann. Bei den beiden ersten Annahmen bleibt die Rassenlehre als solche unangefochten, es wird nur ihre Anwendbarkeit auf die Judenfrage verneint. Bei der dritten Annahme wird auch die Rassenlehre als solche *ad absurdum* geführt. Es ist für uns, die wir uns nur mit dem Grundgedanken der rassenbiologischen Doktrin und seiner Verwendung zur Kritik der praxeologischen Lehren zu befassen haben, gleichgültig, welche der Alternativen man zur Entscheidung des konkreten Judenproblems zu wählen hat.

Der Nationalsozialismus hat nicht nur in seiner Stellungsnahme zu den Juden, sondern auch in jeder anderen Hinsicht sich eines Verfahrens bedient, das den von ihm verkündeten rassenpolitischen Ideen schroff widerspricht. Das deutsche Volk von heute ist, wie auch die Nationalsozialisten zugeben, keine rassische Einheit, sondern ein Gemisch verschiedener Rassen. Nach nationalsozialistischer Auffassung besteht es aus den Nachkommen der Edelrasse, der alle hohen Leistungen des deutschen Volkes und auch die Gründung des deutschen Staates zu verdanken sind, und den Nachkommen der minderwertigen Rassen, die von jenen Edelrassigen einst unterworfen worden waren und deren gesellschaftlicher Aufstieg später dem deutschen Volke Unheil gebracht hat. Die Aufgabe des Nationalsozialismus lag nun zunächst darin, die Edelrassigen zu finden, die «als Nachfolger und somit als Erbträger der einstigen Schöpfer unseres Volkskörpers heute seine Festhalter sein können»[FN: Vgl. *Hitler,* Rede auf dem Nürnberger Parteitag, 3. September 1933 (Frankfurter Zeitung, Morgenblatt vom 4. September 1933, S. 2)]. Um diese Aufgabe zu lösen, gab es, wie Hitler ausführt, «nur eine Möglichkeit: Man konnte nicht von der Rasse auf die Befähigung schließen, sondern man musste von der Befähigung den Schluss auf die rassische Eignung ziehen. Die Befähigung aber war feststellbar durch die Art der Reaktion der einzelnen Menschen auf die neu zu proklamierende Idee. Dies ist die unfehlbare Methode die Menschen zu suchen, die man finden will ... Man fordere Opfer und Mut, Tapferkeit, Treue, Glaube und Heroismus, und melden wird sich der Teil des Volkes, der diese Tugenden sein eigen nennt. So habe ich im Jahre 1919 ein Programm aufgestellt und eine Tendenz niedergelegt, die der pazifistisch-demokratischen Welt bewusst ins Gesicht schlug»[FN: ebendort.]. Hitler hat wohl nicht bemerkt, dass dieses, seiner Meinung nach einzig mögliche Verfahren mit den Grundsätzen der nationalsozialistischen Rassenlehre unvereinbar ist. Nach nationalsozialistischer Auffassung sind die Edelrassen von den Unterrassen durch das biologische Erbgut, das ihr Leibliches gestaltet, geschieden. Werte, die die Edelrassigen als gültig anerkennen, sind echte Werte, und Gedankengänge, die ihnen richtig erscheinen, sind richtige Gedanken; dagegen sind Werte, die die Unedlen als gültig anerkennen, und Gedankengänge, die den Unedlen richtig erscheinen, Unwerte und schlechte Gedanken. Ein anderes Kriterium zur Unterscheidung von Wert und Unwert und von richtigem und falschen Denken gibt es für sie nicht. Wenn die Liberalen sagen: der Mensch, der Edles will und logisch denkt, ist ein hochstehender und wertvoller Mensch, so sagen die folgerichtigen Nationalsozialisten: edel ist, was die Edelrassigen wollen, und logisch ist, was die Edelrassigen denken. Und nun lässt Hitler den ersten Grundsatz der rassenbiologischen Gesellschaftslehre fallen und sucht die Edelrassigen nicht an den Merkmalen ihres Leibes zu erkennen, sondern an den Qualitäten ihrer Wertungen und Gedankengänge. Ein dunkelhaariger Mann, dessen Leib durchaus nicht den Merkmalen entspricht, die die Rassentheoretiker seiner eigenen Partei als Merkmale der nordischen Edelrasse bezeichnen, erklärt seine Theorien als die allein den Angehörigen der blondhaarigen nordisch-deutschen Edelrasse angemessenen und will nur den dieser Edelrasse zurechnen, der ihm blindlings folgt. Man kann wohl kaum deutlicher zeigen, dass man die Rassenlehre nicht ernst nimmt, als durch diese Haltung.

Die Behandlung, die die nationalsozialistischen Rassentheoretiker den Tatsachen der Rassenforschung zuteil werden lassen, ist durchaus unzulänglich. Wir haben uns mit diesem Gestrüpp von Irrtümern nicht zu befassen. Es ist nicht nötig, neuerdings auf den Umstand hinzuweisen, dass es wohl sinnvoll sein mag, arische Sprachen von nichtarischen Sprachen zu unterscheiden, dass es aber nicht angeht, diese Unterscheidung als eine rassenmäßige anzusehen und arische und unarische Rassen zu unterscheiden. Die Rassentheorie, wie sie die nationalsozialistischen Schriftsteller vortragen, ist durchaus unwissenschaftlich. Sie entstellt die spärlichen Ergebnisse der wissenschaftlichen Rassenforschung, um sie zur Rechtfertigung von politischen Maßnahmen zu verwenden. Dass wir uns mit ihr überhaupt zu befassen haben, ist nur darauf zurückzuführen, dass sie aus der Tatsache der Rassenunterschiede erkenntnistheoretische und gesellschaftspolitische Schlüsse gezogen hat, an denen die Praxeologie nicht wortlos vorbeigehen darf. Denn wenn auch die arische und die jüdische Rasse dem Reich der Fabeln angehören, so gibt es doch zweifellos körperliche Verschiedenheiten unter den Menschen, die man durch naturwissenschaftliche Betrachtung des Körpers der einzelnen Menschen festzustellen vermag. Die Behauptungen der nationalsozialistischen Schriftsteller mögen, soweit sie auf die vermeintlichen Rassen der Juden und der Arier angewendet werden, unangebracht sein, sie könnten aber doch für das Verhältnis der echten, d.h. naturwissenschaftlich unterscheidbaren Rassen zutreffen.

Wenige Worte werden hinreichen, um den erkenntnistheoretischen Kernsatz der Rassentheorie zu widerlegen. Wenn die Behauptung vertreten wird, die logische Struktur des Denkens sei nicht bei allen Rassen dieselbe, so genügt es, die Frage aufzuwerfen, ob es denn gelungen sei, irgendwo denkende Wesen zu finden, für die *A* und *Nicht-A* identisch wären? Oder Menschen, die Vorziehen und Zurückstellen, Zweck und Mittel, Erfolg und Misserfolg nicht unterscheiden? Es gibt – bei allen Menschenrassen – Menschen, denen der Zugang zu den schwierigeren Problemen des wissenschaftlichen Denkens verschlossen ist. Doch es gibt keinen Menschen, dessen Denken innerhalb des Bereiches, das es zu umfassen vermag, eine von dem wissenschaftlichen Denken der abendländischen Kultur verschiedene logische Struktur aufweist, oder dessen Handeln andere Kategorien kennt als das Handeln, mit dem sich unsere Praxeologie befasst. Es gibt Menschen, die nur bis drei zählen können, doch sie zählen bis drei nicht anders, als auch Gauss bis drei gezählt hat. Es gibt Menschen, die so handeln, dass sie die Ziele, die sie anstreben, nicht erreichen; aber alle Menschen bestreben sich, dem Unbefriedigtsein soweit abzuhelfen, als sie es vermögen. Die Nationalsozialisten wollen deutsche Logik, Mathematik, Physik und Nationalökonomie der von ihnen als jüdisch und westeuropäisch gebrandmarkten Wissenschaft gegenüberstellen; doch sie haben nicht vermocht, zu zeigen, welche Verschiedenheit in der Struktur des Denkens und Handelns zwischen denen, die sie Artgleiche nennen, und denen, die sie Artfremde nennen, besteht. Wenn man die Nationalökonomie im allgemeinen oder einzelne ihrer Lehrstücke, etwa die Lehre von den Wirkungen der Handelsbeschränkungen, ablehnt, dann genügt es nicht, diese Ablehnung einfach durch den Hinweis auf eine durch die Rasseneigenschaften bedingte Verschiedenheit der Denkstruktur zu begründen. Man müsste genau zeigen, wo in der Schlusskette der westlerischen Gedankengänge eine logische Operation vorgenommen wird, die der vermeintlichen deutschen Logik widerspricht. Wer eine «deutsche» Nationalökonomie schaffen will, hätte damit zu beginnen, im Einzelnen zu zeigen, wie und wodurch die «westlerisch-jüdische» Nationalökonomie das «deutsche» Denken unbefriedigt lässt. Er hätte zu zeigen, worin die «deutsche Logik» von der Logik anderer Rassen abweicht und wie man diese deutsche Logik zu gebrauchen hat, um zu Schlüssen zu gelangen, die von den Ergebnissen der undeutschen Wissenschaft abweichen. Das aber hat noch nie jemand versucht und wird nie jemand versuchen können.

Die rassenbiologische Gesellschaftsdoktrin greift die Ergebnisse der Praxeologie und der Nationalökonomie noch in anderer Hinsicht an. Diese Wissenschaften, meint sie, gingen von der unzutreffenden Annahme der Gleichheit aller Menschen aus. Die Menschen wären aber nicht gleich; das ganze Gebäude der jüdisch-westlerischen Gesellschaftswissenschaft ruhe somit auf brüchigen Grundlagen.

Die Behauptung, Praxeologie und Nationalökonomie hielten alle Menschen für gleich, ist jedoch unrichtig. Dass es verschiedene Menschenrassen gibt und dass die Angehörigen der einzelnen Rassen in vielen Dingen verschieden sind, wird von ihnen ebensowenig bestritten wie die Tatsache, dass auch innerhalb der Menschenrassen, der Völker, der Stämme und der Familien die Einzelnen sehr verschieden sind. Mit dem Vorurteil, das alle Verschiedenheit unter den Menschen auf ihr Schicksal im Leben zurückführen und die angeborene Verschiedenheit ihres Charakters nicht sehen will, hat die Praxeologie nichts zu tun. Das Ricardo'sche Vergesellschaftungsgesetz geht gerade von der Annahme aus, dass die Menschen verschieden sind, und es ist für die Gedankengänge dieser Lehre bedeutungslos, ob man diese Charakterunterschiede als angeboren oder als erworben anzusehen hat. Das Ricardo'sche Gesetz zeigt, dass die Arbeitsteilung nicht nur im Interesse der Minderleistungsfähigen, sondern auch im Interesse jener liegt, die ihren Mitmenschen in jeder Hinsicht überlegen sind. Die Feststellung, dass es verschiedene Menschenrassen gibt, berechtigt somit durchaus nicht, den Schluss zu ziehen, den die rassenbiologische Gesellschaftslehre ziehen will, dass räumlich zwischen den Rassen natürliche Feindschaft herrschen müsse und dass die stärkeren Rassen die schwächeren auszurotten oder zu versklaven hätten.

Es hat zwischen rasseverschiedenen Gruppen Ausrottungskriege gegeben, doch es hat noch mehr und noch blutigere Ausrottungskriege zwischen Gruppen gegeben, zwischen denen keine Rassenverschiedenheit stand. Alle Argumente, mit denen man beweisen will, dass es im Interesse der höheren Rasse liege, die minderwertigen Rassen zu bekriegen und zu vernichten, können geradesogut auch zu Gunsten der Behauptung vorgebracht werden, dass es im Interesse jeder Menschengruppe liege, andere Menschengruppen, auch solche artgleicher Menschen, zu bekriegen und zu vernichten. Und alle diese Argumente erweisen sich gegenüber dem Ricardo'schen Gesetz als haltlos.

Die höheren Rassen, meint man, hätten Anspruch darauf, die niederen Rassen zu führen; die auf den Ergebnissen der jüdisch-angelsächsisch-romanischen Praxeologie aufgebaute demokratische Staatslehre aber strebe die Herrschaft der Minderwertigen über die Höherwertigen an. Auch diese Behauptung ist unrichtig.

Die Praxeologie vermag überhaupt nichts über den Anspruch auf Führung und Herrschaft auszusagen. Die Praxeologen behaupten nicht, dass sie besondere Kenntnis der Pläne des Schöpfers hätten oder dass sie wüssten, dass er eine Rasse oder ein Volk auserwählt habe, um die übrigen Rassen und Völker zu beherrschen. Solche aus der Intuition stammende Vertrautheit mit den Absichten der Vorsehung bleibt dem Mythos vorbehalten.

Die Praxeologie empfiehlt weder demokratische noch andere Staatsformen. Wenn die Liberalen aus den Lehren der Praxeologie und Nationalökonomie den Schluss ziehen, dass nur demokratische Verfassung die ungestörte friedliche Entwicklung der Gesellschaft gewährleisten könne und wenn sie darum für Demokratie eintreten, so mögen die Gegner der Demokratie trachten, sie zu widerlegen, indem sie Fehler in den Gedankengängen der Wissenschaft oder in den aus ihr gezogenen Schlüssen aufzeigen. Wenn sie das nicht können, dann sind alle Einwände gegen die Lehre vom geistigen Charakter der Macht und gegen die aus dieser Lehre gezogenen politischen Schlüsse haltlos.

Wenn man meint, demokratische Verfassung müsse, weil sie Mehrheitsherrschaft sei, in einem gemischtrassigen Volke die rassisch minderwertigen Elemente zur Herrschaft bringen, dann hat man stillschweigend zwei Dinge vorausgesetzt: einmal, dass die Menschen schlechter Rasse in diesem Volke die Mehrheit bilden, und ferner, dass die Menschen edler Rasse, die zahlenmäßig in der Minderheit sind, nicht die Fähigkeit haben, ihre minderwertigen Volksgenossen zu veranlassen, ihnen freiwillig die Führung zu überlassen. Doch unter diesen Bedingungen ist die Sache der Edelrassigen hoffnungslos verloren, welcher Art immer auch die Staatsverfassung sein möge. Wenn die Edelrassigen nicht die Kraft haben, geistig zu führen, müssten sie, wenn sie am Ruder wären, die Regierungsgeschäfte so besorgen, wie es den Ideen der Schlechtrassigen entspricht. Wollten sie anders vorgehen, dann werden sie durch gewaltsame Erhebung der Beherrschten verdrängt werden.

Doch da kommen wir zu einem der Kernsätze des nationalsozialistischen Rassenmythus, zu der Vorstellung, dass die Edelrasse durch höhere kriegerische Fähigkeiten die minderwertigen Rassen überrage. Die Edelrassigen, meinen sie, müssen sich der Herrschaft einer Mehrheit nicht beugen, weil sie die Kraft haben, sich der Herrschaft gewaltsam zu bemächtigen. Demokratie und Pazifismus wären listige Erfindung der minderwertigen, zum Kriege untüchtigen Rassen, um den kriegsbegabten Heldenrassen die Hände zu binden. Wenn die Edelrasse das erfasst hat, wird sie, unbekümmert um die Lehren der Demokraten und Pazifisten, sich zuerst die Herrschaft im Staate erkämpfen und dann alle minderwertigen Völker in Kriegen niederwerfen, um den ersten Platz in der Welt einzunehmen. Gott und die Natur, die sie zur Edelrasse geformt haben, hätten es so bestimmt.

Der Fehler dieses Gedankenganges liegt in der falschen Vorstellung vom Wesen der militärischen Überlegenheit. Man sieht das Um und Auf dessen, was im Kampfe den Sieg sichert, in körperlicher Stärke und Gewandtheit und in Mut und Angriffslust. Diese Eigenschaften wären nun den Edelrassigen in hohem Maße eigen. Dagegen wären sie in den Geschäften des Friedens, die mehr Geist als Kraft, mehr List als Mut, mehr Fleiß als Tapferkeit erfordern, den Schlechtrassigen gegenüber im Nachteil. Doch Stärke und Gewandtheit des Körpers und Mut und Angriffslust sind nicht spezifisch menschliche Eigenschaften; sie sind vielen Raubtieren in weit höherem Masse eigen als den Menschen. Die Bestien wissen in den Kämpfen, die sie untereinander und gegen Menschen führen, von nichts anderem Gebrauch zu machen als von diesen Naturgaben; ihr Kampfpotential liegt allein in der rohen Kraft und im stürmischen Draufgängertum. Die Menschen aber sind dadurch ausgezeichnet, dass sie sich im Kampfe auch ihres Geistes und ihrer Erfindungsgabe zu bedienen verstehen. Obwohl sie an physischer Kraft vielen Tieren gegenüber im Nachteil sind, haben sie dennoch durch Geist, List und Beharrlichkeit über alle wilden Bestien gesiegt. Wenn der Mensch kämpft, kämpft er immer auch mit geistigen Mitteln. Kämpfe der Menschen sind in diesem Sinne immer Materialkriege; immer spielten Ausrüstung, Bewaffnung und die Waffentechnik in ihnen eine Hauptrolle, immer war das, was man das Wirtschaftliche nennt, für sie von höchster Bedeutung. Die kriegerische Überlegenheit der mittelalterlichen Ritter lag in ihrem Kriegsmaterial. Auf schwerem gepanzertem Pferd, von Kopf zu Fuß in undurchdringlichen Schutzwaffen hatten sie mit ungepanzerten Gegnern leichtes Spiel[FN: Vgl. *Delbrück,* Geschichte der Kriegskunst, III. Teil, Berlin 1907, S. 273.]. Diese Überlegenheit stärkte ihren Mut und ließ sie hochmütig auf die wehrlosen Massen blicken, die nicht etwa feige waren, sondern zu arm, um sich so gut zu wappnen wie die Ritter. Dass die modernen Kriege nicht durch die bloße Faust entschieden werden, bedarf keiner weiteren Ausführung.

Wenn eine Gruppe von Menschen den anderen Menschengruppen nicht geistig überlegen ist, kann sie ihnen auch nicht militärisch überlegen sein. Wenn die Edelrassigen den Schlechtrassigen im friedlichen Zusammenleben in der Gesellschaft nicht standhalten können, wenn sie im Wettbewerb des Marktes weniger erfolgreich sind als die Schlechtrassigen, wenn sie nicht die Gabe haben, die Schlechtrassigen von ihrem Beruf zur Herrschaft zu überzeugen, werden sie auch aus dem Waffenkampfe nicht als Sieger hervorgehen.

Die militärischen Vorzüge des französischen Volkes, die den französischen Heeren die größten militärischen Erfolge der Neuzeit gebracht haben, lagen nicht in roher Kraft, sondern im Geiste. Alle anderen Völker haben von den Franzosen die Grundideen der Kriegskunst entlehnt. Selbst die Ausdrücke für militärische Dinge wurden dem Französischen entnommen. Die Terminologie des Rittertums war französisch und ebenso die des modernen Kriegswesens; die preußische Armee hat erst nach 1870 schrittweise in einem bewussten Sprachreinigungsverfahren den größten Teil der französischen Bezeichnungen ausgemerzt. Die wichtigsten technischen Fortschritte der Kriegführung zu Lande, zu Wasser und in der Luft wurden von Franzosen gemacht und zuerst in der französischen Wehrmacht verwendet. Nicht nur viele philosophische und politische Ideen sind zum deutschen Volke aus dem Westen gekommen, auch die Kriegskunst und die Kriegstechnik kamen vom Westen her.

Die Unterscheidung von Edelrasse und Untermenschentum, die den nationalsozialistischen Rassentheorien zugrunde liegt, ist vom Ressentiment bestimmt. Sie stellt eine vermeintliche deutsche Edelrasse von durch physische Kraft ausgezeichneten Helden einem Untermenschentum von schlauen Händlern gegenüber. Niemand, auch nicht der Erfolgreichste, immer vom Glücke Begünstigte, erreicht im Leben alles das, was er angestrebt hat. Jedermann muss sich eingestehen, dass seine Kräfte und Fähigkeiten in manchen oder in vielen Beziehungen sich als unzulänglich erwiesen haben; solche Einsicht ist aber für das Selbstbewusstsein und für die Eitelkeit beschämend. Da kommt nun die nationalsozialistische Rassenlehre, tröstet den seelisch Bedrückten und richtet seinen verletzten Stolz wieder auf. Nicht seine Unzulänglichkeit trage die Schuld an seinem Missgeschick; er sei in jeder Hinsicht vollkommen und mit allen guten und edlen Tugenden begabt. Doch gerade seine Tugenden hätten sein Unheil herbeigeführt. Seine Arglosigkeit, die einen der Vorzüge der Menschen edler Rasse bilde, wäre von minderwertigem Untermenschentum benützt worden, um sich auf tückische Weise Vorteile zu erschleichen. Diese Untermenschen haben durch die Verbreitung von Irrlehren – Christentum, westliche Philosophie, Rationalismus, Liberalismus, Demokratie, Parlamentarismus, Marxismus, Psychoanalyse – die Heldenrasse geistig zu vergiften versucht, und das sei ihnen nur zu gut gelungen. Die Edlen haben sich von den Unedlen umgarnen lassen. Nun aber gelte es, das schimpfliche Joch abzuwerfen und den deutschen Menschen wieder in seine Rechte einzusetzen.

Das Bild, das diese Lehre von der Edelrasse entwirft, ist widerspruchsvoll. Dieses tapfere Geschlecht von Helden lässt sich von einer minderwertigen Rasse besiegen. Es gibt seine Herrenmoral auf, um die Sklavenmoral des Christentums anzunehmen, und hält an diesem artfremden Glauben hartnäckig durch mehr als tausend Jahre fest. Es lässt sich von jeder neuen Lehre umgarnen, die irgendein Angehöriger der minderwertigen Rassen ausheckt. Es ist nicht imstande, im Wettbewerb des Marktes die Minderwertigen auszustechen. Es ist unvermögend, im geistigen Streit der Wissenschaften die Minderwertigen zu überwinden. Die Minderwertigen schaffen eine Kultur, die die ganze Welt annimmt, und verstehen es, alle Gebiete zu erobern, in denen wertvolle Rohstoffe und Lebensmittel gewonnen werden. Selbst die ausgezeichnetsten Männer der Edelrasse erweisen sich als unfähig, sich dem Einflusse der Ideen der Minderwertigen zu entziehen. Der Franke Karl der Grosse lässt edle Sachsen, die sich rassebewusst der Einführung des artfremden Glaubens widersetzen, grausam schlachten. Albertus Magnus, Meister Eckehart und Martin Luther wurzeln geistig im artfremden Christentum, Mathias Grünewald und die Brüder van Eyck verherrlichen es mit dem Pinsel. Leibniz denkt und schreibt in der Sprache des französischen Erbfeinds, Kant empfiehlt den ewigen Frieden, Friedrich der Grosse schätzt nur das französische Schrifttum und verachtet das deutsche. Goethe ist voll Verehrung für Napoleon und trägt mit Stolz das Band der Ehrenlegion, Schiller bekennt sich in rauschenden Versen zu den Lehren der Aufklärung. Mozart vertont Texte eines Juden und Worte, die die freimaurerischen Gedanken preisen; Beethoven will die Eroica Napoleon widmen und singt im Fidelio ein unsterbliches Freiheitslied.

Eine von Ressentiment nicht beeinflusste Wertung der Rasseneigenschaften würde niemals dazu gelangen, den «reinen Toren» als das Ideal hinzustellen; sie würde den Vorzug der Edelrasse gewiss nicht allein in Körperkraft und in blindem Draufgängertum und die Untugend der Minderwertigen in geistiger Überlegenheit erblicken. Das Erstaunlichste aber ist, dass die Lehre, die die ungeschlachte Körperkraft so hochstellt und den Geist verachtet, sich für die dem deutschen Blute artgemäße Lehre ausgibt. Es wäre zu verstehen, wenn Neger oder Eskimos in ihr Trost suchen würden. Neger und Eskimos mögen die europäische Kultur als artfremd ansehen, und sie mögen es schmerzlich empfinden, dass sie im Wettbewerb des Marktes wenig Erfolg haben und dass sie in geistigen Auseinandersetzungen nicht aufzukommen vermögen. Doch die Deutschen, aus deren Mitte in den letzten zweihundert Jahren Denker, Dichter und Forscher hervorgegangen sind, deren Werk unvergängliche Spuren in der Menschheitsgeschichte hinterlassen hat, die im weltwirtschaftlichen Wettbewerb des 19. Jahrhunderts größere Erfolge erzielt haben als alle andere Völker? Man mag, wenn auch nur mit einiger Anstrengung, die Gefühle verstehen, die die tschechischen Nationalisten dazu führten, hartnäckig die Echtheit der Königinhofer Handschrift zu behaupten. Doch unverständlich erscheinen die Gedankengänge deutscher Nationalisten, die die Ura Linda Chronik für echt ausgeben wollten. Bedurfte es der Berufung auf eine ungeschickte und einfältige Fälschung, um den Anspruch des deutschen Volkes auf die Bezeichnung Kulturvolk zu bezeugen?

Man hat die Ausbreitung der nationalsozialistischen Rassenlehre durch die Niederlage im Weltkrieg zu erklären gesucht. Doch die Niederlagen von 1870 haben auf die Franzosen anders gewirkt. Anderseits sehen wir heute, dass die Rassenlehre der Nationalsozialisten sich auf einem Siegeszug durch die ganze Welt befindet, Es gibt nur *eine* Erklärung für ihren Erfolg: sie entspricht dem Ressentiment aller, die im Wettbewerb der Marktwirtschaft nicht alles das erreichen, was sie erreichen wollen.[FN: Sie befriedigt auch das Ressentiment der Juden. Der Jude führt seine Misserfolge nicht auf eigene Unzulänglichkeit zurück, sondern auf das, was man «Antisemitismus» nennt.]

Nochmals sei hervorgehoben, dass das Rassengut für das, was der Mensch ist und was er leistet, von entscheidender Bedeutung ist. Mit der Ablehnung der Rassenlehre des Nationalsozialismus und verwandter Richtungen wird nicht etwa beabsichtigt, die Rolle, die den ererbten und angeborenen Eigenschaften der Menschen zukommt, oder die Tatsache, dass innerhalb der Menschheit Rassenverschiedenheit besteht, zu bestreiten; es soll nur festgestellt werden, dass die nationalsozialistische Rassenlehre mit dem, was die Wissenschaft von den Rassen aussagt, nichts zu tun hat.

[551]und Zusammenwirken

[552], wie das Werkzeug, dessen sich der Arbeiter bedient, zuerst erdacht und dann ausgeführt wird

[553], die Zukunftsgesellschaften konstruieren

[554]Zusammenwirken und Tauschen > mutuality

[555]gesellschaftliches Gebilde > social bonds

[556]Das gesellschaftliche Gebilde ist, wie Carl Menger treffend sagt, das

«unreflektierte Ergebnis, die unbeabsichtigte Resultante spezifisch individueller Bestrebungen der Mitglieder einer Gesellschaft» FN: Vgl. Menger, Untersuchungen über die Methode der Sozialwissenschaften, Leipzig 1883, S. 178. Vgl. weiter unten S. 365 ff.].

[557]FN: Wir haben dabei allein den praxeologischen Begriff Macht im Auge, der vom naturwissenschaftlich-technologischen Begriff Macht zu unterscheiden ist.

[558]fremdes Handeln zu bestimmen

[559]FN: Ein Strolch kann einen schwächeren Einzelnen vergewaltigen. Doch das hat mit dem Leben im gesellschaftlichen Verband nichts zu tun; es ist ein vereinzelter antisozialer Akt.

[560]gesellschaftlichen Leben > of government

[561]Oberführer > head of the government

[562], die «gute Gesinnung»

[563]geheiligte

[564]«historische» > traditional

[565]das Vorbild älterer Ideologien

[566]oft

[567]B: Der bildliche Gebrauch des Ausdruckes «Herrschaft»

Man bedient sich des Ausdrucks *Herrschaft* nicht selten im bildlichen Sinne zur Kennzeichnung bestimmter Lagen in der Marktwirtschaft, wie man es überhaupt liebt, die Ausdrucksweise der militärischen und politischen Kämpfe für die Darstellung der Marktverhältnisse zu verwenden. Man spricht von der Eroberung eines Marktes wie von einer kriegerischen Eroberung, man spricht von Angriff und Vorstoß, von Sieg und Niederlage. Die modernen totalitären Staaten sehen überall Fronten und Schlachten: Arbeitsfronten, Arbeitsschlachten, Getreideschlachten.

Die großen Unternehmer pflegt man Herrscher zu nennen; man kennt Beherrscher des Schweinemarktes, Kanonenkönige, Weizenkönige und Konservenkönige. Gegen den Gebrauch von Metaphern kann man mit logischen Argumenten nicht ankämpfen. Wer sich einer Metapher bedient, weiß ohnehin, dass seine Ausdrucksweise nur bildlich ist und logischer Kritik nicht standhält. Doch jede bildliche Ausdrucksweise trägt den Keim der Konfusion in sich. Aus dem Vergleich wird nur zu leicht Gleichsetzung. Dann muss man Widerspruch erheben.

In der absoluten Monarchie herrscht der König, in der parlamentarischen Monarchie das von der Parlamentsmehrheit gestützte Kabinett. Der Herrscher oder das herrschende Kollegium verfügt über den Gewalt- und Unterdrückungsapparat des Staates. Die Beherrschten müssen sich diesem Zwangsapparat beugen und den Weisungen seiner Träger gehorchen, wenn sie nicht die Macht haben, sich erfolgreich aufzulehnen. Die Macht, die die anerkannte Ideologie den Herrschen verleiht, befähigt sie, zu befehlen und ihren Befehlen Achtung zu erzwingen.

Die «Herrschaft» der Unternehmer und Kapitalisten in der Marktwirtschaft ist anderer Art. Der Schokoladekönig befiehlt nicht und hat keinen Zwangsapparat zur Verfügung, um etwaigen Anordnungen Nachdruck zu verleihen. Er erzeugt Schokolade besser und billiger als andere es können, er versorgt die Verbraucher besser und billiger als andere. Er mag ein Schloss bewohnen, das einst für einen Herrscher gebaut worden war; er mag in Prunkentfaltung es einem kleinen Potentaten gleichtun. Doch er bleibt darum doch der Diener der Verbraucher, dessen Reichtum davon abhängt, dass er die Verbraucher, die nicht seine Untertanen, sondern seine Kunden sind, so gut und so billig als möglich bedient. Nichts bindet die Kunden an ihn, sie können ihm jederzeit ihre Kundschaft entziehen. Der Eisenbahnkönig verliert sein «Reich», wenn die Menschen Kraftwagen oder Flugzeug vorziehen. Die Unternehmer und Kapitalisten herrschen nicht über die Verbraucher, sie bedienen sie. Sie herrschen auch nicht über die Arbeiter; sie kaufen die Arbeit zu dem Preise, den die Verbraucher ihnen in den Preisen der Produkte zu vergüten bereit sind. Sie herrschen auch nicht im Staate. Die Kulturstaaten Europas und Amerikas wurden lange Zeit hindurch von Regierungen beherrscht, die der Entfaltung der Marktwirtschaft keine besonderen Hindernisse in den Weg gelegt haben. Heute werden auch diese Staaten von Parteien beherrscht die sich bestreben, den Gang der Marktwirtschaft durch Eingriffe zu lenken, die Gewinne der Unternehmer zu kürzen oder ganz einzuziehen und den Kapitalisten die Verfügung über das Kapital zu nehmen.

In der unbehinderten Marktwirtschaft haben die Unternehmer und Kapitalisten weder an der Beeinflussung der öffentlichen Meinung noch an der Bestechung der Regierungsfunktionäre Interesse. Im Staatswesen, das durch Eingriffe der Obrigkeit in das Marktgetriebe Privilegien schafft, die einer Anzahl von Menschen oder Gruppen von Menschen Vorteile auf Kosten der übrigen Bürger bringen, ist jedermann darauf bedacht, bei der Verteilung der Gnaden so gut als möglich abzuschneiden. Nicht selten werden die Unternehmer und Kapitalisten zum Bestechen gezwungen. Sie müssen trachten, die öffentliche Meinung, die Parteien und die Regierung durch Geschenke davon abzuhalten, ihnen Schaden zuzufügen. Zu den öffentlichen Abgaben treten die Abgaben, die die Beamten, die Parteien und die Parteipresse allen, die zahlen können, auferlegen. Es liegt in der Natur der Sache, dass man von der Bestechung, die man leistet, um verschont zu werden, schließlich zur Bestechung gelangt, die zur Erlangung von einträglichen Privilegien geleistet wird.

Der Tatbestand, dass Unternehmer und Kapitalisten die Regierungsmänner mitunter bestechen, beweist nicht, dass sie herrschen, sondern, dass sie beherrscht werden. Nicht die Herrscher zahlen Tribute, sondern die Beherrschten.

IV. Praxeologischer Subjektivismus und pseudohistorischer Relativismus

Man hat die politische Theorie des Liberalismus und die Prinzipien des Subjektivismus und der Objektivität der Praxeologie und der Nationalökonomie nicht ärger missverstehen können als durch ihre Vermengung mit den Gedankengängen des Relativismus.

Wer von der Wahrheit seiner eigenen Auffassung voll durchdrungen ist, müsse, meint man, rücksichtslos darauf bedacht sein, ihr Anerkennung und Herrschaft zu sichern. Der Fanatismus sei die Geisteshaltung, die sich mit logischer Notwendigkeit aus dem Bewusstsein, die volle Wahrheit zu besitzen, ergeben müsse. Wer von Zweifeln frei und von der Richtigkeit seiner Lehre überzeugt ist, müsse daher die Andersdenkenden unterdrücken, die Verbreitung ihrer Irrlehren hindern und mit allen Mitteln für seinen Glauben Propaganda machen. Er könne niemals ein Regierungssystem anerkennen, das die Möglichkeit, dass die Gegner zur Herrschaft kommen könnten, nicht ganz ausschließt. Nur wer von der Richtigkeit seiner eigenen Auffassungen nicht ganz überzeugt ist, wer an sich selbst zweifelt und die Möglichkeit des Irrtums zugibt, trete für Duldung, Geistes- und Gewissensfreiheit, Freiheit der Rede und der Schrift, für Parlamentarismus und Demokratie ein. Der Gegensatz der beiden Gesellschafts- und Staatsauffassungen, der liberalen und der autoritären, sei daher durch vernunftgemäße Erörterung nicht zu bereinigen. Wer das absolut Wahre erkannt zu haben glaubt, werde sich nie zu dem Subjektivismus und Relativismus der Zweifler und Skeptiker bekehren und werde nie von der Forderung ablassen, die Wahrheit triumphieren zu sehen.

Der Irrtum dieser Darstellung des Gegensatzes der beiden Auffassungen und ihrer seelischen Motivierung ist offenkundig. Die liberalen Denker waren durchaus nicht Skeptiker und Zweifler; sie hatten alle irdischen Dinge und alle Probleme der Gesellschaft durchdacht und ihre Auffassungen zu einem System verarbeitet. Sie erkannten freilich genau die Grenzen, über die hinaus dem Menschen Erkenntnis versagt bleibt, und hielten sich von Spekulationen über das Unerfahrbare fern; sie behaupteten auch nicht, im Besitze einer Wahrheit zu sein, die man nicht durch die Vernunft prüfen dürfe und an die man gerade darum blind glauben müsse, weil sie der Kritik durch vernünftige Überlegung nicht standhält. In dieser Ablehnung der Theologie und der Metaphysik waren sie jedoch ihres Unglaubens nicht weniger sicher als ihre Gegner ihres eigenen Glaubens. Wenn sie aus ihrer Überzeugung heraus nicht zur Forderung gelangten, das, was sie für Irrtum ansahen, mit jenen Mitteln auszurotten, die die Kirchen gegen die Dissidenten und die Regierungen gegen die Anhänger ihnen nicht genehmer Staatsideologien anzuwenden pflegten, so geschah das nicht aus mangelndem Vertrauen in die Wahrheit der eigenen Auffassung.

Die Gesellschaft bedarf vor allem des Friedens. Nur aus der friedlichen Kooperation der Menschen kann Wohlstand entspringen. Die Ziele, die sich die Menschen setzen und die sie durch die gesellschaftliche Kooperation zu erreichen suchen, können nur erreicht werden, wenn der gesellschaftliche Fortschritt – die Ausgestaltung der Arbeitsteilung und Arbeitsvereinigung – nicht durch Kriege und Bürgerkriege immer wieder aufs neue gestört wird. Dauernder Friede kann aber nicht gesichert werden, wenn man die Menschen ob ihres Glaubens und ob ihrer Überzeugungen und Ideologien verfolgt und wenn man ihnen verwehrt, zu denken und ihre Gedanken frei auszusprechen. Es ist eine bedauerliche Tatsache, dass viele Menschen irren und sich hartnäckig weigern, von ihrem Irrtum zu lassen. Doch was könnte Unterdrückung der freien Meinungsäußerung daran ändern? Die Geschichte hat bewiesen, dass die schärfsten Verfolgungen die Ausbreitung einer Lehre nicht hindern können. Die Unduldsamkeit hat den Irrtum nicht ausrotten können, sie hat aber zu den fürchterlichsten Kriegen geführt.

Kein Rationalist des 18. und 19. Jahrhunderts hat im katholischen Heiligen-, Bilder- und Reliquienkult etwas anderes sehen wollen als anstößigen Aberglauben, den man wegen seiner schädlichen Wirkungen auf Sittlichkeit und Intelligenz ausrotten müsste. Wenn der Liberalismus dennoch nicht nur Duldung des Katholizismus, sondern auch Achtung der Überzeugung der katholischen Mitbürger zu seinem Programm machte, geschah es gewiss nicht aus der Erwägung heraus, dass in diesem – in seinen Augen sinnlosen – Gehaben vielleicht doch die Wahrheit zu finden wäre. Der Liberalismus wollte Frieden auf Erden, und den Frieden, meinte er, könne nur die Duldung jeder Überzeugung und jeder Glaubenslehre bringen. Wer den Irrtum ausrotten wolle, müsse ihn mit dem Geist bekämpfen und nicht mit Gewalt.

Der Liberalismus konnte so denken, gerade weil er seiner Sache vollkommen sicher zu sein glaubte. Die Vernunft werde doch schließlich siegen müssen, sagte sein Optimismus. Wer unduldsam ist, ist es aus der Erkenntnis heraus, dass seine Sache der Kritik durch die Vernunft nicht standhalten könnte.

Der Relativismus, die Lehre, dass alle Ideen und Wertungen, die Menschen je als richtig betrachtet haben, als gleich richtig und als gleich unrichtig anzusehen sind, ist nicht aus liberalen Anschauungen hervorgegangen. Der Relativismus war und ist eine Doktrin zur Bekämpfung des Liberalismus. Wenn der Liberalismus z. B. Aberglauben oder die Folter als Verirrungen menschlichen Denkens und Handelns verwarf, so lehrte der Relativismus, man müsse diese Ideen und Einrichtungen nur aus dem Geist der Zeit heraus zu verstehen suchen, um in ihnen doch einen berechtigten Kern zu entdecken und das Urteil über sie zu mildern. Auch manches von dem, was heute als wahr und richtig angesehen wird, werde später einmal als Irrtum verworfen werden. Man dürfe die Vergangenheit nicht vom Standpunkt moderner Auffassungen betrachten. So gelangte man zu einem Pseudohistorismus, der alle Wertungen und Einrichtungen, mochten sie sich auch unserer Auffassung als noch so verkehrt, unvernünftig und zweckwidrig darstellen, als berechtigt erklärte, weil sie eben alt und damit historisch erschienen.

Es ist freilich nicht die Aufgabe des Geschichtsforschers, über die Vergangenheit zu Gericht zu sitzen. Er hat zu verstehen und nicht zu richten. Doch das Verstehen darf nicht über den Bereich hinausgehen, den ihm die Logik einräumt; es darf sich nicht mit den Einsichten der vernünftigen Überlegung in Widerspruch setzen[FN: Vgl. oben S. 55 f.]. Wenn der Geschichtsschreiber von der Opferung Iphigeniens spricht, darf er das von Agamemnon gebrachte Opfer nicht etwa als ein Mittel ansehen, das den Schiffen der Griechen günstigen Fahrwind herbeischaffen konnte. Auch wenn man die Zeitumstände und Gedankengänge, die zu den Verfolgungen von Hexen geführt haben, noch so gut zu verstehen glaubt, kann das an dem Tatbestand, dass diese Gedankengänge irrig sind, nichts ändern. Die Weltgeschichte ist nicht das Weltgericht, doch sie ist auch nicht berufen, Irrtümer zu rechtfertigen und widersinnige Maßnahmen zu empfehlen.

Der Subjektivismus der Praxeologie und Nationalökonomie hat mit der relativistischen Einstellung des Pseudohistorismus nichts gemein. Wenn er feststellt, dass die Entscheidungen der Menschen über letzte Werte der Kritik durch die Vernunft entzogen sind, verzichtet er nicht darauf, die Mittel auf ihre Brauchbarkeit zur Erreichung der angestrebten Ziele zu prüfen.

V. Kritik der rassenbiologischen Gesellschafts- und Staatstheorie

Die Lehre, dass Gesellschaft und Staat aus der gewaltsamen Unterwerfung schwächerer Menschengruppen durch stärkere Menschengruppen hervorgegangen sind, und dass das Wesen des Staates in der Gewaltherrschaft einer Elite über die Masse der Minderwertigen liege, ist uralt. Ihre moderne Prägung, die sie als rassenbiologische Gesellschafts- und Staatstheorie erscheinen lässt, hat sie vor allem durch den Franzosen Comte Arthur de Gobineau[FN: Vgl. *Gobineau,* Essai sur l'inégalité des races humaines, erste Ausgabe, Paris 1853-1855.] und durch den österreichischen Polen und Juden Ludwig Gumplowicz[FN: Vgl. *Gumplowicz,* Der Rassenkampf, erste Ausgabe, Innsbruck 1883; Grundriss der Soziologie, erste Ausgabe, Wien 1885.] empfangen. Es ist nicht unsere Aufgabe, zu untersuchen, inwieweit Gobineau und Gumplowicz von älteren Schriftstellern abhängig waren. Jedenfalls erscheint die Lehre bei diesen beiden zuerst in der Gestalt, in der sie dann später von anderen Autoren – z. B. vom österreichischen Feldmarschall-Leutnant Gustav Ratzenhofer[FN: Vgl. Ratzenhofer, Soziologie, Leipzig 1907.] und vom germanisierten Engländer Houston Stewart Chamberlain[FN: Vgl. *Chamberlain,* Die Grundlagen des 19. Jahrhunderts, erste Ausgabe, München 1899.] – vorgetragen und in der sie zur Grundlage der nationalsozialistischen Ideologie wurde. Auch Adolf Hitler hat sich ausdrücklich zu Auffassungen bekannt, die dieser Lehre entsprechen.[FN: Vgl. die Rede vom 3. September 1933, a. a. O.]

Die rassenbiologische Gesellschafts- und Staatslehre erklärt die Lehre, dass Gesellschaft und Staat aus dem Sichvertragen und Kooperieren von Menschen hervorgegangen sind und hervorgehen können und dass das Wesen von Gesellschaft und Staat eben in diesem Sichvertragen und friedlichen Kooperieren liegt, für eine Fabel. Nie hätten Gesellschaft und Staaten entstehen können, wenn die Menschen anthropologisch eine Einheit bilden würden. «Nie und nirgends sind Staaten anders entstanden als durch Unterwerfung fremder Stämme seitens einer oder mehrerer verbündeten und geeinigten Stämme.»[FN: Vgl. Gumplowicz, Grundriss der Soziologie, 2. Auflage, Wien 1905, S. 195; ähnlich Hitler in der Rede vom 3. September 1933, a. a. O.] Die stärkeren Rassen unterwerfen die schwächeren Rassen durch brutale Gewalt und bilden so Staaten. Der Staat ist Gewaltherrschaft einer ethnisch und rassisch homogenen Minderheit über eine ethnisch und rassisch andersgeartete Mehrheit. Es ist daher durchaus falsch zu glauben, dass Herrschaft auf ideologischen Grundlagen beruht; Herrschaft beruht auf Gewalt und ist Unterdrückung.

Im Laufe der geschichtlichen Entwicklung vermischen sich dann im staatlichen Zusammenleben die Rassenunterschiede. Durch ehelichen und häufiger noch durch außerehelichen Geschlechtsverkehr gelangt einiges vom rassischen Erbgut – vom «Blut» – der herrschenden Rasse in die beherrschte Rasse und umgekehrt vom Erbgut der Unterrasse in die Edelrasse. Diese Bastardisierung, die die Herrscher-Instinkte der Edelrasse schwächt und der Unterrasse den Geist der Auflehnung einimpft, führt zum Verfall des Staates. Die Unterrassen verlangen Anteil an der Herrschaft, sie proklamieren das Prinzip der Gleichheit aller Staatsangehörigen, und die Edelrasse setzt diesem Aufstand der Minderwertigen nicht den entsprechenden Widerstand entgegen. Sie duldet es, dass die Unterrassen zur ideologischen Verhüllung und Rechtfertigung ihres vom natürlichen Standpunkte widersinnigen Anspruches auf Gleichberechtigung und Teilnahme an der Regierung besondere Theorien aufstellen. So entstehen die individualistischen Theorien, die im Widerspruch zu aller Erfahrung die Gleichheit aller Menschen behaupten und mit ihnen die Nationalökonomie und die liberalen und demokratischen Staatslehren. Die Vorherrschaft der Aristokraten wird gestürzt, die Minderwertigen bemächtigen sich der Herrschaft und verkehren die staatliche Ordnung in Chaos. Damit ist, meinen die Pessimisten, der Untergang der Kultur besiegelt. Doch die Optimisten glauben, dass es noch nicht zu spät sei. Sie hoffen durch eine neue Revolution Kapitalismus und Demokratie zu vernichten und die Herrschaft wieder denen zu geben, für die Gott und die Natur sie bestimmten, als sie die Rassen ungleich geschaffen haben.

Der Grundirrtum dieser Lehre liegt darin, dass sie glaubt, aus dem Gewaltprinzip heraus die Entstehung der gesellschaftlichen Kooperation erklären zu können.

Jene Edelrassigen, die über die Minderwertigen herfallen und sie unterwerfen, mussten in ihren Kriegszügen und in der Aufrichtung ihrer Herrschaft bereits kooperieren. Sie treten den Unterrassen nicht als ein Haufen von Einzelnen gegenüber, die untereinander durch kein gesellschaftliches Band geeinigt sind, sondern als geschlossener Verband von Menschen, als staatlich organisierte Einheit. Man kommt um diesen Tatbestand nicht herum, wenn man diesen Verband nicht Staat nennen will, ihn vielmehr als Horde oder Stamm bezeichnet, dessen Mitglieder durch eine aus der Blutsverwandtschaft entspringende, instinktiv erkannte Gemeinsamkeit der Interessen verbunden sind [FN: Vgl. Gumplowicz, Grundriss der Soziologie, a. a. O., S. 235 f.]. Dass es auch zwischen Stamm- und Blutsverwandten, zwischen Brüdern und selbst zwischen Vätern und Söhnen Interessengegensätze, Feindschaft und Gewaltanwendung geben kann, gegeben hat und gibt, dass also das Sichvertragen innerhalb der Blutsgemeinschaft nicht schlechthin natürlich und notwendig ist, wird wohl niemand bestreiten können. Wenn die Stammesgenossen zusammenhalten, untereinander in Frieden verkehren und gegen Stammesfremde gemeinschaftlich und im Einvernehmen vorgehen, ist darin schon der Keim der gesellschaftlichen Kooperation und der staatlichen Ordnung zu erblicken, und nicht erst in dem Ergebnis dieser Kooperation, in der Unterwerfung eines fremden Stammes. Wenn ein Stamm unter einem Führer in den Krieg zieht, stellt er bereits einen staatlichen und gesellschaftlichen Verband dar. Der Verband mag recht lose sein und mag, wenn er nur als Bündnis zur Ausführung eines Beutezuges ins Leben getreten ist, wieder zerfallen, wenn er seinen Zweck erfüllt hat und wenn Streit um die Teilung der Beute entsteht. Doch solange er besteht und wirkt, ist er ein sozialer Verband und beruht als solcher auf einem ideologischen Moment, nämlich auf der Einsicht der Genossen, dass es ihnen besser frommt, sich zu vertragen und den Weisungen eines Führers zu gehorchen, als einander zu bekämpfen. Man kommt somit, auch wenn man die unleugbare Tatsache, dass es in der Geschichte immer wieder Unterwerfung von schwächeren Verbänden durch stärkere gegeben hat, noch so sehr unterstreicht, nicht um die Notwendigkeit herum, das Werden und Wesen der Verbandsbildung zu erklären. Die Staatslehre kann der Frage nicht ausweichen, wie zwischen Menschen bewusste geregelte Kooperation möglich ist, und sie kann darauf keine andere Antwort finden als die, dass die Menschen, die in einem Verband zusammenleben und zusammenwirken, in der Kooperation das Mittel erblicken, das der Erreichung der Ziele, die sie ihrem Handeln setzen, besser dient als isoliertes Nebeneinander oder feindliches Gegeneinander. Das Werden gesellschaftlicher Verbände und ihr Fortbestand ist ohne dieses ideologische Moment nicht zu denken.

[568]Kritik des Fortschritts-Optimismus

[569]Man hat die Lehre, dass der Geist die Gesellschaft schafft, und dass alle Herrschaft im politischen Verbande, wenn sie dauerhaft sein soll, auf der Zustimmung der Beherrschten beruhen muss, zum Ausgangspunkt eines unhaltbaren Optimismus gemacht. Weil nun erwiesen war, dass man der Lehre, die die Entstehung gesellschaftlicher Bindung auf das Eingreifen überirdischer Kräfte zurückführte, nicht mehr bedürfe, und weil man die heteronome Moral durch die autonome zu ersetzen wusste, glaubte man, das alte Axiom von der natürlichen Bösartigkeit des Menschen ohne weiteres in sein Gegenteil verkehren zu dürfen. Der Mensch, meinte man, sei von Natur aus gutgeartet und immer vernünftigen Erwägungen zugänglich. Wenn es nun der Geist ist, der das Gesellschaftliche ordnet, kann über die Zukunft der gesellschaftlichen Entwicklung kein Zweifel obwalten. Die Gesellschaft werde sich zu immer dichterer Knüpfung der gesellschaftlichen Bande fortentwickeln, sie werde alle gesellschaftlichen Einrichtungen immer zweckmäßiger gestalten, sie werde sich immer mehr dem Ideal ungestörter friedlicher Beziehungen annähern. Das goldene Zeitalter liege nicht hinter uns, sondern vor uns in der Zukunft. Je weiter die Zeit fortschreite, desto mehr werde die Gesellschaft zu einer Gesellschaft der Guten und Vernünftigen werden, desto erfolgreicher wird sie das größte Glück der größten Zahl gewährleisten. In diesem Sinn gewöhnte man sich, von Fortschritt zu sprechen und Entwicklung mit Höherentwicklung gleichzusetzen.

[570]Gute, Wahre und Edle > good cause

[571]FN: Vgl. Guyau, La morale anglaise contemporaine, Deuxième édition, Paris 1885, S. 3.

[572]die im Genusse von Privilegien schwelgenden Adelskreise > the privileged aristocrats living on

the fat of the land
[573]Idealstaat > social perfection
[574]Philanthropen, Aufklärer und Liberalen > humanitarians, the philosophers, and the liberals
[575]die Menschheit ins Verderben stürzen > destroy our civilization
[576]Das Vernünftige > The good cause
[577]die Vernunft
[578]doch die Oberhand gewinnt
[579]Innerer Tausch und zwischenmenschlicher (gesellschaftlicher) Tausch > Autistic Exchange and Interpersonal Exchange
[580], auch das des isoliert gedachten Einzelnen oder das des ausnahmsweise in Vereinzelung handelnden Gesellschaftsmenschen,
[581]. Man tauscht durch das Handeln einen weniger befriedigenden
[582]besser befriedigenden ein. Dieses Tauschen des isoliert Handelnden wollen wir inneren Tausch nennen.
[583][hier und im Folgenden:] autistic > innere(n)
[584]In der Tauschgesellschaft wird das gesellschaftliche Zusammenwirken der handelnden Menschen zum Tausch zwischen Menschen, zu einem Geben an Menschen und zu einem Empfangen von Menschen.
[585]Diesen Tausch zwischen Menschen wollen wir den zwischenmenschlichen (interpersonellen oder gesellschaftlichen) Tausch nennen.
[586]Wenn ein abstürzender Bergsteiger auf einen anderen fällt, wenn ein Kranker einem Gesunden die Krankheitskeime überträgt, wenn ein Mensch sich eines anderen als eines willenlosen Mittels bedient, liegt kein Zusammenwirken und kein zwischenmenschlicher Tausch vor. Vom Standpunke des Mörders gesehen, ist auch der Mord Handeln und mithin (innerer) Tausch; der Mörder nimmt alles, was mit dem Morde für ihn verbunden ist, in Kauf, um sein Ziel zu erreichen. Doch
[587]in gesellschaftlicher Verbundenheit
[588]Tauschgesellschaft
[589]Das gesellschaftliche Zusammenwirken von Menschen in Arbeitsteilung und Arbeitsvereinigung ist nicht bloß in der Organisationsform der Tauschgesellschaft denkbar. Es gibt noch eine andere Möglichkeit: die herrschaftliche Organisation gesellschaftlicher Arbeit. [FN: Der Ausdruck «herrschaftlich» soll darauf hinweisen, dass für die Kooperation der Einzelnen das System angewendet wird, nach dem die Herrschaft im staatlichen Verband geübt wird. Man könnte statt «herrschaftlich» auch «sozialistisch» sagen. Dieser Ausdruck soll dann später überall verwendet werden, wo es sich um die Prüfung der Probleme handelt, die dem Handeln eines herrschaftlichen Verbandes gesetzt sind. Vgl. besonders Teil V.]
[590]In der herrschaftlichen Organisation der arbeitsteilenden Gesellschaft stehen nicht Wirte einander gegenüber, die geben, um zu empfangen, und empfangen, weil sie geben, sondern der Leiter und die Versorgten. Der Leiter allein handelt, wählt und entscheidet. Die Versorgten handeln nicht, sie gehorchen. Wenn sie arbeiten, arbeiten sie, weil ihnen Arbeit aufgetragen wurde. Wenn sie geben, geben sie, weil es ihnen befohlen wurde. Wenn sie empfangen, empfangen sie, weil der Leiter es so angeordnet hat.
[591]Die Einordnung und Eingliederung der Einzelnen in den herrschaftlichen Verband ist Handeln und damit Tausch. Keine Gewalt vermag den Einzelnen unmittelbar in die Zwangsgemeinschaft einzufügen. Gewaltanwendung und Gewaltandrohung vermögen wohl eine Lage zu schaffen, in der dem Einzelnen das Gehorchen und das Sichfügen vorteilhafter erscheinen als die Auflehnung und der Ungehorsam.
[592]Auch die herrschaftliche Organisation kann an dem Tatbestand nichts ändern, der allem menschlichen Verhalten eigentümlich ist.
[593]Durch die Entscheidung, die ihn zum Versorgten macht und bleiben lässt, hat der Einzelne nicht etwa eine Lage geschaffen, die seine künftige Wahlfreiheit beschränkt, wie es z. B. Unternehmer und Arbeiter in der Tauschgesellschaft machen, wenn sie Arbeitsverträge und Lieferungsverträge abschließen. Er hat nichts an seiner Lage geändert, die ihm die Wahl zwischen den Folgen des Gehorsams und denen des Ungehorsams aufnötigt; er hat auch weiterhin immer noch die Möglichkeit, sich aufzulehnen und die Folgen der Auflehnung auf sich zu nehmen. Das Charakteristische seines Tausches ist, dass er für eine unbestimmte und unbegrenzte Leistung keine bestimmte und begrenzte Gegenleistung empfängt. In der Tauschgesellschaft tauschen die Tauschparteien bestimmte und begrenzte Leistungen aus. Auch der Lohnarbeiter in der Tauschgesellschaft tauscht eine bestimmte und begrenzte Arbeitsleistung gegen eine bestimmte und

begrenzte Leistung des Arbeitgebers ein. Der Versorgte des herrschaftlichen Verbandes gibt und nimmt durch die Unterwerfung nichts, was begrenzt oder bestimmt ist. Er gliedert sich einem System ein, in dem er Unbegrenztes und Unbestimmtes zu leisten und Unbegrenztes und Unbestimmtes zu empfangen hat.

Das Prinzip, das den herrschaftlichen Verband zusammenhält, ist die Unterordnung der Versorgten.

[594]denkbaren und möglichen

[595]bürgerlicher (kapitalistischer) Warenproduktion > the unspeakable degradation of capitalism on the other hand.

[596]der bürgerlichen Gesellschaft und der totalitären Staatsordnung > the counterfeit system of bourgeois security from the heroic svstem of authoritarian Führertum

[597]Die Kultur, die wir kennen und in der wir leben, > Western civilization as well as the civilization of the more advanced Eastern peoples

[598]Der Familienhaushalt

[599]Die menschliche Gesellschaft > Human civilization

[600]Tauschgesellschaft, nicht herrschaftlicher Verband

[601]Reich > The Reich of the Nazis and the commonwealth of the Marxians

[602]Reich > Reich or commonwealth

[603]und expansiv

[604]wie das britische Empire

[605]in der Tauschgesellschaft

[606]anderer

[607]als die Wahl zwischen Gehorsam und Auflehnung

[608]in ressentimentvoller Verkehrung des üblichen Sprachgebrauches

[609]Das Problem des rechnenden Handelns

[610]gesellschaftlichen Zusammenwirkens > the contractual society

[611]Die nationalökonomischen Probleme, wie sie die Nationalökonomen von den ersten Versuchen bis heute immer gesehen und bestimmt haben, sind Probleme des rechnenden Handelns.

Wenn wir aus dem Gesamtgebiet der Praxeologie einen engeren Bezirk – den des Nationalökonomischen – besonders herausheben und behandeln wollen, dann haben wir vor allem zu untersuchen, wie es im Handeln zum Rechnen kommen kann und kommt. Keine zweite Unterscheidung ist innerhalb des Gesamtgebiets des menschlichen Handelns wichtiger als die zwischen dem Handeln, das sich des Rechnens mit Kardinalzahlen bedient, und dem Handeln, das dieses logischen Werkzeugs entbehrt.

[612]Sie erlangen ihre Verwendbarkeit für das Studium von Wirtschaftssystemen, die unter anderen Bedingungen stehen, allein durch geistige Übertragung von Gedankenführungen, die im Rahmen des marktwirtschaftlichen Handelns herausgebildet wurden und nur in diesem Rahmen zu Ende geführt werden können.

[613]dem Mittel oder

[614]dieses Mittel oder

[615]Es gibt hier ein höher und ein tiefer, ein lieber und ein weniger lieb. > It is manifestation of a judgment that a is more intensely desired than is b.

[616]Traviata > Falstaff

[617]nächste > immediate

[618]als sie Menger und Böhm-Bawerk vorgetragen haben,

[619]die jene klassischen Darstellungen verunzieren,

[620]Die Verwendung von Fiktionen ist stets mit Gefahren verbunden.

[621], und die Praxeologie hätte ohne sie nie einen Schritt auf dem Wege zur Lösung der ihr gestellten Aufgaben machen können

[622]niederster Güterordnung > first order

[623]immer nur eine Mittlerrolle spielt, dass es

[624]Tauschmittel > medium of interpersonal exchange

[625]von der Geldseite her

[626]Eine Folge dieser Auffassung war, dass die moderne Theorie aufhörte, sich mit den Problemen des indirekten Tausches zu befassen, und dass die Nationalökonomen entweder überhaupt nicht vom Gelde handelten, oder, wenn sie es taten, es unterließen, ihre Geldlehre in ihr ökonomisches System einzubauen. > Complying with this opinion economists neglected to lay due stress upon the problems of indirect exchange. Their treatment of monetary problems was superficial; it was only loosely connected with the main body of their scrutiny of the market process.

[627]Realzins und Geldzins > «natural rate of interest» and the «money rate of interest»
[628]man sollte im Hinblick auf Hume, die Currency-Schule, J. St. Mill und Cairnes besser sagen: wiedergewonnenen) > Of course, these new ideas were essentially a continuation of the work gloriously begun by David Hume, the British Currency School, John Stuart Mill and Cairnes.
[629]Mit der Beseitigung der entgegenstehenden Auffassung, die schon Aristoteles irregeführt und noch die Bemühungen der klassischen Nationalökonomie zu Unfruchtbarkeit verdammt hatte, verschwinden aus der Nationalökonomie alle Vorstellungen, die sich an den Ausdruck «Wertmessung» knüpfen ließen.
[630]Dass zwei Güter ausgetauscht werden, ist nicht Folge des Umstandes, dass sie gleichgehalten werden, sondern im Gegenteil Folge des Umstandes, dass sie von den Tauschparteien verschieden bewertet werden.
[631]All das müsste, sollte man meinen, von einer Betrachtung, die vom Gedankenbild des nur direkten Tausch verwendenden Marktes ausgeht, besonders leicht festzuhalten sein. Doch da treten die Folgen der Auffassung hervor, dass die Ausschaltung des Geldes unwesentlich sei und dass man daher im Gedankenbilde der geldlosen Wirtschaft alle Kategorien der Marktwirtschaft nachzuweisen imstande sein müsste. Am deutlichsten und am schädlichsten zugleich wird dies im System von Wieser. Wieser entwickelt eine Theorie der «einfachen Wirtschaft», d.i. der Wirtschaft eines sozialistischen Gemeinwesens, in dem alles Handeln

«von einem einzigen Sinn» ausgeht, somit «einer planmäßigen Leitung» untersteht; in dieser Wirtschaft gibt es keinen gesellschaftlichen Tausch, daher auch keinen Markt, keine Preise und kein Geld, «der wirtschaftliche Prozess der periodischen Erzeugung und Verwendung der Güter» vollzieht sich «als bloßer naturalwirtschaftlicher Prozess»[FN: Vgl. *Wieser,* Theorie der gesellschaftlichen Wirtschaft (Grundriss der Sozialökonomik, I. Abteilung, Tübingen 1914), S. 137, 141 ff.]. Wieser nimmt dabei als ganz selbstverständlich an, dass «unter den Problemen, welche die Theorie der einfachen Wirtschaft aufzustellen hat», es keines gäbe,

«das nicht bis zu Ende lösbar wäre». Denn «warum sollte es dem theoretischen Denker verschlossen sein, nachspürend die Bahnen zu beschreiben, welche der praktische Sinn des Wirtschaftens täglich und stündlich geht?»[FN: Vgl. *Wieser,* a. a. O., S. 137.]. Wieser hält es offenbar für unwesentlich, dass die Bahnen, die der praktische Sinn des Wirtschaftens geht, durch die auf dem Sondereigentum an den Produktionsmitteln beruhende, durch Vermittlung des Geldes umsetzende und in Geld rechnende Marktwirtschaft ziehen, und sieht nicht, dass der Umstand, dass die Wirte in dieser Gesellschaft rechnen können, keineswegs auch schon beweist, dass sie in einer verkehrslosen Wirtschaft, in der es weder Geld noch Geldpreise gibt, rechnen könnten. Wieser wiederholt immer wieder, dass auch in der sozialistischen Gemeinwirtschaft – er nennt sie «die soziale Musterwirtschaft»[FN: Vgl. *Wieser,* a. a. O., S. 223.] – genau gerechnet werden muss und soll, wobei er ohne jedes Bedenken annimmt, dass solche Wirtschaft als rechnende und berechnende Wirtschaft ganz in derselben Weise verfahren könnte wie die Marktwirtschaft. Ja, er hält diese einfache Wirtschaft, da in ihr «nichts von den Gegensätzen vorkommt, die sich bei der gesellschaftlichen Kräftebereitung äußern»[FN: Vgl. Wieser, a. a. O., S. 142.], für die vollkommene Wirtschaft schlechthin. Einen Augenblick nur scheinen ihm Bedenken aufzusteigen, ob seine Annahmen nicht «in unzulässiger Weise idealisieren»; dürfe man dort «vereinfachen, wo die Vielheit das Wesen ist?» Doch er weist diesen Einwand sofort wieder zurück. In Wirklichkeit sei nämlich «der volkswirtschaftliche Prozess von heute trotz seiner starken Zersplitterung und seiner starken Gegensätze doch ein Ganzes», er sei «nicht im vollsten Sinne eine Einheit», aber er vollziehe sich «doch in einem alles umfassenden Zusammenhange, welchen die Theorie der einfachen Wirtschaft idealisierend als Einheit darstellen darf». Dieser «allgemeine Zusammenhang ist durch die Produktionsverwandtschaft begründet»[FN: Vgl. Wieser, a. a. O., S. 163.]. Wieser sieht nicht, dass dieser Zusammenhang und diese Einheit des Wirtschaftens durch den Markt allein hergestellt werden, und dass die Wirtschaftsrechnung in Geld erfolgt und sich der auf dem Markte gebildeten Geldpreise der Güter und Dienstleistungen bedient. Dass auch in der einfachen Wirtschaft, die weder Markt noch Geld kennt, gerechnet werden könnte, scheint ihm ganz selbstverständlich zu sein. Diese vorgefasste und ohne ausreichende Prüfung festgehaltene Meinung verführt Wieser dazu, das Grundprinzip der subjektivistischen Wertlehre preiszugeben und im Grenznutzen eine Einheit zu erblicken, mit der gerechnet werden könnte. Weil gleiche Teilmengen gleich hoch bewertet werden, schreibt er – in unlösbarem Widerspruch mit dem ersten Grundsatz der Wertlehre – einem Vorrat einen Wert zu, «der gleichkommt dem Produkte der Stückanzahl (oder der Anzahl von Teilmengen) mit dem jeweiligen Grenznutzen».[FN: Vgl. Wieser, Der natürliche Wert, Wien 1889, S. 24; Theorie der gesellschaftlichen Wirtschaft, a. a. O., S. 196 f.] Doch selbst wenn man an diesem, mit der subjektivistischen Auffassung der Werterscheinung nicht zu vereinbarenden

Gedanken festhalten wollte, ließe sich noch immer nicht zeigen, wie es gelingen könnte, für die Wirtschaftsrechnung einer einfachen Wirtschaft eine Recheneinheit zu finden, die es ermöglichen würde, verschiedene Güterarten in die Rechnung eingehen zu lassen. Das komplizierte System, das Wieser da entwickelt, ist unverwendbar, weil es den Grenznutzen wie eine extensive Größe behandelt, was Wieser's ausdrücklicher Feststellung, dass die «primären Bedürfniswerte» nicht «extensive Zahlengröße», sondern «Intensitätsgröße» haben, und dass sie «nicht rechenbar» sind, weil sie «nicht auf ein gemeinschaftliches Maß gebracht werden können, als dessen Vielfaches sie sich darstellen»[FN: Vgl. Wieser, Theorie der gesellschaftlichen Wirtschaft, a. a. O., S. 215 f. – Zur Klarstellung des Sachverhaltes genügt der Hinweis auf die Irrtümer, die Wieser in der Behandlung dieses Grundproblems begangen hat. Es wäre überflüssig, im Einzelnen noch auf die vielen anderen Schriftsteller einzugehen, die demselben oder ähnlichen Irrtümern verfallen sind. Über Irving Fisher's Versuch, zur Wertmessung zu gelangen, vgl. meine Theorie des Geldes und der Umlaufsmittel, a. a. O., S. 14 ff.], widerspricht.

Wir müssen uns darüber klar sein, dass wir uns einer Fiktion bedienen, wenn wir annehmen, dass ein isolierter Wirt (oder der Leiter einer einfachen Wirtschaft in Wieser's Sinn) in seinem Wirtschaften ebenso rechnen könnte wie die Wirte einer Marktwirtschaft. In der Marktwirtschaft wird in Geld gerechnet und die einzelnen Gütermengen werden mit jenen Geldbeträgen veranschlagt, die ihren Marktpreisen oder ihren voraussichtlichen Marktpreisen entsprechen. Ob in der verkehrslosen und geldlosen einfachen Wirtschaft überhaupt gerechnet werden könnte, ist ein Problem, zu dessen Lösung von der Wirtschaftsrechnung der Marktwirtschaft her kein Weg führt.

[632]Etatisten,

[633]An der Robinsonade lassen sich die wesentlichen Probleme der Marktwirtschaft nur unter Annahme der Fiktion studieren, dass auch in der verkehrslosen Wirtschaft gerechnet werden kann und dass auch in ihr die Bildung von Geldpreisen sowohl der Güter erster Ordnung als auch der Güter höherer Güterordnungen möglich sei.

[634]Dass die vom Marxismus «als ideologische Verhüllung der Klasseninteressen der Bourgeoisie entlarvte bürgerliche Nationalökonomie» diesem Irrtum verfallen ist, vermag – neben dem Umstande, dass das Kernstück marxistischer Nationalökonomie, die Arbeitswerttheorie, von der klassischen Nationalökonomie ausgearbeitet wurde, – in besonders einleuchtender Weise die Nichtigkeit der marxistischen Ideologienlehre und der auf ihr fußenden Wissenssoziologie aufzuzeigen.

[635]Wenn Wieser schreibt: «Gar manche Theoretiker haben die Werttheorie des Kommunismus geschrieben ohne es zu wissen, und haben darüber versäumt, die der Gegenwart zu schreiben»[FN: Vgl. Wieser, Der natürliche Wert, a. a. O., S. 60, Anm. 3.], so hatte er recht, wenn auch in einem andern Sinne als in dem, den er diesen Worten beilegte. Für die Arbeitswertlehre und für alle verwandten Auffassungen schien das Problem der Wirtschaftsrechnung keine Schwierigkeit zu bieten. Ihnen kann man es daher kaum zum Vorwurf machen, dass sie die Problematik sozialistischer Gemeinwirtschaft nicht sehen konnten. Wenn ihre Anhänger das Gedankenbild der einfachen Wirtschaft (im Sinne Wieser's) als Reformvorschlag für die Umgestaltung der Gesellschaft ansehen wollten, setzten sie sich nicht in Widerspruch zu den werttheoretischen Grundsätzen ihrer Nationalökonomie. Ihr Irrtum war ihre Wertlehre; ihr Sozialismus ist vom Standpunkte dieses Irrtums begreiflich. Anders steht es um die moderne subjektivistische Nationalökonomie. Dass sie das Problem der Wirtschaftsrechnung nicht gesehen hat, ist unverzeihlich. Und es ist besonders tragisch, dass gerade Wieser sich diesem Vorwurf am stärksten ausgesetzt hat, obwohl seine Untersuchungen bereits alle Elemente zu einer befriedigenden Behandlungen des Problems enthalten.

[636]der auf das Handeln gerichtete Geist > Acting man

[637]Wissen > information

[638]Mittel des Handelns > means of production

[639]niederster Ordnung > first order

[640]Welt > universe

[641]Was der Handelnde benötigt, ist die Antwort auf die Frage, wie er die Mittel verwenden soll, um sein Unbefriedigtsein soweit abzustellen, als die Mittel gestatten. > What acting man wants to know is how he must employ the available means for the best possible – the most economic – removal of felt uneasiness.

[642]Doch ob dieses Rezept oder unendlich viele andere in gleicher Art aufgebaute den Zwecken, die der Handelnde verwirklichen will, dienlich ist, kann sie nicht sagen, obwohl die Reihung der Zwecke ihr vom Handelnden gegeben wird.

[643]Die Pläne und Entwürfe der Ingenieure und Konstrukteure wären nutzlos, wenn sie nicht Aufwand und Ertrag vergleichen könnten. Das aber können sie nur, weil die Einheit, mit der sie rechnen, das Geld ist und weil sie sich auf den Geldpreisen der Güter und Dienste aufbauen.

[644]Wirtschaftsrechnung und Marktverkehr > Economic Calculation and the Market

[645]Das Rechnen ist gegenüber den einfacheren Überlegungen, als deren Verfeinerung es sich darstellt, durch zwei Eigenschaften ausgezeichnet: es verwendet an Stelle vager Schätzungen von Größenverhältnissen die Ergebnisse von Messungen, die so genau sind, wie es die besonderen Aufgaben der Rechnung im einzelnen Fall erfordern, und es verbindet die verschiedenen Messungsergebnisse durch Operationen mit den ihnen zugeordneten Zahlenwerten. Von den rohesten Formen vernünftiger Überlegung bis zu den genauesten und feinsten Berechnungen führen unmerkliche Übergänge. Nicht nur die Messungen wurden schrittweise feiner, auch die mathematischen Operationen[FN: Hier ist nicht von der mathematischen Wissenschaft die Rede, sondern von den Rechenmethoden, die die Praxis anwendet; diese blieben lange hinter dem zurück, was die zeitgenössische Wissenschaft als richtig ansah.] wurden nur allmählich exakter.

Die moderne arbeitsteilige Produktion wäre ohne Wirtschaftsrechnung hilflos. Sie hat sich in dem Masse entwickelt, in dem es ihr gelang, die Wirtschaftsrechnung auszubauen, und sie würde einem sinnlosen Chaos weichen müssen, wenn man sie der Möglichkeit zu rechnen berauben würde.

Als Aufgabe der Wirtschaftsrechnung erscheint dem einzelnen Wirt die Gegenüberstellung von Aufwand und Erfolg. Die Vorkalkulation oder Kalkulation entscheidet über das geplante Handeln; die Buchführung, Bilanzaufstellung und Gewinn- und Verlustrechnung ermitteln die Ergebnisse des vollzogenen Handelns. Die Rechnung ist nicht nur Vorbedenken des künftigen Handelns, sondern auch Nachbedenken des vergangenen Handelns. Dieses Nachbedenken verfolgt nicht etwa bloß historische und didaktische Zwecke. Es dient als Kapitalsrechnung dem Handeln, indem es zeigt, wie viel man verbrauchen darf, wenn man den Wert der verfügbaren Kapitalgüter zumindest ungeschmälert erhalten will. Die Begriffe Vermögen (Kapital) und Einkommen (Ertrag) erhalten damit ihre Bedeutung für das Handeln, das ohne sie und die Begriffe Vermögenserhaltung (Kapitalserhaltung), Vermögenszuwachs (Kapitalsmehrung) und Vermögensverringerung (Kapitalsminderung), Verzehr und Sparen nicht mehr auszukommen vermag.

Für das Gesamtsystem der Marktwirtschaft ist die Wirtschaftsrechnung das Mittel zur Ausrichtung der Produktion nach den Bedürfnissen aller Genossen der arbeitteilenden Gesellschaft. Die Wirtschaftsrechnung erst macht den Markt zu einem einheitlichen Zusammenhang aller Glieder der Gesellschaft. Dass eine Veränderung von Nachfrage oder Angebot, die sich auf einem weit entfernten Teilmarkte abspielt, überall auf dem Markte spürbar und damit wirksam wird, ist ihr Werk.

Die Wirtschaftsrechnung ist auf den Geldpreisen, die auf dem Markte für Güter aller Art und aller Güterordnungen gebildet werden, aufgebaut. Nur weil es Geldpreise gibt und soweit es sie gibt, kann im Handeln beim Vergleich von Aufwand und Erfolg gerechnet werden.

[646]historische Tatsachen. Jeder Geldpreis, der uns bekannt wird, gehört der Vergangenheit an.

[647]Nie und unter keinen Umständen bedeutet eine Mitteilung über ein Austauschverhältnis zwischen dem Gelde und den Kaufgütern mehr als das,

[648]Dass wir die Preise der jüngsten Vergangenheit nicht bloß als historische Tatsachen betrachten, sondern sie zur Richtschnur für unser stets auf die Zukunft gerichtetes Handeln nehmen, beruht allein darauf, dass wir mit der Fortdauer der Verhältnisse rechnen, die zu ihrer Bildung geführt haben, oder doch wenigstens erwarten, dass diese Verhältnisse nicht zu schnellen und zu starken Veränderungen ausgesetzt sein werden.

Denn wenn auch alle Geldpreise, die unserer Rechnung zur Verfügung stehen, Geldpreise der Vergangenheit sind, so wollen wir doch immer nur mit den Geldpreisen der Zukunft rechnen.

[649]Den handelnden Menschen > Practical man

[650]die nächste Stunde oder die nächsten Tage > the next hour, day, or month

[651]Dabei macht es keinen Unterschied, ob die Geldrechnung dem Vorbedenken künftigen Handelns dient oder dem Nachbedenken vergangenen Handelns. Nicht nur die Kalkulation – die Berechnung der Aussichten geplanten Handelns – auch die Gewinn- und Verlustrechnung, deren Aufgabe die Feststellung des Erfolges des vergangenen Handeln ist, hat mit den Preisen der Zukunft zu rechnen.

[652]Vermögens > money equivalent of funds owned

[653]vorhandene Güter und Rechte auf Güter und Leistungen

[654]Das Handelsrecht will ein Vorgehen eingeschlagen sehen, bei dem die Gefahr der Schädigung von Personen, die an dem Ergebnis der Geschäfte des Unternehmens als Gläubiger interessiert

sind, durch vorsichtige Bewertung herabgemindert wird; es sollen die Aktiven nicht zu hoch, die Passiven nicht zu niedrig bewertet werden, damit nicht zu viel als vermeintlicher Gewinn aufgezehrt werde, und es soll verhindert werden, dass ein schlechtgehendes Unternehmen solange weiterbetrieben wird, bis durch Aufzehrung des dem Unternehmer gehörigen Kapitals oder eines großen Teils dieses Kapitals die Befriedigung der Ansprüche der Gläubiger unmöglich geworden ist.

[655], weil sie einen hohen Steuerertrag – sei es auch auf Kosten des Stammvermögens und zum Schaden späterer Steuereingänge – anstreben.

[656]und den an die Wirtschaftsrechnung anknüpfenden Berechnungen, die anderen Zwecken dienen

[657], mag sie auch auf einer der Wirtschaftsrechnung nachgebildeten Berechnung aufgebaut sein

[658]Die Wirtschaftsrechnung, die auf die möglichst genaue Erfassung der durch das Handeln zu gewärtigenden oder schon eingetretenen Erfolge gerichtet ist, kann ihre Aufgabe ohne Annahmen über die Preise, die der Markt künftig bilden wird, nicht lösen. Zu solchen Annahmen vermag man nur auf dem Wege zu gelangen, dass man von den Preisen der jüngsten Vergangenheit ausgeht und an ihnen unter Umständen Änderungen vornimmt im Hinblick auf voraussichtliche Preisverschiebungen, die durch eine vorausgesehene Änderung der Marktlage hervorgerufen werden dürften. Je zutreffender sich diese Abschätzung der künftigen Preisgestaltung erweist, desto genauer und richtiger wird das Bild sein, das die Rechnung liefert. Doch immer muss ihr der Umstand, dass sie es mit einer unbekannten Zukunft zu tun hat, problematischen Charakter geben.

Wie jedes Handeln auf die Zukunft gerichtet und mit all der Ungewissheit behaftet ist, die die Zukunft dem menschlichen Geist birgt, so ist auch die Wirtschaftsrechnung ein Rechnen mit Künftigem und Ungewissem, ein Tasten im Dunkeln und Unerforschten.

In der kaufmännischen Kalkulation geplanter Unternehmungen liegt dieses spekulative Element offen zutage. Doch auch mit der Überprüfung des Erfolges des vollzogenen Handelns, mit dem Abschluss der Bücher und der Aufstellung von Bilanzen und von Gewinn- und Verlustrechnungen steht es nicht anders. Alle Bilanzen sind Zwischenbilanzen, denn sie erfassen nur den Stand an einem willkürlich herausgegriffenen Zeitpunkt, während Leben und Handeln weitergehen. Alle Bilanzwerte sind auf die Zukunft gerichtete Bewertungen. Man kann einzelne Unternehmungen liquidieren, die Gesamtwirtschaft wird immer weitergehen und kann niemals als abgeschlossen betrachtet werden. Selbst die Umwandlung aller Sachwerte und Rechte eines Unternehmens in Bargeld ändert nichts an dem nur vorläufigen und spekulativen Charakter der Rechnung. Denn auch die Bedeutung von Geldsummen ist von der künftigen Gestaltung des Marktes, auf dem das Geld zum Kaufe von Sachgütern und Leistungen verwendet werden soll, abhängig. Die ziffernmäßige Genauigkeit der Buchführung und aller mit ihr in Verbindung stehenden Aufstellungen und Nachweise darf über die Zweifelhaftigkeit der wesentlichen Posten und damit des Gesamtergebnisses nicht hinwegtäuschen.

[659]Das alles darf man aber nicht als Unzulänglichkeit der Wirtschaftsrechnung bezeichnen. > Yet, these facts do not detract from the efficiency of economic calculation.

[660]Ihre Funktion ist allein die, für die Gegenüberstellung von Aufwand und Erfolg des Wirtschaftens die Zusammenfassung der verschiedenartigen Mittel des Handelns unter einen gemeinsamen Nenner zu ermöglichen. Rechnungsoperationen kann man nur mit gleichbenannten Zahlen ausführen.

[661]Es gibt Dinge, die für Geld nicht feil sind, obwohl das Handeln über sie verfügt.

[662]oder Geist

[663]hohem Können und

[664]Wenn erwogen wird, ein Bauwerk von künstlerischem und geschichtlichem Wert abzutragen, um an seine Stelle ein modernes Bauwerk zu errichten, kann man in die Rechnung den Kunst- und Pietätswert nur soweit in Geld einstellen, als er zu Geldeinnahmen zu führen vermag. Was das Gemüt an das alte Bauwerk knüpft, > The appraisal of an old building must disregard its artistic and historical eminence as far as these qualities are not a source of proceeds in money or goods vendible. What touches a man's heart only and does not induce other people to make sacrifices for its attainment

[665]Wenn einer Stadtverwaltung zwei Vorschläge für die Neugestaltung der Strassen in einem Stadtteil vorliegen, von denen der eine den Vorzug hat, billiger zu sein, der andere aber bei höherem Kostenaufwand dadurch ausgezeichnet ist, dass er die Niederreißung eines künstlerisch und geschichtlich bedeutenden Baudenkmals, die der erste Entwurf verlangt, zu vermeiden weiß,

dann bereitet es der zu treffenden Entscheidung keine Schwierigkeit, dass die Gefühle, die zu Gunsten der Erhaltung des Baudenkmals sprechen, nicht in Geld veranschlagt werden können.

[666]Gerade der Umstand, dass sie außerhalb der Geldrechnung bleiben, sichert ihnen besondere Beachtung.

[667], und wer für sie Opfer zu bringen bereit ist, wird daran durch ihr Nichteingehen in die Geldrechnung nicht gehindert

[668]Sie ist daher stets nur Rentabilitätsrechnung und nicht Produktivitätsrechnung.

[669]einzige Richtschnur > ultimate fact

[670]Die Geldrechnung ist die Rechnung der Verbraucher auf dem Markte der Verkehrswirtschaft und der für diesen Markt arbeitenden Unternehmer, Kapitalisten, Grundbesitzer und Arbeiter.

[671]Verbraucher,

[672]Arbeiter > wage earners

[673], denen keine Wirklichkeit des Lebens, Handelns und Wirkens entspricht,

[674]Zahlenspielerei > childish

[675]amerikanischen

[676]der Strassen, des Klima, der Tüchtigkeit der Bewohner > of the country's climate and the people's innate abilities and acquired skill

[677]Der Kaufmann vermag sein Unternehmen zu veräußern, der Kapitalist vermag sein Vermögen, es stückweise in Geld verwandelnd, aufzuzehren. Kann ein Volk das Volksvermögen veräußern oder in ähnlicher Weise aufzehren wie ein Einzelner sein Vermögen?

[678]Der Geldausdruck für auf den Märkten gangbare Güter und Leistungen ist keine Messung einer Wertgröße wie der naive Verstand annimmt, wenn er Münzen, Maße und Gewichte in eine Reihe stellt. Die Geldwerte der Kaufgüter sind nie etwas anderes als Feststellung eines Austauschverhältnisses, zu dem in der Vergangenheit ausgetauscht wurde oder in der Zukunft vermutlich ausgetauscht werden dürfte.

Immer wieder muss man es betonen: Wer das Handeln nicht ganz verkennen will, muss sich bei seiner Betrachtung von allen physikalischen Analogien und Metaphern fernhalten. Im Handeln wird nicht gemessen und nicht gewogen, im Handeln wird nicht gleichgehalten, sondern gewählt, d.h. vorgezogen und zurückgestellt.

[679]Markt

[680]Starrheit und Unwandelbarkeit der Verhältnisse > price rigidity

[681]Man > layman

[682]alten Preise > yesterday's price structure

[683]die Ausweitung des Gebiets, das den Markt zu beschicken vermag

[684]Wenn auch in den Jahrhunderten, die man als vorkapitalistisch zu bezeichnen pflegt, die Produktions- und Absatzverhältnisse sich langsamer veränderten als in unseren Tagen, so waren darum die Preise der auf den Märkten gegen Geld umgesetzten Güter nicht stabiler.

[685]geschichtliche Umstände > atavistic reminiscences

[686]Biologie > physiology

[687]Seit dem 18. Jahrhundert begann der menschliche Geist über das schon durch altorientalisches Denken umschriebene und durch die griechische Philosophie abgesteckte Gebiet der Erkenntnis hinauszugehen; man fing an zu erkennen, dass auch im menschlichen Handeln eine Regelmäßigkeit waltet, die mit der Gleichförmigkeit, die man als naturgesetzlich zu bezeichnen pflegt, verglichen werden kann und die dennoch von ihr und von der Gesetzlichkeit, die das normative Denken der Ethik und des Rechts erfüllt, kategorial verschieden ist. Doch es bedurfte noch geraumer Zeit, ehe man erkannte, welche Erweiterung des alten Kategoriensystems das neue Denken erforderte. Wo nicht ein Sollen, sondern ein Sein in Frage war, da glaubte man mit den Vorstellungen des Messens und Wägens, mit denen man an das Sein der Natur heranzutreten pflegte, arbeiten zu müssen und arbeiten zu können. Diese Auffassung durchzieht die klassische Nationalökonomie.

[688]Es entspricht dem Denken, das sich an der Beobachtung der Natur und an dem Aufsuchen der Regelmäßigkeit im Ablauf der Vorgänge der Außenwelt emporgerankt hat, von der Vorstellung des Messens und Wägens auszugehen. Wo gerechnet wird, sucht man Maß und Gewicht. Weil das Handeln rechnet, muss ihm, glaubt man, ein Messen vorausgehen. So ist es das Denken, das für die Betrachtung eines Ablaufes, der durch das Denken selbst geführt wird, Auffassungen verwendet, die es für die Betrachtung der Außenwelt gefunden hat und die die Betrachtung des menschlichen Handelns irreleiten müssen. Es ist eben leichter, äußere Vorgänge zu beobachten als das eigene Handeln.

Doch die Aufgabe, sich von den Denkkategorien zu befreien, die für die Betrachtung des Seins des Handelns nicht zureichen, ist nicht nur der Wissenschaft vom Handeln gestellt, sondern auch dem Handeln selbst. Denn das Handeln des Einzelnen wird von den Zielen, die ihm der Handelnde setzt, durch die Irrtümer über das Wesen des Handelns abgelenkt. Die Vorstellung, dass die Werte und Preise in Geld gemessen werden, dass man das Geld als einen Maßstab der Werte zu benützen vermag und dass es demgemäss in Bezug auf seine Werteigenschaft als unveränderlich betrachtet werden könne und dass es in der Wirtschaft einen festen Punkt oder eine feste Größe gebe, ist nicht nur der Erkenntnis des Handelns im Wege, sondern auch dem Handeln selbst.

[689]technischen Ausgestaltung

[690]damit aber notwendigerweise zur Fehlleitung von Kapital, zur Krise und zur Depression gelangt,

[691]Umlaufsmittelbanken > banking

[692]Im Fliessenden und Sichewigverändernden sucht man ein Festes und Unveränderliches; das Unmessbare soll gemessen, das Flüchtige soll festgehalten werden. Der Mensch, der wird und vergeht, der in jedem Augenblicke ein anderer ist und dessen Wertungen, Wollungen und Handlungen sich mit dem Wandel seines Seins ändern, wird als ein ewig Unwandelbarer gedacht.

[693]Doch auch dann, als man die Erkenntnis, dass auch das Geld keinen festen Punkt abgibt und dass nicht nur die Geldpreise der Waren, sondern auch die Kaufkraft des Geldes wandelbar ist, einmal gewonnen hatte, wollte man die liebgewordene Vorstellung, es müsse doch einen festen Maßstab des Tauschwertes geben, nicht preisgeben.

[694]Haushalt

[695]wenn die Bedeutung, die die Hausfrau dem Inhalt dieses Korbes beilegt, stets unverändert bliebe > if the role which this assortment of goods plays in the family's life were not to change

[696]etwa einfach Weizen und Weizen oder gar Schuhe und Schuhe gleichzusetzen > to identify wheat with wheat, not to speak of shoes, hats, and other manufactures

[697]Wenn auch eine landläufige Redensart ein Ei dem andern gleichen lässt, so unterscheiden Verkäufer und Käufer die Eier in der Preisbildung doch sehr beträchtlich. > An idiomatic expression as serts that two peas are alike; but buyers and sellers distinguish various qualities and grades of peas.

[698]Genussgüter > goods and services of the first order

[699]Sie kann nicht auf den Preisen der Produktionsmittel und nicht auf der Berücksichtigung einer Auswahl von Güterpreisen aufgebaut werden.

[700]wären nur dann erfüllbar, wenn es zulässig wäre anzunehmen, dass die Beschaffenheit der begehrten und angebotenen Güter und der relative Umfang der Nachfrage nach ihnen und des Angebots im Verlaufe der Zeiten unverändert bleiben.

[701]Dann allein könnte man Reihen der Güterpreise aufstellen, deren Vergleich Verschiebungen des Austauschverhältnisses zwischen dem Geld und den Kaufgütern erkennen ließe.

[702]frei von Willkür und Ermessen > apodictic

[703]ohne Rücksicht auf den Umfang, den die Umsätze dieser Waren haben, und ohne Rücksicht auf die Bedeutung, die ihnen für die Versorgung zukommt > without taking into account the different roles they play in the total system of the individuals' households

[704]von den verschiedenen, die die Arithmetik für die Errechnung von Mittelwerten kennt,

[705]Jedes dieser Verfahren empfiehlt sich in mancher Hinsicht, und gegen jedes können wieder in anderer Hinsicht Einwendungen geltend gemacht werden;

[706], und keines von ihnen kann als allein angemessen in der Weise bezeichnet werden, in der man logisch etwa ein Multiplikationsverfahren als das allein richtige gegenüber allen übrigen denkbaren Möglichkeiten auszeichnet [FN: Vgl. darüber meine: Theorie des Geldes und der Umlaufsmittel, 2. Auflage, München und Leipzig 1924, S. 170 ff.; Geldwertstabilisierung und Konjunkturpolitik, Jena 1928, S. 18 ff.]

[707]Die grundsätzliche Unzulänglichkeit aller Verfahren, die zur Messung der Veränderung der Kaufkraft des Geldes vorgeschlagen wurden, beruht auf der Unklarheit der dem Gedanken solcher Messung zugrundeliegenden Ideengänge.

[708]Wie immer man sich die Veränderungen der Kaufkraft ausgelöst denken will, sie müssen auch Verschiebungen der Verhältnisse zwischen den Einzelnen hervorrufen, sie müssen notwendigerweise die Gestaltung der Eigentums- und Reichtumsverhältnisse berühren, und sie müssen auch die Austauschverhältnisse der Kaufgüter untereinander und damit die Produktion verändern.

[709]Veränderungen der Preise, die von Seite des Geldes ausgehen, müssen die Preise der einzelnen Güter und Dienstleistungen in ungleichem Masse verändern.

[710]der Wirtschaft

[711]Sowohl die äußeren Bedingungen der Umwelt, in der die Menschen leben, als auch die inneren Bedingungen ihres Daseins, ihre Ideen und ihre Einsicht in die für das Handeln entscheidenden Dinge, sind jeder Stabilisierungspolitik unzugänglich. Gehandelt wird, weil es Veränderung gibt, und Handeln ist selbst immer Veränderung.

[712]Die Wirtschaftsrechnung ist unabhängig von allem, was mit der Vorstellung wertstabilen Geldes zusammenhängt. > Economic calculation does not require monetary stability in the sense in which this term is used by the champions of the stabilization movement.

[713]Dass es Geld mit unveränderlicher Kaufkraft nicht gibt und nicht geben kann, ist der Wirtschaftsrechnung notwendig und kann nicht weggedacht werden.

Nicht die Wirtschaftsrechnung verlangt «stabiles» Geld, sondern Bestrebungen, die mit der Wirtschaftsrechnung nichts zu tun haben.

[714]dessen Dienst nicht durch Eingriffe der Wirtschaftspolitik unterbunden wird > whose functioning is not sabotaged by government interference

[715]Doch die Forderung, die Regierung möge weder selbst durch Inflation das Geldwesen stören, noch Einrichtungen fördern, die es den Banken ermöglichen oder erleichtern, Inflation durch die Ausgabe von zusätzlichen Umlaufsmitteln zu treiben, ist keineswegs den Bestrebungen gleichzuhalten, wertstabiles Geld zu schaffen.

[716]wenn das Geld nicht heftigen Schwankungen der Kaufkraft ausgesetzt ist > to avoid great and abrupt fluctuations in the supply of money

[717]Goldgeld > Gold

[718]Silbergeld > silver

[719]Die

[720]des Goldes

[721]Die kaufmännische Kalkulation > The planning businessman

[722]Die kaufmännische Buchhaltung ist in ähnlicher Lage, soweit die Bewertung von Forderungen und Vorräten und die Vornahme von Abschreibungen und Reservierungen in Betracht kommt.

[723]Denn diese Mängel liegen im Wesen der Wirtschaft und des Handelns, die immer spekulativ, d.h. auf eine menschlicher Erkenntnis verschlossene und daher ungewisse Zukunft eingestellt sind.

[724]die durch die Veränderungen in den Produktions- und Versorgungsverhältnissen nicht berührt wird.

[725]Die Enkel > Later generations

[726], für deren Verpflichtungen Staat und Gemeinden die Haftung über nahmen,

[727]neuen > modernized

[728]Um dem Risiko des rastlos sich verändernden Wirtschaftslebens zu entgehen, um seinen eigenen Wohlstand aus dem Getriebe, in dem man ihn täglich neu aufs Spiel setzen muss, in Sicherheit zu bringen, flüchtet der Besitzer zum Staat.

[729]wenn sie auf ewig unveränderliche Leistung abgestellt werden könnte > if based on a standard of unchanging value

[730]Im Getriebe der Marktwirtschaft in der kapitalistischen Gesellschaftsordnung ist für Einkommen, die nicht durch Dienst am Verbraucher täglich neu verdient werden müssen, kein Raum. Der Staat vermag aus dem Einkommen der Wirte Teile für die Bestreitung seiner Ausgaben herauszuziehen, er vermag für solche Verwendung auch Kapitalsteile zu enteignen oder zu leihen. Doch es ist unmöglich, dass er auf die Dauer für die Verzinsung der Schulden aufkommt. Hat er die Anlehensbeträge für laufende Ausgaben verwendet, dann sind sie aufgezehrt und haben keine Spur hinterlassen. Hat er die Anlehensbeträge für Unternehmungen verwendet, dann ist seine Fähigkeit, Zinslasten zu tragen, von dem Erfolg der Unternehmungstätigkeit abhängig. Bleibt der Erfolg aus, dann steht es nicht anders als im Falle der konsumtiven Verwendung der Darlehenssumme: die Verzinsung muss durch Besteuerung hereingebracht werden; die Staatsgläubiger werden zu Empfängern von Leistungen, denen keine Gegenleistung in der Gegenwart gegenübersteht. Der langfristige öffentliche Kredit fällt damit ganz aus dem System der Gesellschaftsordnung, die auf dem Sondereigentum an den Produktionsmitteln beruht, heraus. Dass das Geld die Funktion, die ihm im Entwurfe solcher Einrichtungen zugedacht ist, nicht zu erfüllen vermag, dass es zum unveränderlich festen Wertträger über den Wechsel der Zeiten und Umstände hinaus nicht taugt, berührt weder seine Brauchbarkeit als allgemein verwendetes Tauschmittel noch seine Bedeutung für die Geldrechnung.

Das System der öffentlichen Anleihen, wie es sich im Verlaufe des 19. Jahrhunderts herausgebildet hat, war ein Versuch, im Rahmen des kapitalistischen Systems vom Markte und seiner

Preisgestaltung unabhängige Einkommen zu schaffen. Auch wo die Anleihen nicht formell ewig unkündbare Rentenschulden darstellten, handelte es sich um Schulden, die nach Absicht beider Teile nie zurückgezahlt werden sollten. Die Rückzahlung der kurzfristigen Anleihen bestand in der Regel in ihrer Umwandlung in langfristige, und wenn langfristige Anleihen rückgezahlt werden sollten, wurden meist neue Anleihen zur Beschaffung der erforderlichen Beträge ausgegeben. In der Gesamtsumme sind die öffentlichen Schulden stetig gewachsen, und wenn ein Rückgang eintrat, so war er in der Regel nicht durch Rückzahlung, sondern durch Repudiation der Schuld bewirkt worden [FN: Echte Schuldentilgung durch Rückzahlung gab es nur in den liberalen Staaten des Westens, deren Bürger frei von allem etatistischen Aberglauben waren.]. Kein Mensch glaubt wohl noch, dass die Staaten die ungeheuren Beträge der Zinslasten ewig weiterschleppen werden, und jedermann nimmt an, dass früher oder später in irgend einer Form eine Aufhebung der übernommenen Pflichten eintreten wird.

VI. Nebeneinanderbestehen mehrerer Geldarten

Wo die Entwicklung des Geldbrauches nicht zur Ausschließlichkeit einer einzigen Geldart geführt hat, wo nebeneinander mehrere wirtschaftliche Güter als Geld verwendet werden, ergeben sich für die Geldrechnung einige besondere Probleme.

Wenn Goldgeld und Silbergeld nebeneinander bestehen, dann kann man entweder in Gold oder in Silber rechnen. In den Ländern der Doppelwährung, des gesetzlichen Bimetallismus, hat man bald in Gold, bald in Silber gerechnet, je nachdem die Lage des Edelmetallmarktes es mit sich brachte, dass Gold oder Silber den Gelddienst versehen hat. Die Alternativwährung, die die gesetzliche Doppelwährung in der Tat darstellt, führt auch zur Alternativrechnung. In den Gebieten der Parallelwährung besteht für Buchführung und kaufmännische Kalkulation die Möglichkeit, zwischen den beiden gebräuchlichen Geldarten zu wählen.

Man kann natürlich auch mehrere verschiedene Geldrechnungen nebeneinander führen. Ob von dieser Möglichkeit oft Gebrauch gemacht wurde, ist für die grundsätzliche Betrachtung ohne Bedeutung. Europäische Niederlassungen, in deren Heimat die Goldrechnung gebräuchlich war, haben in den asiatischen Gebieten der Silberwährung und in den amerikanischen Papierwährungsländern entweder überhaupt nur in Gold kalkuliert und bilanziert oder aber neben der Rechnung in Landeswährung auch noch in Gold gerechnet. Bekannt ist, welche Rolle in den Inflationen der Kriegs- und Nachkriegszeit die Verwendung der Goldrechnung neben der in Landeswährung gespielt hat.

Richtschnur des Handelns kann immer nur *eine* Rechnungsart allein bilden. Wo doppelt oder gar dreifach gerechnet wird, wird doch nur *eine* Rechnung für das Handeln als Richtschnur genommen. Wenn Bücher aus Rücksicht auf gesetzliche Vorschriften oder aus betriebstechnischen Gründen auch noch in anderen Währungen geführt werden als in der, die man als die richtige Rechnungsgrundlage ansieht, schenkt man den Ergebnissen, die sie ausweisen, doch weder im Vorbedenken des Handelns noch in der Nachprüfung verflossenen Handelns Beachtung [FN: Auch in den kaufmännischen Gesellschaften wirtschaften Einzelne, wenn auch nicht bloss *ein* Einzelner].

[731]– Der Begriff des Wirtschaftlichen im engeren Sinne

[732]Die Geldrechnung ist Wirtschaftsrechnung, das bedeutet sie ist Produktionsrechnung.

[733](in weitesten Sinne des Wortes)

[734]in dem von der Geldrechnung erfassten Handeln

[735]kapitalistischen Gesellschaftsordnung > within the frame of society based on private control of the means of production

[736]. Sie geht vom Handeln der in der kapitalistischen Gesellschaftsordnung wirkenden Einzelnen aus, sie ist eine Rechnung der Sondervermögen und der Sondergewinne und Sonderverluste der mit ihren Sondervermögen wirtschaftenden Einzelnen. > It is a device of acting individuals; it is a mode of computation designed for ascertaining private wealth and income and private profits and losses of individuals acting on their own behalf within a free enterprise society.

[737]Wirtschaften > actions

[738]Für Überlegungen, die nicht vom Standpunkt Einzelner und ihres Handeln angestellt werden, ist sie unbrauchbar. Sie ist Rentabilitätsrechnung, doch nicht Produktivitätsrechnung. Wenn man unter Volkswirtschaft etwas anderes verstehen will als das Zusammenwirken der für den Markt erzeugenden und auf dem Markte tauschenden Einzelnen, dann darf man die Geldrechnung nicht volkswirtschaftlich nennen, sondern etwa einzelwirtschaftlich.

[739]Die Geldrechnung ist ein geistiges Werkzeug des Handelns in der auf dem Sondereigentum an den Produktionsmitteln beruhenden, durch das Getriebe des Marktes gesteuerten arbeitsteiligen

Gesellschaftsordnung. > Monetary calculation is the main vehicle of planning and acting in the social setting of a society of free enterprise directed and con trolled by the market and its prices.
[740]für menschliches Handeln und Wirken
[741]; nur die Geldrechnung ermöglicht es, Rechnungen und Berechnungen anzustellen, die nicht bloß theoretisch, sondern praktisch sind, d.i. dem Handeln dienen. Das menschliche Handeln wird durch die Geldrechnung rechenhaft und rechenbar.
[742]im Einzelnen und im Ganzen
[743]und nach dem Ergebnis der Prüfung zu regeln
[744]Kalkulation und Buchhaltung werden zur Grundlage des Handelns der kapitalistischen Wirtschaft, d.i. der Wirtschaft, die dadurch ausgezeichnet ist, dass sie ein Verfahren besitzt, um den Erfolg des Handelns zu erkennen. Wenn man die moderne Gesellschaft und Wirtschaft kapitalistisch nennt, so ist das insofern eine glückliche Bezeichnung, als ihr wesentliches gedankliches Werkzeug die Wirtschaftsrechnung ist, deren vollkommenste Gestalt die Kapitalsrechnung darstellt.
[745]Es gibt Naturen > There are people
[746]Sie wollen von den Bedingungen frei sein, unter denen das menschliche Leben abläuft.
[747]Geist, Schönheit und Edelmut
[748]Rechenhaftigkeit des Handelns
[749]und alle höhere Kultur, von der die Geschichte uns berichtet,
[750]«Sie lässt uns», sagt Werner in Goethes Meister-Roman von der kaufmännischen Buchhaltung, «jederzeit das Ganze überschauen, ohne dass wir nötig hätten, uns durch das Einzelne verwirren zu lassen.» [FN: Vgl. *Goethe*, Wilhelm Meisters Lehrjahre, Erstes Buch, 10. Kapitel.]

Das Gebiet, das von der Geldrechnung erfasst wird, hebt sich durch das besondere Denkverfahren, das hier angewendet wird, scharf von dem übrigen Handeln ab. Es erscheint als ein Bereich besonderer Art und wird in seiner Sonderstellung von jedem Handelnden erkannt. Wir wollen diesen Bereich als den des Wirtschaftlichen im engeren Sinne oder auch als den des Reinwirtschaftlichen bezeichnen [FN: Vgl. weiter unten S. 225 ff.].
[751]Geldrechnung und Praxeologie > Economic Calculation and the Science of Human Action
[752]Soziologie > Praxeology
[753]insbesondere
[754], die, auf dem Sondereigentum an den Produktionsmitteln und auf der Arbeitsteilung aufgebaut, durch den Verkehr des Marktes gesteuert wird, auf dem Güter aller Güterordnungen und Dienstleistungen gegen Geld umgesetzt werden. Sie war zunächst die Lehre von dem Ausschnitt aus dem Gesamtgebiet des menschlichen Handelns, in dem in Geld gerechnet wird.
[755]und anderen
[756]rechnenden und berechnenden Lebens > calculated action
[757]Die Verfeinerung der das Handeln leitenden Überlegungen, die die kapitalistische Wirtschaftsrechnung darstellt, gab erst die Anregung zu den Untersuchungen, aus denen die Theorie des Handelns als Lehre vom Reichtum der Völker und als politische Ökonomie hervorging. Doch die Besinnung auf das Wesen des Handelns in der kapitalistischen, in Geld rechnenden Wirtschaft führt sogleich vom Gelde fort. Kaufen und Verkaufen werden als Tauschhandlungen begriffen, bei denen das Geld die Rolle eines Mittlers spielt. Indem man die Fiktion einer ohne Geld die Güter und Dienste austauschenden Gesellschaft als heuristisch unentbehrliches und logisch notwendiges Gedankengebilde aufbaut, beschreitet man den Weg, auf dem man schließlich zur allgemeinen Lehre vom menschlichen Handeln gelangt, in der die Katallaktik, die Lehre vom zwischenmenschlichen, durch Geld vermittelten Tausch nur ein Sondergebiet darstellt.

Der Sinn der viel bespotteten Robinsonaden ist höchste Verallgemeinerung. Die Kapitalbildung der modernen kapitalistischen Gesellschaft vollzieht sich in anderen Formen als jene der Fischer und Jäger, von deren Netzen und Speeren die Theorie mitunter sprechen muss. Sie bietet Probleme, die der durch Geld tauschenden und in Geld rechnenden Marktwirtschaft eigentümlich sind und keine Entsprechung im geldlosen System findet. Doch den Zugang zu diesen Problemen kann man nur finden, wenn man vorerst das allgemeinere Problem der unmittelbaren Bildung von Kapital erfasst hat.

Die Überlegungen, die die Wissenschaft anstellt, um den Sinn menschlichen Handelns zu erfassen, sind in mancher Hinsicht verschieden von denen, die der Handelnde selbst sowohl im eigenen Handeln als auch im Vorbedenken und Nachbedenken eigenen und fremden Handelns anstellt. Und die Erwägungen der im geistigen Raum des Kapitalismus rechnenden Handelnden sind anderer Art als die des im naturalwirtschaftlichen Denken befangenen Handelnden primitiver Kultur. Es wird auch wohl nicht bestritten werden können, dass es ein aussichtsloses Beginnen wäre, einem einfachen Mann, gleichviel ob es sich um einen Angehörigen eines Volkes kapitalistischer Gesellschaftsordnung oder eines primitiven Volksstammes handelt, klarzumachen, was die Wissenschaft vom menschlichen Handeln anstrebt, und dass das, was sie bringt, auch den Sinn seines Handelns begreift. Es wird in vielen Fällen nicht weniger vergeblich sein, diese Dinge einem in seinen Geschäften scharf rechnenden und schwierige naturwissenschaftliche Ideengänge meisternden kapitalistischen Unternehmer darzulegen. Es ist eben etwas anderes, zu handeln, und etwas anderes, das Handeln wissenschaftlich zu begreifen, wie auch das Denken von der Erfassung des Denkens durch die Wissenschaft der Logik verschieden ist. Theorie und Leben sind nicht dasselbe. Es ist kein Kriterium der Wahrheit der Lehre vom menschlichen Handeln, dass jeder handelnde Mensch fähig sei, ihren Inhalt zu begreifen. Wie nicht jeder, der im Leben und Wirken logisch denkt, die Lehren der wissenschaftlichen Logik zu erfassen fähig ist, so ist auch nicht jeder, der handelt, fähig, die Lehren der Wissenschaft vom Handeln zu erfassen[FN: Sehr schön hat Wicksteed seinem nationalökonomischen Hauptwerk als Motto das Goethe-Wort vorangestellt: «Ein jeder lebt's, nur wenigen ist's bekannt».]. Es bedarf einer besonderen Anspannung des Geistes, um das Denken auf die Fragen zu richten, die unserer Wissenschaft wichtig erscheinen.

Man begegnet oft Menschen, deren Geist für die schwierigsten Probleme der Mathematik, der Physik und der Biologie Verständnis zeigt, aber allen Problemen der Wissenschaft vom menschlichen Handeln verschlossen ist. Es gibt selbst Philosophen und Historiker, denen es nicht gegeben ist, den Weg zum praxeologischen Denken zu finden. Anderseits findet man immer wieder Menschen, die auch ohne Kenntnis der Denkmethoden und der Ergebnisse der wissenschaftlichen Nationalökonomie durch eigenes Nachdenken ein tiefes Verständnis für die Probleme des menschlichen Handelns erworben haben.

Der Anstoß, über die Probleme des Handelns nachzusinnen, fehlte den Menschen der Wirtschaftsepochen, die die Arbeitsteilung, den gesellschaftlichen Tausch, den Markt und das Geld noch nicht kannten. Später standen dann der erfolgreichen Behandlung der Probleme des Handelns Eigentümlichkeiten des Denkens entgegen. Das universalistische Denken konnte den Weg zum Handeln des Einzelnen und zum konkreten Einzelfall nicht finden[FN: Vgl. darüber meine Grundprobleme der Nationalökonomie, a. a. O., S. 143 ff.]. Es ist nicht zu bestreiten, dass erst die Problematik der Geldpreise und der Märkte, auf denen Waren und Dienstleistungen gegen Geld umgesetzt werden, die geistige Luft schuf, in der die Katallaktik entstehen und zur allgemeinen Wissenschaft vom menschlichen Handeln fortgebildet werden konnte. Doch es ist die Aufgabe dieser Wissenschaft zum allgemeinsten Fall des Handelns hinaufzusteigen und alle ihre weiteren Ausführungen und Ableitungen von diesem allgemeinsten Fall ausgehen zu lassen.

[758]Nationalökonomie, von Sozialökonomie oder einfach von Ökonomik > of economics or political economy

[759]Markterscheinungen > market transactions

[760]hypothetisches > imaginary

[761]es fällt schwer > The question emerges

[762]eines materiellen – greifbaren und sichtbaren – Dinges

[763]etwa die Bewahrung der Ehre und des Selbstbewusstseins, die Hochachtung ethischer und reliziöser Normen

[764]Ob es gelingen könnte, das Unbefriedigtsein, das zum Handeln führt, physiologisch und psychologisch aufzuspalten in solches, das durch rein physiologische Bedürfnisse bedingt ist, und in solches, das durch andere Bedürfnisse bedingt ist, mag dahingestellt bleiben. Doch wir wollen die Preise, Löhne und Zinssätze des Marktes erfassen und haben dabei zu beachten, dass hier «Materielles» und «Ideelles» untrennbar verbunden ist. Keine Speise wird nur ob ihres Nährwertes, kein Kleidungsstück nur als Schutzmittel gegen die Unbilden der Witterung begehrt. Dass metaphysische, religiöse und politische Ideen in der Gestaltung von Angebot und Nachfrage eine Rolle spielen, dass die Marktparteien von wissenschaftlichen Lehrmeinungen, von künstlerischem Geschmack und von ethischen Normen beeinflusst werden, darf die Markttheorie nicht aus dem Auge verlieren.

[765][FN: Vgl. meine Grundprobleme der Nationalökonomie, a. a. O., S. 33, 137 ff., 156 ff.; Robbins, An Essay on the Nature and Significance of Economic Science, a. a. O., S. 4 ff.]

[766]Das Handeln ist immer mit «Materiellem» und «Ideellem» zugleich befasst. Die Wahlakte entscheiden immer zwischen Zielen, die – mögen sie nun als «materielle» oder als «ideelle» anzusprechen sein, – im Wahlakt und durch ihn in *eine* Reihe gestellt werden. In den Wertskalen der Wirte ist Materielles und Ideelles bunt gemischt. Wenn sich selbst zwischen Materiellem und Ideellem eine scharfe Grenze ziehen ließe, so hätte die Wissenschaft vom Handeln doch zu

beachten, dass jede einzelne Handlung in der Regel entweder ideelle und materielle Ziele zugleich anstrebt oder zwischen ideellen und materiellen Zielen die Wahl trifft.

Es bleibt kaum ein anderer Ausweg offen als der, von dem überlieferten Problemkreis der nationalökonomischen Überlegungen auszugehen. Die Nationalökonomie, wie sie seit dem 18. Jahrhundert betrieben wird, hat es mit der Bildung der Geldpreise der Güter und Dienstleistungen auf dem Markte einer auf dem Sondereigentum an den Produktionsmitteln beruhenden arbeitteilenden Gesellschaft zu tun.

[767]das auf andere als die Ziele gerichtet ist, die man gewöhnlich als die «wirtschaftlichen» zu bezeichnen liebt. > but must deal also with actions which are in a loose manner of speech called «uneconomic.»

[768]des menschlichen Handelns

[769]Es kommt schließlich auf dasselbe heraus, ob man das spezifisch Nationalökonomische, das Wirtschaftliche im engeren Sinn, in der Lehre vom Marktverkehr finden will oder in der Lehre von dem Handeln, bei dem in Geld gerechnet wird. Markt und Geldrechnung fallen zusammen. Der Markt, auf dem nur im direkten Tausch umgesetzt wird, ist eine Fiktion des wissenschaftlichen Denkens, und Geldgebrauch und Geldrechnung sind an die Marktwirtschaft gebunden.

[770]; sie ist die einzige Methode, die der Praxeologie zur Verfügung steht

[771]ausgebildet

[772]wirtschaftliche oder volkswirtschaftliche > economic

[773]streng > with the utmost care, scrupulousness, and precision

[774]der Praxeologie

[775]die Widersprüche enthalten, die sie als unrealisierbar erscheinen lassen

[776]wofern man sich über ihre Problematik und die Tatsache und Gründe ihrer Unrealisierbarkeit Klarheit zu verschaffen weiß

[777]Die Gedankenbilder der Praxeologie sind keine Gedankenexperimente. Das Gedankenexperiment der Physik beruht in letzter Linie stets auf Nutzbarmachung der Ergebnisse sinnlicher Erfahrung; wenn es nicht müßiges Spiel der Phantasie bleiben soll, muss es an irgendeinem Punkte mit der Erfahrung verknüpft werden.

[778]auf dem die Erfahrung nichts zu bieten vermag > cannot rely upon his senses

[779]haben wir nicht die Erfahrung zu befragen, sondern das Denken; die Frage lautet nicht: entspricht das Bild der Erfahrung?

[780]sein Unbefriedigtsein mindern > an improvement in his well-being (state of satisfaction)

[781]Trugschlüssen und Irrtümern > fallacious syllogisms

[782]Das Gedankenbild der reinen

[783](manchesterlichen)

[784]wenn das Sondereigentum an den Produktionsmitteln

[785]und das Spiel des Marktgetriebes ungehindert sein Werk vollbringen darf

[786]Beschäftigung mit den Problemen der reinen Marktwirtschaft entstanden war

[787]Nationalökonomen der ersten Generationen das Festhalten am reinen, durch Eingriffe nicht behinderten Sondereigentum an den Produktionsmitteln

[788]oder «der Natur der Dinge gemäss»

[789]Eingriffe > government meddling with market phenomena

[790], die von der Naturwissenschaft aufgezeigt wurde,

[791]man

[792]Werk Gottes

[793]Staats- und Gesellschaftslehre > social philosophy

[794]Servilismus > paternal despotism

[795]Führer > kings and autocrats

[796]einer auf dem Sondereigentum an den Produktionsmitteln beruhenden arbeitteilenden Wirtschaft

[797]arbeitteilenden

[798]– wenn auch unausgesprochen –

[799]oder durch ein Sittengebot, dem sie freiwillig gehorchen,

[800]Der erste Gedanke war, dass die Versorgung der Verbraucher durch die Obrigkeit den Erzeugern zur Pflicht gemacht werden müsste > The first thought was that authoritarian interference is required to make every specialist serve his fellow citizens

[801]eines planmäßig von einer Zentralstelle geleiteten Systems menschlicher Kooperation > socialist system

[802]zentraler Wille > the orders of a centralized omnipotent government

[803]Zentralgewalt > planning authority
[804]Die Praxeologie hat auch die Verpflichtung, den Ablauf des Handelns in einem System sozialistischer Gemeinwirtschaft zu untersuchen. Doch auch diese Aufgabe kann sie nicht erfüllen, wenn sie nicht zuvor die Marktwirtschaft analysiert hat. Der Zugang zu allen Problemen, die vor uns liegen, führt über die Erforschung des Getriebes eines Marktes, der durch Eingriffe systemfremder Elemente nicht behindert ist.
[805]der Wirklichkeit nicht entsprechende > quite unrealistic
[806]Gewinn > advantage
[807]Irrtümern und Missverständnissen > confusion, error, and distortion
[808]Gut, das er herzugeben beabsichtigt, mehr oder weniger zu erhalten,sich *caeteris paribus* für das Mehr entscheidet, hat sie keine weitere oder neue Annahme gemacht > faced with the a1temative of getting more or less for a com modity he wants to sell, ceteris paribus chooses the high price, does not require any further assumption
[809]Wenn man unter der Bezeichnung Marktwirtschaft die auf Sondereigentum an den Produktionsmitteln und Arbeitsteilung beruhende Gesellschaftsordnung versteht, in der die Einzelnen handeln und nicht ein Zentraldirektorium allein, wie es in der auf dem Gemeineigentum an den Produktionsmitteln beruhenden sozialistischen Gesellschaftsordnung der Fall wäre, dann bedarf es keiner weiteren Annahme, dass die Wirte aus Eigennutz handeln. Wenn man dem Ausdruck Eigennutz nicht ethische Färbung gibt und wenn man ihn nicht verwendet, um die Behauptung aufzustellen, dass das Verhalten der Wirte die übrigen Wirte schädigt, dann kann er nur bedeuten: jeder Einzelne zieht das, was ihn besser befriedigt, dem, was ihn weniger befriedigt, vor. Dann aber kann kein handelnder Mensch dem Eigennutz entrinnen. Wenn wir sein Handeln nicht richten, sondern wissenschaftlich, frei von aller Wertung zu erfassen suchen, muss es uns in diesem Sinne immer als eigennützig erscheinen. Auch wenn das Handeln unmittelbar auf die Abstellung des Unbefriedigtsein anderer Menschen gerichtet ist, ist es in diesem Sinne eigennützig; der Handelnde hält es für wichtiger, dass andere essen, als dass er selbst mehr isst; die Befriedigung, die ihm im Augenblick als die dringendste erscheint, findet er in der anderen gewährten Hilfe; er sieht seinen Nutzen im Steigern der Befriedigung anderer.
[810]das, was mit den Sinnen unmittelbar wahrgenommen werden kann > to look only upon things tangible, visible, and measurable
[811]die auch zu dem berüchtigten Streit um den Gutscharakter der persönlichen Dienste geführt hat
[812]Futter > food
[813]Warenkunde > technology
[814]Wenn der Käufer kauft, kauft er sehr oft nicht für den eigenen Verzehr und Verbrauch, sondern um andere zu beschenken oder zu bewirten. Im Abschluss des Kaufvertrages pflegt der Käufer in der Regel dem Verkäufer keine Geschenke zu machen. Doch auch das kommt vor. Die Grenze zwischen Almosen und Preiszahlung ist oft schwer zu erkennen. Wer im Wohltätigkeitsbazar einkauft, verbindet den Ankauf mit einer Spende für einen löblichen Zweck. Wer einem Leierkastenmann eine Münze hinwirft, zahlt wohl nicht für den zweifelhaften Kunstgenuss; er gibt einfach Almosen. Es wäre irrig anzunehmen, dass die Preislehre der Nationalökonomie so beschaffen ist, dass solches Verhalten ihren Annahmen widerspricht oder außerhalb ihres Rahmens bleibt. Dass die Käufer auf dem Markt in der Regel nur einkaufen und nicht auch oder nur Almosen spenden wollen, ist ein Datum ihres konkreten Handelns; die Lehre vom Handeln umfasst aber auch Handeln, dem andere Daten zugrunde liegen.

Wenn man unter Maximalisierung des Gewinns nichts anderes meint als das, dass der Käufer nur dann kauft, wenn ihn das Kaufen besser befriedigt als das Nichtkaufen, und dass er von mehreren zur Auswahl stehenden Verkaufsanträgen den wählt, von dem er mehr Befriedigung erwartet als von den übrigen, dann gibt es kein Handeln, das dieser Bedingung nicht entspricht. Wenn man aber mit Maximalisierung des Gewinns etwa sagen wollte, dass der Käufer beim Ankauf nur auf die Eigenschaften und Leistungen der Ware achtet, die Chemie und Technologie mit ihren Methoden bestimmen, messen und wägen können, dann hat man den Versuch gemacht, in die nationalökonomischen Gedankengänge Erwägungen einzuführen, die mit ihnen nichts zu schaffen haben.
[815]Sie glauben objektiv zu sein, wo sie subjektive Urteile fällen. > While expressing arbitrary value judgments, they believe themselves to be establishing facts.
[816]nehmen > rob
[817]Doch was gerecht und was ungerecht ist, wird nicht objektiv erkannt, sondern durch Werturteile subjektiv vom Beurteiler festgesetzt.

[818], wenn auch nicht der subjektiven Gefühle der Befriedigung, so doch
[819]Versorgung
[820]Man betrachtet damit die Menschen als Objekte einer Ernährungspolitik
[821]Ein objektiv richtiges Ziel gibt es weder für die Ernährung der Tiere noch für die der Menschen.
[822]Nationalökonomen > reformers
[823]Das Gedankenbild der einfachen Wirtschaft
[824]Die Praxeologie als apriorische Wissenschaft, die sich nicht auf das Ergebnis von Laboratoriumsversuchen stützen kann,
[825]Sie kann daher nicht darauf verzichten, das Gedankenbild einer einfachen oder tauschlosen Wirtschaft zu formen, d.i. einer Wirtschaft, in der es nur inneren Tausch gibt, aber keinen interpersonellen Tausch.
[826]Die Idee der einfachen Wirtschaft ist ein Gedankengebilde, das für das Denken und Durchdenken der Probleme geschaffen wurde.
[827]man > economists
[828]sie in der zweiten Hälfte des 19. Jahrhunderts zum Richtmass einer Kritik der Vorgänge in der Marktwirtschaft gemacht wurde
[829]Ist, fragte man z. B., der Handel produktiv? Und die Antwort lautete: Nur insofern, als er mit der Zuführung der Güter an die Verbraucher befasst ist, also gewissermaßen Transportgewerbe ist.
[830]Die Gedankenbilder des einfachen und des endlichen Ruhezustandes und der gleichmäßigen Wirtschaft
[831]– im Hinblick auf ihre eigenen Wertungen und auf die der übrigen Marktparteien –
[832]weil keine Marktpartei durch einen der noch möglichen Tauschakte weiter einen Vorteil erzielen kann. > The potential buyers consider the prices asked by the potential sellers unsatisfactory, and vice versa.
[833]unausgeführt bleiben nur jene Verkaufsaufträge, die einen höheren Preis als den Tageskurs verlangen, und jene Kaufaufträge, die einen niedrigeren Preis als den Tageskurs bieten > Only those potential sellers and buyers who consider the market price too low or too high respectively have not sold or bought.
[834]Wenn der Wochenmarkt zu Ende geht, haben alle gekauft, die die verlangten Preise bieten wollten, und alle verkauft, die bereit waren, sich mit den gebotenen Preisen zu begnügen.
[835]die Bildung der Austauschverhältnisse von Gütern niederster Güterordnung, die einem bereits vorhandenen Vorrat entstammen, im Auge hätte und über die Produktion und die Bildung der Preise der Produktionsmittel nichts auszusagen wisse. > to the determination of prices of goods of which a definite supply is already available, and does not say anything about the effects brought about by these prices upon production.
[836]Die Sätze der elementaren Preislehre
[837]Den Preis, der diesem Zustand entsprechen wird, wollen wir
[838][FN: Die Klassiker sprachen vom natürlichen Preis; diese Ausdrucksweise erweckt jedoch irreführende Assoziationen.]
[839]berechtigt und
[840]gedachter > hypothetical
[841], zu dem vielleicht niemals Umsätze erfolgen werden
[842]Wir würden aber unsere Aufgabe in unzulässiger Weise verengen, wenn wir uns auf die Betrachtung des Marktpreises beschränken wollten.
[843]größere oder geringere
[844]Es ist das das Gedankenbild der gleichmäßigen Wirtschaft, das man in unzweckmäßigem und daher nicht empfehlenswertem Sprachgebrauch als das des statischen Zustands, des statischen Gleichgewichts oder des stationären Zustands zu bezeichnen pflegt. > (It is inexpedient and misleading to call this imaginary construction, as is usual, the static economy or the static equilibrium, and it is a bad mistake to confuse it with the imaginary construction of a stationary economy.)
[845]Man gestaltet das Bild einer Wirtschaft
[846]In diesem System, das in beständiger Bewegung ist, wird der Ruhezustand des Marktes immer wieder in der gleichen Weise gestört und immer wieder neu in der gleichen Art erreicht. Alle Daten, auch die den Ruhezustand störenden Ursachen, sind konstant, und daher bleiben auch die Preise aller Güter und Dienstleistungen unverändert.
[847][FN: Vgl. *Perroux,* La pensée économique de Joseph Schumpeter, Paris 1935, S. 43 ff.]

[848]Es ist daher zulässig, die Annahme der Abwesenheit von Veränderung der Daten fallen zu lassen, soweit dies mit der Ausschaltung der Zeitdifferenz verträglich scheint.
[849], also Veränderungen, die in der Weise vor sich gehen, dass ihre Wirkung auf die Gestaltung von Nachfrage und Angebot und somit auf die Preise kompensiert wird
[850]Seinen Annahmen gemäss bleiben alle Daten unverändert, die gleichen Vorgänge wiederholen sich immer wieder, das Heute gleicht dem Gestern und das Morgen dem Heute. Handeln ist Leben und Veränderung, hier aber soll es erstarren. Handeln ist wählen und vorziehen, hier soll es zum entseelten und entmenschlichten Mechanismus werden.
[851]Das Gedankenbild der gleichmäßigen Wirtschaft gibt uns *eine* wichtige Erkenntnis: es lässt uns das Wesen der Unternehmerfunktion und des Unternehmergewinns erfassen
[852]Wenn wir annehmen, dass alle Daten unverändert bleiben und dass somit dem – notwendigerweise – auf die Zukunft gerichteten Handeln keine Unsicherheit anhaftet, haben wir den Unternehmer und das Unternehmerrisiko, Unternehmergewinn und Unternehmerverlust ausgeschaltet. Man hat das in wenig zweckmäßigem Sprachgebrauch in der Weise ausgedrückt, dass man sagte, der Unternehmergewinn sei kein statischer Einkommenszweig.

Das Gedankenbild der gleichmäßigen Wirtschaft stellt die Erweiterung des Gedankenbildes des auf dem Markte erreichten Ruhezustandes dar, die das Studium der Probleme Unternehmer, Unternehmergewinn und Unternehmerverlust erforderte. Man darf es bedenkenlos verwenden, wenn man sich nur stets dessen bewusst bleibt, dass es keinem andern Zweck dient als dem, Ausgangspunkt und Endpunkt der Gedankengänge der statischen Methode zu bilden, die sich auf die Probleme der Unternehmungstätigkeit und des Unternehmerrisikos beziehen. Um die Bedeutung und Tragweite der Veränderung eines einzelnen Faktors zu erkennen, denken wir uns alles andere unverändert. Wir gehen von einem gedachten Zustand der Abwesenheit von Veränderung aller Faktoren, die die Preisbildung bestimmen, aus, nehmen dann an, dass die Veränderung eines Faktors allein diesen Zustand stört, und prüfen die Wirkungen dieser einen Veränderung bis zu dem Augenblicke, da sich ein neuer Zustand der Abwesenheit von Veränderung hergestellt hat.

Damit ist der Umkreis der Aufgaben, für die das Gedankenbild der gleichmäßigen Wirtschaft verwendet werden darf, genau umschrieben. Wo das Verhältnis von Preis und Kosten unser Problem bildet, dürfen und müssen wir mit ihm arbeiten. Darüber hinaus ist seine Verwendung nur mit ganz besonderer Vorsicht und unter beträchtlichen Einschränkungen zulässig.

Man muss sich vor dem Missverständnis hüten, als dächten wir daran, mit diesem Gedankenbild das Wesen eines Zustandes zu erfassen, in dem die die Gestaltung der Preise bestimmenden Faktoren durch eine gewisse – längere oder kürzere – Zeit hindurch unverändert bleiben. Wir wollen nicht einen – längere oder kürzere Zeit anhaltenden – Zustand denken, sondern einen flüchtigen Augenblick der Abwesenheit von Veränderung und Veränderungswirkungen, der gleich wieder durch eine neue Veränderung der Daten – eben die eine, deren Wirkung wir durchdenken wollen – gestört werden wird. Das Gedankenbild der gleichmäßigen Wirtschaft ist eben nichts anderes als Ausgangspunkt eines Denkens mit der Annahme *caeteris paribus.* Um der Forderung sonst gleicher Umstände Genüge zu leisten, müssen wir annehmen, dass die einzelnen Veränderungen der Daten nie gleichzeitig auftreten und dass die Wirkung jeder Datenänderung vollkommen abgeschlossen ist und dass der Zustand der Gleichmäßigkeit wieder erreicht wurde, ehe eine neue Datenänderung auftritt.

Nur unter diesen Einschränkungen und nur zu dem bezeichneten Zwecke – Untersuchung des Verhältnisses von Preis und Kosten und damit des Unternehmerrisikos – dürfen wir von dem Gedankenbild der gleichmäßigen Wirtschaft Gebrauch machen. Wenn wir mehr in ihm sehen wollten als ein gedankliches Werkzeug zum Studium dieser Probleme, dann würden die Widersprüche offenkundig werden, die es unmöglich machen, es bis ans Ende durchzudenken. Man kann gleichmäßige Wirtschaft als dauernden Zustand nicht denken, weil in diesem Gedankenbild für den Antrieb des Handelns in der Marktwirtschaft, für die Unternehmerfunktion, kein Raum ist. Man kann aus dem Ablauf des Handelns in der Marktwirtschaft das Wirken von Unternehmern nicht ausschalten. Die verschiedenen komplementären Produktionsmittel können sich nicht von selbst, d.i. ohne das Walten des menschlichen Handelns, so zusammenfügen, dass die gebrauchs- und verbrauchsreifen Güter aus ihnen hervorgehen.

Die elementare Wert- und Preislehre muss ihre Sätze unter der Annahme entwickeln, als ob die wirtschaftlichen Güter und Dienste im direkten Tausche umgesetzt würden. Diese Annahme ist, wie schon gezeigt wurde, notwendig, um zu erkennen, dass in letzter Linie die Wertungen der Verbraucher über die Austauschverhältnisse entscheiden. Sie ist zulässig, wenn man sich stets vor Augen hält, dass ein Markt ohne Geldgebrauch nicht funktionieren könnte, und wenn man es vermeidet, aus ihr irgendwelche Folgerungen für die Geldlehre abzuleiten.

[853]Man hat es freilich unterlassen, die Voraussetzungen dieser Einrichtungen im Rahmen des Gedankenbildes klarzustellen. > But what kind of money can that be?
[854]Wir wollen annehmen, dass ein Sachgeld, etwa Goldgeld, verwendet wurde.
[855]Wirte > all individuals and firms
[856]Geld > reserves
[857]Seine Verwendung und
[858]Es ist kein Geld mehr, es ist ein unwirkliches und selbst dem Denken widerspruchsvoll erscheinendes Hilfsmittel eines unrealisierbaren Rechnens. Im Bilde der gleichmäßigen Wirtschaft mit ihrer Starrheit aller ökonomischen Daten und aller Austauschverhältnisse darf das neutrale Geld stabiler Kaufkraft nicht fehlen, wie es anderseits nur in diesem Bild denkbar ist.

Man kann durch das Operieren mit diesem Gedankenbild der gleichmäßigen Wirtschaft manches lernen, das man auf andere Weise nicht begreifen könnte, doch man muss es richtig zu handhaben verstehen. Dass es nur ein Gedankenbild ist, dem das Handeln und das Wirtschaften in der Marktwirtschaft nie gleichen kann, dürfen wir nicht aus dem Auge verlieren. Das Handeln im Rahmen des Gedankenbilds stellt einen Grenzfall dar, in dem Handeln in Nichthandeln übergeht und bewusstes Verhalten und automatisches Reagieren verschwimmen. In dieser Vereinigung von logisch Unverträglichem liegt der innere Widerspruch unserer Konstruktion; hier lauern Gefahren für die Richtigkeit und Zulässigkeit unserer Schlussfolgerungen. Wir können diesen Gefahren nur ausweichen, wenn wir begreifen, dass wir nur die Kräfte zu beachten haben, die in jedem Handeln auf die Herbeiführung eines Zustandes gerichtet sind, der dem der gleichmäßigen Wirtschaft entspricht, dass aber das Gedankenbild der gleichmäßigen Wirtschaft selbst nur als Grenzfall zu denken ist. Nutzloses Gedankenspiel ist es, den Gleichgewichtszustand des Systems durch Gleichungen zu beschreiben, und irreführend ist es, aus solchen Beschreibungen, ob sie nun in mathematischer oder anderer Sprache ausgedrückt werden, Folgerungen für das Handeln ziehen zu wollen.
[859]Das Gedankenbild der stationären
[860]die Durchschnitte von
[861]Dem Bilde der stationären Wirtschaft stehen die Bilder der fortschreitenden und der zurückgehenden (schrumpfenden) Wirtschaft gegenüber. > The imaginary construction of a stationary economy leads to two further imaginary constructions: the progressing (expanding) econ omy and the retrogressing (shrinking) economy.
[862]der Durchschnitt
[863], in dieser nimmt er ab [FN: Man kann das Gedankenbild der stationären Wirtschaft auch so konstruieren, dass die Bevölkerungszahl als unveränderlich angenommen wird. Das ist Frage der Zweckmäßigkeit und hängt demnach von der Aufgabe ab, die man im einzelnen Fall bearbeiten will].
[864]Sie spielen eine große, doch mitunter recht problematische Rolle in wirtschaftsgeschichtlichen und wirtschaftspolitischen Erörterungen.

VII. Das Problem einer nationalökonomischen Dynamik

Da man zur Bezeichnung der gleichmäßigen Wirtschaft den Ausdruck Statik (statische Wirtschaft) verwendet, konnte es nicht ausbleiben, dass die Forderung erhoben wurde, man müsse der nationalökonomischen Statik eine nationalökonomische Dynamik gegenüberstellen. Man hat sich aber nie klargemacht, was diese Dynamik eigentlich sein sollte. Die Veränderung der Daten kommt und wirkt von außen auf das System der gleichmäßigen Wirtschaft, um es aus dem Gleichgewicht zu bringen. Wie sich das neue Gleichgewicht, das den neuen Daten entspricht, wieder herstellt, lehrt uns die statische Methode selbst; darin gerade erblickt sie ihre vornehmste Aufgabe.

Für eine nationalökonomische Dynamik bleibt sohin kein Raum, es sei denn, man belegt mit diesem Namen alles, was wir an nationalökonomischem Wissen besitzen. Wie es wenig empfehlenswert ist, von nationalökonomischer Statik zu sprechen, so ist es auch nicht zweckmäßig, dieser Statik eine besondere Dynamik gegenüberzustellen. Alles, was die Wissenschaft vom Handeln zu sagen hat, ist Lehre von Veränderungen und hätte in diesem Sinne Anspruch auf die Bezeichnung Dynamik. Die Gedankenbilder des einfachen und des endlichen Ruhezustandes, der gleichmäßigen Wirtschaft und der stationären Wirtschaft sind nur Vorarbeit für die Erfassung von Bewegungen und Veränderungen. Das Verfahren aber, dessen sich die Lehre von den Veränderungen der Daten und den durch sie ausgelösten Handlungen bedient, ist kein anderes als das statische: man geht darauf aus, zu erkennen, wie der neue Ruhezustand und das neue Gleichmass des Ablaufs sich wieder herstellen müssten.
[865]Das Gedankenbild der funktionell gegliederten Marktwirtschaft

[866]nationalökonomische > catallactic
[867], nicht aber Idealtypen
[868]abstrakt gedachte Funktionen > purely integrated functions
[869]notwendigerweise niemals bloß Unternehmer, Kapitalisten, Grundeigentümer oder Arbeiter, sondern zugleich auch
[870]Sie sind in vielen Fällen auch nicht bloß Grundeigentümer, sondern zugleich auch Unternehmer, Kapitalisten oder Arbeiter, u.s.w. Doch das sind Probleme, die vor allem die Geschichtsforschung und die Politik angehen; für die Nationalökonomie sind sie weniger wichtig. Die Problematik der nationalökonomischen Kategorien ist von der der Idealtypen verschieden, mag sie auch einer oberflächlichen Betrachtung identisch oder ähnlich erscheinen. Das nationalökonomische Problem der Sonderung der Funktionen ist von dem geschichtlichen Problem der Sonderung verschiedener Menschengruppen grundverschieden.
[871]und durch die durch sie bewirkten Preisveränderungen
[872], die sich von den anderen Menschen dadurch unterscheiden, dass sie im Marktgetriebe eine besondere Funktion erfüllen
[873]Wir isolieren und personifizieren diese Funktion, indem wir vom Unternehmer sprechen. Man kann die Unternehmerfunktion, das heißt die Ausrichtung des Handelns auf eine Zukunft, die von der Gegenwart verschieden sein kann, nicht von den Funktionen des Eigentümers der produzierten und der ursprünglichen sachlichen Produktionsmittel und von den Funktionen des Arbeiters sondern, weil auch diese Funktionen nicht außerhalb des Zeitablaufs und der Veränderungen, die ihn begleiten, gedacht werden können.

Versuchen wir den Unternehmer gesondert zu denken. Dieser Unternehmer ist mittellos.
[874]Geldkapital
[875]weil diesem Besitz der Betrag seiner Schulden gegenübersteht > for the amount of his assets is balanced by his liabilities
[876]und wird Unternehmergewinn erzielt
[877], den der vermögenslose Unternehmer nicht tragen kann, von denen getragen werden
[878]zur Verwendung in der Produktion
[879]NA: Die Unternehmerfunktion liegt im Einsatz der Produktionsmittel für die Produktion, somit für die Zukunft, und das Unternehmerrisiko entstammt der Ungewissheit, die über die künftige Marktlage herrscht. Dieses Risiko ist von der Produktion und von der Verfügung über die Produktionsmittel nicht zu trennen. Der Eigentümer d.h. der Wirt, der über sachliche Produktionsmittel verfügt, muss es tragen, weil der Wert aller Produktionsmittel vom Markte bestimmt wird und durch Änderung der Marktlage erhöht oder gesenkt wird. Auch wenn er sein Vermögen in Geldforderungen gegen Unternehmer anlegt, wird er des Risikos nicht ledig; sein Risiko ist nun mit der Gestaltung der Kaufkraft des Geldes und mit der Zahlungsfähigkeit des Schuldners verknüpft. Das Risiko des Grundeigentümers ist mit dem Schicksal des Bodens verbunden;
[880]isolierten,
[881]Wirt
[882]die Ertragsfähigkeit und
[883]und die Bedeutung der Bodenfrüchte für seine Versorgung
[884]überdies auch noch
[885]Kein Eigentum kann den Eigentümer von der Einwirkung der Veränderungen befreien, die die Zukunft bringen kann. Jede Anlage ist Spekulation, das ist Bindung an die Erwartung eines im Voraus nicht erkennbaren künftigen Geschehens.
[886], d.i. für den Besitzer von Arbeitskraft
[887]Unternehmers
[888]Gut höherer oder niederer Ordnung > other factor of production
[889]Wenn sie vom Arbeiter spricht, dann hat sie den Wirt als Verkäufer von Arbeitsleistung im Auge. > Worker means man in regard to the employment of the factor of production human labor.
[890][FN: Vgl. J. B. Clark, The Distribution of Wealth, New York 1908, S. 5; Böhm-Bawerk, Gesammelte Schriften, her. v. F. X. Weiss, Wien 1924, S. 299.]
[891]Diese Kategorisierung ist von der Idealtypik der Geschichte logisch streng zu unterscheiden.
[892]jedoch
[893]*besonders* darauf bedacht sind, Unternehmergewinne zu erzielen
[894]Er kann auch nicht streng als praxeologischer Begriff abgegrenzt werden.
[895]ihn

[896]Denn er bezieht sich auf einen Tatbestand, der allem Handeln in der Marktwirtschaft als Datum gesetzt ist, und dem man in der Behandlung aller nationalökonomischen Probleme Rechnung zu tragen hat.
[897]gleichzeitig
[898]Es gibt Menschen, die sich schneller und besser den Veränderungen der Marktlage anzupassen wissen, es gibt auch auf dem Markte unter den Wirten solche, die vorausschreiten, und solche, die nachfolgen; es gibt auch hier Führer und Geführte. Das Getriebe der Marktwirtschaft wird durch die unternehmenderen Wirte, die man kurz die Unternehmer nennt, in Gang gesetzt und in Gang erhalten.

Man kann diesen allgemein üblichen Sprachgebrauch, der mit dem einen Ausdruck Unternehmer drei verschiedene Begriffe bezeichnet – den Unternehmer als Idealtypus der geschichtlichen Wissenschaften und der Politik, den Unternehmer als Verkörperung einer Funktion. im Gedankenbild der funktionell gegliederten Marktwirtschaft und den Unternehmer im Sinne: unternehmenderer Wirt – ohne Bedenken beibehalten. Es ist nicht zu befürchten, dass er Missverständnisse hervorruft.
[899]Von der Unternehmerfunktion, wie sie unser Gedankenbild der funktionell gegliederten Marktwirtschaft umschreibt, ist die Funktion der Leitung des Produktionsprozesses nicht zu trennen. Der Produktionsprozess ist Verwendung der Produktionsmittel im Hinblick auf künftigen Bedarf, er ist somit Spekulation auf die immer ungewisse Zukunft, er ist Bindung der verfügbaren Produktionsmittel an die erwartete Bedürfnisgestaltung. Was auch immer heute für künftigen Bedarf vorgekehrt werden mag, ist Spekulation und Einleitung eines Ablaufs, aus dem Unternehmergewinne oder Unternehmerverluste entstehen können. Die Produktion führt in die ungewisse Zukunft, jede Verfügung über die Verwendung von Produktionsmitteln ist Spekulation.
[900]und nicht seinen Partner auf dem Terminmarkte
[901]Auch der nur in Lohn arbeitende
[902]– das Spekulationsrisiko –
[903]von der technischen Führung der Produktion und
[904]katallaktischen
[905]Die Unternehmerfunktion würden hier nur die ausüben, die sich mit dem Terminhandel befassen.
[906]wären von dem Wechsel der Marktlage unabhängig; sie würden von den Unternehmern – den Spekulanten des Terminmarktes – gegen alle Gefahren, die die Schwankungen der Marktlage mit sich bringen können, gedeckt sein. Denken wir, was freilich widerspruchsfrei nicht zu denken ist, das Geld in der stationären Wirtschaft neutral, dann gibt es kein Risiko, das an den Besitz von Geld und Geldforderungen geknüpft wäre. Zahlungsunfähigkeit der Gegenspieler auf dem Terminmarkte ist nicht zu befürchten, wenn man sich alle Termingeschäfte bei *einer* Aktiengesellschaft vereinigt denkt. Bei dieser Gesellschaft müssen sich in der stationären Wirtschaft Gewinne und Verluste die Wage halten, so dass sie nicht zahlungsunfähig werden kann.

Dass wir in der stationären Wirtschaft die Unternehmerfunktion von den übrigen Funktionen auf diesem Wege scharf und rein zu sondern vermögen, ist dem Umstande zuzuschreiben, dass unseren Annahmen gemäss Unternehmergewinn und Unternehmerverlust sich hier die Wage halten müssen. An der grundsätzlichen Unmöglichkeit scharfer Sonderung der Funktionen in einem System, das diesen nicht realisierbaren Annahmen nicht entspricht, wird damit nichts geändert.
[907]Wesen > characteristics
[908]Jedes Handeln wird dadurch zu einem Mithandeln,
[909]Jeder gibt, um zu empfangen;
[910]Körpers
[911]Zwecken > wants
[912]Zwingherr > a dictator
[913]Doch wenn auch frei, dient jeder allen. Auch ohne dass man ihn zwingt, muss jeder seine Aufgabe erfüllen. Der Markt lenkt, der Markt bringt in das Getriebe Sinn und Ordnung.

Unternehmer, Kapitalisten, Grundeigentümer, Arbeiter werden durch das Spiel des Marktes zu den Leistungen getrieben, die die Verbraucher von ihnen begehren, und diese Verbraucher sind wieder dieselben Unternehmer, Kapitalisten, Grundeigentümer, Arbeiter. Der isolierte Wirt der geschlossenen Hauswirtschaft ist Unternehmer, Kapitalist, Grundeigentümer und Arbeiter zugleich und verbraucht das Produkt seiner Tätigkeit selbst. In der arbeitteilenden Gesellschaft spaltet sich das Handeln in das Erzeugen und Verkaufen des Produkts und in das Einkaufen des für den eigenen Verbrauch und Gebrauch Benötigten. Wie nicht jeder Brot und Kleidung für seinen eigenen Bedarf erzeugt, wie es Müller und Bäcker, Tuchmacher und Schneider gibt, so ist auch nicht mehr jeder Eigentümer von Produktionsmitteln. Wie das Getriebe des Marktes jeden in den Produktionszweig drängt, in dem seine Arbeit dem Verbrauche die besten Dienste zu leisten vermag, so wird die Verfügung über die Produktionsmittel durch das Getriebe des Marktes in die Hände jener geleitet, die mit ihnen am besten umzugehen vermögen, d.i. jener, die es verstehen, sie der Verwendung zuzuführen, in der sie den Wünschen der Verbraucher in zweckmäßigster Weise dienen. So stellt sich uns die Marktwirtschaft dar als Arbeitsteilung, die nicht nur verschiedene Produktionsgruppen, sondern in einem begrenzten Ausmaß auch verschiedene Produktionsfunktionen verselbständigt hat; alle diese Teile werden durch den Markt zu einer Einheit.

Markt ist die Gesamtheit der Austauschbeziehungen der Glieder einer arbeitteilenden, auf dem Sondereigentum an den Produktionsmitteln beruhenden Gesellschaft. Diese Gesellschaft ist streng zu unterscheiden von der zweiten denkbaren Gestalt arbeitteilender Produktion: von der auf dem Gemeineigentum an den Produktionsmitteln beruhenden – sozialistischen – Wirtschaft, die man heute auch als Planwirtschaft bezeichnet. Wenn in dem Rahmen einer im Übrigen auf dem Sondereigentum an den Produktionsmitteln beruhenden Gesellschaft einzelne Produktionsmittel in Gemeineigentum stehen, wird das System darum noch nicht ein Mischsystem, das Sozialismus und Sondereigentum verbindet. Denn wenn nur einzelne Unternehmungen im Gemeineigentum stehen, die übrigen aber im Sondereigentum, bleiben die für das Handeln wesentlichen Merkmale der Marktwirtschaft unberührt; auch die im Gemeineigentum stehenden Unternehmungen müssen sich als Käufer (von Rohstoffen, Halbfabrikaten und Arbeit) und als Verkäufer (von Waren oder Diensten) in das Getriebe der Marktwirtschaft einordnen; sie sind dem Gesetze des Marktes untertan, sie müssen, um sich zu behaupten, trachten, Gewinne zu erzielen oder zumindest keine Verluste zu erleiden. Wenn versucht wird, diese Abhängigkeit dadurch zu mildern oder auszuschalten, dass Betriebs- und Kapitalsverluste solcher Unternehmungen durch Zuschüsse aus öffentlichen Mitteln gedeckt werden, so gelingt damit nur eine Überwälzung der Abhängigkeit auf eine andere Stelle. Denn die Mittel für die Zuschüsse müssen irgendwie aufgebracht werden. Die Aufbringung mag durch die Eintreibung von Zwangsabgaben erfolgen; darin, dass die Belastung durch diese Abgaben sich auf dem Markte auswirken muss, dass nicht der die Steuer einhebende Staat, sondern das Getriebe des Marktes darüber entscheidet, wen die Steuer in letzter Linie belastet und wie sie auf Erzeugung, Güterversorgung, Kapitalgebarung und Einkommensbildung wirkt, kommt die Herrschaft des Marktes und die Unentrinnbarkeit seiner Gesetze auch hier zur Geltung.

Die Marktwirtschaft ist somit von anderen denkbaren Ordnungen gesellschaftlicher (arbeitteilender) Produktion streng unterscheidbar. Wir haben Gemeineigentum an den Produktionsmitteln, d.i. Sozialismus (Kommunismus, Planwirtschaft oder wie man es sonst nennen mag) auf der einen Seite und Sondereigentum an den Produktionsmitteln, d.i. Marktwirtschaft (Verkehrswirtschaft, Kapitalismus) auf der andern Seite. Nichts, was mit dem Getriebe der Marktwirtschaft verbunden ist, kann als Sozialismus oder als ein Stück Sozialismus im praxeologischen Sinne bezeichnet werden. Staats- und kommunalsozialistische Einrichtungen und Betriebe im Rahmen eines kapitalistischen Gemeinwesens und der sowjetrussische Kommunismus sind dadurch, dass sie auf Märkten kaufen und verkaufen, dem kapitalistischen System verbunden. Sie geben selbst dieser Verbundenheit dadurch Ausdruck, dass sie in Geld rechnen und damit den geistigen Charakter des von ihnen grundsätzlich abgelehnten Systems übernehmen.

[914]und dass Sozialismus nur ein Gedankenspiel vorstellt,

[915]Kapitalrechnung und Kapital; Realkapital und Geldkapital

[916]Geld- und Kapitalrechnung. Der Grundbegriff der Geld- und Kapitalrechnung ist der Begriff des Kapitals und das entsprechende Einkommen.

[917]Als Kapital werden in der Geld- und Kapitalrechnung die Mittel den Zwecken gegenübergestellt.

[918]Erwerbsvermögen und Gebrauchs- und Verbrauchsvermögen > trading funds and of household goods

[919]als Kapital vom Verbrauchsvermögen unterschieden

[920]die Erhaltung und Mehrung seines Kapitals > to increase or, at least, to preserve the capital

[921]Die Aufgabe der Kapitalrechnung ist es nun, festzustellen, ob und in welchem Ausmaße dieses Ziel erreicht wurde.

Der Begriff des Kapitals entstammt der Kapitalrechnung, die immer Geldrechnung ist. Kapital ist daher zunächst Geldkapital: die in Geld ausgedrückte Summe des Wertes aller dem Erwerb gewidmeten Güter (einschließlich der dem Erwerbe dienenden Beträge an Geld). Als

Geldkapital, als eine Geldsumme tritt Kapital in den Überlegungen der Handelnden auf; als Geldkapital erscheint es in der Wirtschaftsrechnung der kaufmännischen Bücher, Kalkulationen und Bilanzen. Es ist die wissenschaftliche Lehre der Nationalökonomie, die dem Begriffe des Geldkapitals einen zweiten Kapitalsbegriff gegenüberzustellen sucht, den des Realkapitals. Als Realkapital erscheinen alle jene Güter, die nicht für die Verzehrung in der Aufwandswirtschaft bestimmt sind, sondern der Verwendung in der Erwerbswirtschaft gewidmet wurden. Vom Gelde wird dabei abgesehen.

Die Bildung des Begriffes Realkapital schien notwendig, um jenen naturalwirtschaftlichen Erwägungen, auf die die Nationalökonomie nicht verzichten kann, die Möglichkeit zu bieten, das Problem des Kapitals und des Zinses zu untersuchen; sie schien nicht weniger notwendig, um der Theorie des indirekten Tausches den Begriffsapparat zu geben, den die Behandlung der Probleme des Verhältnisses zwischen Veränderungen der Geldmenge und der Zinsgestaltung, der Kreditausweitung durch Ausgabe von zusätzlichen Umlaufsmitteln und des Konjunkturwechsels erfordert. Um diese Aufgaben lösen zu können, glaubte die Theorie den Begriff des Kapitals aus der Sprache der Geld- und Kapitalrechnung in die naturalwirtschaftliche Ausdrucksweise übersetzen zu müssen, ein Beginnen, das nicht restlos gelingen konnte, weil sich der Kapitalbegriff aus dem Gefüge der Gedankengänge der Geldrechnung der Unternehmer und Kapitalisten nicht rein herausheben lässt.

Die Produktion in der Marktwirtschaft ist nur ein Sonderfall eines allgemeineren Produktionsbegriffes, der für jede denkbare Gestaltung der Produktion gilt; von Realkapital und kapitalistischer Produktion könnte man somit in Hinsicht auf jede Produktion sprechen. Auch die Urfischer und Urjäger und auch Robinson wirtschaften «kapitalistisch», sobald sie Netze, Boote, Keulen oder Spaten verwenden, und auch eine sozialistische Wirtschaft müsste in diesem Sinne «kapitalistisch» produzieren. Der Begriff des Realkapitals ist von dem Bestehen interpersonellen Tausches, insbesondere auch vom Bestehen indirekten, durch Geld vermittelten Tausches, und vom Bestehen der Geldrechnung unabhängig. Man mag also berechtigt sein, zu behaupten, «dass Kapital mit Geld zunächst überhaupt nichts zu tun hat», dass «Geldkapital» in Wahrheit «nur eine in der Geldwirtschaft zum Ausdrucke gelangende Erscheinungsform von Verhältnissen» sei, welche «sich im Rahmen der Güterverwendung ergeben», und dass Kapital «auch nicht etwas einer bestimmten sozialen Organisation Spezifisches» sei [FN: Vgl. Strigl, Kapital und Produktion, Wien 1934, S. 3.]. Doch man darf nicht außer Acht lassen, dass die Kapitalrechnung, durch die allein jenen «Verhältnissen, die sich im Rahmen der Güterverwendung ergeben» im Handeln Rechnung getragen werden kann, an den Begriff des Geldkapitals in der Kapitalrechnung, die nur die Marktwirtschaft auszubilden vermag, gebunden bleibt.

Darum mussten denn auch alle Versuche, einen von jeder Bezugnahme auf die Wirtschaftsrechnung der Wirte befreiten Begriff des Realkapitals herauszuarbeiten, scheitern. Wer von Realkapital, Sozialkapital oder volkswirtschaftlichem Kapital spricht, sucht einen Kapitalbegriff, der auch in einer geldlosen Gemeinwirtschaft dem Handeln zur Richtschnur dienen könnte, und achtet nicht darauf, dass in einer so beschaffenen Wirtschaft nicht in Geld gerechnet werden kann. In einer Wirtschaftsverfassung, in der nicht in Geld gerechnet wird, kann man wohl von Beständen von Kapitalgütern (produzierten Produktionsmitteln) sprechen, doch nicht von Kapital. Der Kapitalbegriff ist ein marktwirtschaftlicher Begriff [FN: Frank A. Fetter legt der Kapitaldefinition den Kapitalbegriff des rechnenden Wirts zugrunde und fügt dann bei: «This is essentially an individual acquisitive, financial, investment, ownership concept . . . and developing with the spread of the financial calculus in business practise.» (Vgl. Artikel *Capital* in Encyclopaedia of the Social Sciences, Vol. III., S. 190.)]. Wenn man sich das stets vor Augen hält, dann darf man ohne Bedenken mitunter *metaphorisch* auch außerhalb der Marktwirtschaft von Kapital sprechen und die Boote und Netze der Urfischer und die der Produktion gewidmeten Bestände an produzierten Produktionsmitteln eines sozialistischen Gemeinwesens als Kapital oder Realkapital bezeichnen. [FN: Man könnte als Kapitalgüter ebensogut auch alle Produktionsmittel (nicht nur die produzierten Produktionsmittel, die Zwischenprodukte, sondern auch die ursprünglichen naturgegebenen sachlichen Produktionsmittel) bezeichnen. Die Einschränkung dieses Ausdrucks zur Bezeichnung der produzierten Produktionsmittel erscheint jedoch zweckmäßiger. (Noch einmal sei dabei darauf hingewiesen, dass auch die in den Händen der Unternehmer und Kapitalisten befindlichen und ihren Erwerbszwecken dienenden genussreifen Güter als Zwischenprodukte und Produktionsmittel anzusehen sind.) Das Bedürfnis, durch Rechnung den Erfolg des Handelns zu ermitteln, war bei den produzierten Produktionsmitteln, die in der Verwendung und durch die Verwendung untergehen, dringender als bei dem für die Produktion verfügbaren Bestand an Boden. Die Kapitalrechnung der einzelnen Wirte zog daher anfangs den Wert des Bodens nicht in den Begriff des Kapitals ein; heute ist diese Einbeziehung Regel. Wenn die Nationalökonomie den Begriff der Kapitalgüter auf produzierte Produktionsmittel beschränkt, darf sie nicht vergessen, dass die Kapitalrechnung der Wirte auch den Boden miteinschließt. Doch auch die Wirte stellen in ihrem Sprachgebrauch mitunter dem Boden das Kapital gegenüber. Wenn ein Grundbesitzer davon spricht, dass ihm nicht genug Kapital zur Verfügung stehe, um seinen Grundbesitz so intensiv zu bewirtschaften, wie es die Lage des Marktes erfordern würde, oder wenn alle Grundbesitzer eines Landes oder die ihre Wirtschaft betrachtenden Nationalökonomen so sprechen, dann sehen sie davon ab, dass die einzelnen Grundbesitzer durch Veräußerung eines Teiles des Grundbesitzes die Geldmittel beschaffen könnten, die es ihnen gestatten würden, das Missverhältnis abzustellen. – Der Umfang des verfügbaren Bestandes an Kapitalgütern (produzierten Produktionsmitteln) und der verfügbaren Arbeitsmenge entscheidet über das Ausmaß, in dem der Boden zur Produktion herangezogen wird. Das lässt der Nationalökonomie den Sprachgebrauch, der den Ausdruck Kapitalgüter auf die produzierten Produktionsmittel einschränkt und den Boden nicht zum Kapital rechnet, zweckmäßig erscheinen.]

*922*Man hat die Behauptung aufgestellt, dass das Verhalten der in der Marktwirtschaft wirkenden Menschen von dem Verhalten der Menschen, die in anderen Wirtschaftssystemen handeln und wirken, grundsätzlich verschieden sei. Die auf dem Sondereigentum an den Produktionsmitteln beruhende, in Geld rechnende und durch Vermittlung des Geldes tauschende arbeitteilende Wirtschaftsordnung wird als Kapitalismus bezeichnet, weil sie durch eine besondere Wirtschaftsgesinnung, nämlich die kapitalistische Wirtschaftsgesinnung, sich sowohl von älteren, ihr geschichtlich vorausgegangenen Wirtschaftssystemen als auch von der auf sie folgenden, voraussichtlich sozialistischen Wirtschaftsordnung unterscheide. Jedem Wirtschaftssystem entspreche eine besondere, eigenartige Wirtschaftsgesinnung. Der Wechsel der Wirtschaftsgesinnung sei es, der den Wandel der Wirtschaftssysteme herbeiführt.

Diese Auffassung verdankt ihre Volkstümlichkeit vor allem den Schriften von Marx und Engels. Sie wird nahezu allgemein in der Gestalt vorgetragen, die ihr die deutsche historische Schule der Staatswissenschaften gegeben hat. In dieser Gestalt bildet sie den Kern der Wirtschafts- und Geschichtsideologie aller Parteien, die heute auf der politischen Bühne agieren.

Zweck aller wirtschaftlichen Tätigkeit im Kapitalismus sei, meint Sombart, «der Gewinn und zwar der Geldgewinn». Diese Idee des Gewinnes sei «das Gegenstück zu der Idee der Nahrung, die alle vorkapitalistischen Wirtschaftssysteme, insbesondere auch die feudal-handwerkmäßige Wirtschaft beherrscht». In diesen stehe «im Mittelpunkt der wirtschaftlichen Interessen der Mensch. Güter werden erzeugt und gehandelt, damit die Konsumenten gut und reichlich ihren Bedarf an Gebrauchsgütern decken können, aber auch die Produzenten und Händler ihr gutes und reichliches Auskommen finden». Demgegenüber sei in der kapitalistischen Wirtschaft das Sachvermögen, ein Abstraktum, im Mittelpunkt der Wirtschaft; «dessen Vermehrung, also die Erzielung von Gewinn ist Ausgangspunkt und Endziel aller wirtschaftlichen Tätigkeit» [FN: Vgl. Sombart, Artikel Kapitalismus im Handwörterbuch der Soziologie, her. v. Vierkandt, Stuttgart 1931, S. 258.]. Diese Charakterisierung der kapitalistischen Wirtschaft ist durchaus schief. Auch für die kapitalistische Marktwirtschaft trifft wortwörtlich zu, was Sombart nur von den vorkapitalistischen Wirtschaftssystemen gelten lassen will, dass nämlich Güter erzeugt und gehandelt werden, damit die Konsumenten gut und reichlich ihren Bedarf an Gebrauchsgütern decken können, aber auch die Produzenten und Händler ihr gutes reichliches Auskommen finden können. Auch in ihrem Mittelpunkt steht der Mensch und nicht das Sachvermögen. Es ist nicht richtig, dass in ihr der Gewinn, das heißt: die Vermehrung des Sachvermögens, Ausgangspunkt und Endziel aller wirtschaftlichen Tätigkeit sei. Wohl ist der einzelne Unternehmer auf Gewinn bedacht; doch Gewinn ist in der kapitalistischen Marktwirtschaft nur durch bestmögliche Befriedigung der Begehrungen der Verbraucher zu erzielen. Gewinn kann daher nur dem als Endziel der wirtschaftlichen Tätigkeit erscheinen, der seine Betrachtung allein auf einen Teil des Marktprozesses richtet und den anderen Teil geflissentlich nicht ins Auge fassen will. Erwerbstrieb und Gewinnstreben in der kapitalistischen Gesellschaft sind in ihrer gesellschaftlichen Wirkung von den Bestrebungen, die die wirtschaftenden Einzelnen in nichtkapitalistischen Wirtschaftssystemen verfolgt haben oder verfolgen, nicht verschieden.

In jenen vorkapitalistischen Wirtschaftssystemen, die Sombart im Auge hat, war dem Bestreben des einzelnen Unternehmers, Gewinne zu erzielen, durch die politischen Verhältnisse ein Damm gezogen. Die Gewalthaber standen dem Kaufmann und Unternehmer feindselig gegenüber und waren stets bereit, ihn durch Gewalt zu enteignen. Wer erwerben wollte, musste sich unter den Schutz der Mächtigen stellen, musste von den Gewalthabern Privilegien erhalt-en oder sich dem genossenschaftlichen Schutz überantworten, den die Bürger der Städte einander wechselseitig gewährleisteten. Dieser Schutz war nur bedingt. Er legte in den Städten auch die Verpflichtung auf, die Mitbürger nicht durch überlegene Leistung im Wettbewerb des Marktes auszustechen. Die Betätigung des Unternehmers war gehemmt, weil er von dem Wohlwollen der weniger tüchtigen Konkurrenten abhängig war. Erst als der moderne Staat die Willkür der bewaffneten Enteigner, der Fürsten und des Adels, beseitigt hatte, als der Unternehmer nicht mehr Enteignung und Beraubung fürchten musste und von der Rücksichtnahme auf die Konkurrenten durch die Aufhebung des Zunftbandes befreit wurde, das im befriedeten Land seinen Sinn verloren hatte und zu einer bloßen Hemmung des Tüchtigen geworden war, konnte die Marktwirtschaft sich frei entwickeln. Aus der gehemmten Marktwirtschaft wurde die freie Marktwirtschaft, sobald man den einzelnen Unternehmer gewähren ließ und ihm nicht mehr Gefahr drohte, durch Willkür um den Erfolg seiner Arbeit zu kommen.

Jedes Handeln ist auf Gewinn gerichtet, will einen Überschuss des Ertrages über die Kosten erzielen. Auch der Wirt der geschlossenen Hauswirtschaft und der zünftige Handwerker des Mittelalters wollten gewinnen und nicht verlieren. Dass erst die Geldrechnung der Marktwirtschaft es möglich macht, Gewinn und Verlust in Geld zu berechnen, und dass nur sie die allem Handeln innewohnenden Elemente dem Handelnden in voller Klarheit zeigt, verändert nicht das Wesen des Handelns.

Die Sombart'sche Kennzeichnung der Wirtschaftsgesinnung und der Wirtschaftssysteme ist eine neue Ausdrucksweise für einen alten, oft widerlegten Irrtum, der in der Bedarfsdeckungswirtschaft den Gegensatz der Profitwirtschaft sieht. In der Tat aber ist die Profitwirtschaft geradeso nur wirkungsvoller und erfolgreicher – auf die Deckung des Bedarfes gerichtet wie die Wirtschaft, der man die Bezeichnung Bedarfsdeckungswirtschaft vorbehalten will.

Die Marktwirtschaft des kapitalistischen Wirtschaftssystems der Gegenwart ist auch nicht durch eine besondere Wirtschaftsgesinnung gekennzeichnet; sie ist in der praxeologischen Struktur des Handelns von anderen Organisationsformen der Wirtschaft nicht verschieden. Was sie auszeichnet und ihre besondere Eigenart ausmacht, ist der Umstand, dass die das Handeln vorbereitenden und begleitenden Erwägungen der Handelnden durch Rechnen und Berechnen unterstützt werden können. Das charakteristische Merkmal des Kapitalismus ist die Wirtschaftsrechnung.

[923]Unternehmer und Verbraucher

[924]Die unternehmendsten Wirte, die Unternehmer, stehen auf dem Markte an der sichtbarsten Stelle.

[925]Doch die letzten Entscheidungen werden nicht von den Unternehmern getroffen, sondern von der Nachfrage der Verbraucher. Die Unternehmer – Erzeuger und Händler – sind darauf bedacht, nur das auf den Markt zu bringen, wofür die Verbraucher die günstigsten Preise zu bewilligen geneigt sind. Sie arbeiten für den Verbraucher, sie trachten das zu bereiten, wofür ihrer Meinung nach der Verbraucher Begehr haben wird.

[926]über das Schicksal der Unternehmer. Sie machen den Unternehmer reich oder arm, sie machen kleine Unternehmer groß und drängen andere Unternehmer aus der Unternehmerstellung hinaus. Sie zwingen die Unternehmer zur Befolgung ihrer Befehle. Der Unternehmer, der nicht gewillt oder nicht fähig ist, das, was die Verbraucher begehren, zum billigsten Preise zu liefern, erleidet Vermögenseinbussen, die ihn nötigen, entweder rechtzeitig sein Vorgehen zu ändern oder aber schließlich die Unternehmertätigkeit aufzugeben. Der Verbraucher – der Käufer – entscheidet; er mag noch so verkehrte Wünsche äußern, er mag noch so launisch und unbeständig in seinem Begehren sein, soweit er bereit ist, für die Befriedigung seines Begehrs zu zahlen, muss der Unternehmer sich ihm fügen.

[927]gebrauchs- und verbrauchsreife Genussgüter > goods and services of the first order

[928]Nur sie sind von den Verbrauchern unmittelbar abhängig,

[929]und diese Abhängigkeit

[930]sie selbst

[931]tüchtigere Unternehmer > More efficient men

[932]der Unternehmer

[933]seine

[934]seinen

[935], mindert seinen Gewinn oder zehrt ihn ganz auf, schwächt damit seinen Vermögensstand, bringt ihm Verlust und gefährdet seine Unternehmerstellung

[936]Das ist die vielberufene Härte des alles in Heller und Pfennig berechnenden Unternehmers. Er übt sie im Auftrage des Verbrauchers, der nicht bereit ist, den ihm dienenden Unternehmern mehr zu vergüten, wenn sie überflüssige Ausgaben gemacht haben. Das, was man im Sprachgebrauch

des Alltags Wirtschaftlichkeit nennt, wird von den Verbrauchern durch ihr Verhalten auf dem Markte dem Handeln der Unternehmer und ihrer Gehilfen als Gesetz vorgeschrieben.

[937]Die Verbraucher sind es mithin, die mittelbar alle Preise und Löhne und damit die Reichtumsgestaltung aller Glieder der Gesellschaft bestimmen. Ihre Wahlakte bestimmen, wer Unternehmer und Besitzer von Produktionsmitteln sein soll.

[938]der Produktion und der Absatzorganisation

[939]Die demokratische Wahlordnung mag eher als ein unzulänglicher Versuch angesehen werden, im politischen Leben die Marktverfassung nachzubilden.

[940]bis in die entferntesten Bezirke des gesellschaftlichen Produktionsapparates

[941]Niemand vermag sich diesem Einfluss zu entziehen. Die Arbeitsteilung sondert Verbrauch und Erzeugung. Im Grenzfall, der auf der gegenwärtigen Stufe der Ausgestaltung der Arbeitsteilung nicht selten gegeben ist, verbraucht der Erzeuger selbst nichts von dem, was er erzeugt; die gesamte Erzeugung dient unmittelbar anderen und nur mittelbar – durch den Ertrag, den ihre Veräußerung gegen Geld abwirft, – ihm selbst. Das, was diesem scheinbar so schwerfälligen und unübersehbarem Getriebe allein Sinn und Zweck gibt, ist die durch die Geldrechnung geregelte Anpassung an die Wünsche der Verbraucher.

[942]Die Ausgabenwirtschaft des Unternehmers

Der Unternehmer ist nicht nur Unternehmer, er ist immer auch Verbraucher. Es ist mitunter nicht ganz einfach, zu erkennen, wie Unternehmerfunktion und Verbraucherfunktion zu unterscheiden sind.

Ein Unternehmer möge die Absicht haben, einen notleidenden Freund zu unterstützen. Aus Zartgefühl kann er hierfür einen Vorgang wählen, der den Tatbestand der Unterstützung verschleiert und dem Unterstützten die Beschämung des Almosenempfangs erspart – er stellt den Freund im Unternehmen als entlohnten Mitarbeiter an, obzwar er seine Arbeit nicht benötigt oder gleichwertige Arbeitsleistung billiger kaufen könnte. Der an den Unterstützten gezahlte Lohn erscheint formell als Produktionsaufwand. In Wahrheit handelt es sich um die Verwendung eines Teils des Unternehmereinkommens, um eine Haushaltausgabe des Unternehmers. Der Unternehmer ist hier Verbraucher und nicht Unternehmer.

Diese Verwischung der Funktionsgrenzen wird mitunter durch institutionelle Umstände besonders begünstigt. Die zu Lasten der Betriebsrechnung des Unternehmens verrechnete Ausgabe schmälert den Reingewinn und daher auch die Besteuerungsgrundlage der Gewinn- und Ertragsbesteuerung. Wenn die Steuer etwa 25 % des Ertrages ausmacht, dann hat der Unternehmer nur 75 % der Unterstützung zu tragen; den Rest hat er zu Lasten des die Steuer einhebenden Staates gewährt.

[943]Wenn wir von Wettbewerb sprechen, müssen wir uns von aller Metaphysik fernhalten, die man den Begriffen *Konkurrenz* und *freie Konkurrenz* angeheftet hat. Wettbewerb äußert sich auf dem Markte in der Weise, dass die Käufer den übrigen Kauflustigen durch das Angebot höherer Preise, und dass die Verkäufer den übrigen Verkauflustigen durch das Fordern niedrigerer Preise bei gleicher Leistung oder durch Erhöhung der Leistung bei gleicher Preisforderung zuvorzukommen haben.

Frei ist der Wettbewerb niemals in dem Sinne, dass jeder an ihm überhaupt oder gar mit gleichen Aussichten auf Erfolg teilzunehmen vermag. Der Wettbewerb der Verkäufer ist immer beschränkt durch die Beschränktheit der zur Verfügung stehenden Mittel. Wären sie in Überfluss vorhanden, dann würde in Bezug auf sie nicht gehandelt werden und sie würden für Wettbewerb nicht in Betracht kommen. Wenn die ältere Nationalökonomie von Freiheit des Wettbewerbs sprach, so hatte sie die Beurteilung der Wirkungen einer Politik im Auge, die durch Beschränkung des Wettbewerbs den Markt zu beeinflussen suchte. Solche Politik, meinten die Nationalökonomen, könne nur dazu führen, dass die Produktionsmittel nicht in die Hände des besten Wirts gelangen und dass nicht alle Möglichkeiten der Produktion, die durch die Begabung und durch die Kenntnisse der Menschen und durch den vorhandenen Vorrat an Gütern höherer Ordnung gegeben sind, ausgenützt werden. Institutionelle Erschwerungen des Wettbewerbs hätten daher nur den Erfolg, die Ergiebigkeit der menschlichen Arbeit herabzusetzen. Wenn man die Ergiebigkeit der menschlichen Arbeit steigern wolle, seien sie daher zweckwidrig.

[944]Man hat dabei drei Monopolbegriffe zu unterscheiden

[945]diese Monopolstellung, diese absolute Herrschaft > an absolute and total monopoly

[946], wer als Verkäufer über eine Ware oder Leistung verfügt, die keinem andern Verkäufer zur Verfügung steht, oder wer als Käufer sein Begehren auf eine Ware oder Leistung richtet, die von keinem andern Käufer begehrt wird. Grosse Gruppen von Gütern und Leistungen bestehen aus einzigartigen Stücken, so dass sie unter diesen Begriff des Monopols fallen. Jede künstlerische

Darbietung und jedes Kunstwerk sind von anderen Darbietungen und Kunstwerken verschieden. Jede Fabrik erzeugt andere Typen von Fabrikaten. Gleichartigkeit der Erzeugnisse verschiedener Erzeuger findet man im Allgemeinen nur auf dem Gebiete der Erzeugung von Rohstoffen, Nahrungsmitteln und Stapelartikeln. Es ist allgemein üblich, den Begriff des Monopols so zu fassen, dass jeder, der Waren anzubieten hat, die kein zweiter Verkäufer anbietet, als Monopolist bezeichnet wird. Für die Erklärung der Preisbildung des Marktes leistet dieser Begriff keinen Dienst.

Der dritte Begriff des Monopols geht von dem eben erwähnten zweiten Begriff aus, den er jedoch wesentlich einschränkt. Monopol liegt nicht schon dann vor, wenn der Verkäufer oder die einheitlich vorgehende Gruppe von Verkäufern über eine Ware oder Leistung verfügen, die anderen nicht zur Verfügung steht. Es muss noch eine bestimmte Gestaltung der Nachfrage nach dieser Ware oder Leistung gegeben sein, die es dem Verkäufer ermöglicht, durch Einschränkung der auf den Markt gebrachten Menge einen höheren Gewinn zu erzielen als durch den Verkauf jener größeren Menge, die bei Wettbewerb der Verkäufer auf den Markt gelangen würde. Wir gehen bei dieser Begriffsbestimmung nicht von einer Verdeutschung des Wortes Monopols aus, sondern vom Monopolpreis als einem vom Wettbewerbspreis verschiedenen Preis oder richtiger gesagt, von der Marktlage, die zu einem Preis führt, der von dem, der sich bei Wettbewerb der Verkäufer herausbilden würde, verschieden ist.

Wenn man von Monopolpreis in diesem Sinne spricht, hat man eine Erscheinung, die in der Preislehre von großer Bedeutung ist, gekennzeichnet. Ob es gerade zweckmäßig war, die beiden Klassen von Preisen Wettbewerbspreis und Monopolpreis zu benennen, mag zweifelhaft sein. Diese Ausdrucksweise hat sich aber eingebürgert, und es wäre schwer, sie durch eine andere zu verdrängen. Man muss sie wohl schon beibehalten. Doch man darf aus dem Umstand, dass man Monopolpreis und Wettbewerbspreis unterscheidet, nicht etwa auf den Gedanken verfallen, dass der Monopolpreis ein Preis wäre, der unter Bedingungen gebildet werde, die den Wettbewerb ganz ausschließen. Auch die Monopolpreise gehen aus dem Marktverkehr hervor und aus dem Wettbewerb, der auf dem Markte überall und immer herrscht. Das Besondere an der Marktlage, die zu Monopolpreisen führen kann, ist allein das, dass der Wettbewerb durch Anbieten des Monopolgutes unterbunden ist. In jeder anderen Beziehung herrscht Wettbewerb. Die Regierung, die ein Tabakmonopol ausbeutet, ist wohl nicht genötigt, auf Konkurrenten, die Tabak anbieten, Rücksicht zu nehmen, doch sie muss mit dem Ausweichen der Nachfrage und damit mit Wettbewerb aller jener rechnen, deren Erzeugnisse stärker begehrt werden, wenn der Tabakpreis steigt. Jeder Verkäufer steht im Wettbewerb nicht nur mit jenen, die gleichartige Ware anbieten, sondern auch mit allen jenen, die andere Waren anbieten. Die gefährlichste Konkurrenz ist nicht immer die, die gleichartige Ware anbietet. Den Theatern z. B. tun Rundfunk, Lichtspiele und Sprechmaschinen, aber auch Sport und Reisen, der Kraftwagen und die Vorliebe für Wochenendausflüge mehr Abbruch als die konkurrierenden Bühnen. Jeder neue Artikel schafft sich seinen Absatz ganz oder zum großen Teil zunächst durch das Abziehen des Publikums vom Verbrauch anderer Artikel.

Alle jene Lehren

[947][FN: Vgl. Baudin, *Le mécanisme des prix*, Paris 1940, S. 115 ff.]

[948]manchen

[949]Produktionen > branches of industry

[950]sie für ihre Zwecke am geeignetsten halten

[951]der Gemeinwirtschaft

[952]Es ist dabei ohne Belang, ob dieses Ziel von denen, die es anstreben, als Sozialismus angesehen wird oder nicht. Auch vielen Vorkämpfern des Ständestaats und allen Vorkämpfern des Staatssozialismus, der Wirtschaft, in der Gemeinnutz vor Eigennutz gehen soll, der gebundenen Wirtschaft und aller verwandten Pläne schwebt als Ziel ein Zustand vor, in dem, nach einem Worte Spanns, es zwar «formell Privateigentum, der Sache nach aber nur Gemeineigentum» gibt. [FN: Vgl. Spann, *Der wahre Staat*, Leipzig 1921, S. 249.] Doch solange dieses Ziel nicht erreicht ist, besteht Marktwirtschaft und damit Wettbewerb. Wenn man durch staatliche Eingriffe den Wettbewerb in einem, in mehreren oder in vielen Produktionszweigen erschwert, dann drängt man Unternehmungsgeist, Kapital und Arbeit umso stärker in andere Bahnen. Wenn die Gewerkschaften es zu erreichen wissen, dass der Zuzug von Arbeitern in einem Betätigungsfeld unterbunden wird, dann wird der Wettbewerb in den übrigen Gebieten umso stärker werden.

[953]die Tendenzen und Bestrebungen > forces

[954]Wirtschaftsgeschichte > history

[955]und für die Erklärung vieler Erscheinungen der Gegenwart

[956]der Zugang zu vielen Berufen und Gewerben erschwert ist, dass es Schutzzölle und andere Privilegien, Kartelle und Konzerne gibt

[957]Freiheit > freedom and liberty

[958]Die Unternehmer suchen die übrigen Unternehmer, mit denen sie im Wettbewerb stehen, als Käufer der Produktionsmittel durch Anbot höherer Preise und als Verkäufer der Erzeugnisse durch Fordern niedriger Preise auszuschalten. Wie hoch hinauf sie beim Ankauf der Produktionsmittel gehen wollen, hängt von ihrer Beurteilung der Preise ab, die sie für die fertigen Erzeugnisse zu erzielen hoffen. Wie tief sie beim Verkauf hinuntergehen müssen, wird durch die Lage des Marktes bestimmt.

Die Ungewissheit, die über die künftige Marktlage herrscht, gibt der Unternehmertätigkeit ihren Spekulationscharakter; aus ihr fließen Unternehmergewinn und Unternehmerverlust [FN: Es charakterisiert die politische Voreingenommenheit vieler Nationalökonomen, dass sie dem Unternehmergewinn mehr Aufmerksamkeit zugewendet haben als dem Unternehmerverlust.]. Die Berechnungen, auf denen das Handeln des Unternehmers beruht, gehen von dem augenblicklichen Preisstand der Produktionsmittel aus und berücksichtigen allenfalls noch die Veränderungen dieser Preise, die sich durch das Auftreten der eigenen Nachfrage und das mögliche Auftreten von neuer Nachfrage seitens anderer Unternehmer ergeben werden; sie rechnen weiter mit den Preisen, die für Produktionsmittel, die im Verlaufe des Produktionsverfahrens noch beschafft werden müssen, voraussichtlich zu zahlen sein werden; sie sind schließlich auf den Preisen aufgebaut, zu denen der Unternehmer dann die Erzeugnisse abzusetzen hofft. In allen diesen Annahmen können Fehler stecken, die das Ergebnis des Geschäfts ganz anders werden lassen, als es der Unternehmer gedacht hat. Er hat mit einem Überschuss des Ertrages über die Aufwendungen gerechnet, sonst hätte er sich in das Geschäft nicht eingelassen. Es mag sein, dass seine Erwartungen noch übertroffen werden und dass sein Gewinn größer wird, als er gehofft hat. Es kann aber auch sein, dass er den erhofften Gewinn nicht erzielt, dass sein Gewinn kleiner ausfällt, dass überhaupt kein Gewinn erzielt wird oder dass er Verluste erleidet.

Um den besonderen Charakter des Unternehmerwagnisses zu erfassen, hat man zunächst darauf zu achten, was nicht Quelle des spezifischen Unternehmergewinns oder Unternehmerverlusts ist, mag es auch Einkommen und Vermögen des Unternehmers noch so stark verändern.

Die technische Leistungsfähigkeit des Unternehmens hat mit dem Unternehmergewinn und Unternehmerverlust nichts zu tun. Dass ein Unternehmer technisch besser beschlagen ist als seine Konkurrenten, dass er das Erzeugungsverfahren zweckmäßiger zu gestalten weiß, dass er günstigere Bedingungen für das technische Gelingen der Arbeit zu setzen versteht, gibt ihm wohl einen Vorsprung gegenüber den übrigen Unternehmern. Der Vorteil, der ihm auf diesem Wege zugute kommt, mehrt seinen Erfolg. Doch er ist nicht Unternehmergewinn. Er ist Differentialrente der höheren persönlichen Tüchtigkeit oder der Verfügung über günstigere Produktionsstätten und günstigere Produktionsverfahren. In jenem Falle ist es Arbeitsverdienst des Unternehmers, in diesem Falle ist es Erlös des Eigentums an Produktionsmitteln.

[959]und der Unternehmer, der ein Gut kauft oder pachtet, vergütet dementsprechend einen niedrigeren Kaufpreis oder Pachtschilling. Gelingt es, durch Verbesserung der Technik eine Ursache der Missernten auszuschalten und dadurch den Durchschnittsertrag zu steigern, so würde das *caeteris paribus* die Produktionskosten des Getreides, den Getreidepreis und den Bodenpreis beeinflussen, doch nicht den Unternehmergewinn, mag auch der Unternehmer – als Bodeneigentümer oder als Pächter – davon berührt werden.

[960]Dass die Erzeugung des Schaumweines nur bei einem Teil der verwendeten Mengen stillen Weines gelingt

[961]Die Ausschaltung der Unternehmer, die ihrem Betriebe nicht das erreichbare Maß technischer Vollkommenheit zu geben vermögen, wird durch den Markt in derselben Weise bewirkt, in der er die in ihrer spezifischen Unternehmereigenschaft nicht erfolgreichen Unternehmer ausschaltet. Manche Unternehmer vermögen durch die Erfolge, die sie in ihrer spezifischen Unternehmertätigkeit erzielen, Verluste wettzumachen, die sie durch technische Unzulänglichkeit erleiden; andere Unternehmer wieder können Verluste aus verfehlter Unternehmerleistung durch Rentenertrag decken, der aus technischer Überlegenheit oder aus der Verfügung über günstigere natürliche Bedingungen der Produktion fließt. Die technischen und organisatorischen Aufgaben, die der Unternehmer neben seiner Unternehmertätigkeit besorgt, sind aber stets genau von den spezifischen Unternehmerleistungen zu unterscheiden.

[962]und durch Handeln überhaupt nicht oder nicht immer oder nicht ganz abgewehrt werden kann

[963]ist in Art und Umfang voraussehbar

[964], in welchem Ausmaße die überhaupt nicht oder nicht immer oder nicht ganz beherrschbaren Elementarkräfte störend und zerstörend auftreten. Der richtig rechnende Unternehmer muss sie in seine Rechnung einstellen; unterlässt er es, dann ist das so zu beurteilen wie jeder andere Irrtum in Bezug auf die technischen Bedingungen der Produktion. Gegenüber Schädigungen, die so selten auftreten, dass der einzelne Unternehmer oder zumindest der Unternehmer, dessen Geschäftsbetrieb nicht einen bestimmten Umfang erreicht, nicht imstande wäre, sie in seiner Rechnung zu berücksichtigen, kann die Berücksichtigung nur kollektiv durch Zusammenfassung einer großen Anzahl von Gefährdeten zu einer Risikengemeinschaft erfolgen. Das ist der Zweck, dem die Versicherung gegen Elementarschäden, Unfälle und Haftpflicht dient. Unternehmungen größeren Umfangs können gegenüber manchen oder auch gegenüber allen Gefahren auf die Inanspruchnahme der Dienste einer Versicherungsanstalt verzichten: sie versichern sich selbst durch Bildung von Rücklagen, aus denen die eintretenden Schäden gedeckt werden sollen. Die kleineren Betriebe schließen sich durch die Versicherung zu einer Risikengemeinschaft zusammen, wobei es ohne Bedeutung ist, ob der Zusammenschluss durch eine wechselseitige genossenschaftliche Versicherung oder durch eine Versicherung als Geschäft betreibende Unternehmung erfolgt. Damit wird es jedem Betrieb ermöglicht, die Selbstkostenrechnung in Hinsicht auf die durch Elementarkatastrophen drohenden Gefahren richtig zu gestalten

[965]Auch das hat mit der Unternehmungstätigkeit und mit dem Erfolg dieser Tätigkeit nichts zu tun.

[966]Der einzelne Unternehmer kann es weder vorausberechnen noch abwenden. Doch auch wenn er es voraussehen könnte, wäre es ihm nicht möglich, im Handeln darauf Rücksicht zu nehmen, es sei denn, dass die Gefahr nur einen Teil des Gebiets bedroht, das seinen Lebensraum und sein Wirkungsfeld darstellt. Er kann es vermeiden, in Gebieten zu arbeiten, in denen diese politischen Gefahren größer sind als anderswo.

[967]der Kulturwelt

[968]durch die Kapitalsaufzehrung geschaffenen Marktlage

[969]nicht völlig erstarrten

[970]Jede Produktion erfordert Zeit, und wenn die Verhältnisse auf dem Markte sich im Ablaufe dieser Zeit in einer Weise ändern, die nicht alle Unternehmer vorausgesehen haben, dann gibt es Gewinne und Verluste.

[971]und demgemäss ihre Produktion eingestellt haben

[972]Dann haben sie im Augenblicke, in dem sie sich in das Unternehmen einließen, für die Produktionsmittel schon jene Preise bezahlen müssen, die den künftigen Preisen der Produkte entsprechen; die Preise, zu denen sie die Produkte verkaufen, decken gerade die Kosten.

[973]; dann nämlich erlöst er einen Überschuss über die Produktionskosten

[974]In der gleichmäßigen Wirtschaft, in der unserer Annahme gemäss keine Änderungen der wirtschaftlichen Daten eintreten, ist für Unternehmergewinne und Unternehmerverluste kein Raum. Das ist der Sinn der schon erwähnten, nicht gerade glücklich gewählten Ausdrucksweise: der Unternehmergewinn sei «kein statischer Einkommenszweig».

Anderseits kann aus der sich ändernden Wirtschaft der spezifische Unternehmergewinn nicht verschwinden.

[975]vom Urbeginn menschlichen Handelns an annehmen

[976]alles

[977]Im Gedankenbild der stationären Wirtschaft gibt es Veränderung der die Nachfrage nach und das Angebot von einzelnen Gütern bestimmenden Faktoren. Wir wollen einmal annehmen, dass bei ungeändertem Stand der Technik, des Reichtums an Kapital und an originären Produktionsfaktoren, und der Zahl und Zusammensetzung der Bevölkerung nur durch Wandlungen der Nachfrage Veränderungen ausgelöst werden. Wir nehmen etwa an, dass die Anschauungen über Hygiene und der Geschmack sich geändert haben, dass aber sonst alles blieb, wie es gewesen ist.

Es erhellt ohneweiters, dass unter diesen Voraussetzungen der Unternehmergewinn eines Teiles der Unternehmer dem Unternehmerverlust der übrigen Unternehmer genau entspricht. Die Summe des Einkommens aller Verbraucher hat sich nicht geändert. Geändert hat sich nur die Schätzung eines Teiles der auf den Markt gebrachten Produkte. Einige werden stärker, andere dagegen werden weniger begehrt. Was alle Verbraucher zusammengenommen für die stärker begehrten Waren mehr ausgeben, bringen sie durch die niedrigeren Preise, die sie für die weniger begehrten Waren bieten, wieder herein. Was die eine Gruppe von Unternehmern gewinnt, verliert die andere. In einer stationären Wirtschaft ist, wie auch schon früher gezeigt wurde [FN: Vgl. S. 249 f.], die Summe aller Unternehmergewinne gleich der Summe aller Unternehmerverluste.

Der Unternehmergewinn wird durch den Wettbewerb der Unternehmer zum Verschwinden gebracht. Wenn man nicht der Ansicht ist, dass die Marktlage, die den Unternehmergewinn entstehen ließ, einer ungünstigeren weichen werde, ehe die neu einzuleitenden Produktionsprozesse Frucht getragen haben, werden neue Unternehmer sich der Erzeugung der fraglichen Waren zuwenden, bis der Preis auf die Erzeugungskosten fällt. Die Aussicht auf Gewinn setzt den Unternehmer in Bewegung. Wo kein Gewinn zu erhoffen ist, sinkt die Erzeugung, wo Gewinn in Aussicht ist, steigt sie.

Wenn man – etwa durch Steuern – den Unternehmergewinn zu verringern oder ganz zu enteignen sucht, bleibt dem Unternehmer nur die Aussicht auf die Möglichkeit von Verlusten. Beschränkt sich die Maßnahme nur auf Gewinne, die durch die Erzeugung und den Verkauf einiger Kategorien von Waren erzielt werden, dann hat sie den Erfolg, dass die Unternehmer diese Waren vernachlässigen und sich anderen Zweigen der Erzeugung zuwenden. Volle Wegsteuerung aller Unternehmergewinne würde die Tätigkeit der Unternehmer lahmlegen und damit die Marktwirtschaft unterbinden.

[978]Die Auslese des Marktes > The Selective Process

[979]Die Entscheidungen der Verbraucher lassen den Markt die – vom Standpunkte der Ziele der Verbraucher gesehen – denkbar vollkommenste Auslese treffen.

Nur der kann Unternehmer werden und Unternehmer bleiben, der sieh täglich von Neuem als vollkommenster Vollstrecker der Befehle der Verbraucher bewährt. Wer diese Prüfung nicht besteht, erleidet Verluste und wird, wenn er nicht, dadurch belehrt, sein Verhalten ändert, in seiner Unternehmerstellung beschränkt und schließlich ganz aus der Unternehmerstellung gedrängt. Die Notwendigkeit, Gewinne zu erzielen, zwingt den Unternehmer, sich den Wünschen der Verbraucher, die auf dem Markte geäußert werden, so schnell und so vollkommen als möglich anzupassen. Wenn er das nicht vermag, oder wenn er sich dagegen auflehnt, wird er über kurz oder lang aufhören, Unternehmer zu sein.

[980]in ihrer Unternehmerfunktion ihre gesellschaftliche Stellung dadurch bewähren, dass sie

[981]in der sie den nach der Lage des Marktes höchstmöglichen Gewinn abwerfen

[982]Der Kapitalist, der sich durch Beteiligung am Kapitalsstock von Unternehmungen oder durch Darlehen an Unternehmungen in einer Richtung betätigt hat, die nicht die Billigung der Verbraucher findet, gefährdet Ertrag und Stamm seines Vermögens. Keine Anlage ist in dem Sinne sicher, dass sie nicht durch Missbilligung der Verbraucher Schaden erleiden müsste. Wer sein Vermögen nicht richtig, d.i. nicht den Wünschen der Verbraucher gemäss, angelegt hat und immer wieder anlegt, wird es schließlich verlieren. Wer in der Marktwirtschaft «liegen und besitzen» wollte, würde einmal entdecken, dass das, was er besitzt, wertlos geworden ist, weil die Marktlage sich geändert hat.

[983]Privilegienwirtschaft des vorliberalen Zeitalters > caste privileges and trade barriers

[984]und durch Vorgänge auf dem Markte nicht berührt werden konnten

[985]Die Fürsten und Herren, denen die Untertanen zu zinsen und zu fronen hatten, lebten auf Kosten der Arbeit der Tributpflichtigen > Princes and lords lived at the expense of the humble slaves and serfs who owed them tithes, statute labor, and tributes.

[986]; die Leistungen, die sie zu empfangen hatten, hatten mit dem Marktverkehr nichts zu tun

[987]waren durch besondere Privilegien in ihrem Eigentum geschützt. Sie

[988]für den Absatz

[989]produzierten

[990]gewerbliche Wettbewerb > Competition in the arts and crafts

[991]er war an den privilegierten und geschützten Erzeuger gebunden

[992]Zunftmeister > privileged producers

[993]der weder auf dem Markte kauft, noch auf ihm verkauft,

[994]er

[995]Dingen

[996]der Gestaltung der Marktlage

[997], wenn er nicht aus seinem Besitze verdrängt werden will

[998]der Unternehmer und der Kapitalist

[999]– unternehmungslustigsten Wirte –

[1000]Unternehmer

[1001]– im vollen Sinne des Wortes -

[1002]Jedermann hat die Wahl, ob er sich diesem strengen Prüfungsverfahren aussetzen will oder nicht. > Everybody has the opportunity to take his chance.

[1003]Er

[1004]Erzeuger und Verbraucher
[1005]Klagen über die Härte und Unbilligkeit des auf dem Markte herrschenden Ausleseverfahrens gehören zu dem volkstümlichsten Bestandteil der landläufigen Anklagen gegen den Kapitalismus. Um die Erzeuger – vor allem die Arbeiter, oft auch die Unternehmer und die Grundbesitzer, mitunter selbst die Kapitalisten – gegen die Tyrannei der Verbraucher zu schützen, sucht die Wirtschaftspolitik das Getriebe des Marktes zu hemmen, indem sie den minderwertigen Erzeuger in die Lage versetzt, sich dem tüchtigeren Erzeuger gegenüber im Wettbewerb zu behaupten. Was man Sozialpolitik nennt, ist oft nichts anderes als Schutz des Erzeugers gegen den Verbraucher. Es will «Produzentenpolitik» sein im Gegensatz zu der «Konsumentenpolitik» des unbehinderten Marktes.
[1006]Sie spielen im Marktgetriebe verschiedene Rollen. > Production and consumption are different stages in acting.
[1007]die Mehrheit der Erzeuger oder
[1008]die Mehrheit der Verbraucher oder
[1009]bestimmte Einrichtungen sozialpolitischen Charakters bestehen > employing unionized workers
[1010]und durch sozialpolitische Zwangsmassnahmen
[1011], die die Belastung der Verbraucher durch die Maßnahmen zum Schutze der minderleistungsfähigen Erzeuger bestritten haben
[1012]Man hat es verstanden, den Verbrauchern die Meinung beizubringen, dass Zölle und sozialpolitische Maßnahmen, die die Erzeugungskosten erhöhen, nicht von ihnen bezahlt werden, sondern von anderen Personen oder Personengruppen, oder dass zumindest der zusätzliche Geldaufwand, der ihnen durch solche Verfügungen erwächst, durch andere Vorteile, die sich in ihrem Geldeinkommen oder in ihren Geldausgaben ausdrücken, aufgewogen wird. Wenn die Verbraucher den Maßnahmen dieser Art, die ihre Lebenskosten erhöhen oder, richtiger gesagt, ihre Lebenshaltung herabdrücken, nicht erfolgreich Widerstand entgegengesetzt haben, so geschah das nicht in der Erwägung, dass ihre in der Geldgebahrung der Verbraucher zum Ausdruck gelangenden Nachteile durch Vorteile anderer Art, die sich, für den einzelnen Verbraucher zumindest, nicht in Erhöhung der Geldeinnahmen oder Verringerung der Geldausgaben auswirken, aufgewogen werden. Die Verbraucher haben den Zöllen nicht zugestimmt, weil sie der Ansicht waren, dass die Mehrbelastung ihres Verbrauchs durch den Zollschutz durch nationalpolitische Vorteile ausgeglichen werde, sondern teils, weil sie der Meinung waren, dass der Zollschutz überhaupt keine Verteuerung bringe, teils, weil sie dachten, dass der Zollschutz auf der anderen Seite ihr Geldeinkommen erhöhe oder sonst ihre Lebenshaltung verbessere. Jene Ideologen und Politiker denken folgerichtig, die die Verschlechterung der Lebenshaltung durch die von ihnen empfohlenen staatliche Eingriffe in Kauf nehmen wollen, weil andere – sogenannte nicht reinwirtschaftliche – Vorteile, die sie – ob mit Recht oder mit Unrecht, ist zunächst gleichgültig – vom Zollschutz erwarten, in ihren Augen die Nachteile reinwirtschaftlicher Natur aufwiegen. Doch die Massen, die diese Auffassung nicht teilen, die in den Eingriffen überhaupt keine Schmälerung ihres Wohllebens erblicken, haben die Produzentenpolitik aus Unverstand mitgemacht und nicht in klarer Erkenntnis ihrer Folgen.

Hat aber den Verbrauchern das Bewusstsein nicht gefehlt, dass die Eingriffe zu Gunsten der minderleistungsfähigen Erzeuger sie selbst belasten und haben sie nichtsdestoweniger die Maßnahme gefordert und durchgesetzt, so war ihr Bestreben darauf gerichtet, eine Minderheit, die anders denkt und daher anders handeln würde als sie, zu zwingen, sich dem Willen der Mehrheit zu unterwerfen. Denn um sich selbst dazu zu bringen, die Ware ausländischer Herkunft und die inländischer Herkunft verschieden zu behandeln, bedarf es unter dieser Voraussetzung keines gesetzlichen Zwanges. Sie selbst wären ja bereit, für die Ware inländischer Herkunft mehr zu bezahlen, auch wenn kein Gesetz und kein Zwangsapparat sie dazu nötigen würde.

Das weist uns auf den grundlegenden Unterschied hin, der zwischen dem, was man die Demokratie des Marktes genannt hat, und der Nachbildung der Marktverfassung in der politischen Demokratie besteht. Auf dem unbehinderten Markt gibt es keine Minderheit, der die Mehrheit ihren Willen aufzudrängen vermag. Jeder Verbraucher hat die Möglichkeit, seine eigene Wahl zu treffen und die Erzeugung auf den Weg zu lenken, der zur Erreichung seiner Ziele führt. Wenn viele dieselben Wünsche erfüllt sehen wollen, wenn viele das gleiche Erzeugnis begehren, dann wird Erzeugung im Grossen lohnend und der Wettbewerb der Verbraucher führt nicht zur Verteuerung, sondern zur Verbilligung des begehrten Erzeugnisses. Wer sich dem Geschmack der Übrigen nicht anpasst, wer begehrt, dass für ihn etwas erzeugt werde, was kein anderer begehrt, der muss freilich viel mehr für die Befriedigung seines Sonderwunsches aufwenden als die Befriedigung seines Begehrs durch ein Erzeugnis, das auch von vielen anderen begehrt wird, kostet; der Preisunterschied mag so hoch sein, dass die Befriedigung des Sonderwunsches ihm unmöglich erscheint.

Doch es ist ein Ausnahmefall, dass jemand etwas begehrt. was keiner sonst verlangt. Praktisch von ungleich größerer Bedeutung ist der Fall, dass Minderheiten anderes begehren als die Mehrheit. Hier bewährt sich die Demokratie des Marktgetriebes. Jeder Minderheit ist es möglich, sich das zu beschaffen, was sie begehrt, wenn sie bereit ist, die Opfer zu bringen, die die Erfüllung ihrer Wünsche erfordert. Die Erzeuger arbeiten für die Bedürfnisse der Minderheit nicht anders als für die Bedürfnisse der Mehrheit.

Wie jedermann als Verbraucher Käufer ist, so ist jedermann auch Verkäufer von Produktionsmitteln – Arbeit oder sachlichen Produktionsmitteln – oder von gebrauchsfertigen Gütern. Die Trennung der Funktionen in der Marktwirtschaft führt zu einer Spaltung des Bewusstseins. Der Einzelne ist sich dessen nicht bewusst, dass er sowohl Käufer als auch Verkäufer, sowohl Verbraucher als auch Erzeuger ist. Er fühlt sich nicht zugleich als Erzeuger und als Verbraucher, als Beauftragter und als Auftraggeber, sondern je nach der Handlung, die er setzt, bald in der einen, bald in der anderen Rolle. Wenn er das gebrauchsfertige Gut erstehen will, ist er nur Käufer, Verbraucher und gestrenger Richter der Leistung der Erzeuger; wenn er als Unternehmer, Kapitalist, Bodenbesitzer, Arbeiter verkaufen, verleihen oder vermieten soll, dann ist er nur Verkäufer, der nicht merkt, dass er in letzter Linie auch an sich selbst verkauft, verleiht oder vermietet. Aus dieser Spaltung ergeben sich wichtige Folgen für die Bildung der Ideologien und der politischen Parteiungen. Die politischen Kämpfe des neunzehnten und des zwanzigsten Jahrhunderts wurden im Zeichen von Lehren ausgefochten, die nur die Spaltung der Funktionen gesehen haben und die Einheit der Gesellschaft hinter ihrer Gliederung nicht zu entdecken vermochten.

Es gibt keinen Gegensatz der Interessen zwischen Erzeugern und Verbrauchern. Der Einzelne hat im Einzelakt, den er setzt, Interessen, die denen der anderen Geschäftspartei entgegenstehen. Doch die Gesamtheit der Verkäufer und die Gesamtheit der Käufer haben die gleichen Interessen, weil sie eben identisch sind.

[1013]Die Werbung > Business Propaganda

[1014]Der Unternehmer kann seinen Konkurrenten im Wettbewerb nur dadurch zuvorkommen, dass er darauf bedacht ist, billiger und besser den Markt zu versorgen. Billiger, das bedeutet reichlichere Versorgung; besser, das bedeutet Versorgung mit bisher nicht auf den Markt gebrachten Waren.

[1015]was er suchen will

[1016], der die Neuerung gebracht hat,

[1017]einen Unaufmerksamen > slow people

[1018]mit einem Worte marktschreierisch, weil das allein Erfolg verspricht

[1019]Die moderne Unternehmungstechnik hat die Kunst der Werbung sorgfältig ausgebildet und sie zu einer Art angewandter Psychologie gemacht > The art of advertising has evolved into a branch of applied psychology,

[1020]recht wohl im Gefüge der angewandten Wissenschaften

[1021]durch den Unternehmer

[1022]in der Warenkunde

[1023]der Verbraucher

[1024]die Postkutsche gegen die Eisenbahnen, die Eisenbahnen gegen den Kraftwagen, die Kohle gegen Elektrizität und Öl, die Gasbeleuchtung gegen die elektrische Glühlampe zum Siege zu führen

[1025]es Grenzen für den Erfolg der Werbung in der objektiven Brauchbarkeit und Verwendbarkeit der empfohlenen Waren und Dienste gibt, dass somit

[1026]Dann aber ist nicht abzusehen, warum es dem besser Geeigneten nicht mit Hilfe der Werbung gelingen sollte, das weniger Geeignete endlich und schließlich aus der Gunst des Publikums zu verdrängen.

[1027]Es ist der Werbung unter Umständen auch möglich, die Urteilsbildung des Verbrauchers so stark zu beeinflussen, dass er Urteile fällt, deren Bildung man nur durch Zuhilfenahme der psychologischen Begriffe Suggestion und Hypnose zu erklären vermag.

[1028]ist nicht abzusehen, warum gerade der vom Standpunkt des Verbrauchers schlechtere Artikel den besseren aus dem Felde schlagen müsste oder könnte

[1029]im Rahmen der Marktwirtschaft und des marktwirtschaftlichen Handelns

[1030]ein Backpulver oder ein Waschmittel

[1031], ja nur die vorzügliche

[1032]oder Leistung

[1033]wo die von der Werbung behaupteten Tatsachen durch die Erfahrung nicht überprüft werden können > in which experience cannot teach us anything
[1034]Der Käufer eines Waschmittels kann sich durch eigene Erfahrung davon überzeugen, ob der Gebrauch dieses Mittels vorteilhafter ist als der anderer Waschmittel.
[1035]als Vernunft und
[1036]entspringt einer Auffassung, die das Getriebe der Marktwirtschaft verkennt. Wenn bessere oder billigere Erzeugnisse als die von einem Erzeuger marktschreierisch angebotenen erzeugt und angeboten werden können, dann wird der Umstand, dass für das schlechtere oder teurere Produkt wirksamste Reklame gemacht wurde, sie nicht auf die Dauer vom Markte fernhalten können und wird nicht verhindern, dass sie schließlich das minderwertige Produkt vom Markte verdrängen.
[1037]spielen dabei keine andere Rolle als die übrigen Erzeugungskosten. Auch sie
[1038]und müssen sich durch den Erlös der Produkte bezahlt machen
[1039]Es ist unberechtigt, vom nationalökonomischen Gesichtspunkt aus
[1040]und nicht das Angebot mehren
[1041]mitunter
[1042]Die Wirte und die Volkswirtschaft
[1043]Der Begriff *Volkswirtschaft* ist kein Begriff, der sinnvoll auf Probleme der Marktwirtschaft angewendet werden kann. Er ist, wenn man ihn im Hinblick auf marktwirtschaftliche Erscheinungen gebraucht, ein politisches Schlagwort, das zur Bezeichnung eines wirtschaftspolitischen Programms dient.

Als Käufer und als Verkäufer, als Erzeuger und als Verbraucher machen die Wirte keinen Unterschied zwischen Inland und Ausland. Die Regierungen sehen das ungern und bauen daher institutionelle Hindernisse im zwischenstaatlichen Verkehr auf. Sie suchen die Einheit des Weltmarktes, auf die die Entwicklung der Arbeitsteilung hinarbeitet, zu sprengen und an ihre Stelle autarke Wirtschaftsgebiete zu setzen. Autarke Wirtschaftsgebiete solcher Art hat es bisher nie gegeben. Es hat Zeiten gegeben, in denen die Arbeitsteilung auf den engsten Kreis und die Familie oder das Haus beschränkt war. Es hat autarke Wirtschaft geschlossener Hauswirtschaften größeren und kleineren Umfangs gegeben, denen der gesellschaftliche Tausch fremd geblieben ist. Sobald jedoch gesellschaftlicher Tausch aufgenommen wurde, griff er über die Grenzen der politischen Verbände hinaus. Älter als der Tausch zwischen Nachbarn und Mitgliedern desselben politischen Körpers ist der Tausch zwischen entfernten Gegenden, ohne Rücksicht auf die politische und staatliche Gliederung. Das, was man zunächst durch Tausch und Handel zu erlangen suchte, waren die Produkte, die man auf eigenem Boden nicht gewinnen konnte. Gegenstand des Handelsverkehrs wurden zuerst die Mineralien und Metalle, deren Fundstätten ungleichmäßig über die Erde verteilt sind, dann Bodenfrüchte, die nicht überall reifen können, und schließlich Produkte, die man nur in manchen Gegenden zu erzeugen verstand. Der Handel war in seinen Anfängen gleich Außenhandel. Erst später trat der Binnenhandel hinzu. Die erste Bresche, die die geschlossene Hauswirtschaft dem Verkehr eröffnete, wurde durch Erzeugnisse ferner Gebiete geschlagen. Nie hat ein Wirt sich darum gekümmert, ob das Salz und die Metalle, die er erstand, aus dem Ausland oder aus dem Inland kommen.

Der alte wie der neue Merkantilismus wollen die Staatgebiete zu autarken Wirtschaftsgebieten machen. Die Regierungen wollen den Wirt, der als Käufer und Verbraucher zwischen «fremder» und «heimischer» Ware keinen Unterschied macht, dazu bringen, der «heimischen» Ware den Vorzug zu geben.

Doch die einzelnen Maßnahmen, die eine Regierung trifft, um die Wirte ihres Staatsgebietes vom Weltmarkt zu trennen oder zu entfernen, schaffen weder Autarkie noch Volkswirtschaft. Sie sind institutionelle Hindernisse des Verkehrs, deren Wirkung nicht verschieden ist von der Wirkung natürlicher Hindernisse. Ein Zoll, der die Einfuhr kanadischen Weizens nach Deutschland verteuert, hat nur dem Ausmaß, nicht auch der Art nach andere Wirkung als die Frachtspesen. Ein Verbot, das die Einfuhr von Kaviar nach Deutschland unmöglich macht, wirkt nicht anders, als ob Kaviar die Versendung auf weite Strecken nicht vertragen könnte.

Auch ein im strengen Sinn des Wortes autarkes Marktwirtschaftsgebiet wäre noch keine Volkswirtschaft. Eine Marktwirtschaft, die durch unübersteigbare Hindernisse natürlicher oder institutioneller Art vom Verkehr mit der übrigen bewohnten Welt abgeschnitten ist, ist ein isoliertes Wirtschaftsgefüge, doch sie bleibt in jeder Hinsicht Marktwirtschaft. Dass die Wirte dieses Gefüges die Vorteile entbehren, die ihnen durch Einbeziehung der übrigen Menschheit und der übrigen Teile der Erde in ihr arbeitsteiliges System erwachsen würden, ist ein Datum ihres Wirtschaftens.

Volkswirtschaft ist die Gemeinwirtschaft eines Volkes.
[1044]*Gemeinnutz geht vor Eigennutz* > the welfare of the nation takes precedence over the selfishness of the individuals)
[1045]Sie kennt kein Sondereigentum an den Produktionsmitteln und keine einzelnen Wirte. Die Produktionsmittel sind Eigentum des Volkes. Es gibt nur *einen* Wirt: das im Namen des Volkes wirtschaftende Organ.

Unter dem Einfluss der für die merkantilistischen Ideen gemachten Propaganda bedienen sich die Wirte in der Marktwirtschaft oft einer Ausdrucksweise, die mit den Grundsätzen, die sie im Handeln befolgen, ebenso im Widerspruch steht wie mit dem Ganzen der Gesellschaftsordnung, in der sie zu handeln haben. Der Engländer spricht von den in England gelegenen Produktionsstätten und mitunter auch von denen, die in den britischen Dominions, in Indien und in den Kronkolonien liegen, als von «unseren». Doch wenn er nicht gerade eine politische Demonstration beabsichtigt, ist er nicht geneigt, freiwillig für das Erzeugnis, «seiner» Werke mehr zu zahlen als für das der «fremden» Werke. Aber auch dann, wenn er so vorgeht, wird diese Ausdrucksweise noch nicht sinnvoll. In welchem Sinne kann ein Londoner, der nicht Bergwerksbesitzer ist, in England gelegene Kohlengruben als «unsere» bezeichnen? In welchem Sinne kann er die Kohlengruben des Ruhrgebiets als «fremde» bezeichnen? Ob er Kohle englischer oder deutscher Herkunft kauft, er muss doch in jedem Fall den Marktpreis bezahlen.

Im 18. Jahrhundert hat kein Wiener davon gesprochen, dass Brüssel «uns» gehört. Er wird den Tatbestand, dass Brüssel damals «österreichisch» war, richtig ausgedrückt haben durch den Satz: Unser Landesherr ist auch der Beherrscher der (vormals spanischen) Niederlande. Doch hundert und mehr Jahre später sagte der Wiener oder Prager harmlos: «Galizien gehört uns» oder «wir haben Bosnien okkupiert». Nach dem Friedensschluss von St. Germain sagte der Wiener: «Man hat uns unsere Kohlengruben genommen» und nicht nur die Wiener und die anderen Österreicher, sondern die ganze Welt bezweifelte, ob ein «Land» ohne Kohlengruben «lebensfähig» sei [FN: Selbst die Schweizer und die Italiener dachten so in Bezug auf Österreich, obwohl sie doch aus eigener Erfahrung hätten wissen können, dass man Kohlen auch aus dem Ausland einführen kann.]. Man mag es als ein Zeichen glücklicher Übereinstimmung von Staats- und Volkswillen ansehen, dass die Staatsbürger sich in dieser Weise mit dem Staate identifizieren. Man wird aber die Zweideutigkeit dieser Ausdrucksweise nicht bestreiten können.

Hinter dieser Zweideutigkeit birgt sich ein Widerspruch der Ideologien, den kein Kompromiss zu versöhnen vermag. Es kann nicht gelingen, den Gegensatz zwischen der marktlosen Gemeinwirtschaft eines Volkes und der Marktwirtschaft, die Wirte, doch nicht Völker als handelnde Einheiten kennt, zu überbrücken. In der Marktwirtschaft ist die Unterscheidung zwischen inländischen und ausländischen Waren ein politisches Postulat. Sie wird nur dort sinnvoll, wo eine Volkswirtschaft als handelnde Einheit allen ihr nicht angehörigen Wirten gegenübersteht.

Soweit es außer dem Staat noch andere Wirte gibt, soweit Einzelne noch über Produktionsmittel verfügen, soweit es Sondereigentum an den Produktionsmitteln und daher Tausch gibt, besteht keine Volkswirtschaft. Die staatlichen und kommunalen Unternehmungen stellen noch kein Stück Volkswirtschaft dar. Nicht durch fortschreitende Verstaatlichung und Verstaatlichung wurde die Marktwirtschaft in Russland und im Deutschen Reich zur Volkswirtschaft, sondern durch die Verfügung, dass fortan alle Unternehmungen und alle Eigentümer von Produktionsmitteln den Befehlen der Regierung gemäss zu wirtschaften haben. Diese Verfügung war zunächst nur ein Grundsatz für die künftige Politik der Regierung. Sie wurde in dem Maße wirksam, als schrittweise durch Spezialgesetze die einzelnen Zweige der Produktion und die einzelnen Arten von Geschäften dem Befehl der Regierungsorgane unterstellt wurden.
[1046]Die Preisbildung auf dem Markte
[1047]Sondereigentum > private property
[1048]; das Geld
[1049], die nun als Geldpreise erscheinen
[1050]Die Wertschätzungen des letzten noch zum Tausch kommenden Käufers und des tauschfähigsten ausgeschlossenen Verkaufsbewerbers auf der einen Seite und die des mindest tauschfähigen noch zum Tausche gelangenden Verkäufers und des tauschfähigsten vom Tausch ausgeschlossenen Kaufbewerbers rücken so nahe aneinander heran, dass der Preis innerhalb enger Grenzen bestimmt wird. Nun erst gibt es einen Markt und Marktpreise.
[1051]In der Tat haben manche Nationalökonomen eine derartige Annahme für unentbehrlich erklärt. > It is true that some economists really believed that such an assumption is implied in the theory of prices.
[1052]unternehmenden

[1053]übrigen > less intelligent
[1054]Das Getriebe des Marktes wird nicht durch die Verbraucher und nicht durch die, die über die Produktionsmittel verfügen, in Gang gesetzt und gehalten, sondern durch eine Anzahl von Wirten, die durch die Ausnützung der Preisunterschiede gewinnen wollen, die Unternehmer. > The driving force of the market process is provided neither by the consumers nor by the owners of the means of production – land, capital goods, and labor - but by the promoting and speculating entrepreneurs.
[1055]Wirte > people
[1056]Die Spekulation der Unternehmer ist die Triebkraft der Marktbewegungen, wie sie die Triebkraft der Produktion ist.
[1057]Das geht auf dem Markte ohne Unterlass weiter > On the market agitation never stops.
[1058], es sei denn, dass durch das Wirken der Unternehmer einmal ein Zustand erreicht werden sollte, in dem den unternehmungslustigen Wirten keine Aussicht auf Gewinn mehr winkt, weil alle Preise der komplementären Produktionsmittel genau den Preisen der Genussgüter entsprechen und weitere Veränderungen nicht mehr zu erwarten sind [FN: Von der durch das Zeitmoment bewirkten Differenz zwischen dem Preis der komplementären Produktionsmittel und dem Produktpreis sehen wir zunächst ab.] Wir wissen, dass dieser Zustand des Gleichgewichts nie erreicht werden kann und dass die gleichmäßige Wirtschaft ein Gedankenbild ist, dem die sich immerfort verändernde Wirklichkeit nie entsprechen kann.
[1059]um den Antrieb und den Sinn der Unternehmertätigkeit zu begreifen > for comprehension of entrepreneurial profit and loss
[1060]Gleichgewichtspreise > final prices
[1061], deren Werden wir zu begreifen haben,
[1062]Das Gedankenbild lässt uns den Sinn des Eingreifens der Unternehmer begreifen, indem es die Bedingungen, die es auslösen, negativ umschreibt.
[1063]Das Gedankenbild gehört ganz der Theorie an und hat mit dem Handeln selbst nichts zu tun.
[1064]Gleichgewichtspreisen > final prices or equilibrium prices
[1065]Der Wettbewerb der Unternehmer gibt der Preisgestaltung Einheitlichkeit.
[1066]Soweit Preisunterschiede zwischen zwei Orten nicht durch die Transportspesen (im weitesten Sinne des Wortes) verursacht sind, sind sie die Folge institutioneller Hemmungen der Unternehmertätigkeit.
[1067]Geschäftsmann > merchants
[1068]Bearbeiter der Preisstatistik > Statisticians
[1069]währungspolitische Maßnahmen > monetary measures
[1070]Ursache > root cause
[1071]Geldseite > monetary conditions
[1072]was
[1073], weil die Daten, aus denen er hervorgegangen ist, sich voraussichtlich nicht ändern werden
[1074]kann aber nie etwas anderes sein als Vermutung, die sich als richtig oder unrichtig zu erweisen haben wird. > is merely an outcome of the understanding of future events.
[1075]Das Interesse, das die Wirte den Marktpreisen der jüngsten Vergangenheit entgegenbringen, ist durch die Erwartung gegeben, dass sie sich voraussichtlich nur wenig und langsam ändern werden, weil die Bedingungen, die sie geschaffen haben, sich nur wenig und langsam ändern werden. Die gesetzlichen Bestimmungen, die für die Bewertung von Waren und Diensten und für die Ermittlung von Schadensgutmachung an die Marktpreise anknüpfen, sind derselben Auffassung entsprungen. Preise, die unter außerordentlichen Umständen, deren Andauer oder Wiederkehr nicht wahrscheinlich ist, zustandegekommen sind, begegnen bei den Wirten nur geringem Interesse; man verzeichnet sie höchstens als Merkwürdigkeit.
[1076]m
[1077]p
[1078]die zu gleicher Zeit an gleichem Orte für gleichgroße Mengen gleicher Waren gezahlten Preise im endlichen Stand gleich hoch werden müssen. > the prices paid at the same time and the same place for equal quantities of the same commodity tend toward equalization, viz., a final price.
[1079]endliche Preisstand > this final state
[1080]endliche Preise > final prices
[1081]Börsen > organized stock or commodity exchanges
[1082]Außerhalb des Börsenverkehrs und des Handels mit einigen wenigen Rohstoffen (z. B. Metallen) und Halbfabrikaten (z. B. Chemikalien), bei denen die Gleichartigkeit naturwissenschaftlich

mit ausreichender Genauigkeit ermittelt werden kann, darf man die Qualitätsverschiedenheit nicht außer acht lassen. > Apart from such prices negotiated in exchanges and from prices of commodities the homogeneity of which can be precisely established by technological analysis, it is a serious blunder to disregard differences in the quality of the commodity in question.
[1083]nur in seltenen Ausnahmefällen > mainly misleading
[1084], und ähnliches gilt von allen Umsätzen
[1085]Die Vergleichbarkeit von Preisen, die an verschiedenen Orten gezahlt wurden, ist auch dadurch beeinträchtigt, dass die Börsenusancen und Handelsbräuche die aus dem Geschäftsabschluss erwachsenden Verpflichtungen der Parteien verschieden bestimmen.
[1086]Es ist unzulässig, sich über Qualitätsunterschiede, Usancenunterschiede und institutionelle Verschiedenheiten hinwegzusetzen, um Reihen zu bilden und Mittelwerte zu errechnen. Es ist ebenso unzulässig, die Zeitverschiedenheit, die zwischen den einzelnen uns bekannt gewordenen Preisangaben besteht, zu vernachlässigen.
[1087]Die theoretische Überlegung > Catallactics
[1088]ähnliche Spesen
[1089], die wir bei der Untersuchung von festgestellten Preisverschiedenheiten machen konnten,
[1090], auch wenn sie noch so kunstvoll durchgeführt werden
[1091]Wertung und Preisbildung > Valuation and Appraisement
[1092]Die Preise gehen aus den Wertungen hervor. Wir vermögen die Bildung der Preise aus den Wertungen zu begreifen und können mit Hilfe dieser Einsicht die Preisbildung im konkreten Einzelfall erfassen.

Die Preise entstehen als das Ergebnis der Wertung aller am Marktverkehr teilnehmenden Wirte. Jeder Einzelne wirkt an der Bildung aller Preise mit, doch sein Einfluss auf die Gestaltung jedes einzelnen Preises ist in der Regel außerordentlich gering. So erscheinen die Marktpreise dem Einzelnen als eine Tatsache der Außenwelt, die er als gegeben hinzunehmen und der er sein eigenes Handeln anzupassen hat.
[1093]Das Austauschverhältnis, der Preis, der auf dem Markte als Ausdruck von Gleichsetzung erscheint, ist das Ergebnis von Wertungsverschiedenheiten. > The exchange ratio, the price, is not the product of an equality of valuation, but, on the contrary, the product of a discrepancy in valuation.
[1094]Er sucht nicht zu werten > He is not intent upon establishing the subjective use-value of the good concerned
[1095], die wirklichen Preise, nicht etwa die Preise, die nur geboten oder gefordert werden dürften, ohne dass es zu einem Umsatz kommt
[1096]Urteil > anticipation
[1097]über ein Sein,
[1098]in der Marktwirtschaft
[1099]isolierten Wirts > autarkic husbandman
[1100]– Schätzungen der zu erwartenden Preise –
[1101]Genussgüter > some goods
[1102]und gegeneinander abzuwägen
[1103]Die Wertung lässt uns die Bildung der Preise begreifen. Es ist die Bildung der Preise, die auf dem Markte wirklich empfangen und gegeben werden, die wir dabei im Auge haben, und nicht etwa der Preise, die sich bilden würden, wenn irgendwelche nicht gegebene Voraussetzungen eintreten würden. Wir sprechen von den Marktpreisen, nicht von Gleichgewichtspreisen, natürlichen Preisen, statischen Preisen oder dgl. Wir sprechen nicht von den Preisen, die dem Gedankenbild der gleichmäßigen Wirtschaft oder irgend einem andern unserer praxeologischen Gedankenbilder entsprechen, sondern von den auf den Märkten gezahlten Preisen. Wir sprechen nicht etwa von Preisen, die gebildet werden würden, wenn die Wirte nicht sterbliche Menschen und nicht mit menschlichen Schwächen und Unvollkommenheiten behaftet wären. Wir konstruieren keinen *homo oeconomicus* und keine Idealmenschen, sondern wir nehmen den Menschen so, wie er ist. Dieser Mensch verfügt nur über unzureichende Einsicht und nur über beschränktes Wissen, er irrt, er kann leicht getäuscht werden, er weiß nicht immer, was ihm frommen würde, er ist ungeduldig, nervös, eitel, launenhaft, wetterwendisch. Doch dieser Mensch wertet, seine Wertungen entscheiden auf dem Markte, und aus seinen Handlungen gehen die Marktpreise hervor.
[1104]Tatbestand > concatenation of phenomena
[1105], dass die Wertungen der Wirte die Preise gestalten
[1106], weil das größere Angebot nur zu niedrigerem Preise ganz abgesetzt werden kann
[1107]die nur einen geringeren Preis zu bieten bereit sind > must become interested in buying

[1108]damit > such pictorial or mathematical modes of representation
[1109]Markt > market process
[1110]Wenn wir die Bildung der Preise der Produktionsmittel gesondert in Betracht ziehen, haben wir uns gegen Fehlschlüsse noch nicht genügend gesichert, wenn wir am Eingang unserer Überlegungen feststellen, dass die Preise der Güter höherer Ordnung durch die Preise, die für die Güter erster Ordnung erzielt werden, bestimmt sind und dass sie durch diese Abhängigkeit von den Preisen der Genussgüter mit den Wertungen der Verbraucher verknüpft sind.
[1111]Produktionsmittel > complementary factors of production
[1112]Preise > appraisement
[1113]Bewertungen und
[1114]höherer Ordnung > factors of production
[1115]Produkte > consumers' goods
[1116]Um die Bildung der Preise der Genussgüter zu begreifen, gehen wir von einer Lage aus, in der das Unbefriedigtsein der Wirte durch Tauschakte herabgemindert werden kann, weil die Wirte die Güter verschieden werten.
[1117]doppelt > adequately and completely
[1118]Denn die Aufgabe ist nicht etwa, die Gestaltung der endlichen Preise und der Gleichgewichtspreise, die den Gedankenbildern des endlichen Ruhezustandes und der gleichmäßigen Wirtschaft entsprechen, zu erklären, > For the task is not the treat ment of imaginary concepts, which never appear in life and action,
[1119]von Gossen, von Carl Menger und von Böhm-Bawerk
[1120]wir es mit einem Vorgang der Preisbildung zu tun haben, den wir ohne das Wirken des Marktgetriebes nicht zu denken vermögen > we are faced with a phenomenon of price determination inextricably linked with the market process.
[1121]Sie unterscheidet zwischen der Höhe der den Produktivgütern unmittelbar zugewendeten Wertschätzungen, die der Gesamtheit der komplementären Produktionsmittel den Wert des Genussgutes zurechnen, und den Preisen, die auf dem Markte für die konkreten Mengen der einzelnen Produktivgüter als Resultante der hier zusammentreffenden Preishöchstgebote gebildet werden. > It distinguishes between two things: (a) the direct valuation of the factors of production which attaches the value of the product to the total complex of the complementary factors of production, and (b) the prices of the single factors of production which are formed on the market as the resultant of the concurring actions of competing highest bidders.
[1122]des Produktes
[1123]Der Zurechnungsprozess führt nicht zu Aufteilung der Werte der Genussgüter auf die einzelnen Komplementärgüter; er führt nicht zu Ergebnissen, die zur Grundlage der Wirtschaftsrechnung gemacht werden könnten. Was die Zurechnung als Wertungsprozess nicht zu leisten vermag, wird durch den Preisbildungsprozess des Marktgetriebes bewirkt. Wo die bloße Zurechnung des Wertes versagt, gelangt die Preisbildung zu einer Ausmittlung der jedem einzelnen Faktor zuzurechnenden Ertragsquote [FN: Vgl. *Böhm-Bawerk,* Kapital und Kapitalzins, II. Abteilung, Exkurs VII (3. Auflage, Innsbruck 1909, S. 173 ff.). – Man beachte doch, dass es vollkommen unsinnig ist, von einer Summe von Wertschätzungen (Summe von Werten) zu sprechen. Man darf sagen: die Wertschätzung, die einem Produkt beigelegt wird, ist, wenn vom Zeitmoment abgesehen wird, gleich der Wertschätzung, die den komplementären Produktionsmitteln zusammengenommen beigemessen wird; doch es wäre unsinnig zu sagen, dass sie gleich sei der Summe der Wertschätzungen, die den einzelnen Komplementärgütern beigemessen wird. Wertschätzungen (Werte) können nicht addiert werden. Man kann Geldpreise addieren, doch nicht Werte (Rangordnungen, Reihungen.) Man kann Werte auch nicht teilen und aufteilen. Werten kann nie etwas anderes als das Unterscheiden von wichtiger und minderwichtig. Erst durch die im Tausch gebildeten Austauschverhältnisse wird eine Grundlage für Rechnen geschaffen; für Rechnen mit Preisen, doch nicht mit *Werten.*]

Diese «Zweistufigkeit» ist der Menger-Böhm'schen Lehre zum Vorwurf gemacht worden. Man ist nicht imstande gewesen, ihr einen logischen Fehler nachzuweisen; man konnte ebenso wenig bestreiten, dass sie die einzige Lehre ist, die der logischen Kritik standzuhalten vermag. Was man ihr zum Vorwurf gemacht hat, war, dass sie nicht «tiefer» gehe, um eine «für alle Organisationsformen der Wirtschaft geltende Lösung zu bieten», eine Lösung, «aus der sich dann die Preise der Produktionsmittel in der Tauschwirtschaft von selbst ergeben». Böhm sei, da sich ihm aus seiner Zurechnungslehre eine eindeutige Determinierung der Werte der Produktionsmittel nicht ergibt, genötigt «den Sprung auf den Markt zu machen, dessen Mechanismus er dann die eindeutige Fixierung der Preise überlässt». [FN: Vgl. *Hans Mayer,* Die Wert- und Preisbildung der Produktionsmittel. (In Economia Politica Contemporanea, Supinofestschrift, Padova 1930), S. 29, Anm. 2.]

Der Vorwurf, der damit gegen Böhm-Bawerk's Lösungsversuch erhoben wird, ist durchaus ungerechtfertigt. Dass Böhm-Bawerk zwischen Wert und Preis unterscheidet und die Preise der Produktivgüter nicht «von selbst» aus den Preisen oder gar unmittelbar aus dem Wert der Genussgüter hervorgehen lässt, entspricht einem der Grundgedanken der subjektivistischen modernen Nationalökonomie. Dieser Grundgedanke kommt nicht nur in der Lehre von der Preisbildung der Produktivgüter zum Ausdruck. Auch die Preise der Güter erster Ordnung sind nicht einfach durch die Wertschätzungen gegeben; sie werden erst im Getriebe des Marktes durch diese Wertschätzungen gebildet. «Von selbst» ergibt sich aus den Wertschätzungen der Güter erster Ordnung nur ihre Reihung in eine Skala der Vorzugshandlungen. Um Preise zu erklären, muss man immer «den Sprung auf den Markt» machen. Preise gibt es nur auf dem Markte. Wo kein interpersoneller Tausch ist, gibt es nur Wertskalen.

Wieser, und ihm nachfolgend viele andere, setzen an der Menger-Böhm'schen Lösung aus, dass sie die Preisbildung der Güter höherer Ordnung nur für die Marktwirtschaft, nicht aber für alle denkbaren Organisationsformen erklärt. Sie gehen stillschweigend von der Annahme aus, dass auch eine tausch- und verkehrslose Wirtschaft [FN: Wieser's «einfache Wirtschaft».], also etwa eine sozialistische Planwirtschaft, in der Lage wäre, von jedem einzelnen Gut höherer Ordnung genau die Bedeutung für die Bedürfnisbefriedigung zu bestimmen. Sie glauben, dass eine sozialistische Wirtschaft die Bedeutung des Endproduktes auf die einzelnen Produktionsmittel der komplementären Gruppe aufteilen könnte. Doch das müsste erst besonders bewiesen werden; man darf es keineswegs als selbstverständlich voraussetzen. Es ist aber nicht nur nie bewiesen worden; es ist der Beweis der Unmöglichkeit solcher Zurechnung erbracht worden.

*1124*auf dem Markte

*1125*Man kann aus dem Spiel des Marktes, aus dem diese Preise hervorgehen, weder den Gebrauch des Geldes noch das Wirken der Unternehmer fortdenken oder ausschalten, geradeso wie man aus dem Marktgetriebe, aus dem die Preise der Güter niederster Güterordnung hervorgehen, die Verbraucher nicht fortdenken oder ausschalten kann. Die Unternehmer treten als Käufer der Produktionsmittel auf. Sie bieten für die komplementären Produktionsmittel zusammengenommen die Preise, die ihnen im Hinblick auf die Meinung, die sie sich von der künftigen Gestaltung des Preises der Produkte gebildet haben, noch als zulässig erscheinen. Kein Unternehmer kann mehr bieten, weil er dann, seiner Meinung nach, sich in ein verlustbringendes Geschäft einlassen würde; er kann aber nur dann zum Zuge kommen, wenn die übrigen Unternehmer nicht höhere Anbote machen.

Wir können zur Veranschaulichung dieses Ablaufes von dem Gedankenbild der gleichmäßigen Wirtschaft ausgehen und annehmen, dass die Gleichmäßigkeit dieser Wirtschaft durch das Auftreten eines neuen Datums gestört wurde. Es ist dabei ohne Belang, welcher Art diese Datenänderung ist. Sie mag in einer Änderung der Bevölkerungsgröße, in einem Wachsen oder Abnehmen des Kapitalbestandes, in einer Änderung des Geschmacks, die die Richtung der Nachfrage verschiebt, in der Entdeckung bisher unbekannter Vorkommen ursprünglicher Produktionsfaktoren, in der Erfindung neuer Produktionsverfahren oder in anderen Neuerungen bestehen; der Ablauf, den sie auslöst, ist immer von gleicher Art. Der Anstoß geht von unternehmenden Wirten aus, die unter den neuen Verhältnissen Möglichkeiten gewinnverheißender Unternehmertätigkeit erblicken. Auf dem Markte werden die Produktionsmittel noch zu den Preisen gekauft und verkauft, die dem früheren, nun durch das Auftreten der Datenänderung gestörten Stande der Dinge entsprochen haben. Da bieten sich Gewinnchancen, denn die Preise der Genussgüter werden sich ändern müssen. Die Unternehmer, die den Umschwung am schnellsten erfasst haben, wenden sich der Erzeugung der Artikel zu, die ihrer Meinung nach im Preise steigen werden. Ihre Nachfrage nach den erforderlichen Produktionsmitteln treibt deren Preise in die Höhe. Das hindert die Aufnahme der neuen Produktion solange nicht, als die Unternehmer der Meinung sind, dass sie auch noch bei höheren Produktionskosten Gewinn erwarten dürfen. Die Verschiebung der Preise der Produktionsmittel kommt erst zum Stillstand, bis die durch die Preiserwartungen der Unternehmer gegebenen Grenzen erreicht sind.

*1126*Das Auftreten neuer Unternehmerpläne ist es, was die Preise der Produktionsmittel verändert. Die Unternehmer haben die Aussichten, die ihnen die Durchführung der neuen Pläne eröffnet, auf Grund der auf dem Markte geltenden Preise, also der Preise der jüngsten Vergangenheit berechnet.

*1127*nichts zu tun > 2 no direct causal relation whatever

*1128*Der Umfang und die Richtung der Produktion, die Verteilung der Kapitalgüter auf die ein-

zelnen Produktionszweige
[1129]Kapitalbestandes > capital goods
[1130], mag es auch die allerjüngste Vergangenheit sein,
[1131], die die Änderung der Marktlage nun zu einem verlorenen Aufwand macht,
[1132]Doch die Berechnungen der Unternehmer knüpfen überall an die Marktpreise der jüngsten Vergangenheit an. So wie die Unternehmungstätigkeit mit dem Stande des Kapitalreichtums und mit der Beschaffenheit der Kapitalgüter, die sie auf dem Markte vorfindet, an die Produktion für den künftigen Bedarf schreiten muss, so bereitet sie auch das geistige Rüstzeug für die Produktion, die für die Kalkulation erforderlichen Preisdaten, aus der Bearbeitung der Preise, die sie auf dem Markte vorgefunden hat.
[1133]um der neuen Lage zu entsprechen,
[1134]Wirtschaft von Heute > Today's activities
[1135]Um sich in dieser unbekannten und unsicheren Zukunft zurechtzufinden, steht dem Menschen nichts zur Verfügung als Erfahrung, die sich immer nur auf die Vergangenheit und auf Vergangenes bezieht, und sein Denkvermögen, mit dessen Hilfe er aus dem, was ihn die Erfahrung gelehrt hat, die Zukunft zu erkennen sucht, um sein Handeln erfolgreich zu gestalten, > In order to see his way in the unknown and u certain future man has within his reach only two aids: experience of past events and his faculty of understanding.
[1136]jüngsten
[1137], und wenn der Unternehmer sich ihrer bedient, um an der Bildung der Preise der Zukunft mitzuwirken, nützt er wie in jeder andern Hinsicht so auch hier die Erfahrung, um sich in der Zukunft zurechtzufinden
[1138]wohl die Anpassung der Produktion an die gegebene Lage der Dinge und
[1139]und Lohnsätze
[1140]nicht unmöglich > more troublesome
[1141]Nur freilich müssten die Erfahrungen neu gewonnen werden, die die Grundlage des Vorgehens der Unternehmer zu bilden haben. Man würde Missgriffe und Irrtümer nicht vermeiden können, die man heute leichter vermeidet, weil man über ein Wissen verfügt, das der Niederschlag alter Erfahrung ist.
[1142]Handhaben der Wirtschaftsrechnung > a smooth working of the market process
[1143]Um die Darstellung zu vereinfachen, haben wir, der in der modernen Katallaktik herrschenden Übung gemäss, angenommen, dass die Gleichmäßigkeit des Ablaufes der gleichmäßigen Wirtschaft durch das Auftreten eines neuen Datums gestört wird, und haben zu zeigen gesucht, wie durch das Wirken der Unternehmer die Anpassung der Wirtschaft an die geänderten Bedingungen erfolgt. Doch alles, was für diesen Fall gilt, gilt ganz in derselben Weise für jeden Zustand, in dem auf dem Markte

«falsche» Preise der Produktionsmittel bestehen, d.h. Preise, die nicht den erwarteten künftigen Preisen der Produkte entsprechen, und Produktionsprozesse im Gange sind, die Produktionsmittel für Zwecke verwenden, die die Verbraucher für weniger dringend halten als die Erreichung der Zwecke, für die sie fehlen. Ein derartiger Zustand kann nicht dauern. Denn die Unternehmer werden sich aus den unrentablen Produktionsprozessen zurückziehen und sich den rentablen Produktionsmöglichkeiten zuzuwenden trachten. Sie werden manche Produktion erweitern, andere einschränken. Sie werden die Nachfrage nach Produktionsmitteln, deren Preise ihnen zu hoch erscheinen, vermindern; sie werden die Produktionsmittel, deren Preise ihnen zu niedrig erscheinen, stärker nachfragen. Die Unternehmer werden in ihrem Bestreben, Gewinne zu erzielen und Verluste zu meiden, die Schritte ergreifen, die den unbefriedigenden, d.h. den Stand der Produktionsmittelpreise und der Produktion, der nicht den in der erwarteten Preisgestaltung der Produkte zum Ausdruck gelangenden Wertungen der Verbraucher entspricht, in den Zustand überführen, der unter den gegebenen Verhältnissen als der befriedigendste erscheint. Sie werden das unternehmen, was unter den gegebenen Verhältnissen die dringendsten unter den unbefriedigten Bedürfnissen der Verbraucher zu befriedigen vermag. Wenn mittlerweile nicht neue Veränderungen auftreten, wird das solange fortgehen, bis endlich die «richtigen» oder «natürlichen» oder «statischen» Preise, oder, anders ausgedrückt, die Gleichgewichtspreise erreicht werden, d.h. die Preise, bei denen – vom Zins sehen wir noch ab – die Summe der Preise der Produktionsmittel gleich ist dem Preis des Produkts; Preis und Kosten fallen dann zusammen, für Unternehmergewinn oder Unternehmerverlust ist kein Platz mehr; der neue Gleichgewichtszustand ist erreicht.

Der Wettbewerb zwischen den unternehmenden Wirten bewegt das Marktgetriebe. Der Markt ist gewissermaßen eine Versteigerungshalle, in der die Güter und Dienste öffentlich versteigert werden. Bei dem Ausbot der Produktionsmittel bieten nur die Unternehmer mit [FN: Richtiger wäre zu sagen: die Wirte, die beim Ausbot der Produktionsmittel mitbieten, nennen wir Unternehmer im Sinne unternehmenderer Wirt.], die dabei gewissermaßen als die Machthaber der einzelnen Zweige der Bedarfsdeckung der Verbraucher auftreten. Indem die Unternehmer einander die Produktionsmittel streitig machen, übertragen sie den Widerstreit, den die Wahl zwischen den verschiedenen Genussgütern in der Seele des Verbrauchers auslöst, auf die Produktionsmittel. Die Entscheidung, die der Verbraucher im Ankauf der Genussgüter trifft, wird in der Sphäre der Produktionsmittel wirksam, wenn der Kraftwagenerzeuger Stahl kauft und der Kutschenerzeuger auf den Ankauf verzichtet, weil er bei den Preisen, die für Stahl gefordert werden, und bei den Preisen, zu denen er Kutschen abzusetzen erwartet, nicht auf Rentabilität hoffen darf. Jede Veränderung, die in der Nachfrage nach Genussgütern eintritt, wird durch Unternehmerspekulation sogleich auf den Markt der Produktionsmittel hinausgetragen und in der Ordnung der Erzeugung berücksichtigt.

[1144]Sie vollzieht sich durch das Zusammenwirken der Unternehmer, der Eigentümer der Produktionsmittel (zu denen auch die Arbeiter als Verkäufer der Arbeitsleistung zählen) und der Verbraucher. Alle Marktparteien wirken mit, wenn auch nicht alle in gleichen Rollen. Das Wechselspiel der verschiedenen Gruppen und der Wettbewerb innerhalb der Gruppen führen das Ergebnis herbei.

Der Prozess der Preisbildung ist aber auch zugleich der Prozess der Ordnung der Produktion und der Zuweisung der Produkte an die Verbraucher. Das wird gründlich missverstanden, wenn man Produktion und Verteilung unterscheiden will.

In einem sozialistischen Gemeinwesen sind Erzeugung und Verteilung getrennte Vorgänge. In der Marktwirtschaft sind Preisgestaltung, Aufteilung der Produktionsmittel auf die verschiedenen Produktionszweige und Bildung der Anteile der einzelnen Wirte ein einheitlicher Prozess, der nur gedanklich zergliedert werden kann. Unser Denken vermag das Walten dieses Getriebes nur zu begreifen, wenn es die verschiedenen Funktionen, die in ihm *uno actu* verrichtet werden, sondert, nebeneinander reiht und so betrachtet. Doch wir würden falsch denken, wenn wir nicht beachten wollten, dass Preisbildung, Produktionslenkung und Besitzstandgestaltung in der Marktwirtschaft ein unzerlegbares Ganzes sind.

[1145]Güter erster Ordnung > products

[1146]endliche Preis > final price

[1147]Verwendungsmöglichkeiten > various branches of want-satisfaction

[1148]sie

[1149]oder, wenn sie in mehreren Produktionsverfahren auftreten können, stets nur in demselben Mischungsverhältnis verwendbar sind. [FN: Man kann vom absolut spezifischen Charakter zweier Produktivgüter auch dann sprechen, wenn sie in demselben Mischungsverhältnis verschiedene Verwendungen zulassen. Sie sind absolut spezifisch im Hinblick auf die Erzeugung eines Zwischenproduktes, von dem man verschiedenen Gebrauch machen kann; Der Preis dieses Zwischenproduktes kann auf sie nur kumulativ übertragen werden. Ob dieses Zwischenprodukt direkt sinnlich wahrnehmbar ist oder nur im Zusammenwirken der beiden Produktionsmittel besteht, ist dabei irrelevant.]

[1150]Geldrechnung > calculation

[1151]sein Handeln den Wertschätzungen der Verbraucher anzupassen > he adjusts his effort to the best possible satisfaction of the needs of the consumers

[1152]durchaus

[1153]jeder Zuwachs der Menge eines Genussgutes erhöht den Nutzen

[1154]letzte > marginal

[1155]des schon früher verfügbaren Vorrats

[1156]Auf der einen Seite würde der Grenznutzen der Befriedigung sinken, auf der andern Seite würde der negative Grenznutzen des Aufwandes, der Grenzkostenaufwand, steigen > On the other hand the costs required for the pro duction of additional quantities of g would increase in marginal dis utility

[1157]nur beschränkt > not perfectly

[1158]und mithin auch kein Genussgut

[1159]– den objektiven Gebrauchswert der Ausdrucksweise der älteren Österreicher –

[1160]nur unvollkommen > not perfectly

[1161]Produktionsmittel > producte agents

[1162], weil der leistungsfähigere Betrieb seinen Produktionsumfang ausdehnt

[1163]Wenn wir aber den allgemeineren Fall ins Auge fassen, in dem die Produktionssteigerung in dem seine Kapazität fortschreitend besser ausnützenden Betriebe nicht durch Einschränkung der Produktion des gleichen Artikels in anderen Betrieben kompensiert wird, so dass eine absolute Steigerung der Produktion dieses Artikels eintritt, die nur durch Heranziehung von Produktionsmitteln möglich wird, die sonst in anderen Produktionszweigen verwendet worden wären, so erkennen wir, dass die für die Beschaffung der Mengeneinheit der unbegrenzt teilbaren Produktionsfaktoren aufzuwendenden Kosten steigen können. > A more general scrutiny of the problem leads to a clif ferent result. If the units of p are withdrawn from other employments in which they would have been utilized for the production of other articles, there emerges a tendency toward an increase in the price of these units.

[1164]im beständigen Oszillieren der Preise

[1165]sie ist jedoch potentiell immer gegeben, wenn die Bedingungen, von denen die Rede war, gegeben sind. > But it is always present and potentially influences the configuration of costs.

[1166], d.i. der Wirt, der berechnen will, ob ein geplantes Geschäft Rentabilität verspricht,

[1167]nur den noch erforderlichen zusätzlichen Aufwand dem durch ihn erzielbaren Mehrertrag gegenüberzustellen > he sees things from the angle of additional costs to be expended

[1168]Wer eine nicht ganz ausgenützte Anlage schon zur Verfügung hat, rechnet nicht mit den Durchschnittskosten, sondern mit den Grenzkosten.

[1169]Erwägungen betreffend den Umfang des Angebots können in der Kalkulation des Unternehmers, der nicht als Eigentümer eines für die Produktion unentbehrlichen Produktionsmittels Monopolstellung hat, keine Rolle spielen. Wollte er die Produktion beschränken, um den Preis hinaufgehen zu lassen und durch den Verkauf einer kleineren Menge zu höherem Preis der Mengeneinheit einen höheren Reinertrag zu erzielen, so würde das Vorgehen anderer Unternehmer, die ihre Produktion erweitern, seinen Plan vereiteln.

[1170]Geschichte > in the course of industrial affairs

[1171]Man muss aber sorgfältig die Irrtümer vermeiden, die in seiner Beurteilung gemacht wurden.

Einer dieser Irrtümer war die Annahme, dass in der gewerblichen Verarbeitung der Rohstoffe – im Gegensatz zur Urproduktion, insbesondere zur Landwirtschaft – ein Gesetz des steigenden Ertrags wirksam sei.

[1172]nicht einer Verschiedenheit der für beide geltenden Ertragsgesetze, sondern

[1173]Dass das Optimum des Betriebsumfanges hier verhältnismäßig klein ist, zeigt die bekannte Tatsache, dass größere Güter in mehrere Betriebe zerlegt werden.

Die Marxisten haben nicht nur darin geirrt, dass sie angenommen haben, dass der größere Betrieb dem kleineren auch in der Landwirtschaft überlegen sei; sie haben auch die Umstände außer acht gelassen, die der Überlegenheit des größeren Betriebs in der Industrie Schranken setzen.

Die Konzentration der Betriebe wird durch die Arbeitsteilung ermöglicht, und die Kostenminderung, die sie zur vornehmsten Quelle der Wohlfahrtserhöhung macht, ist sohin Wirkung der Arbeitsteilung.

[1174]ursprünglichen außermenschlichen Produktionsfaktoren > natural ressources

[1175]Die Verteilung der Betriebe über die Erdoberfläche muss der Verschiedenheit der natürlichen Produktionsbedingungen entsprechen.

[1176]die Urproduktion, weil

[1177]Land- und Forstwirtschaft und Bergbau > raw materials and foodstuffs

[1178]; Urproduktion und Verarbeitung müssen durch Anstalten zur Ortsveränderung von Gütern und Menschen ergänzt werden

[1179]Doch die standortsmäßige Gebundenheit der Betriebsstätten ist nicht nur Ausfluss der natürlichen Verschiedenheit der Produktionsbedingungen; sie wurzelt auch in zwei menschlichen Faktoren. Die Verschiedenheit der klimatischen Verhältnisse differenziert die Ergiebigkeit der menschlichen Arbeit geographisch, und der Umstand, dass ein Teil der Kapitalgüter in der Vergangenheit, deren Bedürfnisse, deren Technik und Stand der Arbeitsteilung und deren Kenntnis der Beschaffenheit der naturgegebenen Produktionsbedingungen von denen der Gegenwart verschieden waren, an den Boden gebunden wurde, lässt einen geschichtlichen Standortsfaktor wirksam werden. Schließlich gibt es auch noch institutionelle Verschiedenheit der Produktionsbedingungen.

[1180]Die Kostenrechnung der Unternehmer hat daher nicht nur mit der besseren Ausnützung mancher Produktionsfaktoren im Grossbetrieb zu rechnen; sie muss, abgesehen von institutionellen Faktoren, auch die natürliche und die geschichtlich gewordene Bindung der Erzeugung an den Boden und die ihr entsprechende Bindung der menschlichen Wohnstätten berücksichtigen.

Der Tendenz zur Konzentration der Betriebe wirkt – nicht nur in der Urproduktion, sondern, wenn auch in schwächerem Masse, auch in der Verarbeitung – eine Tendenz zur Dezentralisation entgegen.

[1181]Bei der Überlegenheit, die dem Grossbetrieb der Baumwollspinnerei gegenüber dem Kleinbetrieb zustatten kommt, spielt es keine Rolle, dass der Kleinbetrieb keine besonderen Anstalten zur Buchführung treffen muss. In den Bedienungsgewerben, etwa im Friseurgewerbe, liegen da die Größenverhältnisse ganz anders.

[1182]Die Kostenrechnung der Unternehmer erhält durch alle diese Tatbestände ihr Gepräge; sie hat sie als Unterscheidung der fixen von den variablen Kosten und als Standortsfragen zu berücksichtigen. Alle diese Rechnungen lassen sich als Geldrechnung leicht durchführen, wenn man nur über die erforderlichen Daten verfügt.

Der Unternehmer hat nicht nur einfach den voraussichtlichen Preisen der Produkte die Preise der Produktionsmittel gegenüberzuhalten; er hat die Wahl zwischen verschiedenen Möglichkeiten der Produktion durch verschiedene Kombination der komplementären Produktionsmittel, die die Leistungsfähigkeit eines Teiles dieser Produktionsmittel in verschiedenem Masse ausnützen. Zu den Problemen, vor die ihn diese Alternativen stellen, ist, wie wir gesehen haben, seine Stellung verschieden, je nachdem, ob er bereits durch frühere Investition Mittel gebunden hat, oder ob er frei über die Art der besten Verwendung der Mittel zu entscheiden hat. Der Unternehmer, der bereits über Betriebsanlagen, die bei einem bestimmten Produktionsumfang das Optimum an Leistung geben, verfügt, wird oft bei einem anderen Produktionsumfang den höchsten Reinertrag erzielen können als der, der noch durch keine vorher getroffene Investition in seinem Vorgehen präjudiziert ist.

Betrachtet man den einzelnen Betrieb, so wie er steht, als gegebene Größe, dann kann man von einem optimalen Ausnützungsgrad sprechen. Ist Ausnützung der Anlagen über das physische Optimum hinaus überhaupt möglich, dann verursacht sie steigende Grenzkosten und erhöht daher die Durchschnittskosten. Man irrt aber, wenn man glaubt, dass der Unternehmer, der seine Kalkulation anstellt, mit den Betriebsdaten als festen Größen rechnen darf und rechnet. Alle Preissätze, die der Berechnung der Ausnützung der Betriebsanlagen zugrundegelegt werden können, sind spekulative Vorwegnahme künftiger Preisgestaltung. Sie enthalten verschiedene Unsicherheitsmomente. Ungewissen Preiserwartungen einer ferneren Zukunft stehen als sicherer angesehene Preiserwartungen einer näheren Zukunft gegenüber. Das beeinflusst die Entscheidung wesentlich.

Ein Betrieb sei mit Maschinen ausgerüstet, für die 10jährige Benützungsdauer angenommen wird; jährlich werden 10 % der Anschaffungskosten abgeschrieben[FN: Der Gedankengang kann ohne Schwierigkeit auf den Fall übertragen werden, in dem die Abschreibung von dem um die früheren Abschreibungen verminderten Anschaffungswert erfolgt.].

Im dritten Betriebsjahr ergibt sich die Möglichkeit durch Verdoppelung der (optimalen) Produktion, die die Maschinen jedoch nicht zweimal, sondern dreimal so stark abnutzt als die optimale Ausnützung, einen Ertrag zu erzielen, der zwar den Ertrag, der bei optimaler Produktion erzielt wird, und den Gegenwartswert der letzten Abschreibungsquote übersteigt, doch nur in einem Ausmaße, das hinter dem Gegenwartswert der vorletzten Abschreibungsquote zurückbleibt. Nimmt man die Abnützungsquoten als gegebenen Bestandteil der Kosten, dann müsste man sagen: die Kosten, die die zusätzliche Produktion erfordert, finden im Preise keine Deckung; die Ausdehnung der Produktionsmenge über das Optimum hinaus ist verlustbringend. Doch der Unternehmer rechnet anders, auch wenn er das Ausmaß der Abschreibung, dem von der öffentlichen Meinung und vom Handelsrechte gebilligten Brauche der Buchhaltung entsprechend, jahraus jahrein gleich bemisst. Er kann heute nicht wissen, ob er in den späteren Jahren überhaupt noch in der Lage sein wird, aus den im Betrieb investierten Mitteln Ertrag zu erzielen. Es hängt von seiner Beurteilung der weiteren Entwicklung der industriellen Verhältnisse ab, ob er der Nutzleistung, die die Maschinen bei optimaler Ausnützung im 9. Benützungsjahr abgeben könnten, nicht den schon in den nächsten Wochen verfügbaren halben Gegenwartswert der neunten Abnützungsquote vorzieht.

Die scharfsinnige Kasuistik, die die Nationalökonomen den Problemen der Kosten- und Preiskalkulation der Unternehmer gewidmet haben, betrachtet alle Kostenansätze als gegebene Größen. Die Berechnung der fixen Kosten ist jedoch durchaus von der Beurteilung der ungewissen künftigen Marktgestaltung abhängig. Der Unternehmer kann die Kosten, soweit sie nicht in Ausgaben bestehen, deren Gegenwert in the short run aufgebraucht wird, nur spekulativ bewerten.

Die öffentliche Meinung und mit ihr die Steuergesetze sehen in den Betriebsanlagen eine Quelle ständiger Erträgnisse und glauben, dass der richtig rechnende Unternehmer sie auch so ansehen und behandeln müsste. Doch die Wirklichkeit ist ganz anders. Eine Betriebsanlage ist in der Hand des Unternehmers ein Produktionsmittel, dessen Verwendbarkeit zur Erzielung von Unternehmergewinn von den Umständen, unter denen sie ausgenützt wird, abhängt. Wer eine neue Anlage errichtet, erwartet, dass die Investition sich nicht als verfehlt erweisen werde. Doch er baut diese Erwartung nur selten auf der Annahme auf, dass die Anlage eine gleichmäßige Ausnützung während langer Jahre ermöglichen wird. In der Regel erwartet er für die ersten Jahre beträchtliche Gewinne, die die Amortisation eines großen Teils, wenn nicht schon des Ganzen der Investitionskosten ermöglichen können und die Mittel liefern, aus denen die Zusatzinvestitionen, die die gewinnbringende Verwendung der Anlage in späteren Jahren erfordert, bestritten werden können. Es kann mitunter ganz anders kommen. Es kann auch mitunter geschehen, dass eine alte Anlage, die jahrelang als Fehlinvestition betrachtet werden musste, durch den Wandel der Marktlage oder durch den Übergang in die Hand eines geschickteren Unternehmers zum Mittel der Erzielung großer Erträge wird. Fest steht nur, dass Unternehmergewinne in der Industrie, auch ganz abgesehen von den Schwankungen der allgemeinen Konjunktur, nichts an sich haben, was man als Stetigkeit einer Einkommensquelle bezeichnen darf. Jedes einzelne Geschäft ist ein neues Wagnis, und jeden Tag muss ein industrielles Unternehmen seine Rentabilität durch neue Anpassung an geänderte Verhältnisse von Neuem zu erringen suchen.

Die Entwicklung der modernen Industrie hat das Verhältnis des festangelegten Kapitals zum umlaufenden Kapital in vielen Industriezweigen nach der Seite des festangelegten Kapitals verschoben. Die verhältnismäßige Zunahme des für längere Zeit gebundenen Kapitals hat das spekulative Risiko industrieller Unternehmungstätigkeit beträchtlich gesteigert. Je größer die auf längere Zeit gebundenen Kapitalteile sind, desto stärker muss der Unternehmer darauf bedacht sein, jede sich bietende Gelegenheit zu ergreifen, um die Risiken zu vermindern.

Die Kalkulation der Unternehmer rechnet nicht mit den üblichen Abschreibungssätzen. Ob die Abschreibungen jährlich in gleichem Ausmaß vorgenommen werden oder nicht und ob sie von den ursprünglichen Anschaffungswerten berechnet werden oder von den durch die Abschreibungen der früheren Jahre verminderten Buchwerten, ist für die Kalkulation des richtig rechnenden Unternehmers belanglos. Entscheidend kann allein die Beurteilung der Erträgnisse sein, die man mit Hilfe der verfügbaren Anlagen zu erzielen hofft. Das, was man die fixen Kosten nennt, sind keine fix gegebenen Größen; sie sind das Ergebnis spekulativer Unternehmerüberlegung.

Für diese Unternehmerüberlegungen ist es ohne Belang, ob der Unternehmer selbst Eigentümer des ganzen in der Unternehmung arbeitenden Kapitals ist oder ob er einen Teil des Kapitals schuldet und die Schuld zu einem fest vereinbarten Satz verzinsen und tilgen muss. Die Produktionskosten des Unternehmers bestehen in der Beanspruchung und Abnützung seines Produktionsmittelbestandes. Verzinsung und Tilgung von Schulden sind nicht Bestandteil der Produktionskosten; sie sind Lasten, die der Unternehmer auf sich genommen hat, weil er erwartet hat, dass es ihm gelingen werde, von dem Schuldkapital einen Gebrauch zu machen, der ihm über diese Lasten hinaus Reingewinn bringen wird. Ohne Rücksicht darauf, ob er mit eigenem oder fremden Kapital arbeitet, muss der Unternehmer immer darauf bedacht sein, den ihm zur Verfügung stehenden Bestand an Produktionsmitteln so zu verwenden, dass er ihm den höchsten erzielbaren Ertrag abwerfe. Fehler, die er in der Vergangenheit gemacht hat, dürfen ihn dabei nicht beeinflussen. Dass er Fehlanlagen gemacht hat oder dass er für die Produktionsmittel – Gebäude, Anlagen, Rohstoffe – zu hohe Preise bezahlt hat, ist von seinem Standpunkte bedauerlich. Doch die Verluste, die er dadurch erlitten hat, gehören der Vergangenheit an. Jetzt hat er die Aufgabe vor sich, aus dem verfügbaren Bestand alles herauszuholen, was sich unter den gegebenen Verhältnissen herausholen lässt.

Es kann vorkommen, dass ein verschuldeter Unternehmer sich genötigt sieht, im Hinblick auf die Verpflichtung, Schulden zu verzinsen und zu tilgen, anders vorzugehen als er vorgehen würde, wenn er nicht durch solche Verbindlichkeiten in seiner Freiheit gehemmt wäre. Er mag sich genötigt sehen, Warenvorräte zum Tagespreis zu veräußern, obwohl er damit rechnet, dass er durch Hinausschieben der Veräußerung besser fahren würde. Er mag sich genötigt sehen, die Maschinen in einer Weise auszunützen, die er als Raubbau verurteilen würde, wenn er eben nicht von würgenden Geldsorgen bedrückt wäre. Doch dann hat er, unter dem Druck der Schuldverpflichtungen, bewusst ein Verfahren einschlagen müssen, das künftige Gewinne opfert und sein eigenes Kapital schmälert.

[1183]Der Menger-Böhm'sche Weg zur Lösung des Zurechnungsproblems und die mathematische Katallaktik

[1184]graphischer und

[1185]und dargestellt

[1186]leidenschaftliche Angriffe gegen die Nationalökonomen gerichtet, die auf den Gebrauch der mathematischen Methoden verzichtet haben > who derided the logical economists as «literary» economists
[1187]Es wäre unangebracht, diesen Gegensatz der Auffassungen als Methodenstreit und Parteienkampf aufzufassen, zu ihm selbst Stellung zu beziehen und von jedem zu fordern, dass er Farbe bekenne.
[1188]eines Verfahrens zur Findung von Wahrheit > heuristic questions
[1189]wesentlichen Probleme der Katallaktik > foundations of economics
[1190]Und darum darf die Preislehre an dem Problem der mathematischen Behandlung nationalökonomischer Fragen nicht achtlos vorbeigehen. Sie muss sich mit ihm auseinandersetzen, weil sie die Irrtümer zerstören muss, die den Kern der mathematischen Nationalökonomie bilden, und weil sie ihre eigenen Grundgedanken am klarsten vorträgt, wenn sie zeigt, wo und warum die mathematische Nationalökonomie irrt.
[1191]Methoden > ideas
[1192], die verschieden arbeiten, verschiedenen Zielen zustreben
[1193]nationalökonomischer Erkenntnis > economic laws
[1194]und nicht Wirtschaftstheorie
[1195]Quantitatives Wissen kann es auf diesem Gebiete nicht geben > There is no such thing as quantitative economics
[1196]Nachfrage und Angebot > price and supply
[1197]sie wollen nur aus der Erfahrung lernen > they pretend that they aim to learn only from historical experience.
[1198]auf den Märkten
[1199]Kein Preisstatistiker wird bestreiten können, dass eine a%ige Erhöhung des Kartoffelangebots nicht unter allen Umständen eine b%ige Preissenkung nach sich ziehen müsse. Da er aber nicht imstande ist, diese besonderen Umstände, die seine Schlussfolgerung voraussetzt, nach Art und Maß genau auf Grund der statistischen Erfahrung zu bestimmen, hat er die Fruchtlosigkeit seiner Bemühungen zugegeben.
[1200]mathematischen Nationalökonomie > quantitative economics
[1201]Denn sie haben nie versucht, in ihre Gleichungen empirisch-statistisch gefundene Werte einzusetzen, um künftiges Geschehen vorauszusagen. > For they have never ventured to make any magnitudes as found by the econometricians enter into their formulas and equations and thus to adapt them for the solution of particular problems.
[1202]In den Untersuchungen dieser Art wird der Gebrauch der Geldrechnung und damit das Walten des Marktgetriebes stillschweigend vorausgesetzt. > In dealing with these problems the mathematical economists disregard the operation of the market process and moreover pretend to abstract from the use of money inherent in all economic calculations.
[1203], bevor wir uns kasuistischer Erörterung der Gestaltung des Verhältnisses von Preis und Kosten in einzelnen, durch die nicht vollkommene Teilbarkeit von Produktionsmitteln ausgezeichneten Fällen zuwenden
[1204]Aus dieser Einsicht heraus wissen wir, wie sich die Unternehmer verhalten werden, wenn sie Aufwand und Erfolg rechnend gegenüberzustellen in der Lage sind. Wenn wir aber von der Geldrechnung absehen wollen, dann ist alles, was wir aussagen können, das: Jeder Unternehmer wird das Bestreben haben, nur das zu erzeugen, was ihm auf dem Markte schließlich die Erwerbung eines Gutes ermöglicht, das er höher schätzt als die Gesamtheit des Produktionsaufwandes. Ob ihm das gelingen kann, hängt, wenn es nicht indirekten, durch Vermittlung eines allgemein gebräuchlichen Tauschmittels vermittelten Tausch gibt, der die Geldrechnung ermöglicht, nicht nur davon ab, ob er die künftige Marktlage richtig eingeschätzt hat, sondern auch davon, ob er imstande ist, die auf dem Markte bestehenden Austauschverhältnisse so zu überblicken, dass er jedem einzelnen Gute in seinen Überlegungen die Stelle zuweist, die ihm nach den bestehenden Austauschverhältnissen zugewiesen werden müsste. Man wird daher nicht bestreiten können, dass alle Aufstellungen, die Preise und Kosten gegenüberstellen, den Gebrauch der Geldrechnung implizit voraussetzen. Alle Ausführungen der mathematischen Nationalökonomie, die sich mit diesem Ausschnitt aus dem Gesamtumfang der nationalökonomischen Probleme befassen, versuchen es, die Erwägungen der Unternehmerkalkulation kasuistisch zu formulieren und die Formulierung durch das Ziehen von Kurven zu veranschaulichen. Es fehlt aber dabei an der Einsicht, dass diese Unternehmerrechnung Geldrechnung ist. Man glaubt, sich in einer Sphäre höherer Allgemeinheit zu bewegen, weil man den Hinweis auf den Umstand, dass die Rechnungsoperationen in Geldeinheiten durchgeführt werden, unterlässt. Mitunter glaubt man sogar, dass

die Rechnung in irgendwelchen imaginären Nutzeneinheiten vor sich gehen könne. Man spricht dann von utility analysis. Nüchterne Betrachtung kann aber hier nichts anderes sehen als Algebraisierung der Kostenkalkulation, wie sie die Unternehmer täglich anstellen und wie sie auch in Handelsschulen, wenn auch mit bescheideneren Ansprüchen, gelehrt wird.

[1205]Geldrechnung > market process

[1206]Ihr Grundirrtum ist, dass sie eine Rechnungsmethode sucht, die vom Markt, von seiner Geldrechnung und von seiner Beseelung durch das Handeln der Unternehmer unabhängig ist. Dieser Irrtum liegt geradeso Wieser's Lehre von der einfachen Wirtschaft zugrunde und durchzieht alle Arbeiten der Wieserschule. Dass Wieser die Gleichungen, die seiner Meinung nach zu einer – von Markt, Geldrechnung und Unternehmerwirken unabhängigen – Ermittlung der den einzelnen Gütern höherer Ordnung zuzurechnenden Werte führen sollen, nicht aufstellt und daher auch nicht weiter diskutiert, wogegen die mathematische Richtung gerade in der Aufstellung und Diskussion der Gleichungen das eigentliche Feld nationalökonomischer Arbeit erblickt, ist unwesentlich. Denn auch die mathematische Schule weiß mit den Gleichungen, die sie bildet, nichts anzufangen. Wenn man auch immer wieder die Analogie mit den Gleichungen der Mechanik hervorkehrt, so muss man doch zugeben, dass in dem einen zumindest ein fundamentaler Unterschied gelegen ist: in die Gleichungen der Mechanik lassen sich Konstante, die mit einiger Genauigkeit empirisch gefunden wurden, einsetzen, und mit Hilfe dieser Konstanten vermag man aus gegebenen Daten unbekannte Grüssen ungefähr zu ermitteln. Die Gleichungen der mathematischen Nationalökonomie können nicht in ähnlicher Weise der Praxis dienstbar gemacht werden; sie bleiben immer Theorie und lassen nie Anwendung zu. Dass Wieser, weil er die Gleichungen nicht in mathematischen Symbolen formuliert, zu den nichtmathematischen Nationalökonomen gerechnet wird, betrifft nur das Gewand, in dem er seine Lehre vorträgt; in der Sache besteht zwischen ihm und seiner Schule einerseits und den mathematischen Nationalökonomen anderseits kein Unterschied.

[1207]der modernen Theorie > theory of value

[1208]Fürgleichhalten oder Alsgleichbehandeln > equivalence

[1209]Gedankenbild > imaginery construction

[1210]Güter höherer Ordnung > factors of production

[1211]Man kann diese Verhältnisse durch Indifferenzkurven veranschaulichen. Doch wir haben keine Möglichkeit, diese Indifferenzkurven auch wirklich zu ziehen.

[1212]Man pflegt davon zu sprechen, dass man die Einzelnen nach ihren Wertungen befragt, und dass man das Ergebnis zur Darstellung der Kurve verwendet. Doch die Antwort der Wirte kann nur ihre Wertung der Güter erster Ordnung betreffen; die den Gütern höherer Ordnung zukommende Bedeutung, die von der Wertung der Güter erster Ordnung abhängt, müsste aus der Wertung der Güter erster Ordnung erst errechnet werden.

Die erklärende Nationalökonomie ist der Auffassung, dass die Lösung der Aufgabe nur in der Marktwirtschaft gelingen kann. Das Spiel des Marktes allein vermag durch die Bildung von Geldpreisen für alle Güter höherer Ordnung jedes einzelne Produktionsmittel der Verwendung zuzuführen, in der es den höchsten Nutzen zu leisten vermag.

Die mathematische Nationalökonomie beschreibt die dem Zustand gleichmäßiger Wirtschaft entsprechende Verteilung der Produktionsmittel auf die verschiedenen Produktionszweige durch ein System von simultanen Gleichungen. Da sie glaubt, dass die Zahl der Unbekannten die Zahl der Gleichungen nicht übersteigt, hält sie die Aufgabe grundsätzlich für lösbar, wenn auch aus praktischen Gründen nicht daran gedacht werden dürfe, das Problem der Verwendung der Güter höherer Ordnung durch die Lösung von Millionen Gleichungen zu meistern.

Vergleichen wir die beiden Lösungen, die der erklärenden Nationalökonomie und die der Mathematiker, dann erhellt ohne weiteres die Überlegenheit der erklärenden Lösung. Die mathematische Lösung bringt nichts anderes als einen mathematischen Ausdruck für die Begriffsbestimmung der gleichmäßigen Wirtschaft. Was die erklärende Nationalökonomie über die Gedankengebilde des einfachen und des endlichen Ruhezustandes und der gleichmäßigen Wirtschaft in Worten sagt, was die mathematischen Nationalökonomen selbst in Worten sagen und in Worten sagen müssen, bevor sie an die mathematische Ausarbeitung ihrer Gedanken schreiten, wird von den Mathematikern dann noch einmal durch eine Analogie mit der Mechanik und durch mathematische Deduktionen verdeutlicht und veranschaulicht. Beide Richtungen sagen: das menschliche Handeln muss einer derartigen Gleichgewichtslage zustreben und könnte und müsste sie, wenn nicht vorher Datenänderungen als Störungen auftreten würden, auch wirklich erreichen.

Doch die erklärende Lösung sagt noch mehr: sie zeigt, welche Triebkräfte in der Marktwirtschaft diesen Gleichgewichtszustand herbeiführen. Sie zeigt, wie das Wirken von Wirten, die

aus Preisdifferenzen gewinnen wollen und die wir Unternehmer nennen, die Tendenz hat, die Preisdifferenzen und damit die Quelle des Spekulationsgewinns der Unternehmer, des spezifischen Unternehmergewinns, zum Verschwinden zu bringen und so den Gleichgewichtszustand der gleichmäßigen Wirtschaft herbeizuführen. Darin liegt der Fortschritt, den die Katallaktik der Böhm-Bawerk'schen Methode zur Lösung des Zurechnungsproblems verdankt. Wo die mathematische Theorie stehen bleibt, wo sie nichts weiter mehr tut, als durch eine mathematisch-mechanische Metapher den Begriff der gleichmäßigen Wirtschaft und des Gleichgewichtszustandes zu verdeutlichen, wo sie mit ihrer Arbeit aufhört und kein offenes Problem zu erblicken vermag, da eben setzt Böhm-Bawerk an, da zeigt er das Problem auf und führt es zugleich befriedigender Lösung zu. Denn die Aufgabe, die die Katallaktik hier stellt, ist keineswegs mit der Umschreibung des Zieles, dem menschliches Handeln in letzter Linie zustrebt, gelöst; es gilt zu zeigen, wie das Handeln sich diesem Ziele, Schritt für Schritt vorgehend, nähert, wenn es auch nie wirklich zum Ziele gelangt.
[1213], das erklärende und das mathematische,
[1214]erklärende Verfahren > logical economics
[1215]Diese Aufgabe kann man mathematisch nicht lösen.
[1216]Doch dieser mathematische Prozess ist keine begriffliche Abbildung oder Entsprechung des Prozesses, durch den die nicht im Gleichgewicht befindliche Wirtschaft sich auf den Gleichgewichtszustand hin bewegt. But these mathematical operations by no means describe the market process actuated by the discrepancies in the price structure.
[1217]Er sagt nichts über das Handeln aus, das die Anpassung auslöst, durch das sie abrollt und in dem sie wirklich ist.
[1218]Die Katallaktik hat zu zeigen, wie aus dem Handeln der Menschen die Preise hervorgehen. Sie darf vom Handeln nicht absehen und darf sich nicht damit begnügen, darzustellen, wie aus einem mathematisch bestimmten Zustand ein anderer mathematisch bestimmter Zustand durch mathematisch erfassbare Veränderungen wird.
[1219]Darüber, dass es die Aufgabe der Katallaktik als einer praxeologischen Disziplin ist, das Handeln zu erklären, stimmen alle überein. Doch die mathematische Nationalökonomie kann nichts anderes leisten, als den Zustand mathematisch zu umschreiben, in dem nicht mehr gehandelt werden würde, und allenfalls noch zu zeigen, wie sich ein Zustand, der vom Gleichgewichtszustand verschieden ist, mathematisch wandeln müsste, um den Gleichgewichtszustand zu erreichen. Die erklärende Nationalökonomie geht darüber weit hinaus, indem sie zeigt, wie aus dem Unbefriedigtsein Handeln entspringt, das jenem gedachten Zustand des Gleichgewichts zustrebt [FN: Am deutlichsten wird dies in der Geldlehre durch Gegenüberstellung dessen, was die Verkehrsgleichungen sagen, und der Leistungen der erklärenden Geldtheorie. Vgl. weiter unten S. 358 f.]

Wären die Arbeiten der mathematischen Nationalökonomie vor dem Hervortreten der erklärenden Nationalökonomie erschienen, dann hätte man von ihnen sagen können, dass sie zwar nicht mehr bringen als mathematische Paraphrase der Beschreibung der gleichmäßigen Wirtschaft, dass sie aber damit manchen Köpfen, die für die mathematischen Symbole empfänglicher sind als für die Darstellung in Worten, einen Dienst erwiesen haben. Heute muss man es der Katallaktik der mathematischen Schule zum Vorwurf machen, dass sie sich durch die Verwendung der mathematischen Verfahren den Zugang zum Kerne des Problems der Preisbildung der Produktionsmittel und damit zu allen anderen nationalökonomischen Problemen versperrt.
[1220]In der Erklärung der Preisbildung und der Aufteilung der verfügbaren Produktionsmittel auf die verschiedenen Verwendungen, die sie zulassen, haben wir bisher einen Markt betrachtet, der durch die Begehrungen der Verbraucher allein gesteuert wird. Auf diesem Markte befolgen die Unternehmer und die Eigentümer der Produktionsmittel durchaus nur die Weisungen, die die Käufer der Genussgüter erteilen; sie müssen, wenn sie nicht sich selbst schädigen und in weiterer Folge Unternehmerstellung und Eigentum verlieren wollen, die Aufträge der Verbraucher so gut ausführen, als es die verfügbaren Produktionsmittel und der Stand des technischen Könnens zulassen. Die Wirtschaft steht ganz unter der Herrschaft der Verbraucher; sie ist Bedarfsdeckungswirtschaft der Verbraucher. Man pflegt die Preise, die auf einem Markte dieser Art gebildet werden, als Konkurrenzpreise oder Wettbewerbspreise zu bezeichnen. Man kann diese Ausdrücke ohne Bedenken verwenden, wenn man die Irrtümer zu meiden weiß, die aus metaphysischer Deutung der Begriffe «Freiheit» und «Vollkommenheit» des Wettbewerbs entspringen können [FN: Vgl. oben S. 261 f.].

Der Wettbewerbspreis ist dadurch besonders gekennzeichnet, dass er das Ergebnis und nichts als das Ergebnis der Wertungen der Verbraucher ist. Weder die Eigentümer der wirtschaftlichen Güter noch die Unternehmer können Preisgestaltung und Ordnung der Produktion von den

Wegen ablenken, die ihnen die Wertungen der Verbraucher weisen. (Es sei denn, man wollte es als eine Einflussnahme der Unternehmer auf Preise und Produktion betrachten, dass die Irrtümer, die Unternehmer zu ihrem eigenen Schaden in der Beurteilung der künftigen Wünsche der Verbraucher und mithin auch der künftigen Marktlage begangen haben, zwischen Kosten und Preis jene Spannung entstehen lassen, die die Quelle der spezifischen Gewinne und Verluste der Unternehmer bildet.)

Höhere Preise der Produktionsmittel und der Produkte wären den Verkäufern jederzeit willkommen. Doch sie können nichts tun, um sie zu erzielen. Die Eigentümer müssen die Preise hinnehmen, wie sie der Markt gebildet hat.

[1221]Abhängigkeit von den Daten des Marktes > subject to the full supremacy of the consumers

[1222]Er, das aktivste Element des Marktes, die Triebkraft aller Umstellungen der Produktion, ist nie mehr als der Vollstrecker der Wünsche der Verbraucher, und sein Erfolg hängt allein davon ab, ob er sich dieser Aufgabe auch am besten zu entledigen wusste.

Dagegen kann, bei Zutreffen besonderer Bedingungen, für den Eigentümer von wirtschaftlichen Gütern oder für den Verkäufer von Dienstleistungen die Abhängigkeit von den Verbrauchern lockerer werden. Es gibt Bedingungen, die es dem Verkäufer ermöglichen, die Menge der Dienste, die von den in seiner Verfügung befindlichen Gütern ausgehen, zu vermindern und dabei besser zu fahren, als wenn er die Einschränkung unterlassen hätte. Er hat dann die Möglichkeit zwischen mehreren erzielbaren Preisen zu wählen. Entscheidet er sich nicht für den niedrigsten unter diesen Alternativpreisen – für den, der mit dem Konkurrenzpreis zusammenfällt – dann hat seine Entscheidung auch eine Verminderung der dem Verbrauch zugeführten Menge des in Frage stehenden Gutes zur Folge. Es gibt mithin eine Ausnahme von der allgemeinen Regel, dass die Wertungen der Verbraucher allein dem Markte das Gesetz vorschreiben und Richtung und Umfang der Produktion in letzter Linie bestimmen. Diese Ausnahme ist die Marktlage, die Monopolpreise möglich macht.

[1223]Als unterschiedliche Behandlung der Kauflustigen wird dabei ein Vorgang verstanden, bei dem von jedem Kauflustigen ein Preis verlangt wird, der bis an die Grenze seiner Kaufbereitschaft gehen kann.

[1224]in der Monopolpreislehre

[1225]gar nicht auf die Abgrenzung des Gutsbegriffes an, sondern

[1226]Diese Bedingung kann nicht erfüllt werden, wenn die Kauflustigen imstande sind, den Einkauf zu niedrigeren Preisen – nämlich zum Wettbewerbspreis – bei anderen Verkäufern zu besorgen, die dasselbe Gut anzubieten in der Lage sind. Doch der Umstand, dass jemand Monopolist ist, d.h. über den gesamten Vorrat des in Betracht kommenden Guts allein verfügt, genügt an sich noch nicht, um ihm die Möglichkeit zu bieten, Monopolpreise zu erzielen.

[1227]immer

[1228]Doch darum muss er noch keineswegs Monopolpreise im Verkauf erzielen können.

[1229]Es kann sein, dass es zu einem Preis, der gerade den Durchschnittskosten des für die Herstellung erforderlichen Papiers und Druckes gleichkommt, nur so wenige Käufer findet, dass es dem Verleger nicht gelingen kann, die Druck- und Papierauslagen hereinzubringen. Monopolpreise können eben nur dann auftreten, wenn die Nachfrage nicht durch die Erhöhung des geforderten Preises so stark eingeschränkt wird, dass dem Verkäufer der Verkauf zum höheren Preis weniger vorteilhaft ist als der zum niedrigeren Wettbewerbspreis [FN: Man darf nicht übersehen, dass der Wettbewerbspreis in den Überlegungen des Monopolisten keine Rolle spielt. Der Monopolist sucht den Preis, bei dem sein Gewinn so hoch als möglich ist. Nur der die Probleme betrachtende Nationalökonom vergleicht diesen Preis mit dem Preis, der bei Wettbewerb mehrerer selbständig vorgehender Verkäufer gebildet worden wäre.]

[1230]Es ist falsch in der Preistheorie zwischen dic Monopolpreise und den Wettbewerbspreis eine weitere Kategorie als den Preis des unvollständigen oder unvollkommenen Wettbewerbs einschieben zu wollen. Der Preis kann – vom Fall der unterschiedlichen Behandlung der einzelnen Käuferschichten, von den Diskriminationspreisen, abgesehen – nur entweder Monopolpreis sein oder Wettbewerbspreis.

[1231]Der Wettbewerbspreis ist durch die Größe des den Verkäufern zur Verfügung stehenden Vorrats und durch die Wertungen der Kauflustigen eindeutig bestimmt.

[1232]Wenn es dem Monopolisten überhaupt möglich ist, durch Verkauf zu einem den Wettbewerbspreis übersteigenden Preis einen höheren Gesamterlös zu erzielen als durch den Verkauf zum Wettbewerbspreis > If it is possible for the seller to increase his net proceeds by restricting sales and increasing prices per unit sold,

[1233]Unter diesen Monopolpreisen kann mitunter *einer* sein, der dem Monopolisten höchsten Gesamterlös verspricht; es kann aber auch sein, dass mehrere Preise den höchsten erzielbaren Gesamterlös gehen.> As a rule one of these monopoly prices yields the highest net proceeds. But it may also happen that various monopoly prices are equally advantageous to the monopolist.
[1234]Tasten > trial and error
[1235], den einzigen optimalen Monopolpreis, einen der optimalen Monopolpreise oder überhaupt einen Monopolpreis herauszufinden.
[1236]FN: Vgl. *Forchheimer,* Theoretisches zum unvollständigen Monopole (Schmoller's Jahrbuch, 1908, XXXII, S. 1-12); *Leduc,* La théorie des prix de monopole, Aix-en-Provence 1927, S. 337 ff.
[1237]Von einem unvollständigen Monopol sprechen wir, wenn neben dem Monopolisten auch noch andere Verkäufer über einen Vorrat des Monopolgutes verfügen, und wenn diese Verkäufer, die Außenseiter, nicht geneigt sind, sich ausdrücklich oder stillschweigend mit dem Monopolisten zu gemeinsamem Vorgehen zu vereinigen, und den ganzen Vorrat, über den sie verfügen, absetzen wollen. Voraussetzung ist dabei, dass der in den Händen der Außenseiter befindliche Vorrat so gering ist, dass der Monopolist. durch Verkauf eines Teiles des ihm zur Verfügung stehenden Vorrats zu einem Monopolpreis noch immer einen größeren Gesamterlös erzielt als durch den Verkauf seines ganzen Vorrats zum Wettbewerbspreis. Ist diese Vorraussetzung gegeben, dann kann er die Preisforderung erhöhen und den Absatz einschränken und fährt dabei besser als beim Wettbewerbspreis. Ob die Außenseiter ihre Preisforderung bis dicht an den von ihm geforderten Monopolpreis erhöhen oder hinter ihm stärker zurückbleiben, ist für ihn ohne Bedeutung. Für ihn kommt allein in Betracht, dass mit dem Sinken des Gesamtabsatzes (seines eigenen und desjenigen der Außenseiter zusammengenommen) der Absatz der Außenseiter, die unserer Annahme gemäss billiger verkaufen als er, unverändert bleibt und dass daher sein eigener Absatz nicht nur absolut sondern auch im Verhältnis zu dem der Außenseiter sinkt. Das beeinflusst seinen Kalkül in entscheidender Weise. Die im Falle des unvollständigen Monopols gebildeten Monopolpreise werden daher von denen, die unter sonst gleichen Bedingungen beim vollständigen Monopol gebildet worden wären, abweichen.
[1238]Beim unvollständigen Monopol ist nur *ein* Verkäufer bereit, das Korrelat der Preissteigerung, den Rückgang des Absatzes, zu seinen Lasten wirken zu lassen, wogegen die übrigen Verkäufer es ablehnen, weniger Ware auf den Markt zu bringen, als sie beim Wettbewerbspreis verkaufen können.
[1239]Eigentümer > parties concerned
[1240], wenn die Bedingungen für Monopolpreisbildung gegeben sind,
[1241]public utility
[1242]Aus dem Gesagten ergibt sich, dass die Begrenztheit des Angebots nur unter besonderen Bedingungen zur Bildung von Monopolpreisen führen kann. Knappheit des Angebots im Hinblick auf den Umfang der Nachfrage ist Voraussetzung dafür, dass ein Gut überhaupt als wirtschaftliches Gut behandelt wird. Güter, die so reichlich zur Verfügung stehen, dass jede beabsichtigte Verwendung voll befriedigt werden kann, werden überhaupt nicht bewirtschaftet; für solche Güter werden keine Preise bezahlt. Das haben alle jene Lehren verkannt, die den Begriff des Monopolpreises so ausgedehnt haben, dass alle Preise darunter fallen, die z. B. Grundrente oder Unternehmergewinn als Ausfluss von Monopolpreisen auffassen wollen.

Aus den Preisen, die der Verkäufer auf dem Markte erlöst, werden durch Rechnung die Anteile gefunden, die den verschiedenen katallaktischen Kategorien entsprechen. Man stellt dem Preise zunächst den Aufwand [FN: In diesen Aufwand wollen wir auch den Unternehmerlohn einrechnen, d.i. den Marktwert der aufgewendeten eigenen Arbeit des Unternehmers.] gegenüber, den der Verkäufer gemacht hat, um die Verfügung über das Verkaufsobjekt zu erlangen; ergibt sich ein Überschuss des Erlöses über die Kosten, dann ist Bruttogewinn erzielt worden. Aus diesem Bruttogewinn wird dann der Bruttozins ausgeschieden. Bleibt noch immer ein Überschuss übrig, dann ist Bruttounternehmergewinn erzielt worden. In diesem Bruttounternehmergewinn unterscheiden wir wieder den spezifischen Unternehmergewinn und gegebenenfalls den Monopolgewinn. Der spezifische Unternehmergewinn ist der Teil des Bruttogewinns, den der Unternehmer beim Verkauf zum Wettbewerbspreis erzielt hätte. Erfolgt der Verkauf zu einem Monopolpreis, so ist auch noch darüber hinaus Monopolgewinn erzielt worden.

Man muss den spezifischen Unternehmergewinn vom Monopolgewinn streng unterscheiden. Monopolgewinn kann der Unternehmer nur als Eigentümer eines Gutes (erster oder höherer Güterordnung) erzielen, in Bezug auf das er Monopolistenstellung hat. Der Unternehmer erzielt den Monopolgewinn als Eigentümer eines Monopolgutes, nicht als Unternehmer.

Monopolpreise können nur erzielt werden, wenn die Absatzmenge (gegenüber der Menge, die zum Wettbewerbspreis abgesetzt werden könnte) eingeschränkt wird. Wie der Monopolist vorgeht, um einen Teil des verfügbaren Vorrats dem Markte zu entziehen, ob er diesen Teil einfach zurückhält und in Vorratskammern anhäuft oder ob er ihn vernichtet, ist für die Preisgestaltung belanglos. Die Vernichtung von Gütern, die mancher Leute Unbefriedigtsein hätten mindern können, gilt als der klassische Fall einer Monopolistenaktion. Für die Preisbildung macht es aber keinen Unterschied aus, ob die Güter vernichtet oder nur unbenützt liegen gelassen werden.

Das Monopolgut kann ein Gut erster Ordnung oder ein Produktionsmittel sein. Es kann in dem technologischen Wissen, das zur Durchführung eines Produktionsverfahrens notwendig ist, in dem «Rezept» bestehen. Rezepte sind in der Regel freie Güter, da das Wirkungsquantum, das von ihnen ausgeht, unbegrenzt ist. Zu einem wirtschaftlichen Gut kann ein Rezept nur dann werden, wenn sein Wirkungsquantum durch Zurückhaltung in der Verwendung nicht voll ausgenützt wird. Wer über ein Rezept verfügt, das die anderen nicht kennen, oder wer im Hinblick auf institutionelle Einrichtungen – z. B. Patentrecht, Urheberrecht, Musterschutz, u. dgl. – allein von dem Rezept Gebrauch machen darf, kann die Ausnützung des Rezepts einschränken. Dann wird bei Zutreffen der übrigen Monopolpreisbedingungen das Rezept zu einem Monopolgut höherer Ordnung; der Monopolgewinn, der durch seine Verwertung erzielt werden kann, wird ihm zugerechnet.

Das komplementäre Produktionsmittel, das durch nicht vollständige Ausnützung seiner Wirkungsmenge zu einem Monopolgut wird und Monopolpreise erzielt, kann auch in der dem Monopolisten durch die Natur der von ihm geleisteten Dienste oder verkauften Waren oder durch institutionelle Einrichtungen (z. B. Markenrechte) gebotenen Möglichkeit bestehen, seine Mitwirkung am Produkt, der von den Käufern (aus besonderem, auf Erfahrung beruhendem Vertrauen zum Monopolisten; aus Vorurteil oder Snobismus; aus magischen oder metaphysischen Vorstellungen, über deren Unsinnigkeit andere lächeln mögen) Wert beigelegt wird, auf dem Markte erkennbar zu machen. Ein Heilmittel, das mit einer gesetzlich geschützten Wortmarke versehen auf den Markt kommt, mag in seiner chemischen Zusammensetzung und in seiner objektiv erkennbaren physiologischen Wirkung anderen Präparaten, die nicht denselben Namen tragen dürfen, vollkommen gleichen; wenn die Käufer diesem Namen eine Bedeutung beilegen und daher bereit sind, die mit ihm versehenen Präparate teurer zu bezahlen als die, die diesen Namen nicht tragen dürfen, dann kann der Eigentümer der Marke bei entsprechender Gestaltung der Nachfrage Monopolpreise erzielen.

Einem Rezept, das jeder kennt und anwenden darf, und einem Wort, mit dem jeder seine Produkte bezeichnen darf, wird kein Anteil am Ertrag zugerechnet. Erst die durch besondere Verhältnisse geschaffene Beschränkung der Verwendungsmöglichkeit lässt die Voraussetzungen dafür entstehen.

Bei jedem Monopolpreis hat man die Frage zu beantworten, wodurch dem Monopolisten die Einschränkung des Absatzes oder der Ausnützung des Monopolgutes möglich wurde, ohne dass er befürchten muss, dass die Absichten, die er damit verfolgt, durch die Absatzsteigerung oder Ausnützungsvermehrung anderer Wirte vereitelt werden. In vielen Fällen wird das Auftreten von Konkurrenten, die die Pläne der Monopolisten durchkreuzen und die Bildung von Monopolpreisen verhindern könnten, dadurch vereitelt, dass die Aufnahme der Produktion durch neue Betriebe nur unter steigenden Kosten erfolgen kann und dass die Kostendifferenz groß genug ist, um den schon bestehenden, mit niedrigeren Kosten arbeitenden Betrieben einen Spielraum zu geben, innerhalb dessen sie einen oder mehrere Monopolpreise finden können [FN: Diesem Fall ist gleichzuhalten der Fall, in dem die Einrichtung eines neuen Betriebes, der den bestehenden Konkurrenz machen und ihr Monopol brechen könnte, unrentabel erscheint, weil die bestehenden Betriebe ausreichen, um beim Wettbewerbspreis den ganzen Bedarf zu decken. Das Hinzukommen eines neuen Betriebs würde nur dann rentabel erscheinen, wenn er günstigere Produktionsbedingungen finden kann als manche der schon bestehenden, die er aus dem Geschäft verdrängen müsste. Das ist im Zeitalter rasch fortschreitender Technik die Regel; der jüngste Betrieb ist den älteren in der Regel technisch überlegen.]

Wenn man die Gedankengänge, die die Preise der Bodenfrüchte als Monopolpreise auffassen, als unrichtig verwirft, so bestreitet man nicht, dass die Verschiedenheit der Fruchtbarkeit der Grundstücke bei einer bestimmten Lage der Daten, die freilich nicht gegeben ist, tatsächlich Monopolpreise entstehen lassen könnte. So wie die Dinge liegen, wäre es für die Mehrzahl der Grundbesitzer aussichtslos, durch Einschränkung der Produktion Monopolpreise und Monopolgewinne anzustreben. Andere Grundbesitzer werden, auf schlechterem Boden, d.i. mit steigenden Kosten, den Anbau erweitern; die Preise der Bodenfrüchte werden steigen, und auch die Erzeuger, die die Produktion auf dem besseren Boden eingeschränkt haben, werden höhere Preise für die verkaufte Mengeneinheit erzielen. Doch nur wenn sie dabei höhere Reinerlöse erzielen könnten, wäre die Produktionseinschränkung für sie vorteilhaft; das ist aber unter den gegebenen Verhältnissen nicht der Fall. Bodenmonopol und Monopolpreise für Bodenprodukte können nur dann entstehen, wenn die Verfügung über einen so großen Teil des für eine bestimmte Produktion geeigneten Bodens einheitlich erfolgt, dass zumindest die Voraussetzungen für ein unvollständiges Monopol gegeben sind. Diese Bedingungen treffen heute wohl im Bergbau für einige Metalle zu; in der Landwirtschaft haben die Bestrebungen verschiedener Regierungen, auf dem Weltmarkt Monopolpreise für Kaffee, Baumwolle, Gummi, Weizen, Zucker und andere Artikel zu schaffen, bisher meist Schiffbruch gelitten.

Man hat eben zu beachten, dass die Besitzer des besseren Bodens nur darum beim Verkauf der Bodenfrüchte keine Monopolpreise erzielen können, weil der Unterschied zwischen den Produktionskosten, die ihr besserer Boden verlangt, und denen, die der schlechtere Boden ihrer potentiellen Konkurrenten verlangt, so klein ist, dass kein Raum für die Entfaltung erfolgreicher Monopolistenaktion bleibt.

In anderen Fällen genügt eine Kostendifferenz, um denen, die über den mit niedrigeren Produktionskosten arbeitenden Betrieb verfügen, die Erzielung von Monopolgewinnen zu ermöglichen. Diese Kostendifferenzen können entweder in der Natur der Dinge begründet sein, sie können aber auch institutionellen Ursprungs sein. Die Bedeutung, die den Monopolpreisen in unserer Zeit der Zollschranken zukommt, ist vor allem durch Monopolpreisbildungen bestimmt, die ihre Entstehung solchen Kostendifferenzen institutionellen Charakters verdanken. Wenn die inländischen Betriebe bei voller Ausnützung eine Menge m der Ware w erzeugen und der inländische Absatz zum Weltmarktpreis von p die Menge n erreicht, wobei n kleiner ist als m, dann kann ein Einfuhrzoll von z den inländischen Erzeugern nicht die Möglichkeit bieten, ohne weitere Maßnahmen aus dem Zollschutz Vorteil zu ziehen. Ist es aber möglich, in der Spanne zwischen $p + z$ und p einen Monopolpreis zu finden, dann können die Besitzer der inländischen Betriebe sich zu einem Kartell zusammenschließen und durch Absatzeinschränkung im Inlande Monopolpreise und Monopolgewinne erzielen. Ob das Kartell und seine Monopolpreise auf die Dauer aufrecht bleiben können, hängt dann auch davon ab, ob es gelingt, Störung durch das Auftreten von neuen inländischen Konkurrenten hintanzuhalten. Besteht diese Gefahr, dann werden die Nutznießer des durch den Zollschutz ermöglichten Monopols meist die Forderung erheben, dass die Errichtung neuer Betriebe untersagt werde.

Besonders lehrreich ist es, einen Fall zu betrachten, dessen missverständliche Deutung zur Entwicklung von Lehren beigetragen hat, die zwischen Monopolpreis und Wettbewerbspreis als dritte Gruppe die Preise bei «unvollständigem Wettbewerb» und bei «monopolistischem Wettbewerb» stellen wollten. Es gibt immer Produktionszweige, deren Ausstattung mit Erzeugungsanlagen zu groß ist, sei es, weil die Unternehmer von Anfang an falsch spekuliert haben, oder sei es, weil seit der Errichtung der Anlagen die Marktlage sich in einer Weise geändert hat, die sie nicht vorausgesehen haben. Wenn die einzelnen Betriebe eines derartig überreichlich ausgestatteten Produktionszweiges verschiedene Produktionskosten haben, dann werden die teurer arbeitenden die Erzeugung aufgeben und nur diejenigen werden weiter arbeiten können, deren Produktionskosten zumindest nicht höher sind als der erzielbare Marktpreis. Die übrigen Betriebe, die ihr Produkt nur zu Verlustpreisen absetzen können, werden stillgelegt werden. Es kann sein, dass die Eigentümer dieser schlechteren Betriebe die Erzeugung nicht sogleich aufgeben wollen, weil sie glauben, dass die Verluste, die der Fortbetrieb mit sich bringt, durch andere Vorteile wettgemacht werden. Sie rechnen etwa damit, dass die künftige Marktlage die Rentabilität ihrer Betriebsführung wiederherstellen werde, und wollen die Kosten sparen, die ihnen, falls sie jetzt den Betrieb ganz stilllegen, später durch die Wiederankurbelung des Apparates, durch die Einschulung von neuem Personal, durch den Wiederaufbau des Verkaufsdienstes u. dgl. mehr erwachsen müssen. Doch schließlich werden sie, wenn die Hoffnung auf Umschwung der Marktlage sich nicht bald erfüllt, durch die Verluste doch zur Einstellung der Arbeit gezwungen werden. In vielen Fällen greifen aber die Regierungen aus politischen Gründen ein; sie suchen zu verhindern, dass die Betriebe, die die ungünstigsten Produktionsbedingungen haben, stillgelegt werden; eine Betriebseinschränkung aller Betriebe scheint ihnen das kleinere Übel darzustellen [FN: Es muss das nicht gerade in der Weise geschehen, dass die Regierung die unter günstigeren Verhältnissen arbeitenden Betriebe an der vollständigen Ausnützung ihrer Überlegenheit hindert. Es genügt oft schon, dass diese Betriebe sich selbst derartige Beschränkungen auferlegen, da sie fürchten müssen, sonst durch die Eingriffe der Regierung noch schärfer behindert zu werden.]. Doch ob nun das Nichtausscheiden der unter den ungünstigsten Verhältnissen arbeitenden Betriebe diesen oder jenen Ursachen zuzuschreiben ist, sein Ergebnis ist immer das, das die Verkäufer als ungesunde Überproduktion bezeichnen und das sie durch Regelung der Produktion vermittels Eindämmung der übermäßigen Konkurrenz und Erzielung von Preisen, die sie als «vernünftige» und «angemessene» ansehen, zu beseitigen wünschen. Die Eigentümer der Betriebe schließen sich, sei es durch ausdrückliche oder stillschweigende Vereinbarung, sei es unter dem Zwange eines von der Regierung ausgehenden Befehls, zu einem Kartell zusammen und suchen die Preisbildung durch Verminderung der auf den Markt gelangenden Produktmenge zu beeinflussen.

Die Besonderheit des Falles, der hier Ausgangspunkt der Kartellbildung ist, liegt darin, dass auf dem Markte Preise verlangt und bezahlt werden, auf deren längeren Bestand nicht zu rechnen ist. Denn nahezu alle Betriebe arbeiten mit Verlust. Auch Betriebe, die im Einblick auf ihre günstigeren Produktionsbedingungen befriedigend arbeiten könnten, wenn die schlechtesten Betriebe ihre Produktion eingestellt hätten, erzielen nur Verluste. Auf die Dauer können aber Betriebe nicht mit Verlust arbeiten. Nach einer längeren oder kürzeren Übergangszeit werden die unter den ungünstigeren Bedingungen arbeitenden Betriebe doch stillgelegt werden müssen, und der Wettbewerbspreis wird durch die Kosten des Grenzbetriebs bestimmt werden. Doch das ist es gerade, was die Regierung verhindern wollte. Sie will die Verhältnisse in diesem Industriezweig durch ein Kartell sanieren, das den Preis auf «vernünftige» Höhe bringen soll. Als «vernünftig» oder

«angemessen» kann aber nur ein Preis erscheinen, der über dem Preis liegt, der sich als Wettbewerbspreis ohne Eingriff des Staates zu Gunsten der schwächeren Betriebe herausgebildet hätte. Denn nur ein solcher Preis kann diesen teurer arbeitenden Betrieben die Fortführung ermöglichen.

Diese Kartellbildung und die Aufrechthaltung von Monopolpreisen, werden dadurch möglich, dass eine neue Konkurrenz nicht auftreten kann. Solange die Marktlage sich nicht derart verändert hat, dass ein neuerrichteter Betrieb rentabel arbeiten könnte, wäre es von vornherein aussichtslos, an die Gründung neuer Betriebsanlagen zu schreiten. Auch wenn der Kartellpreis eine Höhe erreicht oder überschritten hat, die einem neuen Betrieb Rentabilität gehen könnte, wenn er Wettbewerbspreis wäre, hätte ein neuer Betrieb nur dann Aussicht auf Rentabilität, wenn ihm von den schon bestehenden Betrieben eine Kartellquote eingeräumt wird. Wollen die alten Betriebe die Produktionseinschränkung und Gewinnschmälerung, die damit verbunden wären, nicht auf sich nehmen, dann bleibt dem neuen Betrieb nur die Aussieht auf eine Marktlage, die ihm Verluste bringen wird.

Wir können das Wesen unseres Falls noch klarer erkennen, wenn wir annehmen, dass der fragliche Produktionszweig nur durch einen einzigen Betrieb vertreten wird, der – im Hinblick auf die gegenwärtige Gestaltung der Marktlage – zu groß dimensioniert ist und daher seine volle Produktionskapazität nicht auszunützen vermag. Dieser Betrieb könnte seine Erzeugung bis zu dem Punkte ausdehnen, an dem die variablen Kosten (ohne Verzinsung und Amortisation des in den Anlagen steckenden Kapitals) vom Preis gerade gedeckt werden; der Anlage wird dann kein Teil des Produktpreises zugerechnet, sie ist wertlos. Wenn aber mit der Einschränkung der Produktion der Preis stärker steigt als die Durchschnittskosten, kann der Betrieb durch Produktionsbeschränkung Monopolpreise erzielen, da das Auftreten neuer Konkurrenz nicht zu befürchten ist. Der Monopolgewinn wird dann den Anlagen zugerechnet; die früher wertlose Anlage bekommt jetzt Wert.

Der Monopolpreis wird auch in diesem Fall wie in jedem anderen dem Markte vom Eigentümer der Anlagen, nicht von den Verbrauchern vorgeschrieben. Die Verbraucher würden, da die Anlagen nun einmal in dem größeren, für die gegenwärtige Marktlage unwirtschaftlich großen Umfange dastehen und die Mittel, die in ihnen festgelegt wurden, der Befriedigung anderen Bedarfes, den die Verbraucher heute als wichtiger erachten, entzogen wurden, es vorziehen, wenn die Anlagen bis an die Grenze ihrer wirtschaftlichen Ausnützungsmöglichkeit in Anspruch genommen werden. Dass das nicht geschieht, schmälert den Verbrauchern die Befriedigung, die sie unter den gegebenen Verhältnissen erlangen könnten. Sie hätten es noch lieber gesehen, wenn die Fehlleitung des Kapitals unterblieben wäre und wenn sie sich andere Güter hätten beschaffen können, die sie heute nicht bekommen, da die erforderlichen Mittel in – wie sich heute zeigt – unzweckmäßiger Weise gebunden wurden. Da es nun aber schon einmal so weit gekommen ist, wollen sie mehr von dem fraglichen Produkt haben, als sie um den Monopolpreis erwerben können.

Der Wettbewerbspreis ist durch die Grenzkosten bestimmt. Der Wettbewerb der Unternehmer hat die Tendenz, die Produktion bis zu jenem Punkte auszudehnen, an dem Kosten und Preis sich decken. Der einzelne Unternehmer kommt gar nicht dazu, die Frage zu prüfen, ob eine Einschränkung der Produktion für ihn nicht vorteilhafter wäre; denn er muss damit rechnen, dass die Einschränkung seiner Erzeugung durch die Erweiterung der Produktion seitens anderer Erzeuger wettgemacht werden wird.

In den Erwägungen, die ein monopolistischer Eigentümer darüber anstellt, ob er durch Einschränkung der Absatzmenge besser fährt als durch Verkauf der ganzen Menge, die er zum Konkurrenzpreis abzusetzen vermag, spielen Produktionskosten keine Rolle. Der verfügbare Vorrat ist ihm als feste Größe gegeben; es handelt sich allein um seine günstigste Verwertung. Das einzige, was der Monopolist für seine Berechnung benötigt, ist Kenntnis der Gestaltung der Nachfrage bei Preisen, die den Wettbewerbspreis übersteigen. Diese Nachfrage geht, falls das Monopolgut ein Gut höherer Ordnung ist, nicht von den Verbrauchern, sondern von Unternehmern aus, die mit Hilfe des Monopolguts Produkte für den Weiterverkauf herstellen wollen. Wenn diese Unternehmer damit zu rechnen haben, dass sie bei Einschränkung der Erzeugung höhere oder niedrigere Produktionskosten (auf die Mengeneinheit des von ihnen zu erzeugenden Produkts bezogen) haben werden, dann wird das ihre Nachfrage nach dem Monopolgut beeinflussen. Der Monopolist hat, wenn er die Nachfragegestaltung richtig beurteilt, auch schon diesem Umstand voll Rechnung getragen.

Wenn man davon spricht, dass der Monopolist die Kostengestaltung zu berücksichtigen habe, denkt man an den – freilich häufigst gegebenen – Fall, dass zwischen dem Eigentum am Monopolgut und der Unternehmung, die die erste Verarbeitung besorgt, Personalunion besteht. Doch man muss auch hier genau beachten, dass Monopolpreise nur der Eigentümer verfügbarer Vorräte, nicht der Unternehmer erzielt, und dass die Rücksicht auf die Produktionskostengestaltung wieder nur dem Unternehmer als Verarbeiter obliegt.

Die auf die Mengeneinheit des Produkts bezogenen Produktionskosten können mit der Einschränkung der Erzeugung entweder unverändert bleiben oder steigen oder sinken. Wenn sie sinken, dann wird der Verkäufer, der Eigentümer des Monopolguts und sein Verarbeiter zugleich ist, durch Einschränkung der Produktion eher Monopolgewinn erzielen können als bei unveränderten Kosten. Wenn sie steigen, dann hat er nicht nur auf die Reaktion der Käufer auf die Preiserhöhung zu achten, sondern auch auf den Umstand, dass seine Gestehungskosten steigen.

Die Personalunion zwischen dem Eigentum am Monopolgut und seiner Verarbeitung kann in die Erwägungen des Verkäufers noch einen weiteren Gesichtspunkt hineintragen. Hat er, etwa zu einer Zeit, da er noch nicht Monopolstellung hatte, Anlagen errichtet, die auf die Erzeugung der zum Konkurrenzpreis absetzbaren Menge eingerichtet sind, so muss er, wenn er die Erzeugung einschränkt, einen Teil dieser Anlagen außer Betrieb stellen; Verzinsung und Amortisation des in diesen Anlagen gebundenen Kapitals belasten ihn jedoch weiter. Es hängt von der Kalkulationsmethode ab, ob man diesen Umstand besonders in Rechnung stellt oder ihn in die Berechnung der Produktionskosten einbezieht.

Es ist, wie schön gezeigt wurde, wichtig, Unternehmergewinn und Monopolgewinn auseinander zu halten. Der Unternehmergewinn entsteht daraus, dass der Unternehmer die Gestaltung der Marktlage von heute in dem Zeitpunkt, als die Produktion einzuleiten war, deren Erzeugnisse heute auf den Markt gelangen, richtiger eingeschätzt hatte als die übrigen Wirte; er hat daher die Produktionsmittel zu Preisen erwerben können, die wie jetzt allgemein begriffen wird – niedriger waren, als sie – bei richtiger Einschätzung der heutigen Marktlage – hätten sein müssen, und so ergibt sich ein Überschuss der Verkaufspreise über die Kosten, eben der Unternehmergewinn. Es kann sich unter Umständen fügen, dass der Unternehmer, der jetzt als Eigentümer und Verkäufer der Produkte auftritt, durch die Gestaltung der Verhältnisse in der Lage ist, Monopolgewinne zu seinem Unternehmergewinn hinzuzufügen. Wenn der Bedarf den Verbrauchern so dringlich erscheint, dass sie bereit sind, für sofort greifbare Ware Preise zu bewilligen, die dem Unternehmer als vorteilhafte Monopolpreise erscheinen, dann wird er durch Zurückhaltung (oder Vernichtung) eines Teiles seines Vorrats Monopolpreise erzielen können. Die Konkurrenz wird hier durch den Umstand ferngehalten, dass wer erst heute zu produzieren beginnt, für die Versorgung der Nachfrage von heute noch nicht in Betracht kommt.

Jedem Umfang des Angebots ist bei gegebenem Stande der Nachfragegestaltung ein bestimmter Preis zugeordnet. Auch die Monopolpreise sind Preise; auch die Monopolpreise bringen Nachfrage und Angebot zur Deckung. Von dem Fall abgesehen, dass jede Vermehrung der auf dem Markte verfügbaren Menge des in Betracht kommenden Guts ausgeschlossen ist, ist auch jeder Wettbewerbspreis von Produkten durch den Umstand bestimmt, dass die verfügbaren Produktionsmittel nicht stärker für die Erzeugung des fraglichen Gutes ausgenützt wurden. Hätte man mehr erzeugt, hätte man nicht auf einen Teil der gegebenen Produktionsmöglichkeiten verzichtet, wäre der Preis tiefer. Was Wettbewerbspreis und Monopolpreise scheidet, ist der Weg, auf dem es zu der Marktlage gekommen ist, aus der der Preis hervorgeht. Die Monopolpreise sind dadurch gekennzeichnet, dass das Angebot durch eine gegen die Wünsche der Verbraucher gerichtete Handlung eingeschränkt wurde, um den Preis zu beeinflussen. Damit ein Eigentümer von Produktionsmitteln so vorgehen kann, muss er zumindest über einen so großen Teil des gesamten Bestandes verfügen, dass er nicht befürchten muss, um den Erfolg der Preissteigerung durch das Vorgehen von Konkurrenten gebracht zu werden. Wer nicht in dieser Stellung ist, hat nie die Wahl zwischen Monopolpreisen und dem Wettbewerbspreis, der muss den Wettbewerbspreis hinnehmen, wie ihn der Markt bildet. Der Unternehmer sucht als Unternehmer den Wettbewerbspreis so gut zu ermitteln, als er es vermag, und sucht dann seine Erzeugung so weit auszudehnen, als er im Hinblick auf diese Preisschätzung und den Stand der Produktionsmittelpreise noch rentabel erzeugen zu kennen glaubt. Wenn der Unternehmer nicht mehr von der fraglichen Ware erzeugt, ist das nicht etwa gleichzustellen dem Vorgehen des Eigentümers, der einen Teil der verfügbaren Produktionsmittel nicht ausnützt, um für sie höhere Preise zu erzielen. Er hat nicht mehr erzeugt, weil er nicht mehr riskieren wollte, oder weil ihm nicht größere Mittel zur Verfügung standen. Um die Erzeugung zum Zwecke der Preiserhöhung zu beschränken, hätte er die Möglichkeit haben müssen, andere Unternehmer von der Erzeugung fernzuhalten.

Schließlich müssen noch einige Worte dem Angebotsmonopol der Arbeit gewidmet werden. Der Monopolist hat, um einen Monopolpreis auf dem Markte durchzusetzen, das Angebot einzuschränken; ein Teil des gegebenen Vorrats muss vom Markte ferngehalten werden. Um den Arbeitslohn zu einem Monopolpreis zu machen, müssen Arbeiter, die bereit wären zu arbeiten, vom Arbeitsmarkte ferngehalten werden.

Es gibt unter den institutionellen Bedingungen der Gegenwart Mittel zur Einschränkung des Angebots an Arbeitern, die den Arbeitern, denen die Einschränkung Vorteil in der Lohngestaltung bringt, keine Kosten auferlegen oder nur solche Kosten, die sie nicht in Rechnung stellen. Die Sperre der Zuwanderung von ausländischen Arbeitern oder die Nichtgewährung von Arbeitserlaubnis an Personen, die irgendwelchen Bedingungen nicht entsprechen, (die z. B. Ausländer, Angehörige einer bestimmten Rasse oder eines bestimmten Volkes, Bekenner eines bestimmten Glaubens oder einer bestimmten Gesinnung sind, die irgendwelche Prüfungen nicht abgelegt haben oder die irgend einem Vereine – irgendeiner Gewerkschaft – nicht angehören,) verknappt den Arbeitsmarkt und treibt die Löhne in die Höhe. Es ist dabei ohne Belang, ob diese Einschränkung der zum Arbeitsmarkte zugelassenen Arbeiter durch die Obrigkeit erfolgt oder durch Maßnahmen anderer gesellschaftlicher Gebilde, etwa der Gewerkschaften, deren Vorgehen von der Obrigkeit geduldet und durch Nichthindern der von ihnen zur Durchsetzung der Sperre ergriffenen Gewaltandrohung und Gewaltanwendung gefördert wird. Für die Preistheorie ist hier allein das wichtig, dass solche Verknappung des Marktes und die durch sie bewirkte Lohnsteigerung nicht immer zu Monopolpreisen führen muss. Wir haben den Ausdruck Monopolpreis zur Bezeichnung jener Fälle verwendet, in denen der Absatz einer kleineren Menge zu höherem Preis einen größeren Gesamterlös bringt als der Absatz des ganzen Vorrats zum Wettbewerbspreis. Ob das der Fall ist oder nicht, kümmert die Arbeiter, die durch Verknappung des Arbeitsangebots zu höheren Löhnen gelangen, nur dann, wenn sie an den Löhnen der durch ihre Politik vom Zutritt zum Arbeitsmarkte ausgeschlossenen Arbeiter interessiert sind. Ein Gewerkverein, der alle Arbeiter, die für die Leistung einer bestimmten Art von Arbeit in Frage kommen, umfasst, für alle seine Mitglieder in gleicher Weise sorgen muss und nicht in der Lage ist, einen Teil der Mitglieder an einen andern Teilarbeitsmarkt abzustoßen, wird Monopolpreispolitik, treiben müssen. Er wird zu prüfen haben, ob er bei dem höheren Lohnsatz, den er durch Freisetzung einer Anzahl von Arbeitern den Unternehmern gegenüber durchzusetzen vermag, soviel mehr an Gesamtlohn für die beschäftigten Arbeiter erzielen kann, dass die Summe des Lohnbezugs aller Arbeiter – der arbeitenden sowohl als auch der feiernden – gegenüber dem Wettbewerbslohn erhöht wird. Nur dann wird die Lohnsteigerung der ganzen Arbeitergruppe, die der Gewerkverein vertritt, Gewinn bringen. In dieser Lage befindet sich ein Gewerkverein wenn es ihm obliegt, die, die durch seine Politik arbeitslos werden, zu entschädigen. Die Gewerkschaftspolitik ist jedoch nur in seltenen Ausnahmefällen Monopolpreispolitik. Die Bedingungen, unter denen sie zu arbeiten hat, sind in der Regel so beschaffen, dass die Sorge um das Schicksal der freigesetzten Arbeiter der öffentlichen Hand oder der privaten Wohltätigkeit zugeschoben wird, wenn die Opfer nicht überhaupt ohne alle Berücksichtigung bleiben.

[1243]Die mathematische Behandlung vermag nichts darüber zu sagen, wie es zur Gleichgewichtslage kommt und wie Handeln der Marktparteien die Tendenz zur Erreichung der Gleichgewichtslage schafft > It cannot say anything about the actions which would finally establish these equilibria and this evenly rotating system if no further changes in the data were to occur.

[1244]Alles, was sie uns gibt, ist eine Beschreibung der Gleichgewichtslage, wie sie sich dem nicht-

mathematischen Denken darstellt, in mathematischen Ausdrucksformen.
[1245]mathematische Katallaktik > mathematical formulas
[1246]vorteilhafteste > optimum price
[1247], mit der ein den Markt von außen her betrachtender Beobachter das Getriebe zu erfassen sucht
[1248]Die mathematische Behandlung > Contemporary mathematical economists
[1249]Die Marktlage, die den Wettbewerbspreis entstehen lässt, ist auch nicht dadurch gekennzeichnet, dass kein einzelner Verkäufer einen Einfluss auf den Umfang des Angebotes und dadurch auf die Preisbildung zu nehmen vermag. Ihr Kennzeichen liegt vielmehr darin, dass kein Verkäufer, der entgegen den Wünschen der Käufer handelt, besser fährt, als er durch Befolgung der Weisungen der Verkäufer fahren würde. Wenn sonst auf dem Markte die Verbraucher entscheiden, erlangen im Monopolpreis die Wünsche der Eigentümer den Vorrang. Die Monopolpreise durchbrechen die Demokratie des Marktes. Wettbewerbspreis für Kupfer bedeutet (im endlichen Ruhezustand): die Kupferbergwerke werden soweit ausgenützt, als es die Nachfrage der Verbraucher gestattet; mehr Kupfer kann nicht auf den Markt kommen, weil Ausdehnung der Kupferproduktion Kapital und Arbeit Verwendungen entziehen würde, in denen sie Bedarf, den die Käufer als dringender ansehen, befriedigen. Monopolpreis für Kupfer bedeutet: die Kupferproduktion wird gegenüber dem Umfang, den sie beim Wettbewerbspreis hätte, eingeschränkt, weil das für den Monopolisten vorteilhafter ist; Kapital und Arbeit, die, wenn es nach den Wünschen der Verbraucher ginge, der Kupferproduktion zugeführt worden wären, werden in Produktionen verwendet, die die Verbraucher als minderdringend ansehen. Der den Wünschen der Verbraucher entgegenstehende Sonderinteressenstandpunkt der Eigentümer der Kupfervorkommen hat die Oberhand. Die Verwendung von wirtschaftlichen Gütern folgt, soweit der Monopolpreis wirkt, nicht den Weisungen der Verbraucher.
[1250]Die Kundschaft > Good Will
[1251]Man kann es nicht oft genug wiederholen, dass die Meinung grundfalsch ist, die Nationalökonomie setze in ihren Überlegungen Wirte voraus, die allwissend sind und die Marktlage vollkommen überblicken. > It must be emphasized again that the market is peopled by men who are not omniscient and have only a more or less defective knowledge of prevailing conditions.
[1252]Damit eine Ware Käufer finde, muss das Angebot des Verkäufers dem Kauflustigen bekannt werden, und er muss sich über die Eigenschaften der angebotenen Ware unterrichten können. Auf dem Markte der Produktionsmittel treten als Käufer Unternehmer auf, die es sich zur besonderen Aufgabe gesetzt haben, die Marktlage und die Eigenschaften der angebotenen Waren genau zu studieren; der Wettbewerb des Marktes vollzieht täglich die Auslese der Unternehmer, die diese Aufgabe am vollkommensten lösen. Im Einkauf der Genussgüter durch die Verbraucher ist es anders. Kein Wirt verfügt über die Kenntnisse und Erfahrungen, die es ihm ermöglichen würden, die Beschaffenheit aller Genussgüter so zu beurteilen, dass er in jedem Falle das für seine Zwecke geeignetste Gut von weniger geeigneten Gütern unterscheiden könnte, und kein Wirt kann den Markt so gut überblicken, dass er stets die billigste Einkaufsquelle ausfindig machen könnte.
[1253]Man entschließt sich nicht leicht zum Wechsel einer Bezugsquelle, selbst wenn man nicht immer ganz zufrieden gestellt wurde.
[1254]Für den Verkäufer wird es daher zu einem besonderen Problem, das Vertrauen des Publikums zu erwerben und zu erhalten. Für die Gewinnung der Kundschaft müssen besondere Aufwendungen gemacht werden. Die Werbung ist mit beträchtlichen Kosten und mit persönlicher Mühe des Verkäufers und seiner Gehilfen verbunden.
[1255], d.i. über einen Kreis von Verbrauchern, die regelmäßig ihren Bedarf bei ihm zu decken pflegen
[1256], und der Preis, der für sie bei Übertragung an einen Geschäftsnachfolger gezahlt wird, entspricht dieser Bewertung [FN: Ob, in welcher Weise und in welchem Umfang der goodwill übertragbar ist, ist in jedem einzelnen Fall *questio facti.*]
[1257]eine begrenzte Warenmenge
[1258]Bedingungen > prices
[1259]Er vermag nur die Konkurrenzpreise zu erzielen und muss sehen, wie er die Kosten, die mit der Erwerbung der Kundschaft verbunden waren, aus dem Ertrage seiner Geschäfte hereinbringt. Die Kundschaft ist ein Produktionsmittel wie die übrigen Produktionsmittel, hat wie diese eine begrenzte Produktionsfähigkeit und wird demgemäss bewertet. Man kann sie entweder kaufen, (indem man ein schon bestehendes Unternehmen mit dem Teil seiner Kundschaft, die auf den Geschäftsnachfolger übertragbar ist, erwirbt,) oder man muss sie selbst aufbauen (indem man

als Anfänger durch Werbung und durch Abwarten der kundschaftschaffenden Wirkung guter Bedienung der Käufer Kundschaft originär erwirbt.)

[1260]Stammkunden oder «treue» Kunden > staunch patrons

[1261]Oder aber die Vergrößerung des Absatzes erfordert eine Erweiterung und Umgestaltung seines Unternehmens, für die ihm entweder die Mittel fehlen oder die, nach seiner Beurteilung der Marktlage, ihm nicht Gewinne, sondern Verluste bringen würde. > It may also be that the expansion of sales would require additional capital investment and that the seller either lacks this capital or believes that he has a more profitable employment for it.

[1262]Die Beschränkung des Absatzes > prevents an expansion of output

[1263](eben der Kundschaft, des goodwill)

[1264]Die Preise, die er erzielt, sind daher Konkurrenzpreise und nicht Monopolpreise.

[1265]Um die Irrtümer zu meiden, die der heute beliebten Verwischung des Gegensatzes zwischen Wettbewerbspreis und Monopolpreisen zugrunde liegen,

[1266]FN: Auch die Auslagen für zusätzliche Werbung sind zusätzliche Kapitalinvestition.

[1267]das nur verfügbar ist > which is reasonable only

[1268]Erscheint diese alte Anlage dem Unternehmer besser, dann wird er sie nicht gegen die schlechtere Aussichten bietende Anlage im eigenen, im bisherigen Umfang blühenden Unternehmen vertauschen wollen. Dazu treten dann noch persönliche Gesichtspunkte.

[1269]oder es mag für ihn physisch unmöglich sein, die größere Arbeitsleistung auf sich zu nehmen

[1270]Er mag glauben, dass die Erweiterung des Absatzes das Aufsuchen neuer «Märkte» erfordert, deren Verhältnisse ihm fremd sind. Wenn wir sehen, dass viele Inhaber gutgehender Unternehmungen nicht an die Erweiterung des Unternehmungsumfanges schreiten, dürfen wir nicht annehmen, dass sie so aus Erwägungen heraus handeln, die denen eines Monopolisten, der Monopolpreise erzielen will, gleichartig oder verwandt sind. Diese Unternehmer halten die Aussichten, die ihnen die Erweiterung des Unternehmens zu bieten scheint, nicht für verlockend genug, um das Wagnis auf sich zu nehmen. Dass ihre Bedenken nicht grundlos sind, zeigen die zahlreichen Beispiele von einstmals blühenden Unternehmungen, die durch Ausdehnung ihres Betriebsumfanges ruiniert wurden.

[1271]oder bei gleichen Preisen größeren Umsatz zu machen, so dass er Erträge erzielt, die der Kundschaft zugerechnet werden,

[1272], geradeso wie jeder Unternehmer auf den Unternehmergewinn verzichten könnte, und wie auch jeder andere Wirt – Arbeiter oder Eigentümer von sachlichen Produktionsmitteln – auf die Ausnützung der Marktlage verzichten und seine Leistungen billiger abgeben könnte > Like every seller of commodities or of labor he could ab stain from taking fullest advantage of the state of the market and sell at a price at which demand exceeds supply.

[1273]Dass ein solches Verhalten der Verkäufer nicht «sozial» wäre, wie ein dem Ressentiment entstammendes weitverbreitetes Vorurteil meint, liegt auf der Hand; es würde vielmehr, wenn es allgemein würde, der Marktwirtschaft die Wirkungsmöglichkeit nehmen. Die Aussicht, Gewinn zu erzielen, setzt das Getriebe in Bewegung. Ohne Unternehmergewinn kann die Marktwirtschaft nicht arbeiten.

[1274]Um Monopolpreise von Konkurrenzpreisen zu unterscheiden, hat man zu prüfen, ob diese Beschränkung dem Unternehmer durch die Lage des Marktes vorgeschrieben wurde, oder ob er sie freiwillig vorgenommen hat, weil er als alleiniger Besitzer eines für die Erzeugung unentbehrlichen Produktionsmittels – nicht befürchten muss, dass andere ihre Produktion entsprechend ausdehnen werden, und weil er beim Verkauf einer kleineren Menge zu höherem Preis besser fährt als beim Verkauf einer größeren Menge zu niedrigerem Preis.

Man hat in den letzten Jahren und Jahrzehnten überall eine Wirtschaftspolitik verfolgt, die es sich zum Ziele setzte, die Stellung einzelner Produzenten und Händler und einzelner Gruppen von Produzenten und Händlern derart zu privilegieren, dass ihnen die Erzielung von Monopolpreisen ermöglicht werde. Diese Bestrebungen waren besonders stark im Einzelhandel. Wenn nun ein Einzelhändler unter dem Schutze der obrigkeitlichen Konkurrenzbeschränkungen, die sein Unternehmen privilegieren, in die Lage kommt, Monopolpreise zu erzielen, so hat das nichts mit der Kundschaft zu tun. Das Produktionsmittel, dessen Ausnützung beschränkt wurde, um die Monopolpreisbildung zu ermöglichen, ist nicht die Kundschaft, sondern das Privileg.

Auch ein Gemüsehändler, der «gut eingeführt» ist, also eine Kundschaft besitzt, kann, wenn seine Stellung nicht durch die Obrigkeit privilegiert ist, nicht daran denken, durch Unterlassung einer Preisermäßigung seine Gewinne zu steigern. Wenn andere billiger verkaufen können, dann wird sein Kundenkreis und der Umfang seines Absatzes sinken. Doch wenn die Obrigkeit eingreift, wird es anders. Wenn die Obrigkeit den Warenhäusern, Filialgeschäften und Wanderhändlern verbietet, Gemüse zu verkaufen oder sie durch Sondersteuern belastet, oder wenn sie Maßnahmen ergreift, um den Käufern den Bezug aus entfernteren Verkaufsstätten zu erschweren oder unmöglich zu machen, dann ist durch ihr Einschreiten der Weg freigelegt, der bei entsprechender Gestaltung der Nachfrage zu Monopolpreisen führen kann.

Monopolpreise setzen eben immer auch Monopolstellungen voraus; nur dort, wo das Auftreten von Konkurrenten, die die Restriktion des Eigentümers eines Gütervorrates zu durchkreuzen fähig wären, ausgeschlossen ist, können Monopolpreise zur Geltung kommen.

Den Ausgangspunkt der Erwägungen, die einen Verkäufer veranlassen können, durch Einschränkung des Absatzes Monopolpreise und Monopolgewinne anzustreben, muss immer der Tatbestand bilden, dass seine Einschränkung nicht durch Ausdehnung des Absatzes seitens anderer Verkäufer aufgewogen werden kann. Denn wenn das eintritt, könnten die Preise gar nicht steigen; der Verkäufer könnte sich gar nicht die Frage vorlegen, ob er mit der Einschränkung des Absatzes besser fahren wird.

[1275]Die Preisgestaltung beim Nachfrage-Monopol

[1276]Wirt

[1277]Auch der Wirt, der sich allein für den Ankauf eines Gutes interessiert > The monopolistic buyer

[1278]Vorrat > supply

[1279], der die Null merklich übersteigt

[1280]freies Gut > ist not an economic good

[1281]zur Produktion eines Gutes niederer Ordnung

[1282]praxeologisch bestimmbaren

[1283]die beiden Kartelle der Eigentümer von a und von b zusammengenommen auf dem Markte eine solche Stellung einnehmen > the market situation is such that the factors a and b together could be sold at monopoly prices

[1284]FN: Unser Annahme gemäss ist a ohne b und b ohne a unverwendbar und daher wertlos.

Wer ein a kauft, muss daher auch ein b kaufen und umgekehrt.

[1285]in der Sprache des Wirtschaftlebens > is sometimes viewed as

[1286]für a und für b

[1287]indem sie das Angebot von a (oder von b) vermindern,

[1288]der Eigner von a und von b

[1289]nach b

[1290]Die Personalunion zwischen den Unternehmern und den Eigentümern von a ist aber keine notwendige Bedingung für das Auftreten der Preisgestaltung der besprochenen Art.

[1291]Unser Beispiel wird nur in unwesentlichen Punkten verändert, wenn wir annehmen wollen,Our example fits, *mutatis mutandis*, the case

[1292]dass sie mithin nicht absolut spezifischen Charakter tragen,

[1293]Wo Monopolpreise gebildet werden, wird die Einflussnahme der Verbraucher auf die Versorgung beschränkt. Die Demokratie des Marktes findet in den Monopolpreisen eine Grenze.

[1294]Die Wirkung der Monopolpreise auf die einzelnen Verbraucher ist verschieden je nach ihrem Verhalten. > The individual consumer may react to monopoly prices in different ways.

[1295]weniger wichtigen

[1296]FN: Wenn alle Verbraucher so vorgehen würden, hätte schon der Wettbewerbspreis entsprechend steigen können.

[1297]FN: Wenn alle Verbraucher so vorgehen würden, wäre es für den Verkäufer ohne Belang, ob er zum Monopolpreis oder zum Wettbewerbspreis verkauft.

[1298]FN: Wenn alle Verbraucher so vorgehen würden, könnte es nicht zur Bildung von

Monopolpreisen kommen, da die Verkäufer dabei schlechter fahren würden als beim Wettbewerbspreis. Nur wenn der Monopolist ein Wohltäter ist, der Verluste in Kauf nehmen will, um seine Mitbürger vom Genuss schädlicher Güter abzulenken, würde er auch in diesem Fall den Preis über den Wettbewerbspreis erhöhen.

[1299]dennoch > only

[1300]Die Unternehmer leiten die Produktion nicht in die Richtung, die den Wünschen der Verbraucher, soweit die vorhandenen Mittel reichen, am besten dient. Erzeugt wird nicht das, was die Wünsche der Verbraucher unter Geltung des Wettbewerbspreises befriedigt hätte. Die Monopolisten erhalten, wenn sich nicht alle Verbraucher nach Punkt c benehmen, höhere Erlöse, und die Wünsche der Verbraucher werden weniger vollkommen befriedigt.

[1301]Die Bedingungen für die Bildung von Monopolpreisen sind in der unbehinderten Marktwirtschaft nur für wenige Güter gegeben. Nahezu alle Monopole verdanken ihre Entstehung obrigkeitlichen Beschränkungen des Wettbewerbs. Auch die Monopol- und Kartellvereinbarungen, die über das Gebiet einzelner Staaten hinausgreifen, sind meist nur durch die handelspolitische Absperrungspolitik ermöglicht worden. Die Zahl der

«natürlichen» Monopole war und ist auch gegenwärtig nur gering. Sie betrifft in der Regel Rohstoffe, die nur durch die Ausbeute von einigen wenigen Fundstätten gewonnen werden können. Wer das Sondereigentum an den Fundstätten der mineralischen Rohstoffe für schädlich ansieht, weil es zu Vergeudung unersetzbarer Materialien führt, wird es zwar nicht tadeln dürfen, dass die monopolistische Bewirtschaftung der Fundstätten mancher dieser Stoffe den Verbrauch in der Gegenwart einschränkt und damit für die kommenden Zeiten mehr übrig lässt, als es bei Wettbewerb geschehen würde. Er wird, wenn er folgerichtig denkt, nicht fordern, dass die Obrigkeit eingreife, um die Bildung von Monopolpreisen zu verhindern; denn das würde wohl die Versorgung der gegenwärtig lebenden Verbraucher verbessern, müsste aber die der späteren Geschlechter schmälern.

Der Hinweis auf diesen Tatbestand dient nicht etwa der Verteidigung oder Rechtfertigung der Monopolpreise. Die Nationalökonomie hat in Bezug auf die gesellschaftliche Wirkung der Monopolpreise nur das festzustellen, dass die Bildung von Monopolpreisen der Demokratie des Marktes Grenzen setzt; unter dem Einfluss der Monopolpreise werden die Produktionsmittel anders verwendet, als die Verbrancher es wünschen.

Man hat in dem mit großer Heftigkeit geführten Streit um die Kartelle und Trusts von beiden Seiten Argumente ins Treffen geführt, die der Kritik nicht standhalten können. So hat man z. B. einen Vorzug der Monopole in Kostenersparnissen sehen wollen. Die Vereinigung der Produktion eines Artikels in einer Hand könne zu Kostenersparnissen verschiedenster Art führen. Dadurch werden Kapital und Arbeit freigesetzt, die nun für die Deckung anderer, bisher weniger gut befriedigter Bedürfnisse der Verbraucher verwendet werden können. Diese Argumentation vermengt jedoch Dinge, die sorgfältig auseinandergehalten werden müssen. Die Verdrängung der kleineren und wegen ihrer Kleinheit teurer arbeitenden Betriebe durch den rationelleren kostensparenden Grossbetrieb hat mit der Bildung von Monopolpreisen nichts zu tun. Dieser Prozess vollzieht sich im Wettbewerb des Marktes. Es bedarf nicht der Monopolbildung, damit der mit höheren Kosten arbeitende Erzeuger von dem mit geringeren Kosten arbeitenden ausgeschaltet werde. Vermengung verschiedener Probleme ist auch im Spiele, wenn man die

Vereinheitlichung der auf den Markt gebrachten Warentypen und die dadurch bewirkte Kostenherabsetzung als Vorzug der Monopolbildung preist. Wenn alle Menschen gleich gekleidet wären, dann würde die Herstellung der Kleider weniger Kosten verursachen und die Ersparnis könnte zur Versorgung von Bedarf, der sonst unbefriedigt bleibt, verwendet werden. Doch wenn die Verbraucher so werten würden wie diese Kritiker, dann würden sie auch ohne Monopol und ohne Zwang die billigeren Uniformen den teureren, individuell verschiedenen Kleidern vorziehen und die Ersparnisse für den Ankauf von Gütern verwenden, auf die sie heute verzichten. Wenn man sie aber gegen ihren Willen uniformiert, macht man sie nicht glücklicher, auch wenn ihnen dadurch Mittel für die Deckung anderen Aufwands frei werden. Man mag das Verhalten der Verbraucher als töricht ansehen. Doch Bedürfnisbefriedigung ist subjektiv.

[1302]Die Diskriminationspreise

[1303]für gleiche Leistung

[1304]Verbraucher > buyers

[1305], Bekleidung und Wohnung

[1306]Konsumentenrente > consumers' surplus

[1307]Unter bestimmten Voraussetzungen ist es dem Verkäufer möglich, die einzelnen Käufer oder Käuferschichten in der Weise verschieden zu behandeln, dass er von jedem einen Preis fordert, der unter Umständen selbst bis zum Betrag gehen kann, den dieser Käufer äußerstenfalls aufzuwenden bereit wäre, und meist für keinen Käufer, der auch beim Wettbewerbspreis gekauft hätte, für die Menge, die er zum Wettbewerbspreis gekauft hätte, niedriger ist als der Wettbewerbspreis. > But there can appear on the market conditions which make it possible for the seller to discriminate between the buyers. He can sell a commodity or a service at different prices to different buyers.

[1308]des Auftretens von Diskriminationspreisen

[1309]Die eine Voraussetzung [des Auftretens von Diskriminationspreisen] ist die, dass die Leistung so unmittelbar vom Verkäufer an den Käufer gerichtet wird, dass ihre Ablenkung auf andere Verbraucher nicht möglich ist. Denn wäre solche Ablenkung möglich, dann könnte der durch die

Diskrimination benachteiligte Käufer den direkten Ankauf beim diskriminierenden Verkäufer unterlassen und bei einem der Wirte, die zu billigeren Preisen kaufen können, seinen Bedarf decken. > The first condition is that those buying at a cheaper price are not in a position to resell the commodity or the service to people to whom the discriminating seller sells only at a higher price. If such reselling cannot be prevented, the first seller's intention would be thwarted.
[1310]– nämlich die, von denen er höhere Preise als den Wettbewerbspreis fordert, –
[1311]Daher hat der Verkäufer in der Regel auch dann, wenn Personalunion zwischen dem Eigentum am fraglichen Gut und seiner Weiterverarbeitung besteht, auf die Kostengestaltung keine Rücksicht zu nehmen. Denn wenn er durch die Forderung von Diskriminationspreisen die Absatzmenge nicht beschränkt, kann in der Gestaltung der Verarbeitungskosten keine Änderung eintreten.
[1312]Ein Arzt, der in der Woche 200 Krankenbehandlungen durchführen kann, kann volle Beschäftigung in der Behandlung von 50 Kranken finden, wenn er für jede Behandlung 3 Schilling verlangt. Wenn er die 10 Wohlhabenderen, die 60 von den 200 Behandlungen konsumieren, nur für ein höheres Entgelt, etwa für 4 Schilling zu behandeln bereit ist, dann wird er die Zahl der von ihnen beanspruchten Behandlungen auf 40 herabsetzen; dagegen wird er 20 Behandlungen für ein Entgelt von 2 Schilling Kranken zukommen lassen können, die nicht imstande waren, das Entgelt von 3 Schilling zu leisten. Ohne Diskrimination beträgt das Wocheneinkommen dieses Arztes 600 Schilling; bei Diskrimination 620 Schilling. > A doctor who can perform 80 treatments in a week and charges $3 for each treatment is fully employed by attending to 30 patients and makes $240 a week. If he charges the IO wealthiest patients, who together consume 50 treatments, $4 instead of $3, they will consume only 40 treatments. The doctor sells the remaining lo treatments at $2 each to patients who would not have expended $3 for his professional services. Then his weekly proceeds rise to $270.
[1313]als beim Konkurrenzpreis und bei Monopolpreisen
[1314]Befriedigung anderer Bedürfnisse > other purchases
[1315]im Konsum > market data
[1316]mithin auch
[1317]Nicht für alle betroffenen Verbraucher bedeuten Diskriminationspreise eine Verschlechterung der Bedürfnisbefriedigung.
[1318]In dem früher gebrauchten Beispiele wird durch die Diskrimination Kranken, die nicht mehr als 2 Schilling für eine Behandlung aufzuwenden bereit sind, die Inanspruchnahme von 20 Behandlungen ermöglicht. Den dadurch erforderten Aufwand müssen sie durch Verzicht auf andere Aufwendungen einbringen. > In the above example the IO wealthiest patients are damaged; they pay $4 for a service for which they used to pay only $3. But it is not only the doctor who derives advantage from the discrimination; the patients whom he charges $2 are benefited too. It is true they must provide the doctor's fees by renouncing other satisfactions.
[1319]Um die Bedeutung, die den Diskriminationspreisen zukommt, ins rechte Licht zu rücken, und um ihre Überschätzung, die mitunter begegnet, auf das richtige Maß zurückzuführen, muss man daran erinnern, dass die Konkurrenz der Käufer innerhalb der Grenzen, in denen Produktionssteigerung Senkung der Durchschnittskosten ergibt, jedem einzelnen unter ihnen Vorteil bringt. Dass 1000 Leute, und nicht nur 10 oder 20, sich für ein Buch interessieren, ermöglicht die Drucklegung und den Verkauf des einzelnen Exemplars zu einem Preise, der für 1000 Leute erschwinglich ist.
[1320]In einem Orte leben p Kunstfreunde, die bereit wären, für den Genuss der Darbietung eines Meisters je 10 Schilling zu bezahlen. Die Veranstaltung des Konzertes erfordert jedoch einen Aufwand von mehr als $10p$ Schilling und muss daher unterbleiben. Wenn aber Diskriminierung der Preise möglich ist und sich unter den p Kunstfreunden n finden, die bereit sind, 20 Schilling zu leisten, kann das Konzert veranstaltet werden, da der Aufwand von $10(n + p)$ Schilling dafür ausreicht. Diesen Betrag werden die Kunstfreunde dadurch aufbringen, dass jeder Einzelne der Gruppe n 20 Schilling und jeder Einzelne der Gruppe $(p - n)$ den Betrag von 10 Schilling dadurch einspart, > There live in a city p lovers of music, each of whom would be prepared to spend $2 for the recital of a virtuoso. But such a concert requires an expenditure greater than 2 p dollars and can therefore not be arranged. But if discrimination of admission fees is possible and among the p friends of music n are ready to spend $4, the recital be comes feasible, provided that the amount 2 $(n + p)$ dollars is sufficient. Then n people spend $4 each and $(p - n)$ people $2 each for the admission and
[1321]Alle, die das Konzert besuchen, haben auf Genüsse anderer Art verzichten müssen, um ihre Eintrittskarten zu erwerben. Doch sie schätzen eben diese anderen Genüsse niedriger ein als den Konzertgenuss.

[1322]Anders liegen die Dinge, wenn das Konzert auch dann hätte veranstaltet werden können, wenn alle Besucher nur 10 Schilling für ihre Karte bezahlt hätten. Dann bedeutet die Diskriminierung, dass ein Teil der Besucher – n Besucher – mehr aufwenden müssen, als sie unter dem Wettbewerbspreis aufgewendet hätten. Sie fahren schlechter, als sie sonst gefahren wären. > Things would be different if the recital would have been arranged in spite of the fact that none of those admitted paid more than $2. Then price discrimination would have impaired the satisfaction of those who are charged $4.
[1323]im Sinne der Preistheorie > in the catallactical sense of the term
[1324]; sie geben Gelegenheit, Snobismus aller Art zu befriedigen und der Öffentlichkeit zu zeigen, dass man imstande sei, Geld leichter auszugeben, als andere es können
[1325]gewissenhafte
[1326]als für den Transport von Gütern, bei denen dieser Ertrag kleiner ist
[1327]Diese Voraussetzungen werden in vielen Fällen nur durch das Eingreifen der Obrigkeit und ihres Zwangsapparats geschaffen. Wo die Obrigkeit sich selbst oder einem Privilegierten die Stellung eines Monopolisten verschafft hat, könnte sie, wenn sie wollte, oft auch diskriminieren. Die Erzeugnisse der Tabakmonopole werden zu Monopolpreisen abgesetzt. Das Schulgeld der öffentlichen Lehranstalten, die ein Prüfungs- und Berechtigungsmonopol haben, ist dagegen mitunter nach dem Einkommen der Eltern abgestuft.
[1328]– sowohl die von Produktionsmitteln (also auch die Verkäufer von Arbeitsleistungen jeder Art) als auch die von Konsumgütern –
[1329]aus der Kombination der Produktionsmittel a, b und c > a definite process of production
[1330]durch dieselben Unternehmungen erfolgt, die a und b und c und d kombinieren > accomplished by the same enterprises which produce p out of a and band q out of c and d
[1331]weil p ohne q oder q ohne p immer (oder in der Regel) nicht gebraucht oder verbraucht werden können > be cause p is useless or of a smaller utility without q and vice versa
[1332]Ein Steigen des Preises von a kann auch den Preis von b hinauf treiben, eine Verbilligung von a kann auch zur Verbilligung von b führen.
[1333]Die Verbundenheit des Wirtschaftens wird durch den Tatbestand geschaffen > What links together in our actual world the various fields of want-satisfaction
[1334]– in dem oben genau bezeichneten Sinne –
[1335]– neben der besonderen –
[1336]Die
[1337]Einkommensbildung
[1338]Die Sprache, deren sich die Nationalökonomie bedient, wurde von der klassischen Nationalökonomie geformt. Irrtümer und Vorurteile der ersten Nationalökonomen leben in den Sprachbegriffen der modernen Wissenschaft fort und stören den Fortgang ihrer Untersuchungen.

Um die Gedankengänge der klassischen Nationalökonomie zu verstehen, muss man sich immer wieder darauf besinnen, dass ihr, wenn auch nur unausgesprochen, die sozialistische Wirtschaftsordnung als das logisch einfachere Gebilde gesellschaftlicher Beziehungen erschien, und dass sie zur Erkenntnis der Marktwirtschaft dadurch zu gelangen suchte, dass sie das marktwirtschaftliche Getriebe mit dem der «einfachen Wirtschaft» verglich. So nur lässt es sich verstehen, dass sie den Begriff der Verteilung auf die Marktwirtschaft anwendete. Sie sieht die ganze Gesellschaft in eine Anzahl von Klassen – Grundbesitzer, Kapitalisten, Unternehmer und Arbeiter – zerfallen. Die Bildung der Löhne, Gewinne und Renten wird als Verteilungsprozess behandelt, der jeder einzelnen Klasse und dann innerhalb jeder Klasse jedem einzelnen Klassenangehörigen einen Anteil am Sozialprodukt zuweist.

Doch in der Marktwirtschaft wird kein Sozialprodukt erzeugt und verteilt. Kein marktwirtschaftlicher Vorgang kann aufgezeigt werden, den man als Verteilung ansehen könnte. Gerade das, dass nicht gesellschaftlich produziert und nachher verteilt wird, kennzeichnet die Marktwirtschaft und unterscheidet sie von der «einfachen» Wirtschaft des Sozialismus. Die einzelnen Wirte erzeugen. Der Vorgang, der zur Bildung der Preise, Löhne, Zinssätze und Unternehmergewinne führt, ist kein Verteilungsprozess und ist auch nicht Einkommensbildung.

Der Markt gestaltet die Preise der Genussgüter und die der komplementären Produktionsmittel. Es macht dabei keinen Unterschied aus, ob diese Produktionsmittel ursprüngliche oder erzeugte Produktionsmittel sind und ob die ursprünglichen Produktionsmittel menschliche Arbeit oder außermenschliche naturgegebene Produktionsmittel sind. Die Preisbildung folgt immer den gleichen Gesetzen; sie ist für alle Klassen von Produktionsmitteln gleichartig. Für die Erfassung der Preisbildung ist jede Unterscheidung der Produktionsmittel nach Klassen ohne Erkenntniswert. Denn nicht Löhne im allgemeinen bildet der Markt, sondern Löhne, die für eine bestimmte

Art und Menge von Arbeit gezahlt werden. Er bildet nicht Bodenpreise im allgemeinen, sondern Preise, die für ein bestimmtes Stück Boden gezahlt werden.
[1339]stetig > somewhat durable sources of income
[1340]Kapitalbesitz > capital goods
[1341]Die Kapitalgüter können als produzierte Produktionsmittel, deren Produktionskraft nach kürzerer oder längerer Zeit, je nach der Stärke der Inanspruchnahme oder durch jede Inanspruchnahme oder auch ohne Inanspruchnahme untergeht, nur dadurch Einkommensquellen werden, dass ihr Eigentümer sie als Kapital behandelt, d.h. wenn die Marktlage unverändert bleibt, den Verbrauch zumindest auf die Höhe des Urzinses beschränkt.
[1342]Es gibt im natürlichen Ablauf der Produktion kein Einkommen und keinen Einkommensstrom. Das Handeln, das die Verausgabung der Arbeit und der Bodenkräfte in der Produktion und den Verbrauch der aus der Verwendung von Kapitalgütern erzielten Produkte beschränkt, sondert Stamm und Früchte und schafft damit die praxeologischen Kategorien des Vermögens und des Einkommens. Einkommen ist dann jene Genussgütermenge, die man verzehren kann, ohne den Wert des Vermögens zu schmälern. Vermögensstamm und Einkommen sind Begriffe, die nur in der kapitalistischen Geldrechnung Sinn haben. Sie sind marktwirtschaftliche Kategorien, und wenn man sie auf die Verhältnisse einer geldlosen Wirtschaft anwenden will, kann es nur unter Zuhilfenahme der Fiktion geschehen, die allem Operieren mit dem Gedankengebilde der einfachen Wirtschaft zugrunde liegt, dass nämlich in der einfachen Wirtschaft so gerechnet werden könnte wie in der kapitalistischen.

Wenn der Arbeiter seine Arbeitsfähigkeit als Einkommensquelle behandeln will, muss er sie so behandeln, wie der Kapitalist sein Kapital. Er kann sich nicht darauf beschränken, so zu arbeiten, dass er die Wiedererlangung der vollen Arbeitsfähigkeit nach Ablauf der Erholungszeit nicht gefährdet. Er muss auch damit rechnen, dass Krankheit oder Unfall ihn zeitweilig oder dauernd am Arbeiten hindern können und dass jedenfalls mit dem Fortschreiten des Lebensalters die Arbeitsfähigkeit allmählich schwindet. Er muss daher aus dem Erlös der Arbeit Rücklagen machen, um sich gegen die Folgen von Krankheit und Invalidität zu sichern.

Wenn der einzelne Wirt in der Marktwirtschaft aus der Gesamtsumme der vereinnahmten Geldbeträge und des Geldwerts der empfangenen Gütermengen und Dienstleistungen das Einkommen aussondert, vollzieht er eine Rechnungsoperation, an der er sein Handeln orientieren will. Er will feststellen, wie viel er verbrauchen darf, ohne den künftigen Verbrauch zu gefährden. Wir dürfen annehmen, dass die Gemeinwirtschaft ebenso vorgehen würde, wenn sie imstande wäre zu rechnen. Doch es ist, wie bereits gezeigt wurde, [FN: Vgl. oben S. 204 f.] sinnlos, für ein marktwirtschaftliches Gefüge das Sozialprodukt in einer Geldsumme ausdrücken zu wollen. Versuche, zahlenmäßigen Ausdruck für Volksvermögen und Volkseinkommen zu finden, sind Unfug. Man vermag etwa die Schweiz und Bulgarien zu vergleichen und zu sagen: die Summe des Einkommens der Schweizer und das Durchschnittseinkommen eines Schweizers und die Summe der Vermögen der Schweizer und das durchschnittliche Vermögen eines Schweizers sind höher als die entsprechenden Werte für Bulgarien. Mehr zu behaupten, ist nicht zulässig.
[1343]Die Preise und die Ordnung der Produktion > Prices and Production
[1344]die Ordnung der Produktion
[1345], vom Fall der Monopolpreise abgesehen,
[1346]als es die Verhältnisse zulassen > as manifested on the market
[1347]Sie entscheidet immer darüber, welche Produktionsmöglichkeiten ausgenützt und welche brach liegen gelassen werden.
[1348]Dass nicht alle bekannten Möglichkeiten zum Produzieren ausgenützt werden, ist nicht weiter bemerkenswert; es wäre kaum erforderlich, sich damit eingehender zu befassen, wenn nicht volkstümliche Irrtümer den Sachverhalt trüben würden. Dass nicht alle Rezepte, die wir kennen, genützt werden, dass nur die rentablen Verfahren eingeschlagen werden und dass auf die unrentablen verzichtet wird, bedeutet, dass man die Produktion nach den Wünschen der Verbraucher ausrichtet. Man versteht es auch heute, Ritterrüstungen und Krinolinen zu erzeugen. Man unterlässt es, weil die Nachfrage der Verbraucher nach anderen Waren dringlicher ist und weil man für die erforderlichen Produktionsmittel eine im Sinne der Verbraucher – dringendere Verwendung kennt. Es gibt Erzvorkommen, deren Abbau nicht lohnt, und anbaufähiges Land, dessen Bestellung nicht lohnt; der Umfang des Abbaus und des Anbaus wird durch das Ausmaß der komplementären Produktionsmittel, die nicht durch dringendere Verwendung beansprucht werden, bestimmt. Es gibt Fabrikanlagen und Fabrikeinrichtungen, deren Erzeugungsfähigkeit gar nicht oder nur unvollständig ausgenützt wird, weil Ausnützung oder Mehrausnützung nicht rentabel wären.

[1349]und andere Maßnahmen der Schutz- und Autarkiepolitik
[1350]Geradeso wie man durch diese Maßnahmen den Ackerbau im Gebirge rentabel gestaltet, könnte man auch die Erzeugung von Südfrüchten in den Polargegenden rentabel machen.
[1351]auf den Hängen des Gebirgsstocks
[1352]als der Getreidebau
[1353]Bäcker ihre Kleider nicht selbst nähen und Schneider ihr Brot nicht selbst backen > tailors do not make their shoes and shoemakers do not make their clothes
[1354]Gütern > commodities
[1355]FN: Nur der gesellschaftliche (zwischenmenschliche) Tausch kann indirekter (vermittelter) Tausch sein.
[1356], und nicht etwa nur mit dem Gelde und mit den Geldpreisen
[1357]gesellschaftlichen
[1358]Der Begriff Tauschmittel ist praxeologisch streng zu fassen; dem Geldbegriff geht diese Schärfe ab.
[1359]Geldtheorie > theory of money
[1360]Bemerkungen über einige Irrwege der Geldtheorie
[1361]vieler Staaten > almost all governments
[1362]Die Theorie der Katallaktik muss damit beginnen, die Vorgänge des Marktes unter der Annahme zu studieren, dass nur direkt getauscht wird, weil direkter Tausch der allgemeinere Fall, indirekter Tausch ein besonderer Fall ist. Man ist nun, wie schon dargelegt wurde, dem Irrtum verfallen, zu glauben, dass man an dem Gedankenbild des unvermittelten Tausches alle Probleme der Katallaktik untersuchen könnte. Ist einmal die Theorie des direkten Tausches zu Ende gedacht worden, so bleibe keine eigentlich nationalökonomische Aufgabe mehr zu lösen übrig; die Arbeit sei abgeschlossen. Was dann noch folge, sei eine Annäherung der Ergebnisse an die Wirklichkeit durch Einfügung des Geldausdrucks der Umsätze. An dem, was die Lehre vom direkten Tausch dargelegt hat, werde dadurch nichts Wesentliches geändert, und es werde ihm auch nichts hinzugefügt, was von Bedeutung wäre. Denn, wenn auch unter dem Schleier des Geldes dem profanen Auge nicht leicht erkennbar, wickle sich in der in Geld umsetzenden Wirtschaft alles so ab, wie es die Theorie für die direkt tauschende Wirtschaft gezeigt habe.

In diesem Irrtum befangen, hat man nicht gesehen, dass der Geldgebrauch die Vorgänge auf dem Markte materiell beeinflusst. Man erkannte nicht, dass auch das gute, dass auch das beste Geld die Marktlage verschiebt und dass es mithin Markterscheinungen gibt, über die die Theorie des direkten Tausches nichts zu sagen weiß. Man bemühte sich daher, Erscheinungen, die nur die Lehre vom indirekten Tausch zu erklären vermag, auf dem Boden der Theorie des direkten Tausches zu behandeln; hierher gehören alle verunglückten Lehren über den Konjunkturwechsel und die Wirtschaftskrisen. Wenn eine Konjunktur- und Krisenlehre ernst genommen werden wollte, hatte sie sich zu bemühen, zu beweisen, dass die Schwankungen der Konjunktur aus Vorgängen herstammen, die schon im Gedankenbild einer ohne Geldgebrauch tauschenden Wirtschaft aufgezeigt werden können, und durfte sich nicht etwa damit begnügen, sie «bloß» aus der Geld- und Kreditsphäre zu erklären.
[1363]Vermehrung oder Verminderung der Geldmenge > increase or decrease in the quantity of money in circulation
[1364]Man konstruierte eine Lehre, derzufolge die Preise und die Geldmenge proportional steigen und fallen.
[1365]modernen Wert- und Preislehre > modern economics
[1366]Gesamtheit der Umsätze > volume of trade
[1367]die «Umlaufsgeschwindigkeit» des Geldes > the average velocity of circulation of the monetary units;
[1368]Verkehrsgleichung > equation of exchange
[1369]Geldmenge > total supply of money
[1370]Einzelwirtschaften > individual actors' conditions
[1371]das Zusammenspiel auf dem Markte erst das marktwirtschaftliche Gefüge > of the reactions of these actors that results in alterations of the price structure
[1372]Man sieht die Funktion des Geldes im Umlauf und nicht in der Kassenhaltung der Einzelnen. [FN: Vgl. Cannan; Money, Fourth Edition, London 1923, S. 71 ff.]
[1373]Der mathematisch-mechanistischen Geldtheorie dieses ganzheitlichen Charakters kann es daher nicht gelingen, zwischen der Theorie des direkten Tausches und der des indirekten Tausches eine Verbindung herzustellen. Diese Geldlehre will immer vom Gesamtkomplex der

«volkswirtschaftlichen» Erscheinungen ausgehen. Sie spricht von Veränderungen der Geldmenge, d.i. der gesamten im Marktgefüge vorhandenen Geldmenge, und nicht von den Veränderungen, die sich im Stande der Kassenhaltung der Einzelnen ergeben. Sie spricht von «den Preisen» im allgemeinen, d.i. gleich von allen Preisen, und nicht von den einzelnen Preisen, die in bestimmten Tauschakten gegeben und genommen wurden. Sie ist in den Auffassungen der Zeit stecken geblieben, in der es noch keine Nationalökonomie gegeben hat, weil man bei allen Versuchen, die Markterscheinungen zu erklären, statt vom Einzelnen und von seinem Verhalten in konkreten Einzelfällen gegenüber einer bestimmten Lage seiner Versorgung und seines Begehrens auszugehen, stets von Gesamtheiten und Allgemeinheiten ausging. Damals fragte man: was ist *Eisen* oder *Gold* wert? Nämlich Eisen im allgemeinen und Gold im allgemeinen, *das* Eisen und *das* Gold, alles Eisen und alles Gold. Und weiter: *wert* im allgemeinen, d.h. für die ganze Menschheit oder für ganze Gruppen und Klassen von Menschen, für alle Zeiten und alle Verhältnisse. Dem entsprach dann die Frage nach der Bedeutung der «Geldmenge» für «die» Preise, nämlich der gesamten Geldmenge für die Gestaltung aller Preise. Das war ein Verfahren, das nicht fähig war, die Erscheinungen des Marktes zu begreifen und ratlos vor der scheinbaren Antinomie des Wertes stand. Dass wir weiter gekommen sind im Begreifen der Markterscheinungen, verdanken wir nur dem Umstande, dass wir gelernt haben, anders zu fragen. Wir gehen nicht von Kollektivgebilden aus, die auf dem Markte nicht handeln und für die Marktlehre nur Fabelwesen sind, sondern von dem auf dem Markte wirkenden Handeln des Einzelnen in einzelnen Fällen. Wir fragen nicht, was ist Eisen oder Gold wert, sondern wir fragen: wie verhält sich ein Einzelner, wenn er zwischen der Verfügung über eine bestimmte Menge Eisen und der Verfügung über eine bestimmte Menge Gold zu wählen hat? Von der Beantwortung dieser Fragen gelangen wir dann, Schritt für Schritt vorgehend, zum Begreifen der Preisbildung auf dem Markte. Das allein ist Wissenschaft und Nationalökonomie. Alles andere ist nutzloses Spiel der Phantasie, mag man es auch mit den Ausdrucksmitteln höherer Mathematik darstellen und durch Zeichnen von Kurven illustrieren.

In nationalökonomischen Überlegungen ist für einen Begriff wie den des Preisniveaus kein Raum. Es ist *petitio principii* anzunehmen, dass «die» Preise durch Veränderungen der Geldmenge gleichmäßig gehoben oder gesenkt werden, und zu glauben, dass das Ausmaß dieser Hebung oder Senkung dem Ausmaß der Geldmengenveränderung entsprechen müsse. Diese Auffassung ist der Grundfehler der Lehre von der Messbarkeit der Veränderungen der Kaufkraft des Geldes und der Ausgangspunkt aller Irrtümer der Verfahren, die durch Indexzahlen die Kaufkraft des Geldes messen wollen.

Darf man sich angesichts der Hartnäckigkeit, mit der an solchen offenkundigen und längst widerlegten Irrtümern festgehalten wird, wundern, dass die Geldlehre noch immer ein Tummelplatz für jede Art von Dilettantismus ist und dass die unsinnigsten Vorschläge auftauchen, die Menschheit durch eine Reform des Geldwesens aus allen Nöten zu befreien?

[1374]Geldvorrat und Geldbedarf;

[1375]Marktgängigkeit und Absatzfähigkeit > marketability

[1376]Abnehmer > applicants

[1377]Nachfrage > aspirants

[1378]lässt aus dem direkten Tausch den indirekten Tausch hervorgehen > created indirect exchange

[1379]und das Gut selbst länger aufzubewahren

[1380]Gebrauch oder Verbrauch > consumption

[1381]gebrauchen, verbrauchen > use for consumption

[1382]um es dann im weiteren Verlaufe ihres Handelns gegen jene Waren einzutauschen, die sie zu erwerben wünschen > they want to offer it in later acts of interpersonal exchange

[1383]es ist Tauschvermittler, allgemein gebräuchliches Tauschmittel > Money is the thing which serves as the gen erally accepted and commonly used medium of exchange.

[1384]nichts als Sonderfälle der Tauschvermittlung > are merely particular aspects of its primary and sole function, that of a medium of exchange

[1385], sondern lediglich in Waren

[1386]jeder am Verkehr eines Marktes, auf dem durch Vermittlung von Tauschmitteln getauscht wird, teilnehmende Einzelne > people

[1387]Jeder Einzelne > Every member of a market society

[1388]einen bestimmten Geldbetrag > a cash holding or cash balance of a definite height

[1389]die Einzelnen > the immense majority of people

[1390]Nur weil dieser Begehr nach Kassenhaltung besteht, gibt es eine Nachfrage nach Geld, d.h. wird für Geld Ware hergegeben.

[1391], die wir Veränderungen des Geldstandes nennen wollen,
[1392]unmittelbar > temporally immediate and continuous
[1393]und des Angebots
[1394]und damit die Höhe der Geldpreise in der gleichen Weise
[1395]Man hat sich gescheut, von Nachfrage und Angebot in diesem Sinne als Nachfrage und Angebot von Geld für Kassenhaltung zu sprechen, weil man die Ausdrücke Geldangebot (Geldversorgung, Geldvorrat) und Geldnachfrage (Geldbedarf) im täglichen Sprachgebrauch der Bankiers und Geschäftsleute zur Bezeichnung von Nachfrage und Angebot von Kapital in Geldform verwendet. Im Sinne dieses Sprachgebrauchs nennt man den Markt für kurzfristiges Leihkapital Geldmarkt; > Many economists avoid applying the terms demand and supply in the sense of demand for and supply of money for cash holding because they fear a confusion with the current terminology as used by the bankers. It is, in fact, customary to call demand for money the demand for short-term loans and supply of money the supply of such loans. Accordingly one calls the market for short-term loans the money market.
[1396]Diese Art, die Vorgänge auf dem Markte für kurzfristige Darlehen zu bezeichnen, > These modes of speech
[1397]und Verwechslungen
[1398]Fragen > fundamental issues
[1399]noch weniger
[1400]die der Nachfragende und Begehrende > of those demanding
[1401]um sie zu gebrauchen oder zu verbrauchen > ultimately for consumption
[1402]gegen Waren einzutauschen > in further acts of exchange
[1403]ist wichtig in Bezug auf den Umfang der Deckung des Geldbedarfs durch das Geldangebot,
[1404]Man > Economists
[1405]der durch Kauf auf dem Markte > they produce for other people's needs
[1406], von der Verteilung der Zahlungen über alle Teile des Jahres, der Monate oder der Wochen und von ihrer Zusammendrängung auf wenige bestimmte Tage
[1407]von den Einrichtungen zur Abwicklung von Forderungen und Schulden durch wechselseitige Abrechnung ohne Geldumsatz > institutions for the settlement of claims and counterclaims by mutual cancellation, such as clearinghouses
[1408]das Verhältnis von Nachfrage und Angebot entscheidet auf dem Markte über die Gestaltung der Austauschverhältnisse > The demand for money is detem1ined by the conduct of people intent upon acquiring it for their cash holding.
[1409]Gedankengang > popular reasoning
[1410]nach reichlicherer Ausstattung mit wirtschaftlichen Gütern aller Art
[1411]Auch wer mit Kartoffeln so reichlich versorgt ist, dass er, selbst wenn sie noch so billig auf dem Markte zu erstehen wären, keine weiteren Käufe mehr für seinen Bedarf durchführen würde, wird ein Geschenk von Kartoffeln nicht zurückweisen. Er wird die geschenkten Kartoffeln zu Geld machen und dafür das erstehen, was er gerade begehrt. Geldgeschenke werden gewöhnlich vorgezogen, weil man mit Geld schneller, ohne den Umweg über einen Verkaufsakt, zu der Befriedigung gelangt, die man als die dringendste ansieht.
[1412]sei es für späteren Bedarf durch fruchtbringende Anlage > investment
[1413]oder er wird es denen leihen, die konsumieren, produzieren oder anlegen wollen
[1414]alten
[1415]die Probleme
[1416]und der Kaufkraft des Geldes
[1417]mechanistisch > holistic
[1418]moderne Theorie > modern monetary theory
[1419]methodologische
[1420]und aufgezeigt
[1421]in vorbildlicher Weise die
[1422]des indirekten Tausches und
[1423]Und dieser Nachweis gewinnt, was auch schon von Menger erkannt wurde, über den Bereich des besonderen Problems hinaus grundsätzliche Wichtigkeit für das Verständnis der praxeologischen Methode.
[1424]Man > There were authors
[1425]obrigkeitliche > authoritarian
[1426], um indirekten Tausch und Geld in den gesellschaftlichen Tausch einzuführen
[1427]Dann konnten die einen von selbst auf die Idee verfallen, so vorzugehen,

[1428]das ihm nicht vorteilhaft erschien > the utility of which they did not comprehend
[1429]zum indirekten Tausch und zum Geldgebrauch
[1430]und Geldgebrauch jedem Einzelnen
[1431]– selbst unter Annahme obrigkeitlichen Eingreifens oder gesellschaftlicher Übereinkunft, obschon jedes von beiden bei Fehlen dieser Bedingungen höchst unwahrscheinlich ist –
[1432]ihnen
[1433]; dann brauchen wir, um das Vorgehen der Handelnden zu erfassen, keine Berufung auf Satzung oder Ubereinkunft.
[1434]die
[1435]und von wem
[1436]verengte > restricted
[1437]über den Anfang des Geldgebrauches > about the historical transition from simple media of exchange to money
[1438]Nationalökonomie > catallactics
[1439](einschließich der Ableitung der Entstehung dieser Verfahren des Handelns)
[1440]to use it for consumption or production
[1441]tritt zu der Nachfrage, die sonst nach ihm entfaltet wurde, eine neue Nachfrage hinzu > the demand for it increases. A new employment for this good has emerged and creates an additional demand for it.
[1442]Preise > value in exchange, i.e., in the quantity of other goods which are offered for its acquisition.
[1443], das nun nicht mehr als Tauschmittel dient,
[1444]wegen seiner sonstigen Dienste > to use it in consumption and production
[1445]Erklärung > theorem
[1446], die auf diesem Wege vorgeht,
[1447]Zirkel > vicious circle
[1448]anderweitigen > nonmonetary
[1449]Erklärung aus der Tauschmittelfunktion > the explanation of the specific monetary component of its exchange value
[1450]Dass der Umfang dieser Nachfrage von der Höhe des Tauschwerts abhängt, den das Geldgut sowohl aus seiner industriellen als auch aus seiner monetären Verwendung empfangen hat, und dass am historischen Ausgangspunkt der Tauschmittelfunktion die Kaufkraft eines Gutes, das bisher noch nicht als Tauschmittel nachgefragt worden war, allein durch die auf seiner anderweitigen Verwendung beruhenden Nachfrage bestimmt wurde, ist nicht zu bestreiten und wird auch nicht bestritten. > Two facts are not to be denied and are not denied by anybody. First, that the demand for a medium of exchange is determined by considerations of its exchange value which is an outcome both of the monetary and the industrial services it renders. Second, that the exchange value of a good which has not yet been demanded for service as a medium of exchange is determined solely by a demand on the part of people eager to use it for industrial purposes, i.e., either for consumption or for production.
[1451]Wir erklären
[1452]industriellen Gebrauch des Geldstoffes > its industrial exchange value
[1453]unserer Erklärung
[1454]Wenn unsere Ableitung die Gestaltung der Kaufkraft des Geldes von heute aus einer Nachfrage erklärt, für deren Umfang die Gestaltung der Kaufkraft von gestern mitbestimmend war, wenn sie innerhalb der Gesamtnachfrage nach einem Tauschmittel zwei Komponenten unterscheidet, die aus dem Begehr für den Tauschmitteldienst und die aus dem Begehr für sonstige Verwendung, wenn sie feststellt, dass ohne Tauschmittelfunktion auch die spezifische Nachfrage nach Tauschmitteln nicht denkbar ist, verwendet sie lauter Begriffe und Denkoperationen, die ihr das System der Katallaktik zur Verfügung stellt. Sie leitet den spezifischen – den auf ihrem Dienst als Tauschmittel beruhenden – Wert der Tauschmittel aus der Tauschmittelfunktion und aus den Wert- und Preisgesetzen ab, die die nationalökonomische Theorie in ihrer – unter Annahme direkten Tausches – ausgebauten Wert- und Preislehre ausgearbeitet hat. Sie erfüllt damit alle Anforderungen, denen eine theoretische Ableitung zu genügen hat. Sie führt den spezielleren, unter besonderen Bedingungen stehenden Fall auf die allgemeineren Gesetze zurück. Sie zeigt, wie das Speziellere mit Notwendigkeit aus dem Allgemeineren folgt. > It traces the specific exchange value of a medium of exchange back to its function as such a medium and to the theorems concerning the process of valuing and pricing as developed by the general catallactic theory. It deduces a more special case from the rules of a more universal theory. It shows how the special phenomenon necessarily emerges out of the operation of the rules generally valid for all phenomena.

[1455]Beide, Nachfrage und Angebot von Geld, werden unter Zugrundelegung der Preise von gestern gestaltet.
[1456]Der Verkäufer von Waren bildet, soweit die Schätzung der Bedeutung des Geldes in Betracht kommt, das Urteil darüber, ob er sich mit einem ihm gebotenen Preis begnügen soll, auf Grund seiner Kenntnis der Kaufkraft von gestern, und der Käufer von Waren bildet in der gleichen Weise sein Urteil über die Bedeutung des Geldes, das er ausgeben soll.
[1457]das heute auf dem Markte herrscht,
[1458]Geldforderungen > investments
[1459]und sich nicht so leicht bewegen lassen, zu verkaufen
[1460]Wenden wir unsere Aufmerksamkeit den Veränderungen der Geldmenge zu, also den Veränderungen des Angebots an Geld, so haben wir zunächst festzustellen, dass die Veränderungen der Geldmenge stets auch Veränderungen des Reichtums einzelner Personen oder Personengruppen bedeuten. > Changes in the supply of money must necessarily alter the disposition of vendible goods as owned by various individuals and firms.
[1461]Waren und Arbeitskräfte > commodities and services
[1462]sie > treasury
[1463]erscheint mit einem zusätzlichen Angebot von Geld auf dem Markte > enters the market with an additional demand for goods and services
[1464], als sie ohne die Papiergeldvermehrung hätte kaufen können
[1465]Ware > one group of commodities and services
[1466]Preisen und Löhnen > various commodities and services
[1467]Preise und Löhne > various commodities and services
[1468]haben geirrt, wenn sie angenommen haben, dass dann – wenn nicht etwa noch andere Veränderungen in den Daten vorgegangen sind – die Kassenhaltung jedes Wirts und die Preise aller Güter und Dienste in dem Verhältnis der Geldmengenvergrößerung gestiegen sein werden.
[1469]Umwälzung der Preise oder
[1470]Über die Wirkungen auf die Produktion und auf die Anlage von Kapital wird später zu handeln sein. Auf eines aber muss jetzt schon hingewiesen werden. Die Preisveränderungen sind im Verlaufe des ganzen Prozesses nicht nur Preissteigerungen, sondern mitunter auch Preissenkungen, wenn auch in der Regel am Ende alle Preise gestiegen sein werden. Die Waren, die zuerst von der Aufwärtsbewegung der Preise ergriffen wurden, weil die zusätzliche Nachfrage sich zuerst auf sie gerichtet hat, werden die volle Höhe der am Anfang erzielten Preissteigerung nicht behaupten können; bei ihnen werden, wenn die Bewegung weiter schreitet, Preissenkungen eintreten, wenn auch anzunehmen ist, dass sie nicht so groß sein werden, um den ursprünglichen Preisstand wiederherzustellen.
[1471], wie man zu sagen pflegt
[1472]Sie sind nicht
[1473]werden daher die Gleichgewichtslage des Marktes in keiner Weise stören > will not revolutionize the market
[1474]– wir wollen den Ausdruck der Kritiker gebrauchen und sagen: normalen –
[1475]der durch Bevölkerungsvermehrung oder durch Ausbreitung der Geldwirtschaft neu in die Marktgesellschaft eintretenden Einzelwirtschaften
[1476]schließlich – allerdings nach Schwankungen hinauf und hinab –
[1477]Wenn – wie es nun seit Jahrhunderten wohl ohne Unterbrechung der Fall war – der Geldbedarf beständig ansteigt, begegnen die Preissteigerungen, die das aus den Produktionsstätten neu in den Verkehr strömende Edelmetall auslöst, einer Gegenwirkung. Durch diese Gegenwirkung kann die Preiserhöhung gemindert, aufgehoben oder selbst in eine Preissenkung verwandelt werden. [FN: In den letzten Jahrhunderten war die Resultante freilich meist eine fortschreitende Aufwärtsbewegung der Preise.] Doch dieses Ergebnis wird nicht etwa dadurch erzielt, dass der eine Prozess den andern aufhebt. Beide Prozesse laufen mit allen ihren Begleiterscheinungen ab, und lediglich die Endauswirkung auf die Preise wird durch die Tatsache der Gegenwirkung bestimmt.
[1478]eskomptiert > have anticipated the future yield
[1479]Man kann das Problem auch in folgender Weise formulieren:
[1480]Die Kassenhaltung und damit der Geldgebrauch setzen eine sich verändernde Wirtschaft voraus; das Geld ist bereits ein Element der Veränderung, das sich mit dem Gleichmass jenes Gedankenbildes nicht verträgt.
[1481]Rechnungsmittel > numeraire
[1482]von subjektiven Werturteilen > it is valued and appraised

[1483]Kasse > money
[1484]einzelnen Waren und Dienstleistungen > various nonmonetary goods
[1485]im Verhältnis von Geldnachfrage und Geldangebot > money relation
[1486]Waren und Dienste > vendible goods
[1487]unveränderlichem Werte oder
[1488]Die Ausführungen vieler oder der meisten Geldtheoretiker durchzieht die Vorstellung > It is a popular fallacy to believe
[1489]dass ein Geld umso besser sei, je weniger Triebkraft es entwickle
[1490]Diese unklare Vorstellung fließt dabei mit der ebenso unklaren Vorstellung eines Geldes von unveränderlicher Kaufkraft zusammen.
[1491], weil Ruhe durch die Erreichung des Zieles, dem die Bewegung zustrebt, bedingt ist
[1492]Die Bewegung ist das unvollkommene und unvollendete, sie ist Unrast und Unausgeglichenheit, und das Beste, das man von ihr sagen kann, ist, dass sie auf Überwindung der ihr anhaftenden Unzulänglichkeit durch Erreichung der Ruhe und des Gleichgewichts gerichtet ist.
[1493]in der Welt die nicht starr sein kann, weil sie lebt
[1494], wie man sie vom Gelde verlangt,
[1495]der Austauschverhältnisse > its purchasing power
[1496]Wir haben einfach festzustellen:
[1497]Der neue endliche Ruhezustand, der sich nach Ablauf aller durch eine solche Veränderung ausgelösten Bewegungen einstellen würde, ist von dem vorher bestandenen nicht bloß dadurch verschieden, dass die Kassenhaltung und die absolute Höhe der Geldpreise anders sind; die Geldpreise der einzelnen Güter und Dienstleistungen stehen untereinander nicht mehr in dem gleichen Verhältnisse, in dem sie früher gestanden sind.
[1498]Veränderungen der Kaufkraft von der Geldseite her und von der Warenseite her > Cash-Induced and Goods-Induced Changes in Purchasing Power
[1499]Jede Veränderung in der Kassenhaltung eines der am Marktverkehr teilnehmenden Wirte wirkt auf dem Markte als Erhöhung oder Minderung der Nachfrage oder als Minderung oder Erhöhung des Angebots und löst den Ablauf des Kaufkraftänderungsprozesses aus. Die einzelne Veränderung mag unter Umständen so klein sein, dass ihre Auswirkung auf dem Markte von einem nicht allwissenden Beobachter ebensowenig wahrgenommen werden kann wie die Gewichtszunahme, die ein beladener Eisenbahnwagen dadurch erfährt, dass ein Staubkörnchen auf ihn niederfällt. Es mag unter Umständen sein, dass die Wirkungen, die von den einzelnen Veränderungen ausgehen, ungefähr im gleichen Masse nach den entgegengesetzten Richtungen streben, so dass im Endergebnis, wenn alle Bewegungen aufhören und die Preise einen neuen endlichen Ruhezustand erreichen würden, diese nicht beträchtlich geändert erscheinen würden. Vollkommene Wiederherstellung der früher bestandenen Preisverhältnisse darf man auch in diesem Falle nicht annehmen. Das Wirtschaftsgefüge nach Ablauf der Bewegungen und Veränderungen gleicht nicht mehr dem Gefüge, wie es vorher war. Diesem neuen Zustand müssen auch andere Preise entsprechen.
[1500]einem oder
[1501]zu einem oder
[1502]Wenn Vermehrung oder Verminderung der Summe der allen Marktgenossen zur Verfügung stehenden Menge eines oder mehrerer Güter im Spiel ist, dann können manche oder alle gewonnen haben, wo niemand verloren hat, oder umgekehrt manche oder alle verloren haben, wo niemand gewonnen hat. Veränderungen der Kaufkraft, die von der Seite des Warenangebots ausgehen, bedeuten nicht nur eine Verschiebung zwischen den einzelnen Wirten; sie bedeuten immer zugleich auch für einige oder für alle Wirte Zuwachs oder Einbusse an Befriedigung, die nicht zu Lasten oder zu Gunsten anderer Wirte geht.
[1503], doch das Gesamtgefüge der Marktwirtschaft leidet nie darunter, dass unzureichende Versorgung mit Geld ihm etwas von den Vorteilen nehmen würde, die der Geldgebrauch gewährt; Vermehrung der Geldmenge kann nie die Dienste, die das Geld leistet, erhöhen. Die Nutzwirkung, die vom Gelde ausgeht, ist von der Geldmenge unabhängig. Veränderungen in der Geldmenge können die Vorteile, die der indirekte Tausch und der Geldgebrauch bringen, weder für den Einzelnen noch für die Gesamtheit verändern.
[1504]Doch Betrachtungen dieser Art können dem Handeln nicht die Wege weisen. Dem Einzelnen ist es gleich, ob durch Handeln, das ihm nützt, auch anderen genützt wird, oder ob sein Vorteil durch den Verlust anderer bedingt ist. Für die Regierung aber könnte, da es nun einmal weder neutrales noch wertstabiles Geld geben kann, die Frage nur so gestellt werden, ob sie diese oder jene Gruppe von Wirten begünstigen oder benachteiligen will.

[1505]und nach ihnen viele Mindergrosse
[1506]– vom Standpunkt der Allgemeinheit gesehen –
[1507]dass man das aus Edelmetall bestehende Sachgeld durch papierenes Kreditgeld und Zeichengeld ersetzt > by resorting to the use of paper printed currency
[1508]der Zeit, die verstrichen ist, seit diese beiden Meister ihre Schriften veröffentlicht haben
[1509]mittelbaren und unmittelbaren Folgen der
[1510]Da die Geldtheorie nicht imstande ist, eine bestimmte Währungspolitik als richtig und jede andere als verfehlt zu bezeichnen, da die Wahl zwischen den verschiedenen Alternativen, die der Geldschöpfungspolitik offen stehen, von politischen Werturteilen abhängt, kann es nie etwas geben, was man ohne Bezug auf subjektive Werturteile gute, ideale oder richtige Geldpolitik nennen könnte.
[1511]Das aber bedeutet staatliche Währungspolitik, die immer nur hier begünstigen, dort benachteiligen, nie aber alle oder das allgemeine Beste fördern kann.
[1512]Scheingewinne oder Scheinverluste > we can call them imaginary or apparent
[1513]Mängeln > source of error
[1514]Es ist den Menschen gelungen > It is an undeniable fact that the free market
[1515]Wenn der Unternehmer errechnen will, ob die Preise, die für die komplementären Produktionsmittel heute auf dem Markte verlangt werden, im Hinblick auf die von ihm erwarteten künftigen Preise der Produkte so niedrig sind, dass die Produktion Rentabilität verspricht, können
[1516]VIII. Das Geld im Kreditverkehr

Jeder Akt gesellschaftlichen Tausches, in dem zwischen dem Abschluss und der Leistung beider oder mindestens des einen Teils ein größerer oder kleinerer Zeitraum liegt, wird durch Veränderungen der Preisgestaltung betroffen, die sich in der Zwischenzeit vollziehen können. Jeder derartige Tausch trägt mithin auch schon im Hinblick auf diesen Umstand Spekulationscharakter. Es kann geschehen, dass die Preisgestaltung anders abläuft, als die Parteien es erwartet haben; die Spekulation kann gelingen oder fehlschlagen.

Lieferungs- und Termingeschäfte über Waren und Wertpapiere werden daher allgemein als Unternehmen betrachtet, deren Ausgang und Erfolg im Ungewissen liegt. Wer Waren oder Wertpapiere gegen künftige Lieferung kauft oder verkauft, weiß, dass er eine Spekulation eingeht. Nur wer Geldforderungen, die erst nach längerer Zeit fällig werden, erwirbt oder Geldschulden macht, die erst nach längerer Zeit fällig werden, ist sich des Spekulationscharakters seines Handelns nicht immer bewusst. Im kurzfristigen Kreditverkehr werden die erwarteten Veränderungen vorweggenommen, indem sie im Bruttozins berücksichtigt werden. Für den langfristigen Kreditverkehr, für die Anleihen, die auf dem Kapitalmarkt (im Unterschied vom Geldmarkt) gegeben und genommen werden, hat die Vorstellung einer vermeintlichen Wertstabilität des Geldes lange über den wahren Charakter des Geschäfts Unklarheit walten lassen.
[1517]**Der Einfluss**
[1518]**auf die Gestaltung der Kaufkraft**
[1519]Geldnachfrage und Geldangebot werden unter Zugrundelegung der Preise von gestern gebildet.
[1520]oder ein Geld
[1521]FN: Das steht keineswegs in Widerspruch zu den Feststellungen über die Bedeutung des überkommenen Tauschwerts des Geldes für die Bildung des Tauschwerts (der Kaufkraft) von heute, wie dies irrtümlich von *Greidanus* (The Value of Money, London 1932, S. 112) behauptet wird. Die weiteren Ausführungen im Text reichen wohl aus, um das vollkommen klarzustellen. Greidanus irrt auch, wenn er meint, die Gleichsetzung des subjektiven Tauschwertes des Geldes mit dem Grenznutzen der übrigen wirtschaftlichen Güter, die man für Geld kaufen kann, bedeute, dass man «does not assign any services to money», weil man ihm «no value of its own» zuspreche. Dass ein wirtschaftliches Gut über den Bedarf für Gebrauch oder Verbrauch hinaus oder ein für sonstige Gebrauchs- oder Verbrauchszwecke ungeeignetes Ding überhaupt nachgefragt, begehrt und somit für wertvoll erachtet wird, ist darauf zurückzuführen, dass man über einen bestimmten Vorrat davon um seines Tauschmitteldienstes willen verfügen will; weil Geld um seines Tauschmitteldienstes willen begehrt wird, erhält es spezifischen (auf dem Gelddienst beruhenden) Wert und Kaufkraft; die subjektive Bedeutung dieser Kaufkraft für den Einzelnen ist dann notwendigerweise gleich dem Grenznutzen der wirtschaftlichen Güter, gegen die man das Geld auf dem Markte umzusetzen vermag. Von der Anweisungstheorie, die Greidanus die Anrecht-Theorie nennt, ist das *toto coelo* verschieden.

[1522]Es gibt keinen anderen Ausgangspunkt für sein Denken über die Bedeutung eines Geldbetrages, und es kann keinen anderen geben.
[1523]Doch für die Entscheidung über die Höhe der Kassenhaltung wird immer auch noch ein zweiter Gesichtspunkt in Betracht gezogen: die Meinung über die voraussichtliche Gestaltung der Preise in der Zukunft. > But as far as cashinduced changes in purchasing power are expected, a second factor enters the scene, the anticipation of these changes.
[1524]Das schwächt die Bedeutung der überkommenen Kaufkraft für die Bildung der Kaufkraft der allernächsten Zukunft und für den Umfang der Kassenhaltung nicht ab. Denn auch alle Urteile über die voraussichtliche Kaufkraft der Zukunft müssen auf dem Wissen über die Kaufkraft der jüngstverflossenen Vergangenheit aufgebaut werden.
[1525]Wird allgemein Preisfall aller Güter gegenüber dem Gelde erwartet, dann wird die Zurückhaltung der Wirte die Abwärtsbewegung der Preise beschleunigen; wird umgekehrt allgemein Preissteigerung aller Güter gegenüber dem Geld erwartet, dann wird die gesteigerte Kauflust der Wirte die Aufwärtsbewegung der Preise beschleunigen. Das wird so lange fortgehen, bis der Punkt erreicht ist, über den hinaus weitere allgemeine Preisveränderung nach unten oder nach oben hin nicht mehr vermutet wird; die Kauflust wird dann wieder angeregt oder herabgemindert.
[1526]Denn mit dem Halten von Kasse sind unter solchen Umständen nicht nur die Kosten verbunden, die man als Zins bezeichnet, sondern darüber hinaus sehr beträchtliche Verluste durch den Rückgang der Kaufkraft.
[1527]Katastrophenhausse > crack-up boom
[1528]Nun ergibt sich folgendes: das allgemeine Verlangen nach Waren und nach Herabminderung der Kassenbestände treibt die Preise in die Höhe; die Wirkung der Geldmengenerhöhung auf die Preise wird durch die Herabsetzung des Geldbedarfs noch verstärkt. Betrachten wir an Hand von Umrechnungen des Binnengeldes in ein nicht unter dem Druck einer schnell fortschreitenden Inflation stehendes Geld des Auslandes Preise, Kassenhaltung und Gesamtgeldmenge im Wirtschaftsgefüge, in dem die Meinung besteht, dass die Inflation unaufhaltsam fortschreiten werde, dann kann man feststellen, dass die Kassenhaltung der Einzelnen und der Wert der Gesamtgeldmenge (in Auslandsgeld ausgedrückt) beständig fallen, je mehr die Gesamtgeldmenge (in Binnengeld ausgedrückt) zunimmt. Es kommt schließlich dazu, dass alle Umsätze in Binnengeld aufhören, da die Preise, zu denen sich die Besitzer von ihren Waren zu trennen bereit wären, so stark die erwartete weitere Geldentwertung vorwegnehmen, dass niemand sie zu bezahlen vermag, weil niemandem so große Beträge zur Verfügung stehen. Es ergibt sich dann, dass das Geld technisch nicht mehr dem Tauschmitteldienst gewachsen ist; das Geldwesen muss versagen.
[1529]Senkung der Kaufkraft des Geldes > inflation
[1530]Die zusätzliche Geldmenge, die als neues Angebot auf den Markt tritt, treibt Preise und Löhne in die Höhe. Es steigen zunächst nur die Preise einiger Waren und nur nach und nach auch die der übrigen Waren. Es gibt eine Zeitspanne (time lag) zwischen dem Auftreten der Preissteigerung bei den einzelnen Waren. (Da von der Preissteigerung in Ländern, die ein vom Auslandsgeld verschiedenes Binnengeld gebrauchen, zuerst die Preise des Auslandsgelds und die Preise der aus dem Ausland eingeführten Waren steigen, ergibt sich die Spannung zwischen den inländischen und den ausländischen Preisen, die die vielberufene einfuhrhemmende und ausfuhrfördernde Wirkung der Geldentwertung erklärt.) Solange dieser Prozess noch im Gange ist, kann man davon sprechen, dass es Preise gibt, die sich den durch die neue Lage des Angebots an Geld geschaffenen Verhältnissen noch nicht angepasst haben; es gibt Preise, die noch nicht gestiegen sind, aber später werden steigen müssen. Doch dann kommt es zum Umschlag. Die Katastrophenhausse lässt alle Preise über alles Maß steigen, weil man die künftigen Preissteigerungen vorwegnehmen will, weil man in jeder Kassenhaltung eine Verlustgefahr sieht und jede andere Ware – auch als Tauschmittel – dem alten Gelde vorzieht. Es ist nicht etwa ein Prozess, der zur Entwährung des Geldes führt; es ist schon selbst die Abziehung der Tauschmitteleigenschaft von einem Ding und ihre Übertragung auf andere.

Wenn ein Gut Geld bleiben soll, darf die öffentliche Meinung nicht glauben, dass mit einer schnellen und unaufhaltsamen Vermehrung seiner Menge zu rechnen ist. [FN: Die Ausdrücke Inflation und Deflation bezeichnen nicht praxeologische Begriffe. Sie sind aus der Vorstellung heraus gebildet worden, dass es «normales» Geld gebe, dem man Neutralität zuschreiben darf. Als Inflation und Deflation wollte man dann das «abnormale», das «schlechte» Geldwesen bezeichnen, bei dem Kaufkraftänderungen von der Geldseite her auftreten.

Man kann die Ausdrücke Inflation und Deflation zur Erleichterung der Darstellung in wirtschaftsgeschichtlichen und wirtschaftspolitischen Erörterungen ohne Bedenken verwenden, wenn man damit von der Geldseite her wirkende *starke* Veränderungen der Kaufkraft bezeichnen will.]

[1531]und der Gelddienst

[1532]und vom Geldwert

[1533](Sachgeld)

[1534]begann man auch das Silber Schritt für Schritt aus dem Gelddienst zu drängen

[1535]Jünger als Sachgeld ist notwendigerweise das Kreditgeld.

[1536], deren Fälligkeitstag unbekannt war, gegen einen nicht als durchaus zahlungsfähig und zahlungswillig angesehenen Schuldner

[1537]Zeichengeld > fiat money

[1538]Wie das Gold als Metall mit mannigfacher industrieller Verwendbarkeit und als Tauschmittel gewertet wurde, so wurden sie als Forderungen und als Tauschmittel gewertet. Und so wie das Gold wohl auch dann den Tauschmitteldienst weiter versehen könnte, wenn man ganz aufhören würde, es für andere Zwecke zu begehren, so könnten auch diese Forderungen im Tauschmitteldienst verbleiben, wenn sie durch Fortfallen der Hoffnung, dass der Schuldner sie einmal einlösen würde, aufgehört hätten, Forderungen zu sein. Sie wären dann nichts mehr als Zeichen; sie wären nicht mehr Kreditgeld, sondern Zeichengeld. Ob es solches Zeichengeld je gegeben hat oder gegenwärtig gibt, ist eine Frage, die nicht die Theorie, sondern die Geschichte zu beantworten hat. Die grundsätzliche Möglichkeit von Zeichengeld kann nicht bestritten werden. Dass Kreditgeld und Zeichengeld die Gestaltung der Kaufkraft des Geldes in die Hand der Regierung legen und damit zu einem Spielball der Politik machen, hat das Sachgeld – d.h. heute das Gold – im geschichtlichen Ablauf überlegen erscheinen lassen. Doch auch das gehört durchaus in das Gebiet der Geldgeschichte und Geldpolitik.

Die Theorie hat sich allein mit dem spezifischen Geldwert zu befassen, d. h. mit jener Komponente der Kaufkraft der Geldeinheit, die auf dem Tauschmitteldienst beruht.

[1539]Kassenhaltung > money in his pockets or in his balance with a bank

[1540], die er für den sofortigen Gebrauch oder Verbrauch erwerben könnte,

[1541], die er sofort in den Dienst der Versorgung mit künftigen Gütern einstellen könnte

[1542]entwickelten

[1543]Tauschmitteln > cash

[1544]Man kann zeigen, wie der indirekte Tausch dem direkten Tausch überlegen ist. Man kann ferner zeigen, wie in der auf Geldgebrauch aufgebauten Marktwirtschaft die Verfügung über das marktgängigste Gut, das allgemein gebräuchliche Tauschmittel, das Geld, die Möglichkeit bietet, die Bedürfnisse schneller und billiger zu decken als es ohne Verfügung über einen entsprechenden Kassenbestand möglich wäre. Man kann, mit einem Worte, die Beweggründe darlegen, die für den Entschluss, einen Kassenvorrat bestimmter Höhe zu halten, maßgebend sind.

[1545]die die Einzelnen zum Handeln führen

[1546]: Geldzertifikate und Umlaufsmittel

[1547]Geldbedarf des Einzelnen > an individual's or a firm's cash holding

[1548], oder in einer Scheidemünze, für deren Einlösung in Geld der Staat durch wirksame Vorkehrungen sorgt, mag er auch formalrechtlich die Einlösungsverpflichtung nicht ausdrücklich anerkannt haben

[1549]FN: Wird die Ausgabe von Teil- oder Scheidemünzen in engen Grenzen gehalten, dann ist jede Vorkehrung für den Umtausch überflüssig. Der Bedarf des Verkehrs nach Kleingeld sorgt schon für die jederzeitige Umwechslungsmöglichkeit.

[1550]Die juristischen, banktechnischen und technologischen Dinge sind hier ohne Bedeutung.

[1551]wirtschaftlichen

[1552]; ein dem Gesamtbetrag der Geldzertifikate entsprechender Geldbetrag ist aus der Gesamtmenge des für die Kassenhaltung der Einzelnen zur Verfügung stehenden Betrages ausgeschieden worden und bildet nun die volle Deckung der Geldzertifikate

[1553], da die Schuldner – die Umlaufsmittelbanken – den Gegenwert eines Teiles der ausgegebenen Geldsurrogate in Gestalt eines aus Geld bestehenden Deckungsfonds bereitzuhalten pflegen und dem einzelnen Stück nicht anzusehen ist, wie es ausgegeben wurde

[1554], nicht auch der Inhaber eines Geldsurrogats; man könnte höchstens von einem konkreten Geldsurrogat sagen, dass es, der Größe der Geld- oder Bardeckung zum Gesamtbetrag der Geldsurrogate dieser Klasse entsprechend, zu einem bestimmten Teil Geldzertifikat, zum übrigen Teil Umlaufsmittel sei

[1555]sie können den Kredit über den Betrag ihrer eigenen und der ihnen zur Verwaltung anvertrauten fremden Mittel hinaus ausweiten > credit granted out of the issue of fiduciary media.

[1556]Man > Earlier economists

[1557]Die Sprache der Katallaktik hat
[1558], die der Preistheorie gestellt sind,
[1559], nicht zu erschweren
[1560]Die Einwirkung der Geldsurrogate auf die Preisgestaltung kann aber nur untersucht werden
[1561][FN]: Es ist auch ohne Belang, ob die Geldsurrogate vom Gesetz als Zahlungsmittel (legal tender) erklärt wurden. Wenn sie ohnehin als Geldsurrogate angesehen und daher dem Gelde gleich geschätzt werden, hat die Verleihung der Eigenschaft als gesetzliches Zahlungsmittel nur die Bedeutung, dass sie Chikane im Verkehr unmöglich macht. Sind diese Stücke aber nicht Geldsurrogate, werden sie niedriger bewertet als Geld, dann hat die gesetzliche Zahlkraft die Wirkung einer behördlichen Preistaxe und löst das Spiel des Gresham'schen Gesetzes aus.
[1562]für die ausgebende Stelle
[1563]Man muss die Geldzertifikate herstellen
[1564]man muss für die Einlösung Sorge tragen,
[1565]dass auf diese Weise die Ansprüche des Inhabers erlöschen
[1566]Geldzertifikate werden daher ohne Verbindung mit Umlaufsmittelausgabe nur ausgegeben, wenn die Kunden bereit sind, für die Kosten aufzukommen, oder wenn die Regierung aus irgendwelchen Gründen die Kosten zu tragen gewillt ist.
[1567]Ökumene
[1568], die Umlaufsmittel zur Einlösung zu bringen, d.h.
[1569]Denn dann muss jene Panik ausbrechen, die die Wirte zur «Flucht in die Sachwerte» treibt und die Preissteigerung auf der einen Seite und ihre Entsprechung, die Senkung der Kaufkraft, auf der anderen Seite in schnellem Fortschritt ins Endlose, zur Katastrophenhausse wachsen lässt. > For if the public believes that this is the case, they will reduce their cash holdings, flee into «real» values, and bring about the crack-up boom.
[1570]der Umlaufsmittel
[1571]wichtigen > most important
[1572]Umlaufsmittelbanken > banks
[1573]Wirt > individual or firm
[1574]Die Frage lautet nun: Sind der Umlaufsmittelausgabe der einzelnen Banken Grenzen gezogen, und wenn ja, wodurch sind diese Grenzen bestimmt? Nach dem, was über die Umlaufsmittelausgabe einer einzigen, alle Wirte zu ihrem Kundenkreis zählenden Bank oben ausgeführt wurde, schiene es eigentlich überflüssig, die Frage nach dem Bestehen von Grenzen noch einmal aufzuwerfen.
[1575]und Umlaufsmittel unbekannt waren
[1576](Denn nur Kunden nehmen, unserer Terminologie gemäss, die Umlaufsmittel als Geldsurrogate an; wer ein Umlaufsmittel nimmt und es in seinen Kassenstand einfügt, wird damit zum Kunden der Umlaufsmittelbank; wer es zurückweist oder, wenn er es empfangen hat, so schnell als möglich zur Einlösung bringt, ist eben nicht Kunde.)
[1577]die entweder überhaupt nicht Bankkunden sind oder dem Kundenkreis einer konservativen Bank angehören,
[1578]sie einlösen
[1579]auf Verlangen der Inhaber sogleich
[1580]die Ausgabe der Umlaufsmittel wieder einschränken.
[1581]als dem Bedarf ihrer Kunden für Zahlungen innerhalb des Kundenkreises entspricht > than its clients can keep in their cash holdings
[1582]Schon aus banktechnischen und juristischen Gründen kann man mit Schecks, die man empfangen hat, nicht anders verfahren, es sei denn, man präsentiere sie selbst zur Einlösung. Dass man auch mit Noten, die von Banken stammen, die man nicht kennt oder deren Fähigkeit und Willigkeit, die Noten jederzeit einzulösen, nicht über allen Zweifel erhaben ist, nicht anders verfahren kann, wenn man nicht überhaupt schon ihre Annahme zurückgewiesen hat, ist wohl klar. Wenn die Notwendigkeit, so vorzugehen, einmal in Vergessenheit geraten sollte, wird sie durch üble Erfahrungen mit Falsifikaten von Noten guter Banken oder mit Noten fauler Banken wieder aufs neue dem Bewusstsein eingehämmert werden.
[1583]die sich ein Urteil über die Kreditwürdigkeit der Emissionsbank zu bilden vermögen > who were able to distinguish between good and bad banks
[1584]Die Beseitigung der den Banken in dieser Hinsicht eingeräumten Vorzugsstellung würde es sofort wieder entstehen lassen.
[1585]Der grundlegende Tatbestand ist doch der > It is very easy
[1586]doch nicht > But it is very difficult

[1587]diese Noten und Kassenführungsguthaben > these claims

[1588]Einlösungsfonds > reserve

[1589], weil es unmöglich ist, den Umfang des Kundenkreises und den Umfang der Geschäfte zwischen Kunden und Nichtkunden zu überblicken, und weil in diesen Größen auch täglich unvorhersehbare Änderungen eintreten können. Ohne einen Einlösungsfonds kann eine Umlaufsmittelbank nicht arbeiten.

[1590]keine individuelle Erscheinung > indivisible

[1591]wenn die Inhaber der Umlaufsmittel gleichzeitig auf ihrer Einhaltung bestehen

[1592]des Umlaufsmittels

[1593]Die Barreserven der Umlaufsmittelbanken dienen der Einlösung der Geldsurrogate, die der Inhaber einlösen will, weil er Zahlungen an Nichtkunden zu leisten hat, oder weil er, ohne Kunde der Bank zu sein oder werden zu wollen, in den Besitz der Geldsurrogate gelangt ist.

[1594]Die durch die Gesetze vorgeschriebenen Deckungsbestimmungen konnten die Ausgabe von Umlaufsmitteln begrenzen; sie konnten aber keineswegs ihre Einlösung für den Fall eines allgemeinen Rückströmens zur Bank sichern.

[1595]Die Banking-Theorie hat in der Behandlung dieses Problems in mehrfacher Hinsicht geirrt.

[1596]Der Mechanismus, der die Begrenzung der Ausgabe von Geldsurrogaten herbeiführt, ist nicht der, den das Fullarton'sche Prinzip der vermeintlichen automatischen Notenrückströmung beschreibt. [FN: Vgl. darüber meine Theorie des Geldes und der Umlaufsmittel, a. a. O. S. 352 ff.] Es ist nicht richtig, dass die Summe der Darlehen, die eine Bank überhaupt oder bei Beschränkung auf die Belebung bestimmter kurzfristiger aus Warengeschäften entspringender Forderungen oder bei Beschränkung auf die Eskomptierung kurzfristiger Warenwechsel gewähren kann, eindeutig durch die Lage des Marktes bestimmt ist. Die Ausgabe von zusätzlichen Umlaufsmitteln senkt zunächst den Marktsatz des Zinses, sie vergrößert daher den Umsatz der Geschäfte, aus denen die Forderungen entstehen, deren Belehnung oder Eskomptierung von der Bank begehrt wird. Der Umfang der an die Bank gestellten Kreditansuchen ist von dem Vorgehen der Bank abhängig; er wächst mit dem Bestreben der Bank, mehr Umlaufsmittel in den Verkehr zu setzen. Wenn die Umlaufsmittelbank durch institutionelle Verhältnisse in einer Stellung ist, in der sie nicht genötigt ist, auf ihre eigene Zahlungsfähigkeit und auf die konservative Haltung anderer Banken Rücksicht zu nehmen, sind ihr in der Kreditausweitung keine anderen Schranken gezogen als die, die im schließlichen Zusammenbruch jeder endlos fortschreitenden Inflation liegen. Wenn die Currency-Schule für das England von 1840 behauptete, dass Kreditausweitung nur am external drain ihre Grenze finde und wenn sie daher, weil sie den external drain ausschalten wollte, gesetzliche Beschränkung der Umlaufsmittelausgabe in Banknotengestalt forderte, kann man ihr vorwerfen, dass sie die andere Alternative, nämlich Herstellung der Bankfreiheit, gar nicht in Erwägung zog, und dass sie nicht erkannt hat, dass auch Kassenführungsguthaben Geldsurrogate sind, die den Charakter von Umlaufsmitteln tragen und daher zum Werkzeug von Kreditausweitung werden können. Doch diese Fehler wiegen leicht im Vergleich mit den Irrtümern der Banking-Schule, die von einer unklaren Vorstellung über die Neutralität der Umlaufsmittelausgabe erfüllt war und die Quantitätstheorie durch die Berufung auf einen *deus ex machina,* die Horte, bekämpfen wollte.

[1597]Man verkennt den Gang der Bankpolitik > It is a fable

[1598]Förderung der Umlaufsmittelausgabe > lust for inflation and credit expansion

[1599]Bankfreiheit > the unhampered market

[1600], das kreditpolitische und das fiskalische,

[1601]den Staatskassen oder der «Wirtschaft» billige Kredite zur Verfügung stelle > for the benefit of both business and the treasury

[1602]währungspolitischen > undesired

[1603]man glaubte

[1604]durch privilegierte Banken

[1605]beim Publikum

[1606]die als die letzte, aber auch als die ergiebigste > handy

[1607]für die Zeit der Not angesehen wird

[1608]und Parlamente

[1609]Glück und

[1610]durch nützliche Arbeit

[1611]Wirtschaftspolitik > main tasks of good government

[1612]England > Great Britain

[1613]Es ist das Verdienst der Currency-Schule, dieser Nachfahren der klassischen Nationalökonomie, dass sie zuerst gezeigt hat, wie die Ausweitung des Zirkulationskredits zur Wirtschaftskrise führt. Es war dabei verhängnisvoll, dass die Currency-Schule den Geldsurrogatcharakter der Kassenführungsguthaben verkannte und nicht gesehen hat, dass auch Kassenführungsguthaben zu Umlaufsmitteln werden können. Weil die englische Bankakte von 1844 und die ihr nachgebildeten Gesetze anderer Staaten die Umlaufsmittelausgabe in Gestalt von Kassenführungsguthaben frei ließen, konnten sie den Erfolg, den sie anstrebten, nicht erreichen.

[1614]auch für das Kassenführungsguthaben

[1615], damit die Erweiterung der Umlaufsmittelausgabe auch in dieser Gestalt unterbunden werde

[1616]Wer freilich die Kreditausweitung nur soweit beschränkt sehen will, als sie nicht dem Staate, dem staatlichen Finanzbedarf und den Zwecken, die der Staat fördern will, dient, dem Staate selbst aber volle Freiheit zur Inanspruchnahme der Umlaufsmittelausgabe belassen will, empfiehlt in Wahrheit nicht Einengung, sondern bedenkenlose Erweiterung der Umlaufsmittelausgabe.

Jedenfalls aber bedeutet eine Regelung der Umlaufsmittelausgabe, die die privilegierten Banken bestehen lässt, nie mehr als Beschränkung der Umlaufsmittelausgabe für «normale» Zeiten und Verhältnisse. Selbst wenn man radikal und ausnahmelos alle Erweiterung der Umlaufsmittelausgabe untersagt, bleibt doch, wenn man die privilegierte Zentralbank aufrecht erhält, die Einrichtung, die es jederzeit ermöglicht, die Umlaufsmittel zu vermehren. Dann wird sich immer die Regierung finden, die von der ihr zugebote stehenden Möglichkeit der Kreditausweitung auch Gebrauch machen wird. Jede Regierung ist stets geneigt, finanzielle Verlegenheiten, denen sie begegnet, als einen Fall von Notstand anzusehen, der die Anwendung von außerordentlichen Mitteln, die in «normalen» Zeiten verpönt erscheinen, rechtfertigen kann. Auch das schärfste Verbot der Erweiterung der Umlaufsmittelausgabe versagt gegenüber einer Notstandsgesetzgebung.

[1617]ist scheinbar ein weniger radikales Mittel > is the only method available

[1618]Missstände > dangers

[1619]19. Jahrhunderts > last 100 years

[1620]Dass die liberalen Politiker in diesem Punkte vor den volkstümlichen Irrtümern zurückgewichen sind, dass sie die doppelte Irrlehre, dass der Staat auf «billiges» Geld und hohe Preise hinarbeiten müsse und dass man beides durch Kreditausweitung dauernd und ohne sonstige Nachteile erzielen könne, nicht auszurotten vermochten, dass sie den von der Currency-Schule begonnenen Kampf gegen die Politik der Kreditausweitung nicht mit aller Kraft fortgesetzt haben, hat die schwerwiegendsten Folgen gehabt. Nichts hat die liberalen Wirtschaftsideen und das kapitalistische Wirtschaftssystem

[1621]gewöhnte sich daran, in den «Auswüchsen der Haussespekulation» und in den Widrigkeiten des Niederganges Übelstände zu erblicken, die dem kapitalistischen System notwendigerweise anhaften. Sozialistische und interventionistische Ideen konnten allgemeinen Anklang finden, weil man in den Krisen eine unabwendbare Begleiterscheinung «freier» Wirtschaft zu sehen glaubte.

[1622], und suchte daher die Wirkungen der Intervention auf dem Darlehensmarkte nicht durch die Beseitigung der Einrichtungen, die Kreditausweitung möglich machten, zu erreichen, sondern durch weitere Interventionen zu Gunsten der geschädigten Interessen einzelner Gruppen und Schichten

[1623]Es ist ein Irrtum, zu glauben, dass in einem System der Bankfreiheit die Vermehrung der Umlaufsmittel durch den Umstand gehemmt wird, dass die Darlehen nur für eine begrenzte Zeit erteilt werden > The Banking School taught that an overissuance of banknotes is impossible if the bank limits its business to the granting of short-term loans.

[1624]ausgegebenen Geldsurrogate oder entsprechenden Geldbeträge

[1625]Wenn die Bank die Mittel, die ihr durch Rückzahlung von Darlehen zufließen, nicht zur Gewährung neuer Darlehen verwendet, dann hat sie die Menge der von ihr ausgegebenen Umlaufsmittel wieder herabgesetzt und damit freiwillig die Kreditausweitung rückgängig gemacht. Wir haben aber den Fall zu betrachten, in dem die Bank nicht geneigt ist, die Menge der von ihr ausgegebenen Umlaufsmittel freiwillig zu verringern, und haben daher anzunehmen, dass die Summe der von ihr durch Schaffung von Umlaufsmitteln ausgegebenen Darlehen, d.i. die Gesamtmenge des von ihr gewährten Zirkulationskredits, zumindest nicht verringert wird. Nicht die Rückzahlung der Darlehen, sondern der Umstand, dass die Empfänger der durch Kreditausweitung gewährten Darlehen von den übrigen Wirten mehr kaufen, als sie an sie verkaufen, löst den Mechanismus der selbsttätigen Begrenzung der Umlaufsmittelzirkulation aus. [FN: Auf diesen Umstand hat Vera C. Smith in ihrer verdienstvollen Untersuchung The Rationale of Central Banking, (London 1936, S. 157 ff.) nicht genügend Rücksicht genommen.]

[1626]Wer es für die Umlaufsmittel, die die Gestalt von Banknoten tragen, bestreiten will, ist in irrigen Vorstellungen über die Umlaufsfähigkeit der Geldsurrogate befangen. > However, people sometimes maintained that things are different as far as banknotes are concerned.
[1627]unverzüglich fällige, auf Geld lautende Forderung > banknote
[1628]werden kann oder muss > becomes
[1629]Man darf nicht außerachtlassen, dass zu den Bedingungen, die eine jederzeit fällige Geldforderung erfüllen muss, um Geldsurrogat zu werden, auch die zählt, dass die Inhaber nicht den geringsten Zweifel darüber hegen, dass die Forderung vom Verpflichteten such wirklich jederzeit eingelöst werden wird. Man darf daher nicht ohneweiters davon ausgehen, dass jede von einer Bank ausgegebene Banknote von den Wirten auch tatsächlich als Geldsurrogat behandelt wird.
[1630]ob die Note auch jederzeit einlösbar ist > prime character
[1631], wenn auch nur geringfügigem
[1632]zum Nachteil des Publikums > to cheat the public *ad libitum*
[1633]synonymous with
[1634]«A mon avis, ce qu'on appelle la liberté des banques en France emmènerait la suppression du billet de banque. Quant à moi, je désire que tout le monde en puisse émettre, afin que personne n'en prenne.» > «I believe that what is called freedom of banking would result in a total suppression of banknotes in France. I want to give everybody the right to issue banknotes so that nobody should take any banknotes any longer.»
[1635]Im endlichen Ruhezustand hat jeder soviel von seiner Gesamthabe als Geld in der Kasse, als er haben will. Überschüsse hat er durch Käufe abgestoßen, Fehlbeträge durch Verkäufe beseitigt. Die landläufige Ausdrucksweise, die unbefriedigten Bedarf an Kapital und an Genussgütern als Geldmangel bezeichnet, darf da nicht irreführen. Auch im endlichen Ruhezustand des Marktes ist niemand vollbefriedigt; jeder hat Wünsche, deren Erfüllung er sich versagen musste. Doch diese Begehrungen sind auf die übrigen wirtschaftlichen Güter gerichtet, nicht auf größere Kassenhaltung. Der Einzelne würde wohl, wenn er seinen Wünschen gemäss besser versorgt, d.h. reicher wäre, wahrscheinlich auch die Kassenhaltung vergrößern. Beim gegebenen Stande der Versorgung ist er jedoch mit der Höhe seiner Kassenhaltung zufrieden.
[1636]Einzelnen > individuals and firms
[1637]Einzelnen > individuals and firms
[1638]Auch wenn wir alle Wirte, die innerhalb derselben politischen Grenzen leben, zusammenfassen und die Frage nach dem Umfang des Gesamtgeldbestandes in diesem Gebiete stellen, bleibt die Antwort dieselbe. > The cash holdings of a city, a province, or a country is the sum of the cash holdings of all its residents.
[1639]daneben noch
[1640]überall verwendet werden
[1641]können die Tendenz zur Ausgleichung der Preisunterschiede ganz oder zum Teil beseitigen; sie können bewirken, dass in den verschiedenen Staaten die Preise sehr verschieden sind von dem Stande, den sie bei Freiheit des Verkehrs hätten, sie können aber nichts daran ändern, dass das Geld auf die einzelnen Wirte und damit auch auf die einzelnen Staatsgebiete nach dem Grenznutzen aufgeteilt wird.
[1642]; wenn weniger Geld ausgeführt wird, wird auch weniger eingeführt werden
[1643]und demgemäss handelt
[1644]Wer nicht die Absicht hat, seine Kassenhaltung zu erweitern, wird, wenn ihm ein Mehr an Geld zufließt, die Käufe solange fortsetzen, bis der Kassenstand auf das gewünschte Maß gesunken ist. Wer nicht die Absicht hat, seine Kassenhaltung zu verkleinern, wird, wenn ein Teil seines Geldbestandes geschwunden ist, seine Käufe einschränken, bis der Kassenstand auf das ihm angemessen erscheinende Maß gestiegen ist. Einfuhr- und Ausfuhrverbote können die Versorgung mit Waren von den Wegen, die sie sonst eingeschlagen hätte, ablenken; sie beeinflussen aber nicht die Höhe der Kassenhaltung. Geldüberschüsse kommen nur dann ins Land herein, wenn die inländischen Wirte ihre Kassenhaltung stärker vergrößern wollen als die Ausländer; Geldüberschüsse fließen nur dann ab, wenn die Inländer ihre Kassenhaltung mehr einschränken wollen als die Ausländer. Die Vorstellung, als ob die Einzelnen im Kaufen und Verkaufen keine Rücksicht auf den Stand ihrer Kassen nehmen würden und die Kassenhaltung einfach der Rest nichtverausgabten Geldes wäre, der ihnen nach Durchführung aller ihrer Käufe übrig bleibt, ist falsch. Die Kassenhaltung ist geradeso das Ergebnis des Abwägens verschiedener Alternativen durch den Wirt wie die Versorgung mit allen übrigen Gütern. Eine Kasse oder Tasche wird nicht leer, wenn ihr Eigentümer es nicht für wichtiger gehalten hat, alles Geld für den Erwerb

von Waren auszugeben, als Geld zurückzubehalten. Der Umfang der Kassenhaltung und ihr Verhältnis zum Vermögen und Einkommen wird von jedem Einzelnen so festgesetzt, wie es seiner Abwägung der Vorteile der Kassenhaltung und ihrer Kosten entspricht. Der Gesamtgeldvorrat eines Landes ist die Summe der Kassenhaltung seiner Bürger. Indem jeder Einzelne dafür sorgt, dass seine Kasse nicht durch ein Übermaß von Käufen wider seine Absicht leer werde, trägt er sein Teil dazu bei, dass das Land seinen Geldbestand nicht verliere.

[1645]Geldsurrogate können sie darum nicht länger sein.

[1646]und sie verbietet, das Sachgeld dem Kreditgeld gegenüber als höherwertig zu behandeln > Every creditor is bound to accept them in payment at their face value.

[1647]durch eine Preistaxe

[1648]; sie befiehlt, dass Sachgeld und Kreditgeld, die die Marktparteien verschieden bewerten und behandeln, gleichbewertet und gleichbehandelt werden

[1649]Es gelingt ihr nicht, den Markt dazu zu bringen, die beiden Geldsorten gleichzubewerten. > The difference in exchange value between credit money and gold does not disappear.

[1650]Da man das Sachgeld in den Austauschoperationen nicht höher veranschlagen darf als das Kreditgeld, trachtet man darnach, sich bei den Umsätzen nur des Kreditgelds zu bedienen. > As it is forbidden to employ the coins according to their market price, people no longer employ them in buying and selling and in paying debts.

[1651]– von der Regierung nicht beabsichtigte –

[1652]Haushalts > of an individual or a group of individuals

[1653]arbeitsteiligen, auf dem Sondereigentum an den Produktionsmitteln aufgebauten

[1654], in der alle Umsätze durch Geld vermittelt werden,

[1655]Die kaufmännische Buchführung hat die Methoden zur Aufstellung solcher Bilanzen verfeinert und vermag damit ein genaues Bild der Haushaltsgebarung zu entwerfen. Will man erfahren, welche Stellung ein Einzelner in der Gesellschaft einnimmt, dann fragt man, wovon lebt er? woher stammen seine Einnahmen? und wie lebt er? wie verwendet er seine Einnahmen? Will man erfahren, wie ein Unternehmer oder ein Kapitalist wirtschaftet, dann hat man nur seine Buchabschlüsse, seine Bilanz und seine Gewinn- und Verlustrechnung einzusehen.

[1656]Will man erfahren, welche Stellung einer Gruppe von Einzelnen im Verhältnis zu den übrigen Mitgliedern der Marktgesellschaft zukommt, dann wird man eine Zahlungsbilanz aufstellen, in der man die Eingänge und Ausgänge der Einzelnen nur soweit aufscheinen lässt, als sie aus dem Umsatz mit den nicht zur Gruppe gehörigen Einzelnen stammen.

[1657]Man erhält dann die Zahlungsbilanz der Londoner Anwälte, der belgischen Landwirtschaft, der Stadt Paris oder des Kantons Bern. > Thus we can draw up the balance of payments of the members of the New York Bar, of the Belgian farmers, of the residents of Paris, or of those of the Swiss Canton of Bern.

[1658]gegenüber dem gesamten Auslande und gegenüber einzelnen fremden Staatsgebieten

[1659]oder eines Unternehmens

[1660]Luxemburgs > Latvia

[1661]Wirtschaft > social and economic condition

[1662]Man wird etwa von den Eingängen und Ausgängen der Unternehmer und der Arbeiter bestimmter Kategorien, der Großgrundbesitzer, der Bauern und dgl. zu sprechen haben.

[1663]Man darf die Gestaltung der Zahlungsbilanz einer Mehrheit von Wirten nicht als etwas anderes ansehen denn als das Ergebnis einer Berechnung, die aus den Zahlungsbilanzen der Einzelnen die Posten, die sich aus dem Verkehr mit anderen Wirten derselben Gruppe ergeben, streicht und den verbleibenden Rest auf beiden Seiten addiert. Durch die Berechnung der Zahlungsbilanz gelangt man zur Ermittlung der Summe der Geldbeträge, die in einem bestimmten Zeitraum, den wir als möglichst klein annehmen, von allen Wirten, die wir zur Gruppe A zählen, an alle Wirte, die wir nicht zur Gruppe A gezählt haben und die wir als zur Gruppe B gehörig bezeichnen wollen, zu zahlen sind. Ergibt die Berechnung einen Überschuss der von den Wirten der Gruppe A an die Wirte der Gruppe B zu leistenden Zahlungen, so ist das nicht etwa ein Ereignis, das über die Wirte von A als Folge einer unglücklichen Verkettung von Umständen wie eine Elementarkatastrophe hereinbricht; es ist die Folge des Handelns der Wirte von A, die den Erwerb von Kaufgütern der Erhaltung des Kassenstandes in einem größeren Umfange vorgezogen haben. In diesem Sinne ist die Zahlungsbilanz der Goldproduktionsländer dauernd passiv; in diesem Sinne ist die Zahlungsbilanz eines Landes passiv, das einen Teil der Kassenstände seiner Bürger durch neugeschaffene Umlaufsmittel besetzt und damit Gold freimacht.

Um ein Land davor zu schützen, dass es nicht seinen Geldbestand an das Ausland verliere und dann plötzlich ohne Geld dastehe, bedarf es keines fürsorglichen Eingreifens der Obrigkeit. Sowenig Eingreifen der Obrigkeit notwendig ist, um zu verhindern, dass Herr *A* oder Herr *B* durch ungünstige Gestaltung seiner persönlichen Zahlungsbilanz seinen Kassenstand verliere, oder dass die Londoner ihr Geld an Manchester oder Birmingham bis auf den letzten Penny verausgaben, sowenig ist ihr Einschreiten vonnöten, um England vor der Verausgabung seines Geldes an das Ausland zu schützen. Solange ein Engländer darauf Gewicht legt, einen Kassenstand zu halten, wird er durch entsprechendes Verhalten schon selbst dafür Sorge tragen, dass seine Kasse nicht leer werde, und damit sein Teil dazu beitragen, dass England nicht durch die vollständige Verausgabung seines Geldbestandes leide. Wenn aber kein Engländer einen Kassenbestand halten wollte, dann könnte keine den Außenhandel und die Abwicklung der Geldzahlungen mit dem Ausland betreffende Maßnahme der Regierung verhindern, dass alles Geld von England abströmt, es wäre denn ein scharf durchgeführtes Ausfuhrverbot für Geld und Gold.

[1664]Die Paritäten

[1665]New York

[1666]Bremen

[1667]*Auszahlung New York* kann in Bremen, und der Preis für

[1668]Bremen

[1669]den Vereinigten Staaten

[1670]Bremen

[1671]Ist der Baumwollpreis im Bremen um den Betrag der Versendungskosten höher als der in New York, dann wird Baumwolle von New York nach Bremen versendet. Genau so liegen die Dinge für das Gold im Verkehr zwischen den Goldproduktionsländern und den Ländern, die kein Gold erzeugen, jedoch Gold als Geld und für industrielle Zwecke verwenden, und im Verkehr zwischen Ländern, die ihren Bestand an Gold in stärkerem Masse verändern wollen als die übrigen Länder, und diesen übrigen Ländern.

[1672]Wenn der Baumwollimporteur von Bremen nach New York und der Importeur von deutschen Industrieartikeln von New York nach Bremen zu zahlen hat, können beide die mit der Geldversendung verbundenen Kosten sparen, indem der Bremer Importeur die Forderung des Bremer Exporteurs erwirbt und seinem New Yorker Gläubiger abtritt, der sie beim New Yorker Importeur einzieht. Ob diese Glattstellung der Forderungen und Schulden zur Vermeidung der Geldversendungskosten durch die Umsätze auf einem besonderen Markte der fremden Valuten und Devisen, auf dem Wechsel auf fremde Plätze und *Auszahlung* gekauft und verkauft werden, erfolgt oder durch Verrechnung in einem zwischenörtlichen oder interregionalen Clearinghouse, ist unwesentlich.

[1673]Geldversendung > shipment of gold

[1674]Voraussetzung dafür ist, dass > The dealers in foreign exchange will resort to this makeshift if

[1675]Goldpunkte > the gold export point and the gold import point

[1676]der Kurs der *Auszahlung* > the rate for cable transfer

[1677], weil daher Gold von *A* nach *B* verschifft wird

[1678]Hier greift nun der moderne Staat in einer sehr wichtigen, doch in der Regel von der nationalökonomischen Betrachtung der Gestaltung der Valuten- und Devisenkurse nicht genügend beachteten Weise ein. Die Zentralnotenbank und andere öffentliche Bankanstalten – z. B. der Geldscheckdienst der Postverwaltung – übernehmen die Tragung der Kosten, die durch die Geldversendung innerhalb des Staatsgebietes entstehen. Einst gab es auch zwischen inländischen Plätzen Bildung von Wechselkursen. Heute bereitet eine Zahlung von New York nach San Francisco dem Einzelnen keine höheren Kosten mehr als eine solche in New York selbst; es kann aber auch nicht mehr vorkommen, dass die Zahlung nach San Francisco billiger ist als die Zahlung in New York selbst, weil der Wechselkurs für San Francisco gerade ungünstig, d.h. unter Pari liegt.

[1679]Die Kaufkraft jeder einzelnen Geldart gegenüber den Waren, auf der ihr Tauschwert gegenüber den übrigen Geldarten beruht, wird durch die Nachfrage, die nach ihr für Kassenhaltung entfaltet wird, und durch das Angebot bestimmt, wobei etwaige industrielle Nachfrage geradeso mitspielt wie sonst in der Bildung der Kaufkraft.

[1680]je auf ein Gebiet oder Staatsgebiet > to distinct areas

[1681]Die Preise der anderen Güter gehen erst nach und nach hinauf.

[1682]wo die Mitwirkung von spekulativen, d.h. die künftige Entwicklung vorwegnehmenden Käufen und Verkäufen eine größere Rolle spielt als bei den nicht börsenmäßig gehandelten Waren und Diensten.

[1683]Man hat die Erklärung der beiden Erscheinungen getrennt.

[1684]Die Bewegung der Valutenkurse erklärte man durch Veränderung der Zahlungsbilanz.

[1685]Spekulation > unpatriotic speculators

[1686]; wenn man nicht durch Ausfuhrverbote oder durch Preistaxen eingreift, müssten schließlich auch die Preise der im Inland für den Inlandsmarkt hergestellten Erzeugnisse die Preissteigerung mitmachen.

[1687]Wie können die ausländischen Waren im Inlande zu höheren Preisen Käufer finden, die imstande sind, die Geldmittel für die Bezahlung aufzubringen?

[1688]Dass die Gestaltung der Zahlungsbilanz innerhalb des durch die Goldpunkte begrenzten Spielraums die Bildung der Valutenkurse bestimmt, ist gerade dadurch bedingt, dass die Höhe der Kassenhaltung der einzelnen Wirte und Gruppen von Wirten das Ergebnis ihres Begehrens nach Kassenhaltung ist, und dass kein einzelner Wirt und keine Gruppe von Wirten durch Steigerung der Geldausgaben, die ohne Rücksicht auf den Bedarf an Kassenhaltung erfolgte, den Kassenbestand wider Absicht schwinden lassen.

[1689]Die Zinsfussarbitrage und die Diskontpolitik der Notenbanken

[1690]Nettozinses > market rate of interest

[1691]Risken > soundness and trustworthiness

[1692]Effekten- und Warenarbitrage > all other markets

[1693]Nehmen wir Währungsgleichheit zwischen *A* und *B* an, dann müssen wir noch eine weitere Voraussetzung machen, nämlich, dass in beiden Orten entweder nur Geld verwendet wird und keine Umlaufsmittel, oder dass zwar Umlaufsmittel verwendet werden, dass aber kein Versuch unternommen wird, durch Kreditausweitung den Zinsfuss unter den Stand herabzudrücken, bei dem Kreditgeschäfte zwischen den beiden Orten nicht rentieren. Wenn die Notenbank in *A* Kreditausweitung vornimmt, wenn sie ihren Kunden, den Bürgern von *A*, zusätzliche Kredite gewährt, werden die Bürger von *A* kaufkräftiger, während die Bürger von *B* nicht mehr Geldmittel zur Verfügung haben, als sie früher hatten. Die Bürger von *A* werden ihre Käufe ausdehnen, sie werden daher an die Bürger von *B* mehr zu zahlen haben, als sie von ihnen zu empfangen haben. Nicht nur die Gestaltung des Außenhandels wirkt dahin, sondern auch die Richtung, die die Zinsfussarbitrage nun einschlägt. Es ist vorteilhaft, Geld aus *A* herauszuziehen und in *B*, wo der Zinsfuss nicht durch Kreditausweitung gesenkt wurde, zu verleihen. Da die Banknoten nicht ausgeführt werden können, wird nur Geld versendet. Die Ansprüche, die an die *A* Bank auf Einlösung der Noten gestellt werden, wachsen. Ihre Barreserve sinkt. Es tritt das ein, was die Currency-Schule als external drain bezeichnet hat. Wenn die Notenbank *A* nicht zahlungsunfähig werden will, muss sie diesem Geldabfluss Einhalt tun. Dafür gibt es nur einen Weg: sie muss die Kreditausweitung wieder rückgängig machen, sie muss die Kredite kürzen, den Satz, zu dem sie ausleiht, hinaufsetzen. Sie muss, pflegt man zu sagen, die Diskontschraube anziehen.

[1694]Man verkennt das Wesen dieses Vorgangs vollkommen, wenn man in ihm eine Maßnahme der Bank zur Sicherung «volkswirtschaftlicher» Belange erblicken will oder einen Dienst, den die Bank der «Volkswirtschaft» durch Erhaltung der Barreserve leistet.

[1695]Wenn sie den external drain nicht zum Stillstand zu bringen weiß, muss sie zahlungsunfähig werden.

[1696]Sie hat versucht, in der Kreditausweitung weiter zu gehen als die anderen – die ausländischen – Notenbanken und stößt damit an die Schranken, die der Umlaufsmittelausgabe gezogen sind. Sie hat den Kredit durch Kreditausweitung verbilligt, sie muss ihn nun, um den Bankrott zu vermeiden, durch Krediteinschränkung wieder verteuern.

Mitunter mag es die Bank aus politischen Gründen vorziehen, die Kreditverteuerung anders durchzuführen als durch Diskonthinaufsetzung oder allein durch Diskonthinaufsetzung. Sie lässt den Diskont unverändert oder setzt ihn nicht so hoch hinauf, als es nötig wäre, um weiteren Geldabzug zu hindern. Doch sie selbst tritt auf dem Geldmarkte, dem Markte für kurzfristigen Kredit, als Darlehensnehmerin auf, indem sie Wertschriften aus ihrem Besitzstand, meist Staatspapiere, verkauft, um sie dann später, wenn die Klemme verstrichen ist, wieder zurückzukaufen. Auch dieser Vorgang bedeutet Krediteinschränkung und treibt den Zinssatz auf dem Markte hinauf. Das ist die open market policy, ein Verfahren, das man heute erstaunlicherweise als neu zu bezeichnen pflegt, obwohl es manche der großen Notenbanken schon seit vielen Jahrzehnten geübt haben.

[1697]Marktgängigkeit und Absatzfähigkeit > marketability

[1698]übrigen Güter > nonmonetary goods

[1699]– der Kaufgüter –

[1700]Da die Umstände, die einigen Kaufgütern höhere, anderen nur geringere Absatzfähigkeit verschaffen, sich ändern, ändert sich auch die Absatzfähigkeit; es kann geschehen, dass Güter, die einst als besonders absatzfähig erschienen, schwer absetzbar werden, und dass anderseits

Güter, die einmal als schwer absatzfähig angesehen werden mussten, nun leicht absetzbar sind; es kann auch geschehen, dass neue Güter auftauchen, die in hohem Grade absatzfähig sind.

Wenn Absatzfähigkeit im Allgemeinen den Grad der Wahrscheinlichkeit bedeutet, der dafür besteht, dass man auf dem Markte ohne Verzug einen Käufer finden werde, der bereit ist, den höchsten Preis zu zahlen, der bei der gegebenen Gesamtmarktlage überhaupt zu erzielen ist, so bedeutet Absatzfähigkeit in der besonderen Anwendung auf die Kaufgüter auf einem Markte, in dem durch Vermittlung des Geldes umgesetzt wird, den Grad der Wahrscheinlichkeit, der dafür besteht, dass man auf dem Markte ohne Verzug einen Käufer finden werde, der bereit ist, den höchsten erzielbaren Geldpreis zu bieten. Ein Kaufgut erscheint umso absatzfähiger, je leichter und rascheres zu dem höchsten erzielbaren Preis zu Geld gemacht werden kann.

[1701]Ohne Zeitverlust, d.h. ohne dass er auf einen Käufer warten muss und in der Wartezeit Zinsverluste erleidet; ohne Wertverlust, d.h. ohne dass er sich mit einem niedrigeren Preis begnügen muss, weil die Marktlage im Augenblick gerade für dieses Gut ungünstig ist, oder weil er keinen Käufer findet, der den höchsten erzielbaren Preis zu zahlen bereit ist.

[1702]Wirten > man's or firm's

[1703], die ihren Preis über die Höhe hinauftreibt, die sie ohne diese besondere Nachfrage erreichen würden

[1704]und demgemäss ist in ihrer Schätzung eine Komponente enthalten, die auf dem von ihnen versehenen Dienst als sekundäres Tauschmittel beruht > and their exchange value is the resultant of two kinds of demand: the demand related to their services as secondary media of exchange, and the demand related to the other services they render

[1705]Die Kosten der Kassenhaltung können durch die Haltung eines Bestandes von sekundären Tauschmitteln in dem Ausmaße vermindert werden, in dem die Kosten der Haltung eines Bestandes von sekundären Tauschmitteln hinter den Kosten der Kassenhaltung zurückbleiben.

[1706], die zwischen dem Ertrag dieser Werte und dem im Übrigen ihnen gleichzuhaltender Werte, die

[1707]Edelsteine und

[1708]Man schätzt sie nicht nur, weil man sich ihres Glanzes erfreut und sich mit ihnen schmückt, sondern auch weil man damit rechnet, sie leicht und schnell zu Geld machen zu können, wenn die Verhältnisse es erfordern sollten. Mit der Ausbildung des modernen Kreditwesens wurden neue Wege für die Anlage von Mitteln, die man leicht flüssig machen will, eröffnet.

[1709]– dem Gläubiger –

[1710]das «mobile Kapital» > capitalists

[1711]bedrohten

[1712]Im Lauf der letzten hundert Jahre sind nämlich alle Staaten zum Einreserve-System übergegangen. Um die privilegierte Zentralnotenbank besser in die Lage zu versetzen, nationale Kreditausweitungspolitik zu treiben, wurde darauf hingearbeitet, die Privatbanken zu veranlassen, den größten Teil der Kassenbestände bei der Zentralnotenbank zu deponieren. Die Privatbanken

[1713]in der Vermehrung der täglich oder mit kurzer Kündigungsfrist rückziehbaren Einlagen

[1714]Heute beginnt man, diese Probleme besser zu begreifen. Man ist zur Erkenntnis gelangt, dass man diese Gelder nicht im Kreditgeschäfte binden darf und dass man für solche Einlagen nicht nur keine Zinsen vergüten darf, sondern eine Verwahrungsgebühr berechnen muss. Es wird noch geraume Zeit verstreichen, bis man dieser Einsicht gemäss vorgehen und damit die Gefahren für die Aufrechthaltung des Banksystems in der überlieferten Gestalt beseitigt haben wird.

[1715]und erweise

[1716]Man pflegt die Epochen starker Vermehrung der Geldmenge und starker Kreditausweitung als die großen Fortschrittsepochen der Menschheitsgeschichte zu betrachten, wenn man auch, einigermaßen belehrt und zur Vorsicht gemahnt durch die Erfahrungen der großen Inflationen, praktisch nicht Inflation und Kreditausweitung schlechthin, sondern mäßige, gewisse Schranken nicht überschreitende Politik zur Senkung der Kaufkraft des Geldes empfiehlt.

[1717]Inflationspolitik wird als Waffe im Kampfe der Schuldner um Befreiung von den übernommenen Verpflichtungen betrachtet.

[1718]Doch dieser Gedankengang ist von dem, mit dem wir es hier zu tun haben, zu unterscheiden. Die Auffassung, von der wir sprechen, betrachtet Inflation nicht wegen ihrer Rückwirkung auf die Schuldverhältnisse, sondern wegen ihrer sonstigen Wirkungen und Begleiterscheinungen als den treibenden Faktor oder als notwendige Bedingung wirtschaftlicher Entwicklung.

[1719]seit vielen Jahrhunderten

[1720]Von irgendwelcher Genauigkeit, wissenschaftlicher Strenge oder gar zahlenmäßig bestimmter Feststellung kann bei der Ermittlung eines derartigen Tatbestandes nicht die Rede sein.

[1721]Es wäre vergebens, den Versuch zu unternehmen
[1722]in der geschichtlichen Entwicklung Europas und des modernen Weltkapitalismus, in der Ausgestaltung der Arbeitsteilung und in der fortschreitenden Verbesserung der Versorgung durch erhöhte Kapitalbildung und Anwendung ergiebigerer Produktionsverfahren > in the evolution which led from the poverty of ages gone by to the more satisfactory conditions of modern Western capitalism
[1723]Man hat es jedoch, vielleicht gerade wegen der Überzeugungskraft und der Schärfe, die diesen Widerlegungen innewohnt, und wegen der krassen Unzulänglichkeit der Ausführungen der Anhänger der inflationistischen Lehre unterlassen, sich die Frage vorzulegen, ob nicht andere Gedankengänge als die, die man zu Gunsten der Inflationstheorie vorgebracht hat, etwa doch eine besondere Prüfung des Problems notwendig machen.
[1724]Man muss die Behandlung des Problems von der Bindung an die Unzulänglichkeit. aller inflationistischen Lehren befreien, um keinen Gedanken unberücksichtigt zu lassen, der für das Ergebnis der Untersuchung von Bedeutung sein könnte.

Die Erörterung der für die Beurteilung der inflationistischen Geschichtsauffassung entscheidenden Gesichtspunkte muss den später folgenden Untersuchungen über die Beziehungen von Geldstand und Zinsfussgestaltung und über den Konjunkturwechsel überlassen bleiben. Dort wird zu zeigen sein, wie Inflation und Kreditausweitung den Gang der Wirtschaft beeinflussen und was es für eine Bewandtnis mit dem durch die Geldfülle ausgelösten Aufschwung hat. [FN: Vgl. weiter unter S. 498 ff.]

An dieser Stelle müssen wir uns darauf beschränken, das Problem von einer besonderen Seite zu betrachten.
[1725], jedenfalls schon vor Jahrhunderten
[1726]Der Gelddienst werde ausschließlich durch Geldstücke und durch Geldzertifikate versehen; auch die Teilmünzen, die den Umsatz kleiner und kleinster Beträge ermöglichen sollen, sind durch Geldbeträge, die bei den Ausgabestellen erliegen, voll gedeckt und sind demnach Geldzertifikate. > All money-substitutes – the subsidiary coins included – are money-certificates.
[1727]der Ausbau der Arbeitsteilung und der Geldwirtschaft des Marktes auf der einen Seite, die Steigerung der Ergiebigkeit der Arbeit und die Mehrung der Gütermengen auf der anderen Seite > the intensification of the division of labor, the evolution from the economic self-sufficiency of households, villages, districts, and countries to the world-embracing market system of the nineteenth century, the progressive accumulation of capital, and the improvement of technological methods of production
[1728]Hätte das den Fortschritt hemmen können, hätte es nicht die Wirtschaft in Verhältnissen festgehalten, die mehr Ähnlichkeit mit denen des zehnten Jahrhunderts als mit denen des zwanzigsten haben?
[1729]sinkender Preise > a rising purchasing power for the monetary unit
[1730]den steigenden Preisen > falling purchasing power of the monetary unit
[1731]Kapitalisten in ihrer Geschäftsführung > investors
[1732]Wirt > Entrepreneurs and investors
[1733], sondern die Gestaltung des Verhältnisses, das zwischen den Preisen der komplementären Produktionsmittel und denen der Produkte besteht
[1734]die Kaufkraft der Geldeinheit steigen > falling prices
[1735]sinkender Kaufkraft > rising prices
[1736]Doch auch soweit diese Sicherung in kurzfristigen Geschäften und Spekulationen nicht hinreicht und in den langfristigen Anlagen, für die sie in der Regel überhaupt nicht erzielt werden kann, könnte allgemeine Preissenkung das Sparen und die Kapitalbildung nicht hemmen. Wenn der Aktionär in the long run auch mit fallenden Dividenden zu rechnen haben wird, wird er anderseits auch mit fallenden Preisen und mit sinkenden Lebenshaltungskosten zu rechnen haben. Das Sinken der Preise kann ihn nicht um die Früchte des Sparens bringen.

Man kann daher die Meinung, dass psychische Momente das wirtschaftliche Handeln unter Verhältnissen fortschreitenden säkularen Sinkens der Warenpreise hemmen müssten und die Unternehmungslust schwächen würden, nicht als begründet ansehen. Andere als solche psychologische Hemmungen kämen überhaupt nicht in Betracht. Denn dass die wesentliche Voraussetzung allen Handelns, das Unbefriedigtsein und die Erwartung, es durch Aktivität zu mindern oder ganz zu beseitigen, und die wesentliche Voraussetzung der Entstehung von Unternehmergewinn, die Ungewissheit der Zukunft, mit der Gestaltung der Kaufkraft nichts zu tun haben, wird nicht bestritten werden können.
[1737]Goldwährung > Gold Standard

[1738]geologischen > mineralogical
[1739]muss man zu verstehen suchen, wo man nicht begreifen kann > one must resort to historical understanding
[1740], die erst vor Kurzem ihren Abschluss durch Maßnahmen der chinesischen Regierung gefunden hat,
[1741]und ob es auch dann zur Verdrängung des einen der beiden Metalle gekommen wäre
[1742]Monometallismus > gold standard
[1743], nicht aus Erfolgen ihrer Politik
[1744]Silberkurantgeld > silver standard coins
[1745]Silberscheidemünzen > minted silver only as subsidiary coins
[1746]Goldwährung > gold monometallism
[1747]traf wenigstens die Vorbereitungen zur Rückkehr zur Goldwährung
[1748]der liberalen Epoche und
[1749]Wirtschaftsmethoden > industrialism
[1750]europäische
[1751]der Kultur, die
[1752]die reaktionären Bestrebungen > All those intent upon sabotaging the evolution toward welfare, peace, freedom, and democracy
[1753]des ihnen verhassten Systems der Freiheit und des Friedens > of all those doctrines and policies they wanted to destroy
[1754]In der Goldwährung sah man das Hindernis, das einer Politik schrankenloser Kreditausweitung im Wege steht. Durch die Loslösung vom Golde wollte man den nationalen Kapital aus der Verflechtung mit dem Weltkapitalmarkt lösen, um unbehindert von den Rücksichten, die die Einlösungspflicht den Umlaufsmittelbanken auferlegte, den Zinsfuss möglichst tief herabzudrücken. (Es ist charakteristisch, dass diese Bestrebungen in den Ländern, deren Wirtschaft durch den Zustrom auswärtigen Kapitals befruchtet worden war, früher und stärker auftraten als in den Gläubigerländern.) Man wollte die Goldwährung beseitigen und Inflationspolitik betreiben, um die Schuldner auf Kosten der Gläubiger zu begünstigen und um die Ausfuhr zu fördern und die Einfuhr zu hemmen. Man wollte durch vermehrte Notenausgabe den Staat von der Notwendigkeit befreien, die Ausgaben den Einnahmen anzupassen.
[1755]für ein Geld eines nicht starren Systems der Marktbeziehungen
[1756]Die Goldwährung macht die Gestaltung der Kaufkraft von dem Einfluss der Politik und der schwankenden wirtschaftspolitischen Anschauungen wechselnder Majoritäten unabhängig. Das ist ihr Vorzug. Jede Währungsmanipulation muss willkürlich sein; alle Verfahren, die durch Messung der Kaufkraftveränderungen einen objektiven Maßstab gewinnen wollen, der der Kaufkraftgestaltung als Richtschnur dienen könnte, verkennen die Unmessbarkeit der Kaufkraftbewegungen. Sowohl in der Auswahl der der Berechnung zugrundezulegenden Preisdaten als auch in der Wahl der für ihre mathematische Verarbeitung zu Mittelwerten zu verwendenden Methode liegen Probleme, für die keine eindeutige, dem Widerstreit von Sonderinteressen und Parteien entrückte Lösung gefunden werden kann.
[1757]Man hat schließlich behaupten wollen, dass die Goldwährung unter den Verhältnissen der Gegenwart nicht mehr so funktionieren könne, wie sie im Zeitalter des Liberalismus und Kapitalismus funktioniert habe. Die Erfahrung habe gezeigt, dass Zinsfusserhöhung nicht mehr imstande sei, den Abfluss von Gold aufzuhalten oder Gold aus dem Auslande heranzuziehen. Die Diskontpolitik der Notenbanken und der Währungsausgleichsfonds sei damit sinnlos geworden; sie verteuere zwar der inländischen Produktion den Kredit, könne aber die gefährdete Währung nicht retten. Diese Auffassung mancher Erscheinungen der jüngsten Vergangenheit ist jedoch durchaus verkehrt. Die Zinsfussgestaltung hat ihre Bedeutung für die Bewegung der anlagesuchenden flüssigen Mittel von Land zu Land und für die Auswahl der Anlagemöglichkeiten auf den nationalen Geld- und Kapitalmärkten keineswegs verloren. Doch es können Umstände eintreten, die es den Kapitalisten angezeigt erscheinen lassen, die Vorteile, die höhere Verzinsung bietet, gegenüber besonderen Nachteilen, die ihnen aus dem Handel erwachsen könnten, abzuwiegen. Der Aussicht, eine gewisse Zeit hindurch höheren Zinsbezug zu genießen, steht heute oft das Risiko gegenüber, durch Währungsverschlechterung oder durch Maßnahmen der Devisenbewirtschaftung einen großen Teil des Kapitals einzubüssen. Selbst eine um 10 % höhere Verzinsung in Paris kann einem Ausländer nicht verlockend erscheinen, wenn er befürchtet, 30 oder 50 % des Kapitals durch Entwertung des französischen Francs zu verlieren. Kein Ausländer wird es rätlich finden, flüssige Mittel in jenen Ländern anzulegen, deren Devisengesetzgebung Zinszahlung und Kapitalrückzahlung an Ausländer nicht zulässt. Grosse Geldbeträge sucht man heute

so anzulegen, dass man sie einer drohenden Geldabwertung durch schnelle Übertragung in eine im Augenblick weniger gefährdete Währung entziehen kann; der Zinsentgang, der mit solcher Anlage verbunden ist, spielt keine Rolle im Hinblick auf die Verlustmöglichkeiten, die mit besser verzinslichen Anlagemöglichkeiten verbunden sind.

Der Mechanismus des internationalen Geldmarktes versagt heute, weil die Regierungen durch ihre Politik sein Funktionieren verhindern. Die Goldwährung hat nicht versagt, doch die Regierungen versuchen es, sie zu beseitigen, weil sie sich dem Wahn hingeben, sie könnten damit den Zinsfuss im Lande so niedrig halten, als sie es wünschen, und die Handelsbilanz «verbessern».
[1758]Nahezu alle Regierungen sehen es heute als eine ihrer vornehmsten Aufgaben an, gegen den Gebrauch des Goldes als Geld anzukämpfen. Bisher haben sie damit Schiffbruch gelitten. In einer Welt von im strengen Sinn des Wortes selbstgenügsamen Staatsgebieten wird für ein internationales Geld kein Raum sein. Von diesem Ideal der Nationalisten ist aber die Wirklichkeit heute noch immerhin ziemlich weit entfernt.

Die Regierung eines die ganze Welt umfassenden Staates könnte den Versuch unternehmen, das Goldgeld durch ein Weltkreditgeld oder durch ein Weltzeichengeld zu ersetzen. In der Weltan arehie der Gegenwart sind solche Versuche von vorneherein aussichtslos.

Man darf den Kampf gegen die Goldwährung nicht losgelöst von der politischen Haltung betrachten, die in ihm eine ihrer Erscheinungsformen findet. Die Goldwährung wird bekämpft als ein Stein in dem größten Werk, das Menschen je aufzurichten versucht haben, dem Werk der friedlichen Vereinigung aller Menschen zu einer einzigen großen Gesellschaft der Arbeitsteilung und der einträchtigen Zusammenarbeit durch Austausch von Gütern und Diensten. Was an der Goldwährung ausgesetzt wird, ist, dass sie diesem System des ökumenischen Friedens und der Kooperation aller Menschen zugeordnet ist. Das, was man ihr als Unvollkommenheit ankreidet, ist gerade das, dass sie der Absperrungspolitik des einzelstaatlichen Separatismus im Wege steht. Vom Standpunkte der auf die Zerstörung der weltwirtschaftlichen Verbundenheit der Völker gerichteten Politik ist die Goldwährung zweifellos als ein Werk des Teufels zu betrachten. Betrachtet man sie aber im Rahmen der Weltwirtschaft, dann kann man nur zu dem Urteil gelangen, dass sie eine immerhin brauchbare Lösung des Währungsproblems darstellt. Sie ist das Ergebnis desselben geschichtlichen Prozesses, der von dem Kampfe aller Horden gegen alle Horden zur politischen und ökonomischen Verfassung des 19. Jahrhunderts geführt hat. Kein Kritiker oder Gegner der Goldwährung wüsste ein Geldsystem vorzuschlagen, das besser als die Goldwährung funktionieren könnte.

[1759]gleichlanger

[1760]die Zukunft

[1761]Wanderer > the actor

[1762]Wenn der Weg sich hinzieht, dann summieren sich aber auch kleine Zeitabschnitte zu einer beträchtlichen Zeitdauer

[1763]Nutzwirkung > increment in want-satisfaction

[1764]In manchen Fällen ist sie so lang, dass man sie im täglichen Sprachgebrauch ewig nennt. Im Allgemeinen ist sie zeitlich begrenzt. Es gibt auch Güter, deren Fähigkeit, Nutzen zu stiften, durch den bloßen Zeitablauf schwindet, auch wenn die Nutzwirkung nicht in Anspruch genommen wurde; tritt dies schon nach kurzer Zeit ein, dann spricht man von verderblichen Gütern.

[1765]Es

[1766]naturgegebenen (und in der Regel auch von produzierten)

[1767]Produktionsmitteln > factors

[1768], und es hat in der Beurteilung des Erfolges auch die Nutzdauer zu berücksichtigen

[1769]der Voraussicht und der Vorsorge

[1770]Wir wollen den Zeitabschnitt, für den Handeln in irgend einer Weise und in irgend welchem Ausmaß vorsorgen will, die Vorsorgezeit nennen. Ob die Vorsorgezeit länger oder kürzer ist, hängt vom Handeln ab.

[1771]; es gibt keine gesonderte Entscheidung über die Länge der Vorsorgezeit

[1772]gebrauchsfertigen Gütern > consumers' goods

[1773]Durch das Einschlagen von Produktionsverfahren, die zwar zeitraubender sind (erst nach längerer Zeit zum Erfolg führen), die aber bei gleichem Aufwand ergiebiger sind (eine größere Menge von Produkt ergeben) als Verfahren, die schon nach kürzerer Zeit zum Erfolg führen.

[1774], wenn und weil dieses Verfahren ergiebiger ist

[1775]Mehrergiebigkeit > higher physical productivity

[1776], die man auch in kürzerer Produktionszeit herstellen könnte

[1777]Nur weil sie das sind, werden sie gewählt und eingeschlagen.

1778 Pyramidon
1779 Die Ergiebigkeit des Handelns ist an die Verlängerung der Produktionszeit gebunden. Wer reichlicher oder besser versorgt sein will, muss auf den Genuss länger warten und muss dabei sein Handeln auf längere Vorsorgezeit abstellen.
1780 unter den gegebenen Verhältnissen
1781 Dass *caeteris paribus* Befriedigung in einem näher gelegenen Zeitabschnitt der Zukunft der Befriedigung gleicher Art und Stärke in einem gleichlangen ferner gelegenen Zeitabschnitt der Zukunft vorgezogenen wird, dass mithin im Warten auf eine Befriedigung Unlust liegt, ist gegenüber der Feststellung, dass das Handeln zwischen der Zeit vor der Befriedigung und der Zeitdauer der Befriedigung unterscheidet, kein neuer Tatbestand. Wenn überhaupt zwischen Befriedigtsein und Nichtbefriedigtsein und somit zwischen der Zeit vor der Befriedigung und der Zeitdauer der Befriedigung unterschieden wird, wenn im Handeln dem Zeitmoment überhaupt eine Rolle zufällt, dann kann von gleicher Wertung der Befriedigung in verschiedenen Zeitabschnitten, ohne Bedachtnahme darauf, ob sie in näherer oder fernerer Zukunft liegen, nicht die Rede sein. Die Gleichhaltung der Zeitabschnitte gleicher Länge würde bedeuten, dass es dem Handelnden gleichgültig ist, ob ein Erfolg früher oder später eintritt; sie würde bedeuten, dass er das Zeitmoment aus den Erwägungen, die sein Handeln bestimmen, ausgeschaltet hat. Denn dann würde ein Mehr an Gütern, die erst nach Ablauf einer längeren Wartezeit verfügbar werden, immer höher geschätzt werden als ein schon früher verfügbares Weniger. Wertung der Zeit liegt nämlich nicht schon einfach darin, dass Befriedigung während zweier Monate höher gewertet wird als Befriedigung während eines Monats. Dass jede Nutzwirkung, zeitlich begrenzt ist und dass daher jede Befriedigung Dauer in der Zeit hat, ist schon in der Bewertung der Nutzwirkung berücksichtigt. Das Zeitmoment ist in diesem Sinne ein unentbehrliches Element in der Bestimmung der Größe der Nutzwirkung – des objektiven Gebrauchswertes – eines jeden Gutes. Die Berücksichtigung der Zeit, die in der Unterscheidung des Zustandes vor der Befriedigung und des Zustandes der Befriedigung liegt, ist von anderer Art. Sie unterscheidet nicht einfach Zeitabschnitte nach ihrer Länge. Sie unterscheidet früher und später; für sie ist die Zeit nicht eine homogene Menge, von der es ein Mehr und ein Weniger gibt, sondern ein nicht umkehrbarer Ablauf, dessen Abschnitte dem Werten und Handeln in verschiedener Beleuchtung erscheinen, je nachdem sie näher oder weiter vom Heute entfernt sind.

Bemerkungen zu Böhm-Bawerks Lehre von der Höherwertung gegenwärtiger Güter

Böhm-Bawerk geht in seinen bahnbrechenden Untersuchungen über das Zinsproblem von dem Satze aus, dass gegenwärtige Güter in aller Regel mehr wert sind als künftige Güter gleicher Art und Zahl. [FN: Vgl. Böhm-Bawerk, Kapital und Kapitalzins, 3. Aufl., Innsbruck 1917, 2. Abteilung, S. 426.] Auf zwei Wegen sucht er dann diesen Satz psychologisch zu begründen.

Als zweiten Grund für die Höherwertung der Gegenwartsgüter hat Böhm-Bawerk die fehlerhafte systematische Unterschätzung (zu niedrige Wertung) der künftigen Bedürfnisse und der Mittel, die zu ihrer Befriedigung dienen, angeführt. Böhm glaubt, dass über das Bestehen dieser Unterschätzung kein Zweifel möglich sei. Die Lückenhaftigkeit der Vorstellungen, die wir uns von unserem künftigen Bedürfnisstande bilden, die Willensschwäche, die uns mitunter veranlasst, gegenwärtige Befriedigung der künftigen vorzuziehen, auch wenn wir wissen, dass diese Wahl für unsere Wohlfahrt im Ganzen unvorteilhaft ist, und schließlich die Rücksicht auf die Kürze und Unsicherheit unseres Lebens wirken, seiner Meinung nach, alle in dieser Richtung. Dass die psychologischen Tatsachen, auf die Böhm-Bawerk sich hier zur Erklärung der Unterschätzung künftiger Bedürfnisse beruft, wirklich gegeben sind und dass sie das Handeln der Menschen bestimmen können, ist nicht zu bezweifeln. Es gibt sicherlich viele Menschen, in deren Entschließungen sie eine große Rolle spielen. Doch sie wirken, wie auch Böhm-Bawerk nicht entgangen ist, bei den verschiedenen Individuen, und auch bei demselben Individuum zu verschiedenen Zeiten und in verschiedenen Geistes- und Gemütsstimmungen, in äußerst verschiedenen Graden. Und auch Böhm-Bawerk stellt fest, dass bei «Fanatikern der Vorsicht» sich sogar «eine parteiische *Überschätzung* künftigen Nutzens» einstellen könne.

Wie bei allen psychologischen Tatbeständen dieser Art haben wir es hier nämlich keineswegs mit Notwendigkeit und Allgemeingültigkeit zu tun. Wenn wir annehmen wollen, dass viele Menschen durch die von Böhm-Bawerk angeführten Beweggründe zu einer systematischen Unterschätzung künftiger Bedürfnisse getrieben werden, dann müssen wir auch die Wirkung von Beweggründen in Betracht ziehen, die in der entgegengesetzten Richtung wirksam sind. Auch wenn wir von den vielleicht als pathologisch zu klassifizierenden Typen des «Fanatikers der Vorsicht» und des Geizhalses absehen wollen, – in welchem Falle man wohl auch von den pathologischen Typen der entgegengesetzten Art, vom tollen Verschwender, von dem Einfältigen, der zu beschränkt ist, um sich von künftigen Sorgen überhaupt eine annähernde Vorstellung zu machen, und von dem Menschen, der unter der niederdrückenden Einwirkung einer nahen großen Gefahr steht, abzusehen hätte, – darf man doch wohl die große Rolle, die Höherschätzung der Zukunft im Handeln spielt, nicht übersehen. Man halte sich doch etwa folgende typische Fälle vor Augen: den jungen Mann, der es vorzieht, statt eine Arbeit zu übernehmen, die ihm sogleich ein bescheideneres Einkommen bringen würde, sich unter Entbehrungen für eine Arbeit auszubilden, die wohl ein höheres Einkommen, doch erst in späterer Zeit verspricht; den Sparer und den Versicherungsnehmer, die sich manches versagen, um für die eigene Zukunft und für die ihrer Angehörigen vorzusorgen; den Mann, der eine schlechter besoldete Stelle, die mit Pensionsberechtigung verbunden ist, einer besser besoldeten vorzieht, die nicht in derselben Weise für die Zukunft sichert; den Unternehmer, der seine Lebenshaltung bescheiden hält, um alle Überschüsse im Unternehmen weiterarbeiten zu lassen. Dass Sparen und durch Versicherung für die Zukunft Sorgen nicht überall und nicht unter allen Umständen möglich sind, dass es Einrichtungen besonderer Art – wie geordnetes Bank-, Sparkassen-, Kredit-, und Versicherungswesen und vor allem von inflationistischen Eingriffen verschontes Geldwesen – geben muss, um den Massen das Sparen überhaupt zu ermöglichen, und dass dort, wo diese Voraussetzungen fehlen, nicht gespart werden kann, schwächt die Bedeutung dieser Argumente ebensowenig ab wie der Umstand, dass Unternehmer und Kapitalisten, die von Enteignungen bedroht sind, es vorziehen, ihr Kapital lieber selbst aufzuzehren, als es dem Enteigner zu überantworten. Denn wo immer die institutionellen Bedingungen des Vorsorgens gegeben waren, wurde von ihnen ausgiebig Gebrauch gemacht.

Man darf nicht etwa einwenden, dass in den angeführten Beispielen keine (fehlerhafte) Unterschätzung (zu niedrige Schätzung) der Gegenwart gegenüber der Zukunft zu erblicken sei, die man der von Böhm-Bawerk im zweiten Grunde angeführten (fehlerhaften) Unterschätzung (zu niedrigen Schätzung) der künftigen Güter entgegen zu halten berechtigt wäre; es werde einfach, nachdem für die Gegenwart ausreichend vorgesorgt wurde, auch für die Zukunft, jedoch in weniger ausgiebiger Weise etwas zurückgelegt. Dieser Einwand würde den Fall des unter Entbehrungen sich für einen künftigen einträglicheren Beruf vorbereitenden Studenten und des jungen pensionsberechtigten Angestellten gewiss nicht treffen: er berührt aber auch ebensowenig die übrigen Beispiele. Denn in allen diesen typischen Beispielen handelt es sich nicht um Personen, die «überversorgt sind oder es doch wären, falls sie ihre sämtlichen in der Gegenwart verfügbaren Deckungsmittel auch in der Gegenwart aufzehren wollten», [FN: Vgl. Böhm-Bawerk, a. a. O., S. 453, Anm. 1.] sondern um Personen, die eine Einschränkung der gegenwärtigen Lebenshaltung, die sie subjektiv als Entbehrung und Entsagung empfinden, in Kauf nehmen, um für die Zukunft besser vorzusorgen. Man darf, wie schon erwähnt wurde, zur Beurteilung dieser Dinge nur Beobachtungen heranziehen, die unter den Verhältnissen einer Gesellschaftsordnung gemacht wurden, in der Sparen für künftige Versorgung möglich ist. Die von liberalem Geist erfüllte kapitalistische Wirtschaftsordnung hat die Voraussetzungen für die Entfaltung des Sparsinns geschaffen und damit überhaupt erst den Massen die Wahl geboten, zwischen Befriedigung zeitlich näher liegenden und Befriedigung zeitlich ferner liegenden Bedarfs zu wählen. Vorher war das Sparen auf die engen Schichten der

Unternehmer und der Besitzenden beschränkt gewesen. Die rasche Zunahme der Kapitalbildung im Zeitalter des Kapitalismus war jedoch zu einem guten Teil auf das Sparen der Massen zurückzuführen, bei denen man wohl, ungeachtet der gewaltigen Wohlstandssteigerung, die ihnen der Kapitalismus gebracht hatte, doch nicht von Überversorgung sprechen könnte. Das Sparen als Massengewohnheit, ja selbst als Massenfanatismus hätte sich wohl noch viel stärker eingebürgert, wenn ihm nicht zwei Strömungen entgegengearbeitet hätten: die wachsende Gefährdung der Sparkapitalien durch die antikapitalistischen Tendenzen und die durch das Umsichgreifen der antikapitalistischen Ideologie betriebene systematische Verächtlichmachung des Sparens und Bestreitung seines Wertes. Der Liberalismus hatte dem Minderbemittelten als einzigen Weg zum Aufstieg das Sparen empfohlen. Die sozialistische Propaganda bemühte sich dagegen zu erweisen, dass das Sparen den Einzelnen niemals zu Wohlstand bringen könne; Kapital, lehrte sie, entstehe nicht durch Sparen, sondern durch Akkumulation des durch Ausbeutung fremder Arbeit und durch Aneignung von Mehrwert erzielten Profits.

Man kann wohl die Behauptung vertreten, dass für die kapitalistische Gesellschaft eher eine Überschätzung der künftigen Bedürfnisse charakteristisch sei als eine Unterschätzung. Aber wie dem auch immer sein mag, wir haben es hier mit einem psychologischen Tatbestand zu tun, dem die Allgemeingültigkeit und Notwendigkeit fehlt. Es gibt Menschen, bei denen Beweggründe für die Unterschätzung künftiger Bedürfnisse und der Mittel zu ihrer Befriedigung – in verschiedenem

Ausmaße – wirksam sind; aber es gibt auch Menschen, die die künftigen Bedürfnisse und die Mittel zu ihrer Befriedigung eher überschätzen als unterschätzen. Niemals könnte man eine Erscheinung von der Allgemeinheit, die der Höherwertung der gegenwärtigen Güter und der Niedrigerwertung künftiger Güter zukommt, auf das Vorwalten psychologischer Beweggründe, die nur bei einem Teile der Menschen in verschiedener Stärke wirksam sind, befriedigend erklären.

Nicht besser steht es mit dem ersten Grund, den Böhm-Bawerk für die Höherwertung der gegenwärtigen Güter anzuführen weiß: der Verschiedenheit des Verhältnisses von Bedarf und Deckung in den verschiedenen Zeiträumen. Auch hier handelt es sich um einen Tatbestand, dem die Allgemeingültigkeit mangelt. Es gibt wohl Personen, die in der Gegenwart Mangel leiden, aber hoffen dürfen, in späterer Zeit besser versorgt zu sein. Es gibt aber auch Personen, bei denen das Gegenteil zutrifft. Das räumt auch Böhm ein, und er selbst rechnet «in diese Kategorie die sehr stattliche Zahl von Leuten, deren Einkommen ganz oder überwiegend aus der persönlichen Tätigkeit fließt und voraussichtlich in einem späteren Lebensalter bei eintretender Arbeitsunfähigkeit versiegen wird». [FN: Vgl. *Böhm-Bawerk*, a. a. O., S. 441.] Freilich meint Böhm die Bedeutung dieser Tatsache durch die Behauptung verkleinern zu können, dass diese Personen die Möglichkeit besitzen, gegenwärtige Güter dem Dienste der Zukunft aufzubehalten und für die Zwischenzeit als Reservefonds zu benützen; sie werden die gegenwärtigen Güter den künftigen eben gleich oder gleichfalls noch etwas höher schätzen. Nur in einer verschwindenden Minorität von Fällen, in denen die Kommunikation von Gegenwart und Zukunft durch besondere Umstände gehindert oder bedroht ist, hätten gegenwärtige Güter für ihre Besitzer einen geringeren subjektiven Gebrauchswert als künftige. Bei diesem Stand der Dinge müsste offenbar, auch wenn gar kein anderer Umstand mitwirken würde als die Verschiedenheit von Bedarf und Deckung in Gegenwart, und Zukunft, die Resultante der subjektiven Wertschätzungen, die den objektiven Tauschwert bestimmt, so ausfallen, dass die gegenwärtigen Güter einen mächtigen Vorsprung, ein mächtiges Agio gegenüber den künftigen behaupten.[FN: Vgl. Böhm--Bawerk, a. a. O., S. 443 ff.] Böhm-Bawerk hat nicht erkannt, dass der Umstand, dass die Menschen in sehr großem Masse für die Zukunft und nicht nur für die nächste Zukunft sorgen, ganz allgemein gegen die Beweiskraft seines ersten Grundes spricht. Dass überhaupt für die Zukunft gesorgt wird, dass man überhaupt gegenwärtigen Genuss dem künftigen gegenüber zurückstellt, ist doch ein Beweis dafür, dass man der Meinung ist, dass die Versorgung in der Zukunft ohne solche Vorkehrungen im Vergleich mit der Versorgung in der Gegenwart unzulänglich sein werde. Es ist dabei ohne Belang, ob die Zahl der Personen, bei denen die Dinge anders liegen, so dass sie in der Gegenwart Mangel leiden, anderseits aber hoffen dürfen, in einer künftigen Periode reichlicher versorgt zu sein, größer oder kleiner ist. Denn die Gruppe dieser Personen zerfällt, wie auch Böhm nicht entgangen ist, in zwei scharf zu trennende Untergruppen. Die eine Untergruppe bilden die – mittellosen – Kinder und Kranken, bei denen der Zeitablauf allein zur Verbesserung des Versorgungsstandes führt; herangewachsen oder genesen, werden sie arbeiten können. In einer Gesellschaft, die von der Hand in den Mund lebt und daher auch Kreditgeschäfte – den Tausch von gegenwärtigen gegen künftige Güter – nicht kennt, wären sie dem Verhungern preisgegeben, wenn nicht Familiensinn oder Nächstenliebe sie davor bewahrt. In einer Gesellschaft, in der auch für die Zukunft gesorgt wird, können sie – oder ihre Sachwalter und Vormünder für sie – ihre künftige Arbeitskraft und ihren künftigen Wohlstand eskomptieren und damit das Heute durch das Morgen und zugleich das Erleben des Morgen sichern. Doch das können sie nur darum, weil es andere Leute gibt, die in der Gegenwart so weit versorgt sind, dass sie für die Zukunft, die ihrer Meinung nach sonst Unterversorgung bringen müsste, schon jetzt Sorge tragen.

Noch deutlicher wird dies bei der andern Untergruppe, die, nach Böhm-Bawerks Worten, jene umfasst, die, «mit Zuversicht einem wirtschaftlich aufsteigenden Lebenslauf entgegensehen». Das sind Personen, die sich für einen Beruf ausbilden oder die die ersten Schritte in einem Beruf tun, der erst nach Ablauf einer gewissen Zeit einträglich zu werden verspricht. Dass solches Abstellen des Handelns auf eine entferntere Zukunft auch solchen Personen möglich ist, die nicht über die zum Durchhalten in der Ausbildungs- oder Wartezeit erforderlichen Mittel selbst verfügen, ist nur möglich, weil andere Personen über diese Mittel verfügen und sie ihnen gerade deshalb leihen, weil sie – in der Gegenwart verhältnismäßig überversorgt – auf diesem Wege ihre – der Verleiher – eigene künftige Versorgung sichern.

Die Verschiedenheit des Verhältnisses von Bedarf und Deckung in verschiedenen Zeiträumen kann erklären, warum für die Zukunft und nicht nur für die Gegenwart schon im gegenwärtigen Handeln Sorge getragen wird. Sie kann aber nicht erklären, warum künftige Güter niedriger geschätzt werden als gegenwärtige. Denn auch dann, wenn künftige Güter gerade so hoch oder noch höher geschätzt werden würden als gegenwärtige, ja dann noch eher würden diejenigen, die in der Gegenwart reichlich versorgt sind und fürchten, dass sie in der Zukunft, wenn sie nicht einen Teil des gegenwärtigen Wohlstands ihr aufopfern, schlechter versorgt sein werden, für die künftige Bedürfnisdeckung sorgen. Personen, die in der Gegenwart Mangel leiden, aber hoffen dürfen, künftig reichlicher versorgt zu sein, sind begreiflicherweise bereit, Gegenwartsgüter höher zu schätzen als künftige Güter. Doch nicht sie sind es, die auf dem Markt, auf dem gegenwärtige gegen künftige Güter ausgetauscht werden, die entscheidende Rolle spielen; die Hauptrolle fällt jenen zu, die über gegenwärtige Güter verfügen und zu entscheiden haben, ob diese zur Befriedigung von Bedarf der näheren oder der ferneren Zukunft herangezogen werden sollen. Sie sind es, die zwischen gegenwärtigen und künftigen Gütern wählen. In ihren Wahlhandlungen tritt jene Wertungsverschiedenheit hervor, die unser Problem bildet.

Böhm-Bawerk's Irrtum lag zunächst darin, dass er den Satz von der Höherwertung der gegenwärtigen Güter psychologisch zu begründen suchte. Auf psychologischem Wege vermag man jedoch niemals zu einem allgemeingültigen Satz zu gelangen. Die Psychologie kann uns zeigen, dass manche Menschen oder viele Menschen von bestimmten Beweggründen geleitet werden, sie kann aber nie zeigen, dass ein bestimmtes Verhalten notwendig immer in gleicher Weise allen Menschen gemein ist. In der Tat gelingt es Böhm-Bawerk nur zu zeigen, dass manche Umstände, unter denen Menschen mitunter zu handeln haben, eine Höherwertung der gegenwärtigen Güter plausibel erscheinen lassen. Diesem Tatbestand steht aber der nicht minder klare Tatbestand gegenüber, dass Menschen mitunter auch unter Umständen zu handeln haben, die eine Höherwertung künftiger Güter plausibel erscheinen lassen. Es gibt Typen, die zu einer fehlerhaften Unterschätzung künftiger Güter, es gibt aber auch Typen, die zu einer fehlerhaften Überschätzung künftiger Güter neigen.

[1782]Der praxeologische Beweis für die Höherwertung zeitlich näherer Befriedigung

[1783]Böhm-Bawerk gelangt denn auch nur zu dem Ergebnis, dass künftige Güter «in aller Regel» niedriger geschätzt werden als gegenwärtige Güter gleicher Art und Zahl. Das kann uns nicht befriedigen. Gibt es Ausnahmen von dieser Regel? Wenn es Ausnahmen gibt, welche Bedeutung kommt ihnen dann für den Zins zu? Wäre es vielleicht denkbar, dass die Ausnahmen unter bestimmten Voraussetzungen zur Regel werden und dass dann der Zins verschwindet?

Nein, solche Ausnahmen gibt es nicht. Handeln muss immer und ausnahmelos Befriedigung in einem näher gelegenen Zeitabschnitt höher schätzen als Befriedigung gleicher Art und Stärke in einem ferner gelegenen gleichlangen Zeitabschnitt. [FN: Vgl. Fetter, The Principles of Economics, a.a.O., S. 144.] Täte es das nicht, dann könnte es nie dazu gelangen, sich für eine Befriedigung zu entscheiden. Wer verbraucht oder gebraucht, wer Unbefriedigtsein durch sein Handeln in größerem oder geringerem Umfange zu beheben sucht, muss darin immer Befriedigung in einem näher gelegenen Zeitabschnitt der in einem ferner gelegenen Zeitabschnitt vorziehen. Wer verzehrt und genießt, hat damit eine Wahl zwischen Befriedigung im nächsten Zeitabschnitt und Befriedigung in einem ferneren Zeitabschnitt getroffen und die frühere Befriedigung vorgezogen. Würde er anders entscheiden, würde er nicht die frühere Befriedigung der späteren vorziehen, könnte er nie zum Genuss kommen. Er könnte auch morgen nicht verzehren und genießen, weil auch die Entscheidung zwischen dem nun zum Heute gewordenen Morgen und dem zum Morgen gewordenen Übermorgen die Höherwertung der früheren Befriedigung gegenüber der späteren Befriedigung verlangt, wenn nicht ein neuer Aufschub des Genusses eintreten soll. [FN: Vgl. Cuhel, Zur Lehre von den Bedürfnissen, Innsbruck 1907, S. 304.]

[1784]setzt die Höherwertung der Befriedigung im näheren Zeitabschnitt voraus

[1785]Wenn nach Befriedigung des dringendsten Bedarfs, der die Rangordnung 1 trägt, das nächstdringende Bedürfnis, das die Rangordnung 2 trägt, vor dem noch nicht befriedigten Bedürfnis von morgen, das bei gleicher Wertung die Rangordnung 1 tragen würde, befriedigt werden soll, dann ist damit dem weniger dringenden Bedarf von heute der Vorrang vor einem Bedarf von morgen eingeräumt worden, der – wenn man vom Zeitmoment absieht – als der dringendere erscheinen würde. > Once the desire *a* to which the scale of values assigns the rank 1 is satisfied, one must choose between the desire *b* to which the rank 2 is assigned and *c* that desire of tomorrow to which-in the absence of time preference-the rank 1 would have been assigned. If *b* is preferred to *c*, the choice clearly involves time preference.

[1786]Wer nicht die Befriedigung in einem näheren Zeitabschnitt der in einen späteren Zeitabschnitt vorzieht, würde nur immerfort anhäufen und für die Zukunft vorsorgen, ohne je zu genießen und zu verzehren. Handeln, das heißt:

[1787]des Urmenschen, der über die Verwendung einiger Fische oder Kokosnüsse zu verfügen hat

[1788]fertigen Gütern > consumers' goods

[1789]– *caeteris paribus* –

[1790]gebrauchsfertigen – gegenwärtigen – Gütern > consumers' goods
[1791]die Verwendung dieses regelmäßigen Zuwachses
[1792]verschiedene Schätzung gegenwärtiger und künftiger Befriedigung
[1793]die im Bereich des Möglichen > thinkable and feasible
[1794]Sowenig uns diese Ausdrucksweise berechtigen würde anzunehmen, dass kein Begehren nach besserer Versorgung an verschiedenen Genussgütern auftreten würde, wenn die Möglichkeit, es zu befriedigen, auftaucht und dem Wirt zur Wahl gestellt wird, sowenig sind wir berechtigt, aus den Bedingungen der gleichmäßigen Wirtschaft auf gleiche Wertung der Bedürfnisbefriedigung in verschiedenen Zeitabschnitten zu schließen.[FN: Damit erweisen sich die von Knight (Capital, Time and the Interest Rate, in Economica, New Series, Vol. I., S. 271 ff.) vorgebrachten Einwände gegen die Agiotheorie als unstichhaltig.]

Sobald das Gleichgewicht der gleichmäßigen Wirtschaft durch eine neue Tatsache gestört wird, muss wieder zwischen Befriedigung in näherer und der in fernerer Zukunft gewählt werden. Wenn ein Zuwachs an Gütern für den Verbrauch in näherer Zukunft gewidmet wird und nicht – durch Investition – für die Verwendung in späterer Zukunft, so kann das nur den Grund haben, dass der Befriedigung in näherer Zukunft vor der in fernerer Zukunft der Vorzug gegeben wird.
[1795]105 > 104
[1796]Doch auch wenn er Sparen dem Verbrauch vorzieht
[1797]die Höherschätzung der Befriedigung in näherer Zukunft
[1798]Einmal für das Handeln, das nicht zwischen einem Weniger an Menge heute und einem Mehr an Menge in späterer Zeit zu wählen hat; das ist der Fall der Menschen in Verhältnissen, in denen sie
[1799]Dann für das Handeln unter Verhältnissen, in denen
[1800]den Tatbestand der Höherwertung der Befriedigung in näherer Zukunft
[1801]Vielleicht mag selbst die Experimentalpsychologie hier manche interessante Beiträge zu liefern imstande sein.
[1802]in vielen Fällen –
[1803]–
[1804]in der Wartezeit
[1805]die Verlängerung der Produktionszeit überhaupt erst
[1806]an «die im Angelpunkte meiner Theorie stehende Bedingung»
[1807], nämlich
[1808]Gewiss hat ihn auch Böhm-Bawerk nicht in diesem Sinne aufgefaßt; das würde im Widerspruch mit dem Grundgedanken seiner Lehre stehen.
[1809]Die Menge der verfügbaren gegenwärtigen Güter muss so groß sein, dass sie Befriedigung in näherer Zukunft in solchem Umfang gestattet, dass der Verzicht auf weitere Befriedigung im näher liegenden Abschnitt der Zukunft durch die Aussicht auf eine reichlichere, wenn auch erst für einen ferner liegenden Abschnitt der Zukunft zu erwartende Befriedigung aufgewogen wird. > The quantity in question must be large enough to secure the satisfaction of all those wants the satisfaction of which during the waiting time is considered more urgent than the advantages which a still greater lengthening of the period of production would provide.
[1810]objektiven Tatsachen
[1811]notwendigen Lebensunterhalt > biological survival (in the strict sense of the term)
[1812]freie Güter > not scarce
[1813]Höherwertung der Befriedigung in näherer Zukunft und mithin Zins so geben wie in unserer Welt
[1814]Am Anfang der Verlängerung der Produktionszeit steht das Sparen. Ein Genuss wird aufgeschoben, weil man den Bedarf von heute soweit befriedigt hat, dass die Deckung eines Teiles des späteren Bedarfs für dringender erachtet wird als das weitere Fortschreiten in der Befriedigung des heutigen Bedarfs.
[1815]vor Befriedigung gleicher Art und Stärke in einem gleichlangen Zeitabschnitt der ferneren Zukunft
[1816]um das Einschlagen von immer zeitraubenderen, doch ergiebigeren Verfahren zu ermöglichen.

Nur weil der Mehrergiebigkeit, die viele zeitraubendere Verfahren auszeichnet, die Höherwertung der Befriedigung in näherer Zukunft gegenübersteht, wird nicht nur gespart und investiert, sondern auch aufgebraucht.
[1817], um zunächst ursprüngliche Produktionsmittel (und im weiteren Fortgang der Entwicklung auch produzierte Produktionsmittel) für das Einschlagen von
[1818]freizubekommen

[1819]an Hand der Geldrechnung
[1820]des Unternehmens
[1821]Nur weil sie das kann, ist sie befähigt, der arbeitsteilig produzierenden Marktwirtschaft als Kompass zu dienen. > It is the indispensable compass of production in the market economy.
[1822]Man erzeugt und verbraucht fortlaufend. > Innumerable processes of production with different periods of production are in progress simultaneously.
[1823]Produktionsmittel > factors of further production
[1824]sie für Gebrauch und Verbrauch reif geworden sind
[1825]Das erste Kapital ist nur aus den ursprünglichen Produktionsfaktoren (Arbeit und naturgegebenen Produktionsmitteln) gebildet worden, und wenn wir Späteren weiteres Kapital durch Sparen von Gütern bilden, die durch Kombinieren von drei Gruppen von Produktionsfaktoren, nämlich Arbeit, naturgegebene sachliche Produktionsmittel und produzierte Produktionsmittel, erzeugt wurden, so ist das nur dem Umstande zuzuschreiben, dass wir dank dem von unseren Vorfahren ererbten Kapital in der Kapitalbildung nicht mehr von Frischem anfangen müssen.[FN: Daher ist die in der Sprache sehr heftige, doch sachlich unbegründete Kritik, die *Knight* (Capital, Time and the Interest Rate, a.a.O., S. 262) am Böhm-Bawerk'schen Gedankengang übt, zurückzuweisen.]

Will man das Kapital nicht aufzehren, dann müssen die Güter, in denen es verkörpert ist, immer wieder aus dem Ergebnis der Produktion ersetzt werden, wenn sie durch die Produktion aufgebraucht, durch Elementarereignisse zerstört oder durch Änderung der Bedarfsgestaltung oder der Produktionstechnik entwertet wurden. Gemehrt wird das Kapital durch neue Rücklagen, die über diese Erneuerung des alten Kapitals hinausgehen. Um zu sparen, muss man immer wieder mehr erzeugen als verbrauchen.

Die Kapitalrechnung ist Geldrechnung. Nur die Geldrechnung ermöglicht es, den Gedanken der Sonderung des Kapitalstammes vom Ertrage zu verwirklichen. In einer Wirtschafts- und Gesellschaftsordnung, die den Geldgebrauch entweder überhaupt nicht kennt oder keine Geldpreise der Produktionsmittel bildet, kann man wohl die Gedankengänge erfassen, die zur Kapitalrechnung führen. Die Kapitalrechnung selbst könnte jedoch dort nicht durchgeführt werden. In sehr einfachen Verhältnissen, in denen nur wenig Zeit beanspruchende Produktionsverfahren eingeschlagen werden, könnte man allenfalls in vagen Schätzungen halbwegs einen Ersatz für die Geldrechnung erblicken. Jene Urfischer und Urjäger konnten sie entbehren; sie hatten nur darauf bedacht zu sein, ihren Besitz an Werkzeugen und an Reservevorräten ungeschmälert zu erhalten. Darüber, dass die arbeitsteilig produzierende Wirtschaft sie nicht entbehren kann, braucht man nicht viel Worte zu machen.
[1826], die uns schon den ersten Schritt dieser Rückverfolgung des Entstehungsganges eines Gutes verbietet, nämlich die Ermittlung des physischen Anteils, der jedem einzelnen Komplementärgut an seiner Entstehung zuzuschreiben ist
[1827]das Handeln selbst > acting man himself
[1828]die Wissenschaft vom Handeln > economic theory
[1829]Der Wirt > Acting man
[1830]in der Produktion
[1831]doch nicht
[1832]auf die Wertung der produzierten Produktionsmittel
[1833]ihre Erzeugung
[1834]die Herstellungskosten
[1835]Man nehme etwa an, dass die reicher gewordenen Wirte nun bereit sind, mehr Mittel aufzuwenden, um Aufführungen von Kunstwerken und Sportfeste zu veranstalten. Die Produktionszeit im Vergnügungswesen ist im Allgemeinen wohl kürzer als die in der Erzeugung von Wasserleitungen, Beleuchtungsanlagen und Eisenbahnen.

Es wäre daher ein Irrtum, wollte man glauben, dass jeder Zuwachs von Kapital zur Aufnahme von Produktionsverfahren führt, bei denen die Produktionszeit länger ist als bei den schon früher aufgenommenen. Der Satz, dass langwierigere Produktionsverfahren die Verfügung über mehr Kapital voraussetzen als kürzere, lässt sich nicht in der Weise umkehren, dass man sagt: ein Zuwachs an Kapital kann nur zur Verlängerung der Produktionszeit verwendet werden.

Es kann auch vorkommen, dass technische Fortschritte oder die Entdeckung bisher nicht bekannter ursprünglicher Produktionsmittel dazu führen, dass Verfahren, die sowohl mehr Kapital als auch längere Produktionszeit erfordern, durch Verfahren mit geringerem Kapitalaufwand und kürzerer Produktionszeit ersetzt werden. Ob das häufiger oder seltener eintritt, ist für die grundsätzliche Frage ohne Bedeutung.

[1836]auch wenn die einzelnen mit der Kapitalvermehrung neu aufgenommenen Produktionsverfahren in kürzerer Produktionszeit zum Endergebnis führen als die schon früher aufgenommenen,
[1837]Am deutlichsten tritt die Bedeutung der Wartezeit hervor, wenn man sich auf das Wesen der Erscheinung besinnt, die man als Kapitalmangel zu bezeichnen pflegt, und wenn man die Leistung des Kredits in der Produktion untersucht. Wenn wir z. B. sagen, dass Rumänien um 1860 herum nicht über das Kapital verfügte, um Eisenbahnen und Strassen zu bauen, seine Landwirtschaft nach mitteleuropäischem Vorbild umzugestalten und die handwerksmäßige Erzeugung im Gewerbe durch fabriksmäßige zu ersetzen, dann wollen wir sagen, dass die Rumänen, wenn es ihnen nicht möglich gewesen wäre, ausländischen Kredit zu erhalten und fremdes Unternehmungskapital heranzuziehen, die Mittel für diese Reformen nur durch Sparen hätten beschaffen können. Die Rumänen hätten dann die Wahl gehabt zwischen der Einschränkung des Verbrauchs bei ungeänderter Erzeugung und der Erhöhung der Erzeugung bei unverändertem Verbrauch. Beide Wege hätten nur langsam zum Ziele führen können. Weit schneller konnte das Ziel durch die Einfuhr ausländischen Leih- und Unternehmungskapitals erreicht werden. Denn auf diese Weise konnte man die Produktion sehr bald beträchtlich steigern und aus dem Mehrertrag nicht nur das fremde Kapital verzinsen, sondern auch – selbst bei Steigerung des Verbrauchs – noch genug erübrigen, um daran zu denken, die Schulden zu tilgen und die Anteile der fremden Unternehmungen zu erwerben.

Wäre jedoch Rumänien außerhalb des Weltverkehrs geblieben, dann hätte man die Eisenbahnen, Maschinen und anderen Hilfsmittel moderner Erzeugung nicht anders zu beschaffen gewusst als durch Anlage aller jener Betriebe, die zu ihrer Erzeugung benötigt werden. Man hätte aus der Landwirtschaft und aus den Gewerben Arbeiter herausziehen müssen, um sie für diese Arbeiten zu verwenden, und man hätte den Verbrauch soweit einschränken müssen, dass man mit den dadurch verminderten Erträgnissen der landwirtschaftlichen und gewerblichen Erzeugung das Auslangen hätte finden können. Was den Rumänen fehlte, waren mithin die Unterhaltsmittel, deren Vorhandensein es ihnen ermöglicht hätte, ohne Einschränkung des Verbrauches die Erzeugung von Eisenbahnmaterial, Maschinen u. dgl. aufzunehmen. Doch selbst wenn sie sich diese Unterhaltsmittel durch ausländische Kredite hätten beschaffen können, hätten sie – auf die Herstellung der benötigten Mengen an Eisenbahnmaterial und Maschinen im Inland angewiesen – noch lange warten müssen, bis sie in die Lage gekommen wären, sich dieser Produktionsmittel bedienen zu können. Indem sie im Auslande so große Kredite aufgenommen haben, dass sie gleich diese Produktionsmittel einzuführen imstande waren, haben sie den gleichen Erfolg erzielt, als ob sie mit dem Sparen im Verbrauch und mit der Widmung eines Teiles ihres – bescheidenen – schon früher angesammelten heimischen Kapitals und ihrer Arbeit für die Erzeugung von Eisenbahnmaterial und Maschinen bereits vor Jahren begonnen hätten.
[1838]durch Einschränkung des Verbrauches und durch Verwendung der durch diese Einschränkung freigesetzten Mengen von Kapital, Arbeit und naturgegebenen sachlichen Produktionsmitteln
[1839]die die Etappen auf dem Wege zu diesem Ziel bilden. Es fehlt die vorgetane Arbeit und daher liegt das Ziel noch in der Ferne. Das Vorhandensein von Kapital bedeutet, dass man Zielen näher gekommen ist, weil man schon früher begonnen hatte, auf sie hinzuarbeiten.
[1840]und es ist daher noch zu früh,
[1841]Kapitalmangel ist Mangel an den für die frühere Erreichung eines Ziels benötigten Zwischenprodukten, ist Mangel an vorgetaner Arbeit und ungenügendes Sparen in der Vergangenheit.
[1842]Dienst > advantages
[1843][FN: Vgl. *Jevons*, The Theory of Political Economy, Third Edition, London 1888, S. 223 ff.]
[1844]bedeutet umgekehrt, dass man nur durch Einschränkung des Verbrauches manche Ziele erreichen kann, die man vor dem Verlust ohne Einschränkung des Verbrauches hätte erreichen können.
[1845]oder, was dasselbe ist, Zeitersparnis
[1846]man
[1847], den die Verfügung über Kapital dem Kapitalisten gibt,
[1848]Man
[1849], oder wenn man es versteht, die Ergiebigkeit der wirtschaftlichen Arbeit *caeteris paribus* zu steigern.
[1850]des abendländischen Kulturkreises > of the West
[1851]jahrhundertelanger Arbeit > long since
[1852]eine Kapitalfülle angesammelt, die ihrem Wirtschaften einen gewaltigen Vorsprung gegenüber den Völkern gab

[1853]in der Verdrängung der militaristischen Gesellschaftsform durch die industrielle Gesellschaftsform > in substituting the ideas of acquisitive capitalism for those of predatory militarism
[1854]wohl viele Jahrhunderte gebraucht, ehe es ihnen gelungen wäre, die Höhe kapitalistischen Reichtums zu erklimmen, die Europa durch eigene Arbeit schon im 19. Jahrhundert erklommen hatte
[1855]im kapitalistischen Zeitalter
[1856]Westeuropa und den übrigen Völkern der drei alten Erdteile in den letzten hundert Jahren
[1857]die Rezepte der modernen Technologie
[1858], um diese Rezepte schneller und ohne den Preis von Entbehrungen durchzuführen
[1859]des Ostens
[1860]die
[1861]; sie war auf der Voraussetzung aufgebaut gewesen, dass die Zinsen der Anleihen gezahlt werden, dass die Eigentümer der Unternehmungen die Erträgnisse beziehen können und dass den Eigentümern und Gläubigern die Verfügung über den Kapitalstamm gewahrt bleibt. Diese Erwartungen haben sich als unberechtigt erwiesen. Ein großer, ja der größte Teil des Kapitals, das der Westen dem Osten zur Verfügung gestellt hat, ist ebenso wie ein beträchtlicher Teil des Kapitals, das von Europa der neuen Welt zur Besiedlung und Urbarmachung der neuerschlossenen Gebiete anvertraut worden war, den Eigentümern entzogen worden oder dürfte ihnen in nicht ferner Zukunft entzogen werden. Überall ist das Kapital, ganz besonders aber das «fremde» Kapital heute von Enteignungsmaßnahmen verschiedener Art bedroht
[1862]diesen Geschehnissen und ihren Folgen für die Zukunft des Menschengeschlechts
[1863]auf die industrielle Struktur
[1864]und Wahlakte
[1865]Das Unbefriedigtsein einer näheren und das einer ferneren Zukunft wird heute verglichen und nach dem heutigen Stand gewertet.

Es wäre eigentlich richtiger, diesen Sachverhalt in der Weise auszudrücken, dass man nur von der gegenwärtigen – d.h. im Augenblick des Handelns, des Wahlaktes – empfundenen Befriedigung über künftige Befriedigung in näherer und in fernerer Zukunft spricht. Das Unbefriedigtsein, das der Handelnde soweit, als die verfügbaren Mittel es gestatten, abstellen will, ist gegenwärtiges Unbefriedigtsein, das durch die Aussicht auf künftiges Unbefriedigtsein erweckt wird. Beim Handeln, das auf die Behebung fremden Unbefriedigtseins gerichtet ist, liegt das Unbefriedigtsein, das der Handelnde abstellen will, in seinem Unbehagen, das er beim Gedanken an des andern Unbefriedigtsein empfindet. Indem er für den andern sorgt, sticht er sein eigenes Unbefriedigtsein zu beheben.

Es liegt daher nichts Auffälliges in dem Umstande, dass Handelnde die Vorsorgezeit auch über die Dauer des eigenen Lebens hinaus zu erstrecken bedacht sind. Zu den Triebfedern des Handelns gehört auch die Fürsorge für Nachkommen, Verwandte und andere Menschen. Vorsorge für die Zeit nach Beendigung des eigenen Lebens fällt nicht aus dem Rahmen, der alles Handeln umschließt.
[1866]Lenkbarkeit > convertibility
[1867]Die Gutsqualität aller Kapitalgüter hängt eben von der Gutsqualität der Genussgüter ab, deren Herstellung sie dienen. Ändert sich die Bedeutung der Endprodukte, dann wirkt das auf die Bewertung der komplementären Produktionsgüter zurück.
[1868]Der Wert
[1869]Werte der einzelnen Kapitalgüter, aus denen er zusammengesetzt ist
[1870]Jedes Kapital ist stets in dem Sinne gebunden, dass die einzelnen Kapitalgüter
[1871]sind
[1872]Jedes Kapital ist damit in höherem oder geringerem Grade für bestimmte Verwendungen festgelegt > Every unit of capital is therefore in some way or other fixed capital
[1873]Produktionsmitteln > goods
[1874]Für naturalwirtschaftliche Verhältnisse bedarf es da keiner weiteren Beweisführung. Die zusätzlichen Ersparnisse eines nur für den eigenen Bedarf wirtschaftenden Landwirts oder eines Erzeugers, der die Erzeugnisse seiner Arbeit nur im unvermittelten Tausche umzusetzen vermag, können immer nur in Mengen von verschiedenen Gütern aller Güterordnungen bestehen und sind mithin an die Bedeutung, die diesen Gütern für die Bedürfnisbefriedigung zukommt, gebunden.
[1875]In der Geldwirtschaft liegt es nicht anders.
[1876]auch hier
[1877]und ob zwischen Sparen und Kapitalbildung unter bestimmten Voraussetzungen Unstimmigkeiten durch Verschiebungen im Verhältnis von Geldmenge und Geldbedarf entstehen können

[1878]Kapital kann nicht frei sein, es ist immer gebunden und teilt immer die Schicksale der konkreten Kapitalgüter, an die es gebunden ist.
[1879]und nicht Bargeld
[1880]Lenkbarkeit der Kapitalanlage > convertibility of capital goods
[1881]geänderten Verhältnissen > a change in the data of production
[1882]auf Erden überhaupt
[1883]im Grenzfalle
[1884]Produktionsmitteln > goods
[1885]und größere Verluste nach sich zieht
[1886]und bedeutet in der Regel stärkere Verluste
[1887]und liquid
[1888], aber doch jedenfalls einmal
[1889]Unternehmer und Kapitalisten > Capitalists and entrepreneurs
[1890]zur Anlage in anderen Kapitalgütern
[1891]gegebenen Produktionsmöglichkeiten
[1892]die Zukunft
[1893]Wenn sie Produktionsmittel erwerben, dann bewilligen sie nur die Preise, die ihnen durch die erwarteten Ertragsmöglichkeiten der geplanten Erzeugung gerechtfertigt erscheinen. Sie zahlen für Produktionsmittel nur die Preise, die der gegenwärtigen Marktlage entsprechen.
[1894]Unternehmer, der erst zum Umsatz des Geldkapitals in konkrete Produktionsmittel schreitet;
[1895]Vorbesitzern
[1896]Der Unternehmer unterscheidet das festangelegte – fixe – Kapital vom umlaufenden Kapital. Die Unterscheidung ist relativ, und die Grenzen zwischen beiden Klassen sind flüssig.

Die nationalökonomische Ausdrucksweise, die von der Lenkbarkeit der Kapitalgüter spricht, ist korrekter und zweckmäßiger.
[1897]Das Kapital als Träger einer
[1898]Produktion und Verbrauch
[1899]je größer unser Reichtum an Kapitalgütern wird,
[1900]und wieweit
[1901]Denken > Doctrinaires
[1902], die uns vom Tier unterscheidet,
[1903]Alle Kultur
[1904], der Beschaffenheit der Erde
[1905]Kapitalbindungen
[1906]Wohnstätten
[1907]Anlagen
[1908]und Reden
[1909]antimarxistische
[1910]Etatisten
[1911]Sinnlosigkeit
[1912]auf dem Sondereigentum an den Produktionsmitteln beruhenden
[1913]andere Wege gehen wollen
[1914]Jeder am Marktverkehr teilnehmende Wirt hat da zu entscheiden.
[1915], das – in Lage, Bauart und Einrichtung den vor Jahren herrschenden Auffassungen über Wohnkultur entspricht,
[1916]entscheidet er über den Umfang der Kapitalmengen, die für den Wohnhausbau gewidmet werden.
[1917]über die Richtung, in der sich die Ersatzbildung und Neubildung von Kapitalgütern vollzieht
[1918]Verbraucher den Aufwand nicht zu vergüten bereit sind
[1919]so dass neben modernsten Anlagen auch noch solche älterer überholter Konstruktion weiter verwendet werden,
[1920]Was von dem Ersatz einer technisch überholten Maschine durch ein leistungsfähigeres Modell gilt,
[1921]natürliche oder institutionelle
[1922]für die Geschäftsführung
[1923]oder an einem ungünstigeren Orte gelegene
[1924]Die technische oder standortmässige Unterlegenheit führt nicht immer zu wirtschaftlicher Unzweckmäßigkeit.

[1925]zu den mit seiner Einführung verknüpften Kosten, die wieder zum Teil von der Lenkbarkeit der im alten Verfahren bereits investierten Kapitalgüter abhängt, gibt da den Ausschlag.

Der Grad der Lenkbarkeit des verfügbaren Kapitalgüterbestandes spricht bei der Entscheidung über Wechsel der Produktionsziele und Produktionsverfahren mit

[1926]der Kapitalgüter im Hinblick auf die erwünschten Neuerungen erscheint

[1927](die Anpassung)

[1928]geringe

[1929], die uns nicht gestattet, auf Dienste, die die nur wenig lenkbaren Anlagen noch leisten können, vorzeitig zu verzichten

[1930]Fortschrittshemmend wirkt nicht das Kapital, sondern die Knappheit an Kapital.

[1931], wenn man sie vom Standpunkte der Produktion, der sie dienen, betrachtet,

[1932]Endprodukte > consumers' goods

[1933]und schließlich als solche durch Verbrauch und Gebrauch untergehen, wenn sie nicht etwa durch Änderung der Verhältnisse ihre Gutseigenschaft schon vor ihrem physischen Aufbrauch verloren haben. Will der Wirt seinen Kapitalbestand unverändert in gleicher Höhe erhalten, dann muss er dafür sorgen, dass an die Stelle der in der Produktion aufgebrauchten und als Endprodukte dem Verbrauch und Gebrauch zugeführten Kapitalgüter neue Kapitalgüter in entsprechendem Ausmaß treten.

Da die Gutseigenschaft nicht eine den Dingen anhaftende Eigenschaft oder Fähigkeit ist, sondern das Ergebnis der – sich verändernden – Beurteilung ihrer Brauchbarkeit zur Befriedigung der – sich gleichfalls verändernden – menschlichen Bedürfnisse durch die Menschen ist, und da sich auch die Verfahren, die die Menschen zur Herstellung dieser Güter einschlagen, ändern, kann bei Erhaltung des Kapitalbestandes das Absehen nicht darauf gerichtet werden, die ausscheidenden Zwischenprodukte durch neue von gleicher Art in gleicher Menge zu ersetzen. Das kann mitunter der Lage der Verhältnisse entsprechen, muss aber nicht immer so sein und wird umso seltener vorkommen, je rascher die Bedürfnisse und die Verfahren zu ihrer Befriedigung sich ändern. Die Absicht, das von früherer Produktion und von früherem Sparen überkommene Kapital in seinem Bestande zu erhalten, kann sich nur auf die Erhaltung eines Bestandes von Gütern richten, dem die gleiche Bedeutung für die Bedürfnisbefriedigung beigemessen wird. Da die Menschen und die äußeren Bedingungen, unter denen sie zu leben und zu handeln haben, und auch die menschlichen Bedürfnisse und die Mittel, durch die man sie befriedigen will, sich immerfort ändern, da nirgends ein fester Standpunkt gefunden werden kann, von dem aus man mit unveränderlichem Werturteil die Dinge betrachten kann, und da jeder Versuch, an Werte und Wertungen Maßstäbe anzulegen, hoffnungslos scheitern muss, kann man zur Richtschnur der Kapitalerhaltung nur die Preissumme des zu erhaltenden Kapitalbestandes nehmen. Die Kapitalrechnung, die der Gebahrung mit Kapital die Richtung weist, kann nur die Geldrechnung sein. Kapital erhalten heißt dann: den Geldwert des Kapitalbestandes ungeschmälert lassen, mögen auch die Kapitalgüter, die ihn gebildet haben, mittlerweile durch andere ersetzt worden sein.

[1934]werden wohl bestrebt gewesen sein, ihre Werkzeuge fortlaufend zu erneuern, um nicht später einmal wieder von vorne anfangen zu müssen > were certainly aware of the difference between maintaining their tools and devices in good shape and serviceableness and wearing them out without providing for adequate replacements

[1935]ist nicht minder darauf bedacht, seine Wirtschaft nicht verfallen zu lassen und alles zumindest in dem Stande zu erhalten, in dem er es übernommen hat > knows very well the significance of maintaining intact his live and dead stock

[1936]In den einfachen Verhältnissen solcher Unternehmungen kann das auf den Ersatz des in der Produktion aufgebrauchten Kapitals gerichtete Bestreben durch fortlaufende Nacherzeugung von Stücken, die an Stelle der unbrauchbar gewordenen treten sollen, verwirklicht werden, oder durch Ansammlung von Unterhaltsmitteln, die es einmal ermöglichen sollen, ohne Einschränkung des täglichen Verbrauchs eine Zeitlang die ganze Kraft auf die Herstellung der Ersatzstücke zu richten. Wo die Kapitalrechnung die Grundlage für die Kapitalerhaltung schafft, geht man von der rechnerischen Gegenüberstellung von Kapitalstamm und Kapitalertrag aus. Vom Rohertrag der Produktion wird der gesamte Aufwand, den die Produktion erfordert hat, abgezogen, und nur der verbleibende Überschuss wird als Reinertrag angesehen, den der Wirt als Einkommen betrachten darf. Unter allen Umständen kann das Kapital nur erhalten bleiben, wenn die Produktion erfolgreich war. Kapital reproduziert sich nicht, Kapital heckt auch nicht Profit, wie marxistische Redewendungen glauben machen wollen.

[1937]den aufgewendeten Kosten

[1938]aus dem Ertrag

[1939]neuen Handelns der Unternehmer, deren Geschäftsführung erfolgreich war. Neues Kapital kann nur entstehen, wenn ein Teil des Reinertrages der Produktion nicht verbraucht wurde.
[1940]dem Reinertrag
[1941]Ohne Einschränkung des Verbrauchs können Überschüsse, die neues Kapital darstellen,
[1942], die Schaden angerichtet haben und deren Bekämpfung großen Aufwand verschlungen hat,
[1943], die bisher häufiger aufgetreten sind und Schäden verursachten, die den Reinertrag geschmälert haben,
[1944]im Wirtschaftsgefüge
[1945]des Eigentums
[1946]Man darf sich darunter freilich nicht etwa die
[1947]vorstellen
[1948]Durch Käufe und Verkäufe, durch Darlehensgewährung und Darlehensempfang wird an sich Kapital weder gebildet noch verzehrt Wenn der Baumwollpflanzer Baumwolle an den Händler, der Händler Baumwolle an den Spinner, der Spinner Garne an den Weber verkauft u.s.w. können alle dabei gewinnen oder verlieren. Ob sie gewinnen oder verlieren, hängt davon ab, ob sie es besser oder schlechter verstanden haben, ihr Handeln der künftigen Lage des Marktes anzupassen. Doch nicht die einzelnen Gewinne oder Verluste entscheiden über den Erfolg ihrer Geschäfte, sondern das Gesamtergebnis. Und ob das Gesamtergebnis der Geschäfte zu Kapitalbildung oder zu Kapitalaufzehrung führt, wird durch den Umfang der Erzeugung und des Verbrauches bestimmt.
[1949]der Käufer bestreitet den Kaufpreis aus Reinerträgen, die er nicht aufgezehrt hat > the buyer pays the price out of a nonconsumed-saved-surplus of net proceeds over consumption
[1950]Elementarkatastrophen > acts of God
[1951]in den Kapitalbeständen der einzelnen Wirte
[1952]Doch nicht das Geld als Bestandteil des Kapitals der einzelnen Wirte ist hier problematisch; die Geldrechnung in ihrer Anwendung auf die Ermittlung einer Größe, die nur im Denken, deren Objekt eine geldlose Gemeinwirtschaft ist, Sinn hat, ist schon an und für sich widerspruchsvoll.
[1953]«volkswirtschaftliches Kapital» oder
[1954]von Zwischenprodukten und Unterhaltsmitteln
[1955]den Begriff «Sozialkapital»
[1956]Man kann mit ihm daher gedanklich nicht in der Weise verfahren, in der die Katallaktik ohne Bedenken mit dem Begriff des Kapitals verfährt, mit dem sie arbeitet, nämlich mit dem Begriff eines dem einzelnen Wirte im Rahmen der Marktwirtschaft zur Verfügung stehenden Vorrats von Kapitalgütern. Man kann das Privatkapital der einzelnen Wirte als eine in Geldausdruck erfassbare und daher rechenbar gemachte Größe ansehen, weil jeder seiner Teile auf dem Markte gegen Geld umgesetzt wird und daher einem Geldausdruck – dem Marktpreise – zugeordnet werden kann. Sobald man aber den Boden gemeinwirtschaftlicher Überlegungen betritt, darf man sich des Geldausdrucks nicht mehr bedienen, weil es für solche Überlegungen unzulässig ist, dem gesamten Kapitalbestand oder einzelnen seiner Teile Geldmengen zuzuordnen. Wenn man es für notwendig erachtet, dem Begriff des Kapitals, wie er von der marktwirtschaftlichen Kapitalrechnung ausgebildet wurde, den Kapitalbegriff eines gedachten sozialistischen Gemeinwesens unter der Bezeichnung Sozialkapital oder volkswirtschaftliches Kapital gegenüberzustellen, dann muss man alle Folgen der Eliminierung von Geld und Geldgebrauch auf sich nehmen und darf sich nicht darauf beschränken, auf halbem Wege stehen zu bleiben.
[1957]mitunter
[1958]größeren oder geringeren
[1959]Lassen wir die Annahme, dass die Geldmenge unverändert bleibt, fallen und
[1960], die neue Umlaufsmittel in den Verkehr setzt,
[1961](Menge an Geld und Umlaufsmitteln)
[1962]Und wieder ist festzustellen: die einmal neugebildeten Ersparnisse, die neuen Kapitalgüter, werden durch die monetären Prozesse, die gleichzeitig mit der Kapitalbildung ablaufen, nicht zum Verschwinden gebracht.
[1963]*caeteris paribus*
[1964]Gesamtkapitalmenge > total amount of wealth
[1965]Kapital und Arbeit > factors of production
[1966]Sachgeldes > gold
[1967]Geldmetall > gold
[1968]Reinerträgen > income
[1969]Ob er seine Ersparnisse zur Vergrößerung der Kassenhaltung verwendet oder in der Produktion mittelbar oder unmittelbar anlegt, beeinflusst die Preisgestaltung, doch nicht den Umfang

des Kapitalgüterbestandes. Die Veränderung der Kaufkraft mag den Geldwert der Kapitalbestände verringern, sie führt aber unmittelbar weder zur Aufzehrung von Kapitalgütern noch zu ihrer Ausschaltung aus dem Produktionsprozess.

[1970]Dass die Behebung von Unbefriedigtsein in näherer und in fernerer Zukunft verschieden beurteilt wird, dass *caeteris paribus* die Behebung eines Unbefriedigtsein für einen Abschnitt näherer Zukunft der Behebung eines Unbefriedigtsein für einen gleichlangen Abschnitt entfernterer Zukunft vorgezogen wird, ist, wie wir zeigen konnten, ein Ur- und Grundphänomen allen Wertens und Wirtschaftens. Diese Wertverschiedenheit tritt darin zutage, dass die menschlichen Werturteile eine geringere Menge von gegenwärtigen Gütern einer größeren Menge von künftigen Gütern gleicher Art vorziehen und dass daher eine kleinere Menge gegenwärtiger Güter gegen eine größere Menge künftiger Güter gleicher Art ausgetauscht werden kann. Auf ihr beruht der

[1971]Urzinses > originary interest

[1972]etwa der Ertrag oder

[1973]anderen Produktionsmitteln. Der Boden als Träger naturgegebener Produktionsmittel nimmt in der Preisbildung keine Sonderstellung ein, die ihn von der Stellung der produzierten Produktionsmittel unterscheiden würde.

[1974]– Arbeit, Boden und Kapitalgüter (produzierte Produktionsmittel) –

[1975]können

[1976]Würde man gegenwärtige und künftige Güter nicht verschieden werten > If future goods were not bought and sold at a discount as against present goods

[1977]können

[1978]der Brauchbarkeit der Kapitalgüter

[1979]Die Abhängigkeit des Ertrages von der Mitwirkung der Produktionsmittel bestimmt die Höhe der Preise, die für sie gezahlt werden.

[1980]Das Ausmaß dieser Preisdifferenz, des Zinses, entspricht dieser Verschiedenheit in der Wertung. Zu seiner Erklärung darf man keine Gedankengänge heranziehen, die mit der größeren oder geringeren Produktivität der Kapitalgüter operieren.

[1981]Man spart nicht, weil Zins besteht. Der Zins ist nicht die Ursache des Sparens, sondern das Wertverhältnis, das im Sparen hervortritt und den Umfang des Sparens bestimmt. Unter Verhältnissen, in denen die Vorsorge für die Zukunft in nichts anderem bestehen kann als im einfachen Nichtverzehren eines Teiles der genussreifen Güter und deren Aufbewahrung für späteren Verbrauch, ist der Zins in der verschiedenen Rangstellung gegeben, die man der Befriedigung gegenwärtiger und künftiger Bedürfnisse zuerkennt. Ehe man an das Sparen schreitet, durch das für künftige Bedürfnisse vorgesorgt wird, werden heutige Bedürfnisse befriedigt, die man jenen künftigen Bedürfnissen nur darum vorzieht, weil sie heutige Bedürfnisse sind.[FN: Der Einfachheit halber sprechen wir von heutigen (gegenwärtigen) und künftigen Gütern und Bedürfnissen. Genauer müsste man sagen: Befriedigung in näherer und Befriedigung in fernerer Zukunft.]

[1982]Die Wertdifferenz zwischen Befriedigung in näherer und der in fernerer Zukunft

[1983]Haus > superstructure

[1984]Einheiten

[1985]Er tritt auf dem Markte in der Preisbildung aller Güter und Dienstleistungen in verschiedener Bewertung gegenwärtiger und künftiger Güter und Dienstleistungen zutage. Er ist im Gedankenbild der gleichmäßigen Wirtschaft durch den Betrag gegeben, um den die Summe der Preise der komplementären Güter hinter dem Preise der entsprechenden Genussgüter zurückbleibt. Auf dem Darlehensmarkte (Kapitalmarkt und Geldmarkt) erfolgt nicht die Bildung des Urzinses, sondern die Anpassung des Zinses von in Geld gegebenen und empfangenen Darlehen an den durch die Preisbildung des Marktes, auf dem Güter und Dienstleistungen ausgetauscht werden, gebildeten Satz des Urzinses.

[1986]Der Urzins ist von der Menge des Angebots an Kapitalgütern unabhängig.

[1987], dem Gebote der Bergpredigt gemäss,

[1988]jede Bedeutung verlieren; sie würden

[1989]Wenn man wie die modernen (d.h. die nach Böhm-Bawerks Kritik der älteren Produktivitätstheorien gebildeten) Produktivitätstheorien den Urzins aus der höheren Ergiebigkeit der kapitalistischen Produktionsumwege herleitet, kann man zu dem Schlusse gelangen,

[1990]Doch man kann einen solchen Zustand nicht denken, wenn man an der Annahme der Knappheit der Güter festhalten will.

[1991]und daher bewirtschaftet werden müssen

[1992]Vervollkommnung

[1993]Solange wir an dem Gedanken der Knappheit der Mittel festhalten, vermögen wir nicht anzunehmen, dass die Möglichkeit, die Erzeugung der Genussgüter durch weitere Verlängerung der Produktionszeit zu erhöhen, nicht besteht. Denn das würde bedeuten, dass man nicht mehr imstande wäre, auch bei unverändertem Stande des technologischen Wissens und Könnens, Pläne zu fassen, die durch eine andere Verwendung der verfügbaren Güter uns zu Befriedigungen führen würden, auf die wir nur darum verzichtet haben, weil der Weg, der zu ihnen führt, zu weit ist und dringendere Ziele vorerst befriedigt werden sollen. Wenn die Mittel knapp sind, gibt es unbefriedigte Wünsche sowohl in Bezug auf die gegenwärtige als auch in Bezug auf die spätere Versorgung.
[1994], ist mithin Urzinsgestaltung
[1995]Wir
[1996]; verlockt durch diesen falschen Schein, kommt es zur Kapitalfehlleitung und zu allen Folgen einer solchen.
[1997]Der Urzins besteht nicht, weil
[1998]durch das Einschlagen von kapitalistischen Produktionsumwegen
[1999], die man auch in kürzerer Produktionszeit herzustellen vermag,
[2000]erhöht, und weil diese Mehrergiebigkeit den Kapitalgütern zugerechnet wird. Der Urzins besteht auch nicht, weil durch Verlängerung der Produktionszeit
[2001]gemacht werden können
[2002], und weil der Wert dieser Genüsse den Kapitalgütern zugerechnet wird.
[2003]Kapitalgüter – und auch die originären sachlichen Produktionsmittel und die Arbeit –
[2004]Dass die Summe der Preise der komplementären Güter hinter dem Wert der entsprechenden Genussgüter zurückbleibt, das allein ist das Zinsproblem.
[2005]Im Bilde der statischen Wirtschaft, wie es Schumpeter nach dem Vorgang mancher angelsächsischen Autoren entwirft, ist er nicht enthalten. Für den Zins, meint Schumpeter, fehle hier jede Grundlage; es gebe keine Funktion, als deren Bezahlung er erscheinen könnte.
[2006]zur Verwendung in Zeiten der Not sind
[2007]zunächst
[2008]der künftig für den Verbrauch oder für weiteres Sparen verfügbaren Güter
[2009]der gleichmäßigen oder – wie Schumpeter sie nennt – der statischen Wirtschaft
[2010]das
[2011], des Kapitalisten,
[2012]zu Ungunsten der künftigen Verwendung verschoben
[2013]Prämie für die Aufschiebung des Genusses
[2014]zur Verringerung der für die Zukunft aufgesparten Gütermenge, d.h.
[2015]Sie ist im Hinblick auf den Zinsbezug der Kapitalisten geschaffen und erhalten worden, und wenn jetzt dieser Zinsbezug verschwindet, dann steht man vor einer vollkommen veränderten Lage.
[2016]Zeiten der Not > rainy days
[2017]Der Urzins ist nicht die Bezahlung einer Funktion oder eines Dienstes, er ist nicht die Belohnung, die für Enthaltung von der Kapitalaufzehrung gewährt wird, er ist auch kein Aufschlag, der zu einem niedrigeren Preis hinzutritt oder hinzugefügt wird. Er ist die Wertverschiedenheit in der Bewertung künftiger und gegenwärtiger Güter. Er ist kein Preisaufschlag, sondern der Preisabschlag, den künftige Güter gegenüber den Preisen gegenwärtiger Güter erleiden.
[2018]Im kapitalistischen Sparen der in die Marktwirtschaft einbezogenen Wirte
[2019], die verschiedene Bewertung gegenwärtiger und künftiger Güter,
[2020]für späteren Bedarf
[2021]in jeder Produktion
[2022]das gegenwärtigen Gütern gegenüber künftigen beigemessen wird,
[2023]sparen
[2024]Es ist durchaus nicht notwendig, das jener vorletzte Expropriateur der marxistischen Fabel, der alles Kapital sein eigen nennt, ein großer Sparer ist; er könnte gerade so gut ein wahnwitziger Verschwender und Kapitalaufzehrer sein.
[2025]nationalökonomischen Satz > praxeological theorem
[2026]Wo die subjektiven Werturteile entscheiden, kann es keine allgemeingültige praxeologische Voraussage geben.

Wir haben die Gestaltung des Urzinses bisher unter zwei Voraussetzungen betrachtet; dass die Umsätze in neutralem Gelde vorsichgehen und dass die institutionellen Bedingungen dem Sparen, der Kapitalbildung und dem Zinsbezug kein Hindernis in den Weg legen. Vom Verhältnis

von Zins und Geld und von institutioneller Behinderung des Sparens wird im nächsten Kapitel zu sprechen sein.
[2027]Genussgüter > goods
[2028], wenn sie positiv ist,
[2029]; der Bruttoprofit besteht aus Unternehmergewinn, Unternehmerlohn und Zins
[2030]Unternehmerlohn > managerial wages
[2031]für das in der Produktion verwendete Kapital
[2032]Die Wirtschaftsrechnung der Unternehmer übte sie schon
[2033]Wissenschaft
[2034]In jedem der Zinssätze, die auf dem Darlehensmarkte auftreten, ist mehr enthalten als bloßer Urzins.
[2035]Diese Verbindung von Urzins und Unternehmergewinn
[2036]das die strenge Erfassung des Unternehmergewinns ermöglichte, hat hier Wandel geschaffen.
[2037]**Die Zinsrechnung**
[2038]ist der Unterschied in der Bewertung der Produkte und der Summe der komplementären Produktionsmittel, der Tag für Tag auf dem Markte aufscheint. Er ist das Ergebnis von Wertungen, die sich täglich ändern; er muss sich mit diesen Wertungen ändern.
[2039]des Urzinses
[2040]Spannung > margin
[2041]der Produktionsmittel
[2042]oder
[2043]dass für den Fall, dass die Zinsvergütung nicht nach Ablauf der üblichen Fristen periodisch erfolgt, sondern erst nach Ablauf der ganzen Laufzeit,
[2044], gehört der Technik der Kreditgeschäfte an. Es
[2045]und bequemes Rechenverfahren, weiter nichts
[2046]der Technik des Marktverkehres
[2047]der Geldzinslehre
[2048]In der gleichmäßigen Wirtschaft ist der Urzins die Differenz zwischen dem Preise jedes einzelnen Produkts und der Summe der Preise der komplementären Güter. Diese Differenz muss, den dem Gedankenbilde zugrundelegten Annahmen gemäss, bei allen Gütern im ganzen Wirtschaftsgefüge für gleichlange Zeitabschnitte und gleichgroße Geldaufwendungen gleich groß sein. Würde sie in verschiedenem Maße auftreten, für einzelne Güter höher, für andere niedriger sein, dann würde sich eine Quelle für erfolgreiche, d.h. gewinnbringende Unternehmerbetätigung erschließen. Die Gleichmäßigkeit des Wirtschaftsablaufs könnte erst erreicht werden, bis durch das Wirken der Unternehmer die Ausgleichung eingetreten ist. Wir wollen den diesem Stande des Urzinses in der gleichmäßigen Wirtschaft zugeordneten Geldzins
[2049]Wenn das Gleichmaß der Wirtschaft durch Veränderungen in der Nachfrage nach oder im Angebot von einzelnen Gütern und Dienstleistungen gestört wird, wird nach Ablauf aller dadurch bedingten Bewegungen und Veränderungen schließlich ein neues Gleichmaß erreicht werden. Dem neuen Zustand gleichmäßiger Wirtschaft entspricht dann ein neuer Stand des Neutralzinses.
[2050]müssen
[2051]entrepreneurial component
[2052]in höherem oder geringerem Masse
[2053]Ob das Darlehensgeschäft dem Gläubiger Erfolg oder Misserfolg bringt, ist, wenn auch meist in geringerem Masse, doch stets in derselben Art ungewiss wie Erfolg oder Misserfolg jedes anderen Geschäftes.

Erfolg oder Misserfolg hängen beim Personalkredit vom Schicksal des Schuldners und beim Realkredit vom Schicksal der als Unterlage dienenden Pfänder ab. Auch der Gläubiger kann das ganze Kapital verlieren. Auch im Bruttozins, den der Gläubiger bezieht, ist Unternehmergewinn enthalten. Vollkommen sichere Kapitalanlage gibt es nicht. Auch Darlehen, die als erstklassig gelten, können durch Eintreten nicht vorhergesehener Umstände zum Verlust des ganzen Betrags führen; auch sie sind dem Wechsel der Marktlage unterworfen; auch in ihrem Ertrag ist mehr als bloß Zins enthalten. Kapital «trägt» in der sich verändernden Wirtschaft nicht Zins, sowenig es «sich» reproduziert; Kapital ist auch nicht die «Quelle» des Zinseinkommens.
[2054]man
[2055]Bruttoertrag > yield
[2056]subdivisions of government
[2057]Auch der Darlehenszins ist stets Bruttozins. Er enthält außer dem reinen Geldzins den Unternehmergewinn des Kapitalisten, den wir die Risikoprämie nennen wollen. Die Risikoprämie ist

je nach der Bewertung der Gefahren, die dem Gläubiger drohen, höher oder niedriger. Sie hängt daher ab von der Beurteilung der Zahlungsfähigkeit und Zahlungswilligkeit des Schuldners, der Art der Geschäfte, die er mit dem geliehenen Geld zu betreiben gedenkt und der Rechtsstellung – den «Sicherheiten» -, die der Darlehensvertrag dem Gläubiger einräumt. Die Risikoprämie des Gläubigers kann mitunter zum Teil – niemals ganz – aus dem Nominalzins ausgeschieden werden. Sie nimmt etwa die Gestalt eines Zuschlages an, auf den der Darlehensgeber nur dann Anspruch hat, wenn der Unternehmergewinn des Schuldners oder der Bruttoertrag seines Unternehmens eine bestimmte Höhe erreicht hat. In dieser Gestalt ist die Funktion der Risikoprämie, – Beteiligung des Gläubigers an den günstigen Chancen der Unternehmung des Schuldners, an deren ungünstigen Chancen er notwendigerweise beteiligt ist, – besonders sichtbar.

Auf dem Darlehensmarkte treten als Kreditwerber neben den Unternehmern auch noch Personen auf, die Konsumtivkredit suchen, und Regierungen, die Mittel zur Bestreitung von Staatsausgaben beschaffen wollen. Der Darlehenszins, den diese beiden Kategorien von Schuldnern zu entrichten haben, enthält wie jeder Darlehenszins Nettozins und Risikoprämie. Die Risikoprämie des Konsumtivdarlehens bietet keinen Anlass zu besonderen Betrachtungen. Der Darlehensgeber schätzt die Aussichten ab, die für pünktliche Erstattung von Zinsen und Kapital der Schuldsumme bestehen. Anders steht es mit den öffentlichen Anleihen. Das spezifische Risiko des Staatsgläubigers ist politisch. Wenn der Gläubiger sonst auf Bezahlung rechnen darf, solange der Schuldner über die Mittel zur Verzinsung und Abtragung der Schuld verfügt, weil er in der Marktwirtschaft der auf dem Sondereigentum an den Produktionsmitteln beruhenden Gesellschaftsordnung seine Forderung auch vom zahlungsunwilligen Schuldner einzutreiben vermag, wofern der Schuldner nur zahlungsfähig ist, steht es mit der Geltendmachung von Forderungen gegen die öffentliche Hand anders. Die im Geschäftsverkehr üblichen Sicherungen des Gläubigers durch Pfandbestellung und ähnliche Mittel sind gegenüber Regierungen, gegen die Zwangsvollstreckung von Urteilen der Gerichte nicht durchführbar ist, unwirksam. Der Staat als Schuldner ist aber auch noch in der Hinsicht in besonderer Stellung, als er auch Gesetzgeber ist und sich durch Gesetze der Verpflichtung, Schulden zu verzinsen und zu tilgen, teilweise oder ganz zu entziehen vermag. Jeder Darlehensgläubiger läuft Gefahr, seine Forderung durch Maßnahmen der Gesetzgebung zu Gunsten der Schuldner zu verlieren. Diese Gefahr war stets bei den Staatsschulden am größten.[FN: Maßnahmen, die die Schuldverträge zu Gunsten der Gläubiger abändern, sind nie ins Werk gesetzt worden, weil die öffentliche Meinung immer und überall die Partei der Schuldner gegen die Gläubiger ergriffen hat. Nirgends tritt das Ressentiment gegen Besitz und erworbene Rechte deutlicher zutage als in dem altüberlieferten Brauche, den armen bedauernswerten Schuldner dem hartherzigen reichen Gläubiger gegenüberzustellen. Selbst Leute, da die Gläubiger in den breiten Massen als Sparkasseneinleger, Inhaber von Schuldverschreibungen und Versicherungsnehmer zu finden sind und die Schuldner der Großindustrie und dem Grundbesitz angehören, ist diese Vorstellung nicht überwunden, und die Sympathie des Gesetzgebers betätigt sich zu Gunsten der Schuldner wie in den Tagen Solons und der römischen Schuldgesetze. Dem Risiko des Gläubigers, durch Änderungen der Gesetzgebung benachteiligt zu werden, steht mithin keine entsprechende Gewinnchance gegenüber.]

Von dem besonderen Risiko der Staatsgläubiger und dem allgemeinen Risiko aller Gläubiger, ihrer Ansprüche durch Eingriffe des Gesetzgebers ganz oder zum Teil beraubt zu werden, ist das sozialpolitische Risiko, das mit jeder Vermögensanlage verbunden ist, wohl zu unterscheiden. Wenn in der Marktwirtschaft zwischen Befriedigung in der näheren Zukunft und der in der ferneren Zukunft gewählt wird und die Entscheidung zugunsten des späteren Verbrauches fällt, erwartet der Handelnde, dass die gesellschaftliche Ordnung, die ihm die Verfügung über Güter und deren Verwendung ermöglicht, bestehen bleiben wird. Wenn diese Erwartung schwindet und soweit sie schwindet, wird die Freiheit, zwischen Befriedigung in näherer und der in fernerer Zukunft zu wählen, beseitigt; dann kann nur noch aufgezehrt werden, und Anlage für die Zukunft kommt für den Einzelnen nicht in Betracht.

[2058]Risikoprämie > entrepreneurial component included in the gross market rate

[2059]Enteignung alles Eigentums

[2060]Die vollkommene Preisprämie macht den Geldzins unter den umschriebenen übrigen Annahmen zum Neutralzins.

[2061]Verlassen wir das Feld dieser Annahmen, die man widerspruchsfrei nicht zu Ende denken kann, dann betreten wir eine Welt, in der der Geldzins nie Neutralzins sein kann. Die Veränderungen des Geldstandes lösen Preisverschiebungen aus, die nicht gleichzeitig und nicht im gleichen Ausmaße bei den verschiedenen Gütern und Dienstleistungen auftreten. Solange diese Preisverschiebungen noch im Gange sind, hat sich im Wirtschaftsgefüge noch kein einheitliches

Verhältnis zwischen den Preisen der Genussgüter und der Summe der Preise der komplementären Güter herausgebildet. Es gibt noch keinen einheitlichen Satz des Urzinses; unter solchen Umständen kann von einem Neutralzins nicht gesprochen werden.

Das Handeln der Wirte in dieser lebenden Wirtschaft unterscheidet sich darin von dem Handeln, das wir dem Gedankenbild der gleichmäßigen Wirtschaft zugrundelegen, dass es mit Preisveränderungen rechnet. Nur weil sie Preisveränderungen erwarten, leiten die Unternehmer neue Geschäfte ein, um Unternehmergewinn zu erzielen; nur weil sie Preisveränderungen erwarten, verändern die Kapitalisten die Kapitalanlage, um Spekulationsgewinne zu erzielen und Verluste zu meiden.

Wer glaubt, durch Käufe Gewinne erzielen zu können

[2062]und dass es daher angezeigt wäre zu kaufen

[2063]wenn er im Bruttozins auch die Entschädigung für den Entgang des Gewinns findet, den er durch Selbsteintritt in Kaufgeschäfte erzielen könnte

[2064]Selbst wenn wir eine Wirtschaft denken, in der keine anderen Datenveränderungen auftreten als Veränderungen des Geldstandes, können wir nicht annehmen, dass

[2065]die zusätzliche Geldmenge in das Wirtschaftsgefüge eintritt oder die verschwindende Geldmenge es verlässt

[2066]; es fehlt – auch wenn das Ausmaß der Veränderung der Geldmenge und ihr Ansatzpunkt bekannt sind – nicht nur an den erforderlichen Daten, sondern auch an der Kenntnis, in welchem Ausmaß und zu welchem Zeitpunkt die Veränderung der Daten die Wertschätzungen der einzelnen Wirte beeinflussen wird. Erst mit dem Fortschreiten der durch Veränderungen des Geldstandes ausgelösten Preisveränderungen erwacht, zuerst bei einigen, dann bei vielen, schließlich bei allen Wirten, die Auffassung, dass man vor einer bestimmt gerichteten Preisbewegung stehe, und damit das Bestreben, das Handeln auf dem Markte an dieser Erkenntnis zu orientieren. Erst wenn die Wirte zu kaufen oder zu verkaufen beginnen, um aus der erwarteten Preisumgestaltung Gewinne zu erzielen, kann die Preisprämie auftreten.

Die Wirte, die durch ihr Handeln die Preisprämie entstehen lassen, können auch irren. Ihre Vermutungen über die voraussichtliche künftige Gestaltung der Preise können sich nachträglich als unrichtig herausstellen. Die Preisgestaltung kann anders verlaufen; sie kann die entgegengesetzte Richtung einschlagen, ihr Ausmaß oder ihr Tempo mögen, auch wenn sie in der vermuteten Richtung geht, nicht den Erwartungen entsprechen.

[2067]Die Preisprämie kann in der lebenden Wirtschaft wohl die Einflüsse, die Veränderungen im Geldstand auf den Inhalt der Geldschulden haben, zum Teil abschwächen, doch sie kann sie nie ganz kompensieren oder gar überkompensieren.

[2068]und im Ausmaße

[2069]Die Preisprämie bekommt die Tendenz, unendlich groß zu werden, d.h.:

[2070]Die Preisprämie ist eine Reaktion des Marktes gegen die Beeinflussung des Inhalts von Geldschulden und Geldforderungen durch Veränderungen der Kaufkraft des Geldes. Sie kann diesen Dienst bei kurzfristigen Kreditgeschäften besser erfüllen als bei langfristigen; vollkommen ist sie auch bei kurzfristigen Geschäften nicht.

Den dauernden Wirkungen der Veränderungen des Geldstandes auf den Urzins und ihren vorübergehenden Wirkungen auf die Gestaltung des Marktzinses vermag die Preisprämie in keiner Weise entgegenzuarbeiten. Da sie in der Regel nicht einmal hinreicht, um den Stamm der Kreditsumme vor den Wirkungen der Kaufkraftänderung zu bewahren, bleibt ihr dafür keine Kraft.

[2071]Der Marktzinssatz ist schon je nach der Höhe der in ihm enthaltenen Risikoprämie verschieden. > The entrepreneurial component which they always include varies according to the peculiar characteristics of the specific deal.

[2072]Weder der Geldmarkt noch der Kapitalmarkt sind homogen. Der Markt für tägliches Geld ist von dem Diskontomarkt, auf dem Wechsel mit kurzer Verfallzeit gehandelt werden, und von dem Markt der Vorschüsse, die die Banken ihren Kunden erteilen, und von anderen ähnlichen Sondermärkten ebenso verschieden wie der Markt für mittelfristige Anlagen von dem für langfristige.

Auf allen diesen Teilmärkten werden besondere Zinssätze gebildet. Doch alle diese Teilmärkte hängen eng zusammen. Ihre Bewegungen stehen in einem Verhältnis, das, wenn nicht außerordentliche Ereignisse auftreten, nur geringen Schwankungen unterliegt. Nur wenn man allen diesen Tatbeständen Rechnung trägt, ist man berechtigt, vom Marktzinsfuss als von einer einheitlichen Erscheinung zu sprechen.

Der Marktzinsfuss kann in der lebenden Wirtschaft schon darum nicht neutral sein, weil in ihr ein einheitlicher Satz des Urzinses im Verhältnis der Preise der Genussgüter und der komplementären Produktionsmittel nicht besteht; es gibt hier nur jeweils eine Tendenz zur Erreichung eines einheitlichen Urzinssatzes. Die Preise der Güter verschiedener Güterordnungen bewegen sich im Grossen und Ganzen in der Art, dass sie, wenn nicht neue Datenänderungen auftreten würden, schließlich überall denselben Stand des Urzinses erreichen würden. Der Marktzinsfuss bewegt sich dementsprechend jeweils in der Richtung nach einem endlichen Stand hin.

Soweit wir sie bisher betrachtet haben, bietet die Gestaltung des Marktzinsfusses in der lebenden Wirtschaft kein besonderes Problem. Die lebende Wirtschaft erscheint uns in jedem Augenblick in Bewegung zu einem endlichem Preisstand hin. Sie erreicht freilich niemals diesen Stand, weil immer wieder neue Datenänderungen auftreten, die der Bewegung eine neue Richtung weisen, die zu einem neuen endlichen Preisstand führt. In dieses Getriebe ist auch das Verhältnis, das zwischen den Preisen der Genussgüter und denen der komplementären Produktionsmittel besteht, miteinbezogen. Auch der Marktzins würde, wenn das Getriebe sich selbst überlassen bliebe, den der gleichmäßigen Wirtschaft entsprechenden Gleichgewichtsstand erreichen. Die Datenänderungen, die wir da im Auge haben, betreffen stets Nachfrage nach und Angebot von bestimmten Gütern oder Dienstleistungen. Diesen Datenänderungen passen die Unternehmer ihr Handeln an und führen so das Wirtschaftsgefüge dem neuen Gleichgewichtsstand entgegen. Ihrem Handeln weist dabei der Stand der Preise und der Marktzinssätze den Weg. Die Gestaltung des Zinssatzes zeigt den Unternehmern, wie weit sie in der Widmung von Produktionsmitteln für die Deckung des Bedarfes fernerer Zukunft gehen dürfen. In den Berechnungen, die die Unternehmer über die Aussichten ihrer Pläne anstellen, in ihrer Kalkulation, kommt dem Zinssatz dieselbe Bedeutung zu wie jedem andern Datum. Wenn der Unternehmer mit einem Zinssatz rechnen würde, der nicht dem des Marktes entspricht, würde er fehlgehen und sein Handeln wird voraussichtlich erfolglos werden.

Hier ist es nun, wo die Triebkraft des Geldes eine besondere Rolle zu spielen vermag. Da auf dem Darlehensmarkte Darlehen in Geld gegeben und genommen werden, muss jede Veränderung im Verhältnis von Geldvorrat und Geldbedarf das Angebot auf dem Darlehensmarkte unmittelbar beeinflussen. Strömt *caeteris paribus* Geld in das Wirtschaftsgefüge ein oder verschwindet *caeteris paribus* Geld aus dem Wirtschaftsgefüge, so kann das zuerst auf dem Darlehensmarkte wirksam werden. Während sich im Übrigen noch nicht viel verändert hat, wird das Angebot auf dem Darlehensmarkte reichlicher oder knapper und der Marktzinsfuss fällt oder steigt, ohne dass dies durch Veränderungen im Verhältnis der Preise der Produkte und der komplementären Produktionsmittel gerechtfertigt wäre. Die Funktion, die dem Geldzins im Getriebe des Marktes zukommt, dass er nämlich dem Unternehmer anzeigt, wie er die Produktionsmittel auf die Deckung zeitlich näheren und zeitlich ferneren Bedarfs aufzuteilen habe, ist an seine Übereinstimmung mit der jeweils der Marktlage entsprechenden Stand der Preisunterschiede zwischen gegenwärtigen und künftigen Gütern gebunden. Wenn der Geldzins unter dem Einfluss der Triebkraft des Geldes von diesem Stande abgelenkt wird, kann er diese Funktion nicht mehr erfüllen. [2073]Jede Verschiebung der Eigentumsverhältnisse kann auch den Urzins beeinflussen. Wenn wir annehmen, dass Steigen des Wohlstandes, das es ermöglicht, die Bedürfnisse der nächsten Zukunft reichlicher zu befriedigen, dem Einzelnen den Antrieb zu stärkerer Bedachtnahme auf die Bedarfsdeckung in weiterer Zukunft gibt, so dass die Spanne zwischen der Schätzung der gegenwärtigen und der künftigen Güter, der Urzins, sinkt, dann werden wir annehmen dürfen, dass eine Verschiebung der Eigentumsverhältnisse zugunsten der wohlhabenderen Schichten und zuungunsten der ärmeren Schichten den Urzins drückt. Wenn die Verschiebungen im Geldstand die Unternehmer und Kapitalisten auf Kosten der Arbeiter begünstigen, weil etwa die Geldlöhne langsamer steigen als die Preise der Genussgüter und etwa noch weil die Kleinkapitalisten, vorwiegend Sparkasseneinleger und Besitzer von festverzinslichen Werten, geschädigt werden und die verschuldeten Unternehmer und Eigentümer von Produktionsmitteln gewinnen, dann wird daraus eine Tendenz zur Verbesserung der Fürsorge für die weitere Zukunft erwachsen. Man wird mehr sparen und anlegen, die Menge der Kapitalien wird wachsen; d.h. der Urzins wird fallen. Das ist das Wesen des Prozesses, den man das erzwungene Sparen genannt hat.[FN: Vgl. *Vito*, Risparmio Forzato e Cicli Economici (in Cicli Economici, Contributi dell'Istituto di Scienze Economiche, Università Cattolica del Sacro Cuore, Milano 1937), S. 34 ff.] Man hat sich dabei stets vor Augen zu halten, dass es von den besonderen Umständen jedes einzelnen Falles von inflationistischer Preissteigerung abhängt, ob die durch die Inflation hervorgerufenen Verschiebungen in den Eigentumsverhältnissen den Urzins drücken und die Spar- und Anlagelust steigern. Es kann auch geschehen, dass die Inflation Kräfte auslöst, die die Fürsorge für die entferntere

Zukunft eher schwächen als fördern, z. B. wenn sie die dem Sondereigentum an den Produktionsmitteln feindlichen politischen Strömungen stärkt und die Besitzenden befürchten müssen, durch Enteignungen um die Frucht ihres Sparens gebracht zu werden. Es kann auch geschehen, dass der Erfolg des erzwungenen Sparens aufgewogen wird durch Kapitalaufzehrung, die aus der mit der Inflation einhergehenden Verfälschung der in Geld geführten Kapitalsrechnung entspringt. Wenn die Kapitalsrechnung die Veränderungen der Kaufkraft nicht oder nicht in vollem Ausmaß berücksichtigt, wird sie Scheingewinne aufweisen.
[2074], wie es der nur geringe Geldwertschwankungen voraussetzende Geschäftsbrauch will,
[2075], ohne Berücksichtigung der allgemeinen Kaufkraftsenkung gebucht werden
[2076]werden Gewinne errechnet, die ganz oder zum Teil nur Scheingewinne sind. Die Buchführung müsste, um diesen Fehler zu vermeiden, den Buchwert des Kapitals im Zuge der fortschreitenden Kaufkraftsenkung immer wieder hinaufsetzen oder sich überhaupt auf die Grundlage eines «wertbeständigeren» Geldes stellen. Tut man das nicht, dann täuscht man sich über die Rentabilität der Unternehmungen und der einzelnen Geschäfte. Man sieht die Gewinne zu hoch und wird geneigt sein, mehr zu verzehren, als ohne Schmälerung des Kapitalbestandes verzehrt werden darf.
[2077]Kapitalisten
[2078]Es könnte mithin geschehen, dass die Wirkung des erzwungenen Sparens aufgehoben wird und dass das Ergebnis des Geldentwertungsprozesses nicht in vermehrter Kapitalbildung sondern in Kapitalaufzehrung besteht.

Man hat die Folgen der Geldentwertung für die Kapitalbildung vielfach außerordentlich günstig beurteilt. Für die inflationistische Geschichtsauffassung schien es festzustehen, dass die Geldwertsenkung die Geschäftsgewinne erhöhe, die Reicheren bereichere, und damit die Anlagetätigkeit stärke, dass sie im Zuge der geschichtlichen Entwicklung die Kapitalbildung begünstigt habe und dass ohne sie die Ansammlung gesellschaftlichen Reichtums viel langsamer vor sich gegangen wäre. Doch Kaufkraftsenkung muss nicht immer erzwungenes Sparen auslösen, und auch wenn es auf der einen Seite zu erzwungenem Sparen kommt, kann es geschehen, dass eine andere Folge der Kaufkraftsenkung, die durch die Verfälschung der Buchführung hervorgerufene Kapitalaufzehrung, die Wirkungen des erzwungenen Sparens herabsetzt, aufwiegt oder überwiegt.

Wenn man vom erzwungenen Sparen als Folge fortschreitender Kaufkraftsenkung spricht, liegt es nahe, von erzwungener Kapitalaufzehrung als Folge einer fortschreitenden Kaufkraftsteigerung zu sprechen. Wenn das Verhältnis von Geldvorrat und Geldbedarf sich dergestalt verschiebt, dass die Preise sinken, werden unter Umständen die Unternehmer in Einkommen und Vermögen geschädigt; die Preise der Produkte fallen, die Schulden und die Schuldzinsen bleiben unverändert, und die Löhne und Steuern mögen unter Umständen langsamer zurückgehen als die Preise. Es mag sein, dass dadurch im ganzen Wirtschaftsgefüge die Schätzung der künftigen Güter im Verhältnis zu der der gegenwärtigen Güter fällt, dass mithin der Urzins steigt und die Vorsorge für die Zukunft vermindert wird. Es wird weniger gespart und angelegt, es wird mehr verzehrt. Doch das kann eintreten, muss aber nicht eintreten. Den Wirkungen der erzwungenen Kapitalaufzehrung stehen Kräfte gegenüber, die zu erhöhter Kapitalbildung führen können. Es mag sein, dass die Gewinne der Gläubiger produktiv verwendet werden. Dann darf man nicht vergessen, dass die Verluste der Unternehmer nur Scheinverluste sind, soweit sie darauf beruhen, dass die Abschreibungen zu hoch angesetzt werden. Wenn die ungünstigen Ergebnisse der Gewinn- und Verlustrechnung die Unternehmer zu Einschränkung des Verbrauchs veranlassen, entsteht eine Tendenz zur Neubildung von Kapital.
[2079]der Veränderungen des Geldstands im Fall der
[2080]der
[2081]Von den Wirkungen, die die Veränderungen des Geldstandes durch Verschiebung der Eigentumsverhältnisse, die aus der Ungleichzeitigkeit und Ungleichmäßigkeit der Beeinflussung der einzelnen Warenpreise entsteht, auf die Höhe des Urzinses ausüben, muss man die Wirkungen unterscheiden, die von den Veränderungen des Geldstandes *vorübergehend* auf die Gestaltung des Marktzinses ausgeübt werden. Hier handelt es sich um Störungen in der Anpassung der auf dem Darlehensmarkte gebildeten Geldzinssätze an den Stand des Urzinses, die nach einer gewissen Zeit überwunden werden und zu neuer Anpassung des Marktzinses an den Stand des Urzinses führen müssen. Es mag sein, dass diese Störungen weitere Verschiebungen in den Eigentumsverhältnissen auslösen und damit auf die Gestaltung des Urzinses wirken, so dass der neue endliche Stand des Marktzinses, wie er sich nach Ablauf des ganzen Prozesses auf dem Markte herausbildet, nun auf dem Grunde eines geänderten Urzinses selbst dann zu beruhen hätte, wenn der Urzins nicht schon durch die Verschiebungen der Eigentumsverhältnisse betroffen worden wäre,

die aus der Ungleichzeitigkeit und Ungleichmäßigkeit der Veränderung der Preise der einzelnen Waren und Dienste entstehen. Doch das, um was es sich hier handelt, sind nicht die dauernden Veränderungen in der Höhe des Urzinses, sondern die vorübergehenden Veränderungen in der Höhe des Marktzinses.

Der Marktzins kann durch die Kaufkraftveränderungen zunächst in der Weise beeinflusst werden, dass er die Preisprämie nicht oder nicht entsprechend berücksichtigt. Dass das vorkommen kann, ja dass die Preisprämie sogar regelmäßig die Kaufkraftveränderungen nicht voll zu berücksichtigen vermag, ist nicht zu bestreiten. Dagegen wird man kaum annehmen dürfen, dass diesem Umstand praktisch eine große Bedeutung zukommt. Wenn die Preise steigen, steigen auch die Zinssätze für kurzfristige Darlehen, und wenn die Preise fallen, fallen auch die Zinssätze für kurzfristige Darlehen; in beiden Fällen natürlich nur, wenn nicht gerade eine entgegengesetzte Kraft wirksam ist. Verknappung oder Verflüssigung auf dem Markte der kurzfristigen Darlehen wirken auf den Markt für langfristige Darlehen zurück. Die Sätze für langfristige Anlagen werden in der Regel durch die Höhe der Sätze für kurzfristige Anlagen beeinflusst, es sei denn, man wäre der Meinung, dass die Lage des Marktes für kurzfristige Anlagen bald eine vollkommene Umstellung erfahren wird. Die Sätze für bereits laufende langfristige Schuldverträge werden freilich nicht mehr geändert. Doch die Gestaltung dieser Sätze beeinflusst die Anlagetätigkeit der Gegenwart nicht mehr und vermag daher keine Wirkungen auf die Verwendung der Produktionsmittel zu äußern. Dass die alten Schuldverträge die nun eintretende Kaufkraftänderung nicht berücksichtigt haben, verschiebt Vermögensverhältnisse und kann nur über dieses Zwischenglied auf den Urzins wirken.

Dass wir der Preisprämie und der Möglichkeit, dass sie im Marktzinssatz nicht oder nicht voll zum Ausdruck kommt, besondere Aufmerksamkeit schenken müssen, hat seinen Grund vor allem darin, dass wir der üblichen Methode entgegentreten müssen, die die Zinssätze entweder überhaupt nur arithmetisch oder nur im Hinblick auf die Richtung ihrer Bewegung betrachtet und darnach ein Urteil über die Höhe des Zinses fällt.

[2082]zu niedriger

[2083]– Nettogeldzins und Risikoprämie –

[2084]Wir haben jetzt die direkte Wirkung der Geldmengenveränderung auf den Marktzins zu untersuchen. Da wir den Zins nicht etwa als Vergütung für die zeitweilige Überlassung der Verfügung über Geld ansehen, müssen wir annehmen, dass die Höhe der Zinssätze von der Menge des verfügbaren Geldes unabhängig ist. Andererseits können Vergrößerung oder Verringerung der Geldmenge zunächst als Vergrößerung oder Verminderung des Angebots an Darlehen auftreten und damit den Marktzins beeinflussen. Wir werden mithin zu zeigen haben, wie durch die Veränderungen im Geldstande vorübergehend Abweichungen des Marktzinses von dem Stande, den er ohne diese Veränderungen im Geldstand eingenommen hätte, einzutreten vermögen und wie sich schließlich das gestörte Gleichgewicht wieder herstellt.

Wir betrachten Veränderungen im Geldstand, die zu Preissteigerungen führen, und wollen annehmen, dass die zusätzliche Geldmenge dem Darlehensmarkte zukommt, sei es, dass ihre ersten Empfänger sie selbst verleihen, sei es, dass sie sie bei Banken oder Bankiers hinterlegen. Die zusätzliche Geldmenge erhöht zunächst nur das Angebot auf dem Darlehensmarkte; alle weiteren Wirkungen der Geldmengenerhöhung treten über diese Steigerung des Angebots auf dem Darlehensmarkte ein.

[2085]Geld oder

[2086]Der Marktzins sinkt, und sein Sinken lässt manche Geschäfte, die bisher nicht unternommen werden konnten, weil die Vorkalkulation sie als unrentabel erscheinen ließ, als rentabel erscheinen. Die Grundlagen der Rentabilitätsrechnung sind durch das Auftreten der zusätzlichen Geldmenge erschüttert worden. Wenn die Rentabilitätsrechnung früher angezeigt hat, wo die Grenze liegt, die die Anlagen, die bei dem gegebenen Stand der Dinge (Umfang der Versorgung mit Gütern aller Güterordnungen und Gestaltung des Urzinses), gemacht werden dürfen, von den Anlagemöglichkeiten trennt, die angesichts des bestehenden Ausmaßes der Minderbewertung der Befriedigung in fernerer Zukunft nicht mehr gemacht werden dürfen, so ist das jetzt anders. Der Marktzins ist nicht mehr der Ausdruck der Wertungen der Wirte; er zeigt ein von diesen Wertungen abweichendes Verhältnis in der Bewertung gegenwärtiger und künftiger Güter. Rechnungen, die auf ihm aufgebaut sind, müssen ergeben, dass mehr investiert werden könnte, als tatsächlich an Kapitalgütern für Investition zur Verfügung steht. Weil der Zinsfuss des Marktes gesunken ist, erscheinen eine Reihe von Geschäften, die bei dem höheren Zinssatze als unrentabel galten und daher unterblieben, als rentabel und werden daher unternommen.

[2087], pflegt man zu sagen.

[2088]ausgeübt; bei dem höheren Preisstande, dem nun größere Kassenhaltung entspricht, hat sich die Wirkung der zusätzlichen Geldmenge auf den Zinsfuss
[2089]Das Wiederansteigen der Zinssätze bringt das Ende des Aufschwungs. Nur wenn immer wieder neue Mengen zusätzlichen Geldes in das Wirtschaftsgefüge einströmen und zunächst auf dem Geldmarkte als zusätzliche Darlehen ausgeboten werden, kann der Aufschwung weitergehen.
[2090], weil die Unternehmungslust *caeteris paribus* angeregt wurde
[2091]die Richtigkeit der Gedankengänge der Zirkulationskredittheorie
[2092]Verbilligung des Diskont durch die Notenbanken, die die Wirtschaft «ankurbeln» soll,
[2093]manche Vorgänge der letzten
[2094]und dass dem Geldmarkte dadurch ständig neue Mittel zuströmen
[2095] der Geldmenge und der Zustrom zusätzlicher Mittel
[2096]Diese Einsicht ist das Um und Auf der Geldtheorie.
[2097]dauernden
[2098]der größeren Menge
[2099]als zusätzliches Angebot von Leihgeld
[2100]Die unmittelbare Wirkung der Geldmengenvergrößerung ist eine doppelte. Sie führt auf der einen Seite zu einer Steigerung des Konsums, soweit die Nutznießer, d.h. die, denen die zusätzliche Geldmenge zuerst zufließt, ihren Verbrauch erhöhen. Sie führt auf der anderen Seite zu erhöhter Investitionstätigkeit, soweit die Nutznießer sparen und dadurch das Angebot von Geld auf dem Darlehensmarkte erhöhen. Das Charakteristische des Grenzfalles, den wir betrachten, ist das, dass der gesamte zusätzliche Geldbetrag zunächst für Erweiterung der Versorgung künftigen Bedarfs ausgegeben wird und dass er zur Steigerung des Konsums im Anfange nur auf dein Wege über die Lohnsteigerung führt. [FN: Diesem Grenzfall entspricht die Lage der Dinge bei Kreditausweitung.] Die zusätzliche Geldmenge gelangt in solcher Weise in das Wirtschaftsgefüge, dass ihre erste Wirkung in der durch die Verfälschung der Rentabilitätsrechnung hervorgerufenen Erweiterung der Produktion besteht. Es werden durch die Unternehmer die Produktionsprozesse verlängert, es werden Produktionsmittel – sachliche und persönliche – in Verfahren gesteckt, in denen sie erst später ein konsumreifes Produkt zu liefern vermögen.
[2101]; all das unter der Voraussetzung, dass der weitere Zufluss von zusätzlichem Geld zum Darlehensmarkt anhält
[2102]In der sich dem Gleichgewichtsstande nähernden Wirtschaft
[2103]Es gab keine unbeschäftigten Arbeitskräfte und es gab keine Produktionsmittel, die man einem Produktionsverfahren hätte zuführen können, das rentabler war als das, in dem sie eben Verwendung fanden. Die Produkte, die erzeugt wurden, waren die, die unter den denkbaren Produktionsmöglichkeiten die höchste Rentabilität versprachen. Sollen nun jetzt noch andere Produkte oder noch mehr von denselben Produkten erzeugt werden, dann kann das nur in der Weise geschehen, dass Überschüsse erzielt wurden, die man nicht verbraucht hat, oder dass man die Möglichkeit gefunden hat, den Konsum mit einem geringeren Aufwand an Arbeit und sachlichen Produktionsmitteln zu befriedigen, sei es, weil weniger konsumiert wird, sei es, weil durch irgend ein Naturereignis, das in das Wirtschaftsgefüge hineinwirkt, die Ergiebigkeit der Arbeit gestiegen ist, so dass derselbe Aufwand höhere Erträge bringt. Wenn das eintritt, kann man Arbeit und Kapitalgüter für die Deckung des Bedarfs fernerer Zukunft frei bekommen, man kann die Wartezeit verlängern. Nun aber ist das Besondere unseres Falles eben das, dass diese Voraussetzung nicht gegeben ist, und dass man den Versuch unternimmt, die Produktionszeit zu verlängern, ohne dass die Mittel dafür vorhanden wären.
[2104]Zwischen den Unternehmern entbrennt ein Preiskampf um die Produktionsmittel.
[2105], gekauft und verbraucht
[2106]– z. B. durch Nichtverbrauch eines Produktionsüberschusses entstandene –
[2107]Der Wettbewerb der Unternehmer, sowohl derer, die ihre Produktion nur im alten Umfang fortsetzen wollen, als auch derer, die zusätzlich produzieren wollen, treibt die Preise aller Produktionsmittel in die Höhe. Auch die Preise aller Genussgüter, sowohl derer von der Art g und $g3$ als auch derer von der Art g4, steigen, da die Lohnsteigerung auch den Verbrauch steigert; überdies wird auch von den Unternehmern und Kapitalisten, die durch den Verkauf zu höheren Preisen Gewinne erzielt haben, mehr verbraucht. Die Unternehmer sehen in dem Steigen des Absatzes, der Preise und des Verbrauchs den Beweis dafür, dass ihr Vorgehen richtig war, und wollen in der Produktionserweiterung fortfahren. Die Preise, die für die Produktionsmittel gezahlt werden, gehen immer weiter hinauf. Sie steigen schneller und stärker als die Preise der Genussgüter.

Doch bald muss die Aufwärtsbewegung der Genussgüterpreise die der Produktionsmittelpreise überflügeln. Die Erzeugung der zusätzlichen Mengen $g3$ und $g4$ bedarf einer gewissen Zeit. Die

Lohnsteigerung wirkt auf dem Markte bereits als erhöhte Nachfrage nach Genussgütern, ehe die zusätzlichen Mengen dem Verbrauch zugeführt werden können. Die Bauarbeiter wollen z. B. ihren Wohnungsbedarf schon reichlicher befriedigen, ehe die Neubauten fertiggestellt sind, in denen sie besser wohnen können, und sie wollen mehr Textilware kaufen, ehe die neuerrichteten Fabriken ihre Produktion auf den Markt bringen können. Der Abstand, der zwischen den Preisen der Produktionsmittel und denen der Genussgüter klafft, hat sich am Beginn der Kreditausweitung verengert; nun erweitert er sich wieder. Am Beginn hat sich eine – vorübergehende – Tendenz zur Senkung des Urzinses gezeigt; jetzt tritt wieder rückläufig eine Tendenz zur Erhöhung des Urzinses auf. Die Preissteigerung ist freilich nicht einheitlich. Sie ist stärker bei g und $g3$ als bei g4, da die Verbraucher jene Waren stärker begehren als diese.

Diese Tendenz zur Erhöhung des Urzinses und das Auftreten der positiven Preisprämie erklären die banktechnischen Vorgänge im Fortgang der Konjunkturentwicklung. Die Banken sehen die Nachfrage der Unternehmer nach Darlehen wachsen; die Unternehmer verlangen immer mehr Kredit zur Fortführung ihrer Geschäfte und sind, weil Urzins und Preisprämie steigen, bereit, höhere Bruttozinssätze zu vergüten. Die Banken erhöhen nun die Zinssätze. Arithmetisch betrachtet, erscheinen die Bruttozinssätze jetzt höher, als sie vor Beginn der Kreditausweitung waren; katallaktisch betrachtet, bleiben sie nichtsdestoweniger hinter dem Stande zurück, der Urzins + Risikoprämie + Preisprämie decken würde. Die Banken glauben, dass sie mit der Verschärfung der Kreditbedingungen alles getan hätten, um «ungesunder» Spekulation vorzubeugen. Sie finden, dass die Kritiker im Unrecht sind, die sie für den Hausse-Taumel, der die Geschäftswelt ergriffen hat, verantwortlich machen. Sie sehen nicht, dass sie einfach die Kreditausweitung in verschärftem Masse fortsetzen.

Das Merkmal der Kreditausweitungshausse liegt darin, dass die für die Erweiterung der Produktion erforderten Mengen $p3$ und $p4$ nicht anders beschafft werden können, als indem man sie den Beständen r, $p1$ und $p2$ entzieht.

[2108]in der Wirtschaft vor dem Auftreten der Veränderung des Geldstandes Überschüsse erzielt wurden, die nicht verbraucht, sondern zur Erweiterung der Produktion investiert werden

[2109]Wir bezeichnen diese Bestände an Kapitalgütern als $p1$ und $p2$; sie würden in einer nicht unter der Einwirkung von Kreditausweitung stehenden Wirtschaft, sagen wir also «normalerweise», zur Erzeugung eines Bestandes $g1$ von Genussgütern der Art, die schon vor ihrem Hinzutreten erzeugt, gekauft und verbraucht wurde, und eines Bestandes $g2$ von Genussgütern von einer Art, die bisher noch nicht erzeugt wurde, verwendet werden.

[2110]Diese Pläne sind aus Mangel an Kapitalgütern nicht ausführbar.

[2111]an dem Fehlen der erforderlichen Kapitalgüter

[2112]Die Hausse ist nicht Überinvestition, sie ist Fehlleitung der Investitionstätigkeit.

[2113]natürlichen

[2114]Um mehr Genussgüter zu erzeugen, muss man damit beginnen, ein Mehr an komplementären Gütern der höchsten Güterordnungen zu erzeugen.

[2115]errichtet man zunächst die Anlagen, die unter den für die Erzeugung von $a + g1 + g2 + g3 + g4$ erforderlichen zuerst gebaut werden müssen

[2116]Man geht so vor, wie ein

[2117]und Arbeit

[2118]und sich dabei verrechnet hat

[2119], verbraucht schon für die Fundamente den ganzen verfügbaren Bestand an Produktionsmitteln und kann dann nicht weiterbauen. Das ist nicht Überinvestition; man hat dabei nicht mehr verbaut, als man verbauen konnte; [FN: Man hat nicht etwa «umlaufendes» Kapital in «fixes» Kapital verwandelt. Der einzelne Unternehmer mag sich sagen: Hätte ich das Geld, das ich zur Erweiterung meiner Fabrik ausgegeben habe, noch zur freien Verfügung, dann wäre ich in besserer Lage; ich müsste nicht neuen Kredit in Anspruch nehmen, um den Betrieb fortzuführen. Doch die Rohstoffe, Halbfabrikate und Lebensmittel fehlen nicht auf dem Markte; die Krise ist gerade dadurch gekennzeichnet, dass sie in einem Umfange angeboten werden, der Absatz nur zu sinkenden Preisen ermöglicht.]

[2120]Man hat nicht etwa «umlaufendes» Kapital in «fixes» Kapital verwandelt. > It is no less erroneous to believe that the events which resulted in the crisis amounted to an undue conversion of «circulating» capital into «fixed» capital.

[2121]seit der Mitte des 19. Jahrhunderts > for more than a hundred years

[2122]und im Rückgang des Auftragsbestandes und des Produktionsumfanges dieser Zweige die Vorboten des Konjunkturumschwunges erkennen wollte

[2123]Wenn die Produktionsverfahren durch Veränderungen der Technik, die von der Kreditausweitung unabhängig sind, so verbessert werden, dass bei ungeändertem Geldstand ein Rückgang aller Warenpreise eingetreten wäre, erschöpft sich die Wirkung der Kreditausweitung auf die Preise in Erhaltung des früheren Preisstandes. (Man hat das mitunter als «Mengenkonjunktur» bezeichnet; der Ausdruck ist nicht glücklich gewählt.) In jeder andern Hinsicht ist der Ablauf dem beschriebenen gleich.

Das eine steht fest: keine wie immer geartete Maßnahme der Kredittechnik kann der Wirtschaft das geben, was ihr fehlt. Um die Pläne der Unternehmer durchzuführen, bedarf man eines Bestandes an Produktionsmitteln, der den verfügbaren Bestand übersteigt. Es fehlt an Produktionsmitteln, nicht an Geld oder Kredit.

Dieser Sachverhalt tritt in dem Augenblick zutage, in dem die Banken, durch den immer rascheren Fortgang der Hausse ängstlich geworden, die weitere Kreditausweitung einstellen. [FN: Über den Anstoß zur Wendung in der Bankpolitik vgl. S. 696.] Solange die Banken immer weitere zusätzliche Kreditmittel in die Wirtschaft hineinpumpen, können die Unternehmer den Mangel an den zur Durchführung ihrer Pläne erforderlichen Kapitalgütern nicht wahrnehmen. Sie sehen nur weiteres Anziehen der Preise der Produktionsmittel, das ihre Pläne nicht stören kann, solange ihnen die erforderlichen Geldmittel nicht fehlen. Sie sehen in dem Umstand, dass die Werke, die Produktionsmittel erzeugen, einen Auftragsbestand haben, der ihnen auf lange Zeit hinaus Beschäftigung sichert, ein günstiges Zeichen und erkennen nicht, dass die damit verbundene Hinausschiebung der Lieferungstermine den Mangel an den zur Durchführung ihrer Pläne erforderten Kapitalgütern anzeigt.

Wenn aber die Banken in der Kreditausweitung endlos fortschreiten wollten, dann würden sie das Ende des Aufschwungs durch Katastrophenhausse auslösen. Der Versuch, nicht vorhandene Kapitalgüter (die Bestände *p*3 und *p*4) durch banktechnische Maßnahmen zu ersetzen, müsste auch dann scheitern. In der Regel halten jedoch die Banken ein, ehe es zur Katastrophenhausse kommt.

Sobald der Zustrom zusätzlichen Geldes versiegt, muss das ganze Gebäude der Konjunktur einstürzen. Dann müssen die Unternehmer ihre Geschäfte einschränken, weil ihnen die erforderlichen Geldmittel fehlen. Sie müssen trachten, durch Verkäufe die Geldmittel zu beschaffen, die sie im Aufschwung durch Darlehensaufnahme beschafft haben. Die Warenpreise und die Löhne sinken.

Aus institutionellen und massenpsychologischen Gründen vollzieht sich der Umschlag vom aufsteigenden zum absteigenden Ast der Konjunktur panikartig. Der Beschreibung dieser Paniken ist im Schrifttum besondere Sorgfalt. zugewendet worden. Die nationalökonomische Theorie hat weniger darauf bedacht zu sein, die Schrecken der Krisenwochen breit auszumalen und bei ihren mitunter grotesken Erscheinungen zu verweilen, als darauf, in dem Ablauf der Ereignisse den notwendigen Ausgang der Geschäftsfehlleitungen des Aufschwunges zu erkennen. Es hat ihr nicht sosehr darauf anzukommen, die verschiedenen typischen Abläufe zu beschreiben, die den einzelnen institutionellen Voraussetzungen entsprechen, als darauf, das Notwendige und Unvermeidliche vom Zufälligen und historisch Bedingten zu sondern. Die Panik ist für sie uninteressant, und im absteigenden Ast der Konjunktur sieht sie nichts als den Prozess der Liquidation der Kapitalfehlleitungen des Aufschwungs und der Anpassung des Marktes und der Produktions- und Unternehmungstätigkeit an die gegebenen Verhältnisse: Urzinsgestaltung und Stand der Versorgung mit Kapitalgütern.

Diese Daten sind nicht mehr die der Zeit vor dem Aufschwung.

Manches hat sich seither geändert. Das erzwungene Sparen mag da und dort zu neuer Kapitalbildung geführt haben. Manche Verschiebungen der Eigentumsverhältnisse sind im Gefolge der Ungleichzeitigkeit und Ungleichmäßigkeit der Kaufkraftveränderungen eingetreten. Unabhängig von den monetären Vorgängen sind Änderungen in der Größe und in der Zusammensetzung der Bevölkerung, in der Technik, in der Richtung und im Umfang der Nachfrage und in mancher anderen Hinsicht erfolgt. Das Gleichgewicht, dem die Wirtschaft nun zustrebt, ist nicht mehr dasselbe, dem sie vor dem Auftreten der Störung zugestrebt hat. Manche Anlagen, die im Zuge des Aufschwungs errichtet wurden, werden als Fehlanlagen einfach stillgelegt werden müssen, weil die Mittel für ihren Fortbetrieb den Erlös, den die Erzeugnisse bringen, nicht decken; diese Mittel werden eben an anderen Stellen des Produktionsprozesses dringender benötigt und finden dort rentablere Verwendung. Andere Fehlinvestitionen können aber im Betrieb bleiben. Hätte man richtig gerechnet, hätte man sie nicht gebaut. Da sie nun einmal vorhanden sind, übersteigen die Erlöse, die man aus ihnen ziehen kann, die für den laufenden Betrieb benötigten Mittel. Die Verbraucher sind nicht geneigt, für ihre Produkte einen Preis zu zahlen, der auch die einmal aufgewendeten und verlorenen Anlagekosten zu verzinsen und zu amortisieren gestattet: doch sie sind bereit, die Produkte, wenn sie ihnen billig genug angeboten werden, zu kaufen; übersteigt dieser Preis die laufenden Betriebsspesen, dann ist es dem Unternehmer vorteilhafter, den Betrieb der Fehlanlage fortzuführen. Mit dem Verlust eines Teiles des in der Anlage gebundenen Kapitals muss er sich dabei abfinden. Die Verbraucher befriedigen nun Bedürfnisse, die sie sonst nicht befriedigt hätten; auf der andern Seite freilich verzichten sie auf die Befriedigung anderer Bedürfnisse, die sie – bei richtiger, d.h. ihren Wünschen besser entsprechender Verwendung des Kapitals – hätten befriedigen können. Man habe etwa in der Aufschwungszeit eine Straßenbahnlinie gebaut, die man bei richtiger, nicht durch die Geldflüssigkeit verfälschter Rentabilitätsrechnung nicht gebaut hätte. Nun stellt es sich heraus, dass die Strecke nicht rentabel ist, dass ihr Betrieb aber gerade noch etwas mehr als die laufenden Betriebsspesen deckt. Die Kapitalisten, die Aktien und Schuldverschreibungen dieser Bahn erworben haben, haben ihr Kapital verloren. Sie müssen jetzt ihre Ausgaben einschränken und auf manches verzichten, was sie früher kaufen und verzehren konnten. Anderseits haben sie die Möglichkeit, die Straßenbahn zu benützen. Sie würden es vorziehen, wenn sie ihren früheren Vermögens- und Einkommenstand und die ihm entsprechende höhere Lebenshaltung hätten beibehalten können und würden dann auf die Annehmlichkeit der Straßenbahnfahrten gerne verzichten; doch an dem Geschehenen lässt sich nichts mehr ändern. In ähnlicher Lage sind aber auch alle anderen Bürger. Sie müssen manches entbehren, was sie hätten beschaffen können, wenn das Kapital in ihrem Sinne richtig verwendet worden wäre; dagegen können sie jetzt die Straßenbahn benützen.

Die Senkung des Marktsatzes für Darlehenszinsen, die als nächste Folge des Zuströmens zusätzlichen Geldes auf den Darlehensmarkt auftritt, führt mithin zu Kapitalfehlleitung und zu Überverbrauch. Das Ergebnis ist Verarmung: ein Teil der Zwischenprodukte, die vor dem Einströmen der zusätzlichen Geldmenge zur Verfügung stand, ist aufgezehrt worden, ein Teil ist in Verwendungen festgerannt worden, die sich als minderdringend erweisen, und fehlt nun an Stellen, wo er dringender benötigt wird.

Sobald der Zustrom neuen zusätzlichen Geldes stockt, muss die Tatsache dieser Kapitalfehlleitung auf dem Markte offenbar werden, und es beginnt der Prozess der Anpassung an die neue Lage, die gekennzeichnet ist durch Kapitalverarmung, durch Verschiebung der Eigentumsverhältnisse und durch Verfügung über Kapitalanlagen, die bei ungestörter Rentabilitätsrechnung nicht gemacht worden wären, von denen aber manche doch fortbetrieben werden können.

Wenn wir annehmen, dass die zusätzliche Geldmenge zunächst nur für Steigerung des Verbrauches verwendet wird, ist der Ablauf anders. Es steigen zunächst nur die Preise der Genussgüter und erst in zweiter Reihe die Preise der Produktivgüter. Die Preissteigerung mag die Unternehmer zur Ausweitung der Produktion anregen. Doch mit dem Steigen der Produktionsmittelpreise erscheinen diese Pläne als unrentabel. Zu Kapitalfehlleitung beträchtlicherer Umfanges kann es gar nicht kommen.

In der Regel freilich wird die zusätzliche Geldmenge mindestens zu einem beträchtlichen Teil sogleich dem Darlehensmarkte zuströmen. Bei der Ausweitung des Zirkulationskredits kommt immer die ganze zusätzliche Menge zuerst auf dem Darlehensmarkte zur Wirkung.

[2124]Der Marktzins unter dem Einfluss von Veränderungen des Geldstands im Fall der Restriktion

[2125]150

[2126]Die Regierungen wollten die internationale Bewertung des Kreditgeldes auf einen höheren Stand heben; sie wollten sein Disagio (gegenüber seinem einstigen gesetzlichen Edelmetallgehalt und gegenüber der einstigen Parität zum Auslandsgeld) beseitigen und seine Kaufkraft heben. Dass sie von ihrem Vorhaben mitunter später abkamen, sei es

[2127], sei es, weil sie die Folgen der Kaufkraftsteigerung als schädlich erkannten, ist bekannt

[2128], oder dass die Wirte ihren Kassenstand erhöhen wollen und sich daher vom Geldmarkte zurückziehen

[2129]auf dem Darlehensmarkte eine Verknappung

[2130]Geschäfte, die bisher rentabel waren, werden damit unrentabel. Die Nachfrage nach Produktionsmitteln geht zurück, die Preise der sachlichen Produktionsmittel und die Löhne sinken,...
> Projects which would have appeared profitable before appear so no longer. A tendency develops toward a fall in the prices of factors of production and

[2131]Wenn die Eigentümer der von diesem Preisfall betroffenen Produktionsmittel und die Arbeiter mit ihren Preis- und Lohnansprüchen gleich so tief hinuntergehen wollten, dass sich die Rentabilität der Geschäfte, die durch die Darlehenszinserhöhung vernichtet wurde, wieder einstellt, dann könnte die Restriktion auch nicht vorübergehend zu Produktionseinschränkung führen. Nur der Zeitunterschied zwischen der Zinssteigerung und der Anpassung der Preise der Produktionsmittel und der Löhne an die Veränderung des Geldstandes löst die produktionshemmende Wirkung der Restriktion aus.

Wird jedoch nur ein Teil der aus dem Marktgefüge verschwindenden Geldmenge zunächst dem Darlehensmarkte entnommen oder wird der Darlehensmarkt von der Restriktion überhaupt nur mittelbar berührt, dann ist der Verlauf anders. Wenn die Regierung die für die Deflation benötigten Mittel nicht durch Anleihen beschafft, sondern durch Besteuerung der Bürger, der Verbraucher, dann sinkt der Verbrauch und damit die Preise der Genussgüter. Wenn dementsprechend auch die Preise aller Produktionsmittel sinken würden, könnte eine Stockung in der Geschäftstätigkeit überhaupt nicht eintreten. Der unvermeidliche Zeitunterschied ruft sie zwar hervor. Doch da die Geschäftsstockung auch auf dem Darlehensmarkte zu einer Einschränkung der Nachfrage nach Darlehen und damit auch zu einem Sinken des Zinsfusses führt, wird sie bald überwunden werden, wenn nicht neue Restriktionsmassnahmen immer wieder störend auftreten.

Man hat die vermeintlich günstigen Folgen der Kreditausweitung immer überschwänglich gepriesen, und man hat anderseits die bösen Folgen der Restriktion in krassester Weise geschildert. Man hat darüber versäumt, den Unterschied, der zwischen den durch Expansion und den durch Restriktion bewirkten Störungen des Wirtschaftsablaufs besteht, richtig zu erfassen. Die Kreditausweitung führt zu Kapitalfehlleitung; wenn der Expansionsprozess zu Ende gekommen ist, muss ein Liquidierungsprozess folgen, der das Wirtschaftsgefüge den durch diese Fehlleitung geschaffenen Verhältnissen anpasst. Die Restriktion führt zu Stockungen; vorhandene Kapitalgüter werden nicht gleich eingesetzt, Arbeitskräfte liegen brach. Das bringt einen zeitweiligen Ausfall an Produktion, der aber durch die Einschränkung des Verbrauchs der feiernden Arbeiter und der keine Gewinne erzielenden Unternehmer zum Teil aufgewogen wird. Da die unverkäuflichen Produktionsmittel und die feiernden Arbeiter durch die Restriktion nicht vertilgt werden, da sie nach Absatz und Arbeit verlangen, werden Eigentümer und Arbeiter durch Herabsetzung der Ansprüche auch bald wieder das Gleichgewicht herzustellen suchen, und sind diese Faktoren wieder in den. Produktionsprozess eingeschaltet, dann stellt sich der «normale» Ablauf sehr bald her, ohne dass erst ein langwieriger Liquidierungs- und Übergangsprozess erforderlich wäre. Die Restriktion ist ein Ereignis, dessen Spuren bald getilgt sind, wenn sie einmal zum Stillstand gekommen ist; sie wirkt nicht solange nach wie die Kreditausweitung. [FN: Dass die Restriktion in der Geschichte niemals die Rolle gespielt hat, die die Kreditausweitung im 19. und 20. Jahrhundert gespielt hat, ist der allgemeinen Unpopularität des Preisfalls und der allgemeinen Popularität aller Bestrebungen zur Senkung des Darlehenszinses zuzuschreiben.]

Die Störungen, die die Restriktion auslöst, liegen in der Langsamkeit, mit der der Prozess der Anpassung aller Preise an die neue Lage des Geldstandes vorsichgeht. Die Störungen, die die Expansion auslöst, bestehen zunächst in der Kapitalfehlleitung und in der durch sie bewirkten Verarmung; der Anpassungsprozess, der nach Beendigung des Aufschwungs einsetzt, muss dann die Produktion dem Stand der Versorgung mit Produktionsmitteln, der durch den Aufschwung bewirkten Verarmung, anpassen.

Man darf die Folgen der Deflation nicht mit den Folgen des auf die Beendigung des Aufschwungs folgenden Anpassungsprozesses zusammenwerfen. Dieser wird durch die Beendigung der Kreditausweitung ausgelöst, auch wenn die Geldmenge nicht verringert wurde. [FN: In den großen Inflationen der Nachkriegszeit kam für den Anpassungsprozess, der durch die Einstellung der weiteren Ausgabe zusätzlichen Geldes ausgelöst wurde, der Ausdruck *Stabilisierungskrise* auf.]

Auf das Ende der Kreditausweitung muss die Anpassung der Produktion an den Stand der Versorgung der Wirtschaft mit Kapitalgütern und an den Satz des Urzinses folgen. Das Steigen der Preise hat den Bedarf der Unternehmer nach weiterem Geldkapital zur Fortführung ihrer Geschäfte ständig gesteigert; sie konnten nur fortfahren, weil sie von den Banken neue Kredite aus den Mitteln der fortschreitenden Kreditausweitung erhalten haben. Jetzt sind die Banken nicht mehr länger imstande, weitere Kreditansprüche zu befriedigen. Da müssen die Unternehmer ihre Geschäfte einschränken. Zunächst entsteht daraus ein Chaos. Die Krediteinschränkung trifft die Unternehmungen ohne Rücksicht darauf, ob sie unter den neuen Verhältnissen rentabel sind oder nicht. Die Banken wären, selbst wenn sie sich darüber einen Überblick verschaffen könnten, nicht in der Lage, genauere Unterschiede in der Behandlung der einzelnen Unternehmungen zu machen. Sie müssen die Kreditgewährungen einschränken, weil ihnen die Mittel für neue Kredite fehlen; sie müssen daher auch solche Kreditgesuche abweisen, die von Unternehmungen ausgehen, die ihrer Meinung nach die Krise gut überstehen könnten, wenn man ihnen im Augenblick einen weiteren Kredit gewähren würde. Die Betriebseinschränkungen, die durch den Abbruch der Kreditausweitung ausgelöst werden, betreffen daher nicht nur jene Unternehmungen, die aus der Produktion ganz ausscheiden müssen oder in Hinkunft nur mit Ausnützung eines Teiles ihrer Erzeugungskapazität zu arbeiten haben werden. Zunächst werden durch den Umschwung in der Kreditlage wahllos alle Unternehmungen und alle Produktionszweige gedrosselt. Erst allmählich stellt es sich dann heraus, für welche Unternehmungen und in welchem Umfange die rentable Fortführung der Produktion möglich ist.

Der Preissturz, den die Krise hervorruft, ist daher zunächst viel stärker, als den Verhältnissen entspricht. Eine Erholung der Preise muss allmählich in dem Masse eintreten, in dem die Unternehmer wieder bessere Übersicht über die Lage des Marktes zu gewinnen vermögen.[FN: Vgl. *Röpke,* Crises and Cycles, London 1936, S. 119 ff.]

In der Regel wird aber auf die Beendigung der Kreditausweitung auch Deflation folgen. Die Banken halten größere Barreserven im Verhältnis zu ihren Verbindlichkeiten, d.h. sie verringern die Umlaufsmittelmenge, und die einzelnen Wirte erhöhen ihre Kassenhaltung. Zu den unmittelbaren Wirkungen des Konjunkturumschwungs treten noch Deflationsfolgen hinzu.

[2132]Der Weg, auf dem das nationalökonomische Denken zur Ausbildung einer Lehre vom Konjunkturwechsel gelangt ist, war lang.

Der Ausgangspunkt der Betrachtungen war zunächst empirisch. Die klassische Nationalökonomie und ihre Nachfahren standen vor der Erfahrungstatsache, dass der Fortgang des Wirtschaftens durch die periodische Wiederkehr von Krisen gestört wird, die man nicht durch unvorhergesehenes plötzliches Auftreten von Datenänderungen großen Umfangs zu erklären vermochte. Der Scharfsinn der Currency-Schule fand sehr bald eine Erklärung, die vollkommen zu befriedigen schien. Für die Currency-Schule ist nicht mehr die Krise das Problem, sondern der ihr vorausgehende Aufschwung; sie erweitert das Krisenproblem zum Problem des Konjunkturwechsels. Der Aufschwung ist die Folge der Kreditausweitung, sein Zusammenbruch die unvermeidbare Reaktion des Marktes, die schließlich zum normalen Wirtschaften zurückführt.

[2133]Sie sahen Kreditausweitung nur in der

[2134]metallisch nicht gedeckten Banknoten > banknotes in excess of the banks' holding of cash reserves

[2135]auch die Kassenführungsguthaben Umlaufsmittelcharakter annehmen können und dass

[2136]Der Fehler wiegt nicht allzuschwer, da man ihn leicht beheben kann; man hat einfach festzustellen, dass alles, was von der Kreditausweitung gesagt wird, unabhängig davon ist, ob die Kreditausweitung durch zusätzliche Noten oder durch zusätzliche Kassenführungsguthaben erfolgt.

[2137]wurden sehr bald durch die Gesetzgebung zur Grundlage krisenpolitischer Maßnahmen gemacht. Das Versagen der Peel'schen Bankgesetze

[2138]Ihre Lehre, meinte man, sei durch die Erfahrung widerlegt worden.

[2139], zu dessen Behandlung schon die Vorschläge, durch Bankreform den Kredit zu verbilligen oder gar unentgeltlich zu machen, anregen mussten,

[2140]Man darf freilich nicht unterlassen, daran zu erinnern, dass

[2141]im Spiele war

[2142]Die Kraft der klassischen Nationalökonomie hatte gerade hingereicht, um die öffentliche Meinung daran zu gewöhnen, die Gestaltung der Preise und Löhne nicht mehr mit den Augen des Sittenrichters zu betrachten; sie war nicht stark genug, um dasselbe auch für den Darlehenszins zu leisten. Die alten Vorurteile blieben unangetastet. Auch heute weigern sich noch viele, die sich für Nationalökonomen halten, den Zinssatz einfach als Markterscheinung zu betrachten. Man hält den Zins für ein Hindernis menschlicher Wohlfahrt, man glaubt, dass es Pflicht der Obrigkeit sei, auf Senkung der Zinshöhe hinzuarbeiten, und meint, dass Kreditausweitung das Mittel sei, das diesen Erfolg erzielen kann. Mit dem Wiedererstarken der interventionistischen Wirtschaftspolitik und der Erneuerung der Lehren, die sie rechtfertigen wollen, wuchs auch die Volkstümlichkeit des Bankinterventionismus. Die Staaten wollen aktive Konjunkturpolitik treiben, sie wollen «ankurbeln» und den Aufschwung endlos fortgehen lassen, und sie brandmarken alle nationalökonomischen Lehren, die die Aussichtslosigkeit solcher Politik erweisen, als dismal science.

Wenn man diesen Tatbestand ins Auge fasst, könnte man sich verleitet sehen, die Behandlung der Kreditausweitung aus der Lehre von der unbehinderten Marktwirtschaft in das Lehrstück von der durch Eingriffe behinderten Marktwirtschaft zu verweisen. Es ist nicht zu bestreiten, dass die Kreditausweitung in den Umkreis der Probleme des Interventionismus fällt. Doch das Problem der Kreditausweitung ist von dem Problem der Beziehungen der Veränderungen im Verhältnis von Geldnachfrage und Geldangebot zur Zinsgestaltung nicht zu trennen; es ist nur in seiner Erscheinungsform und in seiner praktischen Bedeutung von ihm verschieden.

Denn alles, was von der Kreditausweitung zu sagen ist, gilt auch von den Wirkungen, die zusätzliche Geldmengen ausüben, wenn sie in einem verhältnismäßig frühen Stadium ihres Eintretens in das Wirtschaftsgefüge dem Darlehensmarkte zuströmen. Wenn die zusätzliche Geldmenge auf dem Darlehensmarkte in der Gestalt zusätzlichen Kreditangebots auftritt, ehe die Preise und Löhne sich bereits der neuen Gestaltung der Geldverhältnisse angepasst haben, ist der Ablauf im Wesen nicht verschieden von dem, der der Kreditausweitung eigentümlich ist. Unterschiede bestehen in der Regel beim Sachgelde im Ausmaß des zusätzlichen Kreditangebots. Sachgeld konnte im bisherigen Verlaufe der Wirtschaftsgeschichte nie in dem Umfang vermehrt werden, in dem die Kreditausweitung oder die Vermehrung von Kredit- und Zeichengeld vorsichgehen kann. Die Vermehrung des Sachgeldes ging in der Regel langsamer vonstatten, ihre Begleiterscheinungen vollzogen sich weniger heftig und fielen weniger auf. Die Konjunkturwellen, die sie brachten, waren länger, weil die Tendenzen, die die Sachgeldproduktion beherrschen, stetiger sind und Umschläge nicht mit jener Plötzlichkeit erfolgen, die ein Kennzeichen des Umschwungs in der Kreditpolitik ist. [FN: Vgl. *Jenny Griziotti Kretschmann*, Il Problema del Trend Secolare nelle Fluttuazioni dei Prezzi, Pavia 1935, S. 5 ff.]

Aus der Betrachtung der langen Wellen der Konjunktur konnte die inflationistische Geschichtsauffassung Argumente zur Stützung ihres Standpunktes gewinnen, weil die längeren Wellen auch flacher sind und der Übergang vom Aufschwung zum Abschwung sich bei ihnen nicht so scharf und darum auch weniger auffällig zeigt als bei den kurzen Wellen der Kreditausweitung. Doch alle ihre Argumente sind unstichhaltig. Auch im Hinblick auf die Zinsgestaltung und die Anregung von Aufschwung ist alles, was die inflationistische Geschichtsauffassung zu sagen weiß, durch die Zirkulationskredittheorie des Konjunkturwechsels widerlegt.

Für die grundsätzliche Betrachtung der nationalökonomischen Theorie sind Kreditausweitung und Beeinflussung des Darlehensmarktes durch Zuströmen zusätzlicher Geldmengen identische Erscheinungen, und ebenso Krediteinschränkung durch Verringerung der Umlaufsmittelmenge und Beeinflussung des Darlehensmarktes durch Abströmen von Geldbeträgen. Doch in der Wirtschaftsgeschichte der letzten 150 Jahre hat die Kreditausweitung eine Rolle gespielt, die sie aus dem Kreise der ihr nationalökonomisch gleichzuhaltenden Erscheinungen weit heraushebt.

2143 Im Lichte der Zirkulationskredittheorie ist der Konjunkturwechsel das Ergebnis der immer wieder neu einsetzenden Bestrebungen, durch Kreditausweitung die Bedingungen, zu denen Gelddarlehen erhältlich sind, für die Kreditsuchenden günstiger zu gestalten. Der zusätzliche Zirkulationskredit bewirkt Kapitalfehlleitung. Will man die Kreditausweitung endlos fortsetzen, dann bricht das Umlaufsmittelsystem, das ihr dient, zusammen; das zwingt die Unternehmer und die Eigentümer der Produktionsmittel, ihr Handeln dem Stande der Versorgung mit Produktionsmitteln anzupassen; diese Anpassung muss schon früher einsetzen, sobald die weitere Vermehrung der Umlaufsmittel eingestellt wird. Einmal muss schließlich auf dem Markte der Prozess ausgelöst werden, durch den die Produktionsmittel wieder den Verwendungen zugeführt werden, in denen sie die dringlichsten Bedürfnisse der Verbraucher am zweckmäßigsten zu befriedigen vermögen.

Man verkennt das Wesen der Konjunkturveränderungen, wenn man, wie es nahezu allgemein üblich ist, im aufsteigenden Ast eine normale oder gar wohlfahrtsfördernde Erscheinung und im Abstieg die Störung befriedigender Entwicklung sehen will. Schon die gangbaren Ausdrücke, z. B. Aufschwung und Niedergang, gute und schlechte Konjunktur, sind irreführend. Das, was man als Anstieg der Konjunktur bezeichnet, ist ein Zustand, in dem Produktionsmittel Verwendungen, in denen sie dringlichere Bedürfnisse der Verbraucher befriedigen könnten, entzogen werden, um der Durchführung von Plänen, für die der verfügbare Produktionsmittelbestand nicht hinreicht, zugeführt zu werden. Wenn man den Ausdruck «Störung» gebrauchen will, dann hätte man im Aufschwung die Störung des Marktgetriebes zu erblicken und im Niedergang den Prozess der Anpassung an die gegebenen Bedingungen und der Wiederherstellung des «normalen» Zustandes, in dem das Marktgetriebe die Produktion so lenkt, dass die Produktionsmittel der Befriedigung der dringlichsten Bedürfnisse der Verbraucher in der zweckmäßigsten Weise dienstbar gemacht werden. Die Wirtschaftsgeschichte der Kulturvölker ist durch fortschreitende Kapitalbildung gekennzeichnet. Weil regelmäßig mehr erzeugt als verzehrt wird, wird es möglich, die Produktion ergiebiger zu gestalten, die Bedürfnisse immer reichlicher zu befriedigen und dabei doch auch durch weitere Bildung von Rücklagen für künftige Erhöhung des Wohlstands zu sorgen. So leben auf der Erdoberfläche heute weit mehr Menschen als früher, und jeder einzelne von ihnen lebt weit besser als die Menschen vergangener Zeiten. Wenn man diese Veränderungen als wirtschaftlichen Fortschritt oder Aufstieg bezeichnet, stellt man sich auf den Standpunkt der Verbraucher, die bessere Befriedigung weniger reichlicher Befriedigung vorziehen; man kann die Frage nach der

Berechtigung der Ausdrucksweise ruhig unbeantwortet lassen. Doch der Konjunktur-Anstieg ist von wirtschaftlichem Fortschritt wohl zu unterscheiden. Er ist, wenn man ihn vom Standpunkt der Verbraucher und ihrer Bedürfnisbefriedigung betrachtet, nicht Fortschreiten zu besserer Versorgung, sondern zu schlechterer.

[2144]die Kreditausweitung nie erzwungenes Sparen in einem Ausmaße herbeiführt, das die von ihr durch Kapitalfehlleitung und Überverbrauch bewirkte Kapitalaufzehrung aufwiegen oder gar überwiegen könnte. Wenn man schon in das Getriebe der Marktvorgänge eingreifen wollte, um durch Minderverbrauch der Wenigerreichen Einkommen und Vermögen der Reicheren zu mehren, weil man erwartet, dass dann im Gesamtfelde der Wirtschaft mehr Kapital gebildet wird, so würde man dieses Ziel besser erreichen, wenn man die Wenigerbemittelten stärker und die Reicheren weniger stark besteuert. Dem so erzwungenen Sparen würde keine Kapitalaufzehrung gegenüberstehen; seine «wohltätigen» Wirkungen könnten die Menge der Kapitalgüter mehren und nicht nur, wie im Fall der Kreditausweitung, das Ausmaß der Kapitalaufzehrung herabsetzen.

Man hat

[2145]das unter besonderen Umständen mitunter eintreten kann

[2146]Dass es immer eintreten müsste, wird niemand behaupten wollen. > But nobody would dare to assert that the statement is correct with regard to all projects whose execution has been en couraged by the illusions created by the easy money policy.

[2147]Als Abstieg der Konjunktur bezeichnet man die Wiederanpassung der Produktion an die durch den Stand der verfügbaren Produktionsmittel und die Wertungen der Verbraucher gegebene Marktlage. Diese Ausdrucksweise und die lauten Klagen, die diesen Prozess zu begleiten pflegen, geben ein falsches Bild. Der Abstieg der Konjunktur ist fortschreitende Annäherung der Produktion an einen Zustand, in dem sie den Bedürfnissen der Verbraucher so gut, als es die Verhältnisse gestatten, und jedenfalls besser entspricht als auf dem Scheitelpunkt der Konjunktur, an dem der Abstieg beginnt. Der Aufstieg war Kapitalfehlleitung und daher Kapitalverminderung und wirtschaftlicher Rückschritt, der Abstieg ist wirtschaftlicher Fortschritt in dem Sinne, dass er die vorhandenen Produktionsmittel den Verwendungen zuführt, in denen sie dem Verbrauch die besten Dienste zu leisten vermögen. Wer über die Vorgänge auf dem Markte und die Produktionsverschiebungen, die der Abstiegt bringt, klagt, klagt darüber, dass ihm Illusionen genommen werden und dass er nun die Dinge so sehen muss, wie sie sind. Der Abstieg vernichtet nicht Werte, er wertet nur illusionsfrei und nüchtern. Was man als die Übel des Konjunkturniedergangs ansieht, ist das Gewahrwerden der Folgen des durch die Kreditausweitung vorgetäuschten Aufstiegs.

Die Anpassung der Wirtschaft an die gegebenen Verhältnisse vollzieht sich nicht mit einem Schlage. Die Wirte gelangen nicht mit einem Male zur Erkenntnis der Sachlage, sie halten noch durch einige Zeit an manchen der Irrtümer fest, die die Kreditausweitung hat entstehen lassen. Man trennt sich schwer von Illusionen. Je größer die psychischen Widerstände sind, die der zutreffenden Erfassung der Marktlage entgegenwirken, desto langsamer geht der Anpassungsprozess vonstatten. Über die Dauer, die er benötigt, lässt sich keine nationalökonomische Aussage machen.

Ein Stück des Anpassungsprozess ist auch die Stärkung der Kassenhaltung. Solange man der Meinung war, dass die Preise immer weiter steigen werden, schien es klug zu sein, die Kassenstände niedrig zu halten und sich so reichlich als möglich mit Ware zu versorgen. Dass diese Auffassung vorherrschte, hat die Aufwärtsbewegung der Preise beträchtlich beschleunigt und verstärkt. Nun beginnen die Preise zu fallen, und allgemein wird angenommen, dass sie noch weiter fallen werden. Da erscheint es nun vorteilhaft, vom Kaufen abzustehen und die Kassenreserven zu erhöhen.

Man hat daher immer im Verlaufe des Konjunkturabstiegs neue Kreditausweitung als Heilmittel empfohlen. Die Krise, meinte man, sei eine Deflationserscheinung; man müsse sie bekämpfen, indem man die Deflation durch entsprechend große Inflation kompensiert. Man mag die Folgen der Stärkung der Kassenhaltung als Deflation bezeichnen: doch man muss eben erkennen, das ein gewisses Ausmaß an Erweiterung der Kassenhaltung mit dem Anpassungsprozess notwendig verbunden ist. Es ist falsch, die Krise selbst als Deflationserscheinung anzusehen. Es kann kein Zweifel darüber bestehen, dass der Umschlag der Konjunktur durch Einstellung der weiteren Ausgaben zusätzlicher Umlaufsmittel bewirkt wurde. Wahrscheinlich hätte der Aufschwung noch für einige Zeit verlängert werden können, wenn die Banken ihre Kreditausweitungspolitik fortgesetzt hätten. Doch endlos hätte man den Aufschwung der Konjunktur durch Festhalten an der Kreditausweitung nicht verlängern können. Früher oder später muss es zum Zusammenbruch des durch die Kreditausweitung ausgelösten Aufschwungs kommen, und der Anpassungsprozess, den man Niedergang der Konjunktur nennt, wird umso schmerzlicher sein und umso mehr Zeit beanspruchen, je länger die Kreditausweitung fortgesetzt worden war und je größer der Umfang der durch sie bewirkten Kapitalfehlleitung gewesen ist.

Man pflegt bei der Befürwortung der Redeflationspolitik folgendermaßen zu argumentieren:

[2148]Anlagen

[2149]Verbraucher

[2150], auch wenn die Erwartung, dass sie später einmal wieder vollausgenützt werden, berechtigt sein mag

[2151]Man pflegt immer darauf hinzuweisen

[2152], das der auf dem Markte aufscheinenden Nachfrage der Verbraucher entspricht

[2153]Wenn man

[2154]eingreift, verzögert man ihn

[2155]und daher fortlaufend Verluste bringen

[2156]Auch dort, wo die Obrigkeit nicht durch Eingriffe den Anpassungsprozess aufzuhalten trachtet, wird er durch institutionelle Faktoren vielfach gehemmt. Die Panik, die die Krise einzuleiten pflegt, bringt eine seelische Erschütterung, deren Folgen nur durch Zeitablauf überwunden werden können.

[2157]Sie ist unter Umständen in der ersten auf den Umschwung folgenden Zeit so schwer, dass selbst eine neue Kreditausweitung sie nicht beheben könnte;

[2158], selbst wenn die Marktlage, dank neuer Bereitschaft der Banken, den Kredit auszuweiten, günstige Aussichten bietet. Doch wenn die Unternehmer von den angebotenen Krediterleichterungen Gebrauch machen, dann kann es wieder zu nichts anderem kommen als zu einem Konjunkturanstieg, der unabwendbar wieder in den Abstieg münden muss.

[2159]Auch wenn wir von den Verhältnissen im Verlaufe des auf die Kreditausweitungshausse folgenden Anpassungsprozesses absehen,

[2160]Darin, dass sie nicht im Gleichgewichtsstand der gleichmäßigen Wirtschaft ist, unterscheidet sich die wirkliche, die lebendige, die sich verändernde Wirtschaft von dem Gedankenbild der gleichmäßigen Wirtschaft. In der lebendigen Wirtschaft besteht die Tendenz zur fortschreitenden Annäherung an den Gleichgewichtszustand;

[2161], der erst erreicht wäre, wenn jedes Teilchen von Kapital und Arbeit so beschäftig wäre, dass keine denkbare und vollziehbare Änderung seiner Verwendung eine Verbesserung der Bedürfnisbefriedigung bringen könnte.

[2162]anderes

[2163]weigern sich

[2164]nicht

[2165], die allen Plänen zugrunde liegt, die, in dem Kraftfahrwesen entlehnter Ausdrucksweise, von «Ankurbelung» der Wirtschaft und von «Initialzündung» sprechen, wäre für die Warenvorräte und für die Arbeitslosen unter zwei Voraussetzungen richtig: wenn

[2166]wenn

[2167]müssen, wenn sie nicht den Beruf wechseln wollen, feiern, und die Besitzer von Vorräten können nur einen Teil davon verkaufen, wenn sie nicht mit einem niedrigeren Preis vorliebnehmen wollen

[2168]ungenau

[2169]Bemerkungen über

[2170]anders

[2171] als durch die Gedankengänge der Zirkulationskredittheorie

[2172]die dogmengeschichtliche und dogmenkritische Behandlung

[2173]Schriftsteller

[2174]Kredit

[2175]die durch die Veränderung des Geldstandes bewirkte > cash-induced

[2176]Krisen > depressions

[2177]Wer den Konjunkturwechsel anders erklären will als die Zirkulationskredittheorie, kommt daher ohne Zuhilfenahme der Überlegungen dieser Theorie nicht nur darum nicht aus, weil man

[2178]Er muss auch auf die monetare Theorie zurückgreifen, wenn er die Frage beantworten will,

[2179]Kein Nationalökonom kann sich der Anerkennung der Gedankengänge der Zirkulationskredittheorie verschließen, es sei denn, er wäre bereit, im Zins nichts als eine monetäre Erscheinung zu erblicken. Keine Kritik war daher imstande, die Grundlagen der Zirkulationskredittheorie zu berühren, geschweige denn zu erschüttern.

Die Unzulänglichkeit der nichtmonetären Konjunkturtheorien tritt am deutlichsten zutage in den Disproportionalitätstheorien. Allen diesen Lehren ist das eigentümlich, dass sie die Krise aus irgendwelchen Störungen in der Anpassung der Produktion an die Gestaltung der Nachfrage zu erklären suchen. Doch solche Störungen größeren und geringeren Umfangs treten in der lebenden Wirtschaft täglich auf; ihr Auftreten unterscheidet die wirkliche Wirtschaft von dem Gedankenbild der gleichmäßigen Wirtschaft und eröffnet das Feld für das Wirken der Unternehmer, das darauf gerichtet ist, die Anpassung wiederherzustellen. Wer den Konjunkturwechsel erklären will, muss zeigen können, unter welchen Bedingungen dem auf die Behebung solcher Unstimmigkeit gerichteten Handeln der Unternehmer der Erfolg versagt bleibt.
[2180]modernste
[2181]Stellt sich dann später heraus, dass für das größere Angebot kein Absatz zu entsprechenden Preisen zu finden ist
[2182]der Verdoppelung der bestehenden Anlagen
[2183]hinter 10 %
[2184]so könne für die erweiterten Anlagen keine volle Verwendung gefunden werden.
[2185]dann bedeute das einen Rückgang der Nachfrage nach p um 25 % des Höchststandes. [FN: Vgl. *Haberler,* Prosperity and Depression, New Edition, (League of Nations Publications, 1939, II. A. 4), S. 89 ff.]
[2186]erste
[2187]weitverbreiteten
[2188]zwangsläufige Reaktion > blindly automatic response
[2189]Mitbürger > crowd
[2190]scheint ihm eine Quelle von Gewinnen zu erschließen, die er nutzen will.
[2191], kommt immer vor
[2192]Accelerationstheorie > disproportionality doctrines
[2193]Man hat noch nichts zur Erhellung der Verursachung der Konjunkturveränderungen beigetragen, wenn man feststellt, dass ein im Verhältnis zu den verfügbaren Kapitalgütern übergroßes Maß von Investitionen zur Krise führe. [FN: Haberler nennt diese Lehren: Non-monetary Overinvestment Theories. Vgl. a.a.O., S. 72 ff. – Darüber, dass das Wesen des Aufschwungs nicht Überinvestition, sondern Investition am unrechten Ort ist, vgl. oben S. 510 f.] Das, was der Erklärung bedarf, ist, wie es zu solcher Überspannung der Investitionstätigkeit kommen kann, und warum das durch sie ausgelöste Steigen des Darlehenszinses, der Produktionsmittelpreise und der Löhne sie nicht schon im Keime erstickt. Auf diese Fragen kann nur die Zirkulationskredittheorie eine befriedigende Antwort geben.
[2194]Arbeitsleid > disutility of labor
[2195]der Tiere und
[2196]Die Arbeit der Klasse *d* wird dagegen nicht geleistet, weil sie Arbeitsleid schafft, sondern obwohl sie Arbeitsleid bringt. Das Arbeitsleid wird in Kauf genommen um eines Zieles willen, das außerhalb des Arbeitsleids gesucht wird. Nur mit der Arbeit dieser Art haben wir es in der Nationalökonomie zu tun.
[2197]jemand als Sport Holz zerkleinert, wenn der Asket
[2198]jemand Zerstreuung und Vergessen im Kraftwagenlenken oder im Basteln sucht, so mag – als Nebenprodukt gewissermaßen – ein Ergebnis abfallen, das auch aus anderen Gründen als wegen der Befriedigung, die der Arbeitende in der Überwindung des Arbeitsleids findet, angestrebt werden würde.

Die Nationalökonomie, die sich nur mit der Außenarbeit zu befassen hat, hat die unmittelbaren Arbeitsgenuss bringende Arbeit und die Innenarbeit nur insoweit zu beachten, als sie das Angebot an Außenarbeit zu beeinflussen vermögen. Dass das Angebot an Arbeit bestimmter Art auf diese Weise unter bestimmten Umständen (in freilich nur geringfügiger Menge) erhöht werden kann, ist dabei allein für sie von Bedeutung, nicht aber etwa
[2199]und eigenes Arbeitsleid
[2200],Opfergegenstände, Priester und Kirchendiener
[2201], und so ist auch die Innenarbeit der Verbrauchsphäre zugehörig
[2202], geleistet
[2203], die eine Art von irregulärem mittelbaren Arbeitsgenuss liefern
[2204], obwohl sie an sich Arbeitsleid schafft
[2205]und seiner Überwindung um des Lohnes willen
[2206]der Arbeit, auf den Lohn
[2207]Vorfreude,

[2208], sondern es seiner eigenen Kraft zu verdanken
[2209]bestaunt der Arbeiter die Naturgesetzlichkeit, der er arbeitend gehorcht, und die Kraft des menschlichen Geistes, der es versteht, der Natur seinen Willen aufzuzwingen, indem er sich ihren Gesetzen gemäss verhält. Es ist
[2210], das Arbeitsleid
[2211]und überstanden
[2212], auch wenn wir von der Arbeitsfreude der Klasse *d* absehen,
[2213]stärker differenziert
[2214]seelische > Psychical
[2215]durch psychische Einwirkung
[2216], die Blutvergießen und Vergewaltigung von Mitmenschen dunklen Urinstinkten gewähren, und Schwertergeklirr und Sporengerassel sind wirksame Förderer erotischer Erfolge. Doch diese Freuden sind jedem Waffengebrauch eigen;
[2217]des Kriegswesens
[2218]und ganze Abteilungen
[2219]Armeen
[2220]Prügel
[2221]Erweckung und
[2222]Das schien ihr überflüssig.
[2223]und die Befreiung von den Fesseln der landwirtschaftlich-feudalen und handwerksmäßig-zünftlerischen Arbeitsverfassung
[2224]Die Nachkommen gedrückter darbender Knechte wurden nicht nur zu gleichberechtigten freien Bürgern; sie sahen ihre Lebenshaltung in fortschreitendem Aufstieg. Die moderne Großindustrie ist vor allem Erzeugung für den Bedarf der Massen. Der Verbrauch wuchs, die Sterblichkeit sank. Zum erstenmale in der Geschichte war der kleine Mann, der Handarbeiter und Handlanger, zum Nutznießer des gesellschaftlichen Wohlstands geworden. Ist er doch der *Konsument,* dem zu dienen die Großindustrie auf das eifrigste beflissen ist, wenn sie Märkte sucht und latenten Bedarf zu erwecken trachtet.

Da setzte die Propaganda der sozialistischen und gewerkschaftlichen Parteien ein. Sie suchte den Arbeiter darüber zu belehren, dass er sich auf dem Wege fortschreitender und unaufhaltsamer Verelendung befinde. Er werde durch Unternehmer und Kapitalisten um den größeren Teil des Ertrages seiner Arbeit gebracht, er werde ausgebeutet, unterdrückt und beraubt, er gehe zugrunde, während er andere reich macht. Das herrschende Wirtschaftssystem sei nichts als ein großes Unrecht am Arbeiter. Dieses verwünschte System müsse vernichtet werden und einem andern Platz machen, in dem der Arbeiter alles Glück des Paradieses genießen werde.

Nichts stand dieser Propaganda mehr im Wege als die Freude, die dem Arbeiter seine Eingliederung in den kapitalistischen Produktionsprozess der Marktwirtschaft bereitete. Des Arbeiters Trachten war ganz darauf gerichtet, den schnellen und glänzenden Aufstieg der Arbeiterschaft zu Wohlstand, Kultur und bürgerlicher Freiheit mitzumachen. Nur wenige Arbeiter fühlen in sich den Antrieb, Unternehmer zu werden. Doch alle wollen ihre Stellung im Arbeitsprozesse möglichst verbessern. Die Arbeiter bejahten mit vollem Herzen die Gesellschaftsordnung, die ihnen täglich mehr bot. Sie grollten ihr nicht, sie wollten in ihr glücklich werden. Sie waren erfüllt von Idealen und Anschauungen, die der Marxist als «kleinbürgerlich» stigmatisierte. Doch es gelang schließlich, die Kampf- und Gewaltinstinkte dieser Schichten, die das Zeitalter «bürgerlicher Sekurität» hatte einschlafen lassen, zu neuem Leben zu erwecken. Es gelang, das «proletarische Klassenbewusstsein» und den «gewerkschaftlichen Geist» zu entzünden. Die neue Ideologie nahm dem Arbeiter die Arbeitsfreude, indem sie ihm die Arbeit und seine gesellschaftliche Stellung verekelte.

Wir wollen als Arbeitsqual die Gefühle bezeichnen, die das Gegenstück der Arbeitsfreude, gewissermaßen negative Arbeitsfreude, darstellen.
[2225]Auffassungen und Überzeugungen > factors
[2226]immer Arbeitsleid.
[2227]der Zwang der Arbeit
[2228], als er es empfinden würde, wenn er den mittelbaren Arbeitsgenuss niedriger einschätzen würde
[2229]sieht in der Arbeit ein Übel, weil sie Arbeitsleid bringt,
[2230]ohne Rücksicht darauf, ob er mehr oder weniger von der Arbeitsfreude der Klassen *a* und *b* empfunden hat
[2231], für das Wohl anderer, der Ausbeuter, die Fron des Arbeitsleids auf sich zu nehmen.

[2232], die er mit herbeiführen will, wird

[2233]Arbeitsfreude und Arbeitsqual sind seelische Vorgänge, die das Handeln begleiten, mit ihm aber zunächst unmittelbar nichts zu tun haben. Wir können das verdeutlichen, wenn wir die seelischen Vorgänge beachten, die durch die Knappheit der ursprünglichen sachlichen Produktionsmittel hervorgerufen werden. Unsere Welt- und Naturauffassung lässt uns die Tatsache dieser Knappheit als unabänderliches Schicksal hinnehmen; wir klagen nicht ernstlich darüber, dass wir weder im Paradies noch im Schlaraffenland leben; wir sehen in den durch die Natur gezogenen Schranken unserer Entfaltungs- und Glücksmöglichkeiten kein Unrecht, das uns zugefügt wurde. Dass aber im Naturgeschehen eine Regel- und Gesetzmäßigkeit waltet, von der wir manches zu erkennen vermögen, und dass wir dieses Wissen gebrauchen können, um unser Unbefriedigtsein teilweise zu beheben, erfüllt uns mit Genugtuung. Faust jammert nicht über die Ärmlichkeit und Nichtigkeit des Menschenschicksals; arbeitend und schaffend söhnt er sich mit dem Leben aus und genießt so den «höchsten Augenblick». Doch wenn diese Welt- und Naturauffassung durch eine andere verdrängt werden würde, der die Knappheit der ursprünglichen sachlichen Produktionsfaktoren nicht mehr als eherne unabänderliche Bedingung unseres Daseins erschiene, sondern als das teuflische Machwerk von Dämonen, die uns um unseren Anteil an den Gütern der Welt prellen, wenn wir in den unserem Wirken und Leben gezogenen Schranken nicht mehr das Walten der Natur, sondern den Ausfluss der Bosheit und Tücke von uns immerhin ähnlichen Wesen zu erkennen hätten, wenn wir in jedem Missgeschick, das uns trifft, die Hand solcher Unholde sehen würden, dann würde uns das mit Bitterkeit erfüllen. Wir könnten uns der Welt nicht freuen, die so verkehrt eingerichtet ist, wir würden den Unglückstag beweinen, der diese Dämonen in die sonst so vortreffliche Welt gesetzt hat. Wir würden nicht anders handeln können, als wir heute handeln, wir würden aber mit anderen Empfindungen auf die Welt und die Natur blicken.

[2234]So ist es auch mit dem

[2235]mit sich selbst zerfallenen

[2236]Wie wenig die Arbeitsfreude den eigentlichen Arbeits- und Produktionsprozess selbst berührt, zeigt das Versagen der in sie gesetzten Erwartungen im sozialistischen Arbeitssystem. In den sozialistischen Experimenten, die die politischen Machthaber in Sowjet-Russland, im nationalsozialistischen Deutschland und im fascistischen Italien unternommen haben, hat man damit gerechnet, dass durch eindringliche Propaganda gezüchtete Arbeitsfreude die Unergiebigkeit der kollektivistischen Arbeitsmethoden wettmachen werde. Das Ergebnis war kläglich.

[2237]Gefühle und Empfindungen, die neben der Arbeit einhergehen

[2238]Im weiteren Sinne des Wortes hat man unter Arbeitslohn die in der Marktwirtschaft für Arbeit gezahlten Preise zu verstehen, gleichviel ob diese Preise mit dem Preis, der für das Produkt gezahlt wird, verbunden sind, oder ob die Arbeit allein gekauft und verkauft wird. Im engeren Sinn des Wortes ist als Arbeitslohn nur der Preis der Arbeit, wie er in der Entlohnung von Arbeitern durch Unternehmer oder direkt empfangener Dienste durch die Verbraucher gezahlt wird, zu verstehen.

[2239]als Produktionsmittel

[2240], bewirtschaftet und bewertet

[2241]Produktionsmittel

[2242]der Preis, der für die Arbeit auf dem Markte gebildet wird,

[2243]Produktionsmittel

[2244]nur unter gewissen Einschränkungen zulässig

[2245]und wird daher als ein Produktionsmittel besonderer Art angesehen. Die Arbeit des Chirurgen ist von der des Erdarbeiters, der Erde aushebt, und von der des Eisendrehers verschieden.

[2246]der des Erdarbeiters und der des Eisendrehers

[2247]Jede einzelne Arbeitsart wird als komplementäres Produktionsmittel besonders bewertet. Ein Zusammenhang wird erst durch die zwischen dem Angebot an Arbeit verschiedener Art bestehenden Beziehungen hergestellt.

[2248]Arbeitskräften aus der Erdarbeit

[2249]Doch zwischen den einzelnen näher verwandten Arbeitsqualitäten gibt es Übergänge, durch die jede Veränderung der Nachfrage nach einer bestimmten Arbeitsart sich nach und nach auf alle übrigen Arbeitsarten auswirkt.

[2250]auch wenn der unmittelbare Übergang von einer Gruppe in die andere nicht möglich ist

[2251]Jeder Arbeit wird in der Marktwirtschaft der Preis, der ihrem Ertrag entspricht. In derselben Weise, in der jedes sachliche Produktionsmittel mit dem Preise bezahlt wird, der seiner

Mitwirkung am Ergebnis der Zusammenfügung der komplementären Produktionsfaktoren entspricht, wird auch der Arbeit ihr Lohn. Jeder Unternehmer bietet für jede Arbeitsmenge, die er verwenden will, gerade soviel, als er bieten muss, um auf dem Arbeitsmarkte zum Zuge zu kommen.
[2252]Er kann nicht mehr bieten, weil er dann das Produkt teurer erzeugen würde als seine Konkurrenten und es nur zu Verlustpreisen absetzen könnte. Die Marktpreise der Genussgüter legen die Löhne vollkommen fest.
[2253]Man hat das durch den Hinweis auf die Möglichkeit der Bildung eines Nachfragemonopols bestreiten wollen. Ob man nun die von Adam Smith behauptete stillschweigende Verabredung der Arbeitgeber zur Herabdrückung der Löhne im Auge hat oder ausdrückliche Vereinbarungen zwischen den Unternehmern eines isolierten Gebietes oder der ganzen Welt, der Einwand ist in jedem Fall unstichhaltig.
[2254]durch natürliche oder
[2255]wenn Wirte, die bisher nicht Unternehmer waren, nicht daran gehindert werden, die Gunst der Marktlage durch eigene Unternehmertätigkeit auszunützen,
[2256]und Löhne sogleich wieder einer Aufwärtsbewegung weichen, die durch die Nachfrage dieser neuen Unternehmer ausgelöst wird. Es werden z. B. die Eigentümer der sachlichen Produktionsmittel statt die Sachgüter höherer Ordnung an die Unternehmer zu verkaufen, selbst als Unternehmer auftreten und den alten Unternehmern damit die Monopolgewinne, die sie durch Unterentlohnung der Arbeit oder durch zu billigen Erwerb der Sachgüter oder durch beides erzielen, wieder nehmen.
[2257]nur dann
[2258]wenn der Zutritt zum Unternehmertum und Spekulantentum gesperrt wäre, d.h. wenn der Unternehmer zum Produzieren außer über Arbeit und sachliche Produktionsmittel auch noch über ein institutionelles Produktionsmittel, ein Unternehmerpatent oder Privileg, verfügen müsste
[2259]in der Regel
[2260]und sie daher ohne Lohn verhungern müssten
[2261], wenn er kein günstigeres findet
[2262]täten sie das
[2263]Vorteil
[2264]den Lohndruck
[2265], was sie wieder nur könnten
[2266]Monopol der Unternehmer auf dem Arbeitsmarkte > monopolistic combination of the employers
[2267]sachliches Produktionsmittel > factor
[2268]dafür Monopolpreise erzielen können
[2269]der ursprünglichen sowohl als auch der erzeugten
[2270], um die Preise der sachlichen Produktionsmittel zu erhöhen und dadurch mittelbar den Preis der Arbeit zu drücken
[2271], um mehr Bodenkräfte zur Erhöhung menschlicher Wohlfahrt heranzuziehen
[2272]extramarginalen > submarginal
[2273]Kapitalgüter > produced factors of production
[2274]– denn nur eine solche aller Unternehmer käme hier in Frage -
[2275]Überdies stünde, einem Teil der Arbeitsuchenden wenigstens, die Möglichkeit offen, ihre Arbeit auf dem Markte ohne Dazwischentreten der Unternehmer zu verwerten; da sei vor allem der Übertritt in landwirtschaftlichen Kleinbetrieb durch Pachtübernahme und in gewerblichen Kleinbetrieb von Bedeutung. Schließlich hat man darauf hingewiesen, dass auch der Unternehmer nur um den Preis von Vermögens- und Einkommenseinbussen warten könne; der Versuch den Arbeiter durch Zuwarten mürbe zu machen, sei dabei auch für den Unternehmer nicht ungefährlich.
[2276]Es ist, im Hinblick auf das früher Gesagte, nicht mehr notwendig, sich mit diesen – übrigens durchaus richtigen – Einwendungen nebensächlicher Art eingehender zu befassen.
[2277]Arbeiter
[2278]Produktionszweigen,
[2279]und Betrieben
[2280]und anzulocken
[2281]der von ihnen benötigten Qualität
[2282]gelernten Arbeiter, den Qualitätsarbeiter, > for the most suitable hands

[2283]Halbfabrikate,
[2284]Der Unternehmer
[2285]Doch das bedeutet nicht, dass es dem Unternehmer möglich wäre, den Arbeiter schlechter zu entlohnen als nach dem Marktwerte seiner Leistungen. Er muss die Arbeit jener Qualität suchen, die in den Rahmen seines Produktionsprozesses am besten hineinpasst; Verwendung von Arbeit schlechterer Qualität bedeutet für ihn weniger zweckmäßige Ausnützung der Anlagen, Werkzeuge, Rohstoffe und der Halbfabrikate; sie bringt, auch wenn sie billiger ist, Verluste. Die Qualitätsarbeit – und jede Arbeit, auch die des «ungelernten» Arbeiters, ist Qualitätsarbeit; «abstrakte» Arbeit ist eine unsinnige Vorstellung – muss er durch Überbieten der Löhne, die die übrigen Unternehmer zu zahlen bereit sind, an sich zu ziehen suchen.
[2286]wird
[2287]Arbeiter
[2288]extramarginalen brachliegenden Boden
[2289]marktmäßigen oder regulären
[2290]Der Arbeiter kann die Arbeitslosigkeit aus mancherlei Erwägungen für zweckmäßiger ansehen als das Annehmen von Arbeit. Die Erwägungen, die zu der marktmäßigen oder regulären Arbeitslosigkeit führen, sind:
[2291]Arbeiter
[2292]dem Produktionszweig, in dem er bisher tätig war
[2293] Erwägungen dieser Art fallen besonders dann ins Gewicht, wenn der Arbeiter durch Grund- und Hausbesitz an seinen Aufenthaltsort stärker gebunden ist.
[2294](mitunter im Verlaufe eines längeren Zeitabschnitts)
[2295](Saison, Hochsaison)
[2296](schlechte Saison, tote Saison)
[2297]Die Arbeiter, die in der guten Saison reichlich verdient haben, sehen sich in der toten Saison nicht um Arbeit anderer Art um, sondern ziehen es vor, arbeitslos zu bleiben und von Rücklagen zu leben, die sie während der Zeit guten Verdienstes gemacht haben.
[2298]nicht
[2299]wirtschaftlich (im engeren Sinne)
[2300]Auch ständische Vorurteile spielen mitunter eine große Rolle.
[2301], dass in ihm Gleichgewicht herrscht und alle Produktionsfaktoren voll beschäftigt sind
[2302], die das Bild der gleichmäßigen Wirtschaft stören
[2303]irreguläre
[2304]irreguläre
[2305]geht über den Rahmen einer Betrachtung der unbehinderten Marktwirtschaft hinaus
[2306]Die Lohnbildung: Die Ansprüche der Käufer von Arbeit
[2307]the height of take-home wages, i.e., of net wage rates
[2308]Die Unternehmer müssen die für ihre Geschäfte erforderlichen Produktionsmittel auf dem Markte kaufen. So wie sie nicht schlechthin irgendwelche Rohstoffe und Maschinen kaufen, sondern bestimmte Mengen von bestimmten Produktionsmitteln bestimmter Art, so kaufen sie auch nicht «Arbeit», sondern bestimmte Mengen von Arbeit bestimmter Art. Diese Arbeitsleistungen müssen sie so hoch vergüten, dass sie den Wettbewerb der übrigen Unternehmer aus dem Felde schlagen.

Der Unternehmer kauft immer nur die Arbeitsleistung und zahlt nur für die Arbeitsleistung. Die institutionellen Formen sind dabei ohne Einfluss auf die Gestaltung des Preises, den der Unternehmer für die Leistung zahlt. Der Unternehmer fragt allein nach dem Aufwand, der ihm durch die Einstellung des Arbeiters erwächst, und hält ihm die Ertragssteigerung gegenüber, die er durch seine Einstellung zu erzielen vermag. Darnach entscheidet er sich. Erachtet es der Unternehmer für vorteilhafter, den Arbeiter einzustellen, dann tut er es; erachtet er den Aufwand als zu groß, dann verzichtet er auf die Einstellung. Der erwartete Ertrag bestimmt die Grenze, bis zu der der Unternehmer bei der Beschaffung der Arbeitskraft zu gehen bereit ist.

Die Lohntheorie hat unter dem Ausdruck Lohn stets den gesamten Aufwand zu verstehen, der dem Unternehmer durch die Beschäftigung eines Arbeiters erwächst. Der Unternehmer fragt nicht: was erhält der Arbeiter? sondern: was kostet mich die Arbeitsleistung? Der Unternehmer kauft immer die Leistung und nicht den Arbeiter oder die Arbeit.
[2309]als ungeeignet
[2310]oder schlechter entlohnt
[2311]Unternehmer

[2312]Alters- und Invaliditätsversicherung, Witwen- und Waisenversorgung, Krankenkassen, Sterbekassen, Unfallversicherung und Arbeitslosenunterstützung
[2313]Die Belastung, die dem Unternehmer aus den Arbeiterschutzgesetzen erwächst, wird auf den Lohn überwälzt.
[2314]die Länge des Arbeitstages gekürzt wird und
[2315]Lohn, (wofern er
[2316]ist)
[2317]Was von der Kürzung der Länge des Arbeitstages gilt, gilt *mutatis mutandis* auch von den Arbeiterurlauben und von allen verwandten Bestimmungen.
[2318]wie dies in England am Anfang des 19. Jahrhunderts (Speenhamland-System) geschah,
[2319]es sei denn, dass der Umstand, dass die Gewährung der Unterstützung an die Bedingung geknüpft wird, dass der Arbeitsfähige auch wirklich arbeite, das Angebot auf dein Arbeitsmarkte vergrößert.
[2320]Die Lohnbildung: die Ansprüche der Verkäufer von Arbeit
[2321]Civilization
[2322]other people
[2323]Alms-folk
[2324]jenseits der Probleme der Mittelwahl, denen die Nationalökonomie ihre Aufmerksamkeit zuwendet.
[2325]Menschen wieder die Not im strengen Sinn des Wortes > men will again learn literally what starvation means
[2326]erzeugt
[2327]Existenzminimums > physiological minimum of subsistence
[2328]mit dem manche Lohntheorien einst gearbeitet haben
[2329]und Arbeitsvereinigung
[2330]praktisch
[2331][FN: Die Notlage weiter Schichten in Asien und in Sowjetrussland ist institutionell bedingt; diese Not würde verschwinden, wenn die Behinderung des Marktmechanismus aufhören würde.]
[2332]den Menschen im allgemeinen
[2333]– nicht arbeitenden -
[2334]in der Gesellschaft und auf dem Markte wie Vieh behandelt wird und
[2335]als das Zugtier
[2336]Hat man sich aber einmal genötigt gesehen, die unhaltbaren Grundlagen des ehernen Lohngesetzes aufzugeben, dann verwickelt man sich in unauflösbare Widersprüche, wenn man zur Rettung des liebgewordenen Begriffs des Existenzminimums das physiologisch-biologische Existenzminimum in ein «soziales» verwandelt. Aus den zur Fristung des Lebens, zur Erhaltung der Arbeitsfähigkeit und zur Fortpflanzung «notwendigen» Konsummengen werden dann die zur Erhaltung einer historisch überkommenen Lebensführung erforderlichen Gütermengen. Es ist für die Entstehungsgeschichte dieser Lehre, die den Lohn aus der Tradition und aus der ständischen Gliederung der Gesellschaft erklärt, charakteristisch, dass sie geschaffen wurde als Antwort auf die Feststellung, dass Lohneinkommen und Lebenshaltung der Arbeitermassen in der modernen kapitalistischen Gesellschaft sich in fortschreitendem Aufstieg befinden und dass die überkommenen Rangunterschiede innerhalb der Gesellschaft nicht aufrechterhalten werden können, weil der soziale Aufstieg der arbeitenden Schichten die alten Scheidewände niederreißt. Es bedurfte vollkommener Geschichtsblindheit, um in einem Zeitalter, in dem die Industrie dem Massenkonsum täglich neue Gebiete erschließt, eine Lehre vorzutragen, die die Lohnbildung als traditionell gebunden ansieht.
[2337]die historische Richtung
[2338]standesgemäßen Einkommens > «income adequate to the individual's hierarchical station in the social scale of ranks»
[2339] Wenn man meint
[2340]wenn man
[2341]feststellt
[2342], dann mag man zwar noch immer behaupten
[2343]wenn er überhaupt Nationalökonomie treiben will,
[2344]Kapitalismus
[2345]Die Ansprüche, die der Arbeiter im Hinblick auf Stand, Herkommen und Kulturhöhe erheben mag, spielen in der Lohngestaltung keine Rolle. Der Markt bewertet seine Arbeit und setzt sich

dabei über Standesauffassungen und Herkommen ebenso hinweg wie über die Überschätzung der eigenen Leistungen, die wohl als allgemein menschliche Eigenschaft bezeichnet werden kann.

Im Bild der gleichmäßigen Wirtschaft entspricht der Lohn für jede einzelne Art von Arbeit der Grenzproduktivität. Es herrscht Gleichgewicht in der Verteilung der Arbeiter auf die verschiedenen Arten von Arbeit. Denn eine Änderung in der Verteilung der Arbeiter könnte, unseren Annahmen gemäss, nur dazu führen, dass ein Missverhältnis zwischen den Produktionskosten und den auf dem Markte erzielbaren Preisen entsteht; es würde auf der einen Seite Waren gehen, deren Verkauf einen Überschuss über die Produktionskosten bringen würde, auf der andern Seite wieder Waren, deren Verkaufspreise die Produktionskosten nicht decken könnten. In der gleichmäßigen Wirtschaft kann kein Arbeiter durch Wechsel des Arbeitsplatzes oder der Arbeitsart einen höheren Lohn erzielen als den, den er gerade erhält; jeder Arbeiter befindet sich an der Stelle, an der er der Gesellschaft die besten Dienste leistet und daher am höchsten entlohnt wird.

Die mathematische Detailausmalung dieser Lage des Arbeitsmarktes in der gleichmäßigen Wirtschaft vermag keineswegs die Frage zu beantworten, die allein Interesse beanspruchen darf, nämlich die Frage, wie dieser Zustand des Gleichgewichts und der Gleichmäßigkeit entstanden ist und wie er sich nach jeder Störung durch das Auftreten eines neuen Datums wiederherzustellen sucht. Nehmen wir an, dass der gleichmässige Gang der Wirtschaft durch Verschiebung der Nachfrage – Änderung des Bedarfs – unterbrochen wurde. Die Nachfrage nach Bier sei gestiegen und dementsprechend muss – den übrigen dem Gedankenbild der gleichmäßigen Wirtschaft zugrundeliegenden Annahmen gemäss – die Nachfrage nach anderen Artikeln, z. B. nach Wein zurückgehen. Die Biererzeuger erzielen nun Unternehmergewinne, die den Anreiz zu einer Ausdehnung der Erzeugung von Bier und der für die Biererzeugung erforderlichen Güter höherer Ordnung geben; auf der anderen Seite erleiden die Weinerzeuger Verluste, die zu einer Einschränkung der auf die Erzeugung von Wein gerichteten Unternehmungstätigkeit führen. Um Arbeiter anzuziehen, wird die Bierindustrie höhere Löhne zahlen müssen; auf der anderen Seite werden die Löhne in der Weinerzeugung zurückgehen, weil Arbeiter freigesetzt werden und auf den Arbeitsmarkt einen Druck ausüben. Das neue Gleichgewicht kann sich erst einstellen, bis diese Umschichtung der Arbeit zum Abschluss gelangt ist, bis die Biererzeugung alle Arbeiter erhalten hat, die sie für die Erzeugung jener Menge benötigt, die unter den neuen Verhältnissen zum Gleichgewichtspreis abgesetzt werden kann, und bis alle in der Weinerzeugung freigesetzten Arbeiter Arbeit gefunden haben. Es ist dabei ohne Belang, ob die Verschiebung durch direkte Abwanderung von Arbeitern aus der Weinerzeugung in die Biererzeugung oder durch eine Kette von Berufsumstellungen, deren Endglieder die Bier- und die Weinerzeugung bilden, erfolgt. Jedenfalls ist schließlich wieder ein Gleichgewicht erreicht; kein Arbeiter kann durch Wechsel der Arbeitsstelle seine Lage weiter verbessern, jeder Arbeiter erhält den höchsten Lohn, den er zu erreichen vermag; kein Unternehmer kann durch die Einstellung weiterer Arbeiter oder durch die Entlassung von Arbeitern den Ertrag seines Unternehmens günstig beeinflussen.

Die Lohnsätze des neuen Gleichgewichtszustandes können von denen des alten Gleichgewichtszustandes verschieden sein, wenn wir annehmen, dass die Arbeit in der Biererzeugung und die in der Weinerzeugung verschiedene Eigenschaften des Arbeiters erfordern, die nur durch Schulung erworben werden können. Wird in beiden Erzeugungszweigen die gleiche Kategorie von Arbeitern in gleichem Umfang verlangt, dann bedeutet die Produktionsverschiebung im endlichen Ruhezustand nur eine Verschiebung von Arbeitern ohne Beeinflussung der Löhne; dasselbe tritt ein, wenn zwar die in der Weinerzeugung freigesetzten Kräfte nicht in die Biererzeugung übertreten können, wenn sie aber in andere Produktionszweige abwandern können, um dort Arbeiter freizumachen, die für die Biererzeugung geeignet sind. Sind die besonderen Fähigkeiten, die die Biererzeugung verlangt, nur durch Schulung zu erlangen, so tritt diese Ausgleichung der Löhne erst nach Ablauf der Zeit ein, die die Ausbildung der den Beruf wechselnden Arbeiter beansprucht.[FN: Von den Kosten der Umschulung sehen wir zunächst ab. Darüber vgl. weiter unten S. 564.]

Eine Verschiebung der Nachfrage und damit auch der Erzeugung vom Wein zum Bier erhöht die Preise aller spezifischen Produktionsmittel der Biererzeugung und drückt die Preise aller spezifischen Produktionsmittel der Weinerzeugung, sofern jene nicht ohne steigende Kosten vermehrt und diese nicht ohne steigende Kosten für andere Zwecke verwendbar gemacht werden können. Zu diesen spezifischen Produktionsmitteln gehört auch die Arbeit, deren Verrichtung besondere Eignung des Arbeiters voraussetzt.

Nicht die Ansprüche, die der Arbeiter erhebt, sondern die Bewertung seiner Leistung durch die Gesellschaft entscheiden über die Höhe der Löhne; sie allein kommt in den Lohnsätzen, die der Markt bildet, zum Ausdruck. In diesem Sinne ist die Arbeit eine Ware wie jede andere.

Doch das ist nicht etwa eine Folge der Hartherzigkeit und Habsucht der Unternehmer, sondern eine Folge des Umstandes, dass die Verbraucher nur gewillt sind, Leistungen zu bezahlen, und nicht Ansprüche auf standesgemäßen, dem Herkommen und der übertriebenen Einschätzung der eigenen Person entsprechenden Lohn zu befriedigen.

[2346]Das Arbeitsleid und das Angebot an Arbeit > The Supply of Labor as Affected by the Disutility of Labor

[2347]die

[2348], mit denen der Markt zu rechnen hat,

[2349]Man

[2350]von den Gesetzen

[2351]Reichen

[2352]Die sozialpolitischen

[2353], über allfällige Arbeitsferien

[2354], an deren Aufstellung er nicht mitgewirkt hat,

[2355]und Arbeiter

[2356]das geeignetste Verfahren,

[2357]nicht mehr, aber auch nicht weniger Einfluss als der einzelne Konsument auf die Richtung, die die Industrie der Erzeugung von Massenverbrauchsartikeln gibt

[2358]Wie nicht der Geschmack Einzelner, der vom Geschmack der Menge verschieden ist, über die Gestaltung der Qualität der Massenbedarfsartikel entscheidet, so entscheiden auch nicht die besonderen Wünsche Einzelner, die von denen der Menge verschieden sind, über die Gestaltung der Arbeitsbedingungen in den Fabriken.

[2359]Im Osten Europas und in Asien

[2360]Alle Arbeitsbedingungen, nicht nur der Lohn allein, sind Gegenstand des Arbeitsvertrags.

[2361]der er sich fügen muss, wenn er nicht Berufs- oder Ortswechsel vorzieht. Wenn man in Westeuropa und Amerika deutsche Verkäufer, Kellner und Friseurgehilfen nach den Gründen fragte, die sie zur Auswanderung veranlasst hätten, bekam man oft die Antwort, sie hätten den barschen Ton, den Offiziere, Corpsstudenten und deren Standesgenossen im Verkehr mit ihnen einzuschlagen pflegen, nicht länger ertragen können. Die Masse ihrer Berufskollegen wird diesen Ton als selbstverständlich hingenommen haben; wer ihn nicht hinnehmen wollte, musste auswandern.

Wo das Arbeitsverhältnis nicht rein geldwirtschaftlich geordnet ist, wo z. B. ein Teil des Lohnes in Naturalleistungen besteht, oder wo es zu persönlicher Berührung zwischen Arbeitgeber und Arbeitnehmer führt, spielen Dinge mit, die sich der eindeutigen Regelung in Verträgen und der objektiven Feststellung der Vertragserfüllung entziehen. Der Arbeiter ist da mehr oder weniger auf wohlwollende Auslegung des Arbeitsvertrags durch den Arbeitgeber angewiesen; es macht einen Unterschied aus, ob er gut oder schlecht behandelt wird. In den rein geldwirtschaftlich geregelten Beziehungen wird der Arbeitnehmer nicht *behandelt*; er leistet und wird für die Leistung nach dem Marktpreise bezahlt. Wo aber *behandelt* wird, wird *gute* Behandlung vom Arbeitnehmer, der sie sucht, durch Lohnnachlass erkauft. In den Ankündigungen in den Tageszeitungen, durch die häusliche Dienstboten Stellung suchen, las man und liest man sehr häufig in den Ländern, in denen man die Dienstboten nach alter Art noch streng behandelt, die Wendung: «sieht mehr auf gute Behandlung als auf hohen Lohn.»

Man hat der Geschichte der Arbeitsverhältnisse in der modernen Großindustrie eine falsche Auslegung gegeben, wenn man meinte, die Hebung der Reallöhne, die Verdrängung der Frauen- und Kinderarbeit und die Verkürzung der täglichen Arbeitszeit wären das Ergebnis des auf die Unternehmer vom Staate, von den Gewerkschaften und von der öffentlichen Meinung geübten Druckes; die Arbeitgeber hätten, wenn sie nicht diesem Zwange hätten weichen müssen, die Vorteile, die die Steigerung der Produktivität der Arbeit gebracht hat, ganz für sich behalten; der soziale Aufstieg der Arbeitnehmer gehe daher auf Kosten des Einkommens der besitzenden Schichten, der Unternehmer, Kapitalisten und Grundbesitzer. Dass diese Auffassung unhaltbar ist, ergibt sich schon aus dem über die vermeintliche stillschweigende Koalition der Arbeitgeber zur Niedrighaltung der Löhne Gesagten. Die Wirkung der «sozialpolitischen» Gesetze, insbesondere der Arbeiterschutzgesetze im engeren Sinne, ist ganz anders, als es sich die öffentliche Meinung gemeiniglich vorzustellen pflegt.

Die Kürzung der täglichen Arbeitsdauer, die Ausdehnung der Sonn- und Feiertagsruhe, die Verfügungen über Arbeiterurlaube und alle ähnliche Maßnahmen, die das Zeitausmaß der Arbeit, die der einzelne Arbeiter leistet, herabsetzen, belasten die besitzenden Schichten, die Eigentümer der Produktionsmittel, durch die Verschiebung der Grenzproduktivität von Kapital und Arbeit.

Da das Gesamtangebot an Arbeit herabgemindert wird, wird bei ungeändertem Stand des Kapitalreichtums eine Erhöhung des der Arbeit zufallenden Anteils am Gesamtprodukt eintreten. Doch das Gesamtprodukt, wird kleiner sein, und es ist fraglich, ob der größere Anteil am kleineren Produkt mehr bedeutet als früher der geringere Anteil am größeren Produkt. Zins und Unternehmergewinn werden von der Kürzung der verfügbaren Arbeitsmenge überhaupt nicht unmittelbar berührt. Die Preise der Kapitalgüter sinken, die Löhne steigen pro Arbeitsleistungseinheit; die Preise der Produkte steigen gleichfalls. Ob die Geldlohnsteigerung im Haushalt der Arbeiter nicht durch die Steigerung der Preise der Konsumgüter aufgewogen wird, ist, wie gesagt, *questio facti.*

Es kann sich aber auch unter Umständen ergeben, dass die Voraussetzung, von der wir ausgegangen sind, dass nämlich die verfügbare Kapitalmenge unverändert geblieben ist, nicht zutrifft. Die Verkürzung der Arbeitszeit mag bestehende Anlagen unverwendbar machen und neue Anlagen erfordern, die nicht einfach durch Umstellung schon bestehender Anlagen, die nun nicht mehr brauchbar sind, gewonnen werden können. Damit entsteht eine Kapitalsverknappung, die einen Teil der Verknappung der Arbeitsmenge für eine längere oder kürzere Übergangszeit ganz oder teilweise in ihrer Wirkung auf die Verschiebung der Anteile der Produktionsfaktoren am Gesamtprodukt aufwiegen mag.

Wird mit der Verkürzung der Arbeitszeit verfügt, dass eine Kürzung der Tages-, Wochen- und Monatslöhne, die durch die neue Marktlage etwa erfordert wird, nicht eintreten darf, oder hindern schon bestehende institutionelle Einrichtungen die Kürzung, dann ist die Wirkung jener gleich, die auch sonst Lohntaxen, die die Löhne über die Marktsätze erhöhen wollen, auslösen. Die dekretierte Lohnsteigerung führt zu Arbeitslosigkeit.

Mit dem Fortschreiten der Kapitalbildung hat sich das Verhältnis zwischen Kapital und Arbeit zugunsten der Arbeit verschoben.

[2362], die man als die vorkapitalistische oder als die Zeit vor der «industriellen Revolution» bezeichnet,

[2363]Leben der Massen in den modernen Industriestaaten

[2364]der guten alten Zeit

[2365]und wie gedankenlose Demagogen immer wieder in die Welt hinausschreien

[2366]oder englischer

[2367]so zu leben, wie jener gelebt hat

[2368]und des Arbeitsleids

[2369]die Sonntagsruhe,

[2370]finden

[2371]blieb es fraglich, ob sie für die betroffenen Arbeiter mehr eine Wohltat oder eine Last bedeuteten

[2372]Die Sozialversicherungsgesetze haben dem Arbeitnehmer bestimmte Zuwendungen gebracht. Doch die Aufbringung der Mittel, aus denen diese Zuwendungen bestritten wurden, belasten, sofern sie durch eine allgemeine Steuer beschafft werden, immer die Arbeitnehmer, gleichviel ob die Arbeitgeber zu Beitragsleistungen verpflichtet wurden, die sie dem Arbeiter vom Lohn nicht abziehen dürfen, oder nicht. Eine Belastung – durch Sozialversicherungsbeiträge, Steuern oder anderer Art – des Arbeitslohns wird vom Arbeitgeber als Erhöhung des Preises, den er für die Arbeit zu zahlen hat, angesehen und muss daher schließlich durch eine entsprechende Senkung des dem Arbeiter zukommenden Barlohnes ausgeglichen werden. So betrachtet stellt sich die Sozialversicherung nicht als eine gegen den Arbeitgeber gerichtete Zwangsmassnahme dar, sondern als eine dem Arbeitnehmer auferlegte Beschränkung der Verwendung seines Arbeitsertrages.

[2373]Congress of Industrial Organizations

[2374]Das Unternehmerrisiko des Arbeiters

[2375]Die Ausdrücke Arbeitnehmer und Arbeitgeber sind aus Anschauungen entstanden, die uns schon lange fremd geworden sind. Sie stellen den Sachverhalt schief dar. Der Unternehmer empfängt die Arbeitsleistung des Arbeiters und zahlt dafür einen Preis, den Lohn; der Arbeiter verkauft dem Unternehmer die Leistung und wird für ihre Hingabe entlohnt.

[2376] Die angeborenen Anlagen werden

[2377]Arbeiter

[2378]; dieser Preis bleibt, wie die Preise aller Produktionsmittel, *caeteris paribus* hinter dem Preise zurück, der für sie am Tage der Fertigstellung der Genussgüter, deren Erzeugung sie dient, erzielt werden könnte. Das Risiko künftiger Änderungen der Marktpreise der Produkte wird ganz vom Unternehmer getragen, der den Arbeiter beschäftigt und entlohnt. Doch dem Arbeiter bleiben andere Risken:

[2379]Das Risiko, das mit der
[2380]zu einem bestimmten Beruf verbunden ist.
[2381]Das Risiko, das mit der
[2382]von Zeit und Barauslagen
[2383]verbunden ist.
[2384]das Risiko der
[2385]das Risiko
[2386]Zahlungsunfähigkeit
[2387]Der Arbeiter trägt mithin auch als Lohnarbeiter wie die Unternehmer Risken, die aus der Unsicherheit der Zukunft stammen.
[2388]Preis der Arbeit
[2389]Die Bildung der Löhne und die der Preise der sachlichen Produktionsmittel folgen denselben Gesetzen.
[2390]lag eine unsinnige Vorstellung zugrunde.
[2391]Produkte > artifacts
[2392]lebenden und
[2393]; wenn keine weiteren Datenänderungen auftreten würden, müssten die Marktlöhne und die Gleichgewichtslöhne schließlich zusammenfallen
[2394]mehr Unkenntnis über die Lage des Marktes besteht; die Bedeutung der Einrichtungen für Arbeitsvermittlung liegt gerade darin, dass sie diese Unwissenheit abzustellen suchen. Dann kommt
[2395]in Betracht
[2396]Die Anpassung des Arbeiterangebots an die Nachfrage nach Arbeit erfordert meist mehr oder weniger hohe Aufwendungen.
[2397]Man
[2398]der Mensch, der arbeitet,
[2399]der Mensch, der genießt,
[2400],
[2401]zu seinen Freunden > social environment
[2402]standard wage rates (S)
[2403] attachment component (A)
[2404][FN: Auf die Gestaltung der Lohnprämie können auch politische Verhältnisse (z. B. Unduldsamkeit) einen besonders starken Einfluss nehmen.]
[2405]je nach dem sie näher oder weiter von den Produktionsstätten entfernt sind, und dass
[2406]der Mehrzahl aller
[2407]cost component (C)
[2408]keine institutionellen Hindernisse im Wege stehen > no institutional barriers preventing or penalizing
[2409]Kapitalsanlagen > inconvertible factors of production
[2410]Es gibt dichter und weniger dicht besiedelte Gebiete; die
[2411]der Marktlohn höher ist als der um die Ortsprämie vermehrte oder verminderte Neutrallohn abzüglich oder zuzüglich der Lohnprämie, wo also
[2412]; statt von Ortsprämie könnte man in diesem Falle von Berufsprämie sprechen.
[2413], Saufen
[2414]ein gesellschaftliches Verhältnis > a social nexus
[2415]die Anhänglichkeit und die Arbeitslust > zeal and loyalty
[2416]von Menschen
[2417]der persönlichen Unfreiheit der Arbeiter
[2418]In der Sklavenwirtschaft, in der Sklaven als Arbeiter in der Produktion verwendet werden, ist der Sklave für den Herrn ein sachliches Produktionsmittel wie das Vieh.
[2419]dem reinen Nutzen
[2420]oder Pferde
[2421]Das ist die Klemme, aus der es für den, der unfreie Arbeit verwenden will, kein Entrinnen gibt.
[2422]und dem Zwangsgesindedienst der Bauernkinder
[2423]agricultural management
[2424]den Sklaven- und Roboterbetrieb
[2425]des Liberalismus
[2426]der Ertrag der Arbeit kommt

[2427]die in anderer Weise entlohnt wird
[2428]objektiven wissenschaftlichen > dispassionate
[2429]Es handelt sich darum, wodurch ein Arbeiter, der nicht durch den auf dem Markte für seine Leistung gebildeten Preis belohnt wird, zur Überwindung des Arbeitsleids veranlasst wird.
[2430]Er schädigt sich selbst, wenn er den Arbeiter schlechter entlohnen wollte, weil er dann nur weniger geeignete Arbeiter einzustellen vermag.
[2431]Indem die Verbraucher auf dem Markte durch ihre Käufe und durch ihre Enthaltung vom Kaufe die Preise der Produkte und die Verwendung der Produktionsmittel regeln, weisen sie zugleich auch jedem einzelnen Arbeiter den Lohn zu.
[2432]Unternehmer
[2433]Auch ein sozialistisches Gemeinwesen wird nicht vermeiden können, Zwangsmittel gegen nachlässige und faule Arbeiter anzuwenden.
[2434]AUSSERMENSCHLICHEN > NONHUMAN
[2435]Der Versuch misslang,
[2436]der Wertung und
[2437]schlechteren
[2438]verschiedene Bedeutung beigelegt wird > valued and appraised differently
[2439]ursprünglichen
[2440]oder sachlichen
[2441]Nicht anders als mit der Differentialrente steht es mit der Residualrente, die Ricardo neben der Differentialrente zur Erklärung des Bodenpreises verwendet. Auch das Residualprinzip ist ein allgemeines Prinzip, das auf alle Produktionsmittel angewendet werden kann.

Die gleichmäßige Wirtschaft werde durch das Hinzutreten einer Produktivgütermenge d gestört. Der Zuwachs von d ermöglicht es, eine Menge von Produktionsmitteln a, die bisher zur Erzeugung des Genussgutes g verwendet wurde, aus dieser Verwendung herauszuziehen und durch die Kombination von a und d ein Genussgut G zu erzeugen, das höher geschätzt wird als g. Dann ist von der Verfügung über d der Wohlfahrtsgewinn abhängig, der durch die Differenz der Wertung von G und g gegeben ist. Der Wert, der d beigelegt wird, entspricht der höheren Bedeutung, die die Wertung dem Gute G gegenüber dem Gute g beilegt. Es ist dabei ohne Belang, ob es sich bei d um eine Menge eines schon vorhandenen und bisher durch dringendere Zwecke beanspruchten Gutes oder um eine Menge eines bisher nicht verfügbaren Produktionsmittels handelt oder um eine Erweiterung der zugänglichen und verwendbaren Menge von Gütern. Es ist weiter ohne Belang, ob d eine Menge von Boden, Kapitalgütern oder Arbeit darstellt. Das Residualprinzip ist – ebenso wie das Differentialprinzip – ein allgemeines Zurechnungsprinzip. Es ist daher auch hier unzulässig, zwischen Renten und Quasirenten zu unterscheiden. Es ist ebenso unzulässig anzunehmen, dass die Anwendung des Residualprinzips auf absolut spezifische Produktionsmittel beschränkt wäre.

Die Unzulänglichkeit des Residualprinzips liegt darin, dass es auch die Umkehrung gestattet und verlangt. Nehmen wir nämlich an, dass das Gleichgewicht durch das Hinzutreten von a gestört wurde und dass d schon im Gleichgewichtszustand verfügbar war, dann müssen wir denselben Gedankengang gelten lassen, um die Wertung von a zu erfassen. Gab es im alten Gleichgewichtszustand für d keine Verwendung, dann muss der ganze Wert von G dem a zugerechnet werden. Wurde d im Gleichgewichtszustand zur Erzeugung von g verwendet, dann muss man a das zurechnen, was die höhere Bedeutung von G gegenüber d ausmacht. [FN: Der Einfachheit halber wollen wir annehmen, dass zur Erzeugung von g kein anderes Produktionsmittel als d erfordert wird, dass d also auch als Genussgut verwendet werden kann. d und g sind dann identisch. d sei etwa ein Grundstück, das ohne jede Bearbeitung als Naturpark dient. Wenn nun a hinzutritt, wird es dieser Verwendung entzogen und einer als wichtiger erachteten zugeführt.]

Das Residualprinzip reicht wie alle Zurechnungsprinzipien nicht aus, um die Preisbildung der Produktionsmittel abzuleiten. Seine Anwendung führt nicht zu Ergebnissen, die es ermöglichen würden, jedem einzelnen der komplementären Produktivgüter einen Teil des Preises des Produkts eindeutig zuzuweisen. Nicht durch die Zurechnung, sondern durch die Preisbildung des Marktes werden die Preise der Produktionsmittel gebildet.

Ein allgemeines Zurechnungsprinzip ist dann schließlich auch das Prinzip der Bildung der absoluten Rente, das gleichfalls schon von Ricardo verwendet wird. Ist die verfügbare Menge eines Produktionsmittels dermaßen beschränkt, dass kein Teilchen davon unverwendet bleibt, dann muss auch die qualitativ schlechteste (unergiebigste) Teilmenge dieses Produktionsmittels noch als wirtschaftliches Gut behandelt werden. Diese Bedingung ist in unserer Welt für die menschliche Arbeit gegeben.

Die Bedeutung, die der Rentenlehre in der Geschichte der Nationalökonomie dauernd gewahrt bleibt, liegt in der Herausarbeitung von Zurechnungsprinzipien.
[2442]Rentenlehre
[2443]Die Unzerstörbarkeit der Bodenkräfte
[2444]nicht vom Rentengedanken auszugehen, sondern
[2445]naturgegebenen
[2446]ursprünglicher Produktionsmittel
[2447]Wenn man vom Produktionsfaktor Natur und vom Boden schlechthin als von dem Träger dieses Produktionsfaktors spricht
[2448]hunderttausend Jahren
[2449]unterschieden und
[2450]nationalökonomischen > praxeological
[2451]die geologische Unzerstörbarkeit des Bodens
[2452]Überfluss an
[2453]und bewirtschaften
[2454]extramarginale > submarginal
[2455]Wirtschaften
[2456]Fundstätte > mine or oil source
[2457]in der Wirtschaft
[2458]in der Katallaktik
[2459], nicht auch eine solche der Kategorien. Auch die ausbeutbaren Fundstätten sind nichts als ursprüngliche außermenschliche Produktionsmittel besonderer Art
[2460]Wirtschaften
[2461]Die Wirtschaft von heute
[2462]dass alle Fundstätten eines bestimmten Minerals in absehbarer Zeit erschöpft werden könnten > that at an unknown later date all the deposits of certain minerals may come to an end
[2463]Bergwerksboden jeglicher Art
[2464]für die Gewinnung von nutzbaren Steinen und Erden
[2465], nicht anders als in der Landwirtschaft, auch im Bergwesen Grenzberg- werke und
[2466]Der Boden als Standort > The Land as Standing Room
[2467]die für die Geistigkeit und das Gefühlsleben der modernen Menschen kennzeichnend ist, hat die Bedeutung der Naturparks zugenommen
[2468]Unterkunftshäusern > shelters, hotels
[2469]die Verfügung über die Nutzung des Bodens während eines begrenzten Zeitabschnittes der näheren Zukunft
[2470]Wird nicht nur die Verfügung über die Bodennutzung während eines begrenzten Zeitabschnittes der näheren Zukunft, sondern die zeitlich unbegrenzte Verfügung umgesetzt, dann werden die späteren Nutzungen mit dem Abschlage bewertet, der ihnen als Mittel zur Erlangung erst in späterer Zeit reifender Genussgüter zukommt. Im Gedankenbild der gleichmäßigen Wirtschaft ist der Preis eines Grundstückes gleich dem unter Zugrundelegung des Urzinssatzes berechneten Barwert einer ewigen Jahresrente von der Höhe des reinen Jahresertrages.
[2471]der Daten
[2472]; sie genießen etwa Wahlrechtsprivilegien
[2473]Man hat der nationalökonomischen Lehre vom Boden und von der Gestaltung der Bodenpreise entgegengehalten, dass sie
[2474]Geldrechnung
[2475]Boden > glebe
[2476]sie sei die natürliche und dem Menschen allein angemessene Betätigung > It is the only natural and respectable activity of man, the only dignified condition of a really human existence.
[2477], sondern als natürliche und gesunde Lebensweise
[2478]und verderben
[2479]hätten die ethischen Werte des edlen Weidwerks gepriesen und den Ackerbau geschmäht, weil er Schlechtigkeit der Gesinnung und Knechtesgeist züchte, und sie
[2480]Kulthandlungen > magic rites
[2481]Das magische Denken wollte überall das Wirken von Gottheiten und Dämonen entdecken. Wenn man diesen übermenschlichen Wesen, die man sich doch recht menschlich dachte, opferte und spendete, wenn man sie anflehte und um ihre Gunst buhlte, tat man es nicht um ideeller Werte willen. Man erblickte im magischen Ritus einfach das richtige Mittel, um reiche Ernte zu erzielen.

[2482]Erst romantische Schwärmer haben in den Mythen und Märchen, im Ritual und im Brauchtum der Urzeit der Kulturvölker und der primitiven Völkerschaften unserer Zeit anderes sehen wollen.
[2483]des Bodens
[2484]DIE DATEN DER MARKTLAGE > THE DATA OF THE MARKET
[2485]Das Gegebene und das Datum
[2486]Die Marktwirtschaft ist gesellschaftliche Wirtschaft auf Grundlage des Sondereigentums an den Produktionsmitteln. Ob es noch eine andere Gestalt gesellschaftlicher, d.i. arbeitsteiliger Wirtschaft geben kann, soll zunächst dahingestellt bleiben. Doch wo Sondereigentum an den Produktionsmitteln und Arbeitsteilung bestehen, kann die Wirtschaft nur Marktwirtschaft sein und das Getriebe muss so laufen, wie es die nationalökonomische Lehre von der Marktwirtschaft darstellt. Soweit Sondereigentum und Arbeitsteilung reichen, reicht auch der Markt mit seinem Gesetz.

Die Lehre von der Marktwirtschaft ist nicht etwa eine Lehre von dem, was unter idealen Verhältnissen gelten würde, unter den gegebenen Verhältnissen aber nur mit wesentlichen Einschränkungen und Modifikationen gilt.
[2487]der Markttheorie
[2488]Hier gibt es kein mehr oder weniger, hier heißt es nur: entweder oder. Und nichts ist, – auch in der Nationalökonomie – verkehrter, als den Sätzen der Theorie den Gemeinspruch entgegenzuhalten: Das mag in der Theorie richtig sein, taugt aber nicht für die Praxis.

Das, was die Theorie bietet, ist die Lehre vom Handeln an sich. Die Theorie spricht vom Handeln, doch
[2489]geistigen
[2490]Kräften und Fähigkeiten, mit den Trieben, denen sie untertan sind,
[2491]Gedanken
[2492]Gegeben nennen wir das, was unser nach den Ursachen forschendes Denken nicht aufzulösen vermag. Das Gegebene kennen wir, weil wir es wahrgenommen haben. Wir vermögen die Grenzen des Gebietes, das die Theorie aufzuklären vermag, zurückzuschieben, wir können jedoch nie dazu gelangen, letzte Ursachen aufzudecken.

Der Begriff der Daten, wie ihn die Praxeologie verwendet, ist enger als der Begriff des Gegebenen. Er ist nicht wie das Gegebene ein Begriff der Wissenschaftslehre, sondern ein praxeologischer Begriff, also ein Begriff einer Wissenschaft. Datum ist, was dem Handeln gegeben ist. Die Daten sind der Inbegriff der Wertungen der Handelnden und ihrer Ideen und zugleich der Inbegriff der Umwelt, der das Handeln sich anzupassen hat, wenn es erfolgreich sein soll. Die Daten sind nicht als das Gegebene im Sinne der Wissenschaftslehre anzusehen, weil sie zum Teil durch wissenschaftliches Denken auf Gegebenes zurückgeführt werden können. Für das Handeln ist es jedoch unwesentlich, ob etwa die politische Weltlage, wie sie sich am 28. Juli 1914, 12 Uhr mittags, jedem einzelnen Handelnden darstellen mochte, sich aus dem, was vorangegangen war, erklären und verstehen ließ oder nicht; wenn er zu handeln hatte, hatte er sich dieser Lage anzupassen. Gewiss darf man annehmen, dass jemand, der das Werden einer Lage aus den Lagen der Vergangenheit verstehen kann, damit auch besser befähigt ist, diese Lage selbst richtig zu erfassen, als jemand, der das nicht vermag. Doch das ist nur möglich und vielleicht wahrscheinlich; es ist gewiss nicht notwendig. Wenn man mitunter behauptet, dass zu viel Wissen und Verstehen dem Handeln nicht gerade förderlich sei, so mag das wohl in der Regel nichts sein als ein Versuch der Unwissenden, ihre Unwissenheit vor sich selbst zu rechtfertigen und ihre Befähigung zur Führerschaft zu erweisen. Doch es bleibt immerhin wahr, dass der Handelnde das Datum nicht durch Zurückführung auf Gegebenes zu erklären, sondern sich ihm mit seinem Handeln anzupassen hat.

Die Wissenschaft dient zwei verschiedenen Zwecken: sie will den Drang nach Wissen und Erkenntnis befriedigen, und sie will aus der Lage der Gegenwart die zukünftige Lage erkennen, um das Handeln auf richtiger Beurteilung der kommenden Dinge aufzubauen. Positivismus und Pragmatismus sehen nur diese zweite Aufgabe; die Auffassung, dass Wissenschaft um ihrer selbst willen betrieben werden kann, lehnen sie ab. Es ist nicht notwendig, sich mit diesem Gegensatz der Meinungen zu befassen. Wie auch immer man die Aufgabe der Wissenschaft bestimmen mag, über den Umkreis des Feldes, das sie zu bestellen hat, besteht keine Verschiedenheit der Auffassung. Das Erkennen ermöglicht auch die Voraussage, und die Voraussage bedarf des Erkennens.
[2493]Gesamtheit der Wissenschaften > the totality of knowledge
[2494]Die Sonderung der Wissenschaften nach den Methoden, derer sie sich bedienen, und nach dem Gegenstand, mit dem sie sich befassen, ist Arbeitsteilung.

[2495]Wenn wir die geistigen Werkzeuge, die die Praxeologie formt, auf die Daten anwenden, bringen wir sie mit dem von allen anderen Wissenschaften gebotenen Erkenntnisstoff zusammen, um so das geistige Gut niederer Ordnung zu bilden, dessen wir zum Handeln und zum Erkennen bedürfen. Datum ist für die Praxeologie alles, was nicht mit den Denkmethoden der Praxeologie erfasst werden kann. Datum ist daher auch der Stand unseres Wissens und die Gesamtheit aller Kenntnisse und Erkenntnisse, die von allen Wissenschaften übermittelt werden.

Unter den Daten spielt eine besondere Rolle alles das, was sich im menschlichen Handeln der Erfassung durch die Praxeologie entzieht, weil es nicht begriffen, sondern verstanden werden will. Das Praxeologische ist formal. Die verstehbaren Inhalte haben Quantität, Intensität und Qualität.

Man ändert nichts an dem Charakter der Daten, wenn man sie mit einem andern Ausdruck bezeichnet. Man liebt es heute, statt von Daten von den Institutionen und vom Institutionellen zu sprechen. Wenn damit nichts anderes gesagt werden soll als das, dass das Handeln sich immer den Bedingungen anzupassen hat, die es in der Umwelt vorfindet, und dass diese Bedingungen auch durch die Individualität der Mitmenschen und durch die Geschichte gestaltet wurden, dann darf man rückhaltlos zustimmen. Doch man hat den Hinweis auf das Institutionelle als eine Waffe im Kampfe gegen die Berechtigung und Unentbehrlichkeit der nationalökonomischen Theorie gebraucht. Die amerikanischen Institutionalisten sind Nachzügler der historischen Schulen der Staatswissenschaften, die auf europäischem Boden ihre Blüte in den letzten Jahrzehnten des 19. Jahrhunderts erlebt haben. Sie haben kein neues Argument vorzubringen gewusst. Sie haben die Entwicklung der amerikanischen Wirtschaftspolitik der letzten zwanzig Jahre stark beeinflusst; in der Geschichte der Wissenschaft haben sie kein Blatt beschrieben.

[2496]Die Macht als Datum

[2497]Menschliche Macht ist die Fähigkeit, fremdes Handeln zu bestimmen. Alle Macht beruht auf Ideologie. Wer mächtig ist, ist es durch eine Ideologie; er ist mächtig, weil sein Anspruch, zu befehlen, durch eine Ideologie gerechtfertigt wird, die Menschen als gültig und richtig anerkennen.[FN: Vgl. oben S. 167.]

Die Macht ist somit für den, der ihrer Einwirkung unterworfen ist, Beweggrund des Handelns. Der Handelnde wählt die Ziele oder die Mittel oder beides, Ziel und Mittel, unter dem Einfluss, den eine Ideologie auf ihn ausübt.

[2498]und Gültigkeit

[2499]richtig, zweckmäßig und

[2500]und Gültigkeit

[2501]Auch wer den Hexenaberglauben oder die Lehre, nach der die Valutenkurse auch außerhalb der Goldpunkte durch die Gestaltung der Zahlungsbilanz bestimmt werden, verwirft, wird dem Umstand, dass diese Lehren von vielen oder gar von allen übrigen Menschen als richtig angesehen werden, in seinem Handeln Rechnung tragen müssen. Er wird sich z. B. entscheiden müssen, ob er so leben will, dass er mit der Gesetzgebung, die Hexerei und Devisenverbrechen bestrafen lässt, nicht in Konflikt gerät, oder ob er alle Nachteile in Kauf nehmen will, die aus Missachtung dieser Gesetze für ihn erwachsen können. Auch die Macht ist ein Stück der Umwelt, der sich das Handeln anzupassen hat, wenn es seine Ziele wählt und zu erreichen sucht.

[2502]Der Gewalt, die genug stark ist, sein Handeln zu stören, wenn es ihren Zwecken zuwiderlaufen wollte, muss der Handelnde weichen. Er muss sein Handeln ihren Forderungen anpassen, da er sonst Folgen befürchten muss, die ihm noch weniger erwünscht erscheinen als der Verzicht darauf, im Handeln nur seine eigenen Ziele zu suchen.

[2503]Für die praxeologische Lehre vom Handeln, die sich mit dem Handeln und nicht mit den Beweggründen des Handelns befasst, ist es ohne Belang, welcher Art die Macht oder Gewalt ist, die auf das Handeln einwirkt. Alle Sätze der Praxeologie gelten auch von dem Handeln, das unter dem Einfluss von Macht- oder Gewaltfaktoren von der Linie abgelenkt wird, auf der es sich ohne Einwirkung dieser Faktoren bewegt hätte.

[2504]oder als Preisverderber

[2505]den Markt und

[2506]Doch auch wenn man diese Ausdrucksweise annimmt, erscheint die Behauptung, dass die Bildung der Preise, Löhne und Zinssätze durch Machtfaktoren bestimmt werde, als irreführend, wenn damit gemeint ist, dass die Bildung der Austauschverhältnisse sich nicht in der Weise vollzieht, die die Gesetze der Katallaktik angeben. Die Katallaktik zeigt uns, wie aus der jeweiligen Marktlage die Austauschverhältnisse hervorgehen, wie jede Veränderung der Marktlage zu entsprechenden Verschiebungen der Austauschverhältnisse führt und wie der der Marktlage gemäße Stand der Preise, Löhne und Zinssätze, der seinerseits wieder die Unternehmergewinne bestimmt, sich zu erhalten sucht. Man hat die Gesetze der Katallaktik nicht im mindesten erschüttert, geschweige denn widerlegt, wenn man ausführt, die Marktlage werde durch Machtfaktoren bestimmt. Der Hinweis auf solche Machtfaktoren enthebt nicht der Verpflichtung, die Bildung der Austauschverhältnisse durch eine katallaktische Theorie zu erklären.

Das Problem, das die Antithese: *Macht oder ökonomisches Gesetz?* bezeichnet, liegt in der Frage nach der Wirkung der Interventionen. Davon wird noch ausführlich zu sprechen sein.

[2507]Die Gewalt als Datum

[2508]Wenn man den Geist, aus dem heraus die Räuber ihre Taten vollbracht haben, und die ritterlichen Tugenden der Vandalen und der Wikinger preist, und wenn man die Ethik des «Helden» über die des «Händlers» stellt, sind Werturteile im Spiele, mit denen sich die Wissenschaft nicht zu befassen hat. Wenn man die Meinung ausspricht, dass Geschichte nicht von den die Güter erzeugenden und tauschenden Bürgern gemacht werde, sondern von den blutvergießenden Kriegern, so hat man darauf hinzuweisen, dass die Eroberer nur von dem leben können, was die Arbeit derer, die sie ausplündern, geschaffen hat, und dass die Kultur, die uns umgibt, nicht das Werk der Räuber, sondern das der Bürger ist. Die großen Eroberer- und Räubervölker sind untergegangen und vom Schauplatz der Geschichte verschwunden.

[2509]Man wird nicht nur in Budapest und Bukarest, sondern auch in Belgrad, Sophia und Athen heute, von Ruinen abgesehen, keine Spuren mehr der Jahrhunderte entdecken, in denen die Türken dort als Herren gehaust haben.

[2510]und mit der Räuberromantik

[2511]und Eroberungen

[2512]erschüttere oder

[2513], da die menschlichen Beziehungen sich nicht in den Formen des Marktverkehrs abwickeln, sondern in denen des kriegerischen Zusammenpralls der Völker und Staaten. Die Nationalökonomie gehe darin fehl, dass sie aus dem Erfahrungsmaterial einer kurzen Geschichtsepoche, des liberalen Zeitalters, eine Lehre abstrahiert habe, der sie allgemeine Bedeutung zuschreiben will. Dieses Zeitalter des Liberalismus, Individualismus und Kapitalismus, der Demokratie, der Toleranz und der Geistesfreiheit, beklagenswerten Verfalls aller «ewigen» und «echten» Werte und der Herrschaft einer minderwertigen Roture sei nun – glücklicherweise – für immer überwunden und werde nie mehr wiederkehren. Die neue Zeit aber bedürfe einer neuen Nationalökonomie

[2514]wird so gehandelt, wie es die Katallaktik darstellt

[2515]Händler

[2516]Der Eroberer und Kriegsherr muss daher darauf bedacht sein, dass der «Nährstand» nicht verkümmere. Er verbirgt dieses Zugeständnis der Schwäche durch die Redensart, dass seine Waffen den Bürger beschützen.

[2517]von heute

[2518]Jeder Staat soll ein sozialistisches Gemeinwesen werden, in dem Krieger und Arbeitsknechte dem Führer untertan sind und seinen Weisungen gemäss für den Unterhalt der beiden Kasten gesorgt wird. Wir werden uns mit diesem Gedanken noch zu befassen haben.

[2519]Das wichtigste Datum sind die Menschen mit allen ihren menschlichen Eigenschaften, mit ihrem Wollen und Wünschen, mit ihren Fähigkeiten, mit ihren seelischen und körperlichen Gaben, mit ihrem Irren und mit ihren Schwächen. Die moderne Theorie

[2520]einen

[2521], sondern nur Menschen, die menschlich handeln

[2522]Der Mensch ist in jedem Augenblick seines Daseins und Handelns ein Produkt der Vergangenheit. Sein Wesen ist durch all das bestimmt, was er von seinen Vorfahren ererbt hat und was die Umwelt aus diesem Erbgut gemacht hat. Sein Körper ist der Niederschlag einer in unausdenkbare Fernen zurückreichenden Entwicklung; die Ideen, die ihn erfüllen, sind von der Menschheit in Jahrtausenden gebildet worden. Wie Art und Dosierung dieser Einflüsse bei jedem Einzelnen verschieden ist, so ist auch ihre Wirkung. Aus der Schmiede der Natur und der Geschichte gehen nicht Stücke hervor, die einander gleichen wie die Erzeugnisse einer fabriksmäßigen Serienproduktion, sondern einzigartige Individuen. Das muss gerade die Praxeologie nachdrücklich betonen, weil sie ihr Augenmerk allein auf das richtet, was am Handeln allgemeinmenschlich und notwendig ist, also auf das, was nicht individuell und nicht persönlich ist.

Die Ziele, die der Einzelne wählt, und die Mittel, deren er sich zur Erreichung dieser Ziele bedient, sind durch seine Individualität bestimmt. Weil alle Menschen stammverwandt sind, und weil ähnliche geschichtliche und umweltliche Einflüsse auf sie einwirken, sind sie auch in ihrem

Wählen und Streben verwandt. Weil ihnen viele Ziele gemeinsam sind und weil ihre Anschauungen über die Wege, die zu den Zielen führen, sich zum Teil decken, ist Arbeitsteilung möglich. Doch diese Gemeinsamkeit des Wollens und Denkens hat Grenzen. Nie darf man vergessen, dass Zielsetzung und Wegewahl subjektiv sind. Die klassische Nationalökonomie hat es in ihren Theorien vergessen. Die Sozialisten, Rationalisierungsfanatiker und Technokraten vergessen es Tag für Tag in ihren Reformplänen.

Man kann den Menschen, wenn man sich auf einen übermenschlichen Standpunkt irgend einer Art stellt, auch als Objekt einer Ernährungs- und Züchtungspolitik betrachten. Man kann Projekte entwerfen, wie man ihn paaren und füttern soll, um bestimmtgeartete Ergebnisse zu erzielen. Man kann noch weiter gehen und versuchen, seinen Geist mit bestimmten Anschauungen zu füllen und alle «Irrlehren» von ihm fernzuhalten. Man kann versuchen, Vorsehung zu spielen: die Menschen zu entmenschen, sie in Wesen zu verwandeln, die nur so denken und fühlen, wie ihnen angezüchtet wurde, sie zu Geschöpfen zu machen, die nur das ausführen, was ihnen im Plane zugewiesen wurde. Nie zuvor hat es eine Zeit gegeben, die solchen Versuchen günstiger war als unsere. Ringsum sehen wir Bestrebungen im Gange, die Menschen in Ameisen zu verwandeln und die menschliche Gesellschaft nach dem Vorbild des Ameisenstaates umzugestalten.

Man darf bei der Würdigung dieser Pläne nicht in den Fehler verfallen, sie für Versuche zur Erneuerung der Sozialverfassung vergangener Jahrhunderte anzusehen. Die Beschränkung und Bindung des Einzelnen, von der uns die Geschichte Europas und in noch höherem Masse die des Morgenlandes berichtet, machten an der Schwelle des Haushalts und des Betriebes halt. Wie sehr der Einzelne auch in seiner Bewegungsfreiheit außerhalb seiner Heim- und Betriebsstätte behindert sein mochte und wie sehr auch seine Betätigung gehemmt sein mochte, es blieb ihm doch immer ein Spielraum, in dem er zu entscheiden hatte. Es gab drei Sphären der Selbstbestimmung: die Erzeugung für den eigenen Bedarf, die damals einen großen, ja den größten Teil der Gesamterzeugung einnahm, dann die Erzeugung für den freilich vielfach beengten Markt und schließlich die Durchführung der reglementierten Arbeit im eigenen Betrieb. Im totalen Staat der vollkommenen Arbeitsteilung gibt es für den Einzelnen keine Sphäre persönlichen Handelns, die Eugenik fesselt sein Geschlechtsleben und die Unterdrückung der Gewissen schließt seinen Kerker vollends. Es ist sehr charakteristisch, dass man heute bereits die Gestaltung der Freizeit des Einzelnen als eine Aufgabe der Staatsführung ansieht und gar nicht bemerkt, wie widerspruchsvoll es ist, von einer obrigkeitlich geregelten «Freizeit» zu sprechen. Im Idealbild des totalen Staates bleibt kein Raum, innerhalb dessen der Einzelne zu wählen hat. Das Wählen ist Sache des Einen, der der Herr aller ist.

Es ist nicht Aufgabe der Praxeologie, zu prüfen, ob die Voraussetzungen für das Gelingen dieser Versuche gegeben sind oder nicht. Sie kann sich nur mit der Frage befassen, ob und unter welchen Bedingungen eine menschliche Gesellschaft auf anderen Grundlagen als auf denen des Sondereigentums an den Produktionsmitteln errichtet werden kann. Das ist das Problem, mit dem sich der V. Teil dieses Buches zu befassen hat.

Wer den Menschen mit dem liebevollen Verstehen betrachtet, das das Um und Auf der Weisheit bildet, das den Seelenarzt zum Heilen befähigt und dem Geschichtsschreiber und dem Dichter die Gabe verleiht, das Menschliche darzustellen, wird erkennen, dass die Menschen irren und nicht immer die Vernunft zweckmäßig zu brauchen wissen. Es ist leicht nachzuweisen, dass die Gedankengänge, die die Verwendung der Mittel leiten, oft fehlgehen und dass in der Beurteilung der Ziele die Kosten nicht immer richtig veranschlagt werden. Man schlägt unzweckmäßige Verfahren ein, die nie zum angestrebten Ziel zu führen vermögen. Man ist sich nicht klar darüber, dass Ziele, die man anstrebt, Opfer erfordern, die man für sie nicht zu bringen geneigt ist. Wer diesen unbefriedigenden Zustand zu beseitigen wünscht, sei es, weil er ihn als seiner eigenen Wohlfahrt schädlich ansieht, sei es aus reiner Menschenliebe, muss trachten, seine Mitmenschen aufzuklären. Das ist ein schwieriges Unterfangen, und es verlangt einen großen Aufwand von Überredungskunst und Geduld. Es verlangt vor allem Eingehen auf die Denkungsart derer, die belehrt werden sollen. Wem die Gabe. mit seinen Mitmenschen friedlich auszukommen, mangelt, zieht einen anderen Weg vor. Er will dem, das er für richtig hält, nicht durch Überredung zur Herrschaft verhelfen, sondern durch Zwang. Er will die Mitmenschen wider ihren Willen durch Anwendung von Gewalt glücklich machen.

Der Widerspruch, der in diesem Bestreben liegt, ist offenkundig. Wenn Einer nicht das erreicht, was er für anstrebenswert erachtet, wenn ihm ein Ersatz geboten wird, den er minder hoch bewertet als das, was ihm entgangen ist, dann ist er nicht besser befriedigt worden, sondern schlechter. Der Ersatz mag vom Standpunkt einer überirdischen Betrachtung der Dinge als wertvoller erscheinen; wenn er nicht auch vom Standpunkte derer, die befriedigt werden wollen, wertvoller erscheint, ist die Versorgung nicht verbessert, sondern verschlechtert worden. Uns Menschen steht kein objektiver Maßstab zur Beurteilung der Wertsetzungen anderer Menschen zur Verfügung. Die Wissenschaft mag die Folgen des Genusses von Alkohol, Nikotin und anderen Giften feststellen; sie mag aufklären und belehren. Wenn aber jemand bereit ist, die schädlichen Folgen auf sich zu nehmen, weil er den Genuss so hoch schätzt, dass er ihm diese Schädigungen aufzuwiegen scheint, dann kann ihm die Wissenschaft nichts mehr sagen. Ich mag es bedauern, dass die Mitmenschen anders handeln, als ich es für vernünftig halte. Doch wenn ich die Mittel hätte, sie wider ihren Willen zu dem zu zwingen, was ich als ihnen zuträglicher erachte, würde ich ihre Versorgung nicht verbessern und sie nicht glücklicher machen.

Man darf nie vergessen, dass Sinn und Zweck alles Handelns die Abstellung von Unbefriedigtsein ist und dass Unbefriedigtsein subjektiv ist. Der Einstand, dass das Unbefriedigtsein zu einem großen Teil physiologisch genau erfassbaren Quellen entspringt und dass dieser Teil des Unbefriedigtseins durch Mittel behoben werden kann, über deren Tauglichkeit zur Behebung des dem Unbefriedigtsein zugrundeliegenden physiologischen Tatbestandes man ein nach Art und Maß abgestuftes, objektives Urteil abzugeben vermag, darf da nicht irreführen. Denn die Kultur ist gerade dadurch gekennzeichnet, dass der Mensch sich über den rein animalischen Zustand bloßer Suche nach Nahrung und Wärme emporgehoben hat. Je weiter die Kultur fortschreitet, desto mehr setzt sich der Mensch Ziele, die mit dem Physiologischen nur lose verknüpft sind und für die objektive Maßstäbe nicht gefunden werden können. Solange es nicht gelingt, die Menschen vollkommen ihres Menschentums zu entäußern, wird dieser Subjektivismus nicht verschwinden können. Man mag ihn Laune, Unvernunft oder Starrsinn nennen ; man muss aber mit ihm rechnen, wenn man mit Menschen zu tun hat.

In der Marktwirtschaft ist diesem Subjektivismus des Verbrauchers Spielraum gegeben. Der Verbraucher entscheidet durch sein Verhalten auf dem Markte über die Produktion. Er wählt die Wege, die die Produktion zu gehen hat. Er ordnet an, der Unternehmer führt seine Befehle aus. Wenn man die Herrschaft des Verbrauchers durch die der Erleuchteten ersetzen wollte, die sich einbilden, besser zu wissen, was ihren Mitmenschen frommt, macht man die Menschen nicht zufriedener. Die Ironie, mit der man solche Vorschläge als Weltbeglückungspläne bezeichnet, ist berechtigt. Man kann niemand zu seinem Glücke zwingen. Die Menschen wollen nach ihrer Façon glücklich werden und nicht auf die Weise, die dem notwendigerweise subjektiv gefärbten Ideal eines Menschen entspricht, der sich besser und weiser dünkt als seine Mitmenschen.

Für die Praxeologie sind menschliches Irren und menschlicher Irrtum Datum. Die Ergebnisse der Praxeologie sind unabhängig davon, ob das, was das Handeln ausgelöst hat, richtige oder unrichtige Beurteilung der Lage der Dinge war, und ob die Anschauungen über Ursache und Wirkung, an denen das Handeln sich orientiert hat, zutreffend waren oder nicht. Im Handeln entscheidet der Mensch, so wie er ist und irrt, und nicht eine Wahrheit, die gilt, auch wenn sie nicht erkannt wurde.

Man hat gemeint, dass die Katallaktik es nur mit einem idealen Handeln zu tun habe, das frei von Irrtümern ist. Selbst Menger dachte, man müsse zwischen echten Gütern und eingebildeten Gütern unterscheiden; diesen fehle die Fähigkeit, menschliche Bedürfnisse wirklich abzustellen; sie würden mit Unrecht von den Menschen so behandelt, als ob sie echte Güter wären.[FN: Vgl. dazu meine Grundprobleme der Nationalökonomie, a. a. O., S. 160 ff.] Diese Unterscheidung ist jedoch für das Handeln unwesentlich. Kein Mensch vermag die Wahrheit ganz zu erkennen, und kein Mensch weiß, was ihm und anderen nützlich und zuträglich ist. Im Handeln ist jedes Ziel subjektiv.

Das Handeln, das die Marktpreise bildet, ist nicht weniger dem Irrtum unterworfen als jedes andere Handeln. Doch die irrige Meinung, die zum Handeln führt und das Handeln orientiert, entscheidet, und die richtige Meinung, die kein Handeln bestimmt, bleibt wirkungslos. Man hat durch Jahrhunderte und Jahrtausende harmlosen und giftigen Kräutern Heilwirkungen beigemessen und sie teuer bezahlt, und man hat ebensolange die radiumhaltigen Substanzen achtlos liegen lassen. Die Nationalökonomie aber hat es mit den Preisen zu tun, die auf dem Markte wirklich gezahlt wurden, nicht mit dem, was hätte sein sollen. Sie ist die Lehre vom Handeln, nicht aber eine Lehre vom richtigen Handeln.

Gegen den Irrtum gibt es nur ein Mittel: Erforschung des richtigen Sachverhalts und Aufklärung der Irrenden. Keine Umgestaltung der gesellschaftlichen Ordnung und keine Organisation menschlicher Arbeit könnte den Irrtum aus dem Handeln ausschalten. Nur ein allwissender Gott, der jeden Schritt der Menschen leitet, könnte sie vor Irrtum bewahren.

[2523]*Die Reaktionszeit* > The Period of Adjustment

[2524]– Wirkungen in the long run und in the short run

[2525]Die Katallaktik ist in der Regel imstande, zu zeigen, in welcher Reihenfolge die einzelnen Anpassungsvorgänge (Reaktionserscheinungen) auftreten. Sie ist jedoch nie imstande anzugeben, wie viel Zeit verstreichen muss, ehe die Reaktionserscheinungen auftreten und ihr Werk tun. Das hängt von den Daten ab.

Es wäre vergebene Mühe, wollte man versuchen, über die Länge der Reaktionszeit auf empirischem Wege Auskunft zu erhalten. Was man auf diese Weise erfahren könnte, wäre im besten Falle wirtschaftsgeschichtliche Einsicht. Sie wäre überdies außerordentlich unvollkommen, da Änderungen der Daten unaufhörlich vor sich gehen und es nie zur Erreichung eines Gleichgewichtsstandes kommt. Keinesfalls wäre es möglich, aus solcher Erfahrung heraus mehr als recht vage und unzuverlässige Voraussagen über künftiges Geschehen zu machen. Zu den Gaben, die ein erfolgreicher Unternehmer besitzen muss, gehört auch intuitives Abschätzen der Länge von Reaktionszeiten. Doch die Wissenschaft kann ihm da nicht helfen. Er mag aus der Erfahrung ein paar unzulängliche Faustregeln ableiten, Gewissheit oder auch nur halbe Gewissheit wird er nie erlangen können.

[2526]wissenschaftlichen Behandlung der katallaktischen Probleme > economic studies

[2527]man

[2528]Es ist da nicht anders als in den Naturwissenschaften. Die Wirkung schnellwirkender Gifte war meist schon bekannt, ehe es Pharmakologie und Physiologie gab; die Wissenschaft konnte da nicht viel Neues zum Vorschein bringen. Um die ferneren Wirkungen von Stoffen zu erkennen, die nur langsam wirken, bedarf es dagegen wissenschaftlicher Arbeit.

[2529]dem praktischen Handeln und vor allem der Wirtschaftspolitik

[2530]Das Handeln wägt die Bedeutung der Folgen ab, und es ist selbstverständlich, dass dabei alle Folgen eines Schrittes in Betracht zu ziehen sind, nicht bloß die näheren und unmittelbaren, sondern auch die ferneren und mittelbaren.

[2531]Wenn man seit langem und in besonders heftiger Weise in den letzten Jahren die Forderung erhoben hat, man möge in der Wirtschaftspolitik

[2532], so kann man darauf nur antworten, dass das eben der Entscheidung der Handelnden in jedem einzelnen Fall überlassen bleiben muss. Jedermann wird zugeben, dass es Lagen geben kann

[2533]Praxeologie > economics

[2534]modernen Kultur > Western civilization

[2535]Die Marktwirtschaft ist auf dem Sondereigentum an den Produktionsmitteln aufgebaut.

Eigentum ist jene Verfügungsmöglichkeit über die Güter, die sie in den Dienst der Abstellung von Unbefriedigtsein einordnet. In der Marktwirtschaft gibt es Sondereigentum nicht nur an den Genussgütern, sondern auch an den Gütern höherer Ordnung. Über die Verwendung der Nutzleistungen, die von den wirtschaftlichen Gütern abgegeben werden können, verfügen einzelne Wirte, die Eigentümer, und nicht der Staat oder wie sonst man den gesellschaftlichen Zwangsverband mit seinem Gewaltapparat benennen mag.

[2536]vieltausendjährigen Geschichte > age-long evolution

[2537]oder ihrem Eigentum

[2538]wirtschaftspolitischen

[2539]unmittelbarer und fernergelegener Nachbarn

[2540]allgemeinen Rechtslage > traditional wording of laws

[2541]Wenn der Unternehmer gewisse Kosten seines Handelns nicht in Rechnung stellen muss, weil sie für ihn angesichts der Rechtslage external costs sind, dann wird er manches unternehmen, was er sonst unterlassen hätte. > Then some people choose certain modes of want-satisfaction merely on account of the fact that a part of the costs incurred are debited not to them but to other people.

[2542]Es wird dann Personen geben, die unter seinem Vorgehen leiden, ohne dass ihnen die Möglichkeit geboten wäre, den Ersatz des von ihnen erlittenen Schadens zu begehren.

[2543]und jedermann sich Bodenerträgnisse wie herrenloses Gut aneignen darf

[2544]Wenn irgendwo Naturschätze – Holz und Wild in den Waldungen, Mineralschätze des Bodens, Fische in Gewässern – von jedermann erworben werden dürfen, dann wird jenes Verfahren platzgreifen, das man als Raubbau bezeichnet. Niemand ist für die Nachteile verantwortlich, die durch Vernichtung der Bestände entstehen mögen. Dann werden die Wälder abgestockt, ohne dass für die Wiederaufforstung gesorgt wird, dann werden Wild und Fische so gejagt und gefischt, dass der Nachwuchs gefährdet oder vernichtet wird.

[2545]aus politischen Gründen

[2546]Man hat nämlich versucht, sie zum Ausgangspunkte einer Kritik der Marktwirtschaft zu machen und zur Rechtfertigung des Interventionismus zu verwenden.

Die Rentabilitätsrechnung, meint man, ziehe weder die external costs noch die external economies (external profits) in den Kalkül ein. Daraus entstehe ein Gegensatz zwischen dem, was den Sonderinteressen der einzelnen Unternehmer und Eigentümer dient, und dem, was der Gesamtheit und dem Ganzen frommt. Manches Unternehmen, das den Unternehmern und Kapitalisten als rentabel erscheint, erweise sich als dem Ganzen schädlich, wenn man die external costs in Rechnung stellt; anderseits sei manches unrentable Unternehmen volkswirtschaftlich produktiv, wenn man die external economies und external profits, die es bringe, in die Betrachtung einbeziehen will. Über die external costs ist in diesem Zusammenhang wohl nichts mehr hinzuzufügen; das ist ein Problem, das durch die Ausgestaltung des Schadenersatz- und Haftpflichtrechtes restlos gelöst werden kann.

Eingehender muss man sich jedoch mit dem Versuch befassen, die Rentabilitätsrechnung durch Berufung auf die external economies zu kritisieren. Dass ein Unternehmen als unrentabel erscheint, bedeutet, dass die Kostengüter, die seine Durchführung erfordert, für andere Zwecke dringender benötigt werden. Daran wird auch durch die Erscheinung der external economies nichts geändert. Wenn die Vorteile, die anderen Personen als dem Unternehmer oder Eigentümer, der sie aufwendet, zugutekommen, von diesen so hoch gewertet werden, dass sie bereit sind, für sie zu zahlen, dann wird die Aufwendung durch ihre Beiträge rentabel werden. Wenn sie nicht gewillt sind, beizutragen, hat ihr Handeln die Verbesserung verhindert. Wenn die Beitragsleistung für sie nicht rentabel ist, dann ist das so zu beurteilen wie jeder andere Fall von Unrentabilität.

Man hat z. B. das Argument der external profits verwendet, um den Bau und Betrieb von unrentablen Eisenbahnstrecken durch den Staat zu rechtfertigen. Es mag sein, sagte man, dass die Eisenbahn nicht rentabel sei im gewöhnlichen Sinn des Wortes und daher für Unternehmer und Kapitalisten nicht lohnend erscheine. Doch sie werde zur Entwicklung einer ganzen Landschaft beitragen, sie werde dort Handel, Gewerbe und Ackerbau aufblühen lassen und damit zur Hebung der Wirtschaft Bedeutendes leisten, das man in Rechnung zu stellen habe, sobald die Ersprießlichkeit der Bau- und Betriebsführung von einem höheren Standpunkte als von dem der Profitinteressen betrachtet werde. Die privatwirtschaftliche Beurteilung möge den Bau der Eisenbahn als unangezeigt erscheinen lassen, der volkswirtschaftlichen Beurteilung erscheine er als wohlfahrtsfördernd. Dieser Gedankengang ist jedoch durchaus falsch. Es ist freilich nicht zu bestreiten, dass die Eisenbahn den Einwohnern der Gegend, durch die sie zieht, Nutzen bringt; genauer: sie bringt den Grundeigentümern jener Gegend und allen denen, die dort Anlagen errichtet haben, die nicht mehr ohne Wertminderung übersiedeln können, Vorteile. Sie entwickelt, pflegt man zu sagen, die Produktivkräfte der von ihr durchzogenen Landesteile. Der Nationalökonom hat das anders auszudrücken: die Zuschüsse, die der Staat aus Steuergeldern für den Bau, die Erhaltung und den Betrieb der Bahn, die ohne diese Beihilfe nicht gebaut und nicht betrieben worden wäre, leistet, verschieben einen Teil der Produktion von Standorten, die günstigere natürliche Produktionsbedingungen bieten, nach Standorten, die für die Produktion weniger geeignet sind. Es werden Grundstücke angebaut werden, die im Hinblick auf ihre Lage zu den Konsumstätten und ihre Fruchtbarkeit einen rentablen Anbau nicht gestatten, wenn man sie nicht durch die Subventionierung des Transportsystems, das sie erst rentabel machen soll und zu dessen Kosten sie nicht entsprechend beitragen können, mittelbar subventioniert. Gewiss trägt man dadurch zum Aufblühen einer Gegend bei, in der sonst weniger erzeugt worden wäre. Doch diesem Zuwachs an Produktion in dem durch die Bahnpolitik der Regierung geförderten Landstrich steht die Belastung der Produktion und des Konsums in den Teilen des Landes gegenüber, die die Kosten der Regierungspolitik zu bestreiten haben. Der schlechtere Acker wird aus dem Ertrag von Abgaben, die entweder die Produktion des besseren Ackers belasten oder vom Verbraucher direkt zu tragen sind, subventioniert. Die an ungünstigeren Standorten befindlichen Betriebe können wohl ihre Produktion erweitern, doch die auf günstigeren Standorten befindlichen müssen sie einschränken. Man mag, das «gerecht» oder politisch klug finden, doch man darf nicht davon sprechen, dass es die Gesamtnettoversorgung steigert; es mindert sie. Die Belebung der Produktion in dem von der Bahn bedienten Landstrich darf man nicht als «volkswirtschaftlichen» Vorteil ansehen. Alle diese Vorteile erschöpfen sich darin, dass eine Reihe von Betrieben an Orten arbeitet, die man unter anderen Umständen als ungeeignet angesehen hätte. Die Vorteile, die diesen Unternehmungen vom Staate durch die Unterstützung des Bahnbetriebes zuteil werden, unterscheiden sich in keiner Hinsicht von den Vorteilen, die er minderleistungsfähigen Unternehmern unter anderen Voraussetzungen gewährt. Es kommt in der Wirkung auf das gleiche Ergebnis heraus, ob der Staat eine Schuhmacherwerkstätte subventioniert oder privilegiert, um sie den Schuhfabriken gegenüber wettbewerbsfähig zu machen, oder ob er einen wegen seiner Lage nicht wettbewerbsfähigen Acker dadurch fördert, dass er einen Teil der Kosten, die durch den Transport seiner Produkte entstehen, aus öffentlichen Geldern bestreitet.

[2547]Über das Eigentum an Rezepten

[2548]Dass das Problem der external economies nichts anderes ist als ein Problem der Abgrenzung des Eigentumsrechts, wird besonders deutlich, wenn man die Wirkungen der Regelung des Eigentums an Rezepten und Verfahrensarten betrachtet.

[2549]Ist ein Verfahren einmal gefunden und nicht wieder vergessen worden, dann dient es unbegrenzt. Wer es kennt, kann es als freies Gut betrachten. Auch wenn er für die Erwerbung dieser Kenntnis Aufwendungen machen musste, wird es für ihn gleichgültig sein, ob er es öfter oder seltener gebraucht, da der Gebrauch die Fähigkeit des Rezepts, Nutzen zu stiften, nicht beeinträchtigt. Er wird es bei der Kalkulation der variablen Selbstkosten nicht zu berücksichtigen haben, weil er sich durch den Gebrauch des Rezepts nicht der Möglichkeit begibt, es für andere Zwecke zu verwenden. Dass seine Erwerbung Kosten erfordert hat, schmälert wohl den Gewinn, den die Produktion und der Vertrieb der nach der Weisung des Rezeptes hergestellten Ware einbringt. Man hat aber diesen Aufwand nur geleistet, weil ungeachtet dieser Kürzung das Geschäft noch als rentabel erscheint. Die Hoffnung auf erzielbare Bruttogewinne begrenzt den Preis, der für die Erwerbung des Rezeptes gezahlt wird, nach obenhin.

Wenn die Rechtsordnung geistiges Eigentum nicht schützt, dann können von den Unternehmern, die nach Anweisung dieser Rezepte erzeugte Güter zu Markte bringen, nur Unternehmergewinne erzielt werden. Ein Verleger kann, wenn das Urheberrecht nicht geschützt ist, an den Büchern, die Erfolg haben, nur insoweit Gewinne erzielen, als er einen zeitlichen Vorsprung vor den anderen Verlegern erlangt hat. Nur die Aussicht, einen Gewinn dadurch zu erzielen, dass er imstande ist, das Buch früher zu verkaufen als seine Konkurrenten, könnte ihn veranlassen, dem Verfasser ein Honorar zu bezahlen. Wird jedoch das Urheberrecht durch das Gesetz geschützt, dann können im Vertrieb des Buches, wenn die übrigen Bedingungen zutreffen, Monopolpreise erzielt werden; dementsprechend können auch Autorenhonorare bemessen werden. Die Frage, ob man das geistige Eigentum der Schriftsteller, Künstler, Erfinder und Musterentwerfer schützen soll oder nicht, gehört nicht in den Rahmen einer theoretischen Untersuchung. Hier ist für uns allein die Feststellung von Bedeutung, dass dort, wo dieser Schutz nicht gewährt wird, das Problem der external economies eine bedeutende Rolle im geistigen Schaffen spielt. Der geistig Schaffende ist dann ein Erzeuger, der weniger für sich als für die wirkt, die aus seinem Werk Vorteil zu ziehen wissen.

[2550]Aus der Verschiedenheit der Voraussetzungen für ihre Übersteigbarkeit entstehen Renten und unter Umständen auch Monopolgewinne, die man genau von den Renten und Monopolgewinnen unterscheiden muss, die das Ergebnis der durch die Regierung und Gesetzgebung gesetzten Schranken des Eigentums selbst sind.

[2551]Sie sind, wenn sie von der Befolgung des Gesetzes ausgenommen sind, Privilegierte, wenn sie es nicht befolgen, ohne dazu berechtigt zu sein, Quasiprivilegierte.

[2552]Auch bei diesem Kostenaufwand ist es für die Preisgestaltung ohne Belang, ob er legitim oder illegitim ist. Die Wirkung auf den Markt wird nicht davon berührt, ob die faktische Nichtbeachtung eines Einfuhrverbots durch die Erlangung einer von der Regierung gesetzmäßig gewährten Erlaubnis, eine bestimmte Menge einzuführen, ermöglicht wurde oder durch Bestechung der Zollbeamten. Es ist ohne Belang für die Beurteilung der durch Hasardspiel oder Prostitution geschaffenen Marktlage, ob die Regierung Spielbanken und Unzucht ausdrücklich einigen Privilegierten gestattet oder ob manche das bestehende Verbot zu umgehen wissen.

[2553]FN: Über die Rolle, die dieser Satz im merkantilistischen Denken spielte, vgl. Oncken, Geschichte der Nationalökonomie, I. Teil, Leipzig 1902, S. 152 f.

[2554]Das ist insoferne richtig, als in der stationären Wirtschaft die Summe der Unternehmergewinne der Summe der Unternehmerverluste gleichkommt; es ist auch

[2555], wenn man damit ausdrücken wollte, dass auch sonst der Schaden des Einen Quelle des Vorteils wäre, der dem Andern zukommt.

[2556]zu bekämpfen weiß und

[2557], die es ermöglicht, Mitmenschen zu helfen, die weniger zweckmäßig für die Zukunft vorgesorgt haben. Wenn die Dinge sich anders gestalten, als die Masse der Menschen erwartet hat, dann ist es für die, die durch das Eingetretene überrascht wurden, kein Nachteil, sondern ein Vorteil, dass andere Wirte das, was nun gekommen ist, besser vorausgesehen haben als sie selbst, so dass sie nun für den neuen Bedarf vorsorgen können.

[2558]das

[2559]in the market economy

[2560]alle Menschen > all the members of the market society

[2561]Man darf nicht auf den einzelnen Fall sehen und darnach urteilen.

[2562]Dieses System, das den Erfolg belohnt und den Misserfolg straft, bewirkt die denkbar beste Versorgung des Marktes.

[2563]Der Widerstreit der Interessen, der zwischen Käufer und Verkäufer besteht, wird dadurch behoben, dass

[2564]être bon patriote, c'est souhaiter que sa ville s'enrichisse par le commerce et soit puissante par les armes. Il est clair qu'un pays ne peut gagner sans qu'un autre perde, et qu'il ne peut vaincre sans faire des malheureux.

[2565]ein gangbares Schlagwort

[2566]psychologischen

[2567]Wie für jedes Lebewesen so sind auch für den Menschen die natürlichen Bedingungen für die Entfaltung des Lebens beschränkt. Die Unterhaltsmittel sind knapp, sie reichen nur für eine begrenzte Zahl. Wie jedes Lebewesen führt daher der Urmensch einen Kampf ums Dasein auf zwei Fronten: gegen die sein Leben bedrohenden Gefahren, z. B. gegen Raubtiere, und gegen die Mitmenschen, in denen er Konkurrenten im Bestreben nach Erlangung der knappen Unterhaltsmittel sieht.

Der Kampf aller Menschen gegen alle anderen Menschen und der Kampf aller Urhorden gegen alle anderen Urhorden wird dann durch die gesellschaftliche Vereinigung abgelöst.

[2568]Die Ankunft eines neuen Gastes an der Tafel des Lebens

[2569]wie Tiere

[2570]setzen sich auch andere Ziele, sie

[2571], Insekten

[2572]hat die englisch-schottische Gesellschaftslehre des 18. Jahrhunderts auch den

[2573]ein Akt der Vernunft > the outcome of a weighing of pros and cons

[2574]und der Auerhahn

[2575]wenn er es für angezeigt hält > if he deems the costs – the anticipated disadvantages – too high

[2576], auf den Adel, die Bürger und die Grossbauern,

[2577]bevölkerungsstatistisch

[2578]Für diese Romantiker ist nämlich alles, was die Völker Europas in den letzten Jahrhunderten geschaffen haben, alle ihre Philosophie, Wissenschaft, Kunst, Technik, alle Wohlstandssteigerung, alle Verfeinerung des Lebens nichts als traurige Entartung, die man als das Werk des Teufels ansehen muss. [FN: Vgl. z. B. *Sombart,* Deutscher Sozialismus, a. a. O., S. 3.] Dass die Asiaten, obwohl auch bei ihnen die Anwendung moderner Hygiene und Infektionsbekämpfung die durchschnittliche Lebensdauer verlängert, die Geburtenregelung nicht in dem Umfang üben, in dem sie heute in Europa, Amerika und Australien geübt wird, dass daher die Inder, Malayen, Chinesen und Japaner sich heute stärker vermehren als die Weißen, erfüllt sie mit Schrecken. Wird nicht, fragen sie besorgt, das Ende das sein, dass die Rassen, denen die Früchte der kapitalistischen Kultur, an deren Werden sie nicht mitgewirkt haben, als ein unerwartetes Geschenk in den Schoss gefallen sind, durch ihre stärkere Bevölkerungszunahme die Weißen schließlich erdrücken werden?

Wenn man sich frei hält von den Vorurteilen, die in der Geburtenregelung, wie sie von den Völkern der modernen kapitalistischen Kultur geübt wird, nichts als ein Laster sehen wollen, erscheinen diese Gedankengänge als falsch.

[2579]alle Völker weißer Rasse > all Caucasian peoples

[2580]Wo die Menschen auf die Verbesserung der Lebensbedingungen nicht durch entsprechende Einschränkung der Geburtenhäufigkeit reagieren, kann die Lebenshaltung auf die Dauer nicht gehoben werden. Wenn die Völker des Ostens von unserer Kultur nur die gebrauchsfertigen Mittel zur Bekämpfung der Infektionskrankheiten übernehmen, im Übrigen aber ihr Verhalten nicht ändern, dann werden sie auch nie in die moderne Kultur eintreten. Dann werden sie Barbarenmassen bleiben, deren Angriffe den Kulturvölkern nicht gefährlich werden können. Solange Waffen benötigt werden, werden die Unternehmer der kapitalistischen Marktwirtschaft nicht aufhören, immer wirksamere Waffen zu erzeugen und so ihren Volksgenossen einen Vorsprung in der Ausrüstung gegenüber den nichtkapitalistischen Völkern zu sichern. Nicht den militaristischen Völkern, die nicht müde werden, sich ihrer unverbrauchten Jugendkraft, ihres überschäumenden Dynamismus und ihres Menschenreichtums zu rühmen, sind die Fortschritte zu verdanken, die die

Waffentechnik in den letzten hundert Jahren gemacht hat. Die alt, verbraucht und kriegsuntüchtig gescholtenen Westvölker haben Panzerschiffe, Unterseebote, Flugzeuge, Tanks, Maschinengewehre, Rohrrücklaufgeschütze, Torpedos und viele andere Kriegswaffen geschaffen; die anderen Völker haben nur nachgeahmt und haben auch auf diesem Gebiet nichts Neues zu erfinden gewusst. Kein äußerer Feind wird die kapitalistische Kultur zerstören, wenn sie sich nicht selbst zerstört. Wenn man die Unternehmertätigkeit nicht aus der Waffenerzeugung verdrängt,[FN: Gerade das – Verstaatlichung der Rüstungsindustrie – wird unter dem Einfluss sozialistischer Ideen und der marxistischen These, dass das «Rüstungskapital» allein zu Kriegen treibe, heute in vielen Ländern versucht.] dann werden die kapitalistischen Staaten im Augenblick der Gefahr stets besser gerüstet sein als die nichtkapitalistischen.

[2581]Nicht Traktoren und Dynamos braucht Russland am dringendsten, sondern das Privateigentum an den Produktionsmitteln; nicht «Spezialisten», sondern Unternehmer fehlen ihm. Was Ost und West scheidet, ist die Sozialverfassung, der Geist, der sie geschaffen hat, und der Geist, den sie schafft. Die Freiheit, die Europa in den letzten Jahrhunderten dem Getriebe des Marktmechanismus gelassen hat, der Spielraum, den es den aus dem Sondereigentum an den Produktionsmitteln entspringenden Kräften geöffnet hat, haben die Kultur hervorgebracht, in der der einfache Mann besser leben kann als einst Fürsten, und in der Descartes, Spinoza, Hume, Laplace, aber auch Mozart, Goethe und Beethoven sich entfalten konnten, die Kultur, die die Gedanken des Rechtsstaates und der Gleichheit vor dem Gesetze, der Demokratie, des Roten Kreuzes und des ewigen Friedens gestaltet hat. Nichts, was dieser Kultur zugehört, hätte in einer Welt, die das Sondereigentum nicht frei gewähren lässt, entstehen können und könnte in einer Welt ohne Sondereigentum bestehen bleiben.

[2582]und der Zahl der Nachkommen, die die Geschlechtsreife erreichen,

[2583]allgemein menschlich. Nie hätten die Menschen sich über das kümmerlichste Dasein, über das «nackte» Leben erheben können, wenn sie sich hemmungslos vermehrt hätten, und sie würden sehr bald wieder vertieren, wenn sie zur tierischen Hemmungslosigkeit zurückkehren wollten.

[2584]ist praxeologisch belanglos;

[2585]Die militaristische Ideologie will sich mit diesem Stand der Dinge nicht abfinden. Sie sieht im Menschen nicht den Genossen gesellschaftlicher Kooperation, nicht den Mitarbeiter, sondern den Soldaten und unterscheidet zwischen den eigenen Soldaten und den Feinden. Sie wünscht die Zahl der eigenen Soldaten so groß als möglich, um die Welt zu erobern, und bekämpft daher alle Arten von Geburtenbeschränkung. Denn aller Raum auf Erden gebühre den eigenen Leuten; die übrigen hätten, weil sie schwächer wären, zu verschwinden oder den Siegern als Knechte zu dienen. Der Fehler dieses Gedankenganges liegt in der Unterschätzung der militärischen Widerstandskraft der kapitalistischen Kultur. Auch militärisch ist die kapitalistische Gesellschaft der nichtkapitalistischen überlegen. Dass sie nicht kriegslustig ist, ist nicht Ausfluss von Schwäche, sondern Einsicht in die gesellschaftszerstörende Wirkung des Krieges. Wenn sie angegriffen wird, weiß sie sich zu verteidigen.

[2586]Wenn die Menschen sich über das Optimum der Arbeiterzahl hinaus vermehren, ist es mit dem Frieden und mit der Kultur vorbei. Dann muss die durchschnittliche Lebenshaltung sinken, und der Kampf um die Vergrößerung der Portionen wird unvermeidlich. Wenn man meint, Geburtenregelung wäre wider die Natur und wider die Gebote Gottes, dann möge man sich doch darauf besinnen, dass die Natur den Menschen den Nahrungsspielraum knapp bemessen hat. Der Mensch hat unter den Bedingungen, die die Natur seinem Leben gestellt hat und denen er sich anpassen muss, nur die Wahl zwischen Kulturlosigkeit und erbarmungslosem Vernichtungskampf aller gegen alle auf der einen Seite und Vergesellschaftung auf der andern Seite.

[2587]Weil die Unterhaltsmittel knapp sind und nicht alle voll befriedigen können, muss der Urmensch in jedem Mitmenschen den Feind sehen. Mann kämpft gegen Mann, Horde gegen Horde. Solange der Kampf tobt, unterscheidet man Feind und Freund. Doch hat man einmal den Feind niedergerungen und vernichtet und kommt es zur Teilung der Beute, dann geht der Streit zwischen denen, die bisher im Kampfe verbündet waren, von Neuem an. Denn wieder steht man vor demselben Problem: der Beuteanteil jedes Einzelnen kürzt die Anteile der Übrigen. Der Bund zerfällt, und neuer Ausrottungskampf hebt an. Weil jede Beendigung eines Streites unter den Siegern neue Konflikte entstehen lässt, nehmen die Kämpfe kein Ende.

Nur die gesellschaftliche Arbeitsteilung vermag dauernden Frieden zu stiften. Sie überwindet den natürlichen Widerstreit der Interessen. Denn nun ist nicht mehr ein nicht vermehrbarer Vorrat an Gütern erster und höherer Güterordnungen zu verteilen. Aus dem von der Natur den Menschen gespendeten Reichtum vermag die höhere Ergiebigkeit der arbeitsteilig verrichteten Arbeit mehr herauszuholen als die isolierte Arbeit. Die Aufrechterhaltung der gesellschaftlichen

Kooperation bringt jedem Gewinn. Der Nebenmensch erscheint nicht mehr als Hindernis auf dem Wege zur Erhaltung des eigenen Lebens, sondern als Verbündeter und Genosse im gemeinsamen Streben zur Verbesserung der Daseinsbedingungen.

Der Widerstreit der Interessen, der zwischen den Marktparteien besteht, wird durch das gemeinsame Interesse an der Aufrechthaltung und Fortbildung der gesellschaftlichen Kooperation in Einklang der Interessen verwandelt. Gerade weil die Menschen gleiche Ziele anstreben, gerade weil sie ihre Nachfrage auf dieselben Waren richten, wird Produktion in arbeitsteiligen Verfahren möglich; der Wettbewerb der anderen macht so jedem Einzelnen die Erreichung seiner Ziele nicht schwieriger, sondern leichter.

[2588]künstlich Knappheit,

[2589]sei

[2590]noch manche Schriftsteller des 18. Jahrhunderts

[2591]sei

[2592]Elend und Not wären das natürliche Los der Menschen; den Reichtum hätte erst die gesellschaftliche Kooperation geschaffen. Wer in der Gesellschaft weniger habe als andere, dürfe nicht etwa behaupten, dass er darbe, weil andere von dem, was die Natur ihm als sein Teil zugewiesen hätte, zu viel an sich gezogen hätten. Er müsse begreifen, dass auch er in der Gesellschaft weit besser lebe, als er im Naturzustand leben könnte.

Die Gesellschaftskritik des 19. Jahrhunderts hielt der Marktwirtschaft nicht mehr den paradiesischen Naturzustand entgegen, sondern das Zukunftsparadies einer sozialistischen Gemeinwirtschaft. Die sozialistische Produktionsweise werde, meinen die Sozialisten aller Spielarten, die Produktivität der Arbeit unermesslich steigern und die Möglichkeit bieten, jeden Einzelnen weit besser zu versorgen als in der Marktwirtschaft. Die kapitalistische Gesellschaftsordnung hemme die Entfaltung der Produktivkräfte; Sondereigentum an den Produktionsmitteln und kapitalistische Warenproduktion müssten beseitigt werden, damit die Armut verschwinde.

[2593]Die sozialistische Kritik der Marktwirtschaft war

[2594]production tsar (or the central board of production management)

[2595]Sozialisten

[2596]der Entscheidung zwischen verschiedenen möglichen Produktionsverfahren

[2597]Die sozialistische Produktion werde diese anarchischen Zustände beseitigen; sie werde planmäßig das erzeugen, was die Verbraucher verlangen.

[2598]des Produktionsmittels Arbeit ist und dass der Unternehmer auf dem Markte die Arbeitsleistung kauft. Sie haben daher gemeint

[2599]Wenn er sich bemühe, gut und fleißig zu arbeiten, so treibe ihn das Pflichtgefühl, keineswegs aber sein eigenes Interesse; der Mehrertrag, den er durch Anspannung seiner Kräfte schafft, komme nicht ihm zugute sondern dem Unternehmer. Im sozialistischen Gemeinwesen werde jeder einzelne Arbeiter vom Bewusstsein erfüllt sein, dass er sich nicht für Ausbeuter plage, und dass seine Mehrleistung die Sozialdividende und dann mittelbar auch sein Einkommen vergrößert. Dieses Bewusstsein werde das Pflichtgefühl der Arbeiter stärken und so die Ergiebigkeit der Arbeit erhöhen; jedenfalls wären die Besorgnisse, das Abgehen vom kapitalistischen System könnte die Ergiebigkeit der Arbeit herabsetzen, ganz und gar unbegründet. Im Lichte der Lohntheorien der modernen Katallaktik erscheint dieser Gedankengang durchaus verkehrt. Der Lohnarbeiter wird in der Marktwirtschaft für die Leistung, die er vollbringt, bezahlt;

[2600]Nicht Pflichtgefühl, sondern Eigennutz spornt den Lohnarbeiter. Im sozialistischen Gemeinwesen wird der einzelne Arbeiter wohl wissen, dass seine Mehrleistung die Sozialdividende steigert. Doch von dem Mehrertrag, den sein Eifer schafft, wird ihm nur ein verschwindend kleiner Teil zufließen, wogegen die Opfer, durch die dieser Mehrertrag erkauft wird, ganz ihm und nur ihm allein zur Last fallen. Das gerade unterscheidet die Marktwirtschaft von der Gemeinwirtschaft, dass sie dem Einzelnen keinen Zwang und keine Pflichten auferlegt. In diesem Sinn ist der Arbeiter in der Marktwirtschaft frei und der Arbeiter eines sozialistischen Gemeinwesens Zwangsarbeiter. [FN: Der Begriff der Freiheit ist ein praxeologischer Begriff und kann sinnvoll nur auf gesellschaftliche Verhältnisse angewendet werden. In der Natur gibt es nichts, das mit diesem Begriff bezeichnet werden könnte. Daß der Einzelne in der Regel eigene Arbeit einsetzen muß, wenn er Unbefriedigtsein zu beheben sucht, ist eine der natürlichen Bedingungen menschlichen Daseins. Es wäre sinnlos, den Arbeiter als unfrei zu bezeichnen, weil er arbeiten muß, wenn er nicht Not leiden will.] In diesem Sinne beruht die Marktwirtschaft auf dem eigennützigen Handeln der Einzelnen.

Kein Urteilsfähiger kann, wenn er diese Tatbestände ins Auge fasst, verkennen, dass die Marktwirtschaft die menschliche Arbeit ergiebiger gestaltet als jedes andere denkbare System menschlicher Kooperation. Doch mit dieser Feststellung ist die Auseinandersetzung zwischen Kapitalismus und Sozialismus keineswegs schon im praxeologischen, d.h. im wissenschaftlichen Sinne entschieden.

Die Befürworter des Sozialismus sagen

[2601]Quantitative Erkenntnis ist nicht praxeologischer Natur.

[2602]Wäre das wirklich die Auffassung der Mehrzahl der Menschen, dann würde jener Einwand der Liberalen das Argument der Befürworter des Sozialismus überhaupt nicht widerlegen können.

Könnte man dem Problem nur auf diesem Wege beikommen, dann müsste man zur Erkenntnis gelangen, dass die Wissenschaft darüber nichts zu sagen habe. Doch der Sachverhalt stellt sich ganz anders dar. Die Menschen haben nicht die Wahl zwischen zwei verschiedenen Systemen arbeitsteiliger Produktion und gesellschaftlicher Kooperation.

[2603]Die Lehre von der Harmonie der richtig verstandenen Interessen kann daher durch die sozialistische Kritik ebensowenig erschüttert werden wie durch die Kritik der Lobredner des primitiven Naturzustandes.

Von anderer Art sind die Bedenken, die man gegen die Lehre von der Interessenharmonie im Hinblick auf die Monopolpreise erhoben hat.

[2604]Es gibt Fälle, von denen man behaupten kann, dass der Tatbestand, dass Monopolpreise gebildet werden können, auch den Interessen der Verbraucher dient. Wenn man meint, dass das Urheberrecht an Werken der Kunst und der Literatur das künstlerische und literarische Schaffen und dass der Patentschutz für Erfindungen den technischen Fortschritt fördern, dann mag man zur Auffassung gelangen, dass die Freunde der Erzeugnisse der Kunst und Literatur und die Verbraucher der patentgeschützten Artikel durch die Monopolpreise weniger geschädigt als gefördert werden.

[2605], wenn es nicht Monopolrechte geben würde

[2606]Ob diese Auffassung berechtigt ist oder nicht, mag dahingestellt bleiben. Denn das, um was es sich hier handelt, hat mit der Frage, ob in einzelnen Fällen das Problem der external economies nicht durch die institutionelle Schaffung der Voraussetzungen für die Bildung derartiger Monopolpreise zweckmäßig gelöst werden könnte, nichts zu tun.

Dass es unter besonderen Umständen auch auf dem unbehinderten Markte zur Bildung von Monopolpreisen für einige wenige Güter kommen kann, würde dem Monopolpreisproblem noch nicht die Bedeutung geben, die ihm in den modernen Erörterungen sozialer Fragen zugewiesen wird. Würde es nur diese wenigen Monopolpreisfälle geben, dann hätte man einfach festzustellen, dass es besondere Bedingungen gibt, unter denen der Eigentümer von Produktionsmitteln seine den Interessen der Verbraucher entgegenstehenden Sonderinteressen durchzusetzen vermag. Man hätte zu erkennen, dass es Grenzen der Demokratie des Marktes gibt.

In der Welt, in der wir leben, sind die Bedingungen, die auf dem unbehinderten Markte zur Bildung von Monopolpreisen führen könnten, nur für wenige Güter gegeben. Nahezu alle Monopolpreise, die auf den Märkten gefordert und bewilligt werden, verdanken ihr Entstehen den Eingriffen der Regierungen. Doch in den wirtschaftspolitischen Erörterungen wird dieser Tatbestand in das Gegenteil verkehrt. Man behauptet, es bestünde in der unbehinderten Marktwirtschaft eine Tendenz zur fortschreitenden Bildung von Monopolen und Monopolpreisen, und man stützt die Forderung staatlicher Intervention in das Getriebe des Marktes und die Forderung der Vergesellschaftung der Produktionsmittel durch den Hinweis auf diese Tendenz. Nichts ist für unsere Zeit kennzeichnender als dieses Verhalten der politischen Parteien. Doch für die nationalökonomische Betrachtung liegt hier überhaupt kein Problem vor. Sie hat einfach festzustellen, dass man durch behördliche Eingriffe in das Marktgetriebe die Bedingungen für die Entstehung von Monopolen und die Bildung von Monopolpreisen schaffen kann und heute tatsächlich in großem Umfange schafft. [FN: Vgl. *Robbins*, The «Inevitability» of Monopoly (The Economic Basis of Class Conflict and other Essays in Political Economy, London 1939, p. 45-80).]

Die Fassung, in der die älteren Nationalökonomen die Lehre von der Harmonie der richtig verstandenen Interessen vorgetragen haben, war nicht glücklich gewählt, und die Auslegung, die diese Lehre durch manche Nachfahren der Klassiker gefunden hat, war ungeschickt. Es wäre zweckmäßiger gewesen, schlicht zu erklären:

Die Erhaltung und weitere Ausgestaltung der gesellschaftlichen Arbeitsteilung liegt im Interesse aller. Wohl könnten viele Menschen durch gesellschaftsfeindliches Verhalten vorübergehend ihre Lage verbessern; doch schließlich würde die Zerstörung der gesellschaftlichen Kooperation auch sie so schwer schädigen, dass jene Vorteile ihnen nicht als Entschädigung für das, was sie verlieren, erscheinen könnten. Für das Zusammenwirken von Menschen in Arbeitsteilung und Arbeitsvereinigung gibt es nur eine wirkungsfähige Ordnung: die der Marktwirtschaft. Alle Gegensätze der Interessen, die innerhalb der Marktwirtschaft zwischen Menschen zunächst (in the short run) auftreten, werden schließlich und endlich (in the long run) überwunden durch das größere gleichlaufende Interesse an der Aufrechthaltung dieser einzig wirkungsfähigen Ordnung arbeitsteiliger Produktion. Dieses größere Interesse wird durch den Umstand, dass für einzelne Güter auch in der unbehinderten Marktwirtschaft Monopolpreise erzielt werden können, nicht berührt.

2607Das Sondereigentum

2608Die sachlichen ursprünglichen Produktionsmittel sind Naturgabe in dem Sinne, dass sie ohne menschliches Dazutun oder Handeln vorhanden sind. Man mag daher die Redeweise, sie wären ein Geschenk Gottes oder der Natur an die Menschheit oder an alle Menschen, hinnehmen. Doch die Wissenschaft hat nüchtern festzustellen: sie sind die Bedingungen, die dem menschlichen Handeln gesetzt sind.

Die Knappheit der Güter nötigt die Menschen dazu, diese Güter zu bewirtschaften, und lässt zugleich zwischen ihnen unüberbrückbare Interessenkonflikte entstehen. Die Gewalt entscheidet darüber, wer zu dem Tische, den die Natur gedeckt hat, zugelassen wird und wie groß sein Teil wird; wer sich im Kampfe nicht zu behaupten weiß, wird in den Hungertod getrieben. Für viele Geschichts- und Gesellschaftskritiker liegt in dieser gewaltsamen Aneignung von Teilen an seinem Vorrat, den doch Gott oder die Natur allen gespendet habe, der wahre Sündenfall. Nach ihrer Auffassung hätten wohl die Urmenschen sogleich die sozialistische Gemeinwirtschaft einrichten sollen. Dass sie es unterlassen haben, habe das Übel in die Welt gebracht, und dass die späteren Geschlechter am fluchwürdigen System des Sondereigentums festgehalten haben, habe Übel und Unglück vervielfacht. Die Erbsünde wird erst getilgt sein, wenn die Menschheit durch die endliche Aufrichtung der sozialistischen Produktionsweise das Naturrecht wiederhergestellt haben wird. Das Sondereigentum ist das Böse; das Gemeineigentum bringt die Erlösung und das ewige Heil auf Erden. Es ist müßig, sich mit der Frage zu befassen, wie die Geschichte hätte ablaufen können und sollen, wenn schon die Urmenschen so klug und weise gewesen wären wie die Utopisten von heute.

Das Sondereigentum an allen Sachgütern ist nicht natürlichen oder göttlichen Ursprungs, es ist auch nicht heilig; es ist einfach menschlich und ist in urgeschichtlichen und geschichtlichen Zeiten durch Aneignung herrenlosen Gutes entstanden. Immer wieder sind Eigentümer durch Gewalt enteignet worden. Alles Eigentum an Sachgütern geht demnach in letzter Linie auf Akte zurück, die mit Recht und Vertrag nichts gemein haben. Jeder Eigentümer von Sachgütern ist der Rechtsnachfolger von Eigentümern, die das Eigentum durch Aneignung oder durch Gewalt erworben haben. Man mag es bedauern, dass nicht einmal in grauer Urzeit alle menschlichen Bewohner der Erde zu einer allgemeinen Verteilung aller Sachgüter zusammengetreten sind; doch solches Bedauern kann den Gang der Geschichte nicht mehr ändern.

Der Gedanke des Friedens und der rechtlichen Anerkennung des vom Mitmenschen erworbenen Besitzstandes hat eine lange, langsame, durch Rückfälle immer wieder unterbrochene Entwicklung hinter sich. Auch Befriedung und Rechtsordnung sind nicht durch konstituierende Menschheitsparlamente in die Welt gesetzt worden. Dennoch hat die Lehre vom Gesellschaftsvertrag nicht so unrecht, wie der Historismus glauben machen wollte. Die menschliche Gesellschaft ist nicht durch den Abschluss des Gesellschaftsvertrags von Menschen, die bis dahin gesellschaftslos gelebt haben, errichtet worden. Doch jede Anerkennung eines *de facto* bestehenden Zustandes, jedes sich Abfinden mit den augenblicklich bestehenden Eigentumsverhältnissen, jeder – wenn auch nur faktische – Verzicht auf Störung fremden Besitzes durch Gewaltgebrauch stellt eben ein Sichvertragen und in diesem Sinne einen Vertrag dar. Durch solches Sichvertragen ist neben die Gewalt ein zweites Verfahren für zwischenmenschliche Beziehungen, der Vertrag, gestellt worden. Die Auseinandersetzung über die Größe des Anteils, der dem Einzelnen aus dem knappen Vorrat zukommt, den die Natur den Menschen gestiftet hat, konnte nun auch ohne Blutvergießen erfolgen. Recht und Frieden hielten ihren Einzug in die Welt.

Nie hätte die friedliche Zusammenarbeit der Menschen anders beginnen können als durch die Hinnahme der bestehenden Eigentumsverhältnisse. Hätte man es sich zur Aufgabe machen wollen, zuerst eine rechtmäßige Verteilung des Eigentums durch gewaltsame Enteignung der gerade im Besitz befindlichen Eigentümer vorzunehmen, dann hätte man die Kämpfe und die Herrschaft des Gewaltprinzips verewigt und die Befriedung unmöglich gemacht. Der gesellschaftliche Frieden kann nicht anders beginnen als durch ein Sichvertragen und Anerkennen der bestehenden Verhältnisse als rechtmäßig und durch die Annahme des Grundsatzes, dass künftige Veränderungen nur friedlich durch Verträge erfolgen dürfen. Auch die politische Befriedung kann nicht anders eingeleitet werden als durch Anerkennung des bestehenden Staatensystems und der

Grenzen jedes einzelnen Staates und durch die Annahme von Grundsätzen, nach denen künftige Grenzberichtigungen friedlich zu erfolgen haben. Wollte man versuchen, zunächst die «richtigen» Grenzen zu setzen, so käme man nicht zum ewigen Frieden, sondern zum ewigen Krieg.

In der geschlossenen Hauswirtschaft dient das Eigentum an den Produktionsmitteln nur dem Eigentümer. Nur der Eigentümer verzehrt die Früchte des Produktionsprozesses, für den sie verwendet wurden. Für alle übrigen Gesellschaftsmitglieder ist es so, als ob diese Produktionsmittel nicht auf der Welt wären. In der Marktwirtschaft ist das Eigentum an den Produktionsmitteln ein Werkzeug der gesellschaftlichen Produktion, die vom Markt, d.h. von der Gesamtheit der Bürger, abhängt und deren Früchte durch den Markt wieder allen Bürgern zuströmen. Eigentümer kann nur der werden und bleiben, der das Eigentum täglich durch Bewährung auf dem Markte neu erwirbt. Der Umstand, dass jeder Eigentümer von sachlichen Produktionsmitteln der Rechtsnachfolger von Eigentümern ist, die das Eigentum durch Aneignung oder durch Beraubung eines Eigentümers erworben haben, verliert damit alle Bedeutung. Er wird zu einer rechtsgeschichtlichen Feststellung, die mit der gesellschaftlichen Wirklichkeit nichts zu tun hat. In der Marktwirtschaft ist das Sondereigentum von jenem fernen Ursprung des Ureigentums losgelöst. Der Markt enteignet täglich den Eigentümer, der das Eigentum nicht in der – vom Standpunkt aller Marktparteien – zweckmäßigsten Weise für die Produktion zu nutzen weiß. In der Marktgesellschaft wird man Eigentümer, weil man erfolgreich für die Bedürfnisse der Mitmenschen zu sorgen weiß, und mit der Erwerbung von Eigentum übernimmt man die Verpflichtung, auch ferner besser für die Versorgung des Marktes zu wirken als andere. Jeder Eigentümer ist ein Beauftragter der Gesellschaft und muss gewärtig sein, dass er das Eigentum wieder verliert, wenn er es nicht dem Auftrage gemäss verwaltet. Nicht nur der Erwerb, auch die Erhaltung des Eigentums wird durch das Handeln aller Marktparteien bestimmt. Die Eigentümer gehen aus einem täglich erneuten Wahlverfahren hervor, und das Mandat, das ihnen durch die Verleihung der Verfügungsmacht über Produktionsmittel erteilt wird, ist ein imperatives Mandat, das ihnen wieder entzogen wird, wenn sie dem erteilten Auftrag nicht entsprechen.

Das Sondereigentum ist in der Marktgesellschaft kein Privileg, sondern eine gesellschaftliche Funktion.

[2609]der modernen Welt > Our Age

[2610]Klassen > masses

[2611]Liberalismus, Demokratie und Frieden

[2612]Wenn man von Harmonie der Interessen spreche und Frieden empfehle, müsse man entweder ein Narr oder ein bewusster Anwalt jener eigensüchtigen Sonderinteressen sein, die fürchten, durch den Sieg der gerechten Sache zu verlieren.

[2613]Marktwirtschaft > unhampered market society

[2614]unbehinderte

[2615]Privilegien und Eingriffe, durch

[2616]die staatlichen Gewaltapparate

[2617]Das bedeutendste Privileg dieser Art ist das durch die Wanderungsbeschränkungen für die Arbeiter der relativ untervölkerten Länder geschaffene Vorrecht, das den Bevorrechteten die Erreichung höherer Löhne ermöglicht und die Benachteiligten zwingt, sich mit niedrigeren Löhnen zufrieden zu geben. Die höhere Lebenshaltung der Arbeiter in den Ländern, die günstigere natürliche Produktionsbedingungen aufweisen, wird durch Herabdrückung der Lebenshaltung der Arbeiter in den Ländern ungünstigerer Produktionsbedingungen erkauft. Überdies wird die Gesamtproduktivität der menschlichen Arbeit herabgesetzt; ein Teil der Produktion wird an Standorten festgelegt, die hei Freizügigkeit der Arbeiter nicht verwendet werden würden, weil noch an günstigeren Standorten Raum für die Ausweitung der Produktion vorhanden ist.

[2618]die Welt als ein einziges Marktwirtschaftsgefüge, in dem das Marktgetriebe durch keinerlei Maßnahmen behindert wird, die es dem Einzelnen verwehren, sich als Unternehmer, Eigentümer oder Arbeiter so zu betätigen, wie er es für zweckmäßig erachtet

[2619]in einer so beschaffenen Weltordnung

[2620], wenn es daher für jedermann gleichgültig wäre, wo die Grenzen zwischen den einzelnen Staatsgebieten laufen.

Alle jene Konflikte zwischen den Staaten und Völkern, die man als wirtschaftliche zu bezeichnen pflegt, entspringen nicht Interessengegensätzen, die im Innern eines Marktwirtschaftsgefüges unversöhnbar auftreten, sondern den Bestrebungen, das marktwirtschaftliche System menschlicher Kooperation durch eine andere Ordnung zu ersetzen. Nicht weil es auf dem Markte zu unüberbrückbaren Gegensätzen der Interessen kommen muss, sondern weil man aus politischen Gründen die Marktwirtschaft hemmen und beseitigen will, gibt es Konflikte. Das Schlagwort vom Primat der Politik gegenüber der Wirtschaft weist auf diesen Sachverhalt hin, wenn es ihn auch nicht in befriedigender Weise ausdrückt. Denn einerseits ist auch der Liberalismus, der die Marktwirtschaft will, Politik, und anderseits mag auch die Ordnung der Dinge, die der Antiliberalismus herstellen will, als Wirtschaft angesehen werden.

Bis zum Durchbruch des Liberalismus lebten die Menschen vorwiegend von dem, was in der Gegend, in der sie wohnten, aus heimischen Rohstoffen erzeugt werden konnte. Die Ausgestaltung der internationalen Arbeitsteilung hat darin radikal Wandel geschaffen. Aus weiter Ferne eingeführte Lebensmittel und Rohstoffe sind zu Gegenständen des Massenverbrauchs geworden. Die Europäer könnten heute nur bei empfindlicher Herabdrückung der Lebenshaltung auf den Bezug von Erzen und Mineralien, von Wolle und Baumwolle, von Kaffee, Tee, Schokolade, Pflanzenfett, Früchten und von vielen anderen Artikeln ihres täglichen Verbrauchs aus den in anderen Weltteilen gelegenen Produktionsstätten verzichten. Die Wirtschaftsverfassung des liberalen Zeitalters hat die institutionellen Bedingungen für die Ausbildung der internationalen Arbeitsteilung geschaffen, indem sie Schritt für Schritt die Hindernisse, die das Getriebe der Marktwirtschaft hemmten, zu beseitigen suchte. Freizügigkeit der Menschen, der Kapitalien und der Waren haben die Welt des Wasserrads und des Segelschiffs in die Welt der Elektrizität, des Flugzeugs und des Rundfunks umgewandelt.

Die Wirtschaftsgestaltung des 19. Jahrhunderts, die die früher isolierten Wirtschaftsgefüge der einzelnen Länder und Weltteile zum Weltwirtschaftsgefüge verschmolzen hat, hätte die Aufhebung der Souveränität der Einzelstaaten erfordert. Man darf nicht etwa behaupten, dass der Liberalismus in diesem Punkte versagt habe, weil er in sein Programm nicht auch die Vernichtung der politischen Unabhängigkeit der Einzelstaaten und ihre Unterordnung unter die Oberherrschaft eines die ganze Erde umspannenden Weltstaats aufgenommen hat. Es war im liberalen Sinne folgerichtig, die politische Einigung und Befriedung der Menschheit nicht durch die Schaffung eines neuen Zwangsapparates anzustreben, sondern durch eine Wandlung des Denkens und der Gesinnung. Nicht von außen sollte den Menschen der Frieden durch Zwang und Waffengewalt aufgedrängt werden; sie sollten friedlich werden durch die Erkenntnis, dass sie ihre menschlichen Ziele nur auf friedlichem Wege erreichen können. Wenn alle Völker, von liberalen Ideen durchdrungen, liberale Politik machen, werden sie in Frieden leben und friedlich kooperieren, auch wenn dem äußeren Anschein nach die Souveränität der Staaten unberührt bleibt und die Empfindlichkeiten und Eitelkeiten der Fürsten und Minister geschont werden. Wie im englischen Staatswesen die Formen des königlichen Absolutismus sich als verträglich mit demokratischer Parlamentsherrschaft erwiesen haben, so würden auch die Formen einzelstaatlicher Souveränität der politischen Einigung der Welt nicht im Wege stehen.

Der Liberalismus erkannte klar, dass die politische Organisation der Welt nur auf Grundlage allgemeiner rückhaltloser Anerkennung der liberalen Ideen möglich ist. Weder der Gedanke, den Weltstaat durch Eroberung und Annexion aller Einzelstaaten zu errichten, noch der eines Völkerbundes, der sich nicht auf liberale Ideologie stützen kann, können als liberal angesehen werden. Wenn aber überall auf Erden das Programm des Liberalismus durchgeführt wird, ist der Weltstaat auch ohne formelle Bindung, ohne Weltbürokratie und ohne Amtspaläste eine Realität.

Der verhängnisvolle Irrtum der Pazifisten liegt gerade darin, dass sie das verkennen. Der Liberalismus hätte den ewigen Frieden und die friedliche Zusammenarbeit der Völker und Staaten gebracht, weil in der unbehinderten Marktwirtschaft keine Konflikte zwischen Völkern und Staaten entstehen können. Wenn man jedoch die Marktwirtschaft hemmt, entstehen Konflikte, die durch den Zuspruch der Pazifisten nicht behoben werden können.

Die Befriedung der Welt, die die liberalen Vorkämpfer des 19. Jahrhunderts in greifbarer Nähe wähnten, ist durch die Abkehr der Menschen vom liberalen Denken und Handeln vereitelt worden. Friedensliebe, die nicht auf liberaler Politik aufgebaut ist, ist blind und ohnmächtig. Dass die Welt nach der Niederlage des Liberalismus noch eine Reihe von Jahren von großen Kriegen verschont blieb, war nur dem alten System des europäischen Gleichgewichts zu danken. Als dieses System zusammenbrach, kam das Chaos.

Der Genfer Völkerbund ist ein Erzeugnis jenes utopischen Pazifismus, der nicht die Konflikte, sondern nur ihre kriegerische Austragung beseitigen will. Er hätte, auch wenn er besser organisiert worden wäre, nie das leisten können, was man von ihm erwartet hat. Nicht die Verfassung des Völkerbundes ist mangelhaft; die Idee, die ihm zugrundeliegt, ist falsch. Nur liberale Staaten könnten einen Völkerbund bilden, der Frieden gibt; wenn aber alle Staaten liberal sind, bedarf es zur Erhaltung des Friedens keines Paktes.

[2621]Die verkehrslose arbeitsteilige Wirtschaft

[2622]VERKEHRSLOSEN ARBEITSTEILIGEN WIRTSCHAFT
[2623]Die Herkunft des planwirtschaftlichen Gedankens > The Historical Origin of the Socialist Idea
[2624]Denker > social philosophers
[2625]fanden sie im Schrifttum der Zeit eine Unterscheidung des einzelwirtschaftlichen und des volkswirtschaftlichen Interesses vor. Der Begriff der Volkswirtschaft war dabei ganz und gar politisch gefaßt. Die Volkswirtschaft, das war der Staat in den Grenzen, die ihm der Ausgang der Kriege und des diplomatischen Ränkespiels und die Wirkung des Erbrechts gezogen hatten, das waren die Fürsten mit ihren Kassen, die noch nicht überall von denen der Verwaltung getrennt waren, das waren oligarchische Adelsgruppen, die das Regiment als Quelle von Gütererwerb ansahen. Die Interessen dieses Staates fand man von zwei Seiten bedroht: von den nur auf die Befriedigung ihres eigenen Wohls bedachten Einzelnen, den Untertanen, und von den anderen Staaten, den Fremden. Der Staat hatte demnach nach zwei Seiten einen Existenzkampf zu führen: nach Innen gegen die selbstsüchtigen Untertanen, nach Außen gegen die fremden Staaten.
[2626]in der Welt
[2627]Einzelnen > citizens
[2628]Ganzen > nation
[2629]In der Welt des 18. Jahrhunderts sind andersgeartete Staaten am Werke. > This ideal had certainly no counterpart in the Europe of the ancien regime.
[2630]König von Preußen > kings
[2631]da fallen drei Despoten über einen schwächeren Nachbarstaat her und teilen ihn auf > there was the shocking experience of the partitions of Poland
[2632]da regieren in Frankreich die königlichen Mätressen, und bald wird dort ein General befehlen, der die Länder Europas zur Ausstattung seiner Geschwister verwenden will und diesem Ziel unbedenklich das Leben seiner Untertanen opfert, die noch vor kurzem seine Mitbürger gewesen waren.
[2633]Raub- und Mordstaaten > governments of corrupt courts and aristocracies
[2634]Sie haben es auf nichts anderes abgesehen als darauf, den ihrer Obhut anvertrauten Untertanen ein Leben in Frieden und materiellem Wohlstand zu sichern.
[2635]Beurteiler > author
[2636]volkswirtschaftlich, gemeinnützig oder produktiv > welfare, commonweal, and volkswirtschaftliche productivity
[2637]Das Bedenkliche dieses Verfahrens liegt vor allem darin, daß man seinen wertenden und politischen Charakter verkennt.
[2638]zur Beurteilung der Ziele des Wirtschaftens
[2639]Denn dieser Staat wolle doch das Wohl des Ganzen und Aller, das Gemeinnützige und Beste. In ihm regiert nicht der Eigennutz, nicht der schwache Mensch mit allen seinen Fehlern und Lastern, sondern das Sittengesetz selbst.
[2640]stets im Sinne der Obrigkeit handeln > are unconditionally subject to authoritarian control
[2641]Doch Produktion und Verteilung werden nicht vom Markte geregelt, sondern durch die Weisung der Obrigkeit, die jedem seinen Platz, seine Aufgaben und seine Rechte zuteilt, die anordnet, was und wie erzeugt werden soll und zu welchen Preisen die Umsätze erfolgen sollen. > Production is not directed by the conduct of the consumers displayed on the market, but by authoritarian decrees. The authority assigns to everybody his station in the system of the social division of labor, determines what should be produced, and how and what each individual is allowed to consume.
[2642]Dem Wesen nach haben wir mithin eine sozialistische Gemeinwirtschaft vor uns, mag sich auch der tägliche Geschäftsgang in den äußeren Formen der Marktwirtschaft abspielen.
[2643]Das Günstigste, das die Liberalen von ihr auszusagen vermögen, ist, daß in ihr auch nicht anders gehandelt wird als in jenen Utopien. > The best they can say of the market economy is that it does not bring about a state of affairs different from that produced by the supremacy of the perfect autocrat.
[2644]Man sieht, wie die naive Gleichsetzung von Sittlichkeit und Sozialismus, die das Denken der letzten Menschenalter erfüllt und irregeleitet hat, auch von den alten Liberalen nicht bestritten wurde. > Thus the simple identification of what is morally good and economically expedient with the plans of the totalitarian dictator that characterizes all champions of planning and socialism was not contested by many of the old liberals.
[2645]und den die merkantilistische Lehre als den höchsten Staatszweck ansah
[2646]Sozialismus > idea of socialization
[2647]die Produktionsmittel in seiner Hand behalten und damit
[2648]auf dem Sondereigentum an den Produktionsmitteln beruhenden

[2649]Einzelnen
[2650]Jeder Sozialist denkt: meine Vernunft soll die Welt allein regieren; alle sollen nach meiner Pfeife tanzen. Es fällt ihm nicht ein, daß der Sozialismus von anderer Leute Vernunft regiert werden und ihn nötigen könnte, nach deren Pfeife zu tanzen. > Every socialist is a disguised dictator. Woe to all dissenters! They have forfeited their right to live and must be «liquidated.»
[2651]und
[2652]Der Staat ist das Absolute, lehrten schon Schelling und Hegel.
[2653]Doch die sozialistische Religion weist einen Punkt auf, an dem das nationalökonomische Denken einzusetzen vermag. Der Sozialismus verspricht den Menschen Heil im Diesseits. Er weist ein Ziel und das Mittel, um dieses Ziel zu erreichen. Damit aber betritt er den Boden, auf dem das rationale Denken allein zuständig ist.
[2654]der Gemeinwirtschaft
[2655]praxeologische > essential
[2656]Gottes
[2657]– über die Sachgüter sowohl als auch über die Arbeit -
[2658]führen nur aus, gehorchen, arbeiten,
[2659], Anweisungen
[2660]; doch Wählen, Entscheiden und Handeln ist nicht ihre Sache
[2661]einen Willen > director
[2662]State (with a capital S)
[2663]oder um Gottheiten. Da ist die Sprache jener Sozialisten schon vorzuziehen, die einfach und klar vom Herrscher oder vom Führer sprechen. Wir wollen, um die politische Färbung, die allen diesen Ausdrücken anhaftet, zu vermeiden, vom Leiter sprechen, wobei zu beachten ist, daß der Leiter auch ein Kollegium, ein geordneter Verband mehrerer Menschen, sein kann.
[2664]Nur das Wissen, das dem Leiter zur Hand ist, zählt im Handeln. Wenn er Ziele setzt und Mittel zur Erreichung dieser Ziele wählt, kann er nur sein Wissen gebrauchen. Nur das, was ihm bekannt ist, kann er in den Überlegungen, die seinen Entscheidungen vorangehen, bedenken. Leitet nicht ein Einzelner, sondern ein Kollegium, das aus mehreren Personen besteht, dann zählt nur das Wissen, über das jedes einzelne Mitglied des Kollegiums verfügt.

Menschliches Wissen ist immer Stückwissen, ist nie Allwissenheit. Auch wer alles wüßte, was einzelne Menschen wissen, würde nicht allwissend sein. Jeder Einzelne verfügt aber nur über einen kleinen Teil von dem Wissen, das die enzyklopädische Zusammenfassung des gesamten zeitgenössischen Wissens darstellen würde. Die meisten Entscheidungen über das Handeln werden in der Marktwirtschaft und im «nichtwirtschaftlichen» Handeln der Menschen auf Grund eines Wissens gefaßt, das im Vergleich mit dem den Fachleuten verfügbaren Wissen sehr bescheiden ist. Die Käufer von Maschinen, Kraftwagen oder chemischen Präparaten wissen von den Gegenständen, die sie kaufen, viel weniger als die Konstrukteure, Ingenieure und Chemiker. Die Kranken, die sich entscheiden müssen, ob sie sich einem chirurgischen Eingriff unterziehen wollen, wissen recht wenig von dem, was nach dem Stande des ärztlichen Wissens bei der Entscheidung zu beachten wäre. Man handelt als Verbraucher immer mehr oder weniger im Vertrauen auf Berater. Das Handeln des Verbrauchers besteht vielfach nur in der Wahl von Vertrauensmännern, denen er das Weitere überläßt. Doch in der Produktion entscheidet der Fachmann, der darauf bedacht ist, alles zu kennen und zu wissen, was für sein Handeln von Bedeutung ist.

Im sozialistischen Gemeinwesen fehlt die geistige Arbeitsteilung. Hier müssen alle Entscheidungen über die Produktion vom Leiter getroffen werden. Wissen und Kenntnisse, die ihm fremd sind, sind für die Entscheidung nicht vorhanden; sie bleiben ungenützt. Es ist wie im Kriege: die strategischen Gaben und das Wissen des Feldherrn allein sind maßgebend, weil er allein über die Art der Verwendung des Heeres entscheidet; die anderen können ihre Fähigkeiten und ihr Wissen nur zum Nörgeln gebrauchen, auf den Gang der Operationen haben sie keinen Einfluß.

In diesem sozialistischen Gemeinwesen kann im Handeln nicht gerechnet werden. Es gibt keinen Weg, um die Mengen von Produktionsmitteln verschiedener Art, mit denen der Leiter zu wirtschaften hat, in einer Weise gedanklich nebeneinanderzustellen, die Wirtschaftsrechnung ermöglichen würde. Man kann nicht rechnen, um herauszufinden, welches von mehreren denkbaren Verfahren das ergiebigste ist. Es gibt hier weder rationales – d.h. rechnendes – Vorbedenken des Handelns, noch rationale Feststellung des Erfolges des schon vollzogenen Handelns.
[2665]I. Die Lösungsversuche [III.]
[2666]Er kann mithin Aufwand und Erfolg, Kosten und Ertrag nicht vergleichen. Er weiss nicht, ob seine Entscheidungen, vom Standpunkte seiner Wertungen aus gesehen, zweckmässig sind oder nicht.

[2667]Man wäre etwa diesem Leiter um die Mitte des vorigen Jahrhunderts mit dem Vorschlag gekommen, die Schafzucht in Europa wesentlich einzuschränken und in Australien eine neue Stätte für sie zu finden, oder man hätte ihm den Vorschlag gemacht, die Zugkraft der Pferde durch das Dampfross zu ersetzen. Wie hätte er herausfinden sollen, ob solche und andere Neuerungen wirtschaftlich sind?

Ja, meint der Sozialist, auch die kapitalistische Geldrechnung ist nicht unfehlbar; es könne geschehen, dass der Kapitalist sich verrechne. Gewiss, das tritt immer wieder ein und wird immer wieder eintreten. Denn alles Handeln ist auf die Zukunft gerichtet, und die Zukunft liegt immer im Dunkel. Alle Pläne werden zuschanden, wenn die Erwartungen in Bezug auf die Gestaltung der künftigen Verhältnisse enttäuscht werden. Doch das hat mit dem Problem der Wirtschaftsrechnung nichts zu tun. Heute rechnen wir vom Standpunkte unseres heutigen Wissens und vom Standpunkte unserer heutigen Erwartungen über die Gestaltung der Zukunft. Nicht dass der Leiter sich verrechnen kann, weil er die Zukunft unrichtig beurteilen mag, ist das Problem, sondern das, dass er auch vom Standpunkte seiner heutigen Wertungen und der Erwartungen, die er heute über die Zukunft hegt, nicht rechnen könnte. Wenn er heute daran schreiten will, Heilstätten für Schwindsüchtige zu bauen, mag sich einmal herausstellen, dass er Kapital und Arbeit am unrechten Platz investiert hat, wenn ein einfacheres und wirksameres Mittel zur Bekämpfung der Seuche gefunden wird. Doch wie kann er heute wissen, wie er die Anstalten am wirtschaftlichsten erbauen soll?

Manche Eisenbahnlinie wäre um 1900 herum nicht gebaut worden, wenn man damals die Entwicklung des Kraftwagenverkehrs und des Flugwesens hätte voraussehen können. Doch wer Eisenbahnen baute, wusste, welche von den denkbaren und möglichen Ausführungen er (wohlgemerkt: vom Standpunkte seiner damaligen Wertungen und Erwartungen und vom Standpunkte der damaligen Marktpreise, in denen die damaligen Wertungen der Verbraucher sich ausdrückten) zu wählen hatte. Das aber wird der Leiter des sozialistischen Gemeinwesens nicht wissen. Er wird einem Schiffer gleichen, der auf hoher See ohne die Hilfsmittel, der Nautik segeln soll.

[2668]Die Entscheidung zu Gunsten des Baues eines Kraftwerkes kann nur getroffen werden, wenn man berechnet hat, dass durch diesen Bau nicht Produktionsmittel einer als dringlicher erachteten Verwendung entzogen werden. Wie soll man das ohne Rechnung herausfinden?

[2669]1940 > 1949

[2670]1940 > 1949

[2671]Wir mögen annehmen, dass der Leiter eine vollständige Sammlung aller statistischen Daten besitzen wird. Doch weder dieses Verzeichnis aller verfügbaren Produktionsmittel noch eine enzyklopädische Kenntnis des gesamten technologischen Wissens ermöglicht Rechnen, wenn man den Aufwand verschiedenartiger Produktionsmittel nicht auf einen gemeinsamen Ausdruck zu bringen vermag.

[2672]Die Aufgabe

[2673]Der künstliche Markt

[2674]das Handeln > acting man

[2675]d.h. gleichstellt,

[2676]Die Gleichstellung zweier verschiedener Güter ist das Ergebnis des Tausches auf dem Markt.

[2677]Wertlehre > economics

[2678]der III. Abschnitt

[2679]der IV. Abschnitt

[2680]IV. Die Gleichungen der mathematischen Katallaktik [VI.]

[2681]Der künstliche Markt > The Quasi-market

[2682]Sozialismus bedeutet Beseitigung der Marktwirtschaft mit ihrer «anarchischen Produktion» und Aufrichtung der marktlosen Planwirtschaft. Es muss daher grotesk erscheinen, dass manche Sozialisten heute glauben, man könnte in einem sozialistischen Gemeinwesen das Problem der Wirtschaftsrechnung durch die Schaffung eines künstlichen Marktes lösen, auf dem Quasiumsätze erfolgen und Quasipreise gebildet werden sollen. Man will das Sondereigentum, den Austausch von Gütern und Diensten, das Geld und die Marktpreise abschaffen, um die Menschen dann Sondereigentum, Güteraustausch und Preisbildung spielen zu lassen. Es kann wohl keine nachdrücklichere Anerkennung der Lehre von der Unmöglichkeit sozialistischer Wirtschaftsrechnung geben als die, die in diesen Vorschlägen enthalten ist.

[2683]man

[2684]man könnte den Sozialismus nur in der Weise verwirklichen, dass man, um einen Ausdruck Lenins zu gebrauchen, alle Unternehmungen und Betriebe in Abteilungen der Staatsmaschine nach dem Muster der Postbüros verwandele.

[2685]die nationalökonomisch Gebildeten unter den Sozialisten heute, wenn auch
[2686], mit derselben Umsicht und Gewissenhaftigkeit
[2687]und
[2688]Das wäre dann, meint man, dezentralisierter Sozialismus im Gegensatz zum zentralistischen Sozialismus, den die älteren Sozialisten – d.h. alle bisherigen Sozialisten, alle Sozialisten, die vor 1920 aufgetreten sind, – allein im Auge gehabt hätten.
[2689]Betriebe und Betriebsstätten und der Produktionsgestaltung > structure of industrial production and the allocation of capital to the various branches
[2690], und vergessen, dass die wirkliche Wirtschaft diesen Bildern nie entsprechen kann.
[2691]Handlungen
[2692]Kapitalisten, Unternehmer und Spekulanten > promoters and speculators
[2693]Es sind die Handlungen der spekulierenden und investierenden Kapitalisten, die die Lage des Geldmarktes, des Kapitalmarktes, der Börsen und der Grosshandelsmärkte der Waren schaffen, die der Leiter einer Aktiengesellschaft, der nichts weiter ist als der getreue und pflichteifrige Manager, wie ihn die Urheber dieser Vorschläge im Auge haben, als gegeben hinzunehmen hat, der er seine Geschäfte anzupassen hat und die seinem Handeln die Richtung weist. Die Konstruktion eines «künstlichen» Marktes mit «künstlichem» Wettbewerb krankt daran, dass sie glaubt, dass auf dem Markte der Produktionsmittel keine anderen Faktoren wirksam sind als die Waren kaufenden und verkaufenden Produzenten, und nicht erkennt, dass man aus diesem Markte die Wirkung des Kapitalangebotes der Kapitalisten und der Kapitalnachfrage der Unternehmer nicht auszuschalten vermag, ohne ihn ganz zu zerstören.

Die Frage lautet nicht etwa: wie soll der Leiter der einzelnen Aktiengesellschaft sich benehmen? sondern: welchen Aktiengesellschaften soll Kapital zugeführt und welchen entzogen werden? Um diese Aufgabe zu lösen, genügt kein Automatismus und keine Berufung auf die Gewissenhaftigkeit und Pflichttreue irgendwelcher Funktionäre, die im sozialistischen Gemeinwesen nur das fortzusetzen hätten, was sie im kapitalistischen System geübt haben. Man kann nicht daran denken, auch die Kapitalisten und Spekulanten einzuladen, sich im gemeinwirtschaftlichen System genau so zu verhalten, wie sie es im kapitalistischen getan haben, und dann den Ertrag ihrer Geschäfte an den Staat abzuführen. Spekulieren kann man nur für eigene Rechnung; der Spekulant muss die günstigen und die ungünstigen Chancen seines Einsatzes gegeneinander abwiegen, um dann gemäss seiner Beurteilung der Lage zu handeln. Wer am Ausgang des Geschäftes nicht persönlich unmittelbar interessiert ist, sieht die Chancen in einem ganz anderen Licht als der, der seine eigene Haut zu Markte trägt. Dem Unbeteiligten erscheint kein Einsatz zu hoch, kein Wagnis zu riskant. In der Marktwirtschaft werden die Kapitalisten und Unternehmer durch ihr Vermögensinteresse zur Bedienung der Wünsche der Verbrancher gezwungen. Sie sind, wenn sie spekulieren, Diener der Verbraucher, die sich im eigenen Interesse bestreben müssen, sich, so gut sie es nur verstehen und vermögen, dem Verbraucher nützlich zu erweisen. Wenn die sozialistische Gemeinwirtschaft die Verfügung über die Kapitalverwendung in die Hand von Quasispekulanten legen würde, würde sie diese zu unverantwortlichen Herren der Wirtschaft machen. Niemand, der ernst genommen werden will, könnte einen so absurden Vorschlag machen oder vertreten. Eine Gemeinschaft, die die Verfügung über die Kapitalverwendung in dieser Weise regeln wollte, wäre nicht mehr sozialistisch und planwirtschaftlich; sie wäre auch nicht kapitalistisch. Sie wäre chaotisch.

Die Marktwirtschaft ist ein geschlossenes System der Verfügung über die Produktionsmittel, aus der man nicht beliebige Stücke herausschneiden kann, ohne sie ganz zu zerstören. Der Markt der Marktwirtschaft ist ein einheitlicher und unzerlegbarer Zusammenhang aller Preise der Güter aller Güterordnungen und aller Dienste. Von Teilmärkten sprechen wir nur, um das System und sein Getriebe mit den beschränkten Mitteln unserer Intelligenz zu erfassen. Wir dürfen aber nie vergessen, dass das, was wir einen Teilmarkt nennen, nur durch seinen unlösbaren Zusammenhang mit allen übrigen Teilmärkten wirken kann.

Man kann eine sozialistische Ordnung denken, die den Genossen gestattet, die ihnen zugewiesenen Genussgüter zu tauschen. Dann hätten wir einen Markt der Genussgüter und auf diesem Austauschverhältnisse zwischen Genussgütern. Doch für Produktionsmittel können Preise nur auf einem Markte gebildet werden, auf dem auch die Produktionsmittel im Sondereigentum stehen und umgesetzt werden.

Wenn man die Marktwirtschaft durch die Plan- und Gemeinwirtschaft ersetzen will, will man doch den Markt ausschalten und an Stelle des Marktes die Verfügungsgewalt des Leiters der sozialistischen Gemeinwirtschaft setzen. Der Leiter soll über die Verwendung der Produktionsmittel verfügen, nicht die Unternehmer und Kapitalisten. Eine Planwirtschaft mit Markt ist so widersinnig wie ein dreieckiges Viereck.

Es gibt nur die Alternative: entweder entscheidet der Leiter über die Verwendung der Produktionsmittel oder die auf dem Markte tauschenden Wirte. Wenn aber der Leiter den einzelnen Produktionszweigen und Betrieben die Produktionsmittel zuweist, die nach seinen Weisungen für die Produktion zu verwenden sind, kann es keinen Markt für Produktionsmittel geben. Dann können die Manager der einzelnen Betriebe sich nicht mehr so verhalten, wie sich Manager von Aktiengesellschaften in der Marktwirtschaft verhalten.

[2694]Die Gleichungen > Differential Equations

[2695]Katallaktik

[2696], d.h. nicht mehr weiter gehandelt

[2697]p > a

[2698]r > q

[2699], die schliesslich, wenn nicht durch das Auftreten neuer Datenänderung neue Bewegung ausgelöst wird, zum Gleichgewichtsstand der gleichmässigen Wirtschaft führen müsste,

[2700]Wissenschaft > praxeological reasoning

[2701]Um zur Auffassung zu gelangen, dass Serienerzeugung von Kraftwagen ein gutes Geschäft ist, bedurfte Ford nicht der Konstruktion der Preis- und Produktionsverhältnisse, die einem hypothetischen Gleichgewichtszustand entsprechen; es genügte, dass er annehmen konnte, dass billigere Wagen so grossen Absatz finden könnten, dass die Aufnahme der Serienerzeugung sich als rentabel erweisen dürfte.

[2702]auch seine künftigen

[2703]Doch von den Wertungen, die dem künftigen gedachten und in der Wirklichkeit nie erreichbaren Stand des Gleichgewichts entsprechen werden, kann er ebensowenig etwas wissen wie sonst jemand in der Markwirtschaft. > But he knows nothing about how he himself will value on the day the equilibrium will be reached.

[2704]Wir dürfen nicht etwa annehmen, dass diese künftigen Wertungen den heutigen gleichen werden. Wenn wir das annehmen wollten, würden wir unsere Aufgabe in unzulässiger Weise einschränken; wir würden nicht ein Rechnungsverfahren für eine sich verändernde Wirtschaft suchen, sondern für ein System unveränderlicher Wertungen, das keine Rechnung benötigt.

[2705]Wir bezeichnen die Wertskala des heutigen Tages

[2706]W > V

[2707]die dem heutigen Zustand entsprechenden Daten denen des Gleichgewichtszustandes

[2708]Wenn man $P1$ in die Gleichungen einsetzen wollte, könnte man niemals zu einem sinnvollen Ergebnis gelangen.

[2709]Der heutige Stand der produzierten Produktionsmittel

[2710]Das könnte er auch aus der Kenntnis aller den hypothetischen Gleichgewichtsstand betreffenden Daten nicht erfahren.

[2711]zu Beginn > in the middle

[2712]Preissystems > conditions

[2713]MARKT UND OBRIGKEIT > The Government and the Market

[2714]Eine dritte Lösung

[2715]Sondereigentum > Private ownership

[2716]Systeme arbeitsteiliger Wirtschaft > of society's economic organization

[2717]Sondereigentum oder Gemeineigentum > private control or public control

[2718]arbeitsteiligen menschlichen Zusammenwirkens

[2719]vom Sondereigentum und

[2720]vom Gemeineigentum und

[2721]Obrigkeit > the government's power of coercion and compulsion

[2722]Muss denn

[2723]*Marktverkehr oder Gemeinwirtschaft* > capitalism or socialism

[2724]politische

[2725]der dritten Lösungen

[2726]Sie hat es allein mit der Untersuchung des Ablaufs des Handelns in jedem einzelnen dieser Systeme zu tun.

[2727]Man hat das sozialistische Gedankenbild nicht immer in der klassischen Form eines großen Amtsbetriebes gestaltet, in dem die Technik der bürokratischen Gebarung auch äußerlich sichtbar ist. Man kann Sozialismus auch anders denken als im Bild eines hierarchisch gegliederten Systems von Ämtern und Abteilungen.

Man kann etwa ein sozialistisches Gemeinwesen denken, in dem dem Namen nach Sondereigentum an den Produktionsmitteln, Unternehmertum und Marktverkehr beibehalten werden. Äußerlich geht alles den Gang des Kapitalismus. Unternehmer kaufen und verkaufen, entlohnen Arbeiter, nehmen Kredite auf und verzinsen und tilgen sie. Doch der Leiter befiehlt diesen Scheinunternehmern

[2728]; nicht die Verbraucher leiten die Produktion, sondern die Obrigkeit.
[2729]den Marktverkehr vor Störungen zu bewahren
[2730]durch isolierte Eingriffe
[2731]die Eigentümer der Produktionsmittel > capitalists
[2732]dann ist das ein Anzeichen dafür, dass sich neben ihr eine andere Obrigkeit eingerichtet hat
[2733]Gerechtigkeit > Righteousness
[2734]manche Vertreter einer ethisch motivierten Sozialreform > demands of «true» morality
[2735]religiöse oder sittliche
[2736]kirchlichen und sozialen
[2737]den sozialen Belangen
[2738]das
[2739]Diese ideale Gesellschaftsordnung
[2740], insbesondere die Unternehmer, Kapitalisten und Eigentümer
[2741], um den Gang des Getriebes zu sichern
[2742]Was auch immer er wählen mag, es bleibt bei der von ihm getroffenen Wahl.
[2743]Um sein Handeln in den Rahmen der gesellschaftlichen Zusammenarbeit einzufügen, gibt es kein anderes Mittel als die Auswirkung des Handelns auf dem Markte.
[2744]; niemand befiehlt und verlangt Gehorsam, nirgends wird, wenn es sich nicht um den Schutz des Sondereigentums und des Marktes gegen Gewalt handelt, Gewalt angewendet
[2745]Die Kooperation ist das Ergebnis des Marktgetriebes. Wer sich in seinem Handeln nicht in die gesellschaftliche Kooperation so gut er kann eingliedert, spürt die Folgen seiner Auflehnung, seiner Lässigkeit, seiner Irrtümer und Fehler am eigenen Leibe. Denn diese Eingliederung stellt an den Einzelnen keine anderen Anforderungen als sein eigenes Handeln. Daher bedarf es auch hier keiner von einer Obrigkeit ausgehenden Weisungen, die das, was der einzelne Wirt zu tun und zu lassen hat, anordnen, und keines Zwangsapparates, der über die Beobachtung solcher Vorschriften wacht.
[2746]des verbotenen Handelns
[2747]ein Zwangsapparat zum Eingreifen bereit. Wäre es anders, dann stünde es im Belieben jedes Einzelnen, die von der Rechtsordnung gezogenen Schranken zu durchbrechen.
[2748]die Rechtsordnung und das Sittengesetz
[2749]sich auf
[2750]beschränken
[2751]Selbstsucht
[2752]arbeitsteiligen
[2753]Nur weil die Marktwirtschaft vom Einzelnen in Bezug auf die Verwendung der Produktionsmittel nichts verlangt, was er nicht schon ohnehin im eigenen Interesse tun muss, weil sie ihn so nimmt, wie er ist, und weil seine «Selbstsucht» ausreicht, um ihn in das gesellschaftliche Zusammenwirken einzugliedern, bedarf es keiner Leitung seines Handelns durch Normen und durch Behörden, die die Durchführung der Normen überwachen. Wenn er darauf bedacht ist, seine eigene Wohlfahrt im Rahmen des Sondereigentums und des Marktverkehres wahrzunehmen, hat er schon alles getan, was die Gesellschaft von ihm verlangt. Wenn er seiner «Gewinnsucht» folgt, handelt er sozial.

Wenn man diese Ausrichtung des Einzelnen nach dem Sondereigentum an den Produktionsmitteln, (nach «Eigennutz» und «Selbstsucht», wie die Moralkritiker meinen,) durch andere Beweggründe ersetzen will, dann nimmt man dem Getriebe der Marktwirtschaft den Sinn und damit die Wirkungsmöglichkeit.

[2754]Gemeinnutz > public welfare
[2755]sinnvolle
[2756], die die Marktwirtschaft ersetzen könnte
[2757], den Armen zuliebe, billiger
[2758]Man hat
[2759]Überhandnehmen von Selbstsucht und Eigennutz
[2760]In dem Bilde dieses in die Vergangenheit verlegten Utopien ist die Vorstellung «gerechter» Preise, Löhne und Zinssätze wesentlich. Da man wünscht, dass der Zustand, den man als Ideal

ansieht, verewigt werden soll, verwirft man jede Preisgestaltung, die ihn verändern könnte, als ungerecht. Als ungerecht erscheinen dem ostelbischen Junker die hohen Löhne der Industriearbeiter, die die Landarbeiter zur «Landflucht» veranlassen, die billigen Lebensmittelpreise, die sein Einkommen schmälern, und die Zinssätze, die er aus seinem Betrieb nicht herauszuwirtschaften versteht. Ungerecht sind in den Augen des Handwerkers die niedrigen Preise der Industrieprodukte und die hohen Löhne der Fabriksarbeiter. Jedem Minderleistungsfähigen erscheinen die Preise, Löhne und Zinssätze als gerecht, die seinem Unternehmen die Wettbewerbsfähigkeit geben könnten.

Der gerechte Preis, das ist in den Augen derer, die die Wirtschaft richten und nicht erkennen wollen, meist der alte Preis; der neue Preis, der den Fortbestand alter Unternehmungen gefährdet, ist in ihren Augen immer ein ungerechter Preis. Es gibt eben keinen anderen Maßstab, um einen Preis als gerecht oder ungerecht zu werten, als den, ihn im Hinblick auf einen Gesellschaftszustand zu beurteilen, den man für anstrebenswert hält. Wenn dieser Gesellschaftszustand nicht der der Marktwirtschaft sein soll, dann kann man ihn nicht einfach dadurch verwirklichen, dass man dem Einzelnen empfiehlt, in seinem Handeln gerecht zu sein. Dann muss man schon genauer bestimmen, was in jedem einzelnen Akt gerecht oder ungerecht ist, dann muss man Normen aufstellen, die alle denkbaren Fälle genau regeln, und einer Obrigkeit die Befugnis einräumen, diese Normen authentisch auszulegen, alles, was zu ihrer Ergänzung oder Abänderung notwendig werden könnte, zu verfügen und über ihre Beobachtung zu wachen. Ob diese Obrigkeit der weltliche Staat oder die theokratische Priesterschaft ist, ist dann ohne Belang.

[2761]müsste die Ware boykottieren, deren Vertrieb den Fortbestand der Zustände, die im Hinblick auf ihren sittlichen Wert erhalten bleiben sollen, gefährden, und

[2762]IV. Die Obrigkeit

Die Praxeologie darf das Bild der Obrigkeit nicht den Vorstellungen entnehmen, die Staatsvergottung und Kniefall vor der Gewalt geschaffen haben. Sie darf sich nicht beeinflussen lassen durch den Kultus der Staatsweisheit, den die Diener und Nutznießer des Staatsapparats betreiben, um ihrer eigenen Nichtigkeit durch Erhöhung der Wichtigkeit ihres Brotgebers Bedeutung und Ansehen zu verleihen.

Obrigkeit ist die Bezeichnung für den oder die Einzelnen, die den staatlichen Gewaltapparat in Händen haben. Das sind immer Menschen. Sie mögen weiser, klüger, selbstloser, weiterblickend sein als viele andere Menschen. Doch nichts bürgt dafür, dass sie die weisesten, klügsten, selbstlosesten und weitestblickenden Menschen sind. Sie mögen vielleicht weniger Schwächen und Fehler haben als manche andere Menschen; frei von Schwächen und Fehlern ist kein Mensch. Trotz Hegel und Lassalle muss man feststellen: der Staat ist nicht das Absolute, ist nicht Gott. Und trotz Sombart muss man feststellen: des Führers Wille ist nicht Gottes Wille.

Für die Aufgaben, die der praxeologischen Untersuchung der Probleme des Interventionismus gestellt sind, erübrigt sich das Eingehen auf den Streit über die sittlichen und intellektuellen Eigenschaften und Gaben der den Regierungsapparat bedienenden Menschen. Es handelt sich uns nicht um die müßige Frage, ob die Regierenden klüger und edler sind als die Regierten und ob sie besser wissen, was den Einzelnen frommt, als diese selbst es wissen. Es handelt sich uns auch nicht um die Frage, ob der Einzelne oder das Kollektivum, als dessen Sachwalter die Regierenden auftreten, als das Ziel des Handelns anzusehen sind, ob man die Interessen eines Ganzen denen der Einzelnen opfern soll oder umgekehrt. Die Frage, die uns hier allein zu beschäftigen hat, ist die, ob außer dem Gemeineigentum an den Produktionsmitteln und dem Sondereigentum an den Produktionsmitteln noch eine dritte Organisationsform menschlicher Kooperation denkbar ist. Das Funktionieren dieser dritten Form haben wir praxeologisch zu untersuchen.

[2763]V. Die Obrigkeit und die Zielwahl

[2764]und keinen anderen Erfolg erzielen als den, den sie anstreben

[2765]die Behinderung der Produktion

[2766]nur den Verbrauch lenken will > is merely to force the consumers directly to consume goods other than what they would have consumed in the absence of the government's decree

[2767]und wenn die Wirkung ihrer Anordnung auf den Verbrauch genau der Absicht entspricht, die die Obrigkeit durch den Eingriff erreichen wollte, und keine weiteren Wirkungen auftreten

[2768]Die Obrigkeit kann z. B. dem Verbraucher den Genuss bestimmter Speisen – etwa aus hygienischen oder aus religiösen Gründen – immer oder zeitweilig untersagen, sie kann ihm verbieten, bestimmte Genussmittel zu gebrauchen u.s.f. Die Obrigkeit wirft sich da zum Vormund des Einzelnen auf. Sie hält den Untertan für unfähig, sein eigenes Beste zu finden. Er soll durch ihr Eingreifen davor bewahrt werden, an Leib und Seele Schaden zu nehmen.

[2769]eine politische Frage

[2770]Wer glaubt, dass die Bevormundung des Einzelnen durch die Obrigkeit auf das Gebiet der Hygiene beschränkt bleiben könnte, dass die Obrigkeit sich etwa damit begnügen wird, den Gebrauch von schädlichen Giften wie Opium, Morphium, allenfalls noch von Alkohol und Nikotin zu verbieten oder zu begrenzen, dass aber im Übrigen der Freiheit des Einzelnen kein Abbruch geschehen werde, täuscht sich wohl.

[2771]hängt es von der Obrigkeit und von der sie beherrschenden öffentlichen Meinung ab, wie weit man geht. Dann

[2772]Wenn man seinen Leib davor bewahren will, durch manche Genüsse Schaden zu nehmen, dann mag man auch seinen Geist vor schädlichen Lehren und Ansichten schützen und seine Seele durch Glaubens- und Gewissenszwang dem ewigen Heil zuführen.

[2773]Doch das sind Gesichtspunkte, die die Politik zu würdigen hat. Vom praxeologischen Standpunkt ist zu sagen: Wenn man die Konsumwahl des Einzelnen beschränkt, dann kann man ihm nie das Ausmaß von Befriedigung verschaffen, das ihm Freiheit der Konsumwahl geboten hätte. Denn er schätzt die Genüsse, deren Erlangung ihm durch das Eingreifen der Obrigkeit unmöglich gemacht wurde, höher als die Genüsse, die er sich durch die freigewordenen Mittel an ihrer Stelle verschaffen kann.

Wenn die Nationalökonomie sich mit den Problemen des Interventionismus befasst, dann hat sie nur die Maßnahmen im Auge, die zunächst die Mittel und nicht die Ziele des Handelns betreffen. Und sie hat keinen anderen Maßstab zur Beurteilung dieser Maßnahmen als den, ob sie mehr oder weniger geeignet sind, die Ziele, denen die Obrigkeit zustrebt, zu erreichen. Dass die Obrigkeit die Konsumwahl des Einzelnen zu beschränken und damit die Daten des Marktes zu verändern vermag, liegt außerhalb des der nationalökonomischen Erörterung Zugänglichen.

Wir befassen uns daher nicht mit den obrigkeitlichen Maßnahmen, die unmittelbar auf die Lenkung des Verbrauchs gerichtet sind und diesen Erfolg ganz erreichen, ohne dabei auch noch andere Wirkungen hervorzurufen. Wir betrachten das Handeln der Verbraucher auf dem Markte, ohne Rücksicht darauf zu nehmen, ob es durch die Obrigkeit mehr oder weniger oder überhaupt nicht beeinflusst wurde. Wir nehmen die Wertungen und die Nachfrage der Verbraucher als Datum an und fragen nicht, ob die Verbraucher Gasmasken aus eigenem Antrieb kaufen oder weil die Behörden es ihnen aufgetragen haben, und ob sie weniger Alkohol kaufen, weil sie andere Genüsse vorziehen oder weil die Behörden die Trunkenheit bestrafen.

[2774]Dieser Aufwand mag mitunter unter einfachen Verhältnissen bescheiden sein im Vergleich mit der Summe des Verbrauchsaufwandes aller Einzelnen.

[2775]auch über Produktionsmittel verfügt

[2776]Einkünfte > interest and profit earned

[2777]Man könnte daran denken, die Abgaben so umzulegen, dass sie die Marktwirtschaft ungestört lassen.

[2778]den Lauf der Dinge in der Marktwirtschaft

[2779]In beiden Fällen wird ein Teil des Einkommens für die Bestreitung des Staatsaufwandes beansprucht. In beiden Fällen sind damit die Steuerwirkungen erschöpft. Es ist, als ob jeder Einzelne eine Anzahl von Arbeitsstunden der Staatsdiener und einen Teil des staatlichen Sachaufwandes als seinen Aufwand bestreiten würde.

[2780]Das lässt auch verstehen, warum man das Problem der neutralen Steuer, soweit man ihm überhaupt Aufmerksamkeit gewidmet hat, vor allem unter dem Gesichtspunkt der Steuergerechtigkeit behandelt hat.

Die Ungleichheit der Einkommen und der Vermögen bewirkt, dass Kopfsteuer und Einkommensteuer nicht mehr dasselbe bedeuten. Sie lässt dann weitere Fragen entstehen: Vermögens- oder Einkommensteuer, proportionale Steuer oder Steuer mit Abstufung der Steuersätze nach der Höhe des Einkommens oder Vermögens.

Bei Ungleichheit der Einkommen und Vermögen kann die Besteuerung nie neutral sein.

[2781]Die Senkung der Grenzproduktivität des Kapitals wird weniger verlangsamt

[2782]Die Steuerpolitik nahezu aller Staaten hat es für richtig befunden, die kopfsteuerartig wirkenden Steuern zu Gunsten einer Besteuerung einzuschränken, die die höheren Einkommen und Vermögen mit weit höheren Steuersätzen belegt als die Träger niedrigeren Einkommens und Vermögens. Unter den Gedankengängen, die zu dieser Haltung geführt haben, hat im Anfang auch die Erwägung unklar mitgesprochen, dass man einer möglichst neutralen Besteuerung den Vorzug zu geben habe vor einer weniger neutralen. Doch bald verdrängten andere Gesichtspunkte diese Auffassung. Die Steuer sollte zu einem Werkzeug bewusster Eingriffe in das Getriebe der Marktwirtschaft werden. Man gestaltete die Steuerpolitik zu einem Mittel interventionistischer

Wirtschaftspolitik; man wollte gar nicht die Besteuerung so neutral als möglich anlegen, man wollte sie gerade als Mittel «aktiver» Sozialpolitik.
[2783]den Eigentümern der Produktionsmittel > capitalists
[2784]besonderer
[2785]Die totale Steuer kann mithin nur als ein Mittel zur Beseitigung der Marktwirtschaft und zur Vergesellschaftung der Produktionsmittel angesehen werden. Vielen Sozialisten erscheint sie sogar als ein besonders geeignetes Mittel zur Erreichung dieses Zieles.
[2786]über die Marktwirtschaft hinausführt, dass sie sinnvoll nur als ein Weg zur Sozialisierung betrachtet werden kann, mithin als ein Mittel zur Herbeiführung eines Gesellschaftszustandes, in dem das Sondereigentum an den Produktionsmitteln nicht mehr besteht
[2787]III. Finanzpolitische und sozialpolitische Ziele der Besteuerung

Die Beschäftigung mit steuerpolitischen Problemen reicht in die Zeit zurück, da es noch keine Nationalökonomie gab. Man hat dann später die Ergebnisse der nationalökonomischen Forschung mit großem Eifer für die Erfassung der Wirkungen der Besteuerung zu verwenden gesucht. Man hat die Finanzwissenschaft als selbständiges Fach auszubauen getrachtet, und man hat sich bemüht, wissenschaftlich Grundsätze gerechter und zweckmäßiger Besteuerung zu finden.

Der Gang der Steuerpolitik ist jedoch in erster Linie von politischen und nicht von nationalökonomisch-wissenschaftlichen Gesichtspunkten bestimmt worden. Die Erweiterung der Staatsaufgaben und die Entwicklung der modernen Formen der Kriegsbereitschaft haben die Staatsausgaben gewaltig ansteigen lassen. Zur Deckung dieses Bedarfs suchte man die Mittel dort zu holen, wo man sie finden konnte. Während die Gelehrten Bücher über richtige, gerechte und zweckmäßige Besteuerung schrieben, hielt sich die finanzpolitische Praxis nur an den einen Grundsatz, die Steuern dort umzulegen, wo man sie im Hinblick auf die politischen Verhältnisse umlegen durfte.

Man hat zunächst die Verbrauchsbesteuerung ausgebaut, weil sie in der Einhebung am einfachsten und bequemsten war. Als dann die Kritik, die die Verbrauchsbesteuerung als unsozial verwarf, weil sie die minderbemittelten Schichten stärker belastet als die wohlhabenderen Teile der Bevölkerung, bei den politischen Parteien Widerhall fand, wurde es immer schwerer, die Zustimmung der Volksvertretungen für den Ausbau der indirekten Abgaben zu finden. Seit der Mitte des 19. Jahrhunderts wollte man in der progressiven Besteuerung der Einkommen und Vermögen das steuerpolitische Ideal erblicken. Man hat die Besteuerung des Einkommens, die Besteuerung des Ertrages von Unternehmungen, besonders von Aktiengesellschaften, die Erbschaftsbesteuerung und die Vermögensteuern so ausgebaut, dass in vielen Staaten die Kapitalbildung ernstlich behindert wurde. Man hat schließlich Steuern geschaffen, bei denen der fiskalische Zweck hinter der Absicht, die Produktion und die Verteilung zu beeinflussen, ganz zurücktreten musste. Die Steuerpolitik sollte die Entwicklung der Grossbetriebe hemmen, Unternehmungen, die sich im Wettbewerbe des Marktes nicht zu behaupten wussten, gegen die leistungsfähigeren Betriebe schützen und politisch unbeliebte Personengruppen benachteiligen. Die Durchführung der Steuergesetze, die dem Ermessen der Veranlagungsbehörden freies Spiel ließ, wurde zu einer Waffe politischer und wirtschaftspolitischer Willkür.

Die Besteuerung wurde so zu einem der wirksamsten Mittel interventionistischer Wirtschaftspolitik gestaltet. Mit ihrer Hilfe will man die Ergebnisse des Marktgetriebes korrigieren. Man will einigen nehmen, um dafür anderen geben zu können, oder um sie zumindest von der Heranziehung zur Steuerleistung verschonen zu können. Man will die Produktion, die Verteilung und den Verbrauch von den Wegen ablenken, die ihnen der unbehinderte Markt gewiesen hätte.

Die fiskalischen Ziele der Besteuerung vertragen sich schlecht mit den sozialpolitischen. Keine Steuer kann neutral sein, jede stellt im Getriebe des Marktes ein Datum dar, das die Ergebnisse des, Kräftespiels verschieben muss. Man hat mithin bei jeder steuerpolitischen Verfügung zwei Gesichtspunkte zu erwägen: die finanzpolitischen und die sozialpolitischen. Man muss sich entscheiden, ob die finanzpolitischen Vorteile der Steuer so groß sind, dass sie die sozialpolitischen Wirkungen, die sie auslöst, aufwiegen. Wenn man aber darauf ausgeht, durch die Steuer sozialpolitische Wirkungen zu erzielen, muss man den finanzpolitischen Ertrag der Steuer vernachlässigen.
[2788]Geradeso liegen die Dinge bei der Tabakbesteuerung, bei der Besteuerung von Glücksspielen und bei den Zöllen.
[2789]Bei der Besteuerung der Vermögen, gleichviel ob sie in Gestalt von direkten Vermögensabgaben, von Erbschafts- und Schenkungssteuern oder von Verkehrssteuern (z. B. Besteuerung der Errichtung von Unternehmungen, der Aufnahme und der Rückzahlung von Anleihen, des Umsatzes von Vermögensobjekten) erfolgt, ist der Gegensatz der finanzpolitischen und der sozialpolitischen Zwecke nicht minder offenkundig. Wenn die Vermögen fortgesteuert werden, dann

schwindet die Grundlage künftiger Besteuerung. Die Vermögensbesteuerung erschöpft, wenn sie über ein bescheidenes Maß hinausgeht, die Quelle, aus der sie gespeist werden will. Auch hier verlangt der finanzpolitische Zweck Maßhalten, während der sozialpolitische die Steuer oft umso besser findet, je stärker sie das Vermögen fortsteuert.
[2790]Abarten > Classes
[2791]im allgemeinen oder ihre Erzeugung in bestimmten Erzeugungsweisen
[2792]Man kann z. B. den Verbrauch von Kaffee durch eine Belastung des Kaffees einzuschränken suchen oder dadurch, dass man Ersatzgüter – etwa Feigenkaffee, Malzkaffee, Tee, Kakao, alkoholische Getränke – von der Belastung durch eine allgemeine Verbrauchsabgabe oder Umsatzsteuer, die auch den Kaffee trifft, freilässt.
[2793]Planwirtschaft > socialism
[2794]als produktionspolitische Eingriffe
[2795]im 6. Kapitel
[2796]DIE PRODUKTIONSPOLITISCHEN EINGRIFFE > Restriction of Production
[2797]des produktionspolitischen Eingriffs > Restriction
[2798]der
[2799], wenn auch notwendige
[2800]Im produktionspolitischen Eingriff verbietet die Obrigkeit die Erzeugung bestimmter Güter oder die Anwendung bestimmter Erzeugungsverfahren, oder sie erschwert oder verteuert diese Erzeugung und diese Verfahren. Die Obrigkeit streicht aus den den Menschen zur Abstellung von Unbefriedigtsein verfügbaren Mitteln einen Teil. Ihr Eingriff bewirkt, dass die Menschen in eine Lage versetzt werden, in der sie ihre Kenntnisse und Fähigkeiten, ihre Arbeit und die ihnen zur Verfügung stehenden sachlichen Produktionsmittel nur in einer weniger ergiebigen Weise für die Befriedigung ihrer Bedürfnisse gebrauchen dürfen. Er macht die Menschen ärmer.

Man mag die Sache drehen und wenden wie man will, man vermag an dieser Feststellung nichts zu ändern. Auf dem unbehinderten Markte sind Kräfte wirksam, die jedes Produktionsmittel in die Verwendung bringen, in der es für die Versorgung den höchsten Dienst zu leisten vermag. Wenn die Obrigkeit in das Getriebe eingreift, um eine andere Verwendung der Produktionsfaktoren zu erzwingen, dann kann sie die Versorgung nur verschlechtern, nicht verbessern.

Das ist für eine geschichtlich besonders wichtige Gruppe der produktionspolitischen Eingriffe durch die nationalökonomische Diskussion über die Wirkung der dem zwischenstaatlichen Güteraustausch gesetzten Hemmnisse in glänzender und unwiderlegbarer Weise nachgewiesen worden. Es ist wohl überflüssig, zu der Lehre der klassischen Nationalökonomie in dieser Hinsicht auch nur ein Wort hinzuzufügen.
[2801]Erfolg und
[2802]«labor-baiters»
[2803]Man mag der Ansicht sein, dass die Nachteile, die der produktionspolitische Eingriff durch die Verringerung der Ergiebigkeit der Erzeugung und durch die dadurch bewirkte Verschlechterung der Versorgung hervorruft, durch Vorteile auf anderem Gebiet aufgewogen werden. Die Obrigkeit kann etwa die Auffassung vertreten, dass die Erhaltung einer Gruppe von weniger leistungsfähigen Erzeugern so wichtig ist, dass die Verschlechterung der Versorgung der Verbraucher durchaus gerechtfertigt erscheint. Sie mag es für richtig halten, der Masse des Volkes das Brot zu verteuern, damit die Eigentümer von weniger fruchtbaren Grundstücken höhere Erträge erzielen. Sie mag es für ein Gebot hoher Staatsweisheit ansehen, die Anwendung bestimmter Maschinen zu untersagen, um die Betriebe. die diese Maschinen nicht besitzen, vor dem Wettbewerb der besser ausgestatteten Betriebe zu schützen. Sie mag durch das Verbot der Warenhäuser, der Filialgeschäfte und ähnlicher Betriebsformen des Handels dem Kleinhändler die Möglichkeit bieten, sich im Wettbewerb zu behaupten, obwohl dadurch die Interessen der Verbraucher geschädigt werden.

Wenn solche Maßnahmen in voller Erkenntnis ihrer Wirkungen ergriffen werden, wenn die Obrigkeit genau weiß, was sie tut und welchen Erfolg sie erzielen wird, dann kann man ihr Vorgehen tadeln, wenn man ihre Ziele nicht billigt. Doch man kann das Vorgehen der Obrigkeit nicht zweckwidrig und sinnlos finden. Vom Standpunkt ihrer Ziele und Zwecke ist ihr Vorgehen zielbewusst und zweckmäßig. Sie will den Brotverbraucher belasten, um den Landwirt reicher zu machen; um das zu erreichen, hat sie im Schutzzoll oder im Einfuhrverbot für Getreide und Mehl den richtigen Weg gewählt.

Dass die Dinge in der Öffentlichkeit anders dargestellt werden, ist bekannt. Man hat es verstanden, der öffentlichen Meinung die Auffassung beizubringen, dass die Hemmnisse des zwischenstaatlichen Handels die Versorgung nicht verschlechtern, ja dass sie sie selbst verbessern.

Man hat den Schutz des Handwerks gegen den Wettbewerb der Industrie, man hat den Schutz der Kleinhändler gegen den Wettbewerb der Warenhäuser und der Filialgeschäfte als Maßnahmen dargestellt, die im «allgemeinen» Interesse liegen und den Verbraucher gegen Ausbeutung schützen. Nur auf diese Weise konnte man die Zustimmung der Presse, der politischen Parteien und der Parlamente für eine Politik gewinnen, deren Um und Auf darin besteht, einzelnen Gruppen Privilegien und Sondervorteile auf Kosten der übrigen Mitglieder des Gemeinwesens einzuräumen.

[2804]«pro-labor»

[2805]Man hat die Politik der produktionspolitischen Eingriffe als Produzentenpolitik und die Politik, die den Gang des Marktgetriebes nicht behindern will, als Konsumentenpolitik bezeichnet. Es stehe der Obrigkeit nicht an, Politik im Dienste des nur die Früchte fremden Fleißes verzehrenden Konsumenten zu treiben; sie habe für den tätigen Mann, für den armen geplagten Produzenten einzutreten. Doch in der arbeitsteiligen Gesellschaft sind Produzenten und Konsumenten identisch. Es gibt keinen Konsumenten, dessen Einkommen nicht aus der Produktion fließen würde; der Konsument ist Unternehmer, Eigentümer von Produktionsmitteln oder Arbeiter oder er wird als Familienmitglied oder aus anderem Titel von Unternehmern, Eigentümern von Produktionsmitteln oder Arbeitern erhalten. Und jeder Produzent ist auch Verbraucher. Es ist unsinnig, von einer einzelnen Maßnahme oder von einer Politik zu behaupten, sie wahre die Interessen der Produzenten oder aller Produzenten gegenüber den Interessen der Verbraucher. [FN: Vgl. auch oben S. 273 ff.]

Richtig ist allein das, dass nahezu [FN: Die Einschränkung durch «nahezu» soll nicht etwa bedeuten, dass es produktionspolitische Eingriffe gibt, die niemand schädigen: sie soll nur sagen, dass manche von ihnen niemand bevorzugen, weil sie alle in gleichem Maße schädigen.] jeder produktionspolitische Eingriff einer beschränkten Gruppe von Personen Vorteil bringt, wenn er auch alle übrigen entweder schädigt oder, im günstigsten Fall, nicht berührt. Die Eingriffe können daher als Privilegien angesehen werden, als Sonder- und Vorrechte, die einzelnen Wirten auf Kosten der Übrigen verliehen werden.

Privilegien nützen dem Begünstigten und schädigen die übrigen Mitglieder des Gemeinwesens. Wenn die Privilegien nur einer beschränkten Anzahl von Personen zugute kommen, dann sind sie sinnvoll; sie nützen den Begünstigten auf Kosten der Nichtbegünstigten. Wenn aber alle gleichmäßig begünstigt werden, dann wird das Privilegienwesen sinnlos. Wenn die Schutzzölle nur einem Teil der Produzenten oder einzelnen Produzenten in verschiedenem Ausmaße zugute kommen, dann gibt es immerhin noch Privilegierte. Doch wenn alle Erzeuger gleichmäßig geschützt werden sollen, dann wird das System schlechthin unsinnig. Dann gewinnt keiner mehr, doch alle verlieren.

[2806]Aufwand

[2807]Man kann den einen oder den anderen produktionspolitischen Eingriff als gerechtfertigt ansehen, wenn man ihn nicht als Maßnahme der Produktions- und Versorgungspolitik, sondern als öffentlichen Aufwand ansieht. Wenn man aus Liebe zur Natur oder für wissenschaftliche Forschungszwecke ein Stück Land als Naturpark in unberührtem Zustand erhalten und es daher jeder Verwendung für Produktionszwecke entziehen will, wird man wohl auf allgemeine Zustimmung rechnen dürfen, wenn der Plan sich in einem Ausmaße hält, das die verfügbaren Mittel der öffentlichen Ausgabenwirtschaft tragbar erscheinen lassen. Man wird es dann vielleicht richtiger finden, die Last dieses Aufwandes nicht von den Eigentümern der Grundstücke tragen zu lassen, sondern sie dadurch auf alle Staatsbürger zu verteilen; dass man die Ländereien nicht enteignet, sondern ankauft. Doch das ist für unsere -Untersuchung nebensächlich. Entscheidend ist, dass man die Angelegenheit nicht vom Gesichtspunkte der Erzeugung, sondern von dem des Aufwands beurteilt.

[2808]Die produktionspolitischen Eingriffe, die den Stand der Versorgung immer nur verschlechtern können, dürfen nicht als Maßnahmen der Produktionspolitik angesehen werden.

[2809], doch nicht Erzeugung.

Aus produktionspolitischen Eingriffen kann nie eine Wirtschaftspolitik, nie ein System der Erzeugung von Gütern und der Verbesserung des Versorgungsstandes hervorgehen. Darüber, ob es angezeigt ist., den ostelbischen Junker durch einen Getreidezoll gegen die Konkurrenz der auf besserem Boden arbeitenden kanadischen Farmer zu schützen, mag man verschiedener Auffassung sein. Doch wenn man die Frage bejaht, dann hat man nicht eine Maßnahme zur Förderung der Produktion und zur Verbesserung der Versorgung mit Brotfrüchten empfohlen, sondern eine Maßnahme zur Unterstützung der Besitzer von in Deutschland gelegenen Grundstücken auf Kosten der deutschen Getreideverbraucher. Auf einem System solcher Unterstützungsmassnahmen lässt sich nie ein Wirtschaftssystem aufbauen; solche Maßnahmen können nur aus den Mitteln, die auf anderem Wege beschafft werden, als Aufwand bestritten werden. Wenn Ludwig XIV. einem Günstling eine aus öffentlichen Mitteln dotierte Sinekure verlieh, war das nicht Wirtschaftspolitik, sondern Ausgabenpolitik. Dass die produktionspolitischen Eingriffe keine andere Beurteilung verdienen als solche fürstliche Freigebigkeit, wird durch die Technik ihrer Durchführung verschleiert. Doch das kann an ihrem Wesen nichts ändern. Die Frage, ob solcher Aufwand berechtigt ist oder nicht, hat mit der nationalökonomischen Würdigung nichts zu tun. (Auch die Könige des ancien régime teilten ihre Gnaden nicht immer nur an Unwürdige aus.) Es gibt zweifellos Fälle, in denen produktionspolitische Maßnahmen vielen oder allen als durchaus gerechtfertigt erscheinen werden.

[2810]Doch alle produktionspolitischen Eingriffe sind Aufwand; sie schmälern den für die Versorgung mit anderen Gütern verfügbaren Vorrat von Produktionsmitteln.

[2811]Doch wenn man die produktionspolitischen Eingriffe als das betrachtet, was sie sind, und sich von den törichten Rechtfertigungsversuchen, die in ihnen «Förderung der Wohlfahrt» oder gar «Förderung der Produktion» erblicken wollen, nicht blenden lässt, dann entdeckt man, dass die Absicht, die man mit diesen Eingriffen verfolgt, sich oft billiger durch unverhüllte Subventionierung aus öffentlichen Mitteln erreichen lässt. Wenn man die Unternehmer nicht hindert, die Produktion so zu gestalten, dass sie den höchsten Ertrag bringt, der mit den verfügbaren Mitteln erreicht werden kann, wird man die Ergiebigkeit der Wirtschaft nicht schmälern und wird aus dem größeren Reichtum leichter den Aufwand zur Unterstützung derer abschöpfen können, die man beschenken will.

[2812]DIE PREISPOLITISCHEN EINGRIFFE > Interference with the Structure of Prices

[2813]Die Alternative: Macht oder ökonomisches Gesetz

[2814]in die Preisbildung des Marktes

[2815]; die politische Lage hat es immer so gefügt.

[2816]der Lehre von den Preis-, Lohn- und Zinssatzungen ist die Geschichte der Entstehung der nationalökonomischen Wissenschaft

[2817]die Obrigkeiten > emperors, kings, and revolutionary dictators

[2818]Die Entdeckung der Gesetzmäßigkeit im Ablauf der katallaktischen Vorgänge ist eine der Grosstaten der Geistesgeschichte. Sie legte den Grundstein zur Ausbildung des Gedankenbaus der liberalen Gesellschaftspolitik, sie schuf den Liberalismus und damit die moderne Kultur- und Wirtschaftsentwicklung, sie ermöglichte das, was man als die technischen Errungenschaften unseres Zeitalters bezeichnet. Für uns ist sie von Bedeutung als der Ausgangspunkt systematischer praxeologischer Wissenschaft, der Nationalökonomie.

[2819]Für die vorwissenschaftliche Auffassung gibt es im menschlichen Handeln ein Gut und ein Böse, ein Gerecht und ein Ungerecht. Das Handeln der Menschen kann an ehernen Geboten einer heteronomen Moral gemessen und gewertet werden. Es ist frei in dem Sinne, dass in ihm keine eigene Notwendigkeit waltet. Der Mensch soll sittlich handeln; wenn er anders handelt, dann mag ihn Gott im Jenseits oder auch schon im Diesseits strafen. Eine andere als diese Reaktion ruft Handeln nicht hervor. Dem Wirken der Obrigkeit ist mithin auf Erden keine Grenze gezogen, solange sie nicht einer stärkeren Gewalt begegnet. Die souveräne Obrigkeit ist in ihrem Handeln frei, sofern sie nicht den räumlichen Bereich überschreitet, in dem sie souverän ist. Sie kann alles erreichen, was sie erreichen will. Es gibt Naturgesetze, die sie nicht ändern kann; doch in der Sphäre des Gesellschaftlichen sind ihrem Handeln keine Schranken gesetzt.

[2820]Die Nationalökonomie beginnt mit der Erkenntnis, dass der Souveränität der Gewalthaber noch eine andere Grenze gezogen ist. Sie blickt über den Staat und seinen Zwangsapparat hinaus und entdeckt die menschliche Gesellschaft als Gebilde menschlicher Kooperation. Sie entdeckt, dass diesem Gebilde eine Gesetzlichkeit innewohnt, die die Staatsgewalt nicht zu durchbrechen vermag. Sie erkennt, dass das Getriebe des Marktes die Preise gestaltet und dass der Markt durch die Preisgestaltung die gesellschaftliche Kooperation steuert. Die Preise erscheinen nun nicht mehr als das Ergebnis willkürlichen Verhaltens der Marktparteien, nicht mehr als abhängig von der größeren oder geringeren Gerechtigkeit der Marktparteien, sondern als notwendiges und eindeutiges Ergebnis des Spiels der auf dem Markte wirkenden Kräfte. Einem bestimmten Stande der Daten erscheint eine bestimmte Gestaltung der Preise zugeordnet. Es ist nicht möglich, diese Preise – die «natürlichen» Preise – zu ändern, wenn keine Datenverschiebung vorausgegangen ist. Jede Abweichung vom natürlichen Preise löst Kräfte aus, die den Preis wieder auf den natürlichen Stand zurückführen.

Mit dieser Auffassung ist die Vorstellung, dass die Obrigkeit durch Befehle, Verbote und Strafen die Preisgestaltung einfach so lenken könne, wie es ihr beliebt, nicht vereinbar. Wenn die Preise wechselseitig bedingt sind, wenn sie ein Element in dem Getriebe darstellen, das die gesellschaftliche Kooperation bewirkt und das Handeln der einzelnen Wirte der Versorgung aller Glieder der Gesellschaft dienstbar macht, dann kann eine willkürliche, d.i. nicht durch Verschiebung der Daten hervorgerufene Änderung der Preise nicht ohne Folgen auf den Gang der wirtschaftlichen Kooperation bleiben. Dass die Obrigkeit, wenn sie stark und hart ist, Preissatzungen erlassen und sich an den Ungehorsamen grausam rächen kann, ist nicht zu bestreiten. Doch es wird ihr nicht gelingen, mit der Preissatzung die Absichten zu verwirklichen, die sie im Äuge hat. Ihr Eingriff ist auf dem Markte ein Datum, das sich marktmäßig auswirkt. Ob diese Wirkungen der Obrigkeit gefallen, ob sie nicht eher einen Zustand schaffen, der sie noch weniger befriedigt als der, den sie vorgefunden hat, ist höchst zweifelhaft. Sicher ist, dass das, was sie durch den Eingriff anstrebt, auf diesem Wege nicht erreicht werden kann. Der Eingriff ist mithin, vom Standpunkte der ihn setzenden Obrigkeit gesehen, nicht nur nutzlos und unzweckmäßig, sondern auch zweckwidrig, schädlich und daher unsinnig.

Wenn man die Schlüssigkeit dieser Folgerungen bestreiten will, dann bestreitet man die Möglichkeit nationalökonomischer Erkenntnis überhaupt, dann spricht man der Nationalökonomie die Existenzberechtigung ab. Dann ist alles das, was über nationalökonomische Dinge geschrieben wurde, sinnlos. Denn wenn die Preise durch die Obrigkeit festgesetzt werden können, ohne dass der Eingriff der Obrigkeit eine Reaktion des Marktes auslöst, die der Absicht der Obrigkeit zuwiderläuft, dann ist es ein vergebliches Bemühen, ihre Bildung aus den Marktfaktoren heraus zu erklären. Der Sinn solcher Erklärung liegt doch in der Annahme, dass der jeweiligen Lage des Marktes eine bestimmte Preisbildung entspricht und dass auf dem Markte Kräfte wirksam sind, diesen – «natürlichen» – Stand der Preise wiederherzustellen, wenn er gestört wurde. Die Vertreter der historischen Schule denken in ihrer Verteidigung der preispolitischen Eingriffe folgerichtig. Denn in ihren Augen gibt es keine nationalökonomische Theorie, sie kennen nur Staats- und Polizeiwissenschaft, eine Zusammenstellung der behördlichen Verfügungen und Maßnahmen. Widerspruchsvoll ist dagegen die Auffassung derer, die einerseits die Probleme des Marktes katallaktisch untersuchen, anderseits aber doch die Zweckwidrigkeit preispolitischer Eingriffe nicht zugeben wollen.

Die Alternative lautet: *Macht* [FN: Man müsste richtiger statt von «Macht» von «Gewalt» sprechen. Doch es scheint unbedenklich, den von Böhm-Bawerk (Vgl. Gesammelte Schriften, a. a. O., S. 249 ff.) geprägten Ausdruck, der sich bereits eingebürgert hat; beizubehalten.] *oder ökonomisches Gesetz.* Die Preise werden entweder durch die Willkür der Marktparteien bestimmt und können dann durch die Befehle der den Gewalt- und Zwangsapparat handhabenden Obrigkeit so gelenkt werden, wie es die Obrigkeit will, oder aber die Preise werden durch die Marktfaktoren, die man unter den Bezeichnungen Angebot und Nachfrage zusammenzufassen pflegt, bestimmt, und der Eingriff der Obrigkeit wirkt sich auf dem Markte als Datum aus. Eine Vermittlung zwischen den beiden Auffassungen kann es nicht geben.

[2821]Der preispolitische Eingriff legt das Getriebe des Marktes still, er zerstört den Markt. Er nimmt damit der Marktwirtschaft die Steuerung und macht sie sinnlos.

[2822]Auch die gleichzeitige Preisbindung der komplementären Güter kann da keine Abhilfe schaffen, es sei denn, dass alle komplementären Güter absolut spezifischen Charakter haben, so dass sie nur zur Erzeugung dieses einen Gutes verwendet werden können. Da zumindest der Arbeit dieser Charakter nicht zukommt, kann dieser Fall außer Betracht bleiben. Wenn die Obrigkeit es nicht ruhig hinnehmen will, dass das Ergebnis ihrer Maßnahme zur Verbilligung eines Gutes das ist, dass das Anbot dieses Gutes sinkt oder ganz aufhört, kann sie sich nicht mit Eingriffen begnügen, die allein die Preise aller zu seiner Herstellung erforderlichen Güter und -Dienstleistungen betreffen. Sie muss verhindern, dass Kapital, Arbeit und Unternehmungslust sich von diesem Produktionszweig abwenden, sie muss die Preise aller Güter und Dienstleistungen und die Höhe des Zinsfusses festlegen und muss verfügen, was und wie erzeugt und zu welchen Preisen und an wen verkauft werden soll.

Der isolierte preispolitische Eingriff in das Getriebe der Marktwirtschaft verfehlt den Zweck, den seine Urheber durch ihn erreichen wollen; er ist – im Sinne seiner Urheber – nicht nur zwecklos, sondern zweckwidrig, weil er das «Übel», das durch ihn bekämpft werden soll, noch steigert. Ehe die Preistaxe erlassen wurde, war die Ware – nach der Meinung der Obrigkeit – zu teuer; nun verschwindet sie vom Markte. Das aber hat die Obrigkeit, die die Ware dem Verbraucher billiger zugänglich machen wollte, nicht beabsichtigt. Im Gegenteil, von ihrem Standpunkt muss der Mangel, die Unmöglichkeit, die Ware zu beschaffen, als das größere Übel erscheinen; sie wollte doch die Versorgung des Verbrauches verbessern, nicht verschlechtern. Man kann somit von dem isolierten preispolitischen Eingriff sagen, dass er zweckwidrig ist, und von einem System der Wirtschaftspolitik, das mit solchen Eingriffen arbeiten will, dass es widerspruchsvoll und unsinnig ist.

Will die Obrigkeit die Dinge nicht dadurch wieder ins Geleise bringen, dass sie von ihrem isolierten Eingriff absteht, indem sie die Preistaxen wieder beseitigt, dann muss sie dem ersten Schritt weitere folgen lassen. Zum Befehl, keinen höheren Preis als den vorgeschriebenen zu fordern, müssen weitere Befehle hinzugefügt werden: der Befehl, die vorhandenen Vorräte zu verkaufen, und Weisungen, an wen und in welchen Mengen verkauft werden darf; Preistaxen für die komplementären Güter, [FN: Die direkte Festsetzung von Höchstpreisen für die sachlichen Produktionsmittel, die für den unmittelbaren Konsum nicht verwendbar sind, könnte entfallen; wenn die Preise aller Konsumgüter und persönlichen Dienste, die Zinshöhe und alle Löhne festgelegt wurden und Arbeitszwang für alle Arbeiter und Produktionszwang für die Eigentümer von Produktionsmitteln, verfügt wurde, sind mittelbar auch schon die Preise der sachlichen Produktionsmittel bestimmt.] Lohntarife und Arbeitszwang für die Arbeiter, Zinstaxen, schließlich Produktionszwang und Weisungen über die Wahl der Anlagemöglichkeiten für die Eigentümer der Produktionsmittel, für die Kapitalisten. Diese Vorschriften dürfen nicht auf einen oder einige wenige Produktionszweige beschränkt bleiben, sie müssen alle Zweige der Produktion umfassen. Sie müssen die Preise aller Güter und jeglichen Arbeitslohn, das Handeln aller Unternehmer, Kapitalisten, Grundbesitzer und Arbeiter regeln. Damit aber wird die Leitung der ganzen Produktion und Verteilung an die Obrigkeit übertragen. Aus der Marktwirtschaft ist sozialistische Gemeinwirtschaft geworden.

Es gibt nur zwei Gebiete, auf denen preispolitische Eingriffe in einem genau abgesteckten Spielraum zweckmäßig verwendet werden können.

[2823]Ein Eingriff, der diese Grenze nicht überschreitet, vermindert nicht das Angebot. Doch da er die Nachfrage erhöht, lässt er eine Unstimmigkeit zwischen Nachfrage und Angebot entstehen, die zum Chaos führen muss, wenn die Obrigkeit nicht selbst die Verfügung über die Zuweisung des Produkts an die Kauflustigen in die Hand nimmt.

[2824]Wohnungs- und Geschäftsraummarkte > rental space

[2825]FN: Der Einfachheit halber sehen wir von der Rolle der Baukosten ab.

[2826]Mietraum > such apartments and premises

[2827]Bei jeder Art der Aufteilung ist das Ergebnis, dass ein Ertrag den Grundeigentümern genommen und den Mietern gegeben wurde. Die Obrigkeit hat einige Wirte verkürzt, andere bereichert.

[2828]Der zweite Fall ist der der

[2829]Die Preistaxe kann Monopolpreisen gegenüber Erfolg haben, wenn sie den Preis nicht unter den Stand herabdrücken will, den der Wettbewerbspreis auf dem unbehinderten Markte einnehmen würde. Eine Weltobrigkeit könnte gegenüber Monopolpreisen, die von einem Weltkartell der Quecksilberproduzenten verlangt werden, Preistaxen zweckmäßig durchsetzen, die den Quecksilberpreis bis zu dem Stande herabdrücken, den er bei Wettbewerb mehrerer Erzeuger einnehmen würde. Natürlich gilt dasselbe auch von den institutionell bedingten Monopolen. Wenn ein Eingriff der Obrigkeit die Voraussetzungen für die Bildung von Monopolpreisen geschaffen hat, dann kann er durch eine Gegenmaßnahme diese Voraussetzung auch wieder beseitigen. Wenn einem Erfinder durch die Verleihung eines Patents die Möglichkeit, Monopolpreise zu erlangen, gegeben wurde, dann kann die Obrigkeit das Privileg, das sie verliehen hat, auch in der Weise wieder entziehen, dass sie für den patentierten Artikel Preise festlegt, die sonst nur bei Wettbewerb möglich wären. So konnte zur Zeit der Zünfte, die Monopolpreise anstrebten, die Preistaxe wirksam werden; so kann sie heute gegenüber Kartellen, deren Bildung der Schutzzoll ermöglicht, wirksam werden.

Obrigkeiten lieben es, den Erfolg ihrer Handlungen optimistisch zu beurteilen. Wenn die Preissatzung das Ergebnis hat, dass nun Ware schlechterer Art an Stelle von Ware besserer Art gesetzt wird, ist die Obrigkeit gern bereit, den Unterschied in der Beschaffenheit der Ware nicht zu beachten und sich dem Wahne hinzugeben, ihr Einschreiten habe den gewünschten Erfolg erzielt. Mitunter mag sich auch vorübergehend ein kleiner, wenn auch teuer erkaufter Erfolg einstellen. Es mögen die Erzeuger der durch die Preissatzung betroffenen Ware es vorziehen, eine Zeit hindurch Verluste zu tragen, als andere Gefahren zu laufen; sie fürchten etwa, dass ihre Betriebe durch die aufgewiegelte Menge geplündert werden, ohne dass die Obrigkeit zu ihrem Schutze einschreitet. In solchen Fällen führt die preispolitische Maßnahme zu Kapitalaufzehrung und damit weiter zu Verschlechterung der Versorgung. Den praktisch bedeutsamsten Fall preispolitischer Eingriffe stellen heute die gewerkschaftlichen Mindestlöhne dar. In manchen Staaten wurden Mindestlöhne unmittelbar durch Maßnahmen der Obrigkeit festgelegt. Die Obrigkeiten anderer Staaten greifen nur mittelbar in die Lohngestaltung ein, indem sie es dulden, dass die

Gewerkschaften und die von ihnen geleiteten Arbeitnehmer Gewalt gegen die Unternehmungen und gegen die Arbeitswilligen anwenden, die gegen ihre Lohntarife verstoßen. Die Lohntaxe bewirkt ständige Arbeitslosigkeit eines sehr beträchtlichen Teiles der Arbeiterschaft, und da pflegt die Obrigkeit wieder durch die Gewährung von Arbeitslosenunterstützung einzugreifen. Die Erörterungen der jüngsten Jahre über die Ursachen der als Dauer- und Massenerscheinung auftretenden Arbeitslosigkeit bilden ein unerfreuliches Kapitel in der Geschichte der Nationalökonomie. Man hat sich nicht gescheut, die alte Legende der Maschinenstürmer als Lehre von der «technologischen Arbeitslosigkeit» vorzutragen, und man hat allen Ernstes die Forderung vertreten, man möge allen technischen Fortschritt überhaupt verbieten oder es zumindest der Obrigkeit anheimstellen, ob man ihn dulden soll oder nicht.

Besonderen Beifall hat die «Kaufkrafttheorie» gefunden. Die Löhne müssen hochgehalten werden, d.h. auf einem höheren Stand als jenem, der sich auf dem unbehinderten Markte bilden würde, damit die Produkte Käufer finden. Sinkt der Lohn auf den der Marktlage entsprechenden Stand und fällt damit die Kaufkraft jener Arbeiter, die nicht von der Arbeitslosigkeit betroffen waren, dann werden neue Absatzschwierigkeiten entstehen, die die Arbeitslosigkeit verschärfen. Manche wollen dabei zugeben, dass durch die Einstellung der Arbeitslosen die Summe des Einkommens und der Kaufkraft aller Arbeiter zusammengenommen unverändert bleiben oder selbst steigen könne, wenn der Marktlohn die Höhe der Arbeitslosenunterstützung entsprechend übersteigt. Doch da dann – durch die früher Arbeitslosen – auch mehr erzeugt werden wird, könne es nichtsdestoweniger zu Absatzstockung und damit wieder zu Arbeitslosigkeit kommen.

Der Fehler dieser Gedankengänge ist offenkundig; es ist der Irrtum, der allen Unterkonsumtionstheorien zugrundeliegt. Das Gesamteinkommen und die Gesamtausgaben – für konsumtive und produktive Zwecke zusammengenommen – decken sich immer. Auch die naivste und unhaltbarste Ausbeutungstheorie kann niemals zu einer Erklärung der Absatzstockung gelangen. Die Ausbeuter müssen ihren «Mehrwert», ihren «Ausbeutungsgewinn», irgendwie verwenden. Sie können ihn nicht aus der Welt schaffen. Sie können entweder verzehren oder kapitalisieren; in jedem der beiden Fälle werden sie Käufer auf dem Markte.

Eine andere Spielart der Kaufkraftlegende meint, man könnte durch Eingriffe in die Lohngestaltung das «arbeitslose» Einkommen der Unternehmer und Eigentümer zum Verschwinden bringen, wenn man die Unternehmer zwingt, alle Arbeiter zu beschäftigen und zu den Tarifsätzen zu entlohnen, und wenn zugleich die Preise der Produkte durch Preissatzung begrenzt werden. Dass das möglich ist, ist freilich nicht zu bestreiten. Doch eine andere Frage ist es, ob die Obrigkeit damit das erreichen kann, was sie anstrebt. Wenn man den Unternehmern und den Eigentümern der Produktionsmittel das Einkommen, das sie aus der Unternehmungstätigkeit und der Anlage ihres Kapitals in der Produktion beziehen könnten, nimmt, ihnen aber dabei die Verfügungsgewalt über die Produktionsmittel belässt, dann werden sie das Kapital aufzehren. Will die Obrigkeit das hintanhalten, dann bleibt ihr wieder nichts anderes übrig als entweder von ihren Eingriffen abzustehen oder durch Enteignung der Eigentümer die Marktwirtschaft in sozialistische Gemeinwirtschaft überzuleiten.

Die preispolitischen Eingriffe sind somit, von den beiden erwähnten Ausnahmefällen abgesehen, nicht geeignet, der Obrigkeit die Möglichkeit zu geben, die Marktwirtschaft in die Wege zu leiten, die sie ihr weisen will. Das Marktgetriebe erweist sich stärker als die Gewalt der Obrigkeit. Es lässt der Obrigkeit keine andere Wahl als die: entweder das Gesetz des Marktes hinzunehmen, wie es ist, oder den Versuch zu machen, den Markt und die Marktwirtschaft durch eine marktfreie Wirtschaft zu ersetzen.

[2830]antikem

[2831]durch die Zufuhr vom Lande, wo Groß- und Mittelbetriebe Überschüsse eigener Erzeugung abgaben, um dafür gewerbliche Erzeugnisse einzutauschen.

[2832]privater Getreidehandel

[2833], die der Staat durch die Unterbindung des Getreidemarktes geschaffen hatte

[2834]Die Getreideversorgung blieb im Römerreich immer ein schwieriges Problem.

[2835]des Verkehrs

[2836]Agrarprodukten

[2837]Die Währungs- und Bankpolitischen Eingriffe > Currency and Credit Manipulation

[2838]Interventionistische Währungspolitik > The Government and the Currency

[2839]Man hat zur politischen und moralischen Rechtfertigung der währungspolitischen Eingriffe die Lehre aufgestellt, dass die Obrigkeit das Geld schaffe und dass das Geld «ein Geschöpf der Rechtsordnung» sei.

[2840]Obrigkeit > the laws and the courts

[2841]und zum Geldgut

[2842]geht er grundsätzlich nicht anders vor, als wenn er feststellt, was sie gemeint haben, wenn sie die Lieferung einer Milchkuh vereinbart haben. > They interpret the customs of the trade in the same way in which they proceed when called to determine what is the meaning of any other terms used in contracts.

[2843]Gebiete des Geldwesens > mintage

[2844]Markt > people

[2845]Preissatzungen > compulsion and coercion

[2846]wie mit allen preispolitischen Eingriffen

[2847]nationalökonomischem

[2848]die beiden

[2849]moderne

[2850]Währungsgeschichte > economic history

[2851]Die liberale Politik des 19. Jahrhunderts > Laissez-faire liberalism

[2852]Doch sie beschränkte sich nicht einfach darauf, das Prägen und Umprägen der Münzen zu besorgen. Einige Staaten haben den Übergang von der Silber- zur Goldwährung durch Beschaffung der erforderlichen Goldmengen durchgeführt, und andere Staaten haben zum Ersatz des Kreditgeldes, das ihre Geldpolitik früherer Zeit zum Landesgeld gemacht hatte, ähnliche Operationen unternommen. Die Währungspolitik des 19. Jahrhunderts hat ein Beispiel dafür geliefert, wie geschickte Politik die Probleme zu lösen vermag, die ihr der Interventionismus vergangener Epochen als Erbe hinterlassen hat.

Als das Ziel der Währungspolitik des liberalen Zeitalters erschien die einheitliche Goldwährung. Die klassische oder orthodoxe Goldwährung, wie man sie heute tadelnd zu nennen beliebt, sollte die Schwankungen der interregionalen Wechselkurse in engste Grenzen bannen und so den internationalen Handel von allen störenden Einflüssen währungspolitischer Natur befreien. Jede Ausnützung des Geldwesens zur Gewinnung handelspolitischer «Vorteile» im Verkehr mit dem Auslande, zur Verschiebung der Besitzstandverhältnisse zwischen den Staatsbürgern und zur Füllung der Staatskassen wurde als unzulässig angesehen. Gutes Geld hat dem Verkehr zu dienen, hat den Umsatz der Güter und Dienste zu erleichtern, soll niemand schaden und niemand Sondervorteile verschaffen. Diese Auffassung war allmählich zum Dogma geworden, an dem umso hartnäckiger festgehalten wurde, als man – irrtümlich – geneigt war, im Goldgeld eine Verwirklichung des unerreichbaren und widerspruchsvollen Ideals «wertbeständigen» und «neutralen» Geldes zu erblicken.

Mit dem Vordringen des Interventionismus musste sich auch in diesen Auffassungen ein tiefgreifender Wandel vollziehen. Der währungs- und bankpolitische Interventionismus will den Markt durch zielbewusste Gestaltung der Kaufkraft des Geldes beeinflussen. Die Goldwährung macht die Gestaltung der Kaufkraft des Geldes von der Rentabilität der Goldgewinnung abhängig und schaltet damit den Einfluss der Währungspolitik der Einzelstaaten aus. Der währungspolitische Interventionismus vermag in der Welt des politischen Separatismus, in der viele Staaten sich als souverän betrachten und jeder Staat ohne Rücksicht auf die übrigen Staaten handelt, die Goldwährung nicht zu beseitigen und das Gold nicht aus dem Gelddienst zu verdrängen. Doch er kann durch Ausnützung des Münzregals, durch Monopolisierung der Notenausgabe und durch eine Reihe von weiteren Zwangsmassnahmen ein besonderes, auf das Staatsgebiet beschränktes Geldwesen schaffen, dessen Wertgestaltung dem Einfluss der Obrigkeit unterworfen ist.

[2853] Die Schuldenabbürdung

[2854]Seisachtie

[2855]Das Geldwesen war nun einmal durch die Inflation zerrüttet und die Grundlage aller Kreditgeschäfte war erschüttert; man sah in der Wiederherstellung des alten Geldwertes den besten Ausweg aus einer verfahrenen Lage. Dass man damit das alte Unrecht nicht immer gutmachte, weil die, deren Forderungen in der Zwischenzeit in entwertetem Geld zurückgezahlt worden waren, und die, die ihre Forderungen mittlerweile abgetreten hatten, keine Entschädigung erhielten, und dass man neues Unrecht durch Aufwertung der in schlechterem Geld abgeschlossenen Darlehen schuf, wurde nicht beachtet.

[2856]Was geschah, war ein Versuch, die Folgen eines vorangegangenen Eingriffs zu beheben und eine für schlecht erachtete Währungspolitik zu liquidieren. Man wusste nicht, wie man das beabsichtigte Ziel ohne die Benachteiligung der Schuldner erreichen könnte, und so glaubte man, diese mit in Kauf nehmen zu müssen.

[2857]Hammerschlag > bomb

[2858]Ein verfeinertes, doch weniger scharfes, darum aber auch weniger wirkungsvolles System der Seisachthie stellt der Inflationismus dar, wenn man ihn nur im Hinblick auf die Schuldverpflichtungen betrachtet. Das fortschreitende Sinken der Kaufkraft der Geldeinheit bedeutet zugleich fortschreitende Entwertung der Ansprüche der Gläubiger. Doch auch diese Maßnahme hat nur begrenzte Wirkung. Die durch die Inflation ausgelöste Aufwärtsbewegung der Preise wird zunächst im kurzfristigen Kreditverkehr durch das Auftreten einer positiven Preisprämie zum Teil kompensiert. Der Abschluss langfristiger Kreditverträge, die auf eine inflationistischen Eingriffen ausgesetzte Währung lauten sollen, erweist sich in der Regel sehr bald als unmöglich. Auch die Schuldentlastung durch inflationistische Maßnahmen wirkt sich im Sinne ihrer Urheber nur auf die aus früherer Zeit stammenden Verträge aus. Sie wirkt auch auf die fernere Kreditgewährung, doch nicht im Sinne der Absichten ihrer Urheber, sondern im entgegengesetzten Sinne.

Die Bewegungen der Kaufkraft des Geldes haben, wie schon früher gezeigt wurde, tiefgreifende Wirkung auf den Inhalt aller Schuldverträge. Doch das bedeutet durchaus nicht, dass die Obrigkeit es in der Hand hätte, durch Einflussnahme auf die Wertbildung des Geldes den Kreditverkehr nach ihren Absichten zu gestalten. Das dem obrigkeitlichen Einfluss ausgesetzte, in seiner rechtlichen Geldfunktion auf das Staatsgebiet beschränkte Kreditgeld wird von den Wirten, gerade weil es nur lokales und nationales Geld ist, mit anderen Augen betrachtet als das vom Staate unabhängige Sachgeld. Man vergleicht seine Wertgestaltung mit der des internationalen Sachgeldes, und trägt dem Sinken seines Wertes gegenüber dem Sachgeld durch die Bildung einer positiven Preisprämie Rechnung, die die Bemühungen der Obrigkeit, den Kredit durch ihre Eingriffe zu verbilligen, vereitelt.

Welches Ende fortgesetzter Inflationismus und fortgesetzte Kreditexpansion schließlich nehmen müssen, wurde schon gezeigt. [FN: Vgl. oben S. 387 f., 396.]

[2859]Die Abwertung

[2860]in denen die Staatsgewalt nicht überhaupt in den Händen der von den Gewerkschaften abhängigen politischen Parteien lag > even by those disparaged as anti-labor

[2861]es zu erreichen, dass die Löhne langsamer und in geringerem Ausmaße sanken als die Preise > clung stubbornly to their high-wages policy

[2862]Mochten auch die Wortführer der Gewerkschaften sich noch so sehr bemühen, die Politik der künstlichen Hochhaltung der Löhne zu verteidigen, sie konnten die Erkenntnis der Verkettung der Erscheinungen auf die Dauer nicht verhindern.

[2863]Es ist begreiflich, dass die Gewerkschaftsführer vor allem darauf bedacht waren, um das öffentliche Eingeständnis des Zusammenbruchs ihrer Politik herumzukommen. Sie mussten das Versagen der gewerkschaftlichen Prinzipien verschleiern, um ihre eigene Stellung nicht zu gefährden. So verfielen sie denn auf den Ausweg, nicht die Anpassung der Löhne an die Lage des Marktes vorzuschlagen, sondern die Anpassung der Warenpreise an den Stand der Löhne. Die Geldlöhne sollten unverändert bleiben, doch die Preise entsprechend steigen. Dann würde das einzelne Gewerkschaftsmitglied zunächst gar nicht merken, dass sich eine Veränderung vollzogen hat. Die Reallöhne würden erst schrittweise durch das allmähliche Steigen der Warenpreise der Marktlage angepasst werden. So entstanden jene Abwertungspläne, die man als Angleichung des inländischen Preisniveaus an das internationale Preisniveau zu empfehlen suchte. In der Tat handelte es sich um eine Anpassung der Löhne an den Stand der Preise der Genussgüter.

[2864]a)-e) > 1) – 5)

[2865]von Kostensenkung zu sprechen, wo doch die «Kosten» auf diesem Wege nicht anders ermäßigt werden konnten als durch Senkung des Reallohnes und durch die – in erster Linie gleichfalls die Massen belastende – Herabsetzung der Schuldverpflichtungen. Man hat von Förderung des Exports und des Fremdenverkehres gesprochen, die doch nur durch diese Kostensenkung zu erzielen war. Man ist sogar soweit gegangen, auf der einen Seite als Ziel der Abwertungspolitik Redeflation, d.i. Steigen der Preise zu bezeichnen, gleichzeitig aber auf der andern Seite den Verbrauchern zu versprechen, dass man mit allen zu Gebote stehenden Mitteln des Interventionismus Preissteigerungen verhindern werde. Kurz, man hat das getan, was alle schwachen Regierungen in ihrem preispolitischen Interventionismus stets getan haben: man hat gleichzeitig den Verbrauchern niedrige Preise und den Erzeugern hohe Preise, den Arbeitnehmern hohe Löhne und den Unternehmern Kostensenkung, die auch die Lohnsenkung stillschweigend einschließen sollte, den öffentlichen Angestellten hohe Bezüge und den Steuerzahlern Abgabensenkung versprochen. Die Abwertung entsprang eben nicht einem Entwurf zielbewusster Interventionspolitik, sondern der politischen Schwäche der Obrigkeit. Sie war eine Kapitulation des Staates vor der Macht der Gewerkschaften und – in manchen Ländern – auch vor der Macht der Verbände der Landwirte, die sich eines Teils ihrer Schulden entledigen und höhere Preise für ihre Erzeugnisse erhalten wollten.

Als Maßnahme einer auf ständige Beeinflussung des Marktes gerichteten Politik kann die Abwertung schon darum nicht in Betracht kommen, weil ihre Wirkung zeitlich begrenzt ist, und weil die Wiederholung das Mittel abnützt und die betroffene Währung zerstört.

Die vermeintlichen Vorteile, die die Abwertung in Außenhandel und Fremdenverkehr bringt, beruhen darauf, dass die Anpassung der inländischen Produktionskosten an die durch die Abwertung geschaffene Lage eine gewisse Zeit braucht. Ist einmal die Anpassung voll erreicht, dann hat die als günstig erachtete Wirkung ihr Ende gefunden. Die Schuldenabwertung ist zwar endgültig. Doch diese hat nichts anderes zu bedeuten als eine Verschiebung des Besitzstandes zwischen den verschiedenen Bevölkerungsgruppen. Wenn die Gläubiger nun ihren Aufwand einschränken müssen, so können ihn die Schuldner um den gleichen Betrag erhöhen; dem Ausland gegenüber tritt im Endergebnis keine Änderung ein. [FN: Bestehen Auslandsforderungen oder Auslandsschulden, die auf Einheiten der Landeswährung lauten, dann treten durch die Abwertung die entsprechenden Verschiebungen ein.] Die Senkung der Reallöhne darf man aber kaum als endgültig ansehen. Wenn die Macht der Gewerkschaften ungebrochen bleibt, dann werden sie neue Lohnsteigerungen zu erzielen wissen.

Wenn man erst den Grundsatz anerkannt hat, dass die Abwertung der Geldeinheit ein brauchbares Mittel der Wirtschaftspolitik sei, dann ist nicht einzusehen, warum man sich dieses Mittels nur einmal und nie wieder bedienen soll. Man mag zugeben, dass der währungspolitische Eingriff nur als ultima ratio unter außerordentlichen Umständen angewendet werden soll. Doch darüber, ob diese Not- und Zwangslage begeben sei oder nicht, werden immer Obrigkeit und öffentliche Meinung zu entscheiden haben, die bereit sein werden, die gegenwärtige Not höher einzuschätzen als alle Nöte der Vergangenheit, und keinesfalls von der Durchführung einer Maßnahme, die ihnen für den Augenblick Erleichterung zu bringen scheint, zurückschrecken werden, um ihre Anwendung in späterer Zeit nicht unmöglich zu machen oder nicht zu erschweren. Wie soll das dann enden? Kann man erwarten, dass man auf das bequeme Mittel der Abwertung verzichten wird, ehe man die Währung ganz zerstört hat und dadurch – wider Willen – die Rückkehr zu einem Geldwesen angebahnt hat, dessen Wertgestaltung den Eingriffen der Obrigkeit entzogen ist? Man kann in der Abwertung ein Mittel erblicken, das man einmal, zweimal, vielleicht auch dreimal anwenden kann. Dann aber gerät man auf die schiefe Ebene der fortschreitenden Inflation, die zum Zusammenbruch des Geldsystems führt.

Die seit 1931 erfolgten Abwertungen haben die Goldwährung keineswegs beseitigt und auch dem Golde nichts von seiner Stellung als Weltgeld genommen.

Es gibt freilich auch heute Länder, deren Währungsverfassung auf dem Gebrauche eines nationalen Kredit- oder Zeichengeldes aufgebaut ist. Doch das hat es in den letzten 150 Jahren immer gegeben. Soweit diese Länder am internationalen Handel teilnehmen, müssen sie sich des Goldes als des einzigen heute auf dem Weltmarkte gebräuchlichen Geldes bedienen. Wenn Italiener oder Deutsche im Auslande einkaufen, müssen sie in Gold zahlen. Die zahlungstechnischen Vorgänge vermögen diesen Tatbestand zu verschleiern, doch nicht zu beseitigen.

Die Länder, die man heute als die «demokratischen Staaten» zu bezeichnen pflegt, halten jedoch an der Goldwährung (nicht auch am Goldumlauf) im inländischen Verkehr fest. Sie haben, nach einigem Schwanken und Herumexperimentieren, ihrem Inlandsgeld wieder den Charakter von Umlaufsmitteln gegeben. Das Pfund Sterling, der Dollar, der französische Franc und andere nationale Geldeinheiten stellen heute jederzeit fällige, vollkommen sichere Forderungen auf einen Goldbetrag dar. Was die Währungsverfassung von heute von der «klassischen» oder «orthodoxen» Goldwährung unterscheidet, ist, abgesehen von der Zurückziehung des Goldes aus der Kassenhaltung der einzelnen Wirte, allein das, dass die Höhe dieses Goldbetrags nicht durch die Gesetze festgelegt ist; es wird vielmehr der Regierung überlassen, diesen Goldbetrag festzusetzen. Die Gestaltung des Goldwertes der nationalen Geldeinheit ist somit in die Hand der Regierung gegeben; sie entscheidet und kann von der Entscheidung, die sie einmal getroffen hat, später auch wieder abgehen. Da die Kaufkraft der Geldeinheit im Inlande den Bewegungen ihres Goldwertes, wenn auch in einem zeitlichen Abstand, nachfolgt, ist der Regierung mittelbar auch auf die Gestaltung der Inlandspreise ein Einfluss gewahrt.

Man darf dieses Währungssystem nicht vom verfassungsrechtlichen Standpunkt betrachten, wenn man seine nationalökonomische Bedeutung begreifen will. Es ist unwesentlich, dass in manchen Staaten, z. B. in den Vereinigten Staaten von Amerika, dem Verfügungsrecht der Regierung durch Gesetz nach unten hin eine Grenze gezogen wird, wogegen in anderen Staaten die der Regierung erteilte Vollmacht unbegrenzt ist. Denn wie immer auch die verfassungsrechtliche Ordnung beschaffen sein mag, keine Regierung könnte zu einer neuen Abwertung schreiten, wenn sie nicht der Zustimmung der öffentlichen Meinung gewiss ist. Wenn aber die öffentliche Meinung von der Ersprießlichkeit der Abwertung überzeugt ist, wird abgewertet werden, ob nun dafür ein Gesetz erforderlich ist oder ob schon eine Verfügung der Verwaltungsbehörde hinreicht. Dass man es unterlassen hat, die neue Goldparität der nationalen Währungseinheit in einem Gesetz festzulegen, ist nicht etwa darauf zurückzuführen, dass man künftige Abwertungen erleichtern wollte. Die Vorgänge in England 1931, in den Vereinigten Staaten 1933 und in den Ländern des Goldblocks 1936 haben gezeigt, dass der Apparat demokratischer Staaten sehr schnell zu arbeiten fähig ist, wenn die öffentliche Meinung die Abwertung verlangt. Keinerlei verfassungsrechtliche Schranken vermögen die Durchführung einer volkstümlichen Maßnahme zu verzögern oder gar zu hemmen.

Das, was man durch die Unterlassung der gesetzlichen Bestimmung einer neuen Goldparität erreichen wollte, ist freilich nationalökonomisch auch als Abwertung zu kennzeichnen. Doch im Unterschied von den großen Abwertungen handelt es sich da um solche kleinen Umfanges.

Nationale Kreditausweitung, die über das Maß der in den übrigen Ländern vorgenommenen Kreditausweitung hinausgeht, führt zu einem Abziehen von Guthaben der Ausländer, zu Übertragung von Guthaben der Inländer ins Ausland, zu erhöhter Einfuhr und zu Sinken der Ausfuhr, kurz zum external drain. Will die Zentralnotenbank ihre Zahlungsfähigkeit aufrechterhalten, dann muss sie zu Restriktionsmassnahmen greifen und die Kreditausweitung wieder rückgängig machen oder auf das Ausmaß, das sie im Ausland erreicht hat, zurückschrauben. Restriktionsmassnahmen sind höchst unbeliebt. Wurden sie durch einen external drain hervorgerufen, dann verlangt die öffentliche Meinung nach einer Reform der Bankgesetzgebung, um den inländischen Geldmarkt, wie man zu sagen pflegt, von den Einflüssen des Auslandes unabhängig zu machen. Man meint, dass nur die Goldwährung der Zentralnotenbank die Möglichkeit nehme, durch Kreditausweitung den Zinsfuss nach Belieben herabzudrücken und die Preise und Löhne hinaufzutreiben. Man begreift nicht, dass auch die Loslösung von der Goldwährung und die Herstellung einer nationalen Kreditgeld- oder Zeichengeldwährung nicht die Bedingungen schaffen könnten, die es ermöglichen würden, ungestraft Kreditausweitung zu treiben. Man gibt sich den Illusionen des naivsten Inflationismus hin, ohne sich im geringsten um das zu kümmern, was die Nationalökonomie lehrt, und ohne die Erfahrungen zu beachten, die man seit zweihundert Jahren immer wieder mit Kreditausweitung und Inflation gemacht hat.

Die Alternative lautet nicht etwa: niedriger Zinsfuss oder Aufrechthaltung der Stabilität der internationalen Bewertung der nationalen Geldeinheit. Auch ein Land, das sich eines nationalen Zeichengeldes bedient und sich vom Weltverkehr und von jeder Beziehung zum Ausland vollkommen getrennt hat, könnte nicht Kreditausweitung treiben, ohne jene Folgen auszulösen, die mit jeder Kreditausweitung verbunden sind. Nicht die Goldwährung und nicht die internationale Verflechtung der Handelsbeziehungen und der Geldmärkte stehen dem Erfolg einer Politik «billigen» Geldes im Wege. Der Zins ist keine monetäre Erscheinung, er kann durch monetäre und kreditpolitische Maßnahmen weder beseitigt noch dauernd ermäßigt werden. Wenn man es versucht, ihn vorübergehend zu ermäßigen, kann die Anpassung der Marktlage an die durch den Stand der Wertungen der einzelnen Wirte und der Versorgung mit Produktionsmitteln gegebenen Verhältnisse nicht ausbleiben, und diese Anpassung löst Erscheinungen aus, die man als Krise und Depression zu bezeichnen pflegt.

Wenn man Kreditausweitung, die über das Maß der in den übrigen am Weltverkehr teilnehmenden Ländern gleichzeitig vorsichgehenden hinausgeht, unterlässt, kann es der Zentralnotenbank oder dem Währungsstabilisierungsfonds nicht schwerfallen, durch Einlösung der nationalen Umlaufsmittel in der der Parität entsprechenden Höhe die Festigkeit der internationalen Bewertung der nationalen Geldeinheit zu sichern. Hat man im Inland eine über jenes Maß hinausgehende Kreditausweitung vorgenommen und steht man daher einem external drain gegenüber, der die Gold- und Devisenbestände schrumpfen lässt, dann muss man den Abfluss von Gold und Devisen durch Restriktionsmassnahmen zu hemmen suchen.

Dort, wo die Festsetzung der Parität und die Abänderung der einmal festgesetzten Parität der Regierung überlassen wurde, kann die Regierung den Abfluss von Gold und Devisen zunächst dadurch zu unterbinden versuchen, dass sie die Parität herabsetzt. Hat sie früher für die nationale Währungseinheit den Betrag von p Einheiten von Gold oder Devisen abgegeben, so gibt sie fortan etwa nur noch 0,99 p Einheiten ab. Man pflegt dann von «Schwäche» des Pfund, des Franken oder des Hollandgulden zu sprechen. Die Ausdrucksweise führt irre. Die Währung ist nicht schwach geworden; die Regierung hat eine Abwertung kleinen Ausmaßes vorgenommen.

Es kann vorkommen, dass der Abfluss von Gold und Devisen durch das Abheben der Guthaben, die man als hot money bezeichnet, und ihr Verbringen ins Ausland hervorgerufen wurde. In diesem Falle ist die Maßnahme, die die Regierung durch die kleine Senkung der Parität vorgenommen hat, sinn- und zweckwidrig. Wenn die, die ihre Guthaben ins Ausland schaffen wollen, eine neue große Abwertung befürchten, die den Goldwert der Geldeinheit um 10-50 % herabsetzen wird, oder wenn sie glauben, dass eine in dieser Größenordnung liegende Goldwertverringerung der Währungseinheit im Gefolge politischer Veränderungen, die die Regierung zur Inflation treiben, auftreten wird, dann werden sie sich durch eine kleine Erhöhung des Preises für Gold und Devisen nicht davon abhalten lassen, ihre Absicht durchzuführen. [FN: Vgl. oben S. 431 f.]

Erfolgt der Abzug von Gold und Devisen durch die Zinsfussarbitrage, dann kann man das Abströmen durch die Verteuerung des Preises, zu dem Gold und Devisen von der Zentralbank oder vom Währungsausgleichsfonds abgegeben werden, mitunter verhindern. Schon eine geringe Verteuerung der Valutenkurse mag hinreichen, um das geplante Geschäft unrentabel erscheinen zu lassen. Man glaubt daher, dass man eine Verteuerung des Darlehenszinses auf dem inländischen Geldmarkte, die bei starrem Festhalten an der einmal gewählten Parität unausweichlich wäre, vermeiden könnte. In der Tat kann es sich dabei nur um eine kurzfristige Hinausschiebung des Zeitpunktes handeln, in dem die Zinserhöhung eintreten muss. Doch nicht einmal das darf die Regierung als Erfolg ihrer Politik ansehen. Die Verteuerung der Zinsfussarbitrage äußert ihre Wirkung nach beiden Seiten hin. Wenn später einmal die Dinge so liegen sollten, dass die Zinsfussarbitrageure Gold und Devisen ins Land bringen würden, wenn sie sicher wären, dass von der einmal festgesetzten Parität nicht mehr abgegangen werden wird, wird sie die Erinnerung an das, was die Regierung zur Bekämpfung des Goldabzuges vorzukehren pflegt, davon abhalten. Die Befürchtung, bei der Rückübertragung der einzubringenden Gelder durch eine Erhöhung des Abgabepreises für Gold und Devisen geschädigt zu werden, wird ihnen das Geschäft unrentabel erscheinen lassen. Die Politik der veränderlichen Gold- und Devisenpreise, diese Politik der kleinen Abwertungen, kann bewirken, dass die Spanne zwischen dem inländischen Darlehenszins und dem ausländischen erweitert wird, doch diese Erweiterung wirkt sich nach beiden Seiten hin aus; sie gleicht manche Schwankungen auf dem inländischen Geldmarkte aus, doch sie verbilligt den Zinsfuss nicht mehr und nicht stärker als sie ihn auf der andern Seite wieder verteuert; seine durchschnittliche Höhe bleibt unverändert.

Um die Parität der inländischen Umlaufsmittel dem ausländischen Gelde und dem Golde gegenüber aufrechtzuerhalten, gibt es nur *ein* Mittel: die prompte Einlösung. Es ist dabei ohne Belang, ob die Einlösung auf Grund eines dem Eigentümer der Umlaufsmittel durch Gesetze zuerkannten förmlichen Anspruchs erfolgt, oder ob sie ohne solche Verankerung in den Gesetzen tatsächlich vorgenommen wird. Das Handeln entscheidet, nicht die Rechtslage. Es ist weiter ohne Belang, ob der Einlösungsfonds im Licht der Öffentlichkeit arbeitet wie die Zentralnotenbanken der orthodoxen Goldwährung, denen es vorgeschrieben war, den Stand ihrer Reserven mehrmals im Monat zu verlautbaren, oder ob seine Gebarung Geheimnis einiger Eingeweihter bleibt. Die Währungsausgleichsfonds, die in den letzten Jahren geschaffen wurden, haben keine Aufgaben zu erfüllen, die von denen der Reserven der Notenbanken verschieden wären. Sie sollen für die Aufrechthaltung des Geldsurrogatcharakters der Umlaufsmittel sorgen, und sie können das nur in der Weise tun, dass sie die Umlaufsmittel prompt einlösen.

Der Rückkehr zum klassischen oder orthodoxen System der Goldwährung stehen nicht, wie man zu behaupten pflegt, Veränderungen in der Struktur der Wirtschaft entgegen. Es ist nicht wahr, dass die Entwicklung der Wirtschaft bewirkt habe, dass der Mechanismus der Goldwährung nicht mehr spielen könne. Die Regierungen wollen nicht zur Goldwährung mit einer durch Gesetze festgelegten Goldparität der Umlaufsmittel zurückkehren, weil sie nicht darauf verzichten wollen, große oder kleine Abwertungen vorzunehmen, um sich über die Verlegenheiten, in die sie die produktionspolitischen und preispolitischen Eingriffe bringen, auf kurze Zeit hinwegzuhelfen.

[2866] Gestaltung des Zinsfusses > market

[2867] wirtschaftspolitischen Bestrebungen > government policies

[2868] Die Kreditausweitung der Bankiers beschränkte sich nicht auf die Ausgabe von nicht voll durch Geld gedeckten Banknoten. Auch der Gegenwert von Einlagen, über die jederzeit durch Scheck oder Anweisung verfügt werden konnte, wurde nicht anderes behandelt als der Gegenwert der Einlagen, die die Grundlage der Notenausgabe bildeten.

Sehr früh schon wurde die Ausgabe von Umlaufsmitteln zu einem Werkzeug einer Politik gemacht, die geradewegs auf Kreditausweitung gerichtet war. Der Liberalismus des 19. Jahrhunderts hat sich dann zwar bemüht, die Kreditausweitung möglichst zu beschränken. In der Peel'schen Bankakte von 1844 und in Gesetzen anderer Staaten ist der, freilich nicht zweckmäßig angelegte und darum gescheiterte Versuch gemacht worden, die Ausgabe von Umlaufsmitteln ganz zu unterdrücken und damit die Gefahr der Kreditausweitung zu bannen. Der Versuch misslang, weil er sich nur auf die in Notenform ausgegebenen Umlaufsmittel bezogen hat und die in Kassenführungsguthaben verkörperten Umlaufsmittel außer Acht ließ. Er war von vornherein verfehlt angelegt, weil er die Privilegierung der die Noten ausgebenden Bank beibehielt; wirksam hätte man der Wiederkehr der Kreditausweitung nur durch volle Freiheit des Bankgeschäftes entgegentreten können. Doch außerhalb Englands bildeten die Gegner der Kreditausweitung immer nur eine einflusslose Minderheit. Die Mehrheit sah in den Zentralbanken Einrichtungen, deren wichtigste Aufgabe die Erleichterung der Kreditbeschaffung durch Niedrighalten des Diskontsatzes sei. Man begann sehr bald von den wirtschaftspolitischen Grundsätzen der Currency-School auch in jenen Staaten abzurücken, die ihre Notenbankgesetzgebung an den Gedanken dieser Schule orientiert hatten. Der Verfall des nationalökonomischen Denkens, den der Historismus gezeitigt hatte, tat ein Übriges. Seit der zweiten Hälfte des 19. Jahrhunderts ging man immer unverhüllter darauf los, billiges Geld, d.h. niedrigen Zinsfuss durch bankpolitische Maßnahmen zu schaffen. [FN: Vgl. Lavergne, *Essor et décadence du Capitalisme* (Paris 1938), S. 98 ff.; Baster, The Twilight of American Capitalism, London 1937, S. 81 f.]

[2869]Zirkulationskredittheorie > monetary or circulation credit theory of cyclical fluctuations of business

[2870]zusätzlicher Geschäfte > additional investments

[2871]irgendwie

[2872]Man hat die Behauptung aufgestellt, dass die Kreditausweitung durch das Steigen des Gleichgewichtszinses ausgelöst werde, indem die Banken ihren Zinssatz nicht entsprechend dem Steigen des Gleichgewichtszinses erhöhen. [FN: *Machlup* (Börsenkredit, Industriekredit und Kapitalbildung, Wien 1937, S. 177) spricht da von «passivem Inflationismus».] Auch dieser Einwand geht an dem Kern der Zirkulationskredittheorie vorbei. Ob die Kreditausweitung damit eingeleitet wird, dass die Banken die Bedingungen, zu denen sie Kredit gewähren, erleichtern, oder dadurch, dass sie von einer durch die Marktlage erforderten Verschärfung dieser Bedingungen absehen, ist nebensächlich. Entscheidend ist, dass es zur Kreditausweitung kommt, weil es Anstalten gibt, die es als ihre Aufgabe ansehen, die Gestaltung des Darlehenszinses durch zusätzliche Gewährung von Zirkulationskredit zu beeinflussen.

[2873]Wer der Meinung ist, dass die Kreditausweitung ein notwendiger Faktor in dem Ablauf ist, der den Gang der Wirtschaft in den Aufschwung treibt, auf den die Krise und die Depression folgen müssen, müsste jedenfalls der Auffassung beipflichten, dass das sicherste Mittel zur Erzielung krisenfesten Wirtschaftsganges in der Hemmung der Kreditausweitung zu finden wäre. Doch obwohl allgemein Übereinstimmung darüber besteht, dass man Mittel zu ergreifen hätte, um die Wellenbewegung der Konjunktur soweit als möglich in einen glatten Ablauf zu verwandeln, will man von Maßnahmen zur Unterdrückung der Kreditausweitung überhaupt nichts hören. Man sieht es als Aufgabe der Konjunkturpolitik an, den durch die Kreditausweitung ausgelösten Aufschwung zu verewigen und den Zusammenbruch zu verhindern. Vorschläge zur Unterdrückung der Kreditausweitung werden abgelehnt, weil sie, sagt man, die Depression verewigen würden. Nichts kann die Lehre, die die Konjunkturschwankungen durch Interventionen zu Gunsten «billigen» Geldes erklärt, besser bestätigen als die Hartnäckigkeit, mit der man sich sträubt, von der Kreditausweitung zu lassen. [FN: Vgl. zur Kritik dieser Tendenzen Fritz Machlup, a. a. O., S. 209 ff.]

Man müsste geradezu für alle Tatsachen der jüngsten Wirtschaftsgeschichte blind sein, wenn man bestreiten wollte, dass allgemein Maßnahmen zur Senkung des Darlehenszinses als wünschenswert angesehen werden und dass man in der Kreditausweitung das sicherste Mittel zur Erreichung dieses Zieles erblickt. Die Goldwährung wird vor allem darum bekämpft, weil man in ihr ein Hindernis gegen eine auf Senkung des Zinssatzes gerichtete nationale Politik sieht; man will nicht durch Rücksichten auf die Erhaltung der Währungsparität genötigt werden, Kreditausweitung zu unterlassen, wenn sie nicht von der ganzen Welt in gleichem Ausmaße mitgemacht wird. Niemand wird bestreiten können, dass die Währungs- und Bankpolitik Großbritanniens, der Vereinigten Staaten, Frankreichs und des Deutschen Reichs auch gegenwärtig immer wieder zur Kreditausweitung Zuflucht nimmt. Aus allen politischen Lagern ertönt der Ruf nach «billigem» Geld.

Der typische Verlauf der Kreditpolitik im Konjunkturzyklus ist ganz durch diese Vorliebe für «billiges Geld» gekennzeichnet. Hat die Kreditausweitung einmal eingesetzt, dann herrscht allgemein Befriedigung über den guten Geschäftsgang. Die Unternehmer glauben, dass nun endlich die Zeit ungestörten Aufschwungs aller Geschäfte gekommen sei und dass die Prosperität ewig anhalten werde. Die Arbeiter freuen sich der hohen Löhne, die Kapitalisten sehen mit Genugtuung die Aktienkurse steigen und sind kurzsichtig genug, in dem durch das Anwachsen der positiven Preisprämie bewirkten Ansteigen des Bruttozinses eine Erhöhung des Nettozinses zu erblicken. Die öffentliche Meinung findet nur an der Börsenhausse etwas auszusetzen und verlangt «qualitative Kreditkontrolle», um den Segen des Aufschwungs ganz auf die Löhne zu lenken und die Börsengewinne zu beschneiden. Die Stimme derer, die warnend auf den unvermeidlichen Rückschlag hinweisen, wird nicht gehört. Dass die Kreditausweitung nicht jedesmal solange fortgesetzt wird, bis sie durch die Katastrophenhausse zum Zusammenbruch führt, ist nicht solchen Warnungen zuzuschreiben. Die Selbständigkeit des Vorgehens der Banken der verschiedenen Staaten führt dazu, dass die Expansion nicht gleichmäßig fortschreitet. Manche Staaten sind weiter gegangen als die anderen. Wenn sie sich nicht ganz jeder Rücksichtnahme auf die Gestaltung der Valutenkurse entschlagen wollen, müssen sie bremsen. Sie lösen damit die Panik aus, die den Aufschwung beendet und den Abstieg der Konjunktur einleitet. Der Umschwung in einem Land führt sehr bald auch in den übrigen Ländern zum Wechsel der Bankpolitik und zur Krise.

Sobald der erste Schrecken überwunden ist, tritt sogleich wieder die Forderung auf, durch neue Kreditausweitung dem Niedergang der Preise und der allgemeinen Entmutigung entgegenzutreten. Dass diese Wünsche nicht gleich erfüllt werden, ist psychologisch zu erklären. Die bösen Erfahrungen, die mit der Kreditausweitung gemacht wurden, sind noch zu frisch; die Unternehmer sind so ängstlich geworden, dass sie selbst das reichliche Anbot sehr billigen Kredits nicht veranlassen würde, ihre Zurückhaltung aufzugeben. Der Anpassungsprozess der Wirtschaft muss zunächst seinen Lauf nehmen. Es muss geraume Zeit verstreichen, ehe die Wirte wieder bereit sind, sich in neue Unternehmungen zu wagen. Früher können die Banken nicht ankurbeln.

Dieser typische Ablauf des Konjunkturwechsels ist mitunter durch das Dazwischentreten außerordentlicher, meist politischer Ereignisse beeinflusst worden. Doch im Grossen und Ganzen konnte man seit dem Ende des 18. Jahrhunderts in England und seit der Mitte des 19. Jahrhunderts in West- und Mitteleuropa und im Norden Amerikas von einem ziemlich regelmäßigen Wechsel von Aufschwung und Niedergang der Konjunktur sprechen. Ob die Voraussetzungen, die diese Gestaltung herbeigeführt haben, noch weiter bestehen, kann bezweifelt werden. Die Lehren der Zirkulationskredittheorie sind heute auch außerhalb des Kreises der Nationalökonomen so bekannt geworden, dass der naive Optimismus, der die Unternehmer in den Aufschwungsperioden zu erfüllen pflegte, einer skeptischeren Auffassung gewichen ist. Es mag sein, dass die Wirte auf die Kreditausweitung in Hinkunft anders reagieren werden als in der Vergangenheit; es mag sein, dass sie es scheuen werden, die angebotenen Krediterleichterungen zu Geschäftserweiterungen zu benützen, weil sie an das unvermeidliche Ende der guten Konjunkturlage denken. Manche Anzeichen sprechen dafür, dass ein solcher Wandel sich vorbereitet. Doch es ist zu früh, darüber eine bestimmte Aussage zu machen.

[2874]Devisenbewirtschaftung und Clearingverträge > Foreign Exchange Control and Bilateral Exchange Agreements

[2875]Die Ausdrucksweise ist irreführend. Wer für eine Ware weniger bietet als den Marktpreis, kommt nicht zum Zuge; das gilt für die Devisen, d.h. für das Auslandsgeld, geradeso wie für alle Waren.

[2876]Gut > object

[2877], die Inflation treiben und dabei an der Fiktion festhalten, dass sie die Kaufkraft der nationalen Geldeinheit nicht gesenkt haben,

[2878]Sachgeld > gold

[2879]Wer Waren kauft, wird den Marktpreis in dem Betrag zu erlegen haben, der den Austauschverhältnissen des Marktes entspricht; er wird entweder Sachgeld (oder Auslandsgeld) oder den ihm nach dem Marktkurs entsprechenden Betrag an Landesgeld zahlen müssen.

[2880]das

[2881]Sie ist doch souverän und glaubt daher allmächtig zu sein. Sie kann Strafgesetze erlassen, sie hat Richter und Polizisten, Galgen und Gefängnisse zur Hand und vermag jeden, der sich gegen sie auflehnt, zu zerschmettern. Sie befiehlt daher, die Preise dürfen nicht steigen. Auf der einen Seite druckt die Regierung zusätzliches Geld, tritt damit auf den Markt und schafft so zusätzliche Nachfrage nach Waren; auf der anderen Seite befiehlt sie, die Preise dürfen nicht steigen. Regierungen glauben eben alles zu können.

Von den Bestrebungen, durch Preistaxen die Preise der Waren und Dienstleistungen festzulegen, wurde schon gesprochen. Jetzt haben wir unser Augenmerk den Bemühungen zuzuwenden, die Preisbildung des Auslandsgeldes, der Devisen, durch Preistaxen zu beeinflussen.

[2882]Obrigkeit > government and its satellites

[2883]Da sie nicht gewillt ist, die Preistaxe für Devisen aufzuheben,

[2884]weil die Inländer im Inland mehr kaufen,

[2885]Die Preise steigen nicht nur, weil die Einfuhr (in Inlandsgeld) teurer wurde; sie steigen, weil die Geldmenge vermehrt wurde und weil die Inländer eine stärkere Nachfrage nach Waren entfalten.

[2886]Durch die Verstaatlichung des Devisenhandels glaubt die Regierung ihre Absichten durchsetzen zu können. > It nationalizes foreign exchange transactions.

[2887]Regierung > government bureau of foreign exchange control

[2888]an die Wirte, die sie für legitime, d.h. von der Regierung als berechtigt. angesehene Zwecke gebrauchen wollen

[2889](nicht etwa des Einfuhrhandels)

[2890]Bewirtschaftung der Devisen bedeutet Verstaatlichung des Außenhandels und aller Geschäfte mit dem Ausland. > The monopolization of buying and selling of foreign exchange by the government vests the control of foreign trade in the authorities.

[2891]der der Marktlage entsprechenden Gestaltung der Devisenkurse > the real and effective rates of foreign exchange.

[2892]die dem Stande der Kaufkraft des Inlandsgelds entsprechenden Kurse > these real and effective rates

[2893]durch ein Clearing gehen, dessen Abrechnung man den fiktiven offiziellen Kurs zugrundelegt. [FN: Die Staaten, die der Gestaltung der Devisenkurse durch den Markt kein Hindernis in den Weg legen, sind, wenn sie Gläubiger des Landes mit Devisenbewirtschaftung sind, zum Abschluss solcher Verträge bereit, um das Schuldnerland zu zwingen, wenigstens einen Teil der Zinsen und Amortisationsraten aus dem Ertrag der Ausfuhr zu decken. Sind sie nicht Gläubiger, dann schließen sie Clearingsverträge nur dann ab, wenn sie fürchten, sonst den Absatz auf den Märkten des Landes mit Devisenbewirtschaftung zu verlieren.] Doch die Geschäfte, die im Clearing abgerechnet werden, kommen auf Grundlage des Marktkurses zustande, nicht auf Grund des fiktiven Kurses.

[2894]Als Verstaatlichung des Außenhandels und aller anderen Geschäfte mit dem Ausland fügt die Devisenbewirtschaftung sich in die Politik der schrittweisen Umwandlung der Marktwirtschaft in Volkswirtschaft ein. Währungspolitisch ist sie sinn- und zweckwidrig. Die Absicht, die Gestaltung der Austauschverhältnisse zwischen dem Inlandsgeld und dem Auslandsgeld in einer von der Marktgestaltung abweichenden Höhe festzulegen, kann sie nie erreichen. [FN: Wenn die Devisenbewirtschaftung nicht die Absicht verfolgt, einen dem Marktpreis gegenüber niedrigeren Devisenkurs durchzusetzen, wenn demnach die Regierung in die Kursgestaltung nicht eingreifen will, die Devisenstelle ihre Käufe und Verkäufe zum Marktkurs durchführt und jeden Kauflustigen oder Verkauflustigen zum Marktpreis voll bedient, ist sie währungspolitisch neutral. Dann liegt kein währungspolitischer Eingriff vor, und es besteht keine Verschiedenheit zwischen einem von der Regierung festgelegten «offiziellen» und dem vom Markte gebildeten Kurs.]

[2895]Die ausgleichende Gerechtigkeit in der Landwirtschaft

[2896], deren Verteilung auf die Einzelnen nach den Grundsätzen ausgleichender Gerechtigkeit geregelt werden soll. Nicht wenige Befürworter solcher Verteilungspolitik gehen sogar so weit, dass sie annehmen, die von ihnen empfohlenen Maßnahmen würden die Ergiebigkeit der Arbeit noch steigern, da doch dann jeder Einzelne das Bewusstsein haben werde, für sich – und nicht für andere, für die Ausbeuter – zu arbeiten.

Die Aufgabe der nationalökonomischen Betrachtung ist es nun, zu zeigen, wie sich die Konfiskationen und Redistributionen auf dem Markte auswirken. Sie muss sich dabei von vornherein von der Vorstellung freihalten, als ob es in einer Gesellschaftsordnung, die auf dem Sondereigentum an den Produktionsmitteln beruht, einen Vorgang geben würde, den man als Verteilung bezeichnen dürfte. Verteilung findet dort statt, wo ein Vorrat in die Verfügung von Einzelnen oder von Gruppen gegeben wird, die vorher keine Verfügung über die ihnen zugewiesenen Anteile hatten. In der Marktwirtschaft ist jedes Produktionsmittel im Sondereigentum, und die Produkte werden in das Sondereigentum hinein erzeugt. Sie treten als im Sondereigentum befindliche Objekte bereits ins Dasein. Wenn man sie verteilen will, muss man sie vorerst enteignen, Enteignungen sind leicht durchzuführen. Man schließt daraus vorschnell, dass das Enteignen zur Grundlage eines auf Dauer berechneten Systems der Versorgung gemacht werden könnte.

[2897]Die Marktwirtschaft aber beruht auf der Erwartung

[2898]primitiver Kulturen > of older days

[2899]Jedem Hausvater soll ein Stück Ackerland, ein Haus und alles Gerät eigen sein, das der Betrieb erfordert. Auf eigenem Boden, mit eigenem Werkzeug arbeitend, von niemand als von Weib und Kindern unterstützt, soll jeder Wirt das schaffen, was ihm und den Seinen nottut.

2900Das ist das Bild des Gemeinwesens, das man durch die Enteignung derer, die mehr haben, verwirklichen will. In diesem Bild ist nicht einmal Raum für den gewerblichen Spezialisten einfachster Art, für den Dorfhandwerker; es erreicht seine Geschlossenheit und Widerspruchslosigkeit nur dann, wenn man Autarkie jedes Hofes im strengsten Sinne des Wortes voraussetzt. Wenn man diese Utopie verwirklichen will, dann sind Enteignungsvorschläge nicht widersinnig. Die Zerstörung des Marktes und der Arbeitsteilung ist nicht unbeabsichtigte Folge, sondern Ziel und Ende der Reform. Doch wenn man von den Vorteilen der Arbeitsteilung nicht lassen will oder nicht lassen kann, dann ist alles, was mit diesen und ähnlichen Enteignungs- und Verteilungsvorschlägen zusammenhängt, bukolische Romantik.
2901 1,000-acre
2902dem Produktionsmittel Boden und denen, die sich mit seiner land- und forstwirtschaftlichen Verwertung befassen, eine Sonderstellung einzuräumen, können im Rahmen der Marktwirtschaft nur als Pläne zur Gewährung von Privilegien für einen Teil der Gesellschaft auf Kosten der übrigen Bürger angesehen werden. Ob diese Begünstigten Latifundienbesitzer hochadeliger Herkunft, adelige Rittergutsbesitzer, Farmer oder Bauern sein sollen, mag politisch bedeutungsvoll sein. Vom Standpunkt der Einwirkung auf die Ergiebigkeit der gesellschaftlichen Arbeit ist nur das wichtig, dass eine privilegierte Minderzahl auf Kosten der Übrigen bevorrechtet wird.

Der Ausdruck «Agrarsozialismus» ist zur Kennzeichnung einer Verfassung, die nichts als das Nebeneinander autarker Bauern dulden will, unzweckmäßig. Mit Sozialismus pflegt man die – geträumte und nicht zu verwirklichende – Gesellschaftsordnung zu bezeichnen, die auf dem Gemeineigentum an den Produktionsmitteln beruht. Hier aber ist von Gemeineigentum und der Produktion, die sich aus Gemeineigentum an den Produktionsmitteln ergibt, nicht die Rede. Noch irreführender ist es, den Ausdruck «Agrarsozialismus» zu gebrauchen, wenn man die möglichst gleichmäßige Aufteilung der Äcker in einer Gesellschaft plant, die neben der Landwirtschaft auch noch andere Produktionszweige kennen soll. Das Programm eines solchen «Agrarsozialismus» bedeutet Schaffung einer Schicht privilegierter Landwirte zu Lasten der übrigen Gesellschaftsglieder. Wie man das politisch rechtfertigen will, ist unwesentlich. Die einen sehen in den Landwirten eine «rassisch» besonders wertvolle Klasse, die anderen eine wegen ihres Konservativismus oder ihrer religiösen Orthodoxie politisch erwünschte Schichte. Andere wieder glauben, dass das «Naturrecht» jedermann einen Anspruch auf ein Stück Land für den Anbau verleihe. Wieder andere meinen, dass für den Ackerbau, auf dem alles andere beruhe, weil er doch das dringendste Bedürfnis, das nach Nahrung, befriedigt, eine Sonderregelung nottue.

Die Durchführung dieses Agrarsozialismus würde bedeuten, dass durch die Erzeugung der Bodenfrüchte mehr Arbeit gebunden wird als unter den Verhältnissen unbehinderter Marktwirtschaft. Anderseits würde zwar weniger Kapital in der landwirtschaftlichen Produktion angelegt werden. Doch das würde keineswegs etwa dazu führen, dass die für gewerbliche Zwecke verfügbare Kapitalgütermenge größer wird. Da die nichtagrarische Bevölkerung für die Beschaffung von Nahrungsmitteln mehr aufzuwenden haben wird und da die gewerbliche Produktion weniger Arbeiter zur Verfügung haben wird, wird auch *caeteris paribus* der Umfang des Sparens niedriger sein.

Ob ein derartiges Nebeneinander zweier nach durchaus verschiedenen Grundsätzen aufgebauten Wirtschaftsgruppen, einer «agrarsozialistischen» Landwirtschaft und einer in allem, was nicht die landwirtschaftliche Erzeugung betrifft, marktwirtschaftlich unbehinderten Verarbeitungsindustrie, politisch durchführbar wäre, mag ungeprüft bleiben. Denn die Zweckwidrigkeit solcher Ordnung vom Standpunkte der Versorgung mit Nahrungsmitteln und Rohstoffen landwirtschaftlicher Herkunft liegt auf der Hand. Wenn man die landwirtschaftliche Produktion als besonders wichtig ansieht, wie es wohl bei allen Befürwortern dieser Maßnahmen zutrifft, muss diese Unsinnigkeit besonders krass erscheinen.

Die periodisch wiederkehrende Enteignung allen Ackerlandes zum Zwecke seiner Neuverteilung hat in den Anfängen der Geschichte mancher Völker eine Rolle gespielt. Sie hat die Entwicklung der gewerblichen Erzeugung gehemmt und damit den verfügbaren Nahrungsspielraum verengt. In Gemeinwesen, deren Lebenshaltung ohne verarbeitende Industrie, Verkehrsanstalten und Bergbau nicht aufrechtzuerhalten wäre, kann sie nichts anderes erzielen als Senkung der Ergiebigkeit der Arbeit.
2903Die Konfiskation durch Besteuerung
2904Man hat die Beseitigung oder sehr wesentliche Einschränkung des Erbrechts nicht nur als Mittel zur Überführung der kapitalistischen Gesellschaftsordnung in die sozialistische vorgeschlagen, sondern auch als Maßnahme ausgleichender Gerechtigkeit im Rahmen einer auf dem Sondereigentum an den Produktionsmitteln beruhenden Wirtschaftsordnung. In vielen Staaten hat man

die Erbschaftssteuern in den letzten Jahrzehnten in solchem Masse verschärft, dass von großen Nachlässen den Erben nur der kleinere Teil belassen wird, der größere Teil aber an den Staat fällt. Da diese Steuerpolitik von der öffentlichen Meinung gebilligt und höchstens wegen ihrer zu weitgehenden Nachsicht gegenüber den Erben getadelt wird, ist wohl anzunehmen, dass man sie beibehalten und eher noch verschärf en wird.

Sondereigentum, das auf die Lebensdauer des Eigentümers beschränkt bleibt und mit dessen Tod an den Staat übergeht oder, wie man zur Rechtfertigung der Konfiskation zu sagen pflegt, «heimfällt», ist vom gesellschaftlichen Standpunkt eine sinnlose Einrichtung. Man kann es als staatliche Aufmunterung zur Kapitalaufzehrung betrachten.

Ein gleiches gilt, wenn auch vielleicht in geringerem Masse, von Beschränkungen der zulässigen Vermögensgröße. Beide Maßnahmen würden die erfolgreichsten Unternehmer veranlassen, sich vorzeitig aus der geschäftlichen Betätigung zurückzuziehen. Auch die Wegsteuerung der höheren Einkommen durch die Einkommensteuer ergibt ähnliche Folgen.

Alle diese Enteignungen entspringen der Auffassung, dass die Vermögen und die Gewinne von den Eigentümern und Unternehmern der Gesellschaft und den minderbemittelten Gesellschaftsmitgliedern entzogen wurden. Die Natur habe den Reichtum, den sie spendet, allen gegeben, und was menschliche Arbeit hervorgebracht habe, gebühre den Arbeitern. Die Ausbeuter hätten sich dieses Reichtums durch Gewalt oder List bemächtigt. Wenn man ihn ihnen wieder wegnehme, sei das nur gerecht. Auch die, zu deren Nachteil die ausgleichende Gerechtigkeit des Staates eingreife, müssten, wenn sie nicht ganz verstockt wären, die Berechtigung der «Repropriation» der Gesellschaft anerkennen. Doch alle Erwägungen dieser Art ändern nichts an dem Tatbestand, dass diese Maßnahmen die Kapitalaufzehrung fördern.

III. Die Beschränkung des nicht aus Arbeit stammenden Ertrags

Die Gedankengänge, die dem Interventionismus zugrundeliegen, sehen im Unternehmergewinn und im Zinsbezug unrechtmäßige und unsittliche Bereicherung auf Kosten der ehrlichen, im Schweiße ihres Angesichts arbeitenden Volksgenossen. Sie halten es daher für gerecht, den besitzenden Schichten Opfer zu Gunsten der Allgemeinheit aufzuerlegen. Das unverdiente Einkommen der Ausbeuter soll entweder durch Steuern oder durch Herabsetzung der Warenpreise gekürzt werden. Müssen denn, fragt man, die Kapitalisten gerade 4 % oder gar 5 % an Zinsen beziehen? Könnten sie sich nicht mit weniger begnügen? Und könnten sich nicht die Grundbesitzer mit geringerer Bodenrente und die Unternehmer mit niedrigeren Gewinnen zufrieden geben?

Man versucht das Problem auf solche Weise vom Feld katallaktischer Erörterungen auf das moralische Gebiet zu verschieben. Man geht auf das, was die Nationalökonomie über die Wirkung der Eingriffe lehrt, nicht ein. Man stellt sich auf eine andere Ebene, auf die des Sittengesetzes. Man entwirft Pläne für den Neubau der Gesellschaft, ohne sich darum zu kümmern, ob sie auch verwirklicht werden können und ob ihre Verwirklichung Ergebnisse bringen würde, die den Absichten der Planmacher entsprechen. Denn man geht von der Annahme aus, dass der Mensch in der gesellschaftlichen Sphäre alles durchzuführen vermag, was er durchführen will. Man weigert sich zu erkennen, dass der handelnde Mensch nicht allmächtig ist, dass er sein Handeln und die gesellschaftliche Kooperation nicht nach Gutdünken einrichten kann. Auch im menschlichen Handeln waltet eine unentrinnbare Notwendigkeit, der man nicht entgehen kann. Man kann an den handelnden Menschen wohl Forderungen jeder Art stellen. Doch wenn der Mensch Forderungen entsprechen soll, die mit den Zielen, die auch der Moralkritiker dem Handeln setzt, unvereinbar sind, dann wird das Ergebnis nicht das sein, das die Moralisten erwarten.

Für die gesellschaftliche Kooperation der Menschen gibt es nur *eine* wirkungsfähige Ordnung: die auf dem Sondereigentum an den Produktionsmitteln beruhende Marktwirtschaft. Wenn man diese Ordnung nicht vernichten und die Kultur nicht zerstören will, darf man nicht Maßnahmen und Verhaltungsweisen fordern, die ihr Wirken unmöglich machen.

Das Getriebe der Marktwirtschaft wird durch die Faktoren in Gang erhalten, die der Moralist als Profitsucht, Eigennutz und Mammonismus verdammen will. Weil jeder Einzelne sein Unbefriedigtsein so weit abstellen will, als er es kann, weil jeder Einzelne auf seinen Vorteil bedacht ist und gewinnen und nicht verlieren will, arbeitet das Getriebe. Es ist ein Missgriff, wenn man aus dem ganzen Gefüge die Unternehmer, die Kapitalisten und die Bodeneigentümer herausgreift und nur an ihrem Verhalten Kritik übt.

Wenn man den Zins beseitigen oder ermäßigen will, müsste man sich an die Verbraucher wenden und sie auffordern, in Hinkunft Befriedigung in einem ferneren Abschnitt der Zukunft nicht niedriger zu werten als Befriedigung in einem näheren Abschnitt. Es ist nutzlos und zweckwidrig, den Zinsbezug zu verbieten oder an die Eigentümer der Produktionsmittel das Ansinnen zu stellen, auf ihn freiwillig zu verzichten. Man müsste den Verbrauchern sagen: Schätzet einen Apfel, der in hundert Jahren reifen wird, nicht niedriger als den reifen Apfel, den ihr sogleich verzehren könnt. Denn solange diese Wertungsverschiedenheit besteht, kann man den Urzins nicht «beseitigen», «aufheben» oder in seinem Ausmaß beschränken. Die verschiedene Wertung gegenwärtiger und künftiger Güter ist die Quelle des Urzinses, nicht die Habsucht der Kapitalisten. Man kann den Zinsbezug den Bezugsberechtigten nicht entziehen, wenn man nicht will, dass sie das Kapital aufzehren. Man kann den Zinsbezug nicht unter den durch die Höhe des Urzinses gegebenen Stand herabsetzen, wenn man nicht das Marktgetriebe in ein sinnloses Chaos verwandeln will.

Statt dem Unternehmer den Unternehmergewinn zu entziehen, müsste man die Verbraucher zwingen, nicht das zu kaufen, was sie am dringendsten benötigen, sondern das, was sie einstmals benötigt haben. Dann würde es keine Unternehmergewinne geben. Wenn man den Unternehmergewinn ganz oder teilweise konfisziert, stört man nur die Anpassung der Produktion an die Bedürfnisse der Verbraucher.

[2905]STÄNDESTAAT > CORPORATIVISM

[2906]corporativism

[2907]**I. Die neue ständische Idee**

Wenn man vom Ständestaat und von der ständischen Ordnung der Wirtschaft spricht, verwendet man einen Ausdruck, der auf Einrichtungen der Vergangenheit hinweist. Doch was man im Auge hat, ist keineswegs die Wiederherstellung einer Ordnung, die einst bestanden hat und lange aufgehört hat zu bestehen, und ist auch ebensowenig die Aufrichtung einer Ordnung, von der man zu unrecht glaubt, dass sie einst bestanden habe.

Vor dem Erfolge des Liberalismus, der das geschaffen hat, was man den modernen Rechtsstaat und die moderne Kultur und Gesellschaft nennt, war die menschliche Gesellschaft ständisch gegliedert. Die Einzelnen waren vor dem Gesetze nicht gleich; ihre Rechtsfähigkeit war abgestuft, und diese Unterschiede in der Rechtsfähigkeit waren erblich. Die Gesellschaftsgliederung war starr. Der Einzelne war durch seine Standeszugehörigkeit in der Bewegungsfreiheit gehemmt. Er war nicht berechtigt, sich seinen Platz im Rahmen der gesellschaftlichen Arbeitsgemeinschaft selbst zu suchen; er hatte dort zu bleiben, wohin ihn die Geburt gestellt hatte. Wo das Stände- und Kastensystem voll ausgebildet war, war die Erblichkeit der Berufs- und Arbeitsstellung bis ans Ende durchgeführt. Anderswo gelang es doch wenigstens ab und zu einem begabten Einzelnen, die Schranken, die die Stände trennten, zu übersteigen und sich in einem höheren Stande einzunisten.

Wenn heute von berufständischer Gliederung und vom Neubau der Gesellschaft auf ständischer Grundlage gesprochen wird, hat man keineswegs etwa die Wiederherstellung der ständischen Gliederung der Gesellschaft mit erblichen Kasten im Auge. «Stand» und «ständisch», «corporazione» und «corporativo» sind Schlagworte, deren moderne Verwendung teils aus Unkenntnis der Sozial- und Wirtschaftsgeschichte, teils aus dem Bestreben nach Irreführung der Massen zu erklären ist, die aber durchaus nicht in dem Sinne der alten Standes- und Kastenordnungen gemeint sind. Man suchte ein Wirtschaftsprogramm, das weder liberal-kapitalistisch, noch sozialistisch, noch interventionistisch sein sollte. Liberal-kapitalistisch durfte es nicht sein, weil man damit die Massen gewinnen wollte, denen die sozialistische Agitation unauslöschlichen Hass gegen Liberalismus und Kapitalismus eingeimpft hatte. Sozialistisch durfte es nicht sein, weil man auf die Unterstützung der Schichten, die die Enteignung fürchteten, nicht verzichten wollte. Doch auch zum Interventionismus durfte man sich nicht bekennen, da das Versagen der Interventionspolitik zu offenkundig war. So griff man denn in der Verlegenheit nach dem Schlagwort Ständestaat.

Weder in Italien noch in Portugal hat man bisher den Versuch unternommen, das Programm dieses Ständestaates und der ständischen Verfassung durchzuführen. In beiden Staaten wird die Diktatur der herrschenden Partei auf jedem Gebiet des öffentlichen Lebens streng gehandhabt. In Österreich hat man zwar eine Verfassung geschaffen, der man die Bezeichnung «ständisch» beigelegt hat. Doch diese Verfassung ist toter Buchstabe geblieben. «Vorläufig» wurden alle Funktionäre, die öffentliche Aufgaben zu erfüllen hatten, von der Regierung ernannt, und dabei blieb es bis zum Ende der Selbständigkeit Österreichs. In Italien ist es nicht anders. Auch dort herrscht schroffster Absolutismus der Staatsgewalt. Jede Regung eines Widerstands, ja schon jede Äußerung einer von den Ansichten der Regierung abweichenden Meinung wird unterdrückt. Es gibt kein Gebiet des gesellschaftlichen oder wirtschaftlichen Lebens, auf dem sich eine von der Staatsführung unabhängige Betätigung entfalten könnte. Wo in Körperschaften gewählt wird, wird den Wählern keine Möglichkeit gegeben, ihre Stimme anderen als den von der Regierung aufgestellten Wahlbewerbern zu geben. Der Ständestaat ist hier nichts als eine Bezeichnung, die die Diktatur deckt: von dem künftigen Neuen, das das Wort und die Programme in Aussicht stellen, sind nicht einmal Umrisse zu erkennen.

Wenn man darangehen will, die Wirtschaft des «ständischen» Staates zu untersuchen, ist man darauf angewiesen, die Grundelemente seiner Verfassung aus den drei negativen Merkmalen und dem einzigen positiven Merkmal zu entwickeln, die seine literarischen und politischen Verfechter zur Bestimmung ihrer Programme angeben.

Die drei negativen Merkmale sind:

Der Ständestaat ist nicht liberal und nicht kapitalistisch. Er lehnt daher – wenn auch nicht im Worte, so doch in der Sache – das Sondereigentum an den Produktionsmitteln ab.

Der Ständestaat ist nicht sozialistisch. Er lehnt daher das Gemeineigentum an den Produktionsmitteln ab.

Der Ständestaat will auch nicht interventionistisch sein; er lehnt daher die Eingriffe des Staates oder vom Staate geduldeter Zwangsgewalten in die Gestaltung der Preise, Löhne und Zinssätze ab. [FN: Vgl. Lanzillo, Studi di Economia Applicata, Padova 1933, S. 131 ff.; Papi, Economia per piani ed economia corporativa, Città di Castello 1936, (Estratto dal Giornale degli Economisti), S. 18.]

Das alles ist, daran muss man festhalten, vorläufig nur Programm für die weitere Zukunft, nicht auch schon Richtlinie für die gegenwärtige Politik. Die Wirtschaftspolitik des italienischen Staates schwankt wie die Wirtschaftspolitik aller anderen Staaten zwischen Sondereigentum, Gemeineigentum und Intervention. Sie verstaatlicht einzelne Betriebe und Produktionszweige und hält. die früher durchgeführten Verstaatlichungen aufrecht, sie lässt in manchen Produktionszweigen das Sondereigentum weiterarbeiten, sie greift für andere Produktionszweige immer wieder zu Staatsinterventionen.

Anderseits ist auch das positive Merkmal der Wirtschaftsverfassung des Ständestaates vorderhand nur Programm für eine künftige Gestaltung, nicht auch schon Ziel für die Politik der Gegenwart. Dieses positive Merkmal besagt: Die einzelnen Produktionszweige und Produktionsgruppen werden als Zusammenwirken von Unternehmern und Arbeitern zwangsweise organisiert. Diese Gemeinschaft der Unternehmer und Arbeiter regelt alle Verhältnisse des Produktionszweiges und der Produktionsgruppe selbständig. Sie ist der Träger sowohl der wirtschaftlichen als auch der politischen Organisation des Gemeinwesens. [FN: Vgl. Napolitano, Le Corporazioni Fasciste come Nuovi Sentieri dell' Economia, (Biblioteca del Secolo Fascista, Serie I, Num. 2), S. 128 ff.] Sie ist der Stand, die Korporation, die Gilde. Auf ihr beruht das künftige Staatswesen. [FN: Vgl. Pirou, Néo-Liberalisme, Néo-Corporatisme, Néo-Socialisme, Paris 1939, S. 77 ff.; Papi, Lezioni di Economia Generale e Corporativa, Vol. III., Padova 1934, S. 228.] Ihr Aufbau ist der Aufbau des neuen Staates, der die Welt von Kapitalismus und Liberalismus, von Sozialismus und Kommunismus, von Etatismus, Interventionismus und Bürokratismus befreien soll.

II. Die politische Verfassung des Ständestaats

Das politische Programm des italienischen Ständestaats ist ebenso wie das wirtschaftliche vor allem nach der negativen Seite hin erkennbar. Es lehnt Demokratie und Parlamentarismus radikal ab. Es entzieht dem Einzelnen jeden Rechtsanspruch. Nicht nur die subjektiven öffentlichen Rechte der Staatsbürger werden beseitigt, sondern auch die subjektiven Privatrechte. Das Eigentum des Einzelnen wird einem Obereigentum des Staates unterstellt, der Staat darf über den Einzelnen und über sein Eigentum im Interesse des Ganzen frei verfügen; der Staatsraison wird unumschränkter Spielraum eingeräumt.

Folgerichtig hat diesen Gedanken nur das nationalsozialistische Programm zu Ende geführt. Der charismatische Führer ist in seinen Befugnissen nicht beschränkt, sein Befehl ist höchstes Gesetz, und wer es wagt, sich ihm zu widersetzen, lehnt sich gegen die heilige Weltordnung auf. Das ist der theokratische Gedanke in seiner höchsten Ausbildung. Sein wunder Punkt liegt in der Frage der Anerkennung des begnadeten Führers. Wenn über die Frage, wer Führer sein soll, keine Einigung erzielt werden kann, dann bleibt kein anderer Ausweg als die Entscheidung durch die Waffen. Führerprinzip und autoritäre Staatsführung sind nur die Umschreibung für einen Zustand, in dem jeder Einzelne und jede Gruppe, die sich stark genug fühlen, es versuchen, sich mit Gewalt der Herrschaft zu bemächtigen. Nie war das Führerprinzip besser verwirklicht als im römischen Reich des zweiten Jahrhunderts. An der Spitze des Reiches stand der beste und fähigste Mann und war darauf bedacht, seine Nachfolge dem zu übergeben, den er selbst für den besten und geeignetsten hielt. Doch auf Trajan, Hadrian, Antoninus Pius und Marc Aurel folgte die Prätorianerdiktatur und mit ihr der Bürgerkrieg und der schnelle Niedergang. Die Herrschaft des Besten wurde abgelöst durch die Herrschaft des von der Gunst der Legionen getragenen Haudegens, der vom ersten Tag seiner Regierung an sich gegen den Ehrgeiz und das Machtstreben anderer Truppenführer zu wehren hatte, bis er früher oder später unterlag. Man hat behauptet, das Versagen des Systems der Antonine sei allein darauf zurückzuführen, dass der letzte der guten Kaiser, Marc Aurel, vom Grundsatze seiner Vorgänger abgewichen sei, indem er die Herrschaft nicht wie jene durch Adoption dem geeignetesten Mann, sondern seinem leiblichen Sohn Commodus übertragen habe. Doch ein System, dessen Funktionieren durch einen Fehler eines einzelnen Mannes gestört werden kann, ist unbrauchbar, selbst wenn dieser Fehler weniger verzeihlich gewesen wäre als der eines Vaters, der den Wert seines Sohnes überschätzt. Das System musste in dem Augenblick versagen, in dem sich ein Mann fand, der bereit war, dem herrschenden Kaiser Charisma und Herrschaft zu bestreiten. Das römische Reich versank in Anarchie, weil es nicht verstanden hatte, die Kämpfe der Armeeführer um den Purpur durch ein friedliches System zu ersetzen.

Es ist kennzeichnend, dass keine der Diktaturen, die heute in Europa bestehen, die Frage der Nachfolge des Diktators offen behandelt hat. Nur negativ herrscht da Klarheit: der Diktator ist nicht auf demokratischem Wege zu bestellen, er wird nicht vom Volke gewählt.

Wenn und soweit die Parteien der Diktatur Wahlen, Abstimmungen und Parlamente offen verwerfen, bleiben sie ihrer Grundauffassung treu. Doch die Macht der demokratischen Ideen ist immerhin noch so groß, dass die Diktatur auf den Prestigegewinn, den sie durch Benützung der äußeren Formen des demokratischen Parlamentarismus zu erreichen vermag, nicht verzichten will. So bestehen dem Scheine nach im Deutschen Reich und in Italien noch Parlamente, und selbst Russland hat eine scheinparlamentarische Einrichtung geschaffen. Wenn man mitunter davon spricht, den Parlamentarismus durch ständische Vertretungskörper zu ersetzen, will man ebensowenig Rückkehr zu den ständischen Einrichtungen der Vergangenheit empfehlen, wie man durch die Berufsstände die ständische Gliederung der vorliberalen Zeit nachbilden will. Wenn man mit dem Schlagwort: «Ersatz des Parlamentarismus durch berufsständische Vertretung» überhaupt eine klare Vorstellung verbindet, ist es die einer Änderung des Wahlrechts und der Wahlordnung. Die Vertreter sollen nicht mehr aus Wahlen hervorgehen, an denen alle Staatsbürger ohne Unterschied ihrer Berufstätigkeit teilnehmen; man will Pluralwahlrecht und Kuriensystem an Stelle der bestehenden Wahlrechte setzen.

Es wäre jedoch ein Irrtum, anzunehmen, dass die berufsständischen und korporativistischen Ideen immer mit der schroffsten Ablehnung von Parlamentarismus, Demokratie und Freiheit verbunden werden. Man kennt das ständische Reformprogramm heute meist nur aus den Äußerungen der italienischen und portugiesischen Staatsmänner, aus den Büchern der Schriftsteller dieser Völker und daneben auch noch aus den Schriften der Österreicher Spann und Messner sowie aus der katholischen Literatur, die sich auf die päpstliche Enzyklika *Quadragesimo anno* vom

Mai 1931 beruft. Da alle diese mit der kapitalistischen Wirtschaftsordnung auch die politische Verfassung des Liberalismus, die parlamentarische Demokratie, verwerfen, glaubt man, dass das System der berufsständischen Ordnung der Gesellschaft nur in dieser Verbindung vorgetragen werden könne. Man hat nicht beachtet, dass gerade die Vertreter des korporativistischen Gedankens, die ihn bis zu Ende gedacht haben, die englischen Gildensozialisten, keineswegs von jenem Hass gegen die parlamentarische Demokratie erfüllt waren, der die süd- und osteuropäischen Vertreter des Korporativismus kennzeichnet.

Es wäre vergebene Mühe, sich die Frage vorzulegen, ob die berufsständische Wirtschafts- und Gesellschaftsordnung mit einer bestimmten Gestalt politischer Verfassung notwendig verknüpft ist, und welcher Art diese Verfassung sein müsste. Zunächst muss geprüft werden, ob das Wirtschafts- und Gesellschaftsgefüge, das die Korporativisten aufrichten wollen, überhaupt durchführbar ist. Wenn diese Untersuchung, wie sich erweisen wird, zu dem Ergebnis führt, dass ein korporativistisches Gesellschaftsgefüge nicht arbeits- und lebensfähig wäre, dass der Korporativismus daher undurchführbar ist, wird die nach der der korporativistischen Wirtschaftsordnung entsprechenden politischen Verfassung gegenstandslos.

III. Die Wirtschaftsverfassung des Korporativismus

Man hat versucht, die politischen und wirtschaftspolitischen Ideologien mit nationalen Kennzeichen zu versehen. Man hat den westlichen Ideen die deutschen und die slavischen Ideen gegenübergestellt; man hat einen Unterschied zwischen germanischem und romanischem Gedankengut entdecken wollen; man hat, besonders in Russland und in Deutschland, neuerdings auch in Italien, von der Sendung des auserwählten Volkes gesprochen, das zur Weltherrschaft bestimmt sei und der Welt das Heil zu bringen habe. Im Hinblick auf solche Bestrebungen ist die Feststellung notwendig, dass alle politischen und wirtschaftspolitischen Ideen, die heute die Welt erfüllen, von Engländern, Schotten und Franzosen ausgebildet wurden. Weder Deutsche noch Russen haben zum Gedankenbau des Sozialismus auch nur ein Jota hinzugefügt; die Ideen des Sozialismus kamen nach Deutschland und Russland ebenso aus dem Westen wie die Ideen, die viele Deutsche und Russen heute als westliche Ideen verwerfen. Nicht anders steht es um das berufsständische und korporativistische Reformprogramm. Es entstammt dem englischen Gildensozialismus, und man muss die Schriften dieser heute schon vergessenen Bewegung zur Hand nehmen, wenn man sich über die Grundfragen des berufsständischen Wesens unterrichten will. Die italienischen, portugiesischen, österreichischen und katholischen Schriften, Parteiprogramme und sonstige Äußerungen über den berufsständischen und korporativen Aufbau bedienen sich einer unklaren Ausdrucksweise und vermeiden eindeutige Formulierungen und Präzisierungen; sie gleiten mit Redensarten über die entscheidenden Probleme hinweg. In den Schriften des englischen Gildensozialismus herrscht dagegen in der Darstellung des Programms größere Klarheit, und Sidney und Beatrice Webb haben das Ziel des Gildensozialismus scharf umrissen.[FN: Vgl. Sidney and Beatrice Webb, A Constitution for the Socialist Commonwealth of Great-Britain, London 1920.]

In der korporativistischen Utopie wird der Markt ersetzt durch das Zusammenspiel der Korporationen, d.i. der als Körperschaften organisierten Gesamtheiten der in einem Produktionszweig tätigen Personen. Alles, was nur den Produktionszweig allein angeht, also gewissermaßen die inneren Angelegenheiten der einzelnen Korporationen, wird durch die Korporation selbst geordnet, ohne dass der Staat oder der Korporation fremde Personen mitzureden hätten.[FN: Das nennen die Webb's: the right of self-determination for each vocation. (vgl. a.a.O., S. 277 ff.)] Die Beziehungen zwischen den Korporationen werden durch Verhandlungen von Korporation zu Korporation oder durch eine Gesamttagung der Korporationen geregelt. Der Staat, d.i. das aus allgemeinen Wahlen hervorgehende Parlament, greift überhaupt nicht ein oder nur dann, wenn die Korporationen zu keiner Vereinbarung gelangen.

[2908]Jedermann ist daran interessiert, dass in jedem einzelnen Betrieb, Unternehmen und Produktionszweig so wirtschaftlich gearbeitet werde, als es unter den gegebenen Verhältnissen möglich ist. Jede Vergeudung von Arbeit und Material trifft jeden Bürger.

[2909]eines Produktionszweiges

[2910]Wenn der Unternehmer der kapitalistischen Wirtschaft in seinem Betrieb als Herr frei schalten und walten darf, bleibt er dem Gesetz des Marktes untertan; wenn er nicht Verluste erleiden will, dann muss er darauf bedacht sein, die Wünsche der Verbraucher so gut zu erfüllen, als es unter den gegebenen Verhältnissen geht.

[2911], wenn er die vermeintlich nur ihn angehenden inneren Angelegenheiten nach Gutdünken regeln könnte.

Die Mehrzahl der Vertreter des berufsständischen Reformprogramms will die Unternehmer und Eigentümer der Produktionsmittel nicht ausschalten. Sie wollen die Korporation als Gemeinschaft aller dem Produktionszweig angehörenden Einzelnen aufrichten. Die Auseinandersetzung zwischen den Unternehmern, den Eigentümern des im Produktionszweig angelegten Kapitals und den Arbeitern über die Verwendung der Bruttoerträgnisse und die Gestaltung der Einkommen der einzelnen Berufsangehörigen erscheint ihnen als eine der inneren Angelegenheiten, die ohne Zuziehung Außenstehender vom Berufsstand autonom zu regeln wäre. Wie dabei verfahren werden soll, wird freilich nicht gesagt. Wenn Unternehmer, Kapitalisten und Arbeiter innerhalb der Standesorganisation in besondere Kurien oder Gruppen zusammengefasst werden und die Verhandlungen zwischen den Kurien geführt werden, kann eine Einigung überhaupt nicht erzielt werden, wenn die Unternehmer und die Kapitalisten nicht gewillt sind, auf ihre Ansprüche freiwillig zu verzichten. Wird aber die Entscheidung unmittelbar oder (durch Wahl von Ausschüssen) mittelbar durch die Beschlüsse von Vollversammlungen getroffen, in denen jeder Einzelne die gleiche Stimmbefugnis hat, dann werden die zahlreicheren Arbeiter die Unternehmer und die Kapitalisten überstimmen und über ihre Ansprüche zur Tagesordnung übergehen. Die berufsständische Ordnung würde damit auch der Form nach zum Syndikalismus.

Ebenso wird es mit der Abstufung der Löhne sein. Wenn darüber durch Abstimmung entschieden werden soll, bei der jedem Berufsangehörigen gleiche Stimmbefugnis zukommt, wird das Ergebnis wohl Gleichheit der Löhne ohne Rücksicht auf die Art der Arbeitsleistung sein.

Um zu verteilen und zu entlohnen, muss der Stand zuvor durch Verkauf seiner Erzeugnisse verdient haben. Jeder einzelne Berufsstand steht auf dem Markte als alleiniger Erzeuger der Güter da, die in seinen Erzeugungsbereich fallen. Er hat keinen Wettbewerb von Erzeugern der gleichen Waren zu fürchten, da er allein berechtigt ist, die Erzeugung durchzuführen. Wir haben mithin eine Gesellschaft von Monopolisten vor uns. Das bedeutet nun freilich nicht, dass alle Korporationen in der Lage wären, Monopolpreise zu erzielen. Doch viele Produktionszweige könnten Monopolpreise erzielen und dabei Monopolgewinne verschiedener Höhe erwerben. Die korporativistische Gliederung der Gesellschaft wird daher einzelnen Produktionszweigen und ihren Angehörigen besondere Vorteile bringen. Es wird Produktionszweige gehen, die durch Einschränkung der Erzeugung den Gesamterlös ihres Zweiges so stark zu erhöhen vermögen, dass sie den Anteil ihrer Angehörigen an dem Gesamtverbrauch des Wirtschaftsgefüges relativ zu steigern vermögen. Manche Produktionszweige werden dabei vielleicht sogar ungeachtet des Sinkens der Gesamtproduktionsergebnisse zu absoluter Erhöhung des Verbrauchs ihrer Angehörigen zu gelangen vermögen.

Damit ist die Sinnwidrigkeit des Systems schon genügend gekennzeichnet. Die einzelnen Korporationen haben keine Veranlassung, die Produktion so wirtschaftlich als möglich zu gestalten. Sie haben ein Interesse daran, die Erzeugungsmenge so herabzusetzen, dass sie Monopolpreise zu erzielen vermögen, wobei es ganz von der Gestaltung der Nachfragekurve abhängt, ob die Angehörigen einer oder der anderen Korporation besser oder schlechter fahren. Die Korporationen werden umso günstiger gestellt sein, je dringender der Bedarf nach ihren Erzeugnissen auftritt, und diese Dringlichkeit. des Bedarfs wird es manchen von ihnen ermöglichen, die Erzeugungsmenge einzuschränken und dabei doch den Reinertrag zu steigern. Das ganze System würde in letzter Linie zu schrankenloser Despotie der im strengen Sinne des Wortes lebenswichtigen Produktionszweige führen.

Es ist wohl undenkbar, dass einmal ernstlich versucht werden sollte, ein derartiges System durchzuführen. Alle Vorschläge zur korporativistischen Ordnung der Gesellschaft sehen ein Eingreifen des Staates zumindest für den Fall vor, dass zwischen den Korporationen eine Einigung über die Angelegenheiten, die mehrere von ihnen oder alle betreffen, nicht erzielt werden sollte.[FN: Mussolini erklärte im Senate am 13. Januar 1934: «Solo in un secondo tempo, quando le categorie non abbiano trovato la via dell'accordo e dell'equilibrio, lo Stato potrà intervenire.» (Zitiert bei Papi, Lezioni, a. a. O., S. 225)] Zu diesen Angelegenheiten muss man wohl die Gestaltung der Preise rechnen. Es ist nicht anzunehmen, dass darüber zwischen den Korporationen eine Einigung erzielt werden könnte. Wenn aber der Staat eingreifen soll, wenn er die Preise festsetzt, dann verliert das System seinen korporativistischen Charakter und wird entweder Sozialismus oder Interventionismus.

Doch die Preispolitik ist nicht der einzige Punkt, an dem die Undurchführbarkeit des berufsständischen Systems zutage tritt. Das System macht jede Veränderung im gesellschaftlichen Produktionsprozess unmöglich. Wenn der Bedarf sich geändert hat oder wenn neue Produktionsverfahren an die Stelle der alten treten sollen, müssen Kapital und Arbeit von einem Produktionszweig zu anderen verschoben werden. Das sind Fragen, die über den Rahmen einer einzelnen Korporation hinausgehen. Hier muss eine den Korporationen übergeordnete Stelle, die nur der Staat sein kann, eingreifen. Wenn aber der Staat über den Umfang der von jeder einzelnen Korporation zu verwendenden Kapitalien und über die Anzahl der von ihr zu verwendenden Arbeiter entscheidet, dann führt eben der Staat und nicht die Korporationen.

IV. Syndikalismus

Die berufsständische oder korporativistische oder gildensozialistische Ordnung entpuppt sich mithin als Syndikalismus. Die in jedem einzelnen Produktionszweig tätigen Arbeiter sollen die Verfügung über die Produktionsmittel erhalten und die Produktion für eigene Rechnung führen. Es ist dabei unwesentlich, ob man dabei denen, die früher Unternehmer oder Kapitalisten waren, eine besondere Stellung in der neuen Ordnung zuweisen will oder nicht. Unternehmer und Kapitalisten in dem Sinne, in dem es in der Marktwirtschaft Unternehmer und Kapitalisten gibt, könnten sie in der neuen Ordnung nicht mehr sein. Sie können hier nur Bürger sein, die bei der Entscheidung über die Geschäftsführung und bei der Verteilung der Erträgnisse bevorzugt werden. Die gesellschaftliche Funktion, die sie in der Marktwirtschaft eingenommen haben, geht jedoch auf die Gesamtheit. der Korporationsmitglieder oder auf die Organe der Korporation über. Selbst wenn in der Korporation nur die ehemaligen Unternehmer und Kapitalisten zu reden hätten und selbst wenn der größte Teil der Erträgnisse ihnen zuzukommen hätte, bliebe das System syndikalistisch. Denn nicht das sind die praxeologischen Kennzeichen des Syndikalismus, dass jeder Syndikalist den gleichen Anteil am Ertrag erhält oder dass er an der Fassung der den Wirtschaftsbetrieb bestimmenden Beschlüsse mitwirkt, sondern das, dass die Einzelnen und die Produktionsmittel starr mit bestimmten Produktionszweigen verbunden sind, so dass kein Arbeiter und kein Produktionsmittel von einem Produktionszweig zu einem andern abwandern kann. Ob man im Schlagworte: «die Mühlen den Müllern, die Druckereien den Druckern» die Ausdrücke Müller und Drucker so fasst, dass sie auch die früheren Eigentümer der Mühlen und

Druckereien einschließen oder nicht und ob man diesen ehemaligen Unternehmern und Eigentümern eine mehr oder weniger bevorrechtete Stellung zuweist, ist gleichgültig. Entscheidend ist, dass die Marktwirtschaft, in der die Eigentümer der Produktionsmittel und die Unternehmer, aber auch alle Arbeiter von den auf dem Markte zum Ausdruck gelangenden Begehrungen der Verbraucher abhängen, durch ein System ersetzt wird, in dem die Erzeugung nicht mehr von den Begehrungen der Verbraucher bestimmt wird, sondern von den Wünschen der Produzenten. Der Koch bestimmt, was und wie viel jeder Einzelne essen darf, und wer das ihm vorgesetzte Essen zurückweisen wollte, müsste verhungern, weil niemand als der Koch das Recht hat, Speisen zuzubereiten. Ein derartiges System mag immerhin noch ein wenig Sinn bewahren, solange die Verhältnisse ungeändert bleiben und die Besetzung der einzelnen Produktionszweige mit Kapital und Arbeit der Lage des Marktes noch einigermaßen entspricht. Jeder Wechsel der Verhältnisse macht es sinnlos.

Der Syndikalismus mit seiner Forderung, das Eigentum an den Produktionsmitteln den in dem Produktionszweig tätigen Arbeitern zu überlassen, entspricht den Auffassungen vom Produktionsprozess, die die Arbeiter aus der Perspektive ihrer Stellung gewinnen. Sie sehen in der Werkstätte, in der sie täglich die gleichen Arbeiten verrichten, eine ständige Einrichtung; sie sehen nicht, dass Wirtschaften und Erzeugen sich immerfort wandeln. Sie wissen nicht, ob die Unternehmungen, in denen sie tätig sind, Ertrag abwerfen oder nicht. Wie wäre es sonst zu erklären, dass die Angestellten von mit Verlust arbeitenden Eisenbahnen die Forderung erheben: *die Eisenbahn den Eisenbahnern!* Die Arbeiter glauben naiv, dass ihre Arbeit Ertrag schafft und dass die Unternehmer und Kapitalisten nur Drohnen sind. Man kann es psychologisch verstehen, wie die Gedankengänge der Syndikalisten entstehen konnten. Doch das syndikalistische Programm kann durch kein Verstehen dessen, was in den Köpfen seiner Befürworter vorgeht, lebens- und wirkungsfähig werden.

Das syndikalistische und das korporativistische Gesellschaftssystem beruhen auf der Annahme, dass der einmal erreichte Stand der Produktionsverfassung unverändert belassen werden kann. Nur wenn diese Voraussetzung zutrifft, kann man davon absehen, Kapital und Arbeiter von Produktionszweig zu Produktionszweig zu versetzen und damit Maßnahmen zu treffen, die eine den einzelnen Korporationen, Ständen und Syndikaten übergeordnete Stelle verfügen muss. Kein Nationalökonom hat es daher je versucht, die syndikalistische Idee als eine brauchbare Lösung des Problems menschlicher Kooperation zu bezeichnen. Der revolutionäre Syndikalismus Sorel's und der Anhänger der action directe hat mit dem syndikalistischen Gesellschaftsprogramm nichts zu tun. Dieser Syndikalismus war und ist politische Taktik im Dienste von auf die Aufrichtung des Sozialismus gerichteten Bestrebungen.

Der englische Gildensozialismus ist nach kurzer Blüte spurlos von der Bildfläche verschwunden. Seine Schöpfer haben ihn selbst aufgegeben, wohl weil sie die logischen Widersprüche des Systems erkannt haben. Der korporativistische und berufsständische Gedanken spielt heute noch eine Rolle im Schrifttum und in den Äußerungen von Staatsmännern. Doch kein Staat hat den Versuch unternommen, ihn ins Werk zu setzen. Das Italien des Fascismus, das sich am lautesten zum Korporativismus bekennt, ist bestrebt, die Befehle der Regierung allen Wirtschaftsbetrieben gegenüber durchzusetzen.

Man liebt es, gewissen Einrichtungen korporativistischen oder berufsständischen Charakter zuzusprechen. Man nennt z. B. Körperschaften, die die Regierung beraten dürfen, oder Zwangskartelle, die die Regierungen schaffen und unter ihrer Aufsicht arbeiten lassen, korporativistische Einrichtungen. Doch auch das hat mit Korporativismus nichts gemein.

Man kann die Dinge drehen wie man will, man kommt auch mit der korporativistischen (ständestaatlichen) oder syndikalistischen Idee über die Alternative *Marktwirtschaft oder Sozialismus* nicht hinweg.

[2912]KRIEGSWIRTSCHAFT

[2913]Der Krieg und die Marktwirtschaft

[2914]Die Ausbildung der internationalen Arbeitsteilung erfolgte in der Erwartung, dass Kriege hinfort unterbleiben werden. Der liberalen Ideologie erschien das einfach selbstverständlich. In ihren Augen war die menschliche Geschichte ein Fortschreiten von Militarismus zu Industrialismus. Fürsten, meinte sie, wollen Kriege führen, um ihren Herrschaftsbereich auszudehnen; Soldaten wollen durch Beute reich werden. Die Bürger aber fragen nicht darnach, wo die politischen Grenzen verlaufen. Sie können durch Kriege nichts gewinnen; die Kosten der Kriegführung erscheinen ihnen als unnützer Aufwand. Die Verdrängung des fürstlichen Absolutismus durch Demokratie und Selbstbestimmungsrecht der Völker werde daher für alle Zeiten den Frieden sichern.

Heute herrschen andere Ideen in der Welt. Krieg ist das Losungswort. Eine weitverbreitete Auffassung meint, dass die Vervollkommnung der Waffen- und Kriegstechnik den Krieg *ad absurdum* führen müsste. Man vergisst dabei, dass mit dem Fortschritt der Angriffstechnik auch die Abwehrtechnik fortschreitet. Die Waffen sind heute wirksamer, doch auch die Schutzmittel sind wirksamer geworden.

Die Menschenverluste sind im modernen Kriege weit größer als in den Kriegen der Vergangenheit. Man hat geglaubt, dass darin ein Argument zur Stützung der auf die allgemeine und dauernde Befriedung der Welt gerichteten Bestrebungen liege. Doch man vergisst, dass in den Augen derer, die den Krieg als das zweckmäßigste Mittel zur Mehrung ihres Reichtums ansehen, die Toten und Verstümmelten nicht zählen. Es leben, meinen sie, ohnehin zu viel Menschen auf der Erde.

Es sei doch entsetzlich, Menschen zu töten und zu verstümmeln, sagen die Philanthropen. Wenn man an den Jammer und an das Elend denke, das der Krieg mit sich bringe, müsste man sich zur Friedensliebe bekehren. Doch die Militaristen haben nichts als Verachtung für solche «schwächliche dekadente Weichherzigkeit». Kriege habe es immer gegeben, Kriege werde es immer geben; die Natur habe den Menschen zum Kämpfer geschaffen, er verdorre und erschlaffe im «faulen» Frieden. Der Krieger, der Held, sei die Verkörperung edler Tugenden; nur das Leben des stets von Gefahren bedrohten Kämpfers sei wert, gelebt zu werden. Das Leben des Bürgers, der sich im Schweiße plagt, sei Verkümmern in Schmutz und Schachergeist. Dem Starken gehöre die Welt. Dass die Schwachen und Feigen den Frieden preisen, sei wohl zu verstehen. Denn sie leben und genießen nur, weil der Frieden die Tapferen hindere, sich ihres unrechtmäßig erworbenen Reichtums zu bemächtigen. Ihr Schutz liege allein in den Fetzen Papier, die man Rechtsordnung und Verträge nenne und die die Starken mit einer Handbewegung zerreißen können. Lange genug sei es den Schwachen gelungen, durch ihre Friedensschalmeien die Starken davon abzuhalten, sich das mit Gewalt zu nehmen, was das Naturgesetz ihnen zugesprochen hat. Nun aber wären die Helden zum Bewusstsein ihrer Kraft erwacht. Nichts werde sie mehr hindern, das Joch der falschen Ideologien abzuschütteln und das zu erbeuten, worauf sie Anspruch haben, weil sie stark sind.

Jene fortschreitende Entartung der Menschheit, die die Schwachen und Feigen als Entwicklung der Kultur bezeichnen, habe, meinen die Verkünder des neuen Heldentums, selbst den Krieg nicht verschont. Man habe den Krieg humanisieren wollen, man habe die Kriegführung an Regeln binden wollen, man habe die Kriege nicht mehr mit voller Kraft geführt und beendet. Man habe eine künstliche Scheidung zwischen Heer und Volk, zwischen Kombattanten und Nichtkombattanten aufgerichtet, man habe den Krieg zu einer bloß das Heer berührenden Unternehmung erniedrigt, habe im Kriege und im Siege das Volk gewissermaßen neutralisiert, als unbeteiligt angesehen und daher geschont. Mit solchen Halbheiten müsse aufgeräumt werden. Man müsse den Krieg wieder in seine Rechte einsetzen. Der Krieg müsse wieder total werden. Nicht mehr Heere müssten in der Zukunft kämpfen, sondern Völker. Die Unterscheidung zwischen Heer und Volk, zwischen Kriegs- und Friedenszustand, zwischen dem Bereich der militärischen Kommandogewalt und bürgerlichem Leben und Freiheiten müsse verschwinden. Das Volk müsse wieder das werden, was es in den Tagen der Völkerwanderung war: eine dem Führer bedingungslos gehorchende Menge, die keine anderen Ziele kennt als den Krieg. Der Frieden habe nur *eine* Aufgabe: den kommenden Krieg vorzubereiten. Die Friedenswirtschaft dürfe kein anderes Ziel kennen als die Bereitstellung der Mittel für den Krieg; sie müsse schon im Frieden Kriegswirtschaft sein. Gemeinnutz habe vor Eigennutz zu gehen, das heißt: kein Einzelner darf es sich herausnehmen anders zu handeln, als ihm im Interesse der Kriegsbereitschaft und der Kriegführung befohlen wurde.

Der totale Krieg des totalen Staates ist Krieg ohne Gnade und wird durch den totalen Sieg beendet. Man schließt mit den Überwundenen keine Verträge, man verhandelt nicht mit ihnen. Man rottet sie total und radikal aus. Nur die Sieger dürfen den Krieg überleben. Besiegte Völker haben von der Erdoberfläche zu verschwinden; sie haben keinen Anspruch auf «Raum».

II. Heereskrieg und totaler Krieg

Die Unterscheidung des totalen Krieges vom Heereskrieg ist für die Betrachtung der praxeologischen Probleme der Kriegführung grundlegend.

Der totale Krieg ist der Aufbruch der Horde zum Kriegs- und Raubzug. Der ganze Stamm, das ganze Volk bricht auf, niemand – auch kein Weib und kein Kind – bleibt zuhause, es sei denn, er hätte dort besondere Aufgaben zu erfüllen, die dem Kriegszwecke dienen. Die Mobilmachung ist total, und das Volk ist immer kriegsbereit. Jeder ist Krieger oder dient den Kriegern. Heer und Volk, Heer und Staat sind eins.

Im Heereskrieg kämpft ein Heer, während für die nicht in das Heer eingereihten Bürger das Leben so weitergeht wie sonst. Die Bürger tragen die Kosten der Kriegführung, sie bestreiten den Unterhalt und die Ausrüstung des Heeres, doch sie bleiben im Übrigen außerhalb der Kriegsereignisse. Es kann geschehen, dass die Kampfhandlungen ihre Häuser zerstören, ihre Grundstücke verwüsten und ihre bewegliche Habe vernichten; auch das gehört zu den Kriegskosten, die ihnen zu Last fallen. Es kann auch vorkommen, dass sie von den Kriegern – auch von denen der «eigenen» Armee – ausgeplündert werden und dabei ums Leben kommen. Doch das sind Begebenheiten, die mit der eigentlichen Kriegführung nichts zu tun haben, die die Operationen der Heerführer eher stören als fördern und von Befehlshabern, die ihre Truppen ganz in der Hand haben, nicht geduldet werden. Der kriegführende Staat, der die Armee aufgestellt und ausgerüstet hat und sie mit allem versorgt, dessen sie zur Kriegführung bedarf, sieht im Plündern der Soldaten eine unzulässige Ausschreitung. Er will das bürgerliche Leben ungestört seinen Gang nehmen lassen, weil er die Steuerkraft der Bürger schonen will; eroberte Landstriche rechnet er schon zum eigenen Besitzstand. Die marktwirtschaftliche Ordnung soll auch im Kriege und gerade im Hinblick auf die Bedürfnisse der Kriegführung erhalten bleiben.

Unter diesen Umständen ist der Krieg dem Staate ein finanzielles Problem. Der Staat muss die Geldmittel aufbringen, die er zur Bestreitung der Kriegsausgaben benötigt. Hat er Geld zur Verfügung, dann vermag er alles zu kaufen, was die Kriegführung erfordert.

Ein kriegswirtschaftliches Problem, das über finanzielle Aufgaben hinausgeht, bietet dem Heereskrieg nur die belagerte Festung. In der von der Verbindung mit der übrigen Welt abgeschnittenen Stadt stehen nur beschränkte unvermehrbare Mengen an Nahrungsmitteln und an anderen für Unterhalt und Ausrüstung von Besatzung und Zivilbevölkerung erforderlichen Gütern zur Verfügung. Will man den Zeitpunkt, in dem die Festung durch Hunger zur Übergabe gezwungen wird, möglichst hinausschieben, dann muss man mit diesem Vorrat sparsam umgehen. Da auch der Hunger der Bürger die Besatzung in ihrer Widerstandskraft schwächen könnte, kümmert sich der Befehlshaber auch um deren Versorgung. Er verpflegt sie nicht etwa aus den für die Truppen bestimmten Vorräten. Er entfernt nur vor Beginn der Einschließung alle jene Bürger, die nicht so große Vorräte angesammelt haben, dass sie so lange durchhalten können wie die Besatzung; er nimmt dann die Vorräte der Zurückgebliebenen in Verwahrung und teilt an Truppen und Bürger schmale Rationen aus. In der belagerten Stadt entsteht die Kriegswirtschaft als Wirtschaftsgemeinschaft von Heer und Volk.

Doch die Verteidigung einer belagerten Stadt nimmt unter den Kriegshandlungen eine Sonderstellung ein. Sie ist, gerade wegen ihrer ökonomischen Eigenart, ein hoffnungsloses Unternehmen. Früher oder später muss die belagerte Feste unausbleiblich kapitulieren, wenn sie nicht vorher durch äußere Hilfe befreit wurde. Die Belagerten kämpfen um Zeitgewinn; sie wollen bis zum Entsatz durchhalten. Auf sich allein angewiesen müssen sie unterliegen. Festungsbesatzungen können nicht siegen, sie können, wenn ihnen nicht von außen Hilfe kommt, bestenfalls in Ehren untergehen.

Es hat auch im Feldkriege mitunter ähnliche Lagen gegeben. Doch erst die Entwicklung der internationalen Arbeitsteilung hat Bedingungen geschaffen, die die materiellen Voraussetzungen der Kriegführung radikal umgestaltet haben.

Der erste Krieg, der unter neuen Bedingungen durchgekämpft wurde, war der amerikanische Bürgerkrieg. Die Südstaaten waren durch die Blockade der Seeküste von der Verbindung mit der übrigen Welt abgeschnitten. Im Westen trennten sie viele tausend Kilometer unwegsamen Landes vom Ozean, im Süden grenzten sie an das unwegsame und an Hilfsmitteln noch ärmere Mexiko. Sie waren für die Deckung ihres Bedarfs an Kriegsmaterial und an Verkehrsmitteln auf ihre eigenen Kräfte angewiesen. Ihre Armeen hatten bald unter Unzulänglichkeit der Ausrüstung und der Hilfsmittel zu leiden. Die Nordstaaten, deren Heere schlechter geführt wurden, dankten ihren Enderfolg der Überlegenheit an Menschen und an Kriegsmaterial. Die hochentwickelte Industrie der Yankees hat über das fast industrielose Dixie-Land gesiegt.

Doch erst im Weltkrieg standen die Staaten vor den Problemen, die die internationale Arbeitsteilung der Kriegführung zu lösen aufgibt. Und erst das Auftreten von Regierungen, die im totalen Krieg die Welt erobern wollen, schuf das, was man das kriegswirtschaftliche Handeln nennt.

III. Die totale Mobilmachung

Im kriegswirtschaftlichen Handeln treffen zwei verschiedene Probleme zusammen, die man zu sondern hat. Die Totalität des Krieges heischt die Unterordnung alles Handelns unter die Zwecke der Kriegführung; der im totalen Krieg stehende totale Staat verlangt Kriegssozialismus. Der Krieg zerreißt die weltwirtschaftliche Verflechtung der marktwirtschaftlichen Beziehungen;

der Krieg verlangt Autarkie.

Der erste Schritt, der vom Heereskrieg wieder zum totalen Krieg hinführte, war die Einführung der allgemeinen Wehrpflicht. Sie beseitigte die Unterscheidung zwischen Soldaten und Bürgern. Der Krieg sollte nicht länger eine Angelegenheit der Söldner sein; er sollte alle angehen, die die erforderlichen Körperkräfte besitzen. Das Schlagwort «Volk in Waffen» deutete freilich zunächst nur ein Programm an, das man aus finanziellen Gründen nicht vollständig durchführte. Nur ein Teil der wehrfähigen Mannschaft wurde militärisch ausgebildet und zum Kriegsdienste eingezogen. Doch man blieb auf dem einmal betretenen Wege nicht stehen und musste schließlich soweit kommen, dass durch die Mobilmachung des Heeres der Arbeit in der Heimat, die als Hinterland und als Etappe die Kombattanten zu ernähren und auszurüsten hat, die brauchbarsten Kräfte entzogen wurden. Man musste anfangen, zwischen abkömmlichen und unabkömmlichen Bürgern zu unterscheiden; die für die Versorgung des Heeres unabkömmlichen Männer musste man auch im Krieg von der Einreihung in die Kampftruppen ausnehmen. Damit gelangte die Verfügung über die Verwendung der Arbeitskräfte in die Hand der militärischen Führung. Die allgemeine Wehrpflicht will jeden der kriegsdiensttauglich ist, zum Krieger machen; frei gehen nur die Kranken, die Schwachen, die Alten, die Weiber und die Kinder aus. Wenn man nun erkennt, dass ein Teil der Wehrtauglichen zu Arbeiten im Hinterland verwendet werden muss, die auch Ältere und Jüngere, Schwächlinge und Weiber leisten könnten, entfällt der Grund, der in der Dienstpflicht zwischen Kriegsdiensttauglichen und Untauglichen unterscheiden ließ. Die allgemeine Wehrpflicht führt dann zu allgemeiner Dienstpflicht aller arbeitsfähigen Staatsangehörigen. Der Oberbefehlshaber verfügt über das ganze Volk, er ersetzt die Arbeit der Wehrfähigen durch die Arbeit von nichtwehrfähigen Dienstpflichtigen und zieht so viel von den Wehrfähigen an die Front, als er ohne Gefährdung der Versorgung der Armee im Hinterland und in der Etappe entbehren kann. Der Oberbefehlshaber entscheidet damit, was und in welcher Weise produziert werden soll. Er muss dann auch darüber entscheiden, in welcher Weise die Produkte verwendet werden sollen. Die Mobilmachung ist total geworden; Volk und Staat sind in der Armee aufgegangen; der Kriegssozialismus hat die Marktwirtschaft ersetzt.

Es ist dabei ohne Belang, ob in diesem System des Kriegssozialismus denen, die früher Unternehmer waren, eine bevorzugte Stellung eingeräumt wird oder nicht. Sie mögen fortan Betriebsführer heißen und in den Heereswerkstätten gehobene Posten bekleiden, und sie mögen in der Verteilung der Rationen besser behandelt werden als die, die früher nur Angestellte und Arbeiter waren. Doch sie sind nicht mehr Unternehmer. Sie sind Beauftragte, denen befohlen wird, was und wie sie zu erzeugen haben, wo und zu welchem Preise sie Produktionsmittel zu erwerben haben, an wen und zu welchem Preis sie die Produkte zu verkaufen haben.

Es erschiene widersinnig, die totale Mobilmachung erst mit Kriegsbeginn durchzuführen. Da man im Frieden nichts anderes mehr sieht als einen Waffenstillstand, in dem man für den kommenden Krieg zu rüsten hat, muss man schon im Frieden die Kriegsorganisation der Hinterlandsarbeit genau so aufbauen, wie man das Heer schon im Frieden aufbaut. Der einzige Unterschied, der zwischen Krieg und Frieden in dieser Hinsicht noch besteht, ist der, dass im Frieden eine Anzahl von Männern, die im Krieg in der Kampflinie verwendet werden sollen, noch für Hinterlandsarbeit gebraucht werden. Der Übergang vom Friedenszustand zum Kriegszustand erfolgt dann durch das Abziehen dieser Männer von ihrer Arbeit und durch ihr Einrücken in die Truppenverbände.

Die Offiziere, die dieses System durchgeführt haben oder durchführen wollen, sind des Glaubens, dass der Kriegssozialismus die militärische Leistungsfähigkeit im höchsten Masse verbürgt. Sie ahnen nicht, wie sehr die Ausschaltung der Unternehmerinitiative die Versorgung der Armee schwächt. Sie werden es erst auf den Schlachtfeldern lernen müssen.

Nicht die Völker, die total in den Krieg zu ziehen pflegten, haben die Welt erobert. Die Hunnen, Tataren, Ostgoten und Vandalen sind im Kampfe vernichtet worden. Der totale Aufbruch der Volksgemeinschaft in den totalen Krieg verbürgt keineswegs den totalen Sieg; er kann auch in die totale Niederlage führen.

Der wirksamste Schutz der Kulturvölker gegen die Angriffe der Barbaren liegt gerade in der Überlegenheit der marktwirtschaftlichen Produktion. Im Weltkrieg waren die Erfolge, die die Zentralmächte im Osten gegen Russen, Rumänen und Serben erzielt haben, und die entscheidenden Erfolge der Westmächte im langwierigen Stellungskrieg in Frankreich vor allem Erfolge der industriellen Überlegenheit. Die öffentliche Meinung hat die Gewinne, die die Unternehmer bei der Lieferung von Kriegsmaterial erzielt haben, als anstößig empfunden. Es verletzte das sittliche Empfinden, dass Leute im Hinterland Gewinne einstecken durften, während in den Schützengräben andere Männer sterben mussten.

Wer den Krieg moralisch verwirft, weil ihm Töten und Verstümmeln von Menschen als unmenschlich erscheinen, muss trachten, die Ideologie, die zum Kriege führt, durch eine Ideologie zu ersetzen, die den Frieden dauernd erhält. Wenn aber ein friedliches Volk angegriffen wird und sich wehrt, dann gilt nur eines: den Abwehrkampf so wirksam als möglich zu gestalten. Man muss den Kriegern die besten Waffen und Schutzmittel in die Hand geben. Das kann man nur erreichen, wenn man das Getriebe der Marktwirtschaft nicht behindert. Die Armeelieferanten, die hohe Profite machten, haben die Armeen so gut versorgt und ausgerüstet, dass sie siegen konnten. Kein anderes System ist so leistungsfähig wie das marktwirtschaftliche. Dass man im 19. Jahrhundert aufhörte, die Waffen in staatlicher Regie zu erzeugen, war das Ergebnis von Erfahrungen, die man auf dem Schlachtfelde gemacht hatte. Die Kanonen, die aus den Werkstätten der «Kanonenkönige» hervorgingen, hatten die Produkte der königlichen Arsenale im wahren Sinne des Wortes aus dem Felde geschlagen. Niemals hat sich die Leistungsfähigkeit der Unternehmer besser bewährt als im Weltkriege. Nur aus Ressentiment wurden die Gewinne der Unternehmer, die den Produktionsapparat in den Dienst der Kriegszwecke zu stellen wussten, bekämpft.

Wenn die kapitalistischen Völker darauf verzichten wollten, die Überlegenheit die ihnen ihr Wirtschaftssystem verleiht, in Kriegszeiten für Kriegszwecke auszunützen, würden sie ihre Widerstandsfähigkeit und ihre Siegesaussichten beträchtlich verringern. Dass die Begleitumstände des Krieges als ungerecht empfunden werden, ist wohl zu verstehen. Dass die Unternehmer an Kriegslieferungen reich werden, ist jedoch nur eine der vielen Unzukömmlichkeiten und Ungerechtigkeiten, die der Krieg schafft. Dass die Soldaten ihr Leben und ihre Gesundheit einsetzen müssen, dass sie unbedankt und unbekannt in der Front verbluten, während die weit vom Schuss in Sicherheit und Bequemlichkeit arbeitenden Heerführer und Generalstabsoffiziere Ruhm erwerben und ihr Fortkommen fördern, ist auch nicht «gerecht». Die Forderung nach Beseitigung der Kriegsgewinne ist nicht vernünftiger als die Forderung, den Feldherrn, seinen Stab, die Ärzte und die übrigen Funktionäre des Etappendienstes unter den Entbehrungen und Gefahren in der ersten Linie arbeiten zu lassen, denen der kämpfende Soldat ausgesetzt ist. Nicht die Kriegsgewinne der Unternehmer sind anstößig, der Krieg ist es.

Krieg und Marktwirtschaft sind eben letzten Endes unverträglich. Die Marktwirtschaft konnte sich nur entwickeln, weil der Industrialismus den Militarismus zurückgedrängt hatte und weil er den totalen Krieg der Horden zum Heereskrieg hatte «entarten» lassen. Der liberale Gedanken, der die Marktwirtschaft werden ließ, verlangt in folgerichtiger Weiterführung die Herstellung des ewigen Friedens. Wenn einzelne Völker diese Entwicklung stören, wenn sie gar von Neuem den Krieg total machen wollen, dann bleibt der übrigen Menschheit nichts übrig, als diese Rebellion radikal zu unterdrücken. Das kann aber nicht wirksamer geschehen als durch die Ausnützung der industriellen und technischen Überlegenheit des marktwirtschaftlichen Systems.

IV. Kriegswirtschaftliche Autarkie

Das zweite Problem der Kriegswirtschaft entspringt der internationalen Arbeitsteilung.

Selbstgenügsame Wirte kennen, auch wenn sie einander befehden, diese Probleme nicht. Doch wenn der Schneider gegen den Bäcker kämpfen will, muss er trachten, sein Brot selbst zu erzeugen. Unterlässt er das, dann wird er früher Not leiden als der Bäcker, der länger auf die neuen Kleider warten kann als der Schneider auf das frische Brot. Das kriegswirtschaftliche Problem ist daher für Schneider und Bäcker nicht von gleicher Art.

Das kriegswirtschaftliche Versorgungsproblem ist nicht in dem Sinne ein allgemeines und für jede Kriegführung identisches Problem wie das des Kriegssozialismus. Es hängt von der jeweiligen Gruppierung der kriegführenden Parteien ab. Auch auf der gegenwärtigen Stufe der Entwicklung der internationalen Arbeitsteilung würde ein Krieg zwischen Belgien und Holland den Kriegführenden keine Versorgungsschwierigkeiten bereiten, wenn die übrigen Staaten neutral bleiben.

Das Versorgungsproblem ist im Weltkrieg als Problem der Zentralmächte ein Hauptproblem der Weltpolitik geworden. Es ist auch heute ein Problem nur im Hinblick auf die militärischen Pläne des Deutschen Reiches und Italiens; es ist auch für die anderen Staaten nur durch die Konstellation gegeben, die die Absichten der deutschen und italienischen Autokraten geschaffen haben.

Die Beherrscher des deutschen Reichs streben nach Hegemonie. Sie wollen alle Widerstände, die sie finden, durch Waffengewalt niederwerfen und alle Völker Europas unter ihr Joch zwingen und ihrem Reich als Heloten einverleiben. Die geographische Lage des Reichs, die ihm die strategischen Vorteile der inneren Linie sichert, und die hohe Volkszahl, die die Aufstellung der gewaltigsten Armee der Welt ermöglicht hat, sind der Ausführung dieses Plans günstig. Die Mentalität der weitaus überwiegenden Zahl der Deutschen, die ganz im Banne der militaristischen Ideologie leben, und die Friedensliebe der Bürger der großen Kulturnationen des Westens sind es nicht minder. Doch die englische Flotte beherrscht die Zufahrt zu den deutschen Häfen. Sie kann Deutschland im Kriege von der Zufuhr von Lebensmitteln und Rohstoffen abschneiden. Auf Unterstützung durch den italienischen Bundesgenossen, dessen Lage in dieser Hinsicht noch ungünstiger ist, darf Deutschland nicht rechnen. Das ist das deutsche und italienische Autarkieproblem. Es ist kein allgemeines Problem, es ist ein deutsches und italienisches Problem, und es konnte nur durch die Eroberungsabsichten dieser

«dynamischen» Staaten zu einem Problem werden. Würde das deutsche Volk sich so friedlich in die Weltwirtschaftsgemeinschaft eingliedern wollen, wie andere Völker es tun und wie auch das deutsche Volk es vor 1914 getan hat, dann würde es keine Schwierigkeit finden, sich mit Rohstoffen und Lebensmitteln zu versorgen; sein Reichtum würde stetig wachsen, wie er vor 1914 stetig gewachsen ist. Doch die Ideologie des Nationalsozialismus will von solch «schmachvoller Abhängigkeit» nichts wissen. Sie strebt nach Freiheit, und die Freiheit, die sie meint, ist Unterjochung der anderen.

Als das deutsche Heer 1914 ins Feld zog, rechneten seine Führer mit einem schnellen Sieg. Doch der Sieg blieb aus, und schon im September wurde das deutsche Heer an der Marne entscheidend geschlagen. Die denkenden Offiziere der deutschen Stäbe haben die Tragweite dieser Niederlage sogleich erkannt; sie haben sich keinen Augenblick lang darüber getäuscht, dass der Krieg für Deutschland verloren war. Sie haben ihre Auffassung auch nicht geändert, als sich zu ihrer Verblüffung herausstellte, dass ihre Kriegstheorie, die den Angriff als die überlegene und immer erfolgreiche Methode ansah, falsch sei, und dass die Verteidigungslinie, die vom Meer bis zur Grenze der neutralen Schweiz reichte und daher nicht in der Flanke umfasst werden konnte, zähen Widerstand zu leisten vermochte. Wenn sie den Krieg fortsetzten, geschah es nicht, weil sie noch auf Sieg hofften. Sie haben weitergekämpft, weil sie die innerpolitischen Folgen eines Verständigungsfriedens fürchteten. Sie wollten nicht zugeben, dass sie den Krieg verloren haben, weil das der Herrschaft ihrer Kaste das Ende bereitet hätte. Der Krieg sollte fortgehen, bis das Volk seiner überdrüssig geworden sein wird, bis die Truppen sich weigern würden zu kämpfen. Dann konnte man die Kapitulation als Versagen des Volkes, nicht der Führer hinstellen. Die Niederlage an der Marne wurde verheimlicht, dem leichtgläubigen Volke wurden nur Siegesnachrichten vorgesetzt, die Erfolge an der Ostfront, auf dem Balkan und auf dem österreichisch-italienischen Kriegsschauplatz, die für den Ausgang des Krieges ohne Bedeutung waren, wurden durch eifrige Propaganda aufgebauscht. Millionen deutscher Krieger verbluteten in den von Falkenhayn und Ludendorff angeordneten hoffnungslosen Versuchen, die Kampfstellung der Franzosen und Engländer zu durchbrechen. Der Krieg blieb verloren. Doch der innerpolitische Plan gelang. Das deutsche Volk schrieb den Misserfolg nicht den Fürsten, den Junkern und den alldeutschen Politikern zur Last, sondern dem «Dolchstoss». Nur im Rahmen dieser Konzeption kann man die Gedanken verstehen, die die deutsche Kriegswirtschaft 1914-1918 geleitet haben. Die offizielle Erklärung besagte, Deutschland gleiche einer belagerten Festung, es müssten daher die Vorräte an Lebensmitteln und Rohstoffen wie in einer Festung rationiert werden, um das Durchhalten zu ermöglichen. Doch die Offiziere, die diese Losung ausgaben, wussten sehr gut, dass eine belagerte Festung schließlich kapitulieren müsse, wenn nicht rechtzeitig Entsatz kommt. *Durchhalten* hätte militärisch nur bedeuten können: bis zum Eintreffen des Entsatzheeres durchhalten. Doch auf auswärtige Hilfe war nicht zu hoffen. In der Tat bedeutete *Durchhalten* im Munde dieser Offiziere anderes. Man wollte durchhalten bis zum Tage, da Volk und Heer der aussichtslosen Blutopfer müde geworden sein würden. Die Bürger, die die Kriegswirtschaft im Hinterland einrichteten, waren guten Glaubens; sie nahmen die Versicherung der Heeresleitung, dass der Endsieg nicht ausbleiben könne, für Wahrheit. Doch die denkenden Offiziere waren nicht in diesem Irrtum befangen; sie verfolgten andere Ziele. Sie wollten dem deutschen Volk über die unvermeidbare Niederlage hinaus den Glauben an die Unbesiegbarkeit seines Heeres und seiner Flotte und an die Unfehlbarkeit der militärischen Führer erhalten.

Nun hat der Nationalsozialismus zu einem neuen Versuch der Bezwingung Europas ausgeholt. Wieder sind die Führer wie 1914 überzeugt, dass der Krieg sehr bald zu Gunsten Deutschlands entschieden sein wird. Die deutsche Armee ist an Zahl weit größer als die Armeen, die sich ihr in den ersten Monaten des Krieges entgegenstellen konnten, sie war bei Kriegsbeginn weit besser ausgerüstet, sie hat wieder den Vorteil der inneren Linie, ihre Mobilisierung konnte sich weit schneller vollziehen als die Mobilisierung der gegnerischen Kräfte, die Hinterlandswirtschaft war bereits vor Kriegsausbruch ganz in den Dienst der Kriegführung gestellt. Die Nerven der dekadenten Bürger des Westens werden, meinten die Optimisten unter den nationalsozialistischen

Führern, dem ersten Schock nicht standhalten, sie werden schleunigst die Unterwerfung anbieten, um ihr Leben und einen Teil ihres Wohlstandes zu retten.

Um diesen Kriegsplan durchzuführen, bedurfte es keiner besonderen Vorsorge in Bezug auf Rohstoffe und Lebensmittel. Misslingt aber der erste Angriff und zieht der Krieg sich in die Länge, dann ist die Autarkiewirtschaft noch weniger aussichtsvoll, als sie im verflossenen Weltkrieg gewesen ist.

Der Gedanken, der der kriegswirtschaftlichen Rechtfertigung der Autarkiewirtschaft zugrundeliegt, ist widerspruchsvoll. Man will Deutschland (und Italien) von der Abhängigkeit von Lebensmittel- und Rohstoffeinfuhr befreien. Man will die inländische Erzeugung von Lebensmitteln steigern und die vom Ausland bezogenen Rohstoffe in der Herstellung von Waffen und anderem Kriegsgerät durch synthetische Stoffe inländischer Herkunft ersetzen.

Der Begriff des *Ersatzes* muss klar gefasst werden.

[2915]Ersatzstoff > substitute

[2916]Stoff > good

[2917]oder gar sowohl billiger als auch besser

[2918]Papier ist kein Ersatzstoff für Pergament; es ist das für unsere Zwecke brauchbarste Schreibmaterial, auch wenn es in mancher Hinsicht weniger widerstandsfähig ist als Pergament. Kunstseide der Name ist nicht glücklich gewählt – ist kein Ersatz für Seide; es ist ein Textilmaterial, das für verschiedene Zwecke als der brauchbarste Stoff erscheint. Wenn es den Chemikern gelingen sollte, ein Verfahren zu entdecken, mit dem man einen Stoff zu erzeugen imstande wäre, der Gummi an Brauchbarkeit übertrifft oder bei gleicher Brauchbarkeit billiger kommt, und wenn die für diese Erzeugung erforderlichen Rohstoffe in Deutschland ohne Beeinträchtigung anderer dringlicherer Bedarfsdeckung verfügbar wären, dann könnte das die deutsche Kriegswirtschaft entlasten. Doch das wäre dann kein Ersatzstoff; es wäre ein neuer Stoff, es wäre der brauchbarste Stoff zur Herstellung von Reifen und Gasmasken.

[2919]Ersatzstoffe sind weniger brauchbar oder teurer oder zugleich weniger brauchbar und teurer als die echten Stoffe.[FN: In diesem Sinne ist auch Weizen, soweit er im Reichsgebiet nur mit höherem Kostenaufwand als im Ausland produziert werden kann, als Ersatzstoff zu betrachten. Der katallaktische Begriff Ersatzstoff darf nicht etwa technologisch definiert werden.] Nun, meint der Kriegswirtschaftler, darauf kommt es nicht an. Man müsse nicht immer das Beste haben, und die Höhe der Erzeugungskosten spiele in kriegswirtschaftlichen Dingen keine Rolle. Das liberalistische Rentabilitätsprinzip verlange niedrige Erzeugungskosten; das heldische Denken kümmere sich nicht um solche mammonistische Ideen. Nur eines gelte: die Unabhängigkeit in der Versorgung mit Kriegsmaterial.

Der Irrtum, der dieser kriegswirtschaftlichen Auffassung zugrundeliegt, ist zweifach

[2920]Beschaffenheit > quality and suitability

[2921]und Ausrüstung

[2922], einem besser bewaffneten, besser ausgerüsteten und besser genährten Gegner gegenüberzustehen,

[2923]Die Versorgung wird dadurch verschlechtert. Überdies werden mehr Männer der Kampffront entzogen. Auch für die Erzeugung der Ersatzstoffe braucht man irgendein Rohmaterial. Nur wenn diese anderen Rohstoffe im Inland so reichlich zur Verfügung stehen, dass man sie der Ersatzstoffproduktion ohne Beeinträchtigung dringlicherer Bedarfsdeckung zuzuführen vermag, kann die Ersatzstofferzeugung die Einfuhr aus dem Auslande herabmindern.

Die Autarkiepolitik ist mithin, wenn man sie vom kriegswirtschaftlichen Standpunkt betrachtet, ein unzulängliches Auskunftsmittel. Sie kann die Schwierigkeiten, die den Eroberungsplänen des Dritten Reiches aus seiner Unfähigkeit erwachsen, in einem Kriege gegen Frankreich und England die Zufuhr von manchen ausländischen Rohstoffen gegen feindliche Störung zu sichern, nicht beseitigen. Man mag fragen, ob sie die Nachteile, die dem deutschen Kriegsplan aus der militärgeographischen Lage erwachsen, nicht eher verschärft als mildert. Es wäre auch im Hinblick auf die deutschen Eroberungspläne zweckmäßiger gewesen, in der Friedenszeit, die nach nationalsozialistischer Auffassung nur der Vorbereitung des kommenden Eroberungszuges dient, am Freihandel festzuhalten. Dann hätte man durch Ausfuhr die erforderlichen fremden Rohstoffe kaufen und die Armee billiger mit Kriegsgerät versehen können, das brauchbarer ist als das aus Ersatzstoffen mit höherem Kostenaufwand erzeugte. Man hätte für den Kriegsbedarf durch die Anhäufung von Vorräten dieser Rohstoffe vorsorgen können. Vorräte können freilich das Durchhalten nur während einer begrenzten Zeit gestatten. Doch wenn der Krieg sich hinauszieht, wird man auch mit der Verwendung der Ersatzstoffe nicht endlos auszukommen vermögen. Je länger der Krieg währt, desto schwerer werden sich die Nachteile der Ersatzwirtschaft fühlbar machen und die Kriegführung behindern. [FN: Vgl. mein: Nation, Staat und Wirtschaft, Wien 1919, S. 119 ff.; Possony, Die Wehrwirtschaft des totalen Krieges, Wien 1938, S. 126 ff.]

Nicht Deutschlands militärgeographische Lage trieb zur Autarkiepolitik, sondern die Ideologie der deutschen Kriegspartei. Die Nationalsozialisten suchen ihre Kriegspläne durch den Hinweis darauf zu rechtfertigen, dass die Verteilung der Rohstoffe und Lebensmittel ungerecht sei; die anderen Völker hätten bei der Teilung der Erde besser abgeschnitten als das deutsche Volk und weigern sich, von ihrem Überflusse dem deutschen Volk das abzutreten, worauf es nach Naturrecht Anspruch hätte. Dieser unerträgliche Zustand habe das deutsche Volk in Not gebracht und müsse daher durch Krieg beseitigt werden. Wenn das Reich Freihandelspolitik betrieben oder seinen Protektionismus auf das Ausmaß der Vorkriegszeit beschränkt hätte und wenn dann alle ausländischen Rohstoffe und Lebensmittel dem deutschen Verbraucher ebenso zur Verfügung gestanden wären wie die im Inland produzierten Güter, hätte man mit solchen Argumenten niemand überzeugen können. Die durch die Devisenzwangswirtschaft geschaffene Behinderung der Versorgung mit ausländischen Rohstoffen und Nahrungsmitteln war der Kriegspartei unentbehrlich, um die Kriegslust der Massen aufrechtzuhalten. Die Propaganda, die für die Ersatzmaterialien getrieben wird, soll die Bedenken jener beheben, die der Meinung sind, die Durchführung des hohenzollernschen Kriegsplans wäre an der Versorgungsfrage gescheitert, und fürchten, dass dem nationalsozialistischen Kriegsplan dasselbe Schicksal drohe. Betrachtet man die deutsche Autarkiepolitik vom militärischen Standpunkt, dann muss man feststellen: die militärischen Gesichtspunkte wurden den politischen geopfert; um den Krieg volkstümlich zu machen, verzichtete man auf ein Vorgehen, das besseren Erfolg auf dein. Schlachtfeld verspricht.

Die militärgeographische Lage Englands und Frankreichs, der beiden Mächte, gegen die die deutschen Angriffspläne in erster Linie gerichtet sind, ist von der des deutschen Reiches verschieden. Die deutschen Unterseeboote und Minensperren können ihnen den Bezug von Rohstoffen und Lebensmitteln wohl erschweren und verteuern, doch gewiss nicht vollkommen unterbinden. Es war für sie zweckmäßig, in Erwartung des unausweichlichen Krieges Vorräte dieser Einfuhrgüter anzusammeln, um die Versorgung in der Kriegszeit zu erleichtern. Doch dabei konnte man nicht stehen bleiben. Die Totalität des Krieges verlangte mehr und mehr. Auf der einen Seite will man die Preissteigerung der Einfuhrgüter verhindern, um die Entbehrungen des Krieges gleichmäßiger zu verteilen. Mit den Preistaxen betritt man aber den Weg, der, wie wir zeigen konnten, notwendigerweise Schritt für Schritt zur vollkommenen Übernahme der Leitung der Produktion und der Verteilung durch den Staat führen muss. Die Verfügung über die Produktionsmittel wird den einzelnen Wirten entzogen, der Kriegssozialismus verdrängt die Marktwirtschaft. Auf der andern Seite führt die allgemeine Wehrpflicht zur Unterstellung der Verwendung aller Arbeitskräfte unter die Befehle der Kriegsleitung, also ebenfalls zu dem gleichen Ergebnis.

Die Dinge liegen nicht anders in jenen neutralen Staaten, die durch den Krieg in ihrer Zufuhr leiden und ihre Truppen in steter Kriegsbereitschaft versammelt halten müssen.

Der totale Krieg drängt nicht etwa zum Interventionismus, sondern zum Sozialismus. Er nimmt den einzelnen Eingriffen in das Getriebe der Marktwirtschaft nicht ihre Zweckwidrigkeit. Gerade weil diese Eingriffe sich vom Standpunkt der militärischen Befehlshaber, die sie unmittelbar oder mittelbar anordnen, als sinnwidrig erweisen, muss man ihnen weitere folgen lassen, bis man schließlich den Kriegssozialismus erreicht. Der totale Krieg ist mit der ungehemmten Marktwirtschaft unverträglich, die gehemmte Marktwirtschaft ist sinn- und zweckwidrig, so bleibt nur die Planwirtschaft des Sozialismus übrig. Doch auch der totale Krieg vermag dem sozialistischen Wirtschaftssystem nicht Wirkungsmöglichkeit zugeben; jeder Schritt, der zu ihm hinführt, schwächt das Kriegspotential.

V.. Das Problem des letzten Krieges

Man verkennt das «kriegswirtschaftliche» Problem, wenn man es für ein Problem des Wirtschaftlichen im engeren Sinn hält Es handelt sich nicht etwa um die Anpassung des Produktionsprozesses an die Zwecke der Kriegführung, es handelt sich um die Entscheidung zwischen bürgerlicher Gesellschaft und Verbänden, die nach Art der primitiven Stämme aufgebaut sind.

Die Entwicklung, die von der primitiven Horde zur kapitalistischen Marktwirtschaft mit ihrer weltumspannenden Arbeitsteilung geführt hat, hat den totalen Krieg zum Heereskrieg umgestaltet. Sie konnte nur vorsichgehen, weil die Kriege, die die Fürsten und ihre Soldaten durchkämpften, das (im engeren Sinn) wirtschaftliche Treiben im Grossen und Ganzen nicht störten. In den Jahrzehnten, in denen die französischen Heere der Revolution und des Kaiserreiches mit allen europäischen Mächten kämpften, konnte die industrielle und landwirtschaftliche Produktion weitere Fortschritte auf dem Wege zur Arbeitsteilung machen. Man kann die Geschichte der meisten Unternehmungen der europäischen Staaten, die die Kriege zwischen 1815 und 1914 durchgekämpft haben, darstellen, ohne diese Kriege überhaupt nur zu erwähnen. Der amerikanische Bürgerkrieg hat die europäische Textilindustrie weit stärker berührt als irgend ein europäischer Krieg des 19. Jahrhunderts die Industrie der kriegführenden Länder. Die Heereskriege waren eine Angelegenheit der Staatsmänner und der Soldaten; sie spielten sich gewissermaßen an der Peripherie des bürgerlichen Lebens ab. Die Bürger bedauerten die Höhe des Armeebudgets, doch sie arbeiteten ruhig an der Ausgestaltung der internationalen Arbeitsteilung weiter.

Die Rückkehr zur totalen Kriegführung hat dem Kriegsproblem eine neue Gestalt gegeben. Der totale Krieg verlangt den totalen Staat, der nichts anderes mehr darstellt als die Intendanzabteilung der totalen Armee, des Volkes in Waffen. Er zerstört nicht nur die internationale Arbeitsteilung. Er macht das bürgerliche Leben, wie es die Kultur geformt hat, unmöglich. Der Bürger verschwindet und wird durch den Soldaten ersetzt. Das Leben aller Menschen wird zu einem permanenten Dienst in einer stets marschbereiten Armee. Der Krieg und der Sieg werden zum einzigen Zweck aller gesellschaftlichen Kooperation. Die Armee wird zum herrschenden Faktor; der Einzelne wird nur nach dem beurteilt, was er im Kampfe leistet.[FN: So beurteilt Charles Péguy die Philosophien nach dem Maß, in dem «elles se sont bien battues». Vgl. Benda. La trahison des clercs, Paris 1927, S. 292-295.] Der Industrialismus wird durch den Militarismus ersetzt.[FN: Oberst Stoffel, der 1866-1870 französischer Militärattache in Berlin war, berichtete am 28. Februar 1870, man pflege in Berlin zu sagen: «La Prusse n'est pas un pays qui a une armée, c'est une armée qui possède un pays.» (Vgl. Stoffel, *Rapports militaires écrits de Berlin 1866-1870*, Quatrième édition (Paris 1872), S. 398). Das war damals Übertreibung; heute kennzeichnet es die Sachlage.]

Die Menschheit könnte diesem Schicksal nicht etwa durch die Rückkehr zum Heereskrieg entrinnen. Die Geschichtsepoche der Heereskriege ist für immer vorbei. Manche Militärschriftsteller meinen, dass die Massenheere bald wieder durch kleine Heere von Berufssoldaten verdrängt werden dürften. Doch der Krieg würde seinen Totalitätscharakter nicht einbüssen, wenn in die eigentlichen Kampfhandlungen nur eine verhältnismäßige geringe Anzahl von Menschen eingreifen, die raffinierte Kriegsmaschinen bedienen. Hinter diesem Kriegsapparat würde das ganze Volk als Etappen- und Hinterlandsarbeiter stehen. Nicht die hohe Zahl der Frontkämpfer kennzeichnet den totalen Krieg. (Man darf annehmen, dass mit dem Fortschreiten der Kriegstechnik die Zahl der für die Versorgung und Ausrüstung der Kämpfer tätigen Arbeiter im Verhältnis zur Zahl der Kämpfer beständig steigen wird.) Der totale Krieg ist durch seinen Charakter als Volkskrieg bestimmt. Das ganze Volk steht im Dienste eines einzigen Zweckes: des Sieges. Diesen Charakter kann der Krieg der Zukunft nicht verlieren, weil die Völker es nicht mehr dulden würden, dass ihr Los durch den Ausgang eines Kampfes zwischen kleinen Soldatengruppen entschieden wird. Der Heereskrieg war, darin muss man den Militaristen recht geben, eine Entartung des Krieges. Man konnte die Heereskriege durch Befriedung der Welt beseitigen. Man kann aber die politischen Voraussetzungen, die den Heereskrieg ermöglicht haben, nicht wiederherstellen. Es gibt nur noch die Alternative: ewiger Frieden oder totaler Krieg.

Die Losung, mit der die Vereinigten Staaten in den Weltkrieg eingetreten sind, trug dieser Lage der Dinge Rechnung. Präsident Wilson erklärte: Dieser Krieg muss der letzte Krieg sein, man muss für alle Zeiten die Mächte vernichten, die Kriege führen wollen, und man muss eine Weltordnung schaffen, die für die Zukunft friedliches Zusammenwirken der Völker gewährleistet. Doch der Frieden von Versailles und der Völkerbund haben diesen Frieden nicht geschaffen. Keine äußere Regelung wird ihn je bringen können. Nur die allgemeine Anerkennung der liberalen Ideologie kann die Welt befrieden.

Auch im neuen Kriege kann das Kriegsziel kein anderes sein als das, das Präsident Wilson dem Weltkrieg setzen wollte: die Aufrichtung einer Weltfriedensordnung. Der Krieg wird entweder durch Niederwerfung des Militarismus die Voraussetzungen für dauernden Frieden bringen oder das Ende der menschlichen Kultur bedeuten. Er wird entweder dazu führen, dass mit Friedensstörern in Hinkunft auch im zwischenstaatlichen Leben so verfahren werden wird, wie man seit Jahrhunderten innerhalb der Grenzen der Einzelstaaten mit ihnen verfährt, oder er wird zu einem Zustand unaufhörlicher Kämpfe zwischen Verbänden führen, die man nicht mehr als Kulturstaaten in dem Sinne wird bezeichnen dürfen, in dem man dieses Wort bisher verwendet hat.

Kein «kriegswirtschaftlicher» Gesichtspunkt vermag irgendetwas an dem zu ändern, was die Praxeologie über Marktwirtschaft, Sozialismus und Interventionismus zu sagen hat.

[2924] Promoters

[2925] middle-of-the-road position

[2926] I. Die Beweiskraft der Tatsachen

Die Nationalökonomen haben seit mehr als hundert Jahren die Folgen, die interventionistische Politik nach sich ziehen muss, genau voraus-gesagt. Man hat sie darob verhöhnt und verspottet. Nun, da diese Folgen eingetreten sind, sagt man, die Nationalökonomie hätte ihr Unvermögen erwiesen.

In dem Kampf, den die öffentliche Meinung und die von der öffentlichen Meinung getragenen politischen Parteien und Regierungen allenthalben gegen die Nationalökonomie führen, mengen sich metaphysische Vorurteile mit dem romantischen Bestreben, die Welt anders zu sehen, als sie ist, und die Probleme, die die gegebene Welt dem Handeln der Menschen stellt, nicht zu lösen, sondern in Tagträumen wegzudenken.

Ein Vorurteil unserer Zeit ist die Übertragung der Methoden der naturwissenschaftlichen Forschung auf die, Probleme des menschlichen Handelns. Das Denken ist in Verruf gekommen. Nur die Erfahrung, nur die nackten Tatsachen, will man gelten lassen. Man sieht nicht, dass die Bedingungen, die der Erforschung der Probleme des menschlichen Handelns gegeben sind, von denen, die der Naturforschung gegeben sind, verschieden sind. Man huldigt einem methodologischen Monismus, dessen Paradoxie offenkundig ist. Denn dass nur die Erfahrung allein den Weg zur Erkenntnis des Sozialen erschließen könne, wird nicht etwa aus Erfahrung geschlossen, die auf dem Gebiete der sozialen Forschung gemacht wurde, sondern aus der Erfahrung, die die Naturwissenschaft gemacht hat. Man verwirft die Ergebnisse der Praxeologie, die man logisch im Übrigen nicht anzufechten vermag, im Hinblick auf die Erfahrung, die die Naturwissenschaften geboten haben.

Mit dem Grundsätzlichen, das gegen diese Geisteshaltung spricht, haben sich andere Abschnitte dieses Buches befasst. Hier sei auf die Inhalte dieser Denkweise eingegangen, um sie immanent zu kritisieren.

Wenn man die Erfahrung gelten lassen will, müsste man doch wohl die Augen nicht vor der Tatsache verschließen dürfen, dass kein Volk, von dem wir wissen, eine höhere Stufe des Wohlstands ohne Sondereigentum an den Produktionsmitteln erreicht hat, und dass die Zurückdrängung des Interventionismus durch die liberale Politik seit dem 18. Jahrhundert zur gewaltigsten Steigerung des Wohlstandes geführt hat, die die Geschichte kennt. Die Bevölkerung vervielfachte sich und dennoch wuchs der Reichtum. Der einfache Mann aus dem Volke lebte am Ende dieser Periode nicht allzustark gehemmter Marktwirtschaft weitaus besser als die wenigen Begünstigten älterer Epochen. Das ist. eine harte Tatsache, die man nicht leugnen kann. Man kann freilich versuchen, ihre Beweiskraft zu schwächen oder zu bestreiten. Doch dann treibt man eben schon Theorie, dann muss man zu praxeologischen Sätzen greifen, die mit Erfahrung nichts mehr zu tun haben.

Man hat *a priori* aus dem Denken das Bild eines idealen, nicht in der Erfahrung nachweisbaren sozialistischen Gemeinwesens konstruiert, und man fordert nun, dass die Marktwirtschaft durch die Gemeinwirtschaft ersetzt werde. Kein Praxeologe wird die Zulässigkeit der gedanklichen Konstruktion solcher hypothetischer Gebilde bestreiten wollen. Doch die Praxeologie beansprucht für sich das Recht, ihrerseits an diesem und ähnlichen Gedankenbildern Kritik zu üben, um sie im Hinblick auf ihre Funktions-, Lebens- und Verwirklichungsmöglichkeiten zu untersuchen. Man kann eine apriorische Konstruktion, die ohne Bezugnahme auf die Erfahrung hingestellt wurde, nicht anders prüfen als wieder durch apriorisches Denken. Es war daher durchaus unlogisch, dass man gegen diese Kritik den Einwand erhoben hat, sie wäre nur apriorisch; man müsse die Erfahrung abwarten, die man mit sozialistischer Wirklichkeit machen werde. Da solche Erfahrung nur dann zur Bestätigung oder Widerlegung der über die Unmöglichkeit sozialistischer Wirtschaftsrechnung entwickelten Theorie dienen könnte, wenn sie mit einem von der übrigen Welt streng abgesonderten oder mit einem die ganze Ökumene umfassenden sozialistischen Gemeinwesen gemacht werden könnte, bedeutet diese Forderung einen Freibrief für widerspruchsvolles Spekulieren und an ihm orientierte Politik. Dann darf wohl jedermann nach Belieben aprioristisch Gedankenbilder ersinnen und die Umgestaltung der Gesellschaft nach ihrem Muster fordern, doch es bleibt allen verwehrt, an diesen Schöpfungen des Geistes Kritik zu üben, ehe sie durchgeführt wurden.

Man versucht die Vortrefflichkeit der sozialistischen Wirtschaftsweise durch den Hinweis auf die in Russland gemachten Erfahrungen zu beweisen. Doch was die Erfahrung zeigt, ist allein das, dass die Massen des russischen Volkes viel schlechter leben als die Massen im kapitalistischen Westen. Ja, meint man, dass die Russen im Elend leben, habe andere Gründe. Nicht der Sozialismus sei daran schuld, sondern der Zarismus. Die Russen hätten früher noch schlechter gelebt, der Abstand zwischen ihrem Lebensstand und dem der Westvölker sei früher noch größer gewesen, die Fortschritte, die Russland gemacht habe, seien schneller als die der anderen Völker.

Doch damit geht man über das, was die Erfahrung lehrt, bereits hinaus. Man beruft sich nicht mehr auf die Erfahrung; man sucht im Gegenteil die Lehren der Erfahrung durch den Hinweis auf andere Umstände und durch die Herausziehung von Theorien wegzudisputieren.

Kritisiert die Nationalökonomie den Interventionismus, dann beruft man sich auf die günstigen Erfahrungen, die man mit den Eingriffen gemacht haben will. Doch diese Erfahrungen beziehen sich auf die näheren, nicht auch auf die fernerliegenden Folgen. Dass in the short run die von den Eingriffen erwarteten Wirkungen bei manchen Arten von Eingriffen erzielt werden können, ist unbestritten. Die Auffassungen der Nationalökonomen weichen von denen der Interventionisten nur dort ab, wo es um die Wirkung in the long run geht, und in der Frage, ob nicht neben den beabsichtigten Wirkungen auch noch andere Wirkungen eintreten, die vom Standpunkte derer, die den Eingriff gesetzt haben, als unerwünscht zu bezeichnen sind. Darüber kann die Erfahrung wieder nichts sagen, weil die Beobachtung nie unter sonst gleichbleibenden Verhältnissen gemacht werden kann. So sehen wir denn, dass die Erfahrung verschieden gedeutet und ausgelegt wird und dass jeder Streit um die Deutung und Auslegung der Erfahrung sehr schnell in die Erörterung von Sätzen der apriorischen Theorie einmündet. Eine Erfahrungstatsache, die man nur in *einem* Sinne deuten und auffassen könnte, konnte man, bisher wenigstens, auf dem Gebiete des menschlich-en Handelns nicht aufweisen. [FN: «Very few facts are able to tell their own story, without comments to bring out their meaning.» (Mill, On Liberty, Third edition, London 1864, p. 39.)]

II. Die Arbeitslosigkeit, das Schicksalsproblem der Zeit

Die Dauer- und Massenarbeitslosigkeit ist zum Schicksalsproblem der modernen Kultur geworden. Sie zerbricht das Werk, das der Liberalismus aufgerichtet hat.

Dass Millionen dauernd aus dem Erzeugungsprozess ausgeschaltet bleiben sollen, ist ein Zustand, der nicht lange ertragen werden kann. Der einzelne Arbeitslose will arbeiten. Er will erwerben, weil er die Vorteile, die der Lohn ihm bringt, höher schätzt als den für den Mittellosen recht problematischen Wert dauernder Muße. Dass er keine Arbeit finden kann, treibt ihn zur Verzweiflung. Aus den Arbeitslosen formen die Abenteurer, die die Diktatur anstreben, ihre Sturmtruppen.

Die öffentliche Meinung sieht in der Arbeitslosigkeit den Beweis für die Unzulänglichkeit der Marktwirtschaft. Der Kapitalismus, meint man, habe sein Unvermögen gezeigt, die Probleme der gesellschaftlichen Kooperation zu lösen. Die Arbeitslosigkeit erscheint als die unvermeidliche Folge von Antinomien der kapitalistischen Wirtschaft. Dass die Ursachen dieser Dauer- und Massenarbeitslosigkeit in der Lohnpolitik der Gewerkschaften und in der Unterstützung, die diese Lohnpolitik durch die Regierungen findet, zu suchen sind, bleibt der öffentlichen Meinung unbekannt. Die Stimme der Nationalökonomen dringt nicht ins Publikum.

Die Laien haben immer geglaubt, dass die Fortschritte der Technik Leute ums Brot bringen. Darum haben die alten Zünfte und Innungen jeden Neuerer zu Tode gehetzt, darum haben die Maschinenstürmer Maschinen zerstört. Heute können die Gegner des technischen Fortschritts sich auf die Wohlmeinung von Männern berufen, die man als berufene Vertreter der Wissenschaft ansieht. Denn in Büchern und Artikeln ohne Zahl wird gesagt, dass die technologische Arbeitslosigkeit, im kapitalistischen System zumindest, unvermeidbar sei. Als Mittel zur Bekämpfung der Arbeitslosigkeit empfiehlt man Verkürzung der Arbeitszeit; da die Wochenlöhne dabei entweder überhaupt nicht oder nicht in entsprechendem Masse gesenkt oder selbst erhöht werden sollen, bedeutet das in der Regel weitere Lohnerhöhung und damit Mehrung der Arbeitslosigkeit. Man empfiehlt öffentliche Arbeiten als Weg zur Arbeitsbeschaffung. Wenn jedoch die dafür benötigten Geldmittel durch Anleihen oder durch Steuern beschafft werden, dann wird an der Lage nichts geändert. Die für die Notstands- arbeiten verwendeten Beträge werden anderer Produktion entzogen, dem Zuwachs an Arbeitsgelegenheit entspricht eine Abnahme der Arbeitsgelegenheit in anderen Zweigen des Wirtschaftsgefüges.

Man greift dann schließlich zur Kreditausweitung und Inflation. Doch mit dem Steigen der Preise und dem Sinken der Reallöhne setzt die auf Lohnsteigerung gerichtete Politik der Gewerkschaften wieder stärker ein. Immerhin ist festzustellen, dass es durch die Abwertungen und durch verwandte inflationistische Maßnahmen in manchen Fällen gelungen ist, die Folgen der gewerkschaftlichen Lohnpolitik zu mildern und dem Fortschreiten der Arbeitslosigkeit vorübergehend Einhalt zu tun.

Gegenüber der Ohnmacht, mit der man in den Staaten, die man als demokratisch zu bezeichnen pflegt, dem Problem der Arbeitslosigkeit gegenübersteht, erscheint die Politik, die die Diktaturstaaten einschlagen, als außerordentlich erfolgreich. Die Arbeitslosigkeit schwindet, wenn man durch Einreihung der Arbeitslosen in das Heer und in andere militärische Verbände, in

Arbeitslager und in Arbeitsgruppen die Zwangsarbeit einführt. Die Zwangsarbeiter müssen sich mit Löhnen begnügen, die weit unter denen der übrigen Arbeiter liegen. Allmählich sucht man dann einen Ausgleich der Lohnsätze zu erzielen, indem man den Lohn der Zwangsarbeiter erhöht, den der übrigen Arbeiter herabsetzt. Die politischen Siege der totalitären Staaten haben ihre vorzüglichste Quelle in den Erfolgen, die sie in der Bekämpfung der Arbeitslosigkeit erzielen konnten.

Wenn es nicht gelingt, die Macht, die die gewerkschaftliche Lohntheorie heute genießt, zu brechen und durch die Wiederherstellung der Freiheit der Lohnbildung die Arbeitslosigkeit zu beseitigen, dann werden auch die westeuropäischen Industriestaaten und die Vereinigten Staaten von Amerika bald die politische und wirtschaftspolitische Verfassung radikal ändern. Wenn man den lohnpolitischen Interventionismus nicht aufgibt, muss man das Experiment des totalen Staates auf sich nehmen. Wenn man die Marktwirtschaft nicht von den Hemmungen des Interventionismus befreien will, muss man zum Sozialismus gelangen. Ob man sich dabei mehr an das deutsche oder mehr an das russische Vorbild halten will, macht keinen Unterschied. Der Sozialismus ist in keiner Gestalt lebens- und wirkungsfähig.

Der Interventionismus ist kein System gesellschaftlicher Kooperation, sondern eine Aneinanderreihung einzelner Maßnahmen, die den Ablauf der marktwirtschaftlichen Erscheinungen beeinflussen sollen. Er ist eine Häufung von Aushilfen, die in the short run und zu Gunsten einzelner Gruppen Erfolge erzielen können, die der Absicht der eingreifenden Obrigkeit entsprechen, die sich aber in the long run als zweckwidrig erweisen und im besten Falle einer Minderheit Vorteile auf Kosten der Mehrheit bringen können.

Man pflegt die Eingriffe als soziale oder sozialpolitische Maßnahmen zu bezeichnen. Ihrer Wirkung nach müsste man sie antisozial nennen. Denn sie können sich nie zu einem sinnvollen Ganzen formen. Sie bauen die Gesellschaft nicht auf; sie nehmen der gesellschaftlichen Zusammenarbeit den Sinn. Das Ziel der Kooperation ist Behebung von Unbefriedigt-sein; kein Eingriff aber vermag die Erreichung dieses Ziels zu fördern. Er verschlechtert die Bedürfnisbefriedigung entweder für alle oder zumindest für die große Mehrheit.

Man kann versuchen, die Volkstümlichkeit der einzelnen Eingriffe psychologisch zu verstehen und die überwältigenden Siege der interventionistischen Politik aus der Gestaltung der politischen Verfassung der modernen Staaten zu erklären. Man kann die Geschichte des modernen Interventionismus schreiben. Man kann schließlich auch die einzelnen Maßnahmen, deren sich die interventionistischen Obrigkeiten bedienen, enzyklopädisch in der Art darstellen, in der es einst für den älteren Interventionismus die Handbücher der Kameral- und Polizeiwissenschaft getan haben. Man kann es auch unternehmen, die einzelnen Eingriffe vom Standpunkte der Sonderinteressen einzelner Gruppen zu rechtfertigen. Doch all das kann die Feststellung, dass der Interventionismus als Ganzes sinnwidrig ist, nicht erschüttern.

Wenn man die Betrachtung auf die unmittelbaren Wirkungen einzelner Eingriffe beschränkt, vermag man freilich weder ihre weiteren mittelbaren Wirkungen noch die Folgen der interventionistischen Politik als Ganzes zu erkennen. Doch wer sozial denkt, d.h. die Dinge mit dem Blick auf das gesellschaftliche Gefüge und auf die Ziele, die die Menschen ihrem Handeln setzen, betrachtet, muss zum Urteil gelangen, dass der Interventionismus das, was er anstrebt, nicht erreichen kann, dass er vom Standpunkte derer, die ihn empfehlen, und derer, die die Eingriffe setzen, zweckwidrig ist.

[2927]policies of freedom

[2928]Promoter

[2929]**SCHLUSSWORT**

I. Die Wissenschaft und das Leben

Man hat die Wissenschaft vom menschlichen Handeln ob ihrer Wertfreiheit getadelt. Das Leben, meint man, brauche Antwort auf die Frage, was zu tun sei. Wenn die Wissenschaft diese Frage nicht beantworten wolle oder könne, sei sie unfruchtbar und nutzlos. Doch der Einwand ist unhaltbar. Die Wissenschaft beantwortet alle Fragen, die das Leben stellt; sie schweigt nur, wenn die Frage aufgeworfen wird, ob das Leben wert ist, gelebt zu werden.

Auch diese Frage ist aufgeworfen worden und wird immer von Neuem aufgeworfen. Seit Menschen denken und handeln, haben sie auch immer wieder die Frage gestellt: Was soll das alles? Wozu? Was ist der Sinn dieses Treibens und Schaffens, wenn am Ende doch für jeden unentrinnbar der Tod, die Auflösung in Nichts steht? Ist nicht alles eitel und vergebens? Kein Mensch, und sei er noch so erfüllt von der Lust zu wirken und das Leben zu genießen, entgeht den Stunden des Unmuts, in denen der Gedanke an die Vergänglichkeit seines Daseins ihn an dem Wert seines Schaffens zweifeln macht, und jeder Mensch, der lange genug gelebt hat, ermattet endlich und ersehnt den Tod als Bringer von Ruhe und Frieden. Alles menschliche Handeln wird vom Tode beschattet. Alles Leben schreitet dem Tode entgegen. Der Mensch baut, doch er muss die Bauten, die er aufgerichtet hat, verlassen; jeder Augenblick kann sein letzter werden. Vor jedem liegt eine unbekannte Zukunft, von der nur eines sicher ist, dass sie nämlich früher oder später, doch jedenfalls unvermeidlich in das Nichts führt.

Und dieses menschliche Handeln selbst, ist es nicht eitel? Nie kann es uns zu voller Befriedigung führen, nie kann es uns mehr bieten als einen kurzen Augenblick teilweiser Genugtuung. Hinter jedem gestillten Begehren tauchen neue Bedürfnisse auf, die nach Befriedigung verlangen. Die Kultur, meint man, mache uns ärmer, indem sie unsere Wünsche vervielfacht und Begehren entzündet, nicht beruhigt. Das geschäftige Getriebe der arbeitenden und schaffenden Menschen, ihr Hasten, Drängen und Jagen sei sinnlos, denn es könne weder Glück noch Frieden bringen. Nicht durch Handeln und Wirken könne man zur inneren Befriedigung und Befriedung gelangen, sondern allein durch Verzicht und Entsagung. Der Weise müsse erkennen, dass es für die Armseligkeit des Menschen kein würdigeres Verhalten geben könne als die Flucht in die Beschaulichkeit eines nur leidenden Daseins.

Doch über alle solche Gedanken und Anwandlungen schreitet das Leben siegreich hinweg. Zu Leben und dann zu Sterben ist nun einmal unsere Natur. Doch zunächst leben wir, und das Leben, nicht der Tod zwingt uns heute in seinen Bann. Mag auch später kommen, was will, wir können uns hier und heute dem Leben und seinen Forderungen nicht entziehen; wir müssen, solange wir leben, dem Drange folgen, der uns treibt. Es ist uns eingeboren, dass wir nicht leiden wollen, dass wir unbefriedigt sind und nach Behebung des Unbefriedigtsein streben, dass wir das Glück suchen. In jedem Menschen wirkt ein geheimnisvolles, nicht weiter analysierbares *Es*, das ihn im Leben leitet und das Wesen des Lebendigen ausmacht. Ob wir dieses *Es* den Willen oder den Urtrieb nennen, tut nichts zur Sache. Es ist der Trieb der Triebe, der das Lebendige ins Leben und zum Leben treibt, der Glückseligkeitstrieb. Man kann ihn aus dem Leben nicht entfernen und vom Leben nicht trennen; er erlischt, wenn das Leben endet, doch nicht früher.

Im Dienste des Lebenstriebes steht auch die menschliche Vernunft. Das Leben zu fördern und zu erhalten, den Untergang des Lebens so weit es geht hinauszuschieben, ist ihre biologische Funktion. Denken und Handeln sind nicht wider die Natur, sie sind vielmehr die Natur des Menschen. Es ist das Geschick des Menschen, unbefriedigt zu sein und nach Befriedigung zu streben.

Kein Mensch will leiden. Leidfrei zu werden, zumindest Leid soweit zu bekämpfen, als es die Verhältnisse gestatten, ist ein Ziel, das sich jedermann setzt, weil es die menschliche Natur so will. Und diese unsere menschliche Natur findet in der menschlichen Vernunft ihren Kräftemittelpunkt. Vernunft im Kampfe gegen die Unbill des Daseins, das ist der Mensch.

Darum ist alles, was über den Vorrang irrationaler Elemente gesagt wird, leeres Gerede. In dem Kosmos, den unsere Vernunft nicht fassen kann, und den wir deswegen irrational zu nennen pflegen, lässt die Vernunft dem Menschen einen Spielraum, in dem er sein Unbefriedigtsein ein wenig zu mindern vermag. Das ist das Handeln des Menschen. Man mag vielleicht im Recht sein, wenn man davon spricht, dass dem Menschen eine Sehnsucht nach der Ruhe und Selbstbescheidung innewohnt, die wir im Dasein der Pflanze zu finden glauben. Wir können es nicht wissen, denn wir vermögen uns in das Innere der Pflanzen nicht hineinzudenken. Doch der Mensch kann den Willen zum Handeln in sich nicht auslöschen, um Pflanze zu werden. Wenn er «des Treibens müde» wird, wenn er aufhört zu handeln, wird er nicht Pflanze. Er stirbt.

Es ist das Menschlichste am Menschen, dass ihn die Sehnsucht erfüllt, sich über das bloß Zoologische seiner Natur und seiner animalischen Triebe empor zu erheben. Millionen und Hunderte von Millionen Menschen suchen das Glück freilich nur im Materiellen und kennen keine anderen Genüsse als die, die durch äußere Mittel beschafft werden können. Den wahren Menschen befriedigt der äußere Wohlstand nicht; er strebt nach mehr und nach Anderem. Er will über das hinaus, was wir mit allem Getier gemein haben, ein Höheres, ein wahrhaft Menschliches finden.

Es war und ist ein tragisches Verhängnis, dass man dieses echt menschliche Streben nach Zielen, die über das Wohlbefinden des Leibes hinausgehen, in einem Widerstreit zum Streben nach Befriedigung der animalischen Triebe sehen wollte. Der, dem gutes Essen, Trinken, Wohnen und dergleichen nicht das Um und Auf der Wunscherfüllung bedeutet, begann das Materielle zu verachten und zu hassen. Man will in der Bereicherung des äußeren Lebens ein Hindernis für die Entfaltung der menschlichen Persönlichkeit erblicken, und man will die Gesellschaftsordnung stürzen, um den Weg für ein Neues freizulegen, von dem man nur unklare und unzureichende Vorstellungen hat. Man spürt ein Unbehagen, das man durch Zertrümmerung der materiellen

Kultur beheben will. Man verkennt dabei, dass dieses Sehnen nach Höherem und Besseren nur auftreten konnte, weil der Wohlstand die Muße gewährt, die es dem Geist gestattet, sich ihm hinzugeben. Das Materielle hindert nicht das Streben nach Ideellem; es schafft vielmehr die Bedingungen, unter denen dieses sich entfalten kann. Noch schwerer wiegt ein zweiter Irrtum. Man will die Menschen zwingen, ihre Zielsetzungen zu ändern, man will - welch ein Widerspruch - ihnen durch Organisation, d.i. durch Zwang, freiere Ausbildung der Persönlichkeit gewissermaßen aufdrängen. Man will sie gegen ihren Willen beglücken.

Wer sein Leben dem Ideal eines höheren Menschentums gemäss einrichten will, hat seine Ziele entsprechend zu wählen. Nichts hindert in der Marktgesellschaft den Einzelnen, sein Streben weniger auf das, was den Sinnen behagt, und mehr auf das, was das Gemüt erhebt, zu richten. Niemand darf die Gesellschaftsordnung dafür verantwortlich machen, dass er dem Animalischen seiner Natur mehr Recht einräumt als dem Menschlichen.

Es ist ein Wahn, zu glauben, dass man das, was man Materialismus nennt, anders überwinden könnte als dadurch, dass die Menschen lernen, ihre Ziele weniger materialistisch zu wählen.

II. Die Wissenschaft und die Politik

Wo es nicht um die Entscheidung über das letzte und höchste Gut geht, vermag die Nationalökonomie dem Handeln den Weg zu weisen. Die politischen Fragen kann nur das praxeologisch und insbesondere das nationalökonomisch orientierte Denken beantworten.

Solange die politische Bühne nichts anderes erfüllte als die Kämpfe von Fürsten und Bandenführern um den Besitz des staatlichen Gewaltapparates, stellte die Politik die grundlegenden Probleme menschlicher Kooperation nicht in Frage. Der glückliche Sieger bemächtigte sich der Herrschaft, doch er dachte nicht daran, die gesellschaftliche Ordnung umzustoßen und durch ein neues System zu ersetzen. Heute ist das anders. Politische Parteien wollen das Sondereigentum an den Produktionsmitteln, das die Grundlage aller bisherigen Kultur war, beseitigen; auch die, die nur von «Reform» der Wirtschaftsordnung und nicht von Aufhebung des Eigentums sprechen, meinen in Wirklichkeit Beseitigung des Sondereigentums an den Produktionsmitteln und der Marktwirtschaft. Das ist das politische Problem unserer Zeit. In diesem Sinne ist das Wort, dass alle Politik heute Wirtschaftspolitik ist, zu verstehen.

In dem Kampf, der für und wider die Erhaltung der Marktwirtschaft geführt wird, hat die Nationalökonomie das entscheidende Wort. Denn hier wird nicht um Werte, sondern um Mittel zur Verwirklichung der Werte gestritten. Wer Planwirtschaft oder Interventionismus empfiehlt, hat nicht Werte im Auge, sondern Mittel. Das Ziel, höchste Ergiebigkeit der gesellschaftlichen Arbeit, ist allen wirtschaftspolitischen Parteien gemeinsam. Das, was die Parteien scheidet, ist die Wahl der Mittel, die zur Erreichung des Ziels eingesetzt werden sollen. Wenn die Sozialisten Sozialismus oder die Interventionisten Eingriffe der Obrigkeit in das Marktgetriebe empfehlen, gehen sie von nationalökonomischen Gedankengängen aus. Sie glauben, dass die Marktwirtschaft das nicht zu leisten vermöge, was nach ihrer und aller anderen Menschen Auffassung ein Wirtschaftssystem leisten müsste, und dass das von ihnen empfohlene System besser geeignet oder allein geeignet sei, die angestrebten Ziele zu verwirklichen. Die Auseinandersetzung über die Probleme der Gesellschaftsordnung wurde und wird nie anders geführt als mit dem Gedankengut national-ökonomischer Theorien.

Man kann Nationalökonomie um der reinen Erkenntnis willen betreiben und sich dabei um die Anwendung der nationalökonomischen Lehren nicht kümmern. Doch man kann die Politik von nationalökonomischen Erwägungen nicht loslösen. Politik ist heute untrennbar mit Praxeologie und in der Regel auch mit Nationalökonomie verbunden. Kein Urteil über politische Fragen ist heute denkbar, das nicht national-ökonomisch orientiert wäre. Jedes Denken, das politischen Entscheidungen zu Grunde liegt., ist praxeologisches und nationalökonomisches Denken.

Dieser Tatbestand hat manchem Nationalökonomen die Unbefangenheit geraubt. Wer als Parteimann mit vorgefassten Meinungen und mit einem politischen Vorurteil, von dem er unter keinen Umständen lassen will, an die Probleme herantritt, ist auf Schritt und Tritt gehemmt. In den Naturwissenschaften ist parteipolitische Voreingenommenheit seltener; sie spielte dort einst eine größere Rolle, als die Forscher noch auf die Stützung der naturwissenschaftlichen Lehren des Pentateuch bedacht waren. [FN: Ein besonders bemerkenswertes Beispiel solcher Voreingenommenheit eines großen Geistes ist Goethe's Stellung zur Farbenlehre; sie hatte keinerlei Bezug auf theologische Gesichtspunkte.] Der Fortschritt nationalökonomischer Theorie ist jedoch immer wieder aufgehalten worden durch die parteipolitische Befangenheit von nationalökonomischen Schriftstellern und durch die daraus den ernsten Denkern erwachsene Verpflichtung, die Irrtümer und Trugschlüsse der anderen zu widerlegen.

Noch schlimmer wird die Lage der Nationalökonomie durch die Bemühungen der politischen

Parteien, die Wissenschaft zu beeinflussen. Auch die Naturforschung hatte einst unter dem Druck der Kirche schwer zu leiden. Doch wenn auch kein Nationalökonom das Schicksal Giordano Bruno's oder Galilei's zu erdulden hatte, ergeht es der Nationalökonomie heute ärger. Man verbrennt die unbotmäßigen Nationalökonomen nur darum nicht, weil man wirksamere Mittel zur Unterdrückung der freien Meinungsäußerung kennt. Gesellschaftliche und wirtschaftliche Ächtung droht dem unabhängigen Geiste, das Entgegenkommen an die Wünsche der herrschenden Parteien wird aber reich belohnt. So ist die Luft, in der die Nationalökonomie zu wirken hat, geradezu vergiftet worden. [FN: Vgl. über die Gefahren, die politische Betätigung der wissenschaftlichen Unabhängigkeit bringt, *Hutt*, Economists and the Public, London 1936, S. 229 ff.]

Man muss auf diese Verhältnisse der Umwelt, in der sich die Nationalökonomie zu entfalten hat, Bedacht nehmen, wenn man den Sinn der beiden Postulate der Voraussetzungslosigkeit und der Wertfreiheit der Wissenschaft erfassen will. Man hat versucht, an dem Postulat der Voraussetzungslosigkeit erkenntnistheoretische Kritik zu üben, und hat sich dabei an den Ausdruck gehalten, ohne auf den Sinn zu achten, der dem Begriff in der Wissenschaftslehre der Nationalökonomie innewohnt. Man bemühte sich zu zeigen, dass das Denken nie im erkenntnistheoretischen Sinne voraussetzungslos sein kann, und man meinte, damit schon den Beweis für die These erbracht zu haben, dass Nationalökonomie von der Vertretung und Rechtfertigung von parteipolitischen Interessen nicht zu trennen sei. Die nationalökonomische Theorie der modernen subjektivistischen Schule wäre geradeso wie die der Klassiker «liberalistisch» befangen. Man sei der Verpflichtung, sich mit ihren Lehren auseinanderzusetzen, enthoben, wenn man die liberalistischen Vorurteile einmal abgestreift habe. Anderseits brauche man auch die nationalökonomische Kritik der antiliberalen Parteilehren und Parteiprogramme nicht mit geistigen Mitteln zu widerlegen; man könne sich damit begnügen, ihren liberalistischen Charakter zu enthüllen. So stellte man einen Freibrief allen Doktrinen aus, die, von unhaltbaren Annahmen ausgehend, in widerspruchsvoller Deduktion die unsinnigsten Parteiprogramme zu rechtfertigen und zu verherrlichen suchen. Man erhob den Marxismus zum wissenschaftlichen Sozialismus, man umkleidete die Apologie des Interventionismus mit prunkvollen Namen wie historische Schule, realistische und sozialpolitische Volkswirtschaftslehre, Institutionalismus u. dgl., man stellte der *economia politica* die *economia corporativa* entgegen, man lehrte deutschen Sozialismus. All das war von vorneherein gegen jede Kritik gesichert. Der Kritiker hatte immer Unrecht, weil er nicht den richtigen Standpunkt einnahm oder weil er den vergeblichen Versuch machte, standpunktlos im luftleeren Raume zu denken. Gegenüber der vermeintlichen Wurzellosigkeit dieses «nur abstrakten» Theoretisierens kehrte man stolz die eigene Parteigebundenheit hervor; man rühmte sich dessen, dass man die Interessen der Arbeiterklasse, des Bauerntums, des Staates und des Volkes vertrete und die Weltfremdheit der Studierstube verachte.

Doch wer von der Nationalökonomie und den Nationalökonomen Voraussetzungslosigkeit verlangt, hat ganz anderes im Auge als Stellungnahme zu erkenntnistheoretischen Problemen. Nicht darum geht es, ob und in welchem Sinne man das Denken als voraussetzungslos ansehen dürfe, sondern allein um die Frage, ob der Nationalökonom an seine Arbeit mit dem Vorsatz herantreten dürfe, die Rechtfertigung für ein Parteiprogramm zu suchen und zu finden, oder ob er frei von jeder parteipolitischen Bindung forschen soll, um allenfalls aus den Ergebnissen seiner Forschung sich eine politische Meinung zu bilden. Niemand wird wohl heute heranwachsen, ohne von seiner Umgebung parteipolitische Einflüsse zu empfangen, und wenige nur treten an die Beschäftigung mit nationalökonomischen Problemen heran, die nicht leidenschaftliches Interesse für Politik erfüllt. Der Neuling, der die ersten Schritte macht, um in das nationalökonomische Denken einzudringen, geht in der Regel bereits mit politischer Voreingenommenheit ans Werk. Doch nie wird er irgendwelchen Nutzen aus der Beschäftigung mit nationalökonomischen Dingen ziehen, nie wird sich ihm der Sinn der Wissenschaft, ihrer Problemstellungen und ihrer Problemlösungen erschließen, wenn er nicht die cartesianische Forderung *de omnibus dubitandum* zum Leitstern seines Denkens macht. Das wissenschaftliche Denken unterscheidet sich vom Denken des Alltags nur dadurch, dass es von diesem Grundsatz ausgeht. Wer nicht entschlossen ist, alle liebgewordenen Vorstellungen und vorgefassten Meinungen preiszugeben, wenn sie der Kritik des Denkens nicht standhalten, wer von den politischen Auffassungen, die er vor der Zuwendung zur Wissenschaft erworben hat, nicht lassen will, vergeudet mit dem Studium nur Zeit und Mühe. Zu politischen Ideen und Doktrinen darf der Nationalökonom allenfalls auf Grund der Ergebnisse umfassender Denkarbeit gelangen; der Anfang wissenschaftlichen Denkens muss in der Abkehr von allen Bindungen an Programme und Parteien liegen.

Auch da ist es in der Praxeologie nicht anders, als es einst für Naturwissenschaften und Geschichte in Bezug auf ihr Verhältnis zu den herrschenden metaphysischen und religiösen Lehren stand. Wie die Naturforscher und die Historiker damit anfangen mussten, sich von den Lehren der Bibel und der Dogmen zu befreien, so muss der Nationalökonom sich von den Parteilehren lösen. Das allein und nichts anderes ist der Sinn der Forderung voraussetzungsloser Forschung.

Unter keinen Umständen kann die wissenschaftliche Untersuchung zur Setzung von Werten führen. Es ist heute nicht mehr nötig, noch besonders darauf hinzuweisen, dass es nicht die Aufgabe der Wissenschaft sein kann, zu werten und den Menschen zu sagen, welche letzten Ziele sie ihrem Handeln setzen sollen. Nur radikale Verkennung des Verhältnisses von Denken und Handeln und überhebliche Anmaßung eines Richteramtes, das sich berufen fühlt, alle menschlichen Dinge unfehlbar zu entscheiden, konnten die Idee einer *ethischen* Nationalökonomie eingeben. Das Denken der Wissenschaft kann sich immer nur mit den Mitteln, nicht aber auch mit den Zwecken befassen.

Man darf die beiden Forderungen der Voraussetzungslosigkeit und der Wertfreiheit nicht dahin missverstehen, dass die Wissenschaft und die Denker zwischen den Parteien zu vermitteln und etwa eine mittlere Linie zum Ausgleich der Parteigegensätze zu zeigen hätten. [FN: Vgl. dazu die Kritik *Max Weber's* in Gesammelte Aufsätze zur Wissenschaftslehre, a. a. O., S. 154 f.] Diesem Irrtum verdanken die verschiedenen interventionistischen Programme die Unterstützung, die ihnen «im Namen der Wissenschaft» zu teil wurde. Weil die Liberalen das Sondereigentum, die Sozialisten das Gemeineigentum an den Produktionsmitteln empfehlen, gab man Interventionismus, den man als ein System pries, das «gleichweit» von den beiden «extremen» Forderungen entfernt wäre, als die billige Lösung der vermittelnden und die Gegensätze ausgleichenden Wissenschaft aus; derselbe Gedankengang ließ andere wieder die Gewinnbeteiligung der Arbeiter als Mittel zur sozialen Befriedung empfehlen. Es kann nicht bezweifelt werden, dass dieser Gesichtspunkt auch noch heute viele Nationalökonomen, mitunter unbewusst, beeinflusst: der Umstand, dass das kapitalistische System bekämpft wird, hindert sie, die Folgerungen aus ihren wissenschaftlichen Ergebnissen zu ziehen, die die Logik verlangt.

Der Gegensatz der Systeme gesellschaftlicher Kooperation darf nicht wie der Gegensatz zwischen den Parteien in einem Rechtsstreit um einen Geldbetrag angesehen werden. Hier gibt es kein mehr und kein weniger und keinen Ausgleich durch Halbierung der Streitsumme. Jedes System muss für sich gesondert nationalökonomisch betrachtet und in Bezug auf seine Bedeutung als Mittel zur Erreichung gesellschaftlicher Zwecke geprüft werden. Interventionismus ist nicht, wie zähes Vorurteil meint, halb Kapitalismus, halb Sozialismus, ist auch nicht «gleichweit» von Sozialismus und Kapitalismus entfernt. Er ist ein besonderes System und muss so gesehen und vorurteilsfrei beurteilt werden.

Es wäre töricht, die Forderungen der Voraussetzungslosigkeit und der Wertfreiheit der Wissenschaft dahin umzudeuten, dass dem Nationalökonomen Stellungnahme zu den politischen Fragen verwehrt wird. Als der «wissenschaftliche» Sozialismus der Marxisten und der Interventionismus der Kathedersozialisten und der historischen Schule zusammengebrochen waren, haben die Anhänger dieser Schulen den von der nationalökonomischen Theorie immer festgehaltenen Grundsatz der Wertfreiheit, den sie bis dahin nicht genug verhöhnen konnten, als neue Lehre verkündet, um die Nationalökonomie mundtot zu machen. Für Max Weber war die Forderung der Wertfreiheit ein Schritt in seinem ehrlichen Ringen um Befreiung von den Vorurteilen, Irrtümern und Trugschlüssen, die man im Deutschland seiner Tage als Sozialwissenschaft ansah. Für die Marxisten, Etatisten und Syndikalisten der Kreise um Sombart, Schmoller, Wagner und Lujo Brentano war sie das Mittel zur Unschädlichmachung jeder nationalökonomischen Kritik an ihren politischen Forderungen, die sie durch Jahrzehnte hindurch als Postulate der reinen Wissenschaft ausgegeben hatten.

Niemand ist berufener, politische Urteile auszusprechen, als der Nationalökonom, der sich seine Meinung durch strenges Denken erarbeitet hat. Die Wurzel aller politischen Übel unserer Zeit liegt gerade darin, dass man auf diese Stimme nicht hören will.

Wenn der Nationalökonom liberal ist, d.h. in der Marktwirtschaft die einzige lebens- und wirkungsfähige Ordnung arbeitsteiliger gesellschaftlicher Zusammenarbeit erblickt, ist er es auf Grund der Ergebnisse, zu denen sein Denken geführt hat. Er ist liberal, weil er Nationalökonom ist. Die Nationalökonomie hat ihn zum Liberalismus geführt, nicht der Liberalismus zur Nationalökonomie.

Sein Standpunkt ist dann freilich in dem Sinne nicht mehr wertfrei, dass er an die Anerkennung der Werte gebunden ist, die sich die Menschen - alle handelnden Menschen ohne Rücksicht auf Klasse, Rasse, Geschichtsepoche und Parteistellung - in ihrem Handeln setzen. Doch diesen Wertgesichtspunkt lehnen auch die politischen Gegner des Liberalismus nicht ab. Nur wer dem Leben den Tod, der Wohlfahrt die Not und das Massenelend, dem friedlichen Zusammenwirken der Menschen das Chaos des unaufhörlichen Krieges aller gegen alle vorzieht, verwirft ihn.

Dass die Nationalökonomie logisch unangreifbar ist, wird durch nichts besser bekräftigt als durch das, dass man sie nicht anders anzugreifen weiß als durch die Behauptung, dass die logische Struktur des Denkens, die zu ihr führt, nicht allgemeingültig für alle Menschen wäre.

Mit der Anerkennung des Grundsatzes der Wertfreiheit ist auch schon der Standpunkt festgelegt, den die Nationalökonomie gegenüber den Forderungen der Ethik einzunehmen hat.

Die utilitaristische Ethik kann nie in einen Gegensatz zur Nationalökonomie geraten. Wenn der Zweck das Kriterium ist, nach dem die Sittlichkeit oder Unsittlichkeit einer Handlung zu beurteilen ist, dann begegnen Nationalökonomie und Sittengesetz einander. Ihre Wertskalen müssen identisch sein, weil eben dieselben Menschen zur gleichen Zeit einheitlich werten und handeln.

Doch auch wenn man mit den Forderungen einer heteronomen Ethik an die Nationalökonomie herantritt, kann sich nur ein scheinbarer Widerstreit ergeben. Wenn man eine sittliche Norm aufstellt oder zu vernehmen vermeint, deren Beachtung ohne Rücksicht auf die Folgen für den Einzelnen und für die Gesellschaft und ohne Bezugnahme auf sonstige menschliche Ziele und auf das, was Menschen als Glück ansehen, durchgesetzt werden soll, hat die Nationalökonomie nichts anderes zu tun, als auf die Folgen hinzuweisen. Sie hat zu zeigen, welche andere Ziele nicht erreicht werden können, wenn man der Stimme dieses Sittengebots gehorchen will. Sie hat zu zeigen, was es die Menschen kostet, diesem Befehl zu gehorchen. Die Entscheidung liegt dann in den Händen der handelnden Menschen. Sie haben zu wählen, nicht die Wissenschaft.

Das Denken und Forschen der Wissenschaft führt nie zu einem Abschluss und nie zu endgültigen Ergebnissen. Solange Menschen sein werden, werden sie nicht davon ablassen, Wahrheit zu suchen. Und immer wieder werden sie dafür neue Verfahren finden, die ihnen neue Wahrheiten erschließen werden. Wissenschaft kann daher nie vollkommen sein. Wie wir das umgestaltet haben, was uns unsere Vorfahren vermacht haben, so werden auch nach uns Denker kommen, die in unserem Vermächtnis nichts anderes sehen werden als Bausteine zu einem Neubau, den sie aufrichten werden. Sie werden an unserer Leistung schonungslos Kritik üben und vielleicht mit Undank auf sie blicken. Doch diese Aussicht kann uns nicht schrecken. Wer vom Geist der Wissenschaft erfüllt ist, begrüßt es, dass der Trieb zu denken und zu forschen den Menschen eingeboren ist und nie erlöschen wird.

Doch das muss mit allem Nachdruck gesagt werden: So unzulänglich auch unsere wie jede Wissenschaft heute sein mag, die Einwendungen, die man gegen Praxeologie und Nationalökonomie bisher vorzubringen wusste, haben sich als nichtig erwiesen. Sie konnten endgültig erledigt werden. Wenn es zu einem Umbruch der wissenschaftlichen Erkenntnis kommen sollte, dann wird er nicht an die Lehren der Gegner von heute anknüpfen.

III. Die Wissenschaft und die Zukunft

Die Nationalökonomie vermag die Folgen künftigen Handelns vorauszusagen. Doch, wie nicht neuerlich hervorgehoben werden muss, diesen Voraussagen fehlt die quantitative Bestimmtheit. Man irrte, als man dachte, man werde einmal das, was man nach einem der Chemie entlehnten Sprachgebrauch die qualitative Nationalökonomie nannte, durch eine quantitative Nationalökonomie ersetzen können. [FN: Vgl. oben S. 50 f., 62 f.]

Die Voraussage, deren die Nationalökonomie fähig ist, bezieht sich auf die Wirkungen künftigen Handelns. Sie kann nichts darüber sagen, wie gehandelt werden wird. Über die Zukunft der Gesellschaft und der menschlichen Kultur und über den Gang der künftigen Ereignisse können wir durch praxeologische und nationalökonomische Erkenntnis nicht unterrichtet werden. Keine Wissenschaft kann die Frage beantworten, ob wir am Anfange neuer ungeahnter Kulturfortschritte stehen oder am Anfange eines Rückfalls in die Barbarei. Wissenschaftliche Voraussicht ist eben nicht Prophetie. Voraussagen ist nicht Wahrsagen.

Dieser Tatbestand mag manchen enttäuschen und ihn die Bedeutung der praxeologischen und nationalökonomischen Erkenntnis geringschätzen lassen. Doch der Mensch hat sich damit abzufinden, dass dem Denken und Forschen seines Geistes Schranken gezogen sind.

Was die Zukunft birgt, wird uns immer unbekannt bleiben. Es kann gar nicht anders sein. Denn wüssten wir im Voraus, was die Zukunft unabänderlich bringt, dann könnten wir nicht mehr handeln. Die Menschen wären dann entseelte Mechanismen, deren Ablauf ohne Mitwirkung menschlichen Wollens und Wählens, Vorziehens und Zurückstellens vor sich ginge. Dass die Menschen handeln und dass sie die Zukunft nicht kennen, sind nicht zwei Tatbestände, sondern nur zwei verschiedene Darstellungen desselben Tatbestandes. Ob es eine übermenschliche Intelligenz gibt, die das Künftige bereits kennt, ist dabei ohne Belang.

In diesem Sinne, dass er zu handeln und somit zu wählen hat, ist der Mensch frei. Unfrei ist er aber nicht nur in dem Sinne, dass seine angeborenen Eigenschaften und die Einflüsse, die die Umwelt auf ihn ausübt, in einer unserem Geiste nur sehr lückenhaft und vage erkennbaren Weise sein Handeln bestimmen, und dass er sich den durch die Natur gegebenen Bedingungen seines Daseins anpassen muss, wenn sein Handeln erfolgreich werden soll. Er ist auch in dem Sinne unfrei, dass sein Handeln einer unentrinnbaren Verknüpfung von Mittel und Zweck unterliegt, deren Wesen uns die Praxeologie und insbesonders ihr bis heute am besten ausgebildetes Teilstück, die Nationalökonomie, kategorial und formal erkennen lassen.

In der Feststellung und Erforschung dieses Tatbestandes liegt der Beitrag, den die Nationalökonomie zum Aufbau der menschlichen Kultur geleistet hat. Es hängt von den Menschen ab, ob sie von dem Geistesgut, das sie in der Nationalökonomie besitzen, den zweckmäßigsten Gebrauch machen wollen, oder ob sie es unbeachtet und ungenutzt brachliegen lassen werden. Wenn sie aber darauf verzichten sollten, in ihrem Handeln den Ergebnissen des wissenschaftlichen Denkens Rechnung zu tragen, werden sie nicht die Nationalökonomie zertrümmern, sondern die Gesellschaft, die Kultur und das Menschentum.

Made in United States
Orlando, FL
04 November 2026

90204424R10155